産業化と商家経営

米穀肥料商廣海家の近世・近代

石井寛治・中西聡［編］

名古屋大学出版会

産業化と商家経営　目次

凡例

一、原史料の表題は、形態の如何にかかわらず「　」で示し、活字資料の引用は原文のままに、原史料の引用では基本的に原文に即しつつ必要に応じて句読点を補って記したが、難しい旧字体は、新かな遣いや新字体に改めた。

二、出所の表記にあたって、公刊書と雑誌の書・誌名は『　』で、これらに収録された論文・史料等の表題は「　」で示し、いずれも適宜新字体に改め、政府・地方自治体発行の公刊書で、その名称を冠するものは発行所名を省略した。なお、本書で利用した大阪府貝塚の廣海家文書は、いずれも廣海家蔵・貝塚市教育委員会保管であり、本文・注・表の出所での所蔵・保管場所の表記を省略し、煩雑にならない限り文書整理番号を付した。

三、商家の表記は、近世期は屋号のあったものは屋号で示し、適宜姓を付した。また近代期は原則として姓で示した。なお石川県瀬越の広海二三郎家は、史料上は廣海家と記載されたが、大阪府貝塚の廣海家との区別をつけるために広海家とした。青森県野辺地の野坂家は、野阪とも記されたが、原則として野坂で統一した。その他の屋号・姓名については、現在も人名でよく用いられる「澤・嶋・廣」等を除き、新字体に改めた。

四、年代の表記は、西暦で行い、原則として元号ごとに各節・項で初出の場合のみ和暦を括弧書で付した。なお旧暦が使用されていた一八七二（明治五）年までの月日は、和暦の月日を示した。

五、地域区分については、基本的に近世期は旧国名、近代期は府県名で本文中は統一し、府県区分の変化の激しかった一八七〇年代は適宜その両方を使い分けた。現在の北海道域は基本的に北海道を用いた。また、大阪は、近世期は大坂・近代期は大阪で、函館は、近世期は箱館・近代期は函館でそれぞれ表記を統一し、その他の地名については現在使われている字体表記に改めた。港は、近世期は湊・近代期は港で表記した。

六、鯡（鰊）・鰯（鰮）の表記は、引用の際は原表記を活かし、それ以外は鯡・鰯で統一した。

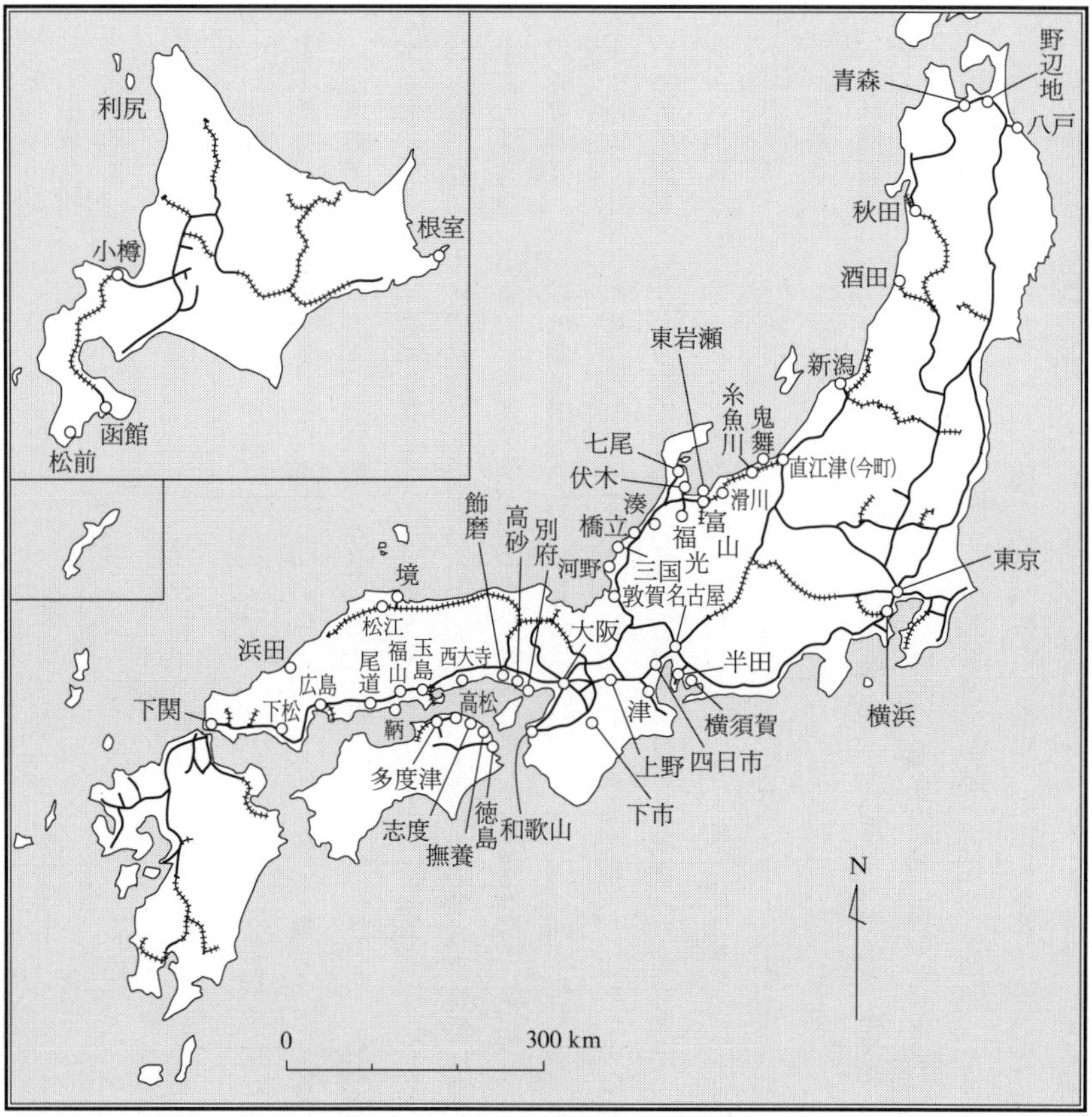

地図 1　日本略図

出所）三宅俊彦編『復刻版 明治大正時刻表』（新人物往来社，1998 年）の各時刻表に折り込みの鉄道路線図，および野田正穂・原田勝正・青木栄一・老川慶喜編『日本の鉄道』（日本経済評論社，1986 年）393 頁の鉄道路線図をもとに中西聡が作成した。

注記）鉄道線は 1915（大正 4）年 3 月 1 日時点の主要国有鉄道線と南海鉄道本線と中越鉄道線を入れ，うち ―― は 1903（明治 36）年 1 月 1 日までの開通，┼┼┼┼ は 1915 年 3 月 1 日までの開通。鉄道路線網は 1903 年 1 月 1 日発行と 1915 年 3 月 1 日発行の鉄道時刻表を参照した。また地名は本書に関連するものを入れた。

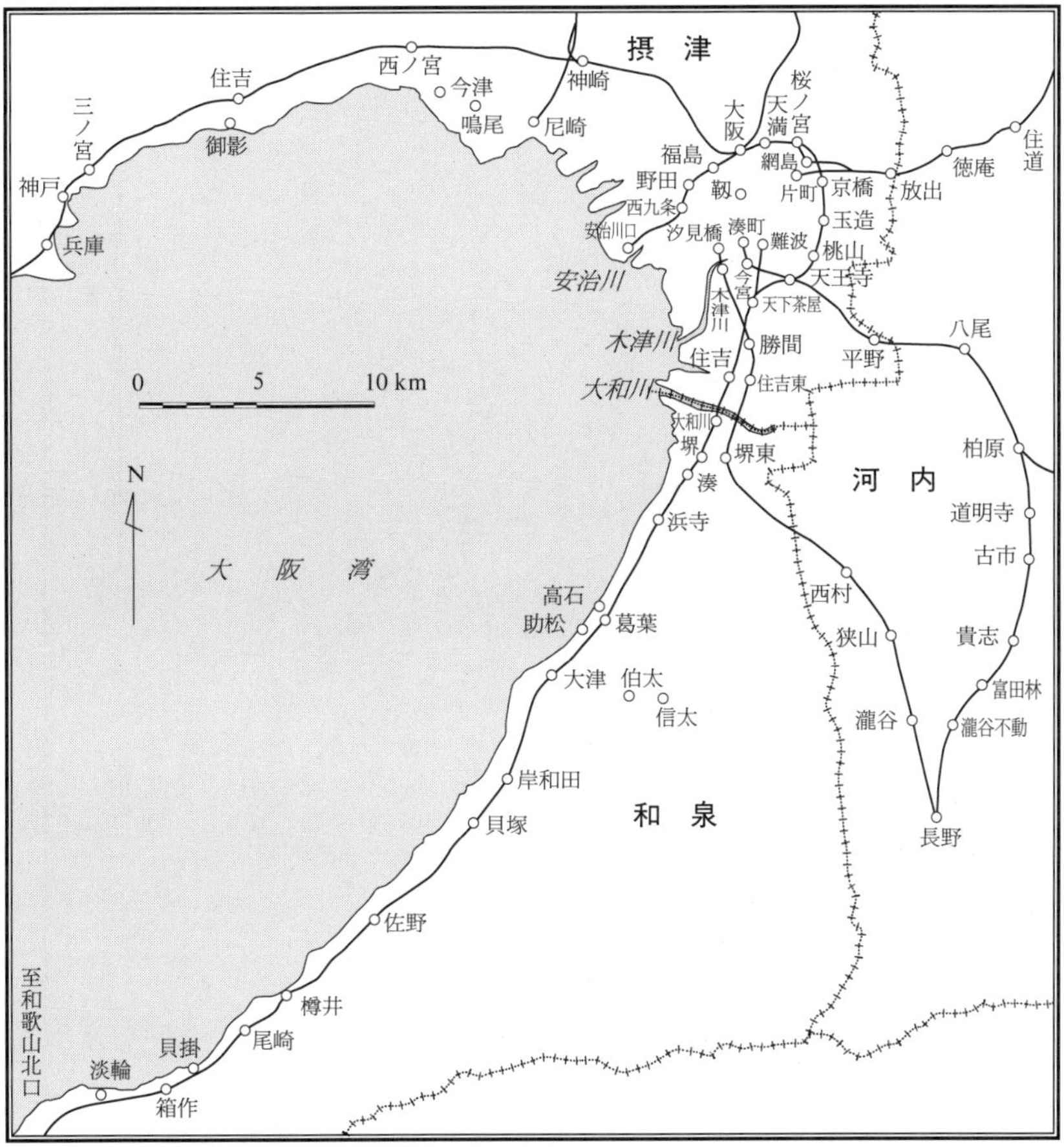

地図 2　大阪湾岸地域略図

出所）『幕末・明治日本国勢地図 初版 輯製 20 万分 1 図集成』（柏書房，1983 年），『明治大正日本五万分の一地図集成 III』（古地図研究会発行，学生社発売，1983 年），地図資料編纂会編『正式二万分一地形図集成　関西』（柏書房，2001 年），前掲『復刻版 明治大正時刻表』，明治 35 年度「鉄道局年報」（野田正穂・原田勝正・青木栄一編『明治期鉄道史資料』第 I 集第 7 巻，日本経済評論社，1980 年）より中西聡が作成した。

注記）──── は鉄道線，┼┼┼┼┼ は旧国の境界を示す。1886 年輯製の 20 万分の 1 地図の海岸線と川の位置をもとに，本書に関連する地名および 1903 年初頭の鉄道線と駅を付け加えて作成した。鉄道線と駅は，1903 年 1 月 1 日発行の鉄道時刻表，02 年度の「鉄道局年報」，08–09 年測図の 2 万分の 1 および 5 万分の 1（14 年一部修正測図あり）地図を参照したが，鉄道線・駅の位置は完全には正確ではない。

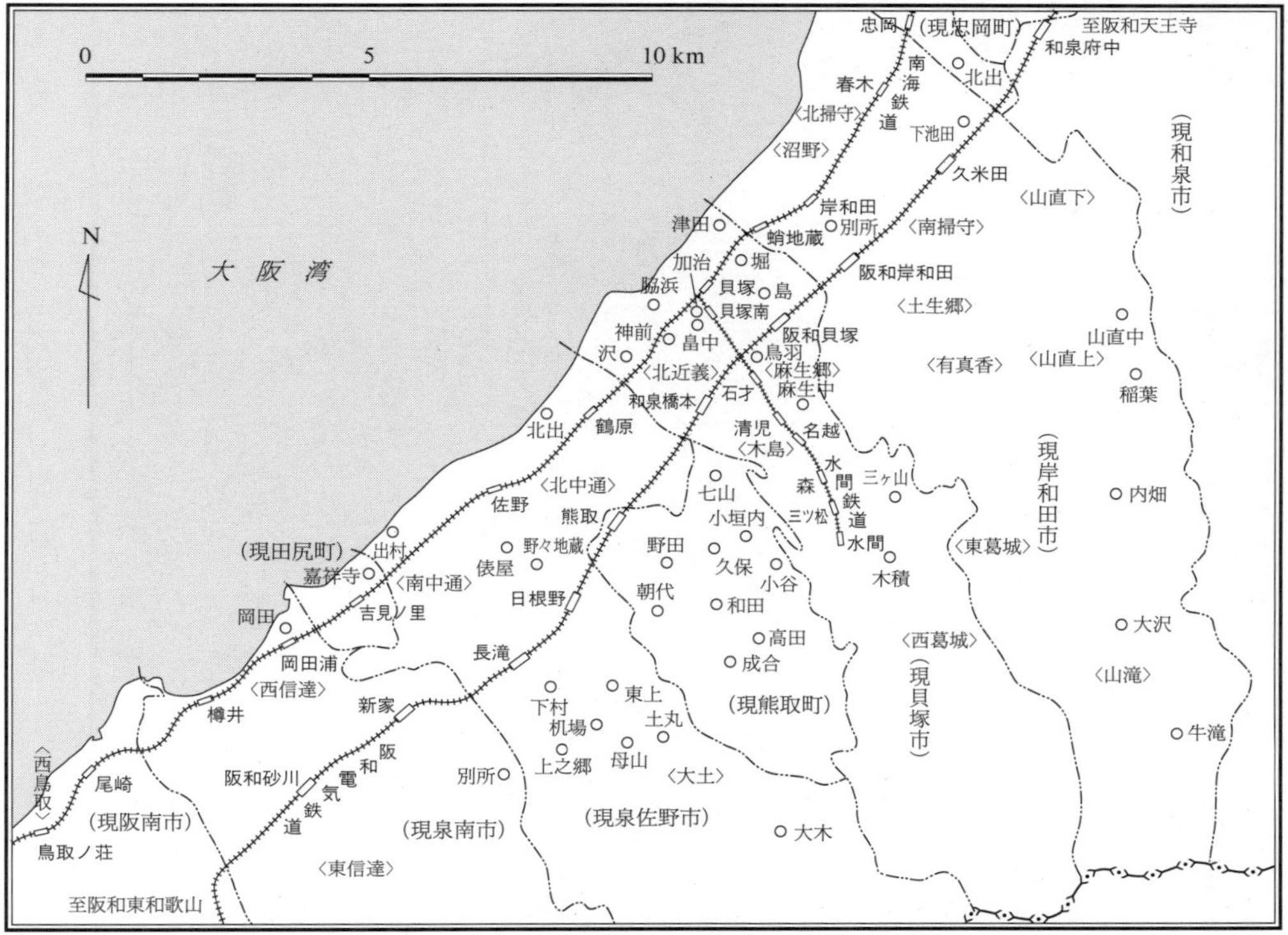

地図 3　泉南地域略図

出所）人文社編集部編『日本分県地図地名総覧』人文社，1981 年，および国際地学協会編『大日本分県地図併地名総覧』統正社，1952 年をもとに，岡田光代・中西聡が作成した。

注記）鉄道線は 1934（昭和 9）年時点の線と駅を示した。—·—·— は現在の市町境，◇-◇-◇ は現在の府県境で現在の市町名を（　）内で示した。本書に関連する地名を入れたが，そのうち〈　〉で示したものは，近代期に行政区画名として新たにつけられた地名。地名の位置は，前掲『明治大正日本五万分の一地図集成 III』も参照した。鉄道線と駅は，昭和 9 年「鉄道停車場一覧」（和久田康雄・加藤新一編『復刻鉄道名著集成』アテネ書房，1993 年）を参照した。鉄道駅の調査にあたり奈良大学の三木理史氏のご協力を得た。

序　章　商家経営の展開と産業化

第一節　三つの課題——商取引・株式投資・地域経済

本書は、近世から近代にかけての日本における「商家経営」が、どのような経営展開をとげ、その活動を通じて日本経済をいかに「産業化」させていったかを、大阪府貝塚市の米穀肥料商廣海《ひろみ》惣太郎家の事例に即して、ほぼ一世紀の長期間にわたって、可能なかぎり具体的に明らかにすることを課題とする。

最初に、ここで「商家経営」と「産業化」という言葉を用いた理由を説明しておこう。「商家経営」とは、直接には分析の対象とする商人資本の経営が、廣海家の家業の形で行われ、会社企業の形態をとらなかったことを指すが、それとともに、廣海家が、近代に入り不動産投資や有価証券投資に手を広げていく場合の経営活動の性格を示すための言葉でもある。有価証券投資を開始して間もなく、廣海家の収益の中心は商業利益から配当収入に転換するが、廣海家当主にとって、商業活動は最後まで家業の基礎として重要な意味をもっており、肥料取引の絶対額は減少していない。そうしたことを表現するために、近世・近代を通ずる廣海家の経営を、本書では「商家経営」と呼ぶことにしたい。

次に、廣海家の活動が日本経済の「産業化」を促進したという場合に念頭においているのは、同家が米穀肥料取引を通じて近隣地域の農家経営の商品経済化を推し進め、専門化された「産業」としての農業経営へと発展させた局面と、同家が獲得した利益を株式投資の形で工業・交通業・金融業部門に投入し、それらの部門の産業化＝近代企業化を促進した局面の双方である。幕末に廻船問屋仲間に属する特権商人として領主米を扱っていた限りで、廣海家の活動は幕藩体制に密着した側面もあったとはいえ、同家の商業活動の基本は、納屋米（地主・農民米）と魚肥の販売を通ずる農家経済の産業化＝近代化にあり、それゆえ幕藩体制崩壊後もスムーズに商業活動を継続し、その利益を株式投資することができた。

このような課題を究明することの必要性は、かねてより指摘されていたが、商家の個別経営史料を使った本格的研究は乏しい。近世では、三井家・鴻池家に関する諸研究(1)を筆頭に、近江商人の中井源左衛門家(2)・小林吟右衛門家(3)・外村宇兵衛家(4)、伊勢木綿商の長谷川次郎兵衛家(5)、京都木綿商の柏原孫左衛門家(6)、阿波藍商の三木与吉郎家(7)に関するものなど比較的多いが、近代では、上記小林家・三木家に関するものの他は、伊勢木綿商川喜田久太夫家(8)・桐生呉服買継商書上文左衛門家(9)・知多雑穀肥料商小栗三郎家(10)、および本書が対象とする貝塚米穀肥料商廣海惣太郎家(11)などに関するものがあるにすぎず、有価証券投資の問題にまで踏み込んだ研究は、小林家と廣海家に関するもの以外は、ほとんどなかった(12)。

本書の課題の第一は、廣海家の商業活動が、どのようにして損益を生み出したかを、具体的に究明することである。もともと近世商人は、手数料取引を行う問屋と、自己勘定取引を行う仲買とにはっきりと区別されていた。明治初期の兵庫港に北前船によって北海道から「輸入」された肥料の取引について、「輸入品売却ノ際ハ船主或ハ船長等問屋ニ寄寓シ、問屋ハ仲買人ヲ招集シテ船方ト仲買人トノ間ニ仲立シ、其取組ヲ定メ代金問屋ヨリ船方へ払渡シ問屋ハ仲買人ヨリ其代価受取ルナリ。問屋ヨリ其代価ヲ船方へ払フトキハ、問屋手数料及ヒ仲買人口銭其他諸入費等引去リ其残額ヲ払渡ヲ例トス(13)」と指摘されており、そうした取引が近世以来の取引形態の基本であった。ところが、商人研究の対象が織物商人に集中したことは、一七世紀末に江戸における織物商人の中心が「荷受問屋」（手数料取引）から「仕入問屋」（自己勘定取引）へ変化した事実を、商人一般にまで拡張解釈させ、問屋一般が手数料取引から自己勘定取引に変化したかのような理解を生む原因となり、問屋と仲買の区別を曖昧にさせた。[14] さらに、近代になると、問屋と仲買の相互乗入れがなされ、両者の区別が現実になくなっただけでなく、政府が課税上の必要から、卸商（＝問屋）と仲買の区別を、前者を自己勘定取引、後者を手数料取引という具合に、近世とは正反対に設定したため、両者の区別がますます混乱した。[15]

本書は、廣海家の商業活動の推移を、一八三五（天保六）年から一九四四（昭和一九）年まで追うことにより、同家の商業活動が、近世的な意味での問屋活動を中心とするものから、近代への移行過程の荒波に揉まれる中で、しだいに自己勘定取引としての活動（近世風に言えば仲買的活動）に重点をおくように変化するとともに、併せて直接農民と取引する小売活動を営むようになり、最終的には小売を中心とする活動へと変わっていく過程を、具体的に明らかにしたい。そのことによって、近世的な問屋と仲買の区別が、大坂を中心とする地域での米穀肥料取引の分野においてどのような形で存在し、近代にかけていかに変容したかという、従来必ずしも明確にされてこなかった問題を究明したいと思う。[16] 廣海家の場合に見られるように、商人資本としての活動のあり方が時代とともに大きく変容しうることは、商人資本が客観的条件の変化に対応しつつ、その活動基盤を柔軟に転換していく〈無概念性〉を特徴とすることの具体的な例証となろう。[17]

廣海家は、全国各地から仕入れた米穀・肥料を、地元の貝塚・岸和田を中心とする泉南郡一帯に販売した。同家の取扱商品は、最初は北陸の船持商人が持ち込む北陸産・東北産の米穀であったが、次第に東北産・北海道産の魚肥の扱いが増え、一八七〇（明治三）年前後からは魚肥が主力商品となった。一九一〇年からは、兵庫県別府《べふ》の多木製肥所から人造肥料を購入し、ほぼ同じ頃から輸入大豆粕の取扱も試験的に開始したが、魚肥の取扱も継続している。この間、一八九三―一九一四（大正三）年は魚肥の直接買付のために青森県や北海道に店員を派遣したが、他面では大阪・兵庫の肥料商経由の購入・販売も行い、一九一五年に北海道直買を停止してからは大阪・兵庫の肥料商からの買入額が増加した（第3、7、8章を参照）。

幕末期の貝塚では、廣海家のような肥料問屋が大坂の肥料問屋よりも手数料を低く設定することによって船持商人を引きつけ、貝塚から逆に大坂肥料仲買に向けて肥料を販売したが[18]、そうした動きは明治期には減少し、一八八二年当時の貝塚港への肥料の移入額は約一八万円にとどまり（後掲表序-3を参照）、八〇年当時の鯡魚肥の大阪港移入額二八二万円（三万三、七五〇トン）、兵庫港移入額二四四万円（二万四、四三七トン）の六―七％にすぎなかった[19]。その後、汽船による輸送が普及すると、施設の整った全国各地の港湾に魚肥が直送され、大阪・兵庫港の地位はむしろ低下したという[20]。一九〇〇年当時の大阪市への魚肥移入は三万二、五九七トンと一八八〇年当時とほぼ同じ水準であり、そのうち汽船によるものが八一％を占め、風帆船その他による水運一九％を圧倒していた[21]。この時の貝塚港への魚肥移入量は明らかでないが、帆船による直接の移入品のほかに、大阪・兵庫両港への汽船による移入品を艀によって転送するものが増えた可能性がある。この点は、廣海家の取引先において船持商人の比重が高いこととは区別された、輸送ルートの問題として独自に検討される必要があろう。大阪・兵庫両港への依存度が高まったとすれば、廣海家は両港の肥料商と従来以上に密接な提携関係を作って活動したはずである。

さらに、幕末維新期の廣海家は、船持商人や大坂・兵庫の肥料商への代金決済にさいして、大坂両替商宛の手形を振出して支払っており、明治期に入り銀行が設立されてからは、北海道への送金為替の取組や荷為替の受払いのために大阪や岸和田の銀行を利用した。このように、廣海家の商業活動は、貝塚から岸和田・堺・大坂（阪）をへて兵庫にいたる大坂（阪）湾岸地域の諸商人・金融業者との密接な連携のもとに行われていたのである。本書では、廣海家の商業活動を、全国市場や泉南市場とのかかわりで把握するだけでなく、〈大坂（阪）湾岸地域[22]〉との関係にも留意して分析することにしたい。

本書の第二の課題は、そうした商業活動を通じて獲得した利益を、廣海家がどのような部門に投下したかという問題、特に株式投資と不動産投資の実態を明らかにすることである。近代日本の工業化については、戦前には官営事業とその払い下げが重視されたが、戦後は民間部門の発展の意義が強調され、一八七三年の内務省設立を画期として、日本政府が中国政府の洋務運動と同様な官業重視策から脱却し、民間部門の育成策に転換したこと、その結果として民間企業勃興＝産業革命開始への道が切り拓かれたことが重視されるようになった[23]。産業革命の中心となった紡績業や鉄道業などにおいては、株式会社形態の大企業が次々と誕生した。問題は、まだ成否の不確かな創設期の株式会社に対し、誰がどのような動機に基づき、如何なる資金源泉から投資したのかということである。かつては、地主や華族による投資が最重要視されたことがあったが、最近では商人による投資が量的にはもっとも重要な位置を占めたとされている[24]。一九一九年末に三〇〇株以上の株式を所有していた全国二万三、四五九名の株主に関する『全国株主要覧』によれば、東京・大阪・神戸・京都・名古屋・横浜の六大都市の所在府県居住者（華族を除く）は一万二、九三五名と全国の五五％を占め、所有株式数では全国合計五、七一九万六、九一九株のうち、三、九四五万七、九三七株を所有し、対全国比は六九％に達している[25]。この事実は、大都市居住の商人層が株主の中心を占めていたことを示唆している。ちなみに、廣海惣太郎は、同『要覧』によれば九種類四、一〇二株を所有しており、大阪府における五、〇〇〇株以上所有者三四六名に若干劣る位置にあるが[26]、実際には廣海家は一九一九年に三一種類の株式を所有し、金額では同『要覧』掲載部分は六〇％程度にすぎない（第5章の表5-1を参照）。廣海家のようなランクの地方資産家が多く所有する地元株が、同『要覧』には採録されていないためである。そうした資料面の制約を考えると、第一次大戦前後に急増する個人投資家のなかで、廣海家のような地方商人が占める地位は、従来想定されていた以上の重要性をもつと言えよう。

地主による株式投資の動機について、中村政則は、小作争議によって土地投資の収益が減退する以前の産業革命期に、早くも地主の株式投資が活発化するのは、一八九九年以降確立する土地重課・株式軽課の税制のためであると指摘した。[27] また、谷本雅之・阿部武司は、一八八〇年代後半の企業勃興期の地方資産家による株式投資は、地方名望家としての経済外的動機によるところが大きいと主張した。[28] いずれも説得力のある見解であるが、廣海家のように、地主的側面や名望家的活動が限られている場合の株式投資については、経済的な動機がより重視されなければならないであろう。[29]

株式投資の資金源泉に関する従来の研究は、産業資本確立過程には株主層の中で商人の占める比重が高いことから、直ちに、「商人的蓄積が株式会社の形成・発展に果たした役割の重大性」[30]を論じ、「株式会社形態をとった工業化の資金源泉は、（中略）工業にとって外生的な分野から主として供給されていた」[31]と結論づけていた。しかし、商人による投資だからといって、そのための資金源泉が商業利潤であるとは限らない。場合によっては銀行からの融資とくに株式担保金融によって資金が調達されることもあるし、また、所有株式への配当が新しい株式投資に振向けられる場合もしだいに多くなるであろう。従来の研究が、商業利潤による株式投資を重視したのは、商人資本による株式投資についての唯一の実証研究であった呉服太物商丁子屋小林吟右衛門家の事例を念頭に置いたためであった。同家の場合は、一九〇〇年当時四五万円台という廣海家の一〇倍もの株式投資を行っており、その中には近江鉄道や小名木川綿布のような不振企業もあったが、本業の「呉服方」が一八九〇年代は年平均二万一、二三三円、一九〇〇年代は年平均二万五、三八六円、一〇年代は年平均一〇万三、五五三円という着実な利益をあげていたために、「金力」の株式投資等から生ずる損失にも十分対応できただけでなく、商業利潤からの新たな株式投資を繰り返したのである。[32] しかし、廣海家の場合の株式投資の資金源泉が何であったかは、それ自体として実証を要する問題である。この問題については、すでに中村尚史が、中西聡による廣海家の商業損益分析[33]を前提に、一八八七年頃から同家の有価証券投資が本格化するさいの原資は、それまでに蓄積された商業利潤であったが、九七年以降になると不振の商業部門における資金余剰が乏しくなり、株式投資の源泉は主として株式配当や投資先の役員報酬・賞与になったと指摘している。(34)本書では、銀行からの借入金が急増する第一次大戦期以降を含めて、廣海家の「商家経営」全体の資金繰りを検討し、株式投資の源泉を立ち入って分析したい。

廣海家の株式投資の分析にさいしては、大阪株式取引所の活動を前提に、大阪とその周辺の株式現物店が、貝塚の有力資産家である廣海家の資金をどのように資本市場に誘導し、投入させたかが問題となる。さらに、廣海家の側からすると、商業活動や投資活動のために、貝塚だけでなく岸和田や大阪の銀行をどのように選択し利用したかが分析される必要があろう。その意味では、投資活動についても、全国市場と泉南市場の中間に位置する〈大坂（阪）湾岸地域〉がどのような意味を持つかが究明されなければならない。

以上、廣海家の経営活動に関して本書が究明しようとする二つの課題を指摘した。それぞれの指摘の最後で言及したように、同家の経営に関する分析は、おのずと経営をとりまく地域環境との関連の分析へと繋がらざるを得ない。その意味では、廣海家の経営活動と地元泉南地域も含む〈大坂（阪）湾岸地域〉の経済発展との関連の分析を第三の課題として挙げることができよう。もちろん、ここでは、あくまでも廣海家という一つの経営体の分析を通じて眺めた限りでの地域分析が試みられるに過ぎない。さまざまな産業、多数の経営が織り成す地域経済の全体像を正面から分析する手法は採られておらず、地域分析としては一面的・部分的なものに止まっている。しかし、官庁その他による統計・調査史料と個別経営史料を組み合わせて分析することにより、従来の分析手法では切り込めなかった部分についての解明が可能になった面もあるであろう。

これらの課題を解き明かすために、本書は、この序章に続いて、第I部「廣海家の経営展開」、第II部「市場取引と廣海家」、第III部「地域経済と廣海家」の三部構成をとって検討を進める。まず、序章の第二節以下において、廣海家自体と同家の活動拠点たる泉南地域の様相を概観した上で、第I部で、廣海家の損益構造の推移を見るとともに、損益を生んだ商業経営・不動産経営と有価証券投資の実態を詳しく分析する。次いで、第II部において、全国市場の下での廣海家の米穀・肥料取引の特徴を立ち入って検討し、第Ⅲ部では、主として大坂（阪）湾岸地域とのかかわりにおいて廣海家の諸活動を分析する。そして、終章で、本書の分析結果を、書名の「産業化と商家経営」に即して段階的に総括することとしたい。

（石井寛治）

第二節　近世期の泉南地域

（1）領主支配と貝塚寺内

「泉南」という呼称は近世期にはほとんどみられず、一八九六（明治二九）年に和泉国四郡（大鳥・泉・南・日根）のうちの大鳥・泉両郡が泉北郡、南・日根両郡が泉南郡となって以降、一般的に用いられるようになったといえる。おおむね現在の大阪府岸和田市以南である。

近世の大坂周辺地域は「非領国」といわれるように、支配領主が交錯するとともにその交代も頻繁であった。和泉国も幕府直轄領、藩領、旗本知行地、関東譜代大名の飛地などが交錯していた。そのような中にあって、中世末に願泉寺を中心とする寺内町として発展した貝塚は、一六一〇（慶長一五）年に二代住職卜半了閑が徳川家康から諸役免除の黒印状を得て、以後近世を通じて卜半家が領主として支配した。[35] また貝塚を取り巻く村々は岸和田藩領であったが、同藩は近世初頭から譜代大名が配置され、南・日根郡にまたがる五万三千石（和泉国の石高の三分の一強を占める）の藩領域もほぼ変化がなかった。[36] すなわち貝塚は寺内町として自立しており、周辺の岸和田藩領を含めて領主支配は安定していた。

ところで、和泉国内の町方は、幕府直轄都市で奉行所がおかれていた堺、岸和田藩の城下町である岸和田、そして貝塚の三カ所であった。食野・唐金といった商人を輩出したことで知られる佐野は、支配のうえでは岸和田藩領の佐野村である。三カ所の町方の人口をみると、まず堺は三都を除けば近世有数の都市であったが、人口が判明する一六六五（寛文五）年の六九、三六八人から減少傾向が続き、一八六八年には四万人を割っている。貝塚は一七世紀には増加傾向にあったと思われるが、一七一〇（宝永七）年の七、五〇〇人余以降はやはり減少傾向にあり、幕末維新期には四千人前後となっている（表序-1を参照）。岸和田については近世期の数値は得られず、一八七六年で五、三三六人であった。ちなみに岸和田藩領全体では近世を通じて五―六万人、和泉国全体では二〇万人前後である[37]。

　人口規模からみれば貝塚は岸和田城下とほぼ同じであるが、城下に隣接する浜方・村方の人口——一八七六年で浜方三、六〇二人、村方二、七八七人——を加えると岸和田は一万人を越える人口を有していたことになる。貝塚も隣接する岸和田藩領村々の紀州街道沿いに新町が形成され、都市機能が拡大していく。堺が和泉国の北端に位置するだけに、岸和田・貝塚が泉南地域の経済拠点として機能していたことが窺える。

表序-1　貝塚と堺の人口

（単位：人）

年	貝塚	年	堺
1696（元禄 9）	7,110	1695（元禄 8）	63,706
1710（宝永 7）	7,536	1709（宝永 6）	55,461
1721（享保 6）	6,807	1719（享保 4）	51,315
1739（元文 4）	6,852		
1744（延享元）	6,691		
1745（延享 2）	6,747		
1798（寛政 10）	5,735		
1805（文化 2）	5,811		
1810（文化 7）	5,714	1813（文化 10）	44,796
1832（天保 3）	4,617		
1841（天保 12）	4,617	1840（天保 11）	38,126
1850（嘉永 3）	4,677	1848（嘉永元）	40,977
1852（嘉永 5）	4,865		
1864（元治元）	4,075		
1869（明治 2）	3,958	1868（明治元）	38,795
1876（明治 9）	4,577		

出所）貝塚は，『貝塚寺内町——町並調査報告書』（貝塚市教育委員会, 1987 年）表 1，堺は，三浦周行監修『堺市史』第 3 巻，1930 年，163，835-836 頁より作成。

注記）堺は貝塚と比較できる年を選んで示した。

　堺は人口規模・経済力において全国市場の中心である大坂には及ばず、その影響を強く受けていたことはいうまでもない。しかしながら、堺奉行所は大坂奉行所の下位にあったわけではなく、堺市中の支配、商人統制など独自の政策を実施していた。その堺奉行所は和泉国一国を管轄していたが、岸和田・貝塚はそれぞれの領主の支配下にあり、奉行所は直接政策に関与できるわけではなかった。つまり堺・岸和田・貝塚は

（政治的には）大坂に支配されていたわけではなく、かつそれぞれ異なる領主のもとで自立した政策が展開されていたのである。この点は、一七六九（明和六）年に尼崎藩から上知され大坂奉行所の支配下におかれていた兵庫・西宮の町方とは状況が異なっており、[38] 近世における「大坂湾岸地域」を考える際に考慮しなければならないであろう。

（2）産業と港湾整備

和泉国の主要産業はもちろん農業であるが、とりわけ綿業は重要なものであった。広範囲にわたって綿が栽培されており、さらに糸紡ぎ・木綿織りが農間余業として各農家で広く行われ、一部では集中作業場を有する「機場」も存在していた。繰綿は堺の問屋から越中国高岡の綿市場に移出されており、また木綿は在方に多数存在していた仲買により集荷され、直接あるいは堺・大坂を通して各地に販売されていた。[39] 泉南地域では綿業のほかに、煙草栽培、甘蔗栽培および砂糖生産や、山間部での蜜柑栽培がみられた。産額はいずれも多くはなかったようであるが、製糖業については幕末期に岸和田藩が砂糖・甘蔗の販売統制を強化しており、専売制実施を試みていたと思われる。[40] また、瓦生産――明治以降の煉瓦生産につながる――などもこの地域の特産物生産であった。

海に面する村々では全般に地引網漁を初めとする漁業が行われ、沖漁では摂津国尼崎浦と争論を引き起こすこともあった。泉南地域では岸和田藩の九浦（春木・岸和田・津田・脇浜・靏原・佐野・嘉祥寺・岡田・樽井）や貝塚のほか、尾崎・箱作・淡輪・深日・谷川などの浦が続き、多くの漁船が活動していた。[41]

さて、海に面していたことは当然海運業の発展にもつながり、岸和田・貝塚・佐野などは漁船だけでなく廻船も多く存在していた。堺は中世末には貿易港として繁栄していたことはよく知られているが、堺港は一七〇四（宝永元）年の大和川付け替え以降、土砂が流入し次第に衰退していった。しかしながら、一七九二（寛政四）年になって、江戸商人吉川俵右衛門の出願により新たに波戸などを整備して新港修築がなされた。以後もたびたび浚渫作業が必要であったものの、港湾機能は回復をみせていった[42]。この前年の一七九一年には、岸和田藩の命により岸和田浦に港湾が整備され、一八一七（文化一四）年には船入場が再整備され、大船も入津するようになったという。一七九二年の岸和田港入津貨物としては、土佐・播磨・阿波からの紙・茶・塩・薪・炭が中心であり、大坂からの廻着もわずかながらあった[43]。岸和田港における取扱貨物がどのように推移したかは明らかではないが、比較的近国からの特産品が多かったのではないだろうか。

港湾が整備された堺・岸和田以外は、貝塚も含めて浦であり、沖合の廻船から小船で荷物輸送を行っていた。一八六八（慶応四）年の「卜半従来仕来り之覚」[44]によれば、貝塚は安永期（一七七二―一七八〇）頃までは近国往復の小船で米・干鰯を取り扱い、地元で販売していた塩問屋があったとされている。このことは一七八七（天明七）年に兵庫と引船をめぐって争論を起こしていることにも現われている[45]。その後、貝塚では領主卜半家の援助もあって次第に大船も入るようになり繁栄したという。

以上のように、一八世紀末という同時期に堺・岸和田の二つの港湾が整備されたこと、貝塚も繁栄し始めたことは興味深い。大坂への入津量の減少との関連が推測されるものの、残念ながら現在のところそれを裏付ける資料を得ることはできない。しかしながら、前述の兵庫・西宮の上知とあいまって、一八世紀末から一九世紀にかけて大坂湾岸の物流ルートが変化、あるいは多様化していったとみてよいのではないだろうか。

（3）維新期の泉南地域

一八六八（慶応四）年一月三日の鳥羽伏見の戦いの後、同年一月一〇日に旧幕府領を新政府に収公する旨が布告され、大坂には奉行所に代わって大坂鎮台（のち大坂裁判所、大坂府と改称）が置かれた。以降、行政区画は目まぐるしく変化した（図序-1を参照）。和泉国を中心にみると、各藩領をのぞいて大坂府に所属するが、六月二二日に和泉国

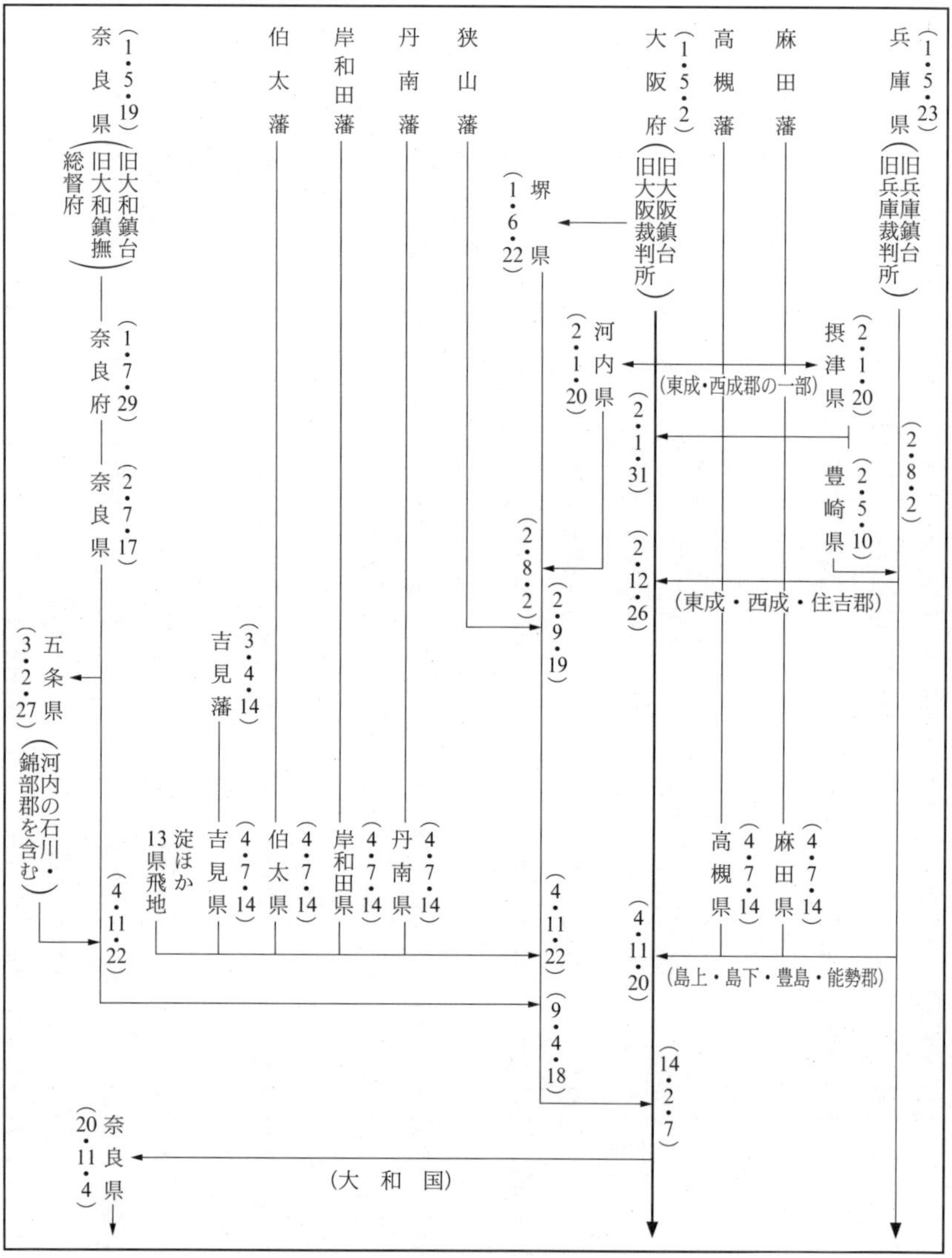

図序-1　明治前期大阪府域行政区画の変遷

出所）津田秀夫編『図説 大阪の歴史』河出書房新社，1990 年，260 頁。
注記）カッコ内は，明治○年○月○日を示す。

は堺県として分離する。堺県はその後一八六九（明治二）年九月に河内県を、七六年には奈良県を併合して、和泉・河内・大和の三カ国にわたる大きな県となり、堺がその中心地となった。この間廃藩置県を経て、一八七一年一一月には岸和田県等の旧和泉国内の旧藩領が堺県に吸収された。翌一八七二年二月二日、堺県岸和田出張所が設置され、南・日根郡の行政を担当することとなり、八〇年四月に同じく岸和田に南・日根郡役所がおかれた。しかし一八八一年二月七日、堺県は大阪府（一八七七年頃より坂が阪と表記されるようになる）に統合され、のち旧大和国は奈良県として分離し、現在の大阪府域が確定した。そして前述のように一八九六年には旧和泉国は泉北郡と泉南郡に編成された。

貝塚を中心にこの一連の推移をみると、一八六八年一月一〇日、貝塚は大坂鎮台の管轄下に置かれたが、卜半家の支配は続いていた。一八七一年一月に至って、寺内を上知して以後は従来の地子銀を堺県へ収納することとなり(46)、ようやく卜半家の支配は終わることとなった。

近世期には岸和田とともに貝塚も泉南地域の経済的中心地として機能していたが、前述した一八七二年の堺県岸和田出張所設置、および卜半家による貝塚支配の終焉により、岸和田が泉南地域の経済的・政治的中心地となっていったといえよう。

（岡田光代）

第三節　近代期の泉南地域

（1）人口の推移と交通網の発達

泉南地域は、一八七九（明治一二）年の郡区町村編制法により、堺県の南郡と日根郡に編成され、八一年に大阪府に編入された。[47] 一八八九年の市制町村制により、南郡は、岸和田町・貝塚町を含む三町一四村、日根郡は、佐野村を含む二六村で編成された。そして、一八九六年に南郡と日根郡が合併して泉南郡となった。本書でいう泉南地域は、ほぼこの泉南郡域を示す。

廣海家が居住していた貝塚町は、一九二〇年代までは海岸沿いの近世来の寺内町域に重なっていたが、三一（昭和六）年に麻生郷・島・北近義村を合併して内陸部に町域を広げ、三五年に木島村、三九年に西葛城村を合併し、その範囲で四三年に貝塚市となった。その市域を現在も保っている。また貝塚町の北側に隣接した岸和田町は、一九一二年に岸和田町・岸和田浜町・岸和田村・沼野村が合併して町域が広がり、二二（大正一一）年に泉南郡で最初の市となった。岸和田市は、一九三八年に土生郷村、四〇年に有真香・東葛城村、四二年に春木町・南掃守村を合併し、第二次世界大戦後の四八年に山滝村を合併して現在の市域となった。貝塚町の南側に隣接した佐野村は、一九一一年に佐野町となり、三七年に北中通村を合併し、第二次大戦後の四八年に泉佐野市となった。その後内陸部の村々を合併して現在の市域に至っている。

近代期の泉南地域の主要な町場は、岸和田・貝塚・佐野の三カ所で、それらにおける人口の推移と交通網の発達を概観する。表序-2を見よう。一八八〇・九〇年代の泉南地域の人口は、ほぼ一〇―一一万人で横ばいであったが、二〇世紀に入ると順調に増加し、一九二〇年代以降の増加が目立った。岸和田・貝塚・佐野の人口を比べると、産業化の進展とともに岸和田の人口が急増し、比較的順調に人口が増加した佐野に対しても大きく水をあけた。一方、貝塚町人口の伸びは鈍く、近代初頭から一九二〇年代まで変化が少なかった。表では、一九三〇年代に貝塚の人口が急増したが、三〇年代に合併で貝塚町域が拡大した影響が大きく、現在の貝塚市域（旧七町村）の人口は、一八七六年一七、〇五二人、一九〇五年二一、二七三人、一一年二二、六〇七人、一七年二三、八〇一人、二三年二五、七四六人、二九年三〇、九三二人、三五年四〇、五〇七人であった。[48] 旧貝塚寺内町の人口は、一九三〇年代にある程度増大し、その後の市制実施の基盤が形成された。

岸和田・貝塚・佐野は、近世期は海運が主要な交通手段で、一八八〇年代の『大阪府統計書』に、港湾統計として岸和田港・貝塚港・佐野浦の移出入内訳が記載された。しかし、一八九〇年代以降は、貝塚港・佐野浦の地位は低下し、港湾統計として記載されなくなった。そして一八九七年に南海鉄道が堺から佐野まで開通して堺で阪堺鉄道と接続することで、岸和田・貝塚・佐野がいずれも大阪と鉄道で結ばれると（九八年に南海鉄道は阪堺鉄道を買収）、以後鉄道貨物輸送量が増大し、一九一一年には南海鉄道難波―和歌山市間の全線電化と難波―佐野間の複線化が完成した(49)。貝塚町から後背地内陸部への交通として、水間鉄道が一九二五年に海塚―名越間、二六年に名越―水間間が開通したが、南海鉄道との接続は遅れ、三四年に水間鉄道が南海鉄道貝塚駅に乗り入れ、また同年に大阪と和歌山を結ぶ阪和電気鉄道が貝塚町の農村部に阪和貝塚駅を設置した(50)。

（2）産業構成と物流

泉南地域の産業は、近代当初は農業中心で、その後工業が発達し、特に南海鉄道沿線は、屈指の繊維工業地帯となった。そこで、泉南地域の農業と工業を検討する。表序-2を見よう。前述のように、近世後期から泉南地域は木綿産地として発達したが、生産額でみると農業生産額の方が多かったと考えられる。近代に入り染織工業の生産額は急増したが、一九〇三（明治三六）年時点では、織物生産額に酒造・醤油醸造生産額を加えた約二二一万円と主要農産物生産額合計の約二一八万円がまだ拮抗していた。しかし、二〇世紀に入ると染織工業生産額は激増し、農業生産額をはるかに上回り、工業のなかで染織工業が圧倒的地位を占めるに至った。

農業生産では、一八八〇年代―一九三〇年代まで米が主要農産物であったが、一九二〇年代になると、蔬菜・果物等の園芸農産物の生産が急増し、大都市向け蔬菜生産が農業生産のかなりの比重を占めた。一方、一九世紀に泉南地

泉南郡（地域）の農業生産額（量）・工業生産額（量）の推移

農業生産額（量）			泉南郡（地域）の工業生産額（量）				
蜜　柑	菜　種	その他とも計	染織工業	飲食物工業	機械工業	化学工業	その他とも計
	14,321 石			6,755 石[10)]			
	16,709 石			12,763 石[11)]			
821 千貫	12,900 石		537 千円[7)]	12,500 石[11)]			
660 千貫	10,958 石		1,357 千円[8)]	15,588 石[11)]			
1,301 千貫 128 千円	10,701 石 87 千円		1,869 千円[8)]	13,280 石[11)] 337 千円[11)]			
果　実	（6,284 石）		3,227 千円[8)]	661 千円[12)]			
141 千円	特用農産物						
267 千円 (5)	40 千円 (1)	4,864 千円 (100)	20,775 千円[9)]	852 千円[12)]			
178 千円 (4)	47 千円 (1)	4,809 千円 (100)	57,759 千円 (86)	2,256 千円 (3)	3,936 千円 (6)	1,795 千円 (3)	67,320 千円 (100)
378 千円 (3)	41 千円 工芸農産物	11,773 千円 (100)	79,124 千円 (90)	3,849 千円 (4)	731 千円 (1)	2,503 千円 (3)	87,719 千円 (100)
351 千円 (4)	15 千円 0	8,580 千円 (100)	140,566 千円 (93)	3,713 千円 (2)	1,809 千円 (1)	2,263 千円 (1)	151,401 千円 (100)
558 千円 (10)	279 千円 (5)	5,568 千円 (100)	90,861 千円 (90)	2,901 千円 (3)	1,879 千円 (2)	2,505 千円 (2)	101,000 千円 (100)
401 千円 (6)	327 千円 (5)	6,892 千円 (100)	156,525 千円 (88)	4,381 千円 (2)	7,461 千円 (4)	5,030 千円 (3)	176,899 千円 (100)
976 千円 (7)	484 千円 (4)	13,293 千円 (100)	120,867 千円 (68)	6,376 千円 (4)	9,966 千円 (6)	3,280 千円 (2)	176,707 千円 (100)

繁『長期経済統計 13　地域経済統計』東洋経済新報社，1983 年，304 頁より作成。
た（以下の序章各表とも同じ）。大阪中心部は，1897 年4月の市域拡張時の市域にあたる東区・西区・北区・南
王寺・浪速・港・此花区を，1935・40 年はその範囲に相当する東・西・北・南・天王寺・浪速・港・此花・大
が大きいため，それを修正した推定現在人口を示した（前掲梅村又次・高松信清・伊藤繁『長期経済統計 13
1922 年以降は，岸和田に市制が施行されたため，泉南郡の人口・農業生産額・工業生産額に岸和田市の人口・
産額を示した。1908 年の菜種は，食用および特用農産物に含まれるが，生産量のみ括弧書で別記した。1913–40
用農産物生産額の全体に占める比率は，それぞれ18％と0％。実棉・菜種は特用農産物（後に工芸農産物）に

洋書林，復刻版 1993 年）より。4）明治 31 年「日本帝国人口統計」（前掲『国勢調査以前日本人口統計集成』
』第 13 巻，復刻版 1993 年）より。6）食用および特用農産物として。7）和泉国全体の木綿織物生産額。8）
11）前年度酒類醸造石高と当年度醤油醸造石高の合計。12）当年度酒類生産額と醤油生産額の合計。

表序-2　大阪中心部・泉南郡（地域）における人口および

年	現住人口（単位：人，大阪中心部は千人）					泉南郡（地域）の		
	大阪中心部	泉南郡	内 岸和田	内 貝塚	内 佐野	米	麦	実　棉
1884		105,864	11,862	5,174[3]	6,446[3]	73,872 石	31,677 石	48 千貫
1888	513 千人[1]	109,207	12,927			100,053 石	41,335 石	105 千貫
1893	535 千人	109,601				94,820 石	40,721 石	45 千貫
1898	656 千人	112,165	12,509[4]	4,947[4]	7,067[4]	144,034 石	64,610 石	10 千貫
1903	770 千人	115,968	12,580[5]	4,818[5]	7,617[5]	136,883 石	20,898 石	6 千貫
						1,698 千円	261 千円	6 千円
1908	896 千人	131,898	16,885	5,292	8,449	173,891 石	55,939 石	食用農産物
						2,545 千円	454 千円	321 千円[6]
1913	991 千人	134,151	22,267	5,661	8,854	3,399 千円	629 千円	512 千円
(%)						(70)	(13)	(11)
1917	1,166千人[2]	142,725	22,410	6,020	10,059	3,060 千円	669 千円	837 千円
(%)						(64)	(14)	(17)
1920	1,253 千人	151,182	29,306	5,920	10,345	7,813 千円	1,339 千円	2,160 千円
(%)		泉南地域	内 岸和田市			(66)	(11)	蔬菜・花弁
1925	1,332 千人	174,456	32,050	6,437	13,086	5,047 千円	713 千円	2,294 千円
(%)						(59)	(8)	(27)
1930	1,436 千人	185,729	35,102	6,488	14,940	2,970 千円	236 千円	1,389 千円
(%)						(53)	(4)	(25)
1935	1,610 千人	212,413	39,097	37,345	17,450	3,919 千円	294 千円	1,829 千円
(%)						(57)	(4)	(27)
1940	1,545 千人	222,261	46,486	42,797	27,529	4,887 千円	595 千円	6,047 千円
(%)						(37)	(4)	(45)

出所）各年度『大阪府統計書』，大正 9・14・昭和 5・10・15 年『国勢調査報告』，梅村又次・高松信清・伊藤

注記）1884・88・93 年は，南郡と日根郡の合計。数値はいずれも表記されない桁の最上位を四捨五入して示し
区で，1889・93 年はその範囲に相当する地域を，1925・30 年はその範囲に相当する東・西・北・南・天
正区をそれぞれ集計した。1920 年に始まった国勢調査以前の大阪中心部の現在人口は，寄留人口の誤差
地域経済統計』304 頁）。そして1920 年以降の現在人口はいずれも『国勢調査報告』の数値を示した。
農業生産額・工業生産額が含まれないが，本表ではそれも含めて泉南地域の人口・農業生産額・工業生
年の％はいずれも泉南郡（地域）の農業・工業生産額に占める比率。1920 年の食用農産物生産額と特
含まれる。機械工業は器具工業を含む。

注 1）1889 年。2）1918年。3）明治 17 年「都府名邑戸口表」（『国勢調査以前日本人口統計集成』別巻4，東
第5巻，復刻版1992年）より。5）明治 36 年「日本帝国人口静態統計」（前掲『国勢調査以前日本人口統計
泉南郡織物生産額。9）泉南郡織物生産額と岸和田紡績会社綿糸製造額の合計。10）前年度酒類醸造石高。

域の商業的農業の中心であった棉作・菜種作は、一八八〇年代末をピークにその後急減し、一九一〇年代まで一定の地位を占めた麦生産も、二〇年代以降に比重でも絶対額でも減少し、米と蔬菜を中心とする大都市近郊農業の姿が端的に見られるに至った。工業生産では、一八九二年に設立された岸和田紡績会社の影響が大きく(51)、従来の木綿生産の伸びに加え、紡績会社による綿糸生産や、新たな繊維加工品としてのタオルや綿ネル生産も急増し、工業生産額の九〇%前後を染織工業が占めた。それ以外の部門では、酒造と醬油醸造を中心とする飲食物工業が生産額を伸ばしたが、染織工業の伸びに遠く及ばず、一九三〇年代になって機械工業の生産額が急増した。

次に、泉南地域の物流状況を確認する。表序-3を見よう。一八八〇年代は港湾統計に岸和田港・貝塚港・佐野浦が登場し、特に八〇年代前半は、貝塚港が岸和田港に匹敵する移出入額を示した。佐野浦の移出入額は少なかったため省略したが、肥料と米の集散港であった貝塚港に対し、岸和田港では主に綿糸と米が移入されて木綿が移出された。その後岸和田港は、岸和田紡績会社の設立とともに綿糸移出港となり、綿糸生産の原料の繰綿(棉花)移入が急増した。それに次いで多い米や石炭の移入も、紡績工場の燃料や労働者の飯米部分が多かったと考えられ、岸和田港の性格は岸和田で発達した綿紡績業に大きく影響された。ただし、一九二〇年代後半以降に泉南地域で綿製品の生産が急増したため、岸和田港に大量の綿糸が移入され、また麻の移入と麻製品(ロープなど)の移出も増大した。

繊維製品や工場用燃料・食料以外では、岸和田港の肥料移入と煉瓦移出が目につくが、肥料移入は本来貝塚港がもっていた機能が、貝塚港の規模縮小とともに岸和田港に引き継がれたと考えられる。煉瓦移出は、近代の企業勃興期に岸和田で煉瓦会社がかなり早期から設立され、一時経営に苦しんだが、二〇世紀に入って経営が安定して生産が伸びたことが背景にある(第4章)。このように、岸和田港移出入は岸和田市街地での工業化にかなり規定された。

ただし、岸和田に隣接する貝塚の物流は、かなり異なっていた。表序-4を見よう。南海鉄道の各駅主要発着貨物が一九〇〇年代について判明するが、岸和田駅の主要発着貨物は綿製品であったのに対し、貝塚駅の主要発着貨物は

表序-3　貝塚港・岸和田港主要移出入品移出入額一覧

（単位：千円）

1882年		1884年		1887年		1892年		1897年		1907年	
貝塚港主要移入品		貝塚港主要移入品		貝塚港主要移入品		岸和田港主要移入品		岸和田港主要移入品		岸和田港主要移入品	
肥料	181	肥料	65	干鰮	39	薪	279	綿	923	綿	2,186
米	72	米	45	米	24	唐糸	211	木材	48	米	320
炭	38			唐糸	10	紡績糸	134	雑品	40	石炭	101
薪	19					炭	91	薪	37	肥料	61
鉄	17					鯡粕	55	石灰	36	薪	60
岸和田港主要移入品		岸和田港主要移入品		岸和田港主要移入品		小豆	6	炭	34	材木	59
唐糸	103	洋紐糸・唐糸	57	米	218	塩	5	米	19	大小豆	39
酒	47	米	43	唐糸	178	醤油	5	石油	18	木炭	36
米	26	繰綿	19	干鰮	14	木材	4	塩	5	石材	27
薪	22	肥料	19	酒	12			竹	1	食塩	10
牛	11	酒	15			その他とも計	792	その他とも計	1,162	その他とも計	2,909
貝塚港主要移出品		貝塚港主要移出品		貝塚港主要移出品		岸和田港主要移出品		岸和田港主要移出品		岸和田港主要移出品	
肥料	71	木綿	39	米	14	蜜柑	151	雑品	60	紡績糸	2,182
木綿	50	肥料	17			酒	38	紡績糸	45	煉瓦	276
酒	34	水油	15			米	23	清酒	42	蜜柑	140
種油	31	砂糖	12			竹簾	14	蜜柑	39	白米	122
砂糖	19	酒	11			醤油	4	簾	13	麦	72
岸和田港主要移出品		岸和田港主要移出品		岸和田港主要移出品		糠	3	米	11	和酒	63
木綿	146	木綿	86	木綿	330	剝蝦	2	油粕	2	製綿	62
種油	37	水油	12	米	62	麦	2			玉葱	33
蜜柑	12	酒	12	蜜柑	34	油粕	1			剝蝦	12
酒	10	蜜柑	10	酒	19					油粕	11
						その他とも計	242	その他とも計	211	その他とも計	2,980

1912年		1917年		1922年		1927年		1932年		1937年	
岸和田港主要移入品		岸和田港主要移入品		岸和田港主要移入品		岸和田港主要移入品		岸和田港主要移入品		岸和田港主要移入品	
原綿	7,200	原綿	11,100	棉花	18,992	棉花	21,721	棉花	8,883	綿糸	16,200
米	413	石炭	6,246	石炭	877	綿糸	5,334	綿糸	1,502	棉花	15,320
肥料	385	木炭	233	麻布	757	麻	2,227	石炭	850	麻	8,115
石炭	347	薪	231	薪・木炭	509	木材	1,412	マニラ麻	533	金属(製品)	4,265
雑穀	108	木材	124	生魚介	337	石炭	1,247	米	496	石炭	2,150
薪	86			米	198	米	1,088	鮮魚介	333	小麦粉	655
木材	85			木材	197	薪・木炭	659	木材	316	人造絹糸	328
炭	72			石材	170	鮮魚介	555	薪・木炭	275	鉱油	307
食塩	40			肥料	84	錬鉄	500			薪・木炭	287
竹材	24					石材	341			木材	249
その他とも計	8,823	その他とも計	18,152	その他とも計	22,361	その他とも計	36,322	その他とも計	14,429	その他とも計	49,338
岸和田港主要移出品		岸和田港主要移出品		岸和田港主要移出品		岸和田港主要移出品		岸和田港主要移出品		岸和田港主要移出品	
綿糸	6,825	綿糸	10,165	綿糸	13,822	綿織物	3,830	綿糸	1,111	煉瓦	524
煉瓦	732	煉瓦	901	綿織物	2,493	綿糸	3,290	綿布	647	麻袋	170
砂糖	150	麻製ロープ	470	煉瓦	1,132	麻製品	1,191	ロープ	499		
綿	138	鉛筆	432	蜜柑	464	綿製品	985	綿布	402		
蜜柑	88	綿	394	麻糸	222	綿	798	トロールトワイン	388		
白米	44	砂糖	132	清酒	135	煉瓦	586	煉瓦	384		
玉葱	32	清酒	126	鉛筆	69	蜜柑	578	鮮魚介	319		
タオル	20	蜜柑	105			鮮魚介	555	綿毛布	280		
精麦	9	木綿	100			金属(製品)	472	蔬菜・果実	229		
竹簾	4	白米	66			文房具	402	麻袋	149		
その他とも計	8,042	その他とも計	13,000	その他とも計	18,693	その他とも計	13,085	その他とも計	4,566	その他とも計	856

出所）明治15・20・25・30年度『大阪府統計書』，明治39・40・大正元・6・11・昭和2・7・12年度『大日本（日本）帝国港湾統計』（復刻版，雄松堂出版，1994–95年）より作成。

注記）木材には板を含む。各種肥料は適宜肥料としてまとめて示した。1882–87年は各主要5品目を，それ以降は各主要10品目を記載。

表序-4　南海鉄道岸和田・貝塚・佐野駅発着主要貨物一覧

（単位：トン）

1901年						1906年					
岸和田駅到着		貝塚駅到着		佐野駅到着		岸和田駅到着		貝塚駅到着		佐野駅到着	
雑　品	2,788	雑　品	697	雑　品	1,655	雑　貨	3,010	雑　貨	957	綿糸・綿	1,609
綿　糸	1,881	肥　料	319	綿　糸	823	綿糸・綿	1,920	肥　料	366	雑　貨	1,560
木　材	356	木　材	229	木　材	769	肥　料	385	木材・樽丸	227	木材・樽丸	612
酒	209	米	110	石　材	142	木材・樽丸	247	米	131	肥　料	377
肥　料	207	穀　物	91	肥　料	129	蜜　柑	242	鮮　魚	127	食　粉	97
鮮　魚	203	綿　糸	81	穀　物	117	和洋酒	231	薪　炭	126	石材・石綿	86
砂　糖	101	鮮　魚	63	鮮　魚	111	塩干魚	198	空　器	87	綿布・綿ネル	77
石　材	82					鮮　魚	177	綿糸・綿	57	鮮　魚	70
穀　物	74					砂糖・菓子	176	生　菓	50	空　器	65
米	64					生　菓	127	野菜類	47	塩干魚	59
その他とも計	6,138	その他とも計	1,700	その他とも計	3,939	その他とも計	8,146	その他とも計	2,586	その他とも計	5,054
岸和田駅発送		貝塚駅発送		佐野駅発送		岸和田駅発送		貝塚駅発送		佐野駅発送	
木　綿	2,736	野　菜	998	雑　品	1,038	雑　貨	3,773	雑　貨	1,508	雑　貨	2,469
雑　品	1,541	米	906	米	612	綿布・綿ネル	2,663	米	1,160	綿布・綿ネル	1,151
蜜　柑	1,180	雑　品	809	木　綿	583	瓦	1,331	野菜類	687	米	776
綿　糸	1,179	蜜　柑	520	木　材	365	綿糸・綿	1,194	瓦	649	野菜類	581
米	1,021	肥　料	365	野　菜	216	蜜　柑	1,029	蜜　柑	501	鮮　魚	116
綿	488	木　綿	203	鮮　魚	173	米	519	肥　料	311	綿糸・綿	103
鮮　魚	240	鮮　魚	180	綿　糸	70	塩	233	和洋酒	234	蜜　柑	100
酒	131	酒	124	薪　炭	68	鮮　魚	225	醤　油	136	木材・樽丸	90
木　材	62	木　材	74	酒	65	食　品	218	油　類	100	肥　料	84
野　菜	50					肥　料	156	鮮　魚	99	糠	68
その他とも計	8,739	その他とも計	4,351	その他とも計	3,258	その他とも計	12,078	その他とも計	5,770	その他とも計	5,810

出所）明治34・39年度「鉄道局年報」（野田正穂・原田勝正・青木栄一編『明治期鉄道史資料』第I期第1集，第6・11巻，日本経済評論社，1980年）より作成。

野菜・米・肥料など農業関連の生産物や消費財であり、後背地農村と密接に連関していた。一方、佐野駅の主要発着貨物は岸和田駅と同様に綿製品で、佐野町での工業化の進展を反映した。岸和田・貝塚・佐野の綿業関係会社をみると、一八九七年時点で、岸和田で資本金五〇万円の岸和田紡績会社と資本金三〇万円の共同木綿会社が、佐野で資本金一〇万円の泉南木綿会社が存在したが、貝塚では資本金一万円の貝塚織物会社しかなく、その貝塚織物会社も一九〇〇年までに消滅し、〇六年時点では、岸和田に資本金一二〇万円の岸和田紡績会社のみが存在した[52]。貝塚で綿業が本格的に発展するのは、一九〇六年に合資会社として新たに設立され、一一年に株式会社となった貝塚織物会社（資本金三〇万円）が一一年に貝塚郊外に麻生中工場・三ツ松工場・新町工場を開設し、また同じ一一年に帯谷商店が清児工場・沢工場を設立して以降であった[53]。岸和田・佐野より綿業関係の企業勃興が相対的に遅れた貝塚は、第一次大戦以前は、後背地農村向けの肥料の集散地、後背地農村で生産された米・蔬菜の集散地として近世期と類似の機能を担った。

それゆえ貝塚町は、他の泉南地域に先行して後背地農村部との合併を一九三〇年代に進めたが、岸和田市は四〇年代にそれを進め、佐野町は第二次世界大戦後の泉佐野市の成立後にそれを進めた。むろん貝塚でも、一九二〇年代には、綿業関係の会社設立は進み、二二（大正一一）年時点で、資本金一三〇万円の貝塚紡織会社（二一年に貝塚織物会社が名称変更）や資本金一〇〇万円の株式会社帯谷商店などが貝塚に存在した[54]。産業構成からみれば、一九二〇年代には貝塚地域も綿業中心へと転換したと考えられるが、後背地農村との強いつながりを貝塚が持ち続けてきたことに、泉南地域最大の肥料商廣海家が貝塚に存在する意義があったと言える。

（中西聡）

第四節　廣海家の概観

（1）廣海家の家系

近代期に泉南地域最大の肥料商として活躍した廣海家は、一八三五（天保六）年に開業した貝塚浦の廻船問屋であった[55]。図序-2を見よう。廣海家は、一七世紀以来の貝塚の米穀問屋と言われる明瀬家の当主が、娘「ひろ」に摂津鳴尾の酒造家辰馬半右衛門の次男を婿に迎え、分家させて問屋業を継がせたことで誕生した。

明瀬家は、一八二〇（文政三）年に貝塚の領主卜半家家来に准じ、扶持方をもらい、帯刀も許される有力な家であり[56]、廣海家も卜半家から姓を賜ったと伝えられ、当初より屋号でなく「廣海」姓で活動した。廣海家が廻船問屋（貝

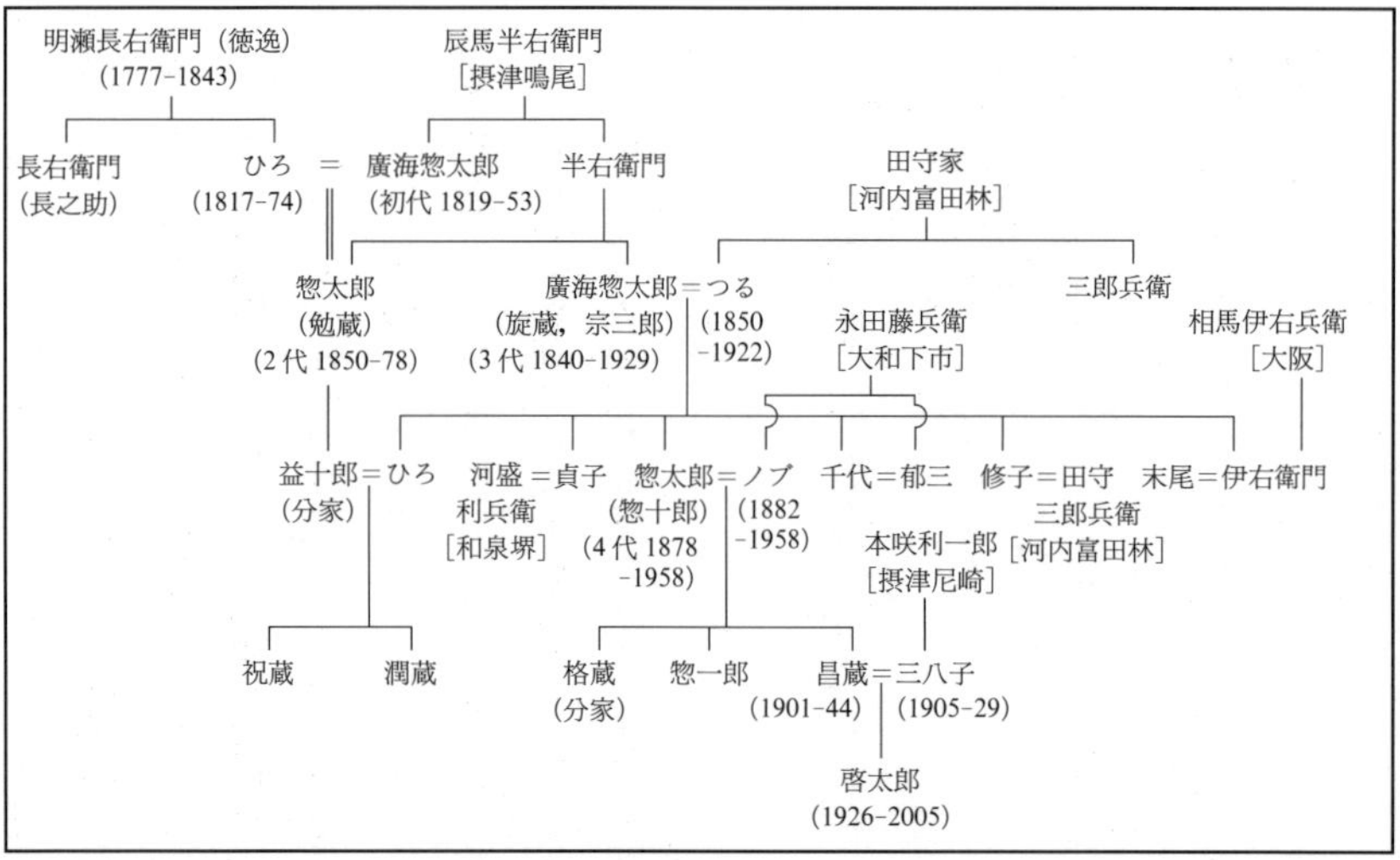

図序-2　廣海家系図（＝夫婦，‖養子）

出所）廣海家所蔵の拓本，「備忘録」（廣海家文書 J168），『大正人名辞典 II』上下巻（日本図書センター，1989 年），『昭和人名辞典』第 3 巻（日本図書センター，1987 年）等より作成。

注記）兄弟姉妹の順序は，横並びで順不同。2 代目までは，「惣太郎」を「宗太郎」と記載した場合があった。女性の名前の最後の「子」は，付けずに記載された場合もあった。（　）内は当主継承前の名前。［　］は住所。明瀬長右衛門や辰馬半右衛門の継承の流れには不確定の要素がある。

塚では諸色問屋）を開業した一八三五年は、貝塚で四軒の諸色問屋仲間が成立しており、廣海家は、そのうち嘉中惣太郎の問屋株を引き継いで開業し、廣海家初代当主も惣太郎を名乗ったと考えられる（第10章を参照）。

初代惣太郎は跡継ぎに恵まれず、自分の生家の辰馬半右衛門家から養子を迎えて二代目を継がせた。二代惣太郎は、明治初年の混乱期を米穀取引から肥料取引へ比重を移して乗り切ったが、比較的若くして一八七八（明治一一）年に亡くなり、遺子益十郎が幼かったこともあり、二代惣太郎の生家の辰馬家から二代惣太郎の存命中より廣海家に養子として入っていた二代惣太郎の実兄（旋蔵）が三代目を継いだ。旋蔵は廣海家に入って最初宗三郎と称し、一八七一年に河内国富田林の地主である田守家から妻を迎えるとともに、同年に開設された廣海家支店（干鰯店、当初は東店）の名義人となった[57]。干鰯店開設は、宗三郎を分家させる意味もあったと思われるが、その後宗三郎が三代惣太郎を継ぐと、干鰯店の名義は惣太郎に変更された[58]。三代惣太郎は、貝塚地域の企業勃興に関与し、貝塚銀行の初代頭取になり、また息子惣十郎（後の四代惣太郎）の妻を奈良県下市の山林地主である永田家から迎えたこともあり、一八九七年頃より植林事業に力を入れた（第3・4章を参照）。三代惣太郎は、一九〇一年に家督を息子惣十郎に譲ったが、二代惣太郎の遺子益十郎に自分の娘「ひろ」を配し、相応の財産を分与して分家させた[59]。三代惣太郎は多くの子に恵まれ、前述の永田家の他に河内国富田林の田守家、堺の河盛家、大阪の相馬家とも姻戚関係を結んだが、これらの家は廣海家と肥料取引は行っていなかった。ただし四代惣太郎に嫁いだ永田ノブの二人の姉がそれぞれ逸身銀行を設立した逸身佐一郎とその弟で逸身銀行取締役かつ尼崎紡績会社社長となった福本元之助に嫁いでおり、永田家を介して四代惣太郎は、逸身佐一郎・福本元之助と義理の兄弟の関係にあった[60]。

四代惣太郎は[61]、肥料商業を維持しつつ、一九〇六年以降貝塚銀行の頭取を長期にわたり務め、一七（大正六）年に貝塚町会議員に当選し、貝塚町の財界・政界で活躍した。四代惣太郎の長男惣一郎が夭折したため、次男昌蔵が跡を継いだ。昌蔵は、尼崎の近世来の両替商の本咲家から妻を迎え、その弟の格蔵は一九三〇（昭和五）年に分家した。その後、第二次世界大戦が始まり、肥料統制が強まるなかで肥料商業が困難となり、一九四四年に肥料商を廃業した。

（2）廣海家の資産規模

廣海家は貝塚のなかで有力な地位を占めたが、現時点ではその資産規模を明確に示す史料は見つかっていない。ただし、資産家番付や所得税額によって廣海家の資産規模はある程度推定できるので、それらより泉南地域あるいは全国のなかで廣海家の資産規模がどの程度の位置を占めたかを確認する。表序-5を見よう。廣海家は、一九一五（大正四）・三〇（昭和五）・三三年の資産家番付に登場し、一五年は資産額三五万円、三〇・三三年は資産額二〇〇万円

表序-5　泉南地域有力資産家一覧

住所	氏名	1915年	1916年	備考	1930年	1933年	備考
岸和田	寺田甚与茂	600万円	800万円	会社重役	3,000万円	(甚吉)2,500万円	岸和田紡績社長
岸和田	寺田元吉	150万円	150万円	銀行頭取	(元之助)500万円	700万円	佐野紡績社長
岸和田	寺田利吉		80万円	銀行頭取	280万円	350万円	寺田銀行頭取
岸和田	宇野亮一		80万円	会社重役	250万円	300万円	和泉紡績社長
岸和田	岸村徳平	70万円	75万円	木綿製造業	700万円	700万円	五十一銀行頭取
岸和田	金納源十郎	35万円	55万円	酒造業	250万円	250万円	会社重役
岸和田	寺田吉之助					200万円	銀行専務
岸和田	浜口亀太郎				100万円	100万円	泉陽紡取締
岸和田	久住政七				100万円	100万円	関西製鋼
岸和田	岡田惣吉	20万円			70万円		
岸和田	吉野時之助					50万円	元米穀商
貝塚	廣海惣太郎	35万円			200万円	200万円	肥料
貝塚	帯谷吉次郎				120万円	250万円	織布
佐野	中林孫次郎				120万円	150万円	織布
熊取	原文平		70万円	地主			
西鳥取	森井茂吉	35万円			(浅次郎)70万円		
北近義	要亮太郎	35万円					
尾崎	成子善太郎				70万円	70万円	酒造業

出所）大正4年「大阪資産家名鑑」（渋谷隆一編『都道府県別資産家地主総覧』大阪編1，日本図書センター，1991年），大正5年「全国五十万円以上資産家表」，昭和5年「全国金満家大番附」，昭和8年「全国金満家大番附」（以上，渋谷隆一編『大正昭和日本全国資産家地主資料集成』第1巻，柏書房，1985年）より作成。

注記）備考欄は，それぞれ1916（大正5）年，1933（昭和8）年の史料に記載された職業をそのまま示した。代替わりで名前が変更になったと考えられる場合は括弧書きで示した。金額はいずれも，史料に記載された資産額を示した。

とされた。もとより正確な数字とは言えないが、同じ資料で泉南地域居住の有力資産家として挙げられた家と比較すると、廣海家は貝塚のなかでは最大規模であり、泉南地域でも隔絶した地位の岸和田の寺田一族と岸村徳平に次いで、トップクラスの資産額を示した。しかも、岸和田の有力資産家について資料に記載された職業がいずれも会社役員であったのに対し、廣海家は当主が貝塚銀行頭取でありながら職業は肥料商となっており、近世来の商業を家業とする意識が強かった。貝塚・佐野で廣海家に匹敵する資産額を示すに至った帯谷家と中林家はいずれも織布業を家業としており、近世来の商業経営を維持しつつ有力資産家になったのは、泉南地域では廣海家以外にほとんど見られなかった。

その点を、所得税額からやや詳しく検討する。表序-6を見よう。泉南地域の高額所得者・多額納税者をまとめると、廣海家はやはり所得額・納税額でトップクラスであった。一九一一（明治四四）年時点では、貝塚より先行して工業化が進んだ岸和田で綿業を基盤に急速に資金蓄積した寺田一族・岸村徳平や、農村部で資金蓄積した酒造家・米穀商・地主らが高額所得者として名前を連ねたが、町場の肥料商として廣海家は飛び抜けた地位を示していた。一九二〇年代になると、高額所得者は大部分が岸和田の資産家で、それ以外は廣海家など少数に止まったが、所得内訳を見ると、いずれの家も大部分が配当収入であった。ただし廣海家は、現業部分の収入もある程度存在する数少ない有力資産家で、山林収入や俸給部分も併せ、配当収入以外の部分でも多様な収入源を確保していた。一九三〇年代になると、昭和恐慌による配当収入の減少や肥料商業活動の縮小から、納税額からみた廣海家の所得規模は、会社経営を積極的に展開した有力資産家に比べると、相対的に小さくなったと考えられるが、他の有力資産家の大部分が職業を会社役員としたのに対し、廣海家は職業を肥料商としており、家業としての肥料商業にこだわった様子が窺える。

続いて、廣海家の全国的位置付けを検討する。表序-7を見よう。一九一六年と三三年の資産家番付を分析した渋谷らの研究からみて[62]、一五年時点で資産額三五万円とされた廣海家は、当時全国で上位二、五〇〇—三、〇〇〇位程度におり、三三年時点で資産額二〇〇万円とされた同家は、当時全国で上位一、〇〇〇位程度にいたと推測できる。資産額からみた地位で、廣海家はその間にかなり上昇しており、両大戦間期の資産運用を比較的良好に行ったと考えられる。渋谷らは、資産規模五〇〇万円以上の資産家を地方財閥と位置付ける目安としたが、廣海家は、それよりワンランク下の中規模資産家と言える。ただし、産業化との関連では、廣海家のような中規模資産家が日本各地で進められた裾野の広い会社設立の中心的担い手となったと考えられ、その意味で廣海家を取り上げる重要な意義があろう。

第二次世界大戦後の一九四六—四七年に廣海家は財産税対象の同家資産を調査したが、その内訳は、家屋四三五、一二〇円、宅地一一六、四六九円、田一〇九、四九二円、株券六九四、一六三円、立木二二八、四四七円、山地九〇、一〇五円、巽組出資金四六、六六三円、預金三八五、七〇〇円、保険四四、九六一円、国債一、四七七円、動産八四、七〇

得者・多額納税者一覧

（単位：円）

年				住　所	氏　名	1930 年納税額	1933 年納税額	備考 2
内 商工業	内 配当	内 俸給等	内 貸金					
	149,244	55,770	1,266	→	(甚与茂・甚吉)	28,621	34,536	会社重役
	112,245	4,014	114	→	(徳平・徳太郎・ウノ)	25,490	13,953	会社重役
4,446	105,355	15,798	1,374	→	→	13,282		会社重役
	103,647	3,600		→	(利吉・利一・福三)	11,790	4,476	会社重役
	80,557	2,860	5,805	→	(元之助・吉蔵)	28,317	23,985	会社重役
	72,177	4,057	534	→	→	9,345	6,148	会社重役
	41,486	9,716		→	→	10,896	8,704	会社重役
2,255	39,928	3,230	72	→	→	4,099	2,427	会社重役
	34,675	3,541		→	→	1,104		
35	33,609	185	1,723	→	→	2,940	1,223	会社重役
	19,274	9,300		→	→	1,458		会社重役
	29,542	500		→	→	3,500	3,465	会社重役
1,618	42,061	6,531		→	→		2,194	肥料商
	126,534	95,876						
	34,154	5,728	400[1)]	→(春木)	(治平・一雄)	6,428	4,517	会社重役
5,804	9,254	2,956	20					
				岸和田	佐藤暦次郎	10,200		
				岸和田	宅徳平	8,526		酒醸造業
				岸和田	和田孫吉	3,749	2,468	弁護士
				岸和田	寺田甚七	3,668	3,528	会社員
				岸和田	小林惣一郎	2,880	2,109	会社重役
				春　木	岡田利吉	2,176	2,463	綿織物商
				岸和田	宮内良一	1,700	1,026	銀行員
				岸和田	辻本英一	1,682		会社員
				岸和田	岡田惣吉	1,626		会社重役
				岸和田	中筋音五郎	1,453		請負業
				岸和田	浦田政太郎	1,169		会社員
				貝　塚	帯谷吉次郎		5,397	会社重役
				岸和田	寺田千代		2,988	地　主
				岸和田	廣澤耕作		1,556	地　主
				岸和田	吉野時之助		1,336	地　主
				佐　野	道幸久次郎		1,288	輸出商

総覧』大阪編2，1991 年)，大正 13 年分「第三種所得大納税者所得金額調」(前掲渋谷隆一編『都道府県別資
上，前掲渋谷隆一編『大正昭和日本全国資産家地主資料集成』第 1 巻）より作成。
で 3 等以上のものと 1923 年の史料に挙げられたものを挙げてその区分を示した。特 6 等が所得金額 2 万円程度，
14等が 6,500 円程度，特 16 等が 5,500 円程度，1 等が 5,000 円程度，2 等が 4,500 円程度，3 等が 4,000 円程度，
とされた。左端の住所は市町村名で，岸和田町・岸和田浜町・岸和田村はいずれも岸和田で統一した。住所の
意味。1930・33 年の納税額は，それぞれ30 年10 月・33 年 10 月調査で，その年度決定の所得税額と考えられ，
た（家族構成は，『大正人名辞典 III』上巻〔日本図書センター，1994 年〕，および前掲『昭和人名辞典』第 3 巻
し，備考 2 は，1930・33 年の史料に記載された職種をそのまま示した。表で示した以外に，1911 年時点の所得

表序-6 泉南地域高額所

住 所	氏 名	1911年所得額基準	備考1	1923年所得額計	1924			
					所得額計	内 田畑	内 貸家等	内 山林
岸和田	寺田甚兵衛	特12等	会社重役	(甚与茂)282,094	216,554	8,860	1,414	
岸和田	岸村徳平	特12等	木綿製造販売	144,706	133,800	5,570	11,857	
岸和田	寺田元吉	特10等	酒造販売	138,451	131,515	2,111	2,431	
岸和田	寺田利吉	9等	銀行役員	100,888	111,526	330	3,949	
岸和田	寺田元之助	9等	会社重役	88,618	95,404	5,208	974	
岸和田	金納源十郎	6等	酒造販売	89,338	81,894	2,431	2,695	
岸和田	宇野亮一	13等		82,554	61,012	3,603	6,207	
岸和田	浜口亀太郎	3等	生魚商	61,049	51,608	2,762	3,361	
岸和田	佐々木秋子			45,138	41,718	2,564	938	
岸和田	久住政七	7等	綿糸商	42,326	37,574	39	1,983	
岸和田	松村熊次郎	11等	肥料商	34,372	34,069	602	4,893	
岸和田	寺田吉之助			65,186	30,384	54	288	
貝 塚	廣海惣太郎	2等	肥料商	69,920	56,020	2,642	1,833	1,335
田 尻	谷口房蔵			265,374	228,307	785	5,102	
北掃守	白井治平	7等		55,241	43,349	2,495	572	
西鳥取	森井茂吉	2等		31,011	30,668	6,126	508	6,000
熊 取	原文平	特6等	地 主					
山直上	信貴豊三郎	特7等	酒造販売					
沼 野	岸本菊蔵	特13等	米穀商					
佐 野	古妻四郎平	特14等	米穀商					
山直上	井阪楠太郎	特16等	酒造販売					
木 島	南四郎左衛門	特16等						
岸和田	大西藤五郎	1等						
尾 崎	成子善太郎	1等	酒造販売					
北中通	大野宇八	1等	地 主					
西信達	亀岡平兵衛	1等						
岸和田	山直善一	2等	金銭貸付業					
西鳥取	古家主治郎	2等	地 主					
西鳥取	森井長次郎	2等	酒造販売					
熊 取	義本一	2等	酒造販売					
北中通	里井楠太郎	2等						
樽 井	喜納弥与茂	3等	醬油醸造業					

出所）明治44年調査「大阪府河内和泉三島一市五郡資産家一覧表」（前掲渋谷隆一編『都道府県別資産家地主産地主総覧』近畿編，1991年），昭和5年「全国多額納税者一覧」，昭和8年「全国多額納税者一覧」（以

注記）1911年は，所得額をもとに特1等～特16等，1等～15等の計31段階に区分して示した史料より泉南郡特7等が15,000円程度，特10等が8,500円程度，特12等が7,500円程度，特13等が7,000円程度，特6等が2,500円程度，7等が2,000円程度，9等が1,000円 程度，11等が800円程度，13等が600円程度変更や代替わりによる名前の変更と考えられる場合は括弧書きで示し，→は左端の住所・氏名に同じの附加税は含まれていない。1930・33年の納税額は，分家していない家族のものも当主に合算して示しを参照)。備考1は，1907年もしくは1913年の『日本全国商工人名録』大阪府の部等により職種を示額3等として，岸和田の大槻与三郎，佐野の山本藤兵衛・新川廣太郎，南近義の岸上又一がいた。

注1）その他として。

表序-7　有力資産家の資産階層別構成

（単位：戸数）

資産額区分	1916年	1933年
4大財閥	16	28
5,000万円以上	2	12
1,000万円以上	37	111
700万円以上	18	49
500万円以上	56	130
300万円以上	80	281
200万円以上	108	373
100万円以上	451	1,370
50万円以上	1,433	3,109
計	2,201	5,463

出所）渋谷隆一・加藤隆・岡田和喜編『地方財閥の展開と銀行』（日本評論社，1989年）表序-3より作成。
注記）原史料は，1916年と1933年の資産家番付。4大財閥は，三井家・岩崎家（三菱）・住友家・安田家。

〇円、計二、二三七、二九七円であった(63)。一九三六年度末の廣海家株式投資残額は約五八万円なので（第5章を参照）、この内訳が、三三年の資産家番付にあった廣海家資産二〇〇万円の内実にほぼ相当すると思われる。

（3）廣海家の営業規模

次に、廣海家の家業である肥料商業の営業規模が泉南地域あるいは全国のなかでどの程度の地位にあったかを確認する。表序-8を見よう。泉南地域の肥料商の営業規模を営業税（一九二七〔昭和二〕年から営業収益税）額から見ると、一八九七（明治三〇）―一九三〇年までほぼ一貫して廣海家が泉南地域の肥料商のなかで最も多くの営業（収益）税を納めていた（一九〇六・〇七年時点の廣海家の営業税額も第2章によれば二〇〇円弱であった）。営業税は営業規模（売上高・従業員数・建物賃貸価格）に課せられる税で、営業税額の算定基準は卸商と小売商で異なり、一方、営業収益税は収益に課せられる税で、営業規模に直接反映されるわけではなかった（以上、第2章を参照）。また肥料商が米穀取引を兼営した場合も多く、営業税額から直ちに肥料商業の営業規模を推計することは難しい。とはいえ、廣海家が北海道に店員を派遣して直接北海道から肥料を仕入れて（北海道直買）、肥料商業を積極的に行っていた一九一〇年代前半は、廣海家の肥料商業営業規模は泉南地域のなかで群を抜いていたと言える。しかし、二〇年代初頭には廣海家に匹敵する営業税額を納めた肥料会社が登場しており、二〇年代末の営業収益税額では他の肥料商に肩を並べられた。ただし、所得税納税額は他の肥料商とは比較にならないほど多額で、肥料商の有力資産家としては、廣海家は泉南地域で飛び抜けた地位を占めた。全国でみても、前述の一九三三年時点の全国資産家番付で、肥料商を家業とした

表序-8　泉南地域有力肥料商の営業税額・所得税額一覧

（単位：円）

住所	氏　名	1897もしくは98年		1906もしくは07年		氏　名	1914もしくは15年		1920もしくは21年		1929もしくは30年	
		営業税	所得税	営業税	所得税		営業税	所得税	営業税	所得税	営業収益税	所得税
貝塚	廣海惣太郎	72	86	73	63	→	116	149	193	373	63	4,028
貝塚	木谷七平	51				岡田儀平	31	20				
貝塚	尾食弥三郎	10	8	10	43	泉洲肥料合名	29					
貝塚	阪上松右衛門	9	3			朝日肥料合名	25					
貝塚						八丈甚七	24		51	52		
貝塚						西井新助	22					
岸和田	佐納喜平治	32	8			和泉商店支店			176			
岸和田	川崎平右衛門	10		14		→					49	52
岸和田	大家房次郎			10		→(利三郎)	20					
岸和田	松村熊次郎			11	8	→	32	46	42	161		
岸和田						糀野儀平	25				名前有	名前有
佐野	番匠谷平吉			18	42	→	29	95	61	141	56	206
佐野	数宝龍太郎			14	6	→	24	21	58	41	57	51
西信達	上野利太郎			90	24	成瀬門十郎	22	26				
西信達	玉田長七			15								
北中通	石野茂七			16		→	23		66	24		
尾崎	池田文治郎			13	21	(半三郎)	26	23				
山直下						山直肥料合資			140			
木島						吉岡孫左衛門			63	24		
田尻						西坂平治郎			59	62		
東葛城						今井辰蔵			46	161		
土生郷						土生信託合名			43			

出所）明治31・40・大正4・10年版『日本全国商工人名録』大阪府の部，昭和5年版「大日本商工録」大阪府の部（前掲渋谷隆一編『都道府県別資産家地主総覧』大阪編3，1991年）より作成。

注記）氏名欄の→は，その左側の氏名と同じの意味で代替わりで名前が変更した場合は，括弧書きで示した。営業税は1927年から営業収益税に変更されたが，内容は本文を参照。

資産家で廣海家に匹敵する資産額二〇〇万円以上で挙げられたのは、石居四郎平四〇〇万円・小栗三郎（万三商店）三〇〇万円・村林栄助三〇〇万円・高松定一（師定商店）二五〇万円・岩出惣兵衛二〇〇万円・岩瀬弥助二〇〇万円の六軒にすぎなかった[64]。

次に、肥料商以外も含め、貝塚町の商工業者のなかでの廣海家の地位を営業（収益）税額から検討する。表序-9を見よう。貝塚町では、廣海家の他に清酒醸造家で多額の営業（収益）税額を納めたものが多く、単純には比較できないが、一九一〇年代まで、廣海家とそれら清酒醸造家が、最上位の営業規模を示した。そのなかで寺田徳三郎は、岸和田に本拠を置く寺田家の一族であった[65]。

表序-9　貝塚町主要商工業者営業税額・所得税額一覧

（単位：円）

氏名	職種	1897もしくは98年		1906もしくは07年		1914もしくは15年		1920もしくは21年		1929もしくは30年	
		営業税	所得税	営業税	所得税	営業税	所得税	営業税	所得税	営業収益税	所得税
廣海惣太郎	肥料商	72	86	73	63	116	149	193	373	63	4,028
左納権四郎	清酒醸造	70	76								
寺田徳三郎	清酒醸造	57	8	60	67	225	47	249	1,093		
左納亀三郎	清酒醸造	54	9								
宇野庄寿計	鍋釜製造	53	24	(茂兵衛)57	31	94	28	(藤吉)196	52	140	523
木谷七平	肥料商	51									
寺田久吉	清酒醸造	46	7	48	70	(甚三郎)118	110	(久治郎)131	78	70	461
種子島源兵衛	醤油商	36	36	52	137	泉醤油株式会社設立					
射場喜平	米穀商	23	3	(ハル)21						(善之助)38	14
岡本市治郎	醤油商	22	16	24	23	58	55	62	105	92	226
薬師藤吉	米穀商	19	5	24	16						
鹿野楠太郎	米穀商	17	3	13	11	(正道)67	26	266		182	441
鹿島熊吉	生魚商	15	3	35	16	52	22	96	43	75	
百野清治郎	履物商	12	3	14	12	81	45			(清一)88	200
畑野和一郎	材木商	11		12	7	(佐太郎)26	57	58	89	(利三郎)44	101
塩谷五平	菓子商	10	9							(タカ)53	31
田端安太郎	米穀商	8		10		30		76	51		
帯谷幸助	綿布製造販売			18	9	21	79	1,143	1,429	(帯谷商店)431	
尾食秀三郎	質物金融			16	16					58	27
岡田儀平	肥料商			11		31	20				
百野直吉	魚類商					30	32	90	132	名前有	名前有
早野新太郎	綿布製造					25	22	136	843		
西田幸太郎	タオル製造					25		99	223		
八丈甚七	肥料商					24		51	52		
高田利一郎	荒物商					21				58	120
帯谷治助	機械工具製造					20				84	114
山本松次郎	石油商							131	25		
西谷和一	有価証券仲介							64		30	13
川崎正一	有価証券仲介							60			
森里乃	有価証券仲介							58	19		
嘉吉長蔵	木櫛製造							53	100	(久平)145	530
金谷清吉	米穀商							52	51	84	75
岡田伊平	青物商							52			
溝端藤治郎	紡績機械製造									159	700
真城梅吉	呉服太物商									89	203
西田菊太郎	薬種販売									89	530
花篤惣治郎	質物金融									81	71
河津信三	石炭商									80	53
塚本久吉	乾物商									56	30
樽谷庄太郎	樽丸製造									50	20

出所）表序-8と同じ。

注記）1897 (98)・1906 (07) 年の営業税額20円以上，1914 (15) 年の営業税額30円以上，1920 (21)・29 (30) 年の営業（収益）税額50円以上のいずれかを満たした商工業者（料理店・旅館を除く）について，記載の年の営業税額と所得税額をそれぞれ示した。銀行・会社は除いた。括弧書は，名義変更と考えられるものを示す。営業税は1927年から営業収益税に変更されたが，内容は本文参照。

しかし、一九二〇年代になると、貝塚での綿業の発展とともに、帯谷を始め綿業関係者で多額の営業（収益）税を納めるものが登場し、二〇年代末には帯谷商店が、群を抜く営業収益税額を納めた。ただし、所得税納税額では、廣海家は貝塚の他の商工業者を圧倒し、帯谷家と並んで貝塚町の最有力資産家の地位は維持した。

最後に、営業税額から全国の肥料商のなかでの廣海家の地位を確認する。表序-10で、二〇世紀初頭の日本各地の肥料主要集散地を含む一二府県について、有力肥料商を営業税額順に並べた。[66] 一八九七年時点は、日本の販売肥料の中心が北海道産の魚肥で、それらが主に日本海・瀬戸内航路や太平洋航路を通して、北海道から各地に直接運ばれたことから、各地諸港の肥料問屋が並んだ。廣海家と同レベルの営業税額を北陸・瀬戸内諸港の有力肥料問屋が納めており、廣海家は地方集散地問屋のトップレベルに並んでいたと言える。

しかし、一九〇〇年代後半になると、販売肥料の中心が魚肥から「中国東北部」産の大豆粕に転換し、それら輸入肥料を大量に扱った愛知県・東京府の肥料商が上位に並んだ。出所資料では廣海家の営業税額が過小評価されていると思われ、第2章（表2-2）によれば同時期に廣海家は二〇〇円弱の営業税を納めており、廣海家は輸入肥料を扱うのではなく、北海道直買を積極的に進めて北海道産魚肥の取扱量を増やし、その地位を上昇させたと考えられる。ただし、一九一〇年代になると大都市の肥料商が大幅に営業規模を拡大して廣海家の地位は相対的に低下し、一四（大正三）年をもって北海道直買を廃止して以降廣海家の営業規模が縮小し、二〇・二一年時点では、一二・一三年より廣海家の営業税額は減少した。それに対し他の有力肥料商の営業税額が急増したため、廣海家の地位は急激に低下し、全国的には比較的よく見られる営業規模の肥料商になった。全体的にみても、輸入肥料の比重の増大から、主要開港場の神戸と、同じく主要開港場の横浜に近い東京の肥料商が圧倒的地位を占め、有力肥料商の大部分が東京・神戸・大阪・名古屋など大都市の肥料商で占められた。

第一次世界大戦期は、輸入肥料の急増により、主要開港場の横浜・神戸を含む東京圏・大阪圏の肥料商と地方集散

表序-10　肥料主要移入府県における営業税額からみた有力肥料商一覧

（単位：円）

1897年もしくは98年			1906年もしくは07年			1912年もしくは13年			1920年もしくは21年		
氏　名	住　所	営業税	氏　名	住　所	営業税	氏　名	住　所	営業税	氏　名	住　所	営業税
岩出惣兵衛	東京	619	井口半兵衛	愛知・亀崎	981[5]	小栗三郎	愛知・半田	3,110	安部幸兵衛商店	神戸	25,618[9]
有馬市太郎	兵庫	596	森六郎	徳島	796[6]	森六郎	徳島	2,939[6]	小寺壮吉	神戸	11,028[10]
小栗三郎	愛知・半田	525	小津寅之助	東京	742	岩出惣兵衛	東京	2,503	小島辰之助	東京	10,554
窪田弥兵衛	東京	474	岩出惣兵衛	東京	690	大家七平	大阪	2,204	丸十商店	山口・下関	9,999
大和田荘七	福井・敦賀	456	小栗三郎	愛知・半田	657	小津与右衛門	東京	1,548	鈴鹿商店支店	神戸	9,130
南島間作	富山・新湊	440	窪田弥兵衛	東京	433	村林栄助	東京	1,404	木下武兵衛	大阪	8,458[11]
九鬼紋七	三重・四日市	423	石川茂兵衛	兵庫	378	鈴鹿商店	東京	1,236	草薙金七	東京	8,144
奥三郎兵衛	東京	417	間瀬仁右衛門	名古屋	277	川口平三郎	兵庫・尼崎	1,156[3]	小栗三郎	愛知・半田	6,782
田中武兵衛	三重・四日市	338	服部兵助	名古屋	271	窪田弥兵衛	東京	1,122	武内廣治	神戸	6,032
金澤仁兵衛	大阪	232[1]	鈴鹿保家	東京	234	鈴木茂兵衛	東京	964	武井商店	神戸	5,552
内海まき	大阪	231	天羽兵二支店	兵庫	232	糟谷肥料部	愛知・横須賀	952[7]	矢野慶太郎	大阪	5,396
石川茂兵衛	兵庫	210	高松定一	名古屋	224	高松定一	名古屋	831	森六郎商店	徳島	4,690[12]
高松定一	名古屋	205	金澤仁兵衛	大阪	218[1]	小寺壮吉	神戸	778	峰岸慶蔵	東京	4,538
野尻理右衛門	名古屋	190	土屋肥料店	広島・尾道	205	田中武	三重・四日市	760	武井商店	神戸	4,479
土屋嘉助	広島・尾道	189	九鬼紋七	三重・四日市	204	藤井合資	神戸	753	岩出惣兵衛	東京	4,374
久住九平	徳島	188	伊藤清七	名古屋	196	九鬼肥料店	三重・四日市	735	川口平三郎	兵庫・尼崎	4,336[3]
本多安五郎	東京	171	直木久兵衛	兵庫	196	武林洋行	神戸	725	和泉商店	大阪	3,238[13]
山西庄五郎	徳島・撫養	157[2]	野尻理右衛門	名古屋	186	森寺喜兵衛	三重・四日市	704	井上寅次郎	神戸	3,204
三輪嘉兵衛	名古屋	156	泉理右衛門	兵庫	178	秦新蔵	大阪	684	木下貿易支店	神戸	3,105
川口平三郎	兵庫・尼崎	148[3]	藪孝三郎	東京	172	加瀬忠次郎	東京	679	加瀬忠次郎	東京	2,951
藍谷芳蔵	徳島	144	内山形郎	東京	171	武井商店	神戸	667	木全由三郎	神戸	2,924
畠山小兵衛	富山・東岩瀬	137	藤井定介	兵庫	168	奥村嘉蔵支店	東京	657	鈴木廣太郎	名古屋	2,659
網盛弥兵衛	兵庫	133	柏原貞助	広島・尾道	156	藤岡宗八郎	東京	616	福島梅吉	神戸	2,604
大西久左衛門	岡山・玉島	127	川口平三郎	兵庫・尼崎	154[3]	武居宜路	山口・末武南	582	奥村嘉蔵	東京	2,601
松下久次郎	東京	121	田中武	三重・四日市	152	野尻理右衛門	名古屋	578	藤田勘蔵	東京	2,204
浜田藤次郎	兵庫・飾磨	120	森寺嘉兵衛	三重・四日市	151	林永太	山口・下松	565	柴田慶治	神戸	2,200
菅野伝右衛門	富山・高岡	119	板倉清次郎	大阪	151	橋本吉次郎	広島・尾道	557	海江田直議	神戸	2,183
福井富之助	大阪	118	藤岡惣次郎	東京	146	和田為次郎	神戸	556	鈴木久吉	東京	2,113
岩城栄吉	福井・敦賀	117	三輪嘉兵衛	名古屋	144	鈴木廣太郎	名古屋	553	倉橋直次郎	東京	2,031
宮城彦次郎	富山・東岩瀬	114	太田久左衛門	名古屋	144	久保合名	大阪	547	橋本忠吉	東京	1,966
富安佐助	広島・尾道	110	藍谷芳蔵	徳島	134	吉田伊三郎	三重・四日市	544	今柳商店	神戸	1,901
木谷七平	大阪・貝塚	107[4]	臼井源蔵	兵庫	126	西谷倉吉	香川・多度津	516	三宅駿二	神戸	1,836
対馬清平	香川・志度	102	新美昇平	愛知・亀崎	123	直木久兵衛	神戸	501	東洋物産株式	広島・尾道	1,831
栖原久三郎	東京	101	奥田常右衛門	広島・福山	116	加満屋商会	東京	491	百瀬信弘	神戸	1,769
天羽兵太郎	徳島・撫養	100	田中竹太郎	東京	114	増田合名	神戸	489	杉浦仁三郎	愛知・半田	1,648
美馬熊八	徳島	99	柴田慶治	兵庫	114	島田林太郎	大阪	489	澤田商会	福井・敦賀	1,648

松本清助	広島	97	馬場久太郎	香川・志度	113	高松長太郎	名古屋	485	高松定一	名古屋	1,638
林荘兵衛	岡山・玉島	97	山本富次郎	愛知・亀崎	110	藍谷芳蔵	徳島	460	清水友次郎	広島・福山	1,576
高井文治	富山・東岩瀬	95	萩原与右衛門	東京	108	米田商店	富山・東岩瀬	453	田中要次郎	東京	1,573
染谷浜七	東京	94	村澤宗十郎	徳島・撫養	107	村崎鹿蔵	東京	445	永井益慶	大阪	1,485
平能五兵衛	富山・高岡	93	鈴木廣太郎	名古屋	106	油谷重三	神戸	440	橋本吉次郎	広島・尾道	1,435
小山磯五郎	東京	93	藤木治郎平	富山・水橋	105	鈴木庄蔵	名古屋	438	大和田荘七	福井・敦賀	1,420
鈴木庄蔵	名古屋	91	小山磯五郎	東京	105	尾上卯吉	岡山・玉島	421	油谷重三	神戸	1,410
北野虎七	徳島	88	宮城彦次郎	富山・東岩瀬	104	萩田才助	香川・一の谷	418	斎藤芳三郎	東京	1,387
森正太郎	富山・東岩瀬	86	尼崎熊吉	大阪・向井	104	三輪嘉兵衛	名古屋	412	鈴木由郎	東京	1,343
志方勢七	大阪	84	栖原久三郎	東京	103	共立物産合名	広島・尾道	378	石川茂兵衛	神戸	1,290
多田文平支店	徳島	83	渡邊鉦太郎	名古屋	103	柴田慶治	神戸	361	山本紹郎	東京	1,271
八坂金平	富山・伏木	81	久保彦次郎	福井・敦賀	101	柏原良助	広島・尾道	361	大井平次郎	東京	1,249
藤井定介	兵庫	81	網盛弥兵衛	兵庫	99	小島惣右衛門	津	348	野尻理右衛門	名古屋	1,232
直木久兵衛	兵庫	80	筒井利兵衛	三重・上野	98	吉見宗二	徳島	346[8]	臼井源蔵	神戸	1,223
菊地太平	岡山・玉島	79	今谷常三郎	三重・四日市	98	景山甚右衛門	香川・多度津	344	大森則吉	東京	1,221
服部兵助	名古屋	78	天羽兵太郎	徳島・撫養	97	対馬清平	香川・志度	336	今谷商店	三重・四日市	1,219
天羽九郎	徳島・撫養	78	間島九平	香川・志度	94	草薙金七	東京	327	伯田菊次郎	広島・尾道	1,128
久保支店	大阪	77	油谷重三	兵庫	92	金澤仁兵衛	大阪	321	葉加瀬宇三郎	福井・敦賀	1,083
中西良造	岡山・玉島	75	前田久太郎	富山・福光	92	辻谷善兵衛	大阪	314	三木豊二	神戸	1,082
廣海惣太郎	大阪・貝塚	72	上野利太郎	大阪・西信達	90	木全由三郎	神戸	310	小津与右衛門	東京	1,066
前田久太郎	富山・福光	72	本多安五郎	東京	90	田原善兵衛	名古屋	300	内外物産株式	福井・敦賀	1,051
木田久三郎	兵庫・西宮	72	高野由次郎	富山・魚津	88	岸本安次郎	大阪	299	宮崎合名	岡山・西大寺	1,037
松本五郎	徳島	72	松本清助	広島	87	首尾木靖夫	広島・貢	297	伊倉屋肥料店	三重・四日市	1,035
井東幸七	広島	71	井東国太郎	広島	87	岸本五兵衛	大阪	295	三輪嘉兵衛	名古屋	1,028
田中長八	岡山・玉島	71	足立仙太郎	東京	87	奥田常右衛門	広島・福山	293	田中武	三重・四日市	1,024
松本三之助	東京	71	草薙金七	東京	85	松本佐平	神戸	282			
林元三郎	岡山・玉島	70									
			＊廣海惣太郎	大阪・貝塚	73	＊廣海惣太郎	大阪・貝塚	231	＊廣海惣太郎	大阪・貝塚	193

出所）明治31・40・大正10年版『日本全国商工人名録』，大正2年版「日本全国商工人名録」（渋谷隆一編『都道府県別資産家地主総覧』（各都府県）日本図書センター，1988–99年）より作成。

注記）東京府・愛知県・三重県・大阪府・兵庫県・徳島県・香川県・岡山県・広島県・山口県・福井県・富山県の肥料商（肥料問屋を含む，肥料製造業者は除く）を営業税額の多い順に示した。営業税額でそれぞれ，1897・98年は70円以上，1906・07年は85円以上，1912・13年は280円以上，1920・21年は1,000円以上のものを示した。出所史料で，米穀肥料商となっていたものは，前後関係から肥料を主に扱っていたと考えられるものを選んで示した。また北海道産魚肥を主に取引していた船持商人で，同時に廻船問屋（船荷卸商）を兼業していたものも含めた（ただし汽船経営が中心となったものは除く）。住所欄は，府県庁所在地はそのまま，それ以外の場合は，府県名を住所の前に示した。

注1）大阪店と徳島店の合算。2）撫養店と徳島店の合算。3）尼崎店と大阪店の合算。4）貝塚店と大阪店の合算。5）亀崎店と兵庫店の合算。6）徳島店・東京店・兵庫店の合算。7）横須賀店と名古屋店の合算。8）徳島店と熊本店の合算。9）神戸店と下関店の合算。10）神戸店と東京店の合算。11）大阪店と東京店の合算。12）徳島店と兵庫店の合算。13）大阪店と神戸店の合算。

地の肥料商の格差が拡大した。大阪湾岸地域でも、貝塚・岸和田港などの肥料集散地としての意義は低下し、輸入肥料の扱いに消極的であった廣海家の地位は相対的に低下せざるを得ず、一九二〇年代以降肥料仕入を大阪・神戸に依存するに至った。

（中西聡）

注

（1）安岡重明『財閥形成史の研究』（ミネルヴァ書房、一九七〇年）、賀川隆行『近世三井経営史の研究』（吉川弘文館、一九八五年）。

（2）江頭恒治『近江商人中井家の研究』（雄山閣、一九六五年）。

（3）丁吟史研究会編『変革期の商人資本』（吉川弘文館、一九八四年）、末永国紀『近代近江商人経営史論』（有斐閣、一九九七年）第五、七章。

（4）上村雅洋『近江商人の経営史』（清文堂、二〇〇〇年）第七、八、九章。

（5）北島正元編『江戸商業と伊勢店』（吉川弘文館、一九六二年）。

（6）林玲子『江戸問屋仲間の研究』（御茶の水書房、一九六七年）第一章第二節d、第二章第二節d、第四章第一節d。

（7）天野雅敏『阿波藍経済史研究』（吉川弘文館、一九八六年）第三、四章。

（8）山口和雄編『日本産業金融史研究・織物金融篇』（東京大学出版会、一九七四年）第一章第二節一。

（9）前掲山口和雄『日本産業金融史研究・織物金融篇』第三章第二節一。

（10）山口和雄・石井寛治編『近代日本の商品流通』（東京大学出版会、一九八六年）第四章。

（11）中西聡「近代日本における地方集散地問屋の商業経営展開」（『経済科学』第四九巻第四号、二〇〇二年）、中村尚史「地方資産家の投資行動と企業勃興」（『経営史学』第三八巻第二号、二〇〇三年）。

（12）産業革命期以降の地主に関する研究が、大石嘉一郎編『近代日本における地主経営の展開』（御茶の水書房、一九八五年）終章の研究史整理が示しているように、何れも小作料の資本転化を問題としていることと対比すると、商人資本に関する研究は、この点でも大きく立ち遅れている。

（13）開拓使「二府四県采覧報文」（商品流通史研究会編『近代日本商品流通史資料』第一巻、日本経済評論社、一九七九年）三四〇頁。

(14) 豊田武・児玉幸多編『体系日本史叢書13　流通史Ⅰ』（山川出版社、一九六九年）一六七―一七〇、一八七―一八八頁。これに対して、塚田孝「身分制の構造」（『岩波講座日本通史12　近世2』岩波書店、一九九四年）は、「近世後期にも問屋とは〈売〉と〈買〉の媒介者であるという認識の方が社会的に一般的だった」と厳しく批判している。

(15) この混同の研究史的由来については、とりあえず、石井寛治『日本流通史』（有斐閣、二〇〇三年）第八章および第一五章を参照。明治前期における問屋と仲買の具体的なあり方については、石井寛治編『近代日本流通史』（東京堂出版、二〇〇五年）第一章を参照されたい。

(16) 近世の問屋と仲買のあり方は、大坂と江戸ではかなり違っていた。例えば、原直史「市場と問屋・仲買」（斎藤善之編『新しい近世史3　市場と民間社会』新人物往来社、一九九六年）は、干鰯市場について仲買不在の江戸と仲買主導の大坂を対比している。また、明治後期における商業者の全国展開を、営業税と人名録のデータを用いて分析したものとして、松本貴典編『生産と流通の近代像』（日本評論社、二〇〇四年）第一〇・一一章がある。

(17) この点については、二〇〇三年の社会経済史学会全国大会（東京経済大学）における共通論題「工業化過程における商人資本」の問題提起（石井寛治）を参照（石井寛治「コンファレンスレポート」『社会経済史学』第七〇巻第四号、二〇〇四年）。

(18) 中西聡『近世・近代日本の市場構造』（東京大学出版会、一九九八年）一四五―一五〇頁。

(19) 開拓使「西南諸港報告書」（前掲『近代日本商品流通史資料』第二巻、一九七九年）九一五、九三八頁。

(20) 前掲中西聡『近世・近代日本の市場構造』四二―四三頁。

(21) 大阪市役所「明治三十三年大阪市輸出入貨物調査書」（前掲『近代日本商品流通史資料』第八巻、一九七九年）四一頁。

(22) ここではオープンな地域であることを示す意味で、地域圏＝経済圏としなかったが〈大坂（阪）湾岸経済圏〉と呼ぶ論者もある。大阪湾岸地域を一体と見る研究は、作道洋太郎『阪神地域経済史の研究』（御茶の水書房、一九九八年）をはじめ枚挙に遑がない。大坂湾岸地域を主要舞台とする大坂両替商等の活動に関する最近の研究としては、中川すがね『大坂両替商の金融と社会』（清文堂出版、二〇〇三年）、石井寛治「維新期大坂の手形市場――三井家と廣海家」（『三井文庫論叢』第三六号、二〇〇二年）、森本幾子「幕末期の中央市場と廻船経営――阿波国撫養山西家廻船の動向から」（『ヒストリア』第一七七号、二〇〇一年）などを参照。

(23) 石井寛治『日本の産業革命』（朝日新聞社、一九九七年）第一章参照。

(24) 石井寛治『近代日本金融史序説』（東京大学出版会、一九九九年）第一一章参照。

(25) 武田晴人「大正九年版『全国株主要覧』の第一次集計結果」（東京大学『経済学論集』第五一巻第四号、第五二巻第三号、一九八六年）による。なお、六大都市所在府県居住者（華族を除く）の五、〇〇〇株以上所有者は、一、二八三名で全国合計一、七八三名の七二%、同所有株数は、二、七一七万三、五四六株で全国合計三、五六九万四、九〇七株の七六%に達する。
(26) 石山賢吉編『全国株主要覧』(ダイヤモンド社、一九二〇年)下ノ四八八頁。
(27) 中村政則『近代日本地主制史研究』(東京大学出版会、一九七九年)。
(28) 谷本雅之・阿部武司「企業勃興と近代経営・在来経営」(宮本又郎・阿部武司編『日本経営史2 経営革新と工業化』岩波書店、一九九五年)。
(29) 前掲中村尚史「地方資産家の投資行動と企業勃興」は、廣海家の地元株への投資は、必ずしも「名望家」的な立場から行われたのではなく、収益性や将来性を基準として選択的に行ったものであったと指摘している。
(30) 前掲石井寛治『近代日本金融史序説』五一五頁。
(31) 石井寛治『日本経済史〔第二版〕』(東京大学出版会、一九九一年)二〇六頁。
(32) 前掲丁吟史研究会編『変革期の商人資本』一五八頁、第二二表。ここでは「呉服方出店勘定書」(小林家文書#一〇三三—一)記載の売買益から「経費」を差し引き、「経費」中に含まれる本家への上納金を加えた。一八九四年は不明。株式投資にかかわる「金方」の損益は別途計上。
(33) 前掲中西聡「近代日本における地方集散地問屋の商業経営展開」。
(34) 前掲中村尚史「地方資産家の投資行動と企業勃興」。
(35) 臨時貝塚市史編纂部編『貝塚市史』第一巻通史、一九五五年、四五七—四六二頁。
(36) 関ヶ原合戦当時の岸和田城主は小出氏で、のち一六一九(元和五)年に松平氏が、四〇(寛永一七)年に岡部氏が入封した。岡部氏は当初六万石であったが、一六六一(寛文元)年に藩主の弟に分知したため五万三千石となり、その後、明治維新に至った。
(37) 岸和田の人口については岸和田市史編さん委員会編『岸和田市史』第三巻、二〇〇〇年、三三二—三三七頁、および『角川日本地名大辞典27 大阪府』角川書店、一九九一年を参照。
(38) 兵庫・西宮の上知については岡本静心編『尼崎市史』第二巻、一九六八年、二七六—二八七頁を参照。
(39) 和泉国の綿業については、岡田光代『和泉における綿業と堺商人』(大阪府立大学経済研究叢書第七八冊、大阪府立大学経済学部、一九九三年)を参照。
(40) 前掲『岸和田市史』第三巻、二八四—二八六頁、などを参照。
(41) 野村豊『近世漁村史料の研究』(三省堂、一九五六年)、『大阪府漁業史』(大阪府漁業史編さん協議会、一九九七年)、などを参照。
(42) 三浦周行監修『堺市史』第三巻本編第三(一九三〇年)。

(43) 前掲『岸和田市史』第三巻、二七八―二七九頁、および二九九―三〇一頁。
(44) 前掲『貝塚市史』第三巻史料、一九五八年、五六一頁。
(45) 天明七年八月「摂州兵庫引船与当浦之引船及彼是候ニ付大坂御奉行所へ差出候済口願書写」(願泉寺文書、願泉寺蔵)。この争論は同年六月に貝塚の中西久太郎・家中新二郎の引船二艘の荷物が、舞子浜で兵庫の北風庄右衛門・阿波屋長兵衛の引船二艘に取られ、貝塚の二名が訴え出て生じた。結局は八月九日に舞子浜で荷物を受け取る(取り戻す)形で決着した。
(46) 前掲『貝塚市史』第三巻史料、四三四頁、および山中永之佑編『羽曳野史料叢書第五巻 堺県法令集 一』(一九九二年)、一九五頁。いずれも同年一月五日の太政官布告とそれに付随する堺県庁の達である。
(47) 以下の記述は、前掲『角川日本地名大辞典27 大阪府』を参照。
(48) 前掲『貝塚市史』第二巻各説、一九五七年、五六―五八頁。
(49) 明治三四―四〇年度「鉄道局年報」(野田正穂・原田勝正・青木栄一編『明治期鉄道史資料』第I期第一集、第六―一二巻、日本経済評論社、一九八〇―八一年)。および「南海鉄道発達史」(野田正穂・原田勝正・青木栄一・老川慶喜編『大正期鉄道史資料』第II期第一〇巻、日本経済評論社、一九九二年)三―一二頁。
(50) 前掲『貝塚市史』第一巻通史、七一五―七一六頁。
(51) 由井常彦・浅野俊光編『日本全国諸会社役員録』第一巻(柏書房、復刻版、一九八八年)二六三頁。岸和田での企業勃興については、本書第4章を参照。
(52) 前掲『日本全国諸会社役員録』第二巻、二四八・二四九頁、第一〇巻、一〇三頁、および阿部武司『日本における産地綿織物業の展開』(東京大学出版会、一九八九年)一三〇頁。
(53) 前掲『日本全国諸会社役員録』第一六巻、一三三頁、および前掲『貝塚市史』第一巻通史、七一一―七一二頁。貝塚織物会社・帯谷商店については、前掲阿部武司『日本における産地綿織物業の展開』第三・四章を参照。
(54) 大正一一年改正『日本全国諸会社役員録』商業興信所、一九二二年、上編四八七・四八八頁。
(55) 廣海家文書を本格的に利用した研究で、本書執筆者以外が発表したものに、赤路洋子「幕末期泉州における米穀市場」(脇田修編『近世大坂地域の史的分析』御茶の水書房、一九八〇年)、荻山正浩「産業化の開始と家事使用人」(『社会経済史学』第六四巻第五号、一九九九年)、同「第一次大戦期における家事使用人」(『土地制度史学』第一六四号、一九九九年)等がある。
(56) 前掲『貝塚市史』第三巻史料、二五三―二五四頁。
(57) 廣海家所蔵の拓本、明治四年「祝用悉皆録」(廣海家文書ZB〇〇六―八)、および一八七一年の干鰯店の「店卸」(廣海家文書J一八五)より。廣海家文書の所在状況は凡例に記したので以下省略する。

(58) 一八七九年の干鰯店の「店卸」(廣海家文書J一八五)より。
(59) 分家した益十郎家は東店(開設当初の廣海家干鰯店が一時呼ばれた東店とは別)と呼ばれ、分家当初の一八九七年の東店資産は、貸家二軒、貸長屋一棟、株券四一五株(払込済金額計五、六五三円)、畑約六反であった(明治三〇年「万覚帳(東廣海)」『廣海家文書C一七五』)。
(60) 明治三三年「日本現今人名辞典」(『明治人名辞典II』上下巻、日本図書センター、一九八八年)の逸身佐一郎・福本元之助の項および、猪野三郎編「大衆人事録 昭和三年版」(『大正人名辞典II』上下巻、日本図書センター、一九八九年)の永田藤兵衛・福本元之助・廣海惣太郎の項より。
(61) 以下の記述は、「備忘録」(廣海家文書J一六八)および廣海家の方々からの聞き取りによる。
(62) 渋谷隆一・加藤隆・岡田和喜編『地方財閥の展開と銀行』(日本評論社、一九八九年)。
(63) (昭和二二年)[財産税控・山林調書](廣海家文書B〇五八—六三—一〇)。
(64) 昭和八年「五十万円以上全国金満家大番附」(渋谷隆一編『大正昭和日本全国資産家地主資料集成』第一巻、柏書房、一九八五年)。
(65) 寺田一族については前掲渋谷隆一・加藤隆・岡田和喜編『地方財閥の展開と銀行』第八章を参照。
(66) 肥料の三大集散地を含む東京・大阪府・兵庫県に、一九〇六年時点で肥料移入額と肥料移出額のそれぞれ日本国内上位二〇港湾(中西聡「近代の商品市場」〔桜井英治・中西聡編『新体系日本史12 流通経済史』山川出版社、二〇〇二年〕表三を参照)を含んだ県(魚肥産地の北海道を除く)である新潟・富山・福井・愛知・三重・岡山・広島・山口・徳島・香川・愛媛・熊本・長崎・鹿児島県を加えた合計一七府県のうち、明治期—大正初年の『日本全国商工人名録』で営業税額からみた有力な肥料商が存在していなかった新潟・愛媛・熊本・長崎・鹿児島の五県を除いた一二府県を選んだ。以下の記述における販売肥料市場の動向は、本書第1章を参照。

第Ⅰ部　廣海家の経営展開

第Ⅰ部のねらい

第Ⅰ部は、廣海家の経営展開を、収益基盤（第1章）・営業支出と店員の活動（第2章）・商業経営と不動産経営（第3章）・有価証券投資（第4・5章）など多様な観点から解明する。その場合、廣海家の特徴として、①全国的視野からみた営業規模・資産規模の中位性、②家業が商業であったこと、③多角的展開を遂げたこと、の三点に留意して分析を進める。営業規模の中位性は、資産規模の中位性とつながるが、廣海家は、財閥のように自らの資産のみで持株会社を設立し、複数の会社を傘下に収めるほどの資産は築けず、株式会社や銀行に集中されて運用される社会的資金の一端を担う形での資産運用とならざるを得なかった。とはいえ、小規模ではなく、地域社会では最も有力な資産家であったため、株式投資の一翼を担うことを社会から要請される存在でもあり、地域社会とのかかわりが強く現れた資産家であった。一方、家業の商業活動が、近代社会では、近世社会のように制度的保障で守られたわけではなかったため、廣海家は、収益のリスクに敏感にならざるを得ない側面があった。そして、株式投資を担うという社会からの要請と自らの収益基盤の安定化（リスク分散）を図る必要性から、廣海家は多角的展開を遂げるに至ったと言えよう。

このように、前述の三つの留意点はそれぞれ密接に関連するが、第Ⅰ部への導入として、それぞれの視点から、第Ⅰ部で何を明らかにしようとするかを、簡単に述べておきたい。

まず、営業規模の中位性に関し、第2章で店と家との関係が論じられる。二〇世紀初頭までの廣海家では、営業費と家計費の区別に曖昧な部分が残され、伊勢・近江商人らの大店に比べ、店と家との未分化がかなり後まで残るが、一九二〇年代以降は、営業費と家計費の分離が進み、店の経営に携わった当主家族にも「給金」的な色合いの小遣いが支払われたことが指摘される。同章では、廣海家当主と店員の権限関係も論じられ、多店舗展開を遂げた大商家ほどには、主人から店員への権限委譲は進んでいなかったが、同家が多角的展開を遂げるにつれ店員の業務内容が多様化かつ複雑化し、主人のネットワークと別に各商家の主要な店員同士がネットワークを結んで情報交換しつつ、業務をこなしたことが示される。

一方、資産規模の中位性に関し、第4章で地域の企業勃興と廣海家のかかわりが論じられ、第一次企業勃興期は協力者の立場に止まった同家当主が、日清戦後期には地元の企業設立を主体的に推進するようになり、日露戦後期には地元貝塚銀行の頭取としても積極的に地元企業の成長を支えたことが示される。むろん、廣海家は投資対象の選定にあたり、将来性を考慮して慎重に対処していたが、事業の将来性を確信した企業には継続的な資金供給を行っており、同家当主がその企業の役員になったことで、モニタリングが可能であったことも指摘される。

廣海家の投資対象の選定には、同家の家業が商業であったことも重要であり、第4章では、商人のネットワークから得た情報が、非地元企業への投資や地元企業に対する客観的な評価を把握する上で有用であったことも明らかにされる。また、商家による有価証券投資の側面では、商業的蓄積と投資源泉との関連が重要な論点となるが、同章では、廣海家は、一八九〇年代前半までは商業的蓄積を原資とした有価証券投資がみられたものの、九〇年代後半以降は株式所得と役員報酬・賞与を原資とするに至ったことが示される。そして、一九一〇年代以降の株式投資を論じた第5章では、廣海家は、株式収益による株式再投資という投資経路を基調としており、一九一〇年代の飛躍的な投資拡大期でも、投資原資の約八割は株式収益で調達可能であり、株式担保の銀行借入は補完的機能を果たしたにすぎなかったことが指摘される。さらに同章では、廣海家の投資行動の特徴として収益性の重視を挙げ、研究史で指摘された「名望家的」投資が個人的な営利よりも地域貢献を重視した投資行動を意味するとすれば、廣海家はそれと異なり、投資先企業の選別と監視に強いインセンティブをもつ経済合理的投資主体であったとする。そしてこうした廣海家の投資行動が、地域名望家の人的ネットワークを介して「名望家的」投資を期待収益の高い投資機会に誘導することで、地域の工業化に貢献し得た可能性を示唆する。

そのように収益性を重視する廣海家では、収益基盤を安定させるための多角的展開が志向され、産業化の進展による事業機会の拡大に積極的に対応して、一八八〇年代から有価証券投資・不動産投資が行われた。その結果、第1章で示されるように、有価証券部門は一八九〇年代後半から廣海家の最大の収益基盤となり、不動産部門も一九二〇年代に安定した収益源泉となった。ただし、第3章で論じられるように、廣海家の不動産部門への展開は家業である商業と密接に関連して始まっており、家業の商業部門も、個々の取引額が大きく相対的に高リスク・高収益の産地取引への展開と、個々の取引額が少なく相対的に低リスク・低収益の小売への展開を組み合わせ、一九二〇年代までは不安定ながらも収益を上げ続けた。廣海家の商業部門は一九三〇年代以降赤字部門となり、経済的側面からは存立の根拠が薄れるが、同家は四四年まで肥料商業を継続している。そこには、肥料商業を家業として見る意識が根強かったこと、商業部門の赤字額が家産を傾けるほどではなかったこと、また肥料前貸販売によって生じた農家への滞貸の回収をはかること等の要因があったと考えられる。

その意味で、廣海家は一九四四年まで「商家」であり続け、全国的視野からは「中規模商家の多角的経営展開」として第Ⅰ部の分析成果を位置付けることが可能であろう。

（中西聡）

第1章　収益基盤の転換と多様化

中西聡・花井俊介[*]

はじめに

廣海家の経営展開を論ずる前提として、廣海家の収益基盤がどこにあったかを確定することが本章の課題である。その際、特に廣海家の家業である商業と、一八九〇年代後半以降に同家の中心的収益基盤となる有価証券投資との関連に留意する。

現在、廣海惣太郎家の史料は、貝塚市に寄託されて、貝塚市教育委員会で保管されている（所有権者は廣海家）。全体で七―八万点におよぶ廣海家文書の特徴は、一八四〇年代―一九四〇年代までの経営関係帳簿が体系的に約一、四〇〇冊残されていることである。また、各帳簿史料を補う膨大な書簡も残され、それらを組み合わせて、多面的な廣海家の活動の長期分析が可能となった。現時点では書簡の整理が完了していないが、書簡には帳簿史料のみでは明らかにしえない取引の具体的様相を示す情報が含まれており、本書では可能な限り書簡史料も利用するように努めた。ここでは、廣海家の主要な経営帳簿のうち商業と有価証券投資にかかわるものを簡単に紹介する。

まず商業にかかわる帳簿類として次のものが重要である。

「仕切帳」：廣海家（以下、当家と略）が船主から積荷を引き受けた際に取得したさまざまな手数料を記録。一八五九（安政六）―一九〇二（明治三五）年まで残存。

「預り（扣）帳」「預書控」「証券控」：当家が船主から預かった積荷や金子の証文の控えを記録。一八三九（天保一〇）―九〇年代まで残存。

「蔵入帳」：当家が船主から預かった積荷を蔵に入れた際の記録。一八六〇（万延元）―七八年まで残存。

「万買帳」：当家が商品を売買した際の買入先と販売先を記録。一八五九―一九三七（昭和一二）年まで残存。

「当座帳」：当家が販売した商品を販売日順に記録。一八六〇―一九四〇年まで残存。

「売留帳」：当家が販売した商品を販売先別に集計。一八五九―一九二三（大正一二）年まで残存。

「運賃（仲使）帳」：当家が近距離の商品運送や荷揚に際して支払った運賃・仲士賃等の記録。一八六一―七五年と一九一〇―三九年まで残存。

「(東方・南方）大福帳」：小口の相手（在方農家等）との当家の金銭貸借を記録。一八七一―一九三五年まで残存。

*一八七二年までは、「仕切帳」・「蔵入帳」・「当座帳」・「売留帳」は、それぞれ「穀物〇〇帳」・「干鰯〇〇帳」に分かれていた。ここでの干鰯は肥料一般を示す。

一方、有価証券投資にかかわる帳簿類として次のものが重要である。

「万覚帳」：比較的大口の相手との当家の金銭貸借、店員との金銭貸借、借家人との金銭貸借、有価証券投資、銀行との金銭貸借などを記録。一八四一―一九四一年まで残存。

「株券帳」：当家の有価証券投資の記録。一九二六年に「万覚帳」より分離した。一九二六―四三年まで残存。

その他、多様な帳簿類が多数残されているが、引用の際に適宜内容を紹介することにしたい。

第一節　「店卸」の構成と販売肥料市場の動向

(1)「店卸」の構成

廣海家の商業収支を計算する際の基本帳簿は「店卸」で、近世期の「店卸」は、最初に「入方」として当該年の収入(利益)が、続いて「出方」として当該年の支出(損失)が挙げられて「差引」として損益が示された。その損益に元手銀と「住吉屋源之助分」の資産が合算された額(A)が示され、続いて当該年の暮時点の「有物」として資産と負債が書き上げられて差し引き(B)され、それが先ほどの額(A)と比較された。AとBは、ほとんど差がなく、これが当該年度末の廣海家資産額を示すと考えられる。当該年の「住吉屋源之助分」は、前年度の廣海家損益と「住吉屋源之助分」を合わせた額で、元手銀は毎年一定であったので、廣海家は損益を「住吉屋源之助分」という項目で積み立てたと言える。[1]「店卸」前半の損益の部分を表1-1で示し、後半の資産の部分を表1-2で示した。

ただし、「店卸」は一八五三(嘉永六)―五九(安政六)年まで残存しておらず、六〇(万延元)年以降は、後半の資産書き上げがかなり乱雑になり、元手銀と「住吉屋源之助分」の記載もなくなったため、合計資産額を計算するのが困難になった。表1-1の部分は、近代期にも引き継がれ、表1-3で示したが、「店卸」の数値に、家事関係の支出部分がかなり混入しており、各帳簿類が系統的に残されている近代期については、「店卸」の数値を各帳簿類から推計し直して、より厳密に商業収支を示した。その方法は本章末の補論で述べる。近世期の廣海家の収益基盤は、穀物・肥料取引による口銭収入と売買収支、そして貸付金の利息収支であった(表1-1)。「突合」は、仕切帳の仕切金額と当座帳の販売金額との差額を集計したものと考えられるが、その意味は第9章で論じられる。一方、廣海家の主な支出は、給金・飯米購入・日常的支出(雑用)・年貢・普請銀などで、「万覚帳」からみて給金には、店員だけで

一覧（1844-70 年）

（単位：1867 年まで銀貫匁，1868-70 年は両）

1852 年	1860 年	1861 年	1862 年	1863 年	1867 年	1868 年	1869 年	1870 年	表 1-3 への接続
14.1	15.8	9.3	15.9	24.3	20.4[8]	159	241	88	米穀口銭
1.7	0.3[2]	0.1[2]	0.5[2]	0.7[2]					
10.9	58.2	76.3	53.5	45.9	131.2	872	1,058	1,434	肥料口銭
0.6									
3.9[1]									
10.0	8.6[3]	3.9	11.2	30.6	106.3	454	1,397	215	項目なし
△ 0.1		16.5	3.4	5.7	36.4	418	1,292	948	項目なし
4.4	63.2	△ 11.6	55.9	32.0	32.5	1,220	2,184	410	米穀売買
2.6	8.7	13.4	33.9	△ 4.0	△ 201.4	1,745	1,186	2,306	肥料売買
	△ 1.1	△ 6.0[6]	△ 1.6	0.9[6]	13.9	△ 55[6]	42	24	利息収支
	△ 0.5		△ 2.0		13.2		28	97	利息収支
	△ 3.5[4]	△ 5.0	△ 9.2	△ 3.7	△ 0.0	△ 3	△ 694	1	その他
			△ 1.9	△ 5.2	△ 4.6	△ 36	△ 11		利息収支に便宜上合算
1.9	△ 9.3	△ 13.6	△ 20.1	△ 7.7[7]	△ 25.1	△ 155	△ 347	△ 227	利息収支
△ 2.7	△ 11.5	△ 1.5	1.8		△ 5.4	286	845	118	利息収支
	△ 0.2	△ 0.2	△ 0.2	△ 0.3	△ 0.1	△ 6	△ 1	△ 1	その他
0.6	0.1								
△ 0.4	△ 14.7				△ 98.4	△ 72			
	産物会所上納→		△ 8.6	△ 3.3					
					△ 14.0				
△ 6.3	△ 8.4[5]	△ 8.4[5]	△ 7.9[5]	△ 8.5[5]	△ 30.7[5]	△ 127	△ 131	△ 97	店員に限定して給金座
						△ 24	△ 33	△ 24	橋船給金
△ 4.9	△ 7.0	△ 8.8	△ 7.0	△ 6.0	△ 42.8	△ 242	△ 328	△ 435	飯米座
					△ 1.0				
△ 19.4	△ 26.3	△ 39.0	△ 77.1	△ 41.0	△ 107.4	△ 2,430	△ 1,796	△ 1,753	半額を営業費と推定
△ 1.2	△ 1.5	△ 1.3	△ 1.7	△ 1.9	△ 8.0	△ 61			
△ 1.8	△ 1.9	△ 1.8	△ 1.7	△ 3.2	△ 10.6	△ 43			
	△ 0.4	△ 0.4	△ 0.4	△ 0.4	△ 0.8	△ 5			
△ 0.2	△ 0.9	△ 0.3	△ 0.3	△ 1.2	△ 2.7	△ 11	△ 17	△ 24	その他
	△ 3.5			△ 1.0	△ 67.8		△ 300		
13.7	64.2	21.7	36.4	53.4	△ 266.9	1,879	4,615	3,072	

文書，ZA073，ZA053，P011，J185）より作成。
1846 年まで橋船入用。地子米は 1860 年からは御年貢。普請銀は普請入用を含む。無印は利益もしくは
(以下の第 1 章各表とも同じ)。
と穀物分△ 銀 3.0 貫匁の合計。 5）伝馬船乗組員給金を含む。 6）干鰯利足差引を含む。 7）過不足座を含

表 1-1　廣海家「店卸」

項　目		1844 年	1845 年	1846 年	1847 年	1848 年	1849 年	1850 年	1851 年
仕切帳	穀物口銭	24.3	17.0	19.4	15.2	15.4	23.2	24.1	16.7
	同　揚置座（蔵入座）	3.8	6.2	2.6	2.6		2.1	1.4	2.2
	干鰯口銭	2.1	1.1	21.5	12.6	8.7	3.9	1.9	9.0
	同　蔵入座	0.3			1.1				0.5
	荒物口銭	0.1	0.3						0.0
突合帳	穀物突合	8.4	6.1	12.1	9.8	9.7	9.2	17.3	8.4
	干鰯突合	0.4	0.3	2.6	△ 0.1	△ 0.1	△ 0.3	0.9	△ 0.3
買　帳	穀物（万買帳）	△ 3.3	2.0	△ 13.6	9.0	3.2	27.4	37.4	△ 104.3
	干鰯（干鰯買帳）	0.1	△ 0.5	△ 1.1	0.0	1.4	1.0	△ 0.1	△ 0.0
留　帳	穀物利足差引								
	干鰯利足差引								
	船積座								
	仲買中まけ引								
覚　帳	利足差引	11.9	8.8	16.9	4.3	3.3	7.6	1.5	2.1
	過不足座	△ 2.8	△ 0.8	△ 4.1	△ 1.2	△ 0.2	1.1	△ 1.9	△ 2.9
	引船座（橋船入用）	△ 0.4	△ 0.3	△ 0.3	△ 0.4	△ 0.9	△ 0.7	△ 0.5	△ 0.2
客船買物分口銭（客船買物帳）		0.9	0.8	0.5	0.4	0.6	0.8	0.9	0.3
取替銀	両替差引						△ 2.1	△ 1.5	△ 0.2
購　入	橋船新造・購入		△ 0.6			△ 2.0		△ 0.6	
	蔵・家購入					△ 1.0	△ 7.1		△ 4.2
諸経費	店方給金	△ 5.0	△ 5.3	△ 5.5	△ 4.9	△ 4.8	△ 4.4	△ 3.9	△ 4.1
	伝馬船乗組員給金								
	飯米（豆類も含む）	△ 4.0	△ 3.3	△ 5.0	△ 3.7	△ 3.9	△ 5.0	△ 4.6	△ 4.6
	客船進物代	△ 1.2	△ 0.8	△ 0.7	△ 0.6	△ 0.4	△ 0.4	△ 0.6	△ 0.5
	諸品買物代	△ 1.8	△ 2.6	△ 5.1	△ 2.6				△ 0.2
	小払帳（雑用）	△ 14.9	△ 13.0	△ 11.1	△ 11.7	△ 14.9	△ 12.3	△ 15.1	△ 12.3
家関係	地子米（御年貢）	△ 1.4	△ 1.4	△ 1.5	△ 1.4	△ 1.5	△ 1.7	△ 2.4	△ 1.3
	町支配・普請銀・番賃	△ 1.3	△ 2.5	△ 2.2	△ 1.3	△ 1.5	△ 11.1	△ 7.1	△ 4.9
	本家上納	△ 2.6	△ 2.5	地頭様御冥加➡		△ 0.4	△ 0.5	△ 0.5	△ 3.7
	頼母子・講加入						△ 0.4	△ 0.2	△ 0.4
その他		△ 0.1	△ 1.1	△ 1.5	△ 0.8		△ 0.8	△ 0.9	△ 7.3
差引合計		13.6	8.2	24.2	26.4	10.7	29.6	45.4	△ 112.1

出所）弘化 2 年「店卸帳」，万延元―文久 3 年「店下帳（勘定）」，卯年「目用帳」，午年「[店卸]」（廣海家
注記）項目欄の左側の分類は内容からみて筆者が適宜行った。揚置座は 1847 年から蔵入座。引船座は
　　収入，△ 印は損失もしくは支出。数値はいずれも表記されない桁の最上位を四捨五入して示した
注 1）うち荒物買帳損益銀 2.2 貫匁を含む。2）石掛り分。3）干鰯突合を含む。4）干鰯分△ 銀0.5貫匁
む。8）石掛り分を含む。

産一覧（1844-74年度末）

（単位：1867年まで銀貫匁，68-70年は両，72-74年は円）

1860	1861	1862	1863	1867	1868	1869	1870	1872	1873	1874
64.2	21.7	36.4	53.4	△ 266.9	3,276	4,615	3,072	[1,752]	[3,442]	[△ 3,131]
28.4	14.7	330.5	114.6	23.9	2,169	3,722	442[3]	1,293	584	5,488
49.5	46.5	32.2	7.1	989.9		5,043	6,219	5,382	4,052	3,472
168.7		193.6[1]	109.0		589	3,699[1]	681	1,461	8,797[1]	8,561[1]
169.5	148.8		106.3	471.9	427		5,754	2,560		
77.3						△ 1,344[2]		2,695	△ 3,591[2]	△ 12,864
376.8										
113.7	118.5	30.1	145.1	67.3	5,158	3,064	2,358			2,662
3.1	6.5	4.9								
43.0				(114.6)	(126)	(△ 714)	(1,123)			
1,030.7				1,438.4	8,469	13,470	16,577	(13,394)	(9,842)	(7,319)

れた。1860年以降の有銀は，替銀帳差引を含む。1860年以降は記載が乱雑になり，項目分けがされていなかっ
は住吉丸と開運丸を示し，それ以外はいずれも住吉丸のみを示した。1867年の換算（銀1貫匁＝金4.5437両）
まとめてその他欄に括弧書で示した。1871年から干鰯店が設置されたが，本表は本店の損益と資産を示した。
は，小払帳金額の半分を営業費と考えるなどした推定損益（表1-3）。
1円＝銭10貫文で換算）。3）炭も含む。

なく家事奉公人への給金が含まれ、「小払帳」からみて雑用には、店の支出だけでなく家の支出も含まれた。その他、年貢なども併せて、廣海家の「店卸」は店と家が未分離な状態で損益が計上されていた。

近代期の廣海家商業部門は、問屋・仲買業を営んだ本店と小売業を営んだ干鰯店(2)から構成された。本店の「店卸」の損益計算方式に対し、干鰯店の「店卸」は期末資産書上方式であった。干鰯店は、在方農家への肥料小売を主目的として一八七一（明治四）年に開設され、その資産は、主に本店との貸借関係・在方貸付金・在庫品から構成された。表1-4を見よう。一八八三―九四年の干鰯店「店卸」には、前年中の土地買入額が資産に含まれたが、それが次年度以降に累積されていないので、廣海家は干鰯店の収益を基盤に土地購入をし、購入時は干鰯店の資産として計上したが、すぐにそれを店から切り離して家の

表 1-2 廣海家（本店）資

年　度	1844	1845	1846	1847	1848	1849	1850	1851	1852
損益（本店）	13.6	8.2	24.2	26.4	10.7	29.6	45.4	△ 112.1	13.7
元手銀	467.9	467.9	467.9	467.9	467.9	467.9	467.9	467.9	467.9
住吉屋源之助分	417.7	431.3	439.4	463.6	490.0	500.6	530.2	575.6	463.5
合計（A）	899.2	907.4	931.5	957.9	968.6	998.1	1,043.5	931.4	945.1
穀物有物(買帳〆高)	101.1	49.1	12.0	30.4	64.2	147.7	258.6	43.5	145.3
干鰯有物(買帳〆高)	22.3	22.9	46.2	10.6	19.0	3.1		18.6	0.9
穀物留帳貸し高	242.2	214.9	258.5	213.2	278.7	152.0	179.1	176.3	181.0
干鰯留帳貸し高	70.1	48.6	103.2	78.9	59.5	59.3	55.0	58.8	55.1
覚帳貸し高	166.8	250.0	132.2	276.1	180.7	179.2	95.1	199.6	55.0
永代帳貸し高	188.2	188.1	293.2	291.1	290.7	374.0	374.0	374.0	374.0
有銀（金・札・銭）	70.4	49.6	76.4	52.8	72.6	85.9	81.4	50.5	78.7
替銀帳差引	0.7	1.8	6.4	0.6	3.5	3.9			
入払帳差引	△ 0.0		△ 0.0	△ 0.0	△ 0.0				
為替帳貸し高		84.6	1.6	△ 0.8				11.7	41.7
取替帳貸し高	1.7	2.0	1.6	8.9	1.6	1.6	5.9	1.6	1.7
手船差引	△ 3.8	△ 3.8	△ 3.2	△ 3.8	△ 4.6	△ 5.2	△ 6.2	△ 1.7	△ 1.8
その他	38.9		3.6		3.1	△ 3.5	1.3		15.5
合計（B）	899.2	907.6	931.7	958.1	969.0	998.1	1,044.3	932.9	947.2
B－A	0.0	0.2	0.1	0.2	0.4	0.0	0.8	1.5	2.1

出所）表 1-1 と同じ。および申年「店卸」，酉年「店卸」，戌年「店卸」（廣海家文書，J185）より作成。
注記）資産はいずれも各年度末時点。穀物・干鰯有物は，年度によって買帳〆高あるいは越年分の項目で示さたので，判明した項目についてのみ示した。手船差引として，1849 年は住吉丸と観音丸，1860・61 年でみると，同年の資産合計は金 6,538 両となる。1867–70 年は合計資産額が判明するため，項目不明分は1872–74年の合計資産額は，項目が判明したもののみを合計して括弧書で示した。また1872–74年の損益
注 1）干鰯留帳貸し高を含む。2）「万覚帳」（廣海家文書）より集計（1869年は金1両＝銀225匁で，73年は

資産に付け替えたと思われる。

干鰯店の損益は、期末資産から期初資産（史料上は「資本金」）を引いた金額として計上されたが、一八八二年から土地購入額が計上されると、前年度期末資産から前年度に計上された土地購入額を引いたものが微調整を経て当年度期初資産とされ、期初資産額が一時的に減少した。干鰯店の資産額は、土地購入を積極的に行った一八八四―八六年に一時的に減少したが、それ以外の時期は比較的順調に増大しており、九六・九八年に資産の一部が本店に付け替えられて（干鰯店の本店への「貸し」が相殺されて減少）、期初資産額が減少した。一八九九年から期初資産額は七千円に据え置かれ、干鰯店全体の損益が帳簿上翌年度に一旦本店に付け替えられ、本店から干鰯店への「貸し」として干鰯店に渡される形態になった。干鰯店の「店卸」は、一九一〇年までしか残存していないが、それ以降の

表 1-3　廣海家本店商業部門損益一覧（1871-1936 年）

（単位：円）

年	米穀口銭	米穀売買	肥料口銭	肥料売買	飯米座	給金座	営業費	運賃仲士賃	橋船給金	利息収支	その他	本店損益	干鰯店損益	合計損益
1871	75	△ 753	1,060	△ 1,190	△ 194	△ 70	[△ 911]	△ 148	△ 25	△ 261	△ 192	[△ 2,609]	81	[△ 2,528]
72	95	125	1,124	1,874	△ 170	△ 94	[△ 890]	△ 202		111	△ 221	[1,752]	1,864	[3,616]
73	84	△ 449	1,781	3,842	△ 249	△ 117	[△ 1,100]	△ 151	△ 32	△ 256	89	[3,442]		
74	282	△ 880	1,406	△ 853	△ 360	(△ 168)	[△ 1,026]	△ 314	△ 53	△ 770	△ 395	[△ 3,131]	865	[△ 2,266]
75	634	627	1,549	△ 510	△ 294	△ 122	[△ 754]	△ 430	△ 41	△ 997	68	[△ 270]	△ 50	[△ 320]
76	95	228	1,391	2,020	△ 208	△ 89	[△ 656]	△ 301	△ 37	△ 281	8	[2,170]	300	[2,470]
77	232	850	1,482	3,306	△ 145	△ 95	[△ 644]	△ 141	△ 37	△ 423	△ 4	[4,381]	838	[5,219]
78	487	850	1,534	2,385	△ 257	△ 70	[△ 883]	△ 267	△ 37	△ 221	38	[3,559]	901	[4,460]
79	160	1,188	3,055	1,411	△ 310	△ 74	[△ 922]	△ 542	△ 34	△ 426	0	[3,506]	1,460	[4,966]
80	318	1,035	1,688	2,693	△ 461	△ 84	[△ 1,073]	△ 420[1)]	△ 21	△ 385[1)]	△ 48	[3,242]	1,789	[5,031]
81	61	△ 78	1,891	400	△ 403	△ 109	[△ 1,347]	△ 327	△ 9	△ 47	△ 61	[△ 29]	1,542	[1,513]
82	74	110	2,183	173	△ 364	△ 165	[△ 1,417]	△ 395		△ 540	60	[△ 281]	567	[286]
83	167	△ 91	1,782	1,025	△ 114	△ 595	[△ 1,052]	△ 278		169	△ 8	[1,005]	△ 13	[992]
84	403	1,583	2,053	1,831	△ 201	(△ 466)	[△ 974]	△ 258		△ 405	△ 3	[3,563]	△ 377	[3,186]
85	55	△ 34	1,532	1,497	△ 319	△ 438	[△ 836]	△ 298	営業税	46	△ 5	[1,200]	530	[1,730]
86	184	223	2,402	1,630	△ 242	△ 453	△ 961[2)]	△ 263	△ 72	358		2,806	900	3,706
87	105	△ 471	2,637	△ 2,644	△ 165	△ 465	△ 596	△ 297	△ 83	42		△ 1,937	506	△ 1,431
88	119	96	3,245	△ 2,005	△ 174	(△ 534)	△ 714	△ 289	△ 80	△ 303	△ 8	△ 647	930	283
89	90	297	3,760	867	△ 159	△ 530	△ 810	△ 326	△ 65	188		3,312	829	4,141
90	52	294	3,912	△ 1,044	△ 282	(△ 537)	△ 814	△ 368	△ 52	128		1,289	1,119	2,408
91	36	40	5,405	△ 264	△ 268	△ 470	△ 822	△ 267	△ 55	100		3,435	1,120	4,555
92	30	25	2,686	2,217	△ 441	△ 505	△ 931	△ 268	△ 58	△ 130		2,625	1,472	4,097
93	41	1,833	2,846	525	△ 247	△ 530	△ 1,057	△ 259	△ 58	△ 67		3,027	1,468	4,495
94	37	272	2,299	2,273	△ 254	△ 555	△ 1,242	△ 478	△ 58	△ 555	△ 450[3)]	1,289	1,809	3,098
95		433	606	3,939	△ 467	△ 568	△ 1,351	△ 378	△ 58	△ 1,235	△ 521	400	2,919	3,319
96		374	391	2,984	△ 621	△ 612	[△ 1,930]	△ 241	[△ 72]	△ 1,452	97	[△ 1,082]	1,459	[377]
97		166	734	2,289	△ 477	△ 593	[△ 3,027]	△ 224	[△ 72]	△ 284	99	[△ 1,389]	1,462	[73]
98		1,493	715	△ 293	△ 503	△ 595	[△ 2,488]	△ 263	[△ 74]	△ 1,053		[△ 3,061]	2,160	[△ 901]
99		255	2,153	3,252	△ 418	△ 541	[△ 2,599]	△ 403	[△ 74]	△ 958		[667]	1,561	[2,228]
1900		△ 4,396	1,338	308	△ 441	△ 640	[△ 2,238]	△ 430	[△ 76]	△ 1,923		[△ 8,498]	1,542	[△ 6,956]
01		120	2,089	△ 1,252	△ 595	△ 645	△ 1,336	△ 577	△ 76	△ 957		△ 3,229	1,862	△ 1,367
02		373	2,470	1,856	△ 531	△ 647	△ 1,660	△ 524	△ 84	△ 797		456	1,973	2,429
03		280	2,781	3,211	△ 678	△ 1,286	△ 1,402	△ 998	△ 86	△ 1,816		6	1,922	1,928
04		338	3,717	4,553	△ 574	△ 1,164	△ 1,664	△ 526	△ 147	△ 277	入用座	4,256	2,057	5,313
05		△ 5	4,264	1,786	△ 645	△ 1,298	△ 1,715	△ 936	△ 182	△ 1,679	△ 101	△ 511	2,181	1,670
06		231	4,511	4,356	△ 543	△ 1,221	△ 1,761	△ 982	△ 196	△ 1,888	△ 118	2,389	2,671	5,060

07		165	2,167	9,277	△ 501	△ 1,445	△ 2,299	△ 1,230	△ 198	△ 3,810	△ 83	2,043	1,785	3,828
08		187	4,658	△ 8,450	△ 648	△ 1,776	△ 2,192	△ 1,031	△ 242	△ 3,927	[△ 100]	[△ 13,521]	1,661	[△ 11,860]
09		△ 8	3,182	2,883	△ 415	△ 1,071	△ 2,372	△ 1,291	△ 310	△ 3,092	△ 149	△ 2,643	1,531	△ 1,112
10		2,237	2,342	9,678	△ 579	△ 1,328	△ 2,287	△ 1,012	△ 279	△ 111	[△ 200]	[8,461]	2,212	[10,673]
11		479	625	5,986	△ 629	△ 1,681	△ 2,253	△ 1,527	△ 259	△ 4,488	△ 137	△ 3,884	2,380	△ 1,504
12		491		8,998	△ 845	△ 1,578	△ 2,177	△ 1,678	△ 228	△ 6,609	△ 311	△ 3,937		
13		△ 4		4,413	[△ 700]	△ 1,555	△ 2,592	[△ 1,300]	△ 231	[△ 9,706]	△ 571	[△ 12,246]		
14		△ 558		66	△ 518	△ 1,458	△ 1,978	△ 1,123	△ 219	△ 7,276	△ 486	△ 13,550		
15		351		11,630	△ 538	[△ 1,750]	△ 2,056	△ 1,187	△ 116	[△ 8,000]	△ 572	[△ 2,238]	5,845	[3,607]
16		△ 17		5,898	△ 546	△ 2,015	△ 2,006	△ 709	△ 129	△ 8,613	△ 350	△ 8,487		
17		910		8,766	△ 652	△ 1,855	△ 2,612	△ 671	△ 129	△ 10,478	[△ 600]	[△ 7,321]		
18		1,520		14,062	△ 1,247	[△ 2,500]	△ 4,423	△ 1,580	△ 132	[△ 11,000]	△ 998	[△ 6,298]	7,862	[1,564]
19		1,639		22,471	△ 2,237	△ 3,330	△ 4,005	△ 1,735	△ 166	△ 12,833	△ 1,519	△ 1,715	17,304	15,589
20		△ 1,610		2,490	△ 1,569	△ 4,300	△ 6,404	△ 952	△ 199		△ 1,851	[△ 14,395]	3,882	[△ 10,513]
21		1,351		5,062	△ 1,365	△ 3,143	△ 2,864	△ 1,114	△ 257		△ 1,860	[△ 4,190]	本店在方貸付（参考数値）	
22		△ 893		8,919	△ 1,011	△ 2,884	△ 2,879	△ 1,838	△ 220		△ 306	△ 1,112		
23		1,157		17,690	△ 810	△ 2,675	△ 2,891	△ 2,886	△ 160		△ 378	9,047	56,104	
24		578		16,914	△ 1,047	△ 3,245	△ 2,372	△ 3,071	△ 160		△ 351	7,246	52,459	
25		209		14,495	△ 1,076	△ 3,380	△ 2,093	△ 3,398	△ 160		△ 325	4,272	62,627	
26		9		12,872	△ 1,502	△ 3,690	△ 2,786	△ 4,119	△ 147		△ 366	271	63,358	
27		173		17,210	△ 1,345	△ 3,520	△ 2,908	△ 4,402	△ 75		△ 355	4,778	65,724	
28		△ 444		18,148	△ 980	△ 3,655	△ 3,469	△ 5,401	△ 67		△ 544	3,588	59,161	
29		△ 104		13,183	△ 1,094	△ 3,750	△ 3,322	△ 4,455	△ 63		△ 445	△ 50	66,559	
30		△ 275		11,046	△ 826	△ 3,670	△ 3,033	△ 3,412	△ 57		△ 483	△ 710	49,121	
31		170		9,712	△ 519	△ 3,300	△ 2,996	△ 3,672	△ 53		△ 447	△ 1,105	38,153	
32		△ 196		12,665	△ 657	△ 2,945	△ 2,701	△ 2,930	△ 48		△ 455	2,733	34,867	
33		△ 66		7,454	△ 602	△ 3,290	△ 2,965	△ 3,299	△ 48		△ 388	△ 3,204		
34		430		10,140	△ 776	△ 3,525	△ 2,936	△ 3,581	△ 48		△ 614	△ 910	49,212	
35		△ 10		11,024	△ 741	△ 2,971	△ 2,757	△ 3,606	△ 48		△ 493	398	43,541	
36		142		11,563	△ 985	△ 4,105	△ 2,936	△ 2,815	△ 43		△ 917	△ 96	40,936	

出所）各年度「店卸（帳）」「万買帳」「売留帳」「万覚帳」「諸（小）払帳」「運賃仲使帳」「大福帳」（以上廣海家文書），大正 4 年「在方貸付調査帳」（廣海家文書 J158），大正 15 年「各種統計」（廣海家文書 F035），昭和 8-15 年度「所得税及営業収益税申告控」（廣海家文書 B058-68-6-1）より作成。

注記）無印は利益，△ 印は損失もしくは支出。米穀口銭は 1895 年以降はなし。肥料口銭は 1912 年以降は不明だが，1927 年時点ではなし。運賃・仲士賃は，運賃・仲士賃・瀬取賃・水揚賃・蔵入賃・繰上賃・積込賃の合計。[　] 内の数値は前後の数値より推定した。運賃・仲士賃・利息収支・その他・在方貸付額の計算方法は，表 1-9 および本章補論を参照。営業税は該当年度について示し，1927 年以降は営業収益税。給金座は，家事奉公人・大工等を除く店員に対する給金・手当・前年度賞与，退勤心附の合計金額を示した。ただし（　）内は家事奉公人・大工等への給金も含む。項目のどれかに [　] 書があった場合は，差引損益も [　] 書で示した。干鰯店損益は，表 1-4 より。合計損益は本店損益と干鰯店損益の合計。干鰯店は，1922 年に廃止され小売部門は本店に統合。営業費の 1871-85 年と 1896-1900 年は，1887-95 年の実績からみて小（諸）払帳合計金額の半分を営業費と推定して，[　] 書で示した。入用座は「大福帳」の入用座項目より。

注 1）売留帳仲士戻りと売留帳利足が合わせて「店卸」に計上されたので，「売留帳」より両者を分離して示した。 2）修繕費を含む。 3）蜜柑売買差引を含む。

表 1-4　廣海家干鰯店資産・損益一覧

(単位：円)

年	本店勘定	在方貸付	償却引当	蔵有物	土地購入	その他	資産合計	資本金	干鰯店損益
1871	△ 245	274		63			91		81
72	△ 1,404	4,048		586			3,229	1,178	1,864
74	1,340	2,360		277			3,977	3,042	865
75	1,635	2,041		243			3,919	3,907	△ 50
76	1,326	2,698		214			4,239	3,857	300
77	1,978	3,052		57			5,087	4,158	838
78	1,657	4,017		344			6,017	4,996	901
79	2,595	3,852		1,026			7,472	5,897	1,460
80	1,595	7,454		321			9,370	7,357	1,789
81	4,028	6,409		443			10,880	9,146	1,542
82	5,066	5,332		1,017[1)]			11,415	10,688	567
83	5,808	4,761		396	420		11,385	11,255	△ 13
84	3,213	4,250		744			8,208	11,242	△ 377[2)]
85	3,081	3,442		1,427			7,932	8,208	530[2)]
86	1,492	2,789	△ 84	1,118	3,413		8,729	7,829	900
87	2,999	1,672	△ 50	727	475		5,822	5,316	506
88	371	3,468	△ 104	2,102	440		6,278	5,347	930
89	499	4,493	△ 135	1,332	478		6,667	5,838	829
90	1,675	4,228	△ 127	959	573		7,308	6,189	1,119
91	1,072	5,013	△ 150	1,920			7,855	6,735	1,120
92	1,221	5,597	△ 168	2,593	84		9,327	7,855	1,472
93	88	8,436	△ 253	2,440			10,711	9,243	1,468
94	4,115	7,585	△ 228	1,002	283	△ 238	12,519	10,711	1,809
95	3,216	7,730	△ 232	2,916			13,630	10,711	2,919
96	7,862	7,190	△ 216	2,317		△ 2,064	15,089	13,630	1,459
97	3,012	5,267	△ 158	568			8,689	7,227	1,462
98	3,804	7,538	△ 226	2,511		△ 2,778	10,849	8,689	2,160
99	△ 3,865	9,805	△ 294	2,915			8,561	7,000	1,561
1900	△ 3,517	11,396	△ 342	1,006			8,542	7,000	1,542
01	698	7,550	△ 250	783		82	8,862	7,000	1,862
02	△ 121	7,612	△ 228	1,660		51	8,973	7,000	1,973
03	△ 3,145	11,406	△ 342	996		8	8,922	7,000	1,922
04	△ 6,305	11,506	△ 345	4,177		24	9,057	7,000	2,057
05	△ 7,934	14,998	△ 450	2,510		56	9,181	7,000	2,181
06	△ 8,861	15,896	△ 477	3,105		7	9,671	7,000	2,671
07	△ 11,716	15,213	△ 456	5,740		4	8,785	7,000	1,785
08	△ 5,666	12,680	△ 380	2,220		△ 192	8,661	7,000	1,661
09	△ 5,278	10,622	△ 319	5,104		63	10,192	8,661	1,531
10	△ 6,777	18,198	△ 546	1,323		14	12,212	10,000	2,212
11	△ 26,745								2,380
12	△ 32,187								
13	△ 24,739								
14	16,263	40,530							
15	△ 16,691	39,018							5,845
16	△ 16,061	35,589							
17		31,938							
18	△ 2,861	41,992							7,862
19	△ 31,987	48,710							17,304
20	△ 5,452	43,624							3,882
21	△ 6,708	26,763							

出所）各年度「店卸」「万覚帳」（以上廣海家文書），大正4年「在方貸付調査帳」（廣海家文書 J158）より作成。

注記）本店勘定の無印は，干鰯店の本店への預け，△ 印は本店より干鰯店の預り。それ以外の資産内容の△ 印は負債を示す。干鰯店損益は，干鰯店期末資産合計から資本金額（期初資産合計）を引いたもの。1872–85 年度の干鰯店損益欄は，さらに在方貸付分三歩見込引も引いている。干鰯店の土地購入額は，前年中の土地買入額を示した。干鰯店は，1922 年に本店に合併統合された。

注1）土地購入見込額 250 円を含む。

2）土地購入額として，1884 年度は 2,785 円，85 年度は 781 円を資本金額（期初資産合計）から差し引いて損益を計算していた。

干鰯店の本店勘定は、本店「万覚帳」の干鰯店勘定項目から、一五（大正四）・一八—二〇年度の干鰯店損益は、本店「万覚帳」の干鰯店勘定項目から、農家等への在方貸付額は、「在方貸付帳」から判明したのでそれを示した。ただし、干鰯店は、一九二一年を最後に本店に合併されて本店が卸小売を兼業するに至ったため（二一—二二年の「万買帳」を参照）、二二年以降の在方貸付額は、本店の資産として計上されたと考えられる。

（2）近代期日本の販売肥料市場

本書では、本店と干鰯店の損益の合計を商業部門の収支と考えるが、それを検討する前に、同家の近代期の家業であった肥料商業の展開に関連する販売肥料市場の動向について大阪湾岸地域を中心に簡単にまとめておく。[3]

近世日本では主に房総半島産・豊後国産鰯魚肥が販売肥料の中心であったが、一九世紀に入ると蝦夷島（現北海道）産鯡魚肥が北陸・大坂湾岸地域で用いられ始め、特に大坂湾岸地域でそれまで主に利用された関東産鰯魚肥に代わって単位重量当たりの肥効で優れた蝦夷島産鯡魚肥が急速に使用され始めた。近代初頭は、北海道産鯡魚肥は主に北陸・瀬戸内・大阪湾岸地域で用いられたが、一八八〇年代に関東産鰯魚肥の製造量が減少し、従来関東産鰯魚肥の主要消費地の東海・関東地域でも北海道産鯡魚肥が用いられ始めた。表1-5を見よう。主要販売肥料の国内消費推定額では、松方デフレの影響で一八八〇（明治一三）—八六年に鯡魚肥・千葉県産鰯魚肥ともに減少したが、その度合は後者の方が大きく、この時期房総半島で鰯が不漁で鰯魚肥製造量が落ち込み、その間も北海道産鯡魚肥製造量は時に不漁で落ち込んだ年があったものの全体的に一八九七年まで順調に増大し、九〇年代に北海道産鯡魚肥が販売肥料市場でかなりのシェアを示した。日本国内の鯡魚肥産地はほぼ全て北海道（および樺太）に限られ、鯡魚肥輸出入額は一九一〇年代まで国内製造額に比して極めて少なかったので、表1-5の鯡魚肥内地消費推定額の一八七四—九七年は、北海道産鯡魚肥製造額で示した。特に汽船航路網の全国的整備は、各地肥料商と北海道の産地商人との直接

表 1-5　主要販売肥料国内（植民地を除く）消費推定額の推移

（単位：千円）

年	鯡魚肥	鰯魚肥	大豆粕	菜種・棉実粕	過燐酸石灰	硫　安	調合肥料
1874	1,951	(124)		872			
80	6,286	(1,340)	[233]				
86	2,543	(307)	[1]				
91	5,095	929	[356]				
97	9,089	1,755	[3,316]		[197]		
1903	7,181	946	7,738	5,628	2,711	[383]	1,123
09	11,823	1,929	18,335	5,527	6,172	2,313	8,212
15	5,930	2,380	33,500	7,360	7,800	7,710	9,380
21	8,570	4,090	91,200	13,810	20,220	26,210	19,980
27	11,260	5,270	103,030	13,220	31,040	48,871	41,150
33	6,677	10,355	49,515	9,123	29,673	48,885	39,674
38	1,534	14,670	89,039	10,418	50,961	112,785	87,448
43	13,800	849	99,926	12,929	41,375	147,972	

出所）大蔵省編『開拓使事業報告』第3巻（1885年，北海道出版企画センター，復刻版1983年），明治7年「府県物産表」（『明治前期産業発達史資料』第1集，明治文献資料刊行会，1959年），明治13・23年度『千葉県統計書』，明治15・19・24・30・36・42年度『大日本外国貿易年表』，明治19・24・30年度『北海道庁勧業年報』，明治24・30・42年度『農商務統計表』，明治43年『肥料に関する調査書』，『帝国農会報』第1巻12号，1911年，第2巻1号，1912年，第2巻7号，1912年，昭和14年『肥料要覧』，昭和25年『肥料年鑑』より作成。

注記）（　）は千葉県産鰯魚肥製造額，［　］は輸入額。消費推定額は，植民地を除く国内製造額に輸移入超過額を加えた。鯡魚肥の1874–97年は，北海道産鯡魚肥製造額。菜種・棉実粕の1874年は，国内製造額を示したが，油粕を含めたため，大豆粕を含む可能性があり，北海道・鹿児島県・沖縄県分は不明のため含まず。大豆粕の1880–97年の輸入額は油粕全体として。過燐酸石灰の1897年の輸入額は燐酸肥料全体として。硫安は硫酸アンモニウムの略。調合肥料は，複数の種類の肥料を調合して製造した肥料。

取引を容易にし、北海道産鯡魚肥が全国的に使用されるようになるとともに、近世期の巨大肥料集散地であった大阪・兵庫の地位は相対的に低下し、地方集散地の地位が上昇した。

その後一八九五年の日清戦争の勝利で日本が朝鮮半島・「中国東北部」へ勢力を拡大し始めると、九七年をピークに北海道産鯡魚肥の生産量が減少に向かったこともあり、以後「中国東北部」産大豆粕肥料の輸入が増大した。そして日露戦後に日本が「中国東北部」を勢力下に置き、大豆粕輸入が急増すると、その主要輸入港の神戸が肥料集散地として重要となり、大豆粕は販売肥料市場で最大の地位を占めた。肥料成分の窒素の単位重量当たりで、大豆粕は魚肥よりも安価であったが、魚肥は肥料成分の窒素と燐酸をバランスよく含んでおり、大豆粕は窒素分が多く、燐酸分が少なかった。それゆえ大豆粕は、窒素分と燐酸分の両方が必要な米作地域よりも、窒素分が特に必要な桑・野菜作地域で主に需要された。

一八九〇年代から人造肥料の輸入・国内製造も始まり（当時化学肥料は人造肥料と呼ばれたので本章もそれに従う）、当初燐酸肥料である過燐酸石灰輸入・国内製造が行われた。燐酸肥料は燐酸分の少ない土壌で主に利用され、火山灰土・開墾地の広がる北関東・福島県地方でまず普及し、窒素分主体の大豆粕と併用されて米作にも用いられ、相乗効果で大豆粕輸入と過燐酸石灰輸入・国内製造が急速に進んだ。特に第一次世界大戦の勃発でヨーロッパ諸国からの人造肥料輸入量が減少したため、一九一〇年代後半に国内人造肥料メーカーの勃興が相次ぎ、窒素分と燐酸分を組み合わせた配合肥料も製造され始めた。大阪湾岸地域では、兵庫県別府の多木製肥所や大阪のメーカーを中心として人造肥料生産が増大したが、泉南地域では人造肥料生産は行われず、魚肥の根強い人気が継続した。ただし一九一〇年代は大豆粕輸入も増大しており、大豆輸入税軽減の影響もあって各地で大豆粕製造が普及し、大阪では鈴木商店により豊年撒豆粕が製造された。それゆえ販売肥料の中心は大豆粕であり、それまで魚肥取引が専らであった大阪市場でも、ようやく大豆粕取引が盛んになった。

一九二〇年代になると、欧米諸国からの人造肥料輸入が再度増大し、国内の人造肥料製造とも併せ、販売肥料市場に占める人造肥料のシェアが増大した。特に窒素肥料の硫安の輸入・国内製造が拡大し、単価当たりでより肥効の高い人造肥料で窒素分が供給可能になり、大豆粕輸入の伸びは停滞した。また魚肥の生産量も伸び悩み、販売肥料市場に占める位置はさらに低下し、米作地帯のため魚肥がかなり選好された泉南地域でも、大豆粕や人造肥料が広範に使用されるに至った。ただし、外国・朝鮮産鰯魚肥の輸移入が増大し、魚肥も一定の根強い需要は保った。その後一九三〇（昭和五）年前後の恐慌下では、人造肥料販売額はそれほど減少しなかったが、大豆粕輸入額は急減し、以後販売肥料市場の中心は人造肥料になった。

第二節　商業的蓄積から有価証券による蓄積へ――幕末・明治期

（1）幕末・明治前期（創業―一八八〇年代）

廣海家の収益の中心は、一八八〇年代まで商業部門であり、他方で七〇年代まではそれ以外の部門の収支が不明のため、商業収支を中心に、幕末・明治前期の廣海家の収益構造を検討する。創業当初の一八四〇年代の廣海家は、貝塚湊に運ばれた積荷を船主から預かり、預かった積荷を仲買に販売し、船主から手数料（口銭）を徴収する廻船問屋経営を主に行った。預り荷の中心は、主に北前船（一九世紀に日本海海運で活躍した船持商人の船）で日本海から瀬戸内海を通って畿内に運ばれてきた北陸米で、収益の中心は米穀取引に伴う口銭収入であったが、肥料をかなり扱った年もあり、口銭を取得するだけでなく、自分で米穀を買い入れて自己責任で売買収益を獲得する部分も多かった。ただし、このような自己責任で売買する仲買業務は、大きな損失を出す場合もあり、一八五一（嘉永四）年は米穀売買の損失が口銭収入を大きく上回り、全体として商業部門で損失を計上した。

前掲表1-1を見よう。前述のようにこの表では、店の支出と家の支出が混在しているが、家の支出を加えても、一九世紀中葉の廣海家は穀物口銭と穀物突合の安定した収入に支えられて、穀物売買で多額の損失を出した一八五一年を除き、比較的順調に利益を上げ続けた。一八六〇年代になると、前述のように畿内での北海道産鯡魚肥の普及とともに、廣海家の北海道・東北産魚肥取引の比重が増大し、肥料（干鰯）口銭が収益の中心となり、肥料売買で収益を獲得する部分も増えた。それゆえ一八六〇年代までは損失を計上した年は少なく、比較的順調に商業的蓄積を図ることができた。しかし、一八六七（慶応三）年に肥料売買での損失が肥料口銭収入を上回り、全体としてかなりの損失を計上し、また買帳項目の収支の増大に見られるように、六〇年代にかなり自己勘定取引も行うようになり、営業資金需要が増大して、それを借入金で賄うようになったと考えられ、覚帳利足差引はマイナスになった。

前掲表1-2より、一九世紀中葉の廣海家年度末資産内容を確認する。有物が年度末在庫、(売)留帳分が延売分、覚帳分が次年残貸、永代帳分が滞貸、それに有銀(金・銭・札)と為替帳・取替帳差引から主に資産が構成され、一八四〇年代後半に資産額は増大して五〇年に銀一、〇〇〇貫匁以上を示したが、五一年の損失で資産を減少させた。その後再び資産額を増大させて一八六〇(万延元)年に五〇年時点の資産規模を回復し、六七年に銀一、四〇〇貫匁以上に達した。ただし、最幕末期はかなりのインフレで、大坂の加賀米米価は、一八六〇年平均で一石当たり銀一四三・四匁が六七年平均で一石当たり銀九六九・五匁であった。[4]それゆえ実質で考えると、一八六七年の損失もあり、廣海家は近世期の商業的蓄積を十分には近代以降に持ち越せなかった。また、一八五一・五二年の資産内容からみて、資産全体の約四割が滞貸金部分と思われ、資産内容が良好とは言えない。その意味で、廣海家が一八八〇年代に他部門に展開する原資となった商業的蓄積の中心は六八(明治元)年の明治維新以降に獲得されたと考えられる。

一八七〇年代になると、商業の中心が肥料取引に転換し、農家への肥料小売販売を行うべく、干鰯店が開設された。前掲表1-4を見よう。干鰯店は、当初本店から資金を借りて営業を始め、農家への肥料前貸形態での販売を急速に拡大し、本店からの借入金を返済して一八七四年から逆に本店に預け金を行った。この預金額も一八八三年まで傾向的に増加しており、また干鰯店の損益の累積を示す資本金額(期初資産額)も八三年まで順調に増大していたので、この間干鰯店はかなりの利益を上げたと言える。そしてそれを原資として、土地購入・有価証券投資など他部門への展開が、一八八〇年代から進められた(第3・4章を参照)。

一方一八七〇年代の本店は、前掲表1-3から分かるように、肥料売買を積極的に行い、かなりの収益を上げたが、一八七一・七四年は肥料・米穀ともに売買損失を計上し、それらの年は全体として商業収支はかなりの損失となった。ただし、廻船業者との取引では、自己勘定取引の際にも慣習上廣海家が船主から口銭を取得しており、その口銭収入が売買での損失をある程度補い、特にインフレ期の一八七〇年代後半は、順調に商業収益を上げた。なお、一八六〇年代以降の自己勘定取引の比重増大に伴う営業資金の増大を借入金に依存するに至り、七〇年代も利息収支は赤字となり、「万覚帳」の年度末資産も借越になった（前掲表1-2）。そのため本店の資産は減少したが、干鰯店は肥料前貸の残額（在方貸付残額）の増大により年度末資産は増加しており（前掲表1-4）、本店資産の減少を干鰯店資産の増大が補った。表1-6を見よう。一八七〇年代の廣海家の資金借入先は主に大阪の金主と親族の辰馬一族で、特に大阪の福田吉兵衛と鳴尾の辰馬一族から主に資金を借り入れ、船持商人に資金を貸し付けたが、船持商人への資金貸付は、米穀・肥料の買付代金の前渡しの意味があったと考えられる。ただし、一八七〇年代の船持商人との貸借関係では、仕切金の全額を廣海家が船持商人にすぐに渡せず廣海家の借越となって利息を支払った場合もあった。[8]

　このように本店の肥料仲買業務と干鰯店の肥料小売業務に主に基盤を置く廣海家の収益構造が、大きく転換したのが一八八〇年代前半の松方デフレ期であった。その時の全国的物価下落傾向のなかで、本店の肥料売買の収益は減少し、干鰯店も肥料前貸販売額を反映する期末時点での在方貸付残額が減少した。その結果、商業部門の収益が減少し、それまでの商業的蓄積が土地購入や有価証券投資に回されることで、商業以外の部門からの収益が見られるようになった。表1-7を見よう。廣海家は、一八八〇年前後から有価証券投資を始めたと考えられ、八〇年代に年間三〇〇円台の配当収入を得た。また、一八八〇年代に取得された田畑から八〇年代後半に年間七〇〇―八〇〇円の収益を廣海家は得たと推定できる。一八七〇年代から行っていた貸家経営も次第に拡大しており、八〇年代後半は、商業部門以外の部門の収益が、商業部門の収益の低下をある程度補う役割を果たしたと言えよう。なお、船舶収入は廣海家の所有船の経営を示し、一八七九・八〇年はインフレの影響もあり、かなりの収益を上げたが、八一・八二年のデフレ期に大きな損失を計上し、廣海家は八二年に所有船を売却して海運経営から一時撤退した。

表 1-6　廣海家「万覚帳」利息出入主要相手先別一覧（その 1）

（単位：円）

分類	相手先	住所	1872年	1873年	1874年	1875年	1876年	1877年	1878年	1879年	1880年	1881年	1882年	1883年	1884年	1885年	1886年	1887年
和泉	お　廣	廣海家	△ 129.5				第五十一国立銀行（岸和田）			△ 41.3	△ 276.9	△ 402.6	△ 175.1	△ 165.6	△ 154.5	△ 212.8	△ 42.0	△ 179.4
	過不足座	廣海家	△ 76.0								店中預り	△ 36.0	△ 49.9	△ 146.2		西井甚七（貝塚）		38.4
	東店（干鰯店）	廣海家		△ 124.0						上林菊太郎（貝塚）		△ 13.3			△ 3.6	△ 169.5	△ 62.3	△ 32.0
	米屋宗兵衛	貝　塚		67.5						干鰯屋仲間（貝塚）		△ 3.5	△ 43.9	△ 30.0	△ 20.0	△ 4.8	△ 10.3	△ 5.1
	明瀬長右衛門	貝　塚		△ 32.0						藤井専六（貝塚）		32.8	2.1	85.0	53.0	42.0		
	義本茂平	小垣内村				1.5			（茂一郎）	39.2				三宅政右衛門（貝塚）		18.7	37.4	65.6
	鎌野与三平	佐野村							30.0	27.6			20.2	宇野（貝塚）	47.5	井出平三郎（貝塚）		38.4
船主	野村治三郎船	野辺地	171.0	△ 13.0	△ 156.0	△ 78.0	△ 9.4		△ 12.2	△ 24.3	20.8	74.8	72.0	93.7	37.5	6.4	81.0	57.8
	野坂勘左衛門船	野辺地	54.0	90.0	65.0					33.0	34.0	60.0	30.5	77.5	57.1	105.3	49.5	54.0
	住吉丸勘右衛門		63.0	24.0							田中九右衛門船（鬼舞）			3.4		46.1	37.4	
	銭屋利三郎船	大　阪		6.0	10.1	60.0			松本勘二郎・喜右衛門船（糸魚川）				2.5	7.5		36.4		
	富栄丸長次郎			△ 21.0	△ 52.5				風間喜三郎・三郎右衛門船（鬼舞）				45.5		45.7	214.2	154.0	
	熊田源太郎船	湊							49.0	33.3	254.3				94.5		1.7	
	関原与三郎船	富山県								26.4	59.4			松谷幸二郎船（鬼舞）		71.9		
	松野与三右衛門船	富山県											36.0	1.6				
摂津	辰馬与左衛門・与平	鳴　尾	△ 163.0	△ 310.8	△ 442.5	△ 243.0	△ 262.5	△ 210.8	△ 90.0	△ 48.8	△ 165.0	△ 68.0						
	辰馬半右衛門	鳴　尾		△ 75.0	△ 202.5	△ 37.5		△ 78.0	（半右衛門船）		68.6	420.0						
	辰馬半左衛門	鳴　尾				△ 38.0			△ 75.0	△ 440.0	△ 591.9	△ 586.5	△ 563.0					
	井上重太郎	大　阪		△ 100.0	△ 25.0	△ 30.0						辰馬蘭蔵（大阪）		△ 128.6	△ 668.6	△ 72.6		
	福田吉兵衛	大　阪			△ 90.0	△ 60.0	△ 120.0	△ 147.0	△ 239.0	△ 148.0	（以後楠太郎家含）		△ 124.7	△ 56.0				△ 20.0
	直木久兵衛	兵　庫			△ 52.7			間島清兵衛(大阪)		△ 98.0	△ 160.8	△ 185.2	△ 220.3	△ 87.0	△ 52.5			
	鹿野専次郎	大　阪					△ 50.0				明瀬長治郎（大阪）		△ 4.5			△ 54.0	△ 73.0	△ 73.0
	松浪弥兵衛	大　阪					90.0	36.8			岡本要助（兵庫）		40.5					
不明	金田安乃											△ 37.2	△ 63.9	△ 9.0	△ 4.2	0.5	2.8	
	その他とも合計		△ 27.8	△ 472.3	△ 952.5	△ 406.2	△ 222.1	△ 403.7	△ 301.2	△ 574.4	△ 709.0	△ 670.0	△ 917.7	△ 304.6	△ 515.7	50.5	229.0	△ 79.7

出所）各年度「店卸」「万覚帳」（廣海家文書）より作成。

注記）基本的に，「店卸」に収載された覚帳利足の書上げをもとに，「万覚帳」と突き合わせて，住所・名前等を確定させた。1876 年は「店卸」に覚帳利足の書上げがなかったため，「万覚帳」より作成した。主要相手先として年間 30 円以上の利息の出入があった相手を，それ以外の年の分も併せて示した。左欄以外に相手先を示した場合は，続けて住所も示した（表 1-8・10 も同じ）。「店卸」の書上げでは，船名のみで船主が記載されてなかったため，「万覚帳」等で船主を確定して船主別に集計して示した。野村治三郎船は，神力丸・神栄丸・天神丸・大神丸・神通丸・福神丸を含めた。野坂勘左衛門船は，松尾丸・嘉宝丸を含めた。銭屋利三郎船は太神丸。分類の和泉は旧和泉国地域，摂津は旧攝津国地域。船主の住所の野辺地は青森県，鬼舞・糸魚川は新潟県，湊は石川県にある。無印は，廣海家の利息収入，△ 印は利息支払を示す。代替わりは括弧書きで示し，福田吉兵衛欄の 1883 年以降は楠太郎家分のみ。

表 1-7　廣海家の収益構成（明治期）

（単位：円）

年	収益の部								家関係支出の部				総差引
	商業	貸家	田畑	船舶	給与・賞与	配当	証券売買	合計	家事費	税金	家事給金	合計	
1876	[2,470]	[3]						2,473	[656]		72	728	1,745
77	[5,219]	[15]						5,234	[644]		69	713	4,521
78	[4,460]	[21]						4,481	[883]		89	972	3,509
79	[4,966]	[27]		1,238		29		6,260	[922]		106	1,028	5,232
80	[5,031]	[30]		565		264	△ 26	5,864	[1,073]		60	1,133	4,731
81	[1,513]	[56]		△ 2,926		294		△ 1,063	[1,347]		34	1,381	△ 2,444
82	[286]	[50]		△ 3,437		332		△ 2,769	[1,417]		24	1,441	△ 4,210
83	[992]	[57]				334		1,383	[1,052]		14	1,066	317
84	[3,186]	75						3,261	[974]		5)	974	2,287
85	[1,730]	64	307			330		2,431	[836]		21	857	1,574
86	3,706	47	463			389		4,605	919	94	44	1,057	3,548
87	△ 1,431	45	[700]			366		△ 320	1,171	100	26	1,297	△ 1,617
88	283	39	[750]			587	20	1,679	834	100	5)	934	745
89	4,141	87	[800]			745	16	5,789	857	95	25	977	4,812
90	2,408	〈64〉	〈834〉	〈169〉				3,475	1,171	63	5)	1,234	2,241
91	4,555	11	〈863〉	〈400〉		858		6,687	2,394	84	29	2,507	4,180
92	4,097	100	〈590〉	〈0〉		648	10	5,445	1,143	85	21	1,249	4,196
93	4,495	67	〈783〉1)	〈190〉1)		〈745〉1)	△ 1,730	4,550	1,235	72	32	1,339	3,211
94	3,098	144	[1,000]			1,426	△ 158	5,510	1,009	98	27	1,134	4,376
95	3,319	109	1,326 2)		111	2,400	130	7,395	1,345	84	12	1,441	5,954
96	[377]		1,212		149	4,878	1,053	7,669	[1,930]		51	1,981	5,688
97	[73]		1,381		135	3,939	△ 14	5,514	[3,027]		32	3,059	2,455
98	[△ 901]		[1,100]		105	4,157	144	4,605	[2,488]		78	2,566	2,039
99	[2,228]		1,074 2)		114	3,746	27	7,189	[2,599]		123	2,722	4,467
1900	[△ 6,956]		[1,100]		151	4,402		△ 1,303	[2,238]		139	2,377	△ 3,680
01	△ 1,367	△ 206	[1,100]		110	4,562		4,199	2,132	216	127	2,475	1,724
02	2,429	131	1,074 2)		107	3,773	△ 2,247	5,267	4,859	260	69	5,188	78
03	1,928	63	1,264 2)		136	4,688	△ 168	7,911	2,032	236	180	2,448	5,463
04	6,313	△ 49	1,624 2)		114	4,453	140	12,595	2,120	306	105	2,531	10,064
05	1,670	54	1,531 2)		297	4,928	2,138	10,618	2,284	332	120	2,736	7,882

06	5,060	54	[1,400]		504	6,399	296	13,713	2,741	434	101	3,276	10,437
07	3,828	△ 235	[1,400]		990	8,457	△ 87	14,353	3,624	518	86	4,228	10,125
08	[△ 11,860]	474	[1,400]		805	9,041	△ 80	△ 220	3,305	535	128	3,968	△ 4,188
09	△ 1,112	346	1,328		530[3)]	7,149	△ 1,268	6,973	4,161	535	213	4,909	2,064
10	[10,673]	8	1,630		368	7,262	141	20,082	3,928	614	181	4,723	15,359
11	△ 1,504	227	2,364		460[4)]	7,458	△ 472	8,533	3,992	561	102	4,655	3,878
12		782	3,086		1,163	9,601	0		3,583	590	296	4,469	

出所）各年度「店卸」「万買帳」「売留帳」「万買帳」「諸（小）払帳」「運賃仲士帳」「株券帳」「万覚帳」（以上廣海家文書），明治12年「富廣丸勘定」（廣海家文書A098），明治43年「田畑経費帳」（廣海家文書L121），明治15年「繁殖簿（大礎社）」（廣海家文書A186），明治17〜19年「所得税下勘定帳」（廣海家文書ZB038-2），明治26年「所得金高届」（廣海家文書ZB038-14-1），「記」（廣海家文書B058-2-6-1）より作成。

注記）実数の不明な場合で，課税申告額が判明する場合は，〈　〉で記した。商業収支は表1-3より。配当収入・証券売買収支の計算方法は，本書第4章を参照。家賃収入が継続的に見られ始めた1876年以降を示した。貸家収支は，「万覚帳」記載の家賃収入から「諸（小）払帳」記載の修繕費を引いたもので，修繕費が不明の年は，家賃収入のみを［　］内で示した。田畑収支の［　］内は，前後の数値より推計した数値で，1896・97年の田畑収支は，貸家収支を含むと思われる。船舶収支の1879-82年は，所有船富廣丸の収支。収益の部の数値の無印は収入で，△印は支出。家関係支出の部の家事費は表2-1より，税金は表2-1の諸税額から表1-3の営業税額を除いたもので，支払った時期に対応して示した。家事給金は，家事奉公人・大工等の給金で各年度「万覚帳」より。総差引は，収益の部の合計から家関係支出の部の合計を引いたもの。なお，空欄は数値が不明だが，1878年以前の配当収入，94年以前の給与・賞与は無かったと考えられる。

注1）予算額として。2）1892・93年と1911・12年の実績から1890年代・1900年代の田畑経営の経費（地租等）を年間約700円と推定し，本店による作徳米買入額（＝廣海家田畑経営粗収入）から700円を引いて田畑収入を推計。3）上半期分を2倍した推計値。4）下半期を2倍した推計値。5）家事奉公人・大工等の給金が不明のため，合計から家事奉公人・大工等の給金を除く。

（2）明治中後期（一八八七—一九一一年）

ただし、一八八〇年代の本店売買収益の低下を本店口銭収益が補ったため、九〇年代前半まで廣海家の収益基盤は、依然として商業部門であり続けた。前掲表1-3に戻ろう。一八八七（明治二〇）—九一年まで本店肥料売買はほぼ連年赤字を計上したが、前述のように廻船業者との取引では自己勘定取引の際にも慣習上口銭を取得していたため、口銭収入と売買損益の合計は黒字となった。また前述のように一八八〇年代は、関東産鰯魚肥製造量の落ち込みにより、販売肥料市場でのシェアを北海道産鯡魚肥が大きく伸ばしており、八〇年代前半の売買収益の低下に対し、廣海家は、大阪の肥料商など貝塚地域以外への魚肥販売を拡大して売買収益の回復に努めた。しかし、十分に回復するには至らず、一八八〇年代後半は西廻り航路で北海道・東北産魚肥を運んだ船主との取引量を拡大し、慣習による

表 1-8　廣海家「万覚帳」利息出入主要相手先別一覧（その 2）

（単位：円）

分類	相手先	住所	1888 年	1889 年	1890 年	1891 年	1892 年	1893 年	1894 年	1895 年	1896 年	1897 年	1898 年	1899 年	1900 年	1901 年	1902 年
和　泉	第五十一国立銀行	岸和田	△ 212.9	△ 98.1	△ 141.3	△ 201.6	△ 148.0	△ 135.8	△ 61.8	△ 97.7	△ 3.0	△ 0.8	△ 0.5				
	三宅政右衛門	貝　塚	85.4	101.2	201.8	57.8	108.3	111.5	174.0	187.4				313.8	468.8	427.6	205.5
	上林辰三郎	貝　塚	△ 66.6	△ 51.3	△ 36.7	△ 40.6	△ 28.0	△ 27.0								△ 55.3	
	寺田甚与茂	岸和田	△ 73.2					△ 18.6		貝塚銀行（貝塚）		△ 5.0	△ 335.4	△ 704.2	1.0	△ 216.3	
	岸和田煉瓦会社	岸和田		23.8	3.2	0.8	53.2		14.6		44.4	107.8	78.1	117.0	137.0	252.8	88.6
	店　中	廣海家		270.0		岸和田銀行(岸和田)		△ 4.7	△ 213.6	△ 411.5	△ 278.9	1.2		△ 1.5			
	岡田儀平	貝　塚			11.0	16.0	10.1	9.3	2.1	13.7	10.5	42.6	17.5	4.9	67.0	19.0	
	石井幸三郎	岸和田			13.3	6.0		6.1	△ 26.6	(鉄太郎)	58.9						
	谷久治郎・久平	岸和田				10.7	10.1	11.4	45.4	80.0	41.3	48.2	88.2				
	卜半了啓	貝　塚						1.1	4.0		△ 135.6	△ 46.7	△ 28.7	17.8		5.6	
	種子島源兵衛	貝　塚							△ 47.6	△ 150.8	△ 547.5	△ 249.2					
河　内	田守三郎平	富田林											63.0			14.1	
船　主	野村治三郎船	野辺地	15.8	145.6	14.3	△ 16.7	△ 18.0				荒川勘右衛門船(三国)		△ 16.9	23.3		132.7	
	野坂勘左衛門船	野辺地	268.4	125.2	54.4	191.8	123.7	84.5	61.4	39.0						14.0	275.1
	熊田源太郎船	湊	16.0			185.3	12.4	△ 30.0	△ 30.0	△ 13.0	△ 6.9	△ 24.6	△ 18.9	39.5	35.9	67.0	31.2
	伊藤助右衛門船	鬼　舞	2.5	4.0	20.3	68.0	99.5	△ 12.0									
	田中九右衛門船	鬼　舞	30.0	71.0			34.6	15.5	99.8								
	藤野嘉市	大　阪						20.8			9.0	30.1	100.2				
摂　津	逸身銀行	大　阪	3.2	△ 32.0	△ 56.3	27.1	△ 15.6	△ 10.0	△ 15.0	△ 30.0	△ 1.0	鎌野忠五郎（大阪）		138.8			
	福田吉兵衛	大　阪	△ 187.5	△ 100.0	△ 75.0	△ 240.0	△ 316.1	△ 202.9		住友銀行（大阪）		△ 418.4	△ 90.5				
	明瀬長治郎	大　阪	△ 73.0	△ 73.0	△ 73.0	△ 55.0	△ 50.0				辰馬半右衛門（鳴尾）		98.4	井上茂助（兵庫）		△ 172.8	△ 9.0
	木谷七平	大　阪	△ 130.0	△ 130.0					原谷政助（大阪）		△ 9.1	△ 65.3		第一銀行（大阪）		△ 78.8	
	北田安平	大　阪						5.0		10.6	13.1	9.6	13.7	68.4	18.6		
北海道	田口梅太郎	小　樽							89.1			318.7			292.8	411.0	
	伊藤祐太郎	小　樽										448.3		109.9		115.0	
	井尻静蔵	小　樽														552.6	
	その他とも合計		△ 267.2	259.9	△ 18.3	55.6	△ 67.9	△ 138.0	147.7	△ 430.6	△ 797.0	165.3	△ 144.8	198.7	1,053.3	1,500.5	603.4

出所）各年度「店卸」「万覚帳」（廣海家文書）より作成。

注記）基本的に「店卸」に収載された覚帳利足の書上げをもとに，「万覚帳」と突き合わせて，住所・名前等を確定させた。主要相手先として年間 50 円以上の利息の出入があった相手について，それ以外の年の分も併せて示した。「店卸」の書上げでは，船名のみで船主が記載されていない場合があり，「万覚帳」等で船主を確定して船主別に集計して示した。分類の和泉は旧和泉国地域，河内は旧河内国地域，摂津は旧攝津国地域。船主の住所の野辺地は青森県，鬼舞は新潟県，湊は石川県，三国は福井県にある。無印は廣海家の利息収入，△ 印は利息支払を示す。代替わりは括弧書きで示した。野坂勘左衛門船の 1901・02 年は船ではなく，野辺地の野坂店への直接貸付利息。

表 1-9　本店の運賃仲士賃と利息収支の内訳

（単位：円）

年	運賃仲士賃				利息収支				
	運賃仲士帳	仕切帳仲士入	売留帳仲士戻	差引計	覚帳		売留帳		差引計
					利息	過不足座	利息	利戻し	
1871	△148[1]			△148	△310		49[4]		△261
72	△293	54	37	△202	△28		139[4]		111
73	△441	154	136	△151	△482	121	105[4]		△256
74	△576	262[2]		△314	△952	△402	585[4]		△770
75	△625		195	△430	△406	△431	△160[4]		△997
76	△532	78	153	△301	△222	△51	190	△198	△281
77	△441	123	177	△141	△404	△3	115	△132	△423
78	△445	177[2]		△267	△301	29	99	△47	△221
79	△738	24	172	△542	△574	37	191	△81	△426
80	△595	31	144[3]	[△420]	△709	△28	486[3]	△135	[△385]
81	△481	34	120	△327	△670	△31	874	△220	△47
82	△602	28	178	△395	△918	△65	663	△220	△540
83	△580	82	221	△278	△305	△171	865	△221	169
84	△640	145	237	△258	△516	△111	442	△219	△405
85	△413		115	△298	50	△87	306	△223	46
86	△505		242	△263	229	△35	325	△160	358
87	△429		132	△297	△80	△52	349	△175	42
88	△401		112	△289	△267	△98	199	△137	△303
89	△459		133	△326	260	△156	287	△203	188
90	△512		144	△368	△18	△76	504	△281	128
91	△385		117	△267	56	△10	253	△199	100
92	△407		139	△268	△68	△54	250	△259	△130
93	△419		160	△259	△138	△58	309	△180	△67
94	△595		117	△478	148	△693	286	△295	△555
95	△470		92	△378	△431	△834	297	△267	△1,235
96	△302		61	△241	△797	△697	268	△226	△1,452
97	△286		62	△224	165	△479	170	△139	△284
98	△305		42	△263	△145	△1,141	444	△211	△1,053
99	△474		71	△403	199	△1,135	196	△217	△958
1900	△504		75	△430	1,053	△2,797	175	△354	△1,923
01	△730		153	△577	1,500	△2,560	343	△240	△957
02	△665		141	△524	603	△1,323	126	△203	△797
03	△1,172		174	△998	571	△2,353	156	△190	△1,816
04	△746		220	△526	1,908	△2,288	253	△150	△277
05	△1,073		137	△936	1,469	△3,095	185	△239	△1,679
06	△1,106		124	△982	2,132	△4,134	245	△131	△1,888
07	△1,403		173	△1,230	2,130	△5,998	329	△271	△3,810
08	△1,247		215	△1,031	3,636	△7,693	415	△285	△3,927
09	△1,528		237	△1,291	1,703	△4,507	262	△551	△3,092
10	△1,574		562	△1,012	3,786	△3,980	206	△122	△111
11	△1,971		444	△1,527	540	△5,260	350	△117	△4,488
12	△1,896		218	△1,678	△6	△6,821	375	△157	△6,609
13	△1,483			[△1,300]	185	△9,891			[△9,706]
14	△1,235		112	△1,123	202	△7,946	604	△136	△7,276
15	△1,328		141	△1,187			649	△28	[△8,000]
16	△785		76	△709	548	△9,208	343	△296	△8,613
17	△709		38	△671	△39	△10,450	38	△27	△10,478
18	△1,627		47	△1,580			40	△19	[△11,000]
19	△1,761		26	△1,735	606	△13,425	8	△21	△12,833
20	△971		19	△952	448	△32,081	37	△11	△31,607
21	△1,147		33	△1,114	199	△22,317	6	△29	△22,141

出所）各年次「店卸」「万覚帳」「売留帳」，明治 43・大正 3・8 年「運賃仲士帳」（廣海家文書）より作成。

注記）1911 年までは，「店卸」の数値を示し，12 年以降は各帳簿より集計した。無印は廣海家の収入で，△印は支出。差引計欄の［　］内は，項目に推計値が含まれたり，項目に不明分があり前後の数値より推計した場合。

注 1）瀬取・仲士賃として。2）売留帳仲士戻しも含む。3）売留帳仲士戻りと売留帳利息の合計として「店卸」に数値が挙げられていたので，明治 13 年「売留帳」より売留帳仲士戻り分を集計して分離した。4）売留帳利戻しも併せた差引額。

出入主要相手先別一覧（その3）

（単位：円）

1910年	1911年	1912年	1913年	1914年	1916年	1917年	1919年	1920年	1921年
104.3		27.0	63.6		192.0	126.0	137.4	332.5	108.0
42.1					6.5	13.7	347.5	8.4	92.5
笠原〔貝塚〕	150.0								
	32.0		15.0		1.5		132.0		
	三宅式部	△ 163.5	△ 209.2	△ 142.7		△ 353.8	△ 83.3		△ 525.4
118.3	41.8			信伸社	22.0	79.0	36.4	135.5	310.8
				120.9	200.0	△ 31.1		△ 99.8	
111.2	215.9	9.5	126.8	64.5					
3,350.0[1)]			132.5						
1.2		75.0		39.0	6.7				85.2
3,785.6	539.8	△ 6.5	185.2	202.4	548.0	△ 39.3	605.8	448.5	198.6

名前を確定させた。1912年以降は，「万覚帳」より。1915・18年は「万覚帳」が残存していないため
併せて示した。住所欄の〔　〕は推定。分類の和泉・摂津はそれぞれ旧国域。無印は廣海家の利息
馬半右衛門の1917年以降は権蔵。

口銭収入によって売買収益の低下を補った。むろんこの時期の船主との取引は、ほとんどが自己勘定取引で、廣海家自身が船主の積荷を買い入れて販売していた（第7章を参照）。

ところが、その口銭収入が一八九二年以降次第に低下した。その背景には、汽船網の発達により廣海家が主に扱った北海道産魚肥の流通形態が帆船輸送中心から汽船輸送中心に転換したため、貝塚港に寄港する帆船が減少したことがある。[5] そのため廣海家は、一八九三年より産地直接買付を始め（第3章を参照）、同時に廣海家の営業資金の流れも変化した。表1-8を見よう。一八七〇年代と同様に、主に大阪の金主から営業資金を借り入れて、船持商人に貸し付ける資金の流れは、九三年まで継続したが、九〇年代後半からは大阪の個人金主からの資金借入はほとんどなくなり、銀行からの資金借入が増大し、それを泉南地域の肥料販売先や北海道の肥料仕入先に貸し付ける資金循環に変化した。銀行借入金利息は当初覚帳利息として挙げられ、岸和田第五十一国立銀行からの借入金は一八七九年から見られ（前掲表1-6）、大阪の逸身銀行からの借入金は八〇年代から、そして九〇年代には岸和田銀行（九三年開業、第4章を参照）、貝塚銀行（九六年開業、第4章を参照）、住友銀行からの

表 1-10 廣海家「万覚帳」利息

分類	相手先	住所	1903年	1904年	1905年	1906年	1907年	1908年	1909年
和泉	三宅政右衛門	貝 塚	171.6	87.7	106.3	103.0	37.8	146.1	172.5
	廣海益十郎	廣海家	12.1		17.3	24.8	124.4	101.5	147.3
	岸和田煉瓦会社	岸和田	66.0	109.8	27.3	219.0	36.0		
	岩田徳太郎・重助	大土村		9.5	14.9	36.2	9.6		26.2
	吉村政吉	貝 塚			54.0	116.0	120.0	115.0	10.0
	嘉田小四郎	貝 塚						81.2	69.6
摂津	辰馬半右衛門	鳴 尾						62.7	
北海道	矢崎常三郎	小 樽	258.0	1,694.4	1,151.7	1,518.2	505.5	2,633.8	523.6
	佐野喜一郎	小 樽				13.3		363.8	246.4
	岩崎岩次郎	函 館					583.6	熊田出張店（小樽）	
	満留八商店	小 樽					385.4		345.0
	遠藤又兵衛	小 樽					304.9		
不明	網谷政二郎				5.8				131.1
その他とも計			571.5	1,908.0	1,469.3	2,131.6	2,129.5	3,635.8	1,703.4

出所）各年度「店卸」「万覚帳」（廣海家文書）より作成。
注記）1911年までは，「店卸」に収載された覚帳利足の書上げをもとに，「万覚帳」と突き合わせて，住所・
除いた。主要相手先として年間100円以上の利息の出入があった相手について，それ以外の年の分も
収入，△印は利息支払を示す。廣海益十郎の1917年は，益十郎の息子の祝蔵への貸付金利息収入。辰
注1）うち3,431.5円は廣海・熊田共同座分。

借入金も見られた。ただし、約束手形や株式担保による銀行借入が増大するとともに、銀行借入金利息は過不足座に記載されるに至り、一八九四年以降過不足座のマイナスが急増するとともに、逆に覚帳利息差引では、貸付が主に記載されたため、覚帳利息差引は一八九九年以降恒常的に黒字に転じた（表1-9）。

なお表1-8では、貝塚の三宅政右衛門への廣海家の貸金が多いが、三宅政右衛門家は、一八八三年まで廣海家で「支配人」格を勤めた元七が独立して肥料商を開業した家であり、独立後は廣海本店の主要な肥料販売先になるとともに、廣海家が第五十一国立銀行から借入金をした際に、八四—八七年まで引受証人となり、連帯して廣海家の債務を保証した[6]。一八八八年からは引受証人を廣海家当主のおいの益十郎がなったが、元七は退店後も旧主家との密接な関係を保った。同様に表1-8の一八九九年の欄に登場する大阪の鎌野忠五郎も廣海家が大阪の逸身銀行と借越金約定を結んだ際に、一八八七—八九年まで引受証人となり、連帯して廣海家の債務を保証した[7]。鎌野忠五郎の息子辰蔵が、一八六六（慶応二）年に廣海家の店員となっており[8]、辰蔵は七四—七五年に忠平と改名して八四年から元七に

代わって「支配人」格となり、八九年まで勤めた（第2章を参照）。忠平は退店後、大阪の鎌野忠五郎家を継いだと考えられ、それ以降廣海家店員が大阪へ出張した際には、鎌野忠五郎宅に寄留した。(9) 鎌野忠五郎家も旧主家との密接な関係を保ち続けた。

一八九三年は商業部門の収益のあり方の転換点になると同時に廣海家全体の収益基盤が、商業部門から有価証券部門に転換した。前掲表1‐7を見よう。一八八〇年代に年間三〇〇円台であった配当収入は、九〇年代に急増し、九〇年代後半に商業収支を大きく上回った。配当収入はその後一九〇五年まではそれほど増大しないが安定した収益を示し、その間商業収支は、産地商人との直接取引などである程度収益は増えたが取引コストの増大で営業費が急増し、損益はあまり改善しなかった。そして、一九〇六年以降配当収入が急増したのに対し、商業部門では産地の北海道へ店員を派遣して魚肥を買い付けることで肥料売買収益を増大させたが、買い付け資金を銀行借入に依存したため、その借入金利息支払が急増した。むろん産地商人との直接取引や産地直接買付の増大とともに、表1‐10のように北海道の仕入先への貸付金の利息収入が増大したが、過不足座にあらわれる銀行借入金利息を補うには至らず（表1‐9）、本店の損益はあまり改善しなかった。かくして、一八九〇年代後半以降ほぼ一貫して配当収入が廣海家の収益基盤の中心を占めた。商業収支・配当収入以外では、一八八〇年代後半に取得された田畑の収益がある程度増大して安定した収益源となり、給与・賞与も一九〇六年以降急増して安定した収入源となった。

これらの収益源から得た収益を、廣海家は株式投資や不動産投資に向けたが、収益が全て投資に向けられたわけではない。前掲表1‐7の右欄で廣海家の家計支出を示し、収益と家計支出の差引を計算した。家計支出は、収益の多少に対し、弾力的に対応するのが困難で、収益の少ない年は、家計支出で収益分をほとんど使った場合もあったが、順調に収益の上がった年は、約三分の一が家計支出に、約三分の二が貯蓄や自己資金での投資に回されたと思われる。むろんそれ以上の投資が行われた場合もあり、それらは銀行借入金で主に賄われたと考えられる。

第三節　株式を中核とする収益基盤の多様化――大正・昭和戦前期

（1）大正期（一九一二―一九二六年）

大正期の廣海家の収益構成を表1‐11（七〇―七一頁）で示した。大正・昭和戦前期の廣海家の有価証券投資は、ほぼ全て株式投資のため（第5章を参照）、本節では有価証券収益を株式収益として検討する。ただし、一九一〇年代は干鰯店の収益が不明で商業部門の損益が算定不可能な年が多く（前掲表1‐4）、また干鰯店の収益が判明した年は株式収益が不明なため、廣海家の総収益を確定し得なかった。一方、一九一九（大正八）年前後から各事業部門の数値がほぼそろうので、以下ではまず廣海家の総収益が比較的高い精度で確定できる同年以降を先行して検討する。

ⓐ大正後半期（一九一九―二六年）

表1‐11からみて大正後半期は、株式収益が廣海家総収益の約八〇―九五％という圧倒的比重を占め、株式売買は不振であったが、安定した株式配当による収入が、株式全体の良好な収益実績を支えていた。他方、廣海家の家業であった商業部門収益の比重は、最大でも総収益の一五％程度にすぎず、家産蓄積に対する商業部門の寄与度は株式に比してかなり低かった。しかも、商業部門は一九二〇―二二年に赤字を計上し、収益状況も不安定であった。もっとも、一九二三年以降は黒字に転換し、また一九年以降の各事業部門累計収益（小計欄）でも、商業部門は約五％という比重ではあったが、黒字を計上していた。この時期に廣海家は小売部門の干鰯店を本店に統合し、小売拡大に力を入れたが、農家前貸形態をとる小売の拡大は代金回収の長期化に伴う利子負担の増加を招き、また回収リスク自体の増大が商業経営の安定性を妨げる結果を招いた（第3章を参照）。その他の部門では、データの欠落があるが、賞与・給与が一〇％弱、貸家は一九二〇年代前半は少なかったが、二〇年代半ばに四％台となり、田畑は五％前後で安

定していた。山林収益は当初は少なかったが、一九二〇年代半ばに五％前後となり、明治期に新たに展開した部門の収益基盤がいずれも安定化した。

すなわち、大正後半期（一九一九―二六年）における廣海家の家産蓄積は、株式収益を基軸として展開したのであり、表1-11の一九一九年以降に関する累計（小計欄）でも、株式収益が賞与・給与分を除いた廣海家総収益の九〇％弱を占めていた。廣海家の家産蓄積にとって株式投資が果たした役割の重要性は、表のB―A欄（株式を除いた場合の蓄積額）でも確認できる。株式投資の収益を除いても家産蓄積は可能であったが、増殖のペースは極端に落ちる。また、賞与・給与は、廣海家が投資先企業の大株主重役に就任したことに伴って発生した収入であり、株式投資に付随する収益とみなしうる。その点を加味すれば、廣海家にとって株式投資は決定的に重要な家産蓄積の支柱となっていたといってよい。

株式と対照的に、家業であった商業の収益は比重が低く、かつその動向も不安定であった。一九二〇年恐慌時には、商業部門で生じた一万円以上の損失を株式収益がカバーしていた点も、家産蓄積における両部門の対照的な地位を投影していた。

ただし、第一次世界大戦期以降、株式の収益が若干過大に評価されている点に留意する必要がある。第一次大戦期前後に、廣海家は銀行借入にも部分的に依存して株式投資を行っており、銀行への利払いの一部が株式関係であったと想定される（第5章を参照）。特に、一九一九年の株式投資急増に伴い、二〇・二一年には銀行借入金の利息支払い（「万覚帳」の過不足座のマイナス額）も急増した（前掲表1-9）。しかし、この時期の銀行借入の中心部分を占めた商業の営業資金と株式投資資金のウエイトを確定するのは困難なため、表1-11・12の商業収益と株式収益には利息コストを加味せず、最右欄に過不足座差引のみ別記した。もっとも、株式収益は過不足座のマイナス額を全額加算しても数万円が残り、株式の高収益という家産蓄積の特徴は変わらない。

ⓑ大正前半期（一九一二―一九一八年）

大正後半期と同様の株式収益中心の蓄積構造が大正前半期にも見出せるかに関しては、既述のように商業部門の収益が算定できないため、現状では確定的な回答は与えられない。

ただし、表1-11で干鰯店の収益状況が不明のため本店だけの損益を示した一九一二―一四年の実績はすべて赤字で、かつ一三・一四年は相当の赤字額が計上された。この直前の明治末期の干鰯店収益は二千円程度にすぎず（前掲表1-4）、景気低迷が続いた一九一二―一四年に干鰯店の収益が好転したとも思えないので、本店の損失を干鰯店の収益で挽回するのは困難であり、商業全体の収益は赤字であったとみられる。他方、この時期に株式部門は一万円前後の安定した収益を計上しており、すでに第一次大戦前から株式収益が家産蓄積の中軸を形成し、商業部門の赤字を埋め合わせる機能すら果たしていたと推定できる。

第一次大戦期に入り、大戦景気が本格化した一九一六・一七年でも本店は赤字経営であり[10]、干鰯店の損益は一五・一八年しか判明しないが、それぞれ約六千円、約八千円の黒字を計上していた。ただし、仮に一九一六・一七年の干鰯店収益を一万円程度と多めに見積もっても、商業部門全体で二千円程度の黒字となるにすぎない。一方、株式投資は大戦景気に伴う株式ブーム[11]の中で一九一六年四二、五七三円、一七年六五、四七五円という巨額の収益をあげた。大戦期における家産蓄積の中心も、株式投資にあったとみて間違いないであろう。

したがって、大正期全般にわたり、廣海家では株式を中軸とした家産蓄積構造が貫徹しており、株式の利益が不安定な商業収益を補完しつつ、安定した家産増殖を支えていた。この点では、前節の明治後期に出現した家産蓄積の特徴的な構造が維持されたといえる。

しかし注目されるのは、家産蓄積における株式依存度がさらに深化したことである。この画期はおそらく第一次大戦期であり、大戦後は商業部門の停滞を尻目に廣海家総収益の圧倒的部分を株式部門が占めるようになった。こうし

益構成（大正期）

（単位：円）

収益 小計 A	%	保険収支	%	収益合計 B	B－A	家関係支出の部 家事費	税金	家事給金	合計 C	総差引 B－C	
9,601						3,583	590	296	4,469		
11,425						5,554	587	285	6,426		
13,376		△ 323				2,855	595	220	3,670		
						4,023	526	[200]	[4,749]		
42,573		△ 345				3,352	555	197	4,104		
65,475		△ 345				4,018	525	408	4,951		
						4,337	650	[400]	[5,387]		
89,320	78.9	△ 415	△ 0.4	113,139	23,819	8,479	1,171	388	10,038	103,101	過不足座
(71,995)	109.9	△ 415	△ 0.6	65,480	△ 6,515	18,269	1,450	569	20,288	45,192	△ 32,081
(53,452)		△ 415				10,297	3,549	632	14,478		△ 22,317
81,697	94.8	△ 417	△ 0.5	86,169	4,472	22,370	7,231	357	29,958	56,211	△ 25,168
42,230	71.9	△ 417	△ 0.7	58,749	16,519	14,060	18,867	642	33,569	25,180	△ 25,996
58,299	94.1	△ 1,619	△ 2.6	61,983	3,684	32,592	10,263	1,005	43,860	18,123	△ 25,458
47,767	86.0	△ 1,973	△ 3.6	55,553	7,786	19,065	9,002	1,289	29,356	26,197	△ 24,175
55,590	81.3	△ 2,023	△ 3.0	68,370	12,780	15,069	8,837	1,442	25,348	43,022	△ 25,554
446,898	87.7	△ 7,279	△ 1.4	509,443	62,545						

「諸払帳」「田畑経費帳」「山林経費帳」・明治 15 年「繁殖簿」（以上廣海家文書）より作成。株式収益は表 5-3
文書 ZA024-9）より作成。
益，山林収益，賞与・給与は税務署の決定額。括弧を付した商業収益は，干鰯店を含まない本店のみの収益。小
入または利益，△ 印は支出または損失。収益の各欄の％は，収益合計に対する比率。家関係支出の家事費は表
せて示した。家事給金は家事奉公人・大工等の給金で各年度「万覚帳」より。ただし，1915・18 年は「万覚帳」
した。総差引は，収益構成の合計 B から家関係支出の合計 C を引いたもの。

益構成（昭和戦前期）

（単位：円）

収益 小計 A	%	保険収支	%	収益合計 B	B－A	家関係支出の部 家事費	税金	家事給金	合計 C	総差引 B－C	過不足座
39,970	72.6	△ 2,369	△ 4.3	55,026	15,056	15,238	9,258	1,552	26,048	28,978	△ 24,623
37,857	74.8	△ 2,369	△ 4.7	50,600	12,743	17,778	8,799	1,512	28,089	22,511	△ 20,759
46,576	88.7	△ 4,883	△ 9.3	52,481	5,905	24,249	8,385	1,552	34,186	18,295	△ 18,489
△ 100,996		△ 4,850		△ 96,438	4,558	13,361	7,890	1,498	22,749	△ 73,689	△ 14,348
10,498	109.7	△ 4,791	△ 50.1	9,571	△ 927	14,756	4,403	1,267	20,426	△ 10,855	△ 13,463
29,142	82.3	△ 3,904	△ 11.0	35,405	6,263	10,476	4,116	1,182	15,774	19,631	△ 13,859
47,292	97.8	△ 4,697	△ 9.7	48,353	1,061	5,950	4,138	1,062	11,150	37,203	△ 14,011
31,768	81.1	△ 3,493	△ 8.9	39,195	7,427	10,853	4,698	1,100	16,651	22,544	△ 15,616
41,198	85.4	△ 4,380	△ 9.1	48,219	7,021	9,425	5,217	1,096	15,738	32,481	△ 15,098
39,832	84.7	△ 4,504	△ 9.6	47,001	7,169	17,661	5,656	909	24,226	22,775	△ 14,187
223,137	77.2	△ 40,240	△ 13.9	289,213	66,076						

株式収益は，表 5-8 による。
税届出控」・昭和 8-15 年度「所得税及営業収益税申告控」（廣海家文書 ZA024-9，B058-68-6-1）より作成。
家収益，山林収益，賞与・給与，および 1932 年以降の田畑収益はいずれも税務署の決定額。1932 年の田畑収
家関係支出の家事費は表 2-1 より。税金は表 2-1 の諸税額から表 1-3 の営業収益税額を除いたもので，支払っ
収益構成の合計 B から家関係支出の合計 C を引いたもの。

表 1-11　廣海家の収

年	商業収益	%	貸家収益	%	田畑収益	%	山林収益	%	賞与・給与	%	株式	
											配当	売買
1912	(△ 3,937)		782		3,086				1,163		9,601	0
13	(△ 12,246)		694		2,498				1,160		11,413	12
14	(△ 13,550)		732		1,174				1,087		11,230	2,146
15	3,607				1,860				494[1)]			
16	(△ 8,48)		590		2,098						18,384	24,189
17	(△ 7,321)		995		2,692		△ 482				37,584	27,891
18	1,564				4,192		240					
1919	15,589	13.8	149	0.1	7,578	6.7	918	0.8			64,776	24,544
20	△ 10,513	△ 16.1	661	1.0	3,939	6.0	△ 187	△ 0.3			94,282	△ 22,287
21	(△ 4,190)		1,712		3,334		434				78,295	△ 24,843
22	△ 1,112	△ 1.3	584	0.7	3,140	3.6	2,277	2.6			91,487	△ 9,790
23	9,047	15.4	728	1.2	2,732	4.7	4,429	7.5			68,006	△ 25,776
24	7,246	11.7	△ 3,801	△ 6.1	1,858	3.0					60,557	△ 2,258
25	4,272	7.7	2,628	4.7	2,859	5.1					68,078	△ 20,311
26	271	0.4	3,055	4.5	2,836	4.1	2,800	4.1	5,841	8.5	66,120	△ 10,530
小計	24,800	4.9	4,004	0.8	24,942	4.9	10,237	2.0			513,306	△ 66,408

出所）商業収益は表 1-3 による。貸家収益，田畑収益，山林収益，賞与・給与，保険収支は，各年度「万覚帳」
による。1926 年の貸家収益，山林収益，賞与・給与は，昭和2-7 年「所得税営業収益税届出控」（廣海家
注記）空欄は不明。貸家収益は，「万覚帳」の家賃収入から「諸払帳」の修繕費を引いて計算。1926 年の貸家収
計欄は 1919-26 年の合計で，21 年分は商業収益が確定できないため各欄とも小計から除いた。無印は収
2-1 より。税金は表 2-1 の諸税額から表 1-3 の営業（収益）税額を除いたもので，支払った時期に対応さ
が残されていないため家事給金は前後の数値より推定し，あわせた家関係支出合計とともに［　］で示
注 1）上半期分のみ。

表 1-12　廣海家の収

年	商業収益	%	貸家収益	%	田畑収益	%	山林収益	%	賞与・給与	%	株式	
											配当	売買
1927	4,778	8.7	2,528	4.6	3,081	5.6	800	1.5	6,238	11.3	58,559	△ 18,589
28	3,588	7.1	2,575	5.1	3,186	6.2			5,763	11.4	55,508	△ 17,651
29	△ 50	△ 0.1	2,821	5.4	2,436	4.6			5,581	10.6	54,651	△ 8,075
30	△ 710		2,701		2,195		650		4,572		37,409	△ 138,405
31	△ 1,105	△ 11.5	1,533	16.0					3,436	35.9	29,609	△ 19,111
32	2,733	7.7	2,112	6.0			500	1.4	4,822	13.6	29,142	0
33	△ 3,204	△ 6.6	2,361	4.9			1,590	3.3	5,011	10.4	34,102	13,190
34	△ 910	△ 2.3	2,887	7.4	1,565	4.0	2,000	5.1	5,378	13.7	37,754	△ 5,986
35	398	0.8	2,632	5.5	2,462	5.1	0		5,909	12.3	41,406	△ 208
36	△ 96	△ 0.2	2,851	6.1	2,766	5.9			6,152	13.1	41,383	△ 1,551
小計	5,422	1.9	25,001	8.6	17,691	6.1	5,540	1.9	52,662	18.2	419,523	△ 196,386

出所）商業収益は表 1-3 による。1927-30 年の田畑収益は大正11年「田畑経費帳」（廣海家文書C188）による。
保険収支は，各年度「万覚帳」（廣海家文書）による。それ以外の数値は，昭和 2-7 年「所得税営業収益
注記）空欄は不明。収益の各欄の％は収益合計に対する比率で，1930 年の％は算定不能のため空欄とした。貸
益は，山林収益も含むため数値が大きくなっている。無印は収入または利益，△ 印は支出または損失。
た時期に対応して示した。家事給金は家事奉公人・大工等の給金で各年度「万覚帳」より。総差引は，

た株式収益に対する依存度の上昇は、第5章で明らかにされるように、大戦景気に伴う株式ブームの下で廣海家が非地元企業株式を中心として投資活動を著しく活性化させたことに対応していた。

なお、家計を含む廣海家の収支状況を大正後半期についてみると、前掲表1‐11の右欄のように、家計支出が一九一九年から急増し、二〇年代中葉には収益合計の半分以上に膨張していた。その大きな要因は、所得税急増による税金支払額の増大で、一九一〇年代の税金支払額は家事費の七分の一程度であったが、二〇年代は三分の一以上を占めた。また家事費も、病気・結婚・出産・葬式・交際費など出費水準の上昇で一九年以降急増した。こうした家計支出の増大は、株式収益の流用・転用などを通じて投資資金（手元資金）の利用可能性を制約し、株式投資の自由度を狭めてしまう可能性があった。この資金面からの投資制約を緩和させた点で、銀行借入は大正期後半にも重要な役割を果たし続けたと考えるべきであろう。

（2）昭和戦前期（一九二七―一九三六年）

昭和戦前期の廣海家の収益構成を前掲表1‐12で示した。まず、一九三〇（昭和五）年を除いて株式投資の収益が依然として総収益の七〇―九〇％前後という高い比重を占め続けたことに注目したい。もっとも、大正後半期（前掲表1‐11）と比較すると、総収益に対する株式部門の寄与度が低下したかに見える。しかし、これは大正期に断片的にしかデータが得られなかった賞与・給与などが計上されて、廣海家の総収益の統計的精度が高まったためで、株式部門の比重が特に低下したわけではない。もっとも、株式部門も一九三〇年だけは一〇万円を超える大きな赤字を計上した。大きな損失を生じた経緯は第5章で詳述されるが、同年に廣海家は大戦期以来抱え込んでいた高コスト・低収益の非地元株式などを一括して売却・整理し、それに伴って一時的に大きなキャピタル・ロスが発生した。この特異な一年を除けば、株式部門は依然として廣海家における家産蓄積の牽引車として機能し続けた。

次に、昭和恐慌下における商業部門の凋落傾向が注目される。大正後半期（前掲表1-11）や昭和初年（昭和恐慌前）まで、商業部門の収益性は黒字基調で推移した。しかし、昭和恐慌が本格化した一九三〇年以降、商業は赤字部門に転落し、三〇年代半ばにやや回復したが、農業恐慌の長期化を反映して三五年にわずかな黒字を計上するに止まった[12]。

株式・商業以外の事業部門では、賞与・給与が廣海家総収益の一〇%強、田畑、貸家が各五%前後の比重を示し、個々の比重は高くないが、比較的安定した実績を示した。

以上のように、昭和戦前期にも廣海家の家産蓄積は株式部門を基軸とした。株式部門の安定的な収益が着実な配当収入を基礎としていた点も含めて、大正期と同様の家産蓄積構造であったと言える。もっとも、昭和戦前期における各事業部門の累計収益額をみると、株式収益の比重は七七%程度に止まり、大正期の実績（前掲表1-11）を下回った。これは、既述のように、一九三〇年の整理に伴う大きなキャピタル・ロスの発生および給与・賞与などの計上による廣海家総収益の精度の高まりという二つの要因が複合的に影響した結果と想定できる。しかし、株式部門を除外して収益を示したB—A欄をみれば、大正後半期と同様に家産の蓄積ペースが株式の有無で極端に相違した。すなわち、B—A欄の累計収益は約六万六千円にすぎず、他方、株式部門を含めた累計収益は、一九三〇年の約一〇万円に及ぶ株式の損失を含めても約二九万円に達した。株式部門の有無で累計収益に二二万円以上の相違が生じたのであり、資本蓄積ペースも四倍以上の差がみられた。

昭和戦前期に明確化した蓄積構造のもう一つの特徴は商業部門の凋落である。もっとも、昭和戦前期全体の累計収益では総収益の一・九%という比重ではあったが、黒字を維持した。しかし、農業恐慌が本格化する一九三一年以降に限って損益を累計すれば、二、一八四円のマイナスとなり、商業は恐慌下で赤字部門に転落した。もっとも、この累計赤字額は同期間の廣海家総収益の約一%にすぎず、同家の家産蓄積に深刻な影響を与えるものではなかった。一九三〇年代に廣海家は小売部門を拡大して泉南郡内の取引先農家数も増大したが、肥料運賃および給金コストの上昇によって商業部門の経営自体は悪化していた。また、恐慌下で販売先農家に対する肥料前貸が不良債権化し、その対応にも苦慮していた（第3章を参照）。

なお、総収益に占める家計支出の比率は、一九二七―二九年は二分の一以上に達し（前掲表1-12右欄）、家計支出が投資資金の利用可能性を制約していたが、三〇年代に家事費・税金ともに出費水準が低下して約三分の一になり、資金面での投資の自由度が高まった。

おわりに

最後に、廣海家における収益基盤の変化をまとめ、その変化が示唆するところを述べる。

近世から近代への移行過程で廣海家が負った課題は、第一に幕末維新期の泉南地域における経済・社会変動をいかに乗り超えるか、第二に胎動し始めた産業化の流れに自己の蓄積基盤をいかに対応させるかにあった。そして、結果的に廣海家はこの二つの課題を見事に果たし、幕末・明治期に「家」としての経済的安定と持続的な発展を実現したと言える。

第一の課題については、一八六〇年代の北海道産鯡魚肥の普及に対応して取扱商品の比重を北陸産米穀から北海道・東北産魚肥へとシフトさせ、明治初年には肥料仲買業務を中心に据えるとともに、干鰯店を開設して小売業務にも進出することで、九〇年代前半までは、廣海家の商業部門は比較的安定した収益を維持することに成功した。

産業化の進展は、様々な形で事業機会の拡大をもたらした。廣海家は、この産業化の胎動という第二の課題に、家業である商業以外の諸部門に進出することで積極的に対応した。多角化への模索は一八八〇（明治一三）年前後から進められ、海運部門のように失敗に終わる場合もあったが、積極的に行われた有価証券投資・不動産投資は廣海家の収益基盤となった。しかし同時に、産業化の進展は商業部門の経営を暗転させる契機ともなり、汽船網の発達は帆船の貝塚寄港を減少させ、商業部門における口銭収入の低下を招いた。廣海家は産地直買などで対応を試みたが、一八九〇年代後半以降、商業部門の不安定性が目立つようになった。

家業の不安定化という廣海家の課題を克服した条件は、商業以外の諸事業部門の成長であり、産業化の過程で進めた多角化自体がもたらした成果であった。特に、有価証券投資部門は一八九〇年代後半以降、配当収入を中心に商業部門を恒常的に上回る収益をあげ、廣海家にとって最大の蓄積基盤となった。さらに、有価証券投資に派生する給与・賞与収入や、小作地からの不動産収入も安定した収益源泉として定着した。こうして、明治後期には、不安定な家業を抱えつつも、成長した有価証券投資部門を軸に廣海家総体としては持続的かつ安定的な資産蓄積を可能とする新たな収益構造が形成されたのである。

一方、大正・昭和戦前期における廣海家の収益基盤は、有価証券投資による配当・売買益を基軸としていた点で、明治後期に形成された収益構造と同様の特徴を備えていたが、大戦ブーム期に廣海家が株式投資活動を著しく活性化したことを契機として、株式収益が同家の資産蓄積に占める地位は圧倒的なものとなった。収益源泉としての株式の重要性は第一次大戦期に一挙に高まり、以後、昭和戦前期まで一貫して株式収益が廣海家総収益の七〇―九〇％を占め続けた。したがって、経済的な実態に即してみれば、明治後期以降、「家」の発展を中心的に担い続けたのは、家業ではなく、株式投資活動であったといってよい。

明治期に始めた株式投資以外の多角化も大正・昭和戦前期に着実な成果をあげた。田畑、貸家、山林などの不動産事業の収入や賞与・給与などの株式投資に派生する収入は、その事業の性格や実績からみて、個々の収益額は大きくはなかったが、田畑に加えて貸家・山林や賞与・給与が一九二〇年代に安定した収益源泉となった。これらの事業分野は、資産蓄積をリードする中核的な事業部門に対するリスク分散としての重要な機能を果たした。

他方、家業の商業部門は、大正・昭和戦前期に資産蓄積上の地位をさらに後退させた。もっとも、一九二〇年代後半までは、収益は不安定なものの期間累計では黒字を計上するなど、資産増殖上はリスク分散的な事業部門としての地位を保った。しかし、一九三〇（昭和五）年以降、赤字部門に転落し、経済的な側面からは次第に存立の根拠が薄れた。それでも、商業を継続したのは、家業としての意識の根強さや、商業部門の赤字額が廣海家の総収益からみればわずかな額にすぎず、資産増殖に決定的ダメージを与えるものではなかったこと、そして肥料前貸で生じた滞貸の回収をはかるため（第3章を参照）などの諸条件が複合した結果と推測される。

＊本章は、はじめに、第一、二節を中西聡が、第三節、おわりにを花井俊介が執筆した。

注

（1）第9章では、一八六〇年代以降において住吉屋源之助が廣海家自身であったことが示されたが、天保期には住吉屋源之助が廣海家とは別の経営体として存在していたことが確認される。例えば、天保一二（一八四一）年「万覚帳」（廣海家文書X〇〇　）には、帳簿の最初に廣海家と住吉屋源之助との取引が記載され、住吉屋が運航していたと考えられる栄瑞丸に廣海家も出資し（加入銀持分三分の一）、天保一三年「万覚帳」（廣海家文書A一六七）には、利兵衛から栄瑞丸持分（六分の一）を廣海家が譲り受けたことが、住吉屋源之助の項目で記載された。ただし天保一五年「万覚帳」（廣海家文書A一六五）では、住吉屋源之助の項目記載は名前のみとなり、嘉永三（一八五〇）年「万覚帳」（廣海家文書A一六九）では、住吉屋源之助の項目がなくなった。一方、天保一四年「店卸干鰯店」（廣海家文書ZＢ〇〇六）の年度末資産書上に「住吉屋源之助蔵入」として銀八八貫一九五匁の記載があった。この時期は、「店卸」に「本家干鰯店両家分」との記述があり、本家の明瀬長右衛門家に対し、廣海家を干鰯店と呼んだと考えられる。一八四四年には、本家・廣海家の両方を集計したと思われる「店卸」と廣海家の「店卸」の二つが残され、前者には、岸和田藩・和歌山藩からの扶持米が記載された。前者の形式の「店卸」は一八四四年しか残されておらず、表1-1・2は、廣海家の「店卸」を示した。以上から考えて、一八四三年頃に廣海家は住吉屋源之助の営業を引き継ぎ、以後住吉屋源之助名義で廣海家の損益を積み立て、また年度をまたいだ商取引については、住吉屋源之助名義で廣海家自身が買い入れて在庫した形式をとるに至ったと思われる。

(2) 史料では干鰯店または干加店、あるいは廣海小売部と記される。また干鰯店は開業当初（一八七〇年代）は東店と呼ばれた。なお、益十郎が一九〇〇年前後に分家した後は、益十郎店が東店と呼ばれ、それ以降は干鰯店と東店の両方が存在する。

(3) 以下の記述は、大内力『肥料の経済学』（法政大学出版局、一九五七年）、中西聡『近世・近代日本の市場構造』（東京大学出版会、一九九八年）、坂口誠「明治後期～第一次世界大戦期における川越地方の肥料市場」（『社会経済史学』第六六巻三号、二〇〇〇年）、中西聡「肥料流通と畿内市場」（中西聡・中村尚史編『商品流通の近代史』日本経済評論社、二〇〇三年）等を参照。

(4) 三井文庫編『近世後期における主要物価の動態〔増補改訂版〕』（東京大学出版会、一九八九年）。

(5) 一八八〇年代の『大阪府統計書』には、主要港湾移出入統計として貝塚港が挙げられたが、九〇年代以降は、岸和田港は挙げられたものの貝塚港は挙げられなかった。

(6) 明治九年「預書控」（廣海家文書ZA〇七四）、明治一八年「証券控」（廣海家文書L〇七五）。なお、「支配人」格については第2章注26を参照。

(7) 明治一八年「証券控」（廣海家文書L〇七五）。

(8) 明治二一八年「万覚帳」（廣海家文書A一三九、A一七四、A一七〇、A一六四、A一四三）。

(9) 一八九〇年代の廣海家大阪出張店員宛書簡および同家大阪出張店員から廣海本店への書簡（廣海家文書）より。

(10) 本店の赤字収支は、経営の実態を示すものではなく、廣海家商業部門における収支計算の仕方に影響された結果でもあった。すなわち、干鰯店が本店に統合される一九二二（大正一一）年までは、産地直接買付や肥料前貸形態での小売の増加に伴って拡大した銀行借入に対する支払利息が全て本店の支出として計上され、一方、農民に対する前貸から得た利息収入は干鰯店の収入に計上されたため、本店の赤字基調を干鰯店の黒字基調が相殺する仕組みがとられていた（この点については第3章を参照）。

(11) 第一次大戦期における実質金利の低下に伴って株価が急騰し、物価指数は一九一五年に大戦前（一三年）の一・五倍を超え、ピークの戦後ブーム期（一九年）には二・五倍に達した（岡崎哲二『工業化の軌跡』読売新聞社、一九九七年）。

(12) 農産物価格は、すでに一九二〇年代後半から低下傾向を示しており、昭和恐慌による価格暴落は三一（昭和六）年に底入れしたものの、その後の回復過程はきわめて緩慢で、三七年に至ってようやく恐慌前（二九年）の水準に復した（清水洋二・西田美昭「農業と地主制」〔大石嘉一郎編『日本帝国主義史2　世界大恐慌期』東京大学出版会、一九八七年〕）。

補論　商業収支の計算方法

補論では、表1-3に示した近代期の廣海家の商業収支の計算方法を説明する。明治維新により、年貢や町支配関係の支出がなくなり、明治期の「店卸」の項目は簡略になり、資産書き上げの記載はなくなったが、やはり「店卸」に家の支出分が含まれた。商業収支にはそれを除く必要があり、また近代期の「店卸」の「過不足座」には、銀行借入金の利息支払が含まれ、商業目的ではない銀行借入金の利息支払も商業経営でのコストと計算され、場合によっては、それを推計で分離する必要があった。また「店卸」は、一九一一（明治四四）年までしか残されておらず、それ以降は諸帳簿の集計値を組み合わせて廣海家の商業部門の損益を計算する必要があり、商業部門以外の部門は、損益を集計した帳簿が残されていないため、それぞれの部門に関連する帳簿や所得税申告書類等から、収支を推計する必要があった。

近代期の廣海家商業部門は、問屋・仲買業を営んだ本店と、一八七一年に設置された小売店＝干鰯店から構成された。本店の損益は、一八七一年以降は、「突合」項目がなくなり、米穀・肥料取引から上がった口銭収入と売買収支から、商業コストとして飯米分・店員給金・橋船給金・営業費・運賃仲士賃を引き、それに金銭貸借の利息収支などを加えて計算できる。飯米座は、店が買い入れた飯米の代金と店員への飯米販売代金の差額が示され、店が買入代金より安く米を店員に販売し、その差額が店員への現物支給分となった。ただし、廣海家が商人からの米の買入を止めた一九〇〇年代以降の米穀売買は、専ら同家が取得した作徳米の販売で、その一部が飯米座に販売された。また「店卸」の給金座は、店員以外に家事奉公人・大工等への給金等も含んだが、商業収支を計算するために「万覚帳」が連年残された一八七一年以降は同帳より店員への給金・手当・前年度分賞与・退勤心附のみを集計して給金座として示し、家事奉公人・大工等への給金は家計支出として表1-7・11・12に示した。

さらに「店卸」では、「小（諸）払帳」全体がコストとして計上され、表1-1ではそのまま示したが、「小（諸）払帳」には営業費・家事費・修繕費・諸税が含まれ、同帳が残存している一八八六—九五年と一九〇一年以降は、そこから営業費のみを表1-3の商業コストとして示し、一八七一―八五年と一八九六―一九〇〇年は、八〇年代後半の実績から同帳の合計額の半分が営業費であったと推定して、その金額を示した。一九〇一―〇九年は「諸払帳」の営業費の部に諸税が含まれ、それを除いて営業費を計算した。家事費は家計支出として、また修繕費は貸家収支のコストとしてそれぞれ表1-7・11・12に反映させた。また諸税のうち営業税額を商業コストとして対応した年度について計上し、それ以外の諸税（所得税など）は家計支出として表1-7・11・12に示した。なお耕地・山林の地租は「小（諸）払帳」の諸税の項に含まれず、それらは「田畑経費帳」「山林経費帳」に挙げられ、それを田畑収支・山林収支のコストとして、表1-7・11・12に反映させた。一八九六―一九〇〇年の営業税額は不明だが、本書表序-8より、一八九七もしくは九八年度の廣海家の営業税額が七二円で、一九〇一年度の営業税額が七六円なのでこの間はその中間値を推測で示した。

運賃仲士賃は、運賃・仲士賃・瀬取賃・水揚賃・繰上賃・積込賃の合計で、一八七一年以降「店卸」に項目で示された。廣海家の支払分は「運賃仲使帳」に記され、その分が「店卸」に示されたが、廣海家が立て替えて支払い、取引相手から仲士賃を徴収した分もあり、それらが「店卸」で（仕切帳・売留帳）「仲士戻し」として挙げられたので、「店卸」の残存している一九一一年までは、運賃仲士賃から「仲士戻し」分を引き、一九一二（大正元）年以降「売留帳」が存在している二一年まで、「売留帳」から「仲士戻し」にあたると考えられる「諸掛分」を集計してそれを「運賃仲使帳」の金額から引いて運賃仲士賃を表1-3に示した。

利息収支は、一九一一年までは「店卸」記載項目で売留帳利息収入から利戻し分を引き、それに覚帳利息差引と過不足座差引（銀行借入金利息等）を加えて計算した。一九一二年以降の利息収支は、「売留帳」の利息収支から利戻し分を引き、それに「万覚帳」の貸借金利息差引と過不足座差引を加えて計算した。なお、過不足座差引の大部分は商業金融の利息支払いと考えられるが、それ以外の目的の銀行借入金利息も含まれるため、商業部門の損益はやや低めの計算となる。そこで、株式投資資金目的の銀行借入金の利息支払が急増した一九二〇年以降は商業収支から利息収支を除いた。それゆえ一九二〇・二一年の商業収支は、実際よりかなり高めの計算となった。なお、干鰯店が本店に吸収合併された一九二二年以降は、本店が小売業を兼業しており、肥料前貸による利息収入を本店利息収支に加える必要があるが、個別の集計が困難なため、過不足座の金額のみ、表1-11・12の右欄に別記した。肥料前貸による利息収入と過不足座に含まれる商業金融の利息支払分は、かなり相殺できると考えられ、一九二二年以降の商業収支は、利息収支を除いても、それほど実数と離れていないと思われる。

運賃仲士賃と利息収支は、複数の項目から集計したため、表1-3でそれらを集計で示した一九二一年までの内訳を表1-9で示した。「仕切帳」仲士入は、船持商人が廣海家に荷揚げする際に、仲士賃等を廣海家が立替払いで仲士衆らに支払った分を船持商人から仕切金額に上乗せして徴収したもので、「売留帳」仲士戻しは、商品の販売活動に付随して掛かった仲士賃等を廣海家が立替払いで支払った分を販売先から諸掛として販売代金から差し引いて徴収したものと考えられる。「仕切帳」には、一八八四年まで口銭とは別に仲士賃等の項目が諸掛として挙げられた場合があったが、八五年以降はそれらも含めて、諸掛が口銭に一元化され、八五年から「店卸」に「仕切帳」仲士入りの項目は上がらなくなった。

利息収支の覚帳利息は「万覚帳」に相手先別に示された比較的大口の資金貸借の利息差引で、近代期の「店卸」には損益の書き上げの後に「覚帳利足」として相手先別に利息金額のみ記され、その主要相手先を表1-6・8・10で示した。なお「店卸」の残存していない一九一二年以降は「万覚帳」から直接計算して表1-9に合わせて二一年まで掲げた。覚帳の資金貸借には、営業資金以外の目的の貸借も含まれたと思われ、商業損益の計算にはその分の利息収支を除く必要があるが、表1-6・8・10からみる限り、覚帳の大部分は商業取引相手との資金貸借で、大阪の金主からの大規模な資金借入も営業資金の借入と考えられ、後に銀行からの借入に代替されるため、覚帳利息をそのまま商業損益の計算に用いた。ただし、表1-9によると、利息収支のなかで占める比重は、一八九〇年代後半から過不足座が圧倒的となった。「万覚帳」に項目立てされた過不足座は、短期の資金貸借の利息が挙げられ、一八八〇年代までは主に商業手形の打歩や出入金で誤差がでた場合の清算が示されたが、九〇年代になると銀行への当座預金借越利息支払や銀行からの手形借入利息支払が大部分を占め、廣海家が銀行から多額の資金を借り入れるようになるとともに、過不足座での支払いが急増した。

「売留帳」の利息と利戻しは、販売先に対する利息収支で、廣海家は商品を販売する際に、商品引渡し日の翌月・翌々月末に代金支払期限（即金取引の場合は商品引渡し日の一週間程度の後）を決め、それ以前に代金が支払われた分は、期限日より何日前に支払ったかに応じて、日割りで「利戻し」として代金の一部を返金し、また期限日時点の代金未払分は、再度一—六カ月の期間を設けて支払期間を設定し、その期間に対応する利息を付けて新たな支払額を設定した。そして、その期限日以前に代金が支払われた分は、その支払額から期限日より何日前に支払ったかに応じて、日割りで「利戻し」として支払額の一部を返金した。

また、最後の代金清算の際に、未納分は廣海家の貸越として次年度に繰り越されたが、未納分が小額の場合は、「まけ引」として未納分は償却された。「店卸」では、入の部に「売留帳利足」、出の部に「売留帳利戻しまけ引共」として挙げられ、「まけ引」分は「利戻し」と併せて廣海家の支出分に計上された。表1-9の「売留帳利戻し」には「まけ引」分も含まれるが、「まけ引」額は小さく、全体の利息収支に大きな影響を与えるほどではない。また、「利戻し」は、売買損益に含める考え方もあるが、「売留帳利足」と「売留帳利戻し」の利率（月利約一・二—一・五％）は同一相手に対しては同じであり、一八七〇年代前半の「店卸」では、「売留帳利足」と「売留帳利戻し」が併せて「売留帳利足差引」として挙げられ、廣海家は両者併せて販売先との利息収支と考えていたと思われる。

表1-3では、「その他」の項目として、船積座・引船座・茶山座・白米座・蔵入厘引・蜜柑売買差引等を集計したが、金額は特定の数年間を除きいずれも少なく、一八九八年以降は見られなかった。そのうち比較的金額の大きかったのは船積座で、売留帳に船積座という項目があり、廣海家が廻船に商品を積んで、諸国（主に瀬戸内）に販売した売買損益を示すと考えられる。内容からみて売買損益の項目に加算してもよいが、「店卸」では、米穀と肥料が一括されており、一八七〇年代後半以降は額も小さくなったため、「その他」に含めた。

（中西聡）

第2章　営業支出と店員の活動

二谷智子

はじめに

本章では、廣海家の支出全体を概観したのちに営業支出の推移を検討し、そのうち営業費の時期的な変化を追跡するとともに、主要な店員の業務内容を書簡および出張場所に着目して検討し、中規模商家の経営慣行と主人と店員の権限関係の考察を進める。

これまで三井家・鴻池家や近江商人などを素材として、近世期に起源を有する大商家の経営組織や労務管理について研究が重ねられてきた(1)。それによれば近世中後期以降の大商家では職制が確立し、奉公人（店員）の役割と責任が明確化して組織的経営が常態となり、主人の経営上の権限は制限され、経営の意思決定は、支配人や番頭たちの合議制に委ねられた。「商」と「家」、「店」と「奥」とは明確に分けられ、営業資金と主人の家計費との混同使用を禁じることが普通で、所有と経営の分離を特徴とする株式会社制度が明治維新以降に広く普及する前提として、近世期大商家の慣行がその条件を形成したとも指摘される。また近江商人の個別経営事例に基づいて商家の職階と職務内容や奉公人の昇進と淘汰、給金や処遇が近代期にどのように変容したかも検討されてきた(2)。

廣海家は、一九世紀前半に起源を持つ中規模商家として米穀肥料の取引を継続し、第一次企業勃興期以降は株式投資を盛んに行う傍ら、当主は長期にわたり貝塚銀行の頭取を務めた。また一八八〇年代以降に土地取得をすすめて山林経営や貸家業など不動産経営に手を広げ、商業部門では一八九〇年代から北海道や野辺地で肥料の産地直買を行い、肥料の問屋・仲買業から次第に小売業にシフトした（第3・4章を参照）。多角化して活動拠点も拡大した中規模商家の経営は、運輸手段・通信手段の変化に応じつつ、店員の活動に大きく支えられたと推察される。一九世紀末から二〇世紀初頭において急激に経営の転換を図った中規模商家において、店員はどのように営業活動を行ったか、また主人と店員の間で経営上の権限はどのようになっていたのか。その内実を、営業費の内容と金額の推移から追跡した上で、店員の構成と彼らの具体的な活動を書簡で分析する。明治期から昭和戦前期まで会社形態をとらず、商家として営業を続けた廣海家を分析することは、明治期以降に株式会社化し、その後に財閥となった大商家の事例から商家の特徴を論じてきた従来の研究を相対化させ、日本の商家像を改めて考察し直すためにも有用と思われる。

営業支出は、営業費の他に店員の給料、輸送関係諸費、営業税などを含むが、これら営業諸経費の推移や営業支出全体における比重は、その時々の経営環境で異なった。そこで時期ごとに営業支出の特徴をまとめた上で、営業費の内容を検討する。個人商店の場合、営業支出と家計支出は未分離の場合が多く、廣海家もその例外ではなかったが、詳細に検討すると、営業費から主人や家族に関係した家計費的な支出項目が次第に除かれた。また営業費の内訳をみると、時期により通信手段が変わり、広告料や各種団体費用が新たに登場する等[3]、営業活動の具体像が窺い知れる。

廣海家の営業支出と家計支出は、「小払帳（後に諸払帳）」に記され、廣海家には、一八六五（慶応元）―七〇（明治三）年と一八八六―九〇年の「小払帳」と、一八九一―一九三八（昭和一三）年（ただし一八九六―一九〇〇年を除く）の「諸払帳」が残されている[4]。最初は日付順の記載であったが、二〇世紀に入ると営業費（諸税含）・修繕費・台所用に記入箇所が区別され、一九一〇年からは項目が諸税（田畑・山林は除く）・修繕費・営業費・家事費と四種類に増えた。ただし「諸払帳」の営業費・修繕費・家事費の項目では、臨時の雇人や大工の手間賃が計上されるのみで、日常的に勤務した店員や家事奉公人の給金は、別に「万覚帳」に記載がある。

項目別の集計が必要となった背景には、所得税法（一八八七年三月二三日勅令第五号、同年七月一日施行）の発令があった[5]。所得税の算定には、前三年間の平均所得をもってその年分の予算金高とする予算課税方式が採用され、同居家族の収入は戸主の所得に合算して課税された。課税最低限は三〇〇円で、三〇〇円以上から三万円以上までの五段階に分かれ、一―三%までの全額累進税率が採られた。所得税法では、第二条第二項で、資産又は営業其他より生ずるものは、「其種類ニ応シ収入金高若クハ収入物品代価中ヨリ国税、地方税、区町村費、備荒儲蓄金、製造品ノ原質物代価、販売品ノ原価、稲代、肥料、営利事業ニ属スル場所物件ノ借入料、修繕費、雇人給料、公債ノ利子ヒ雑費ヲ除キタルモノヲ以テ所得トス」と定め[6]、この規定に基づき所得を算出するため、廣海家は「諸払帳」を項目別の記帳方式に改めたと思われる。

第一節　「諸（小）払帳」にみる廣海家支出の概観

前述のように、「諸払帳」では一九一〇（明治四三）年度以降、それまでは営業費に含めた各種税金を、諸税という項目を設けて営業費から分離したが、ここには耕地と山林に関する税金を含まず、また店員給料や店員への飯米額は、それぞれ給金座・飯米座として「万覚帳」で、商品の輸送経費は「運賃仲使帳」で、別に集計された。そこでまず「諸払帳」の支出内訳を概観して主な支出の動向を検討し、次節で営業支出の内容を概観する。

表2-1をみると、「諸（小）払帳」の支出合計は、一八八六年二、〇四六円から一九一八（大正七）年まで短期的な増減はあるものの、趨勢としては徐々に増加したが、一八年から一九年にかけて大戦ブームの物価上昇で、一挙に

表 2-1　廣海家「諸（小）払帳」内訳一覧

（単位：円）

年	営業費	%	家事費	%	諸税	%	修繕費	%	合　計
1886	961[1)]	46.9	919	44.8	166	8.0			2,046
87	596	30.3	1,171	59.6	183	9.1	12	0.6	1,963
88	714	40.1	834	46.9	180	10.0	47	2.5	1,775
89	810	43.6	857	46.2	160	8.5	27	1.4	1,854
90	814	36.6	1,171	52.7	115	5.1	122	5.4	2,222
91	822	23.4	2,394	68.2	139	3.8	151	4.3	3,507
92	931	40.5	1,143	49.8	143	6.2	77	3.3	2,294
93	1,057	42.1	1,235	49.2	130	5.1	87	3.4	2,509
94	1,242	50.5	1,009	41.0	156	6.2	49	1.9	2,456
95	1,351	46.3	1,345	46.1	142	4.7	77	2.6	2,914
1901	1,336	31.5	2,132	50.3	292	6.9	472	11.1	4,231
02	1,660	23.8	4,859	69.7	344	4.9	104	1.4	6,967
03	1,402	35.7	2,032	51.7	322	8.2	167	4.2	3,922
04	1,664	36.5	2,120	46.5	453	9.9	317	6.9	4,553
05	1,715	36.2	2,284	48.1	514	10.8	229	4.8	4,742
06	1,761	32.1	2,741	50.0	630	11.5	340	6.2	5,473
07	2,299	31.3	3,624	49.4	716	9.8	685	9.3	7,325
08	2,192	34.7	3,305	52.3	777	12.3	41	0.6	6,312
09	2,372	31.3	4,161	54.8	845	11.1	203	2.6	7,581
10	2,287	29.4	3,928	50.6	893	11.5	646	8.3	7,754
11	2,253	29.3	3,992	52.0	820	10.6	603	7.8	7,668
12	2,177	18.3	8,583	72.2	818	6.5	300	2.5	11,878
13	2,592	27.8	5,554	59.6	818	8.7	343	3.6	9,307
14	1,978	33.6	2,855	48.5	814	13.8	237	4.0	5,884
15	2,056	29.0	4,023	56.8	642	9.0	357	5.0	7,078
16	2,006	31.1	3,352	52.0	684	10.6	392	6.0	6,433
17	2,612	35.0	4,018	53.8	654	8.7	174	2.3	7,458
18	4,423	44.6	4,337	43.8	782	7.9	355	3.5	9,898
19	4,005	26.4	8,479	56.0	1,337	8.8	1,317	8.6	15,138
20	6,404	22.9	18,269	65.5	1,649	5.9	1,534	5.5	27,856
21	2,864	16.3	10,297	59.2	3,806	21.7	503	2.8	17,471
22	2,879	8.4	22,370	65.8	7,451	21.9	2,257	6.6	33,956
23	2,891	7.6	14,060	36.9	19,027	50.0	2,101	5.5	38,080
24	2,372	4.5	32,592	62.2	10,423	19.8	7,009	13.3	52,395
25	2,093	6.7	19,065	61.6	9,162	29.6	620	2.0	30,940
26	2,786	9.8	15,069	53.4	8,984	31.8	1,355	4.8	28,193
27	2,908	10.3	15,238	54.1	9,333	33.1	676	2.3	28,154
28	3,469	11.1	17,778	56.9	8,866	28.3	1,105	3.5	31,218
29	3,321	8.9	24,249	65.3	8,448	22.7	1,111	2.9	37,129
30	3,033	12.1	13,361	53.3	7,947	31.7	683	2.7	25,024
31	2,996	13.0	14,756	64.0	4,456	19.0	860	4.0	18,612
32	2,701	13.7	10,476	53.2	4,164	21.1	2,316	11.7	19,657
33	2,965	20.5	5,950	41.2	4,186	29.0	1,313	9.1	14,414
34	3,936	25.6	10,853	70.6	4,746	30.9	1,464	9.5	15,352
35	2,757	17.8	9,425	61.0	5,265	34.1	3,244	21.0	15,426
36	2,935	13.9	17,661	83.9	5,699	27.0	1,231	5.8	21,046
37	3,190	16.9	14,817	78.9	8,193	43.6	764	4.0	18,770

出所）各年度「小払帳」「諸払帳」（廣海家文書）より作成。

注記）営業費の項目は 1886-1909 年までは，商業費とされた。1901-09 年は，営業費に諸税が含まれていたので，営業費から諸税項目を分離して集計し直して示した。なお 1937 年は 1-6 月の合計値である。

注 1）修繕費を含む。

急増し、二〇年代は約三万円台、三〇年代は約一万五千―二万円の間を推移した。家事費は[7]、一八八七年の一、一七一円から一九三六（昭和一一）年の一七、六六一円と約一五倍に膨らんだが、営業費は[8]、一八八七年の五九六円から一九三六年の二、九三五円と約五倍の増加に止まり、営業費より家事費の増加率が大きかった。営業費には家事費への計上が適当と思われた費目が当初かなり混在したが、次第に整理されて営業費から除かれた。家事費の増減は、家族構成員の誕生、病気、死亡、結婚など不確定要因に左右され、こうした臨時出費は、金額的にも大きくなった。

内訳の構成比では、一八八七―一九〇五年は、家事費が営業費の約一―一・五倍、〇六―一八年は約一・五―二倍強、一九―三六年は約二―九倍強の金額を示した。営業費は、一九〇七年に二、二九九円を計上した後は、大戦ブーム期の一八―二〇年を除いて、ほぼ二千―三千円代を維持したが、家事費は大戦ブーム期から増加し続けて、二〇―三一年は約一万―三万二千円余を推移するに至り、営業費とは大きく異なる経過を辿った。また廣海家の貸家業経費である（貸家）修繕費は、一八九五年までは比較的小額に止まっていたが、一九〇一年に四七二円とそれまでになく増大し、特に一九年以降は千円を超える修繕を頻繁に行い、二四年には七、〇〇九円と巨額の修繕費を計上した。

注目すべきは諸税の推移である。一八八六―九五年は一一五―一八三円を推移したが、一九〇〇年代にほぼ毎年増加し、一七年に少し減額したが、二一年に三、八〇六円、二三年には一九、〇二七円と急増し、支出合計の約半分を占めた。その後、税額は株式整理を行った一九三〇年（第5章を参照）に七、九四七円となるまで、約九千―一万円の間を推移したが、三二年以降は約四千―六千円とそれまでの約半分の水準を推移した。支出全体額に占める諸税額の比率は、一九二三年を除けば二一年以降は約二〇―三四％を推移し、同時期の営業費額の比率より一〇％以上も高かった。一九二〇・三〇年代以降の廣海家にとって、諸税は家事費に次ぐ大きな支出であった。

第二節　営業支出の推移

本節では、営業費が明確に把握できる一八八六（明治一九）年以降の廣海家の商業活動を、北海道直買を積極的に行った一九〇三―一四（大正三）年とその前後に区分し、各時期（第一期一八八六―一九〇二年、第二期〇三―一四年、第三期一五―三六（昭和一一）年）の営業支出の動向を検討する。

廣海家の営業関係支出を表2-2でみると、（貸家）修繕費を営業費に含んだ一八八六年を除いた営業関係支出合計の年平均額は、第一期が二、三三三円、第二期は五、六五一円、第三期は一〇、八三六円と、第二期は第一期の約二・四倍、第三期は第一期の約四・六倍に増大した。なお表2-2では、営業税と対比させるため所得税を掲げた。所得税は家族各人の名義別税額をすべて合計し、また「諸払帳」の諸税項目には、その年の一―一二月に支払った税金が計上され、前年度分と今年度分の税額が混在したが、それを会計年度別に集計し直した。なお本来は営業支出に利息収支を入れるのが適当と思われるが、銀行借入金がどのような目的に使われたか必ずしも明確ではないため、本章では営業支出合計に利息収支を含まずに考察をすすめる（利息収支は第1章を参照）。

（1）第一期の営業支出（一八八六―一九〇二年）

第一期の営業費は、船持商人との取引が中心であった一八九二（明治二五）年までと産地直買を試みに行った九三年以降では異なり、九三年以降は一、〇〇〇円を超え、一九〇二年には一、六六〇円となり、支出合計全体に占める割合で八七年の約三七％から九三年には約四九％を占めた。これに次ぐのは給金座と運賃仲士賃で、第一期の給金座は四五三―六四七円を推移して構成比は約一九―三〇％、第一期の運賃仲士賃は二五九―五七七円を推移して構成比は

表 2-2　廣海家営業関係支出内訳一覧

（単位：円）

年	営業関係支出													所得税
	営業費	%	営業税	%	飯米座	%	給金座	%	運賃仲士賃	%	入用座	%	合　計	
1886	961[1)]	48.3	72	3.6	242	12.2	453	22.8	263	13.2			1,991	
87	596	37.1	83	5.2	165	10.3	465	29.0	297	18.5			1,606	25
88	714	40.0	80	4.5	174	9.7	[534]	29.8	289	16.1			[1,791]	21
89	810	42.9	65	3.4	159	8.4	530	28.0	326	17.2			1,890	22
90	814	39.6	52	2.5	282	13.7	[537]	26.2	368	17.9			[2,053]	35
91	822	43.7	55	2.9	268	14.2	470	25.0	267	14.2			1,882	47
92	931	42.3	58	2.6	441	20.0	505	22.9	268	12.2			2,203	45
93	1,057	49.1	58	2.7	247	11.5	530	24.6	259	12.0			2,151	33
94	1,242	48.0	58	2.2	254	9.8	555	21.5	478	18.5			2,587	36
95	1,351	47.9	58	2.1	467	16.5	568	20.1	378	13.4			2,822	
1901	1,336	41.4	76	2.4	595	18.4	645	20.0	577	17.9			3,229	50
02	1,660	48.2	84	2.4	531	15.4	647	18.8	524	15.2			3,446	49
03	1,402	31.5	86	1.9	678	15.2	1,286	28.9	998	22.4			4,450	47
04	1,664	40.8	147	3.6	574	14.1	1,164	28.6	526	12.9			4,075	79
05	1,715	35.2	182	3.7	645	13.2	1,298	26.6	936	19.2	101	2.1	4,877	139
06	1,761	36.5	196	4.1	543	11.3	1,221	25.3	982	20.4	118	2.4	4,821	148
07	2,299	39.9	198	3.4	501	8.7	1,445	25.1	1,230	21.4	83	1.4	5,756	168
08	2,192	36.6	242	4.0	648	10.8	1,776	29.7	1,031	17.2	(100)	1.7	(5,989)	177
09	2,372	42.3	310	5.5	415	7.4	1,071	19.1	1,291	23.0	149	2.7	5,608	189
10	2,287	40.2	279	4.9	579	10.2	1,328	23.4	1,012	17.8	(200)	3.5	(5,685)	187
11	2,253	34.7	259	4.0	629	9.7	1,681	25.9	1,527	23.5	137	2.1	6,486	186
12	2,177	30.9	228	3.2	845	12.0	1,578	22.4	1,896	27.0	311	4.4	7,035	196
13	2,592	36.3	231	3.2	(700)	9.8	1,555	21.8	1,483	20.8	571	8.0	(7,132)	192
14	1,978	33.6	219	3.7	518	8.8	1,458	24.7	1,235	21.0	486	8.2	5,894	198
15	2,056	32.3	116	1.8	538	8.5	(1,750)	27.5	1,328	20.9	572	9.0	(6,360)	182
16	2,006	34.4	129	2.2	546	9.4	2,015	34.6	785	13.5	350	6.0	5,831	288
17	2,612	39.8	129	2.0	652	9.9	1,855	28.3	709	10.8	(600)	9.2	(6,557)	176
18	4,423	40.5	132	1.2	1,247	11.4	(2,500)	22.9	1,627	14.9	998	9.1	(10,927)	238
19	4,005	30.8	166	1.3	2,237	17.2	3,330	25.6	1,761	13.5	1,519	11.7	13,018	379
20	6,404	41.9	199	1.3	1,569	10.3	4,300	28.1	971	6.3	1,851	12.1	15,294	361
21	2,864	26.9	257	2.4	1,365	12.8	3,143	29.6	1,147	10.8	1,860	17.5	10,636	3,812
22	2,879	31.5	220	2.4	1,011	11.1	2,884	31.6	1,838	20.1	306	3.3	9,138	7,928
23	2,891	29.5	160	1.6	810	8.3	2,675	27.3	2,886	29.4	378	3.9	9,800	9,044
24	2,372	23.2	160	1.6	1,047	10.2	3,245	31.7	3,072	30.0	351	3.4	10,247	6,697
25	2,093	20.1	160	1.5	1,076	10.3	3,380	32.4	3,398	32.6	325	3.1	10,432	7,354
26	2,786	22.1	147	1.2	1,502	11.9	3,690	29.3	4,124	32.7	366	2.9	12,615	6,837
27	2,908	23.1	75	0.6	1,345	10.7	3,520	27.9	4,402	34.9	355	2.8	12,605	6,933
28	3,469	24.6	67	0.5	980	6.9	3,655	25.9	5,401	38.3	544	3.9	14,116	5,887
29	3,321	25.3	63	0.5	1,094	8.3	3,750	28.6	4,455	33.9	445	3.4	13,128	5,723
30	3,033	26.4	57	0.5	826	7.2	3,670	32.0	3,412	29.7	483	4.2	11,481	5,143
31	2,996	27.3	53	0.5	519	4.7	3,300	30.0	3,672	33.4	447	4.1	10,987	2,922
32	2,701	27.7	48	0.5	657	6.7	2,945	30.2	2,930	30.1	455	4.7	9,736	2,354
33	2,965	28.0	48	0.5	602	5.7	3,290	31.1	3,299	31.1	388	3.7	10,592	2,824
34	3,936	31.5	48	0.4	776	6.2	3,525	28.2	3,581	28.7	614	4.9	12,480	3,176
35	2,757	26.0	48	0.5	741	7.0	2,971	28.0	3,606	34.0	493	4.6	10,616	3,570
36	2,935	24.9	43	0.4	985	8.3	4,105	34.8	2,815	23.9	917	7.8	11,800	3,723
37	3,190		48						2,581					5,775

出所）各年度「小払帳」「諸払帳」（廣海家文書），および表 1-3，表 2-5 より作成。

注記）営業費の項目は 1886-1909 年は，商業費とされた。1901-09 年は，営業費に諸税が含まれたので，それを除いて集計した。給金座は家事奉公人・大工等を除く店員に対する給金・手当・前年度分賞与・退勤心附の合計を示した（[　]内は家事奉公人・大工等を含む）。括弧内は，前後の数値より推定したもので，括弧付き数値が含まれた場合は，合計値も括弧書で示した。

注 1）修繕費を含む。

表 2-3　廣海家店員と給金

（単位：円，店員数は人）

年	K.又七	K.新七	M.元七	Y.定吉	Y.栄助	I.治郎吉	利平	K.忠平	K.政吉	K.久吉	O.房吉	Y.伊三吉	合計	店員数
1873	24	24	16	16	13	10	8	3	2				116	9
77	24	24	24	K.万助		10		10		5			95	6
80	D.治平	K.安平	24	12	K.勘平	10		22		16			84	5
83	120	120	150	70	35	10	I.(G)久七	135	Y.直七				640	7
86	120	120	K.粂七	K.吉助	26	0	27	135	25	Y.幸吉			453	7
89	120	120	60	10	（死去）	（死去）	75	135	S.新吉	10			530	7
92	135	120	75	40	K.浅吉		90		5	40			505	7
95	135	120	90	55	3	T.伊八	105		20	55			583	8
98	135	125	H.貞吉	70	15	60	120		18	70			613	8
1901	140	I.政吉	10	100	40	75	130	利吉	80	70			645	8
04	150	3	30	130	70	90	150	7	55	M.愛助			685	9
07	155	20	70	145	Y.政吉	100	155	M.源平	120	90	10		865	9
10	180	70	40	200	90	50	220	60	T.栄助	70	K.米吉	5	1,050	13
13	180	78	N.由平	210	140	130	240	180	10		28	42	1,238	10
16	200	I.政七	160	220	170	H.春吉	250	220	40	H.嘉平	55		1,315	8
19	300	235	285		265	60	M.兵吉	370	80	150	Y.秀七		1,745	8
22	300	470	540	N.新平	F.庄七		150	600			124		2,184	6
25	200	570	630	470	130	N.元吉		680					2,680	6
28		600	650	520	280	180		700					2,930	6
31		560	600	495	350	260		650					2,915	6
34		580	600	495	400	300	N.和吉	650					3,025	6
37		640	M.豊吉		480	390	140	750					2,400	5
40		1,040	435		990			200					2,665	4

出所）各年度「万覚帳」（廣海家文書）より作成。

注記）店員を示し，下男・下女・作男は除いた。3年おきの年間給金を示したが，1922年より高給店員に手当が付くようになったため，それ以降は手当も含む。ただし退勤心附は含まず。表で示した以外に，1910年にN. 芳平（給金30円），I. 留吉（給金30円），Y. 秀吉（給金5円）がいたので同年の給金合計と店員数にはこの3名の分も含めた。本書では店員の姓はプライバシーに配慮して特定できない形で示した。

約一二—一九%であった。

表2-3は店員の構成と給金の動向を示す。第一期の店員数は七—八名で、そのうち長期間継続して勤務した店員は治平・安平・久七の三名である。他の店員は入れ替わりが多く、産地直買を試みた一八九三年以降には店員数が増えた。店員の給金は年給であったが、表2-4で本店主要店員について月額の給金を算出して、その推移をみると、一八八二年は月額一・六七—二円だったが、八三年は一〇—一一・二五円と約六倍に増額した。当時の本店損益は一八八一・八二年に連続して損を出したが、一転して八三年に一、〇〇七円の益となり、八六年までは毎年約一、〇〇〇—三、五〇〇円余の益を計上しており（表1-3を参照）、給金の増額は好調な商業収益を反映した可能性がある。表2-2に戻ろう。第一期の飯米座は（飯米座の内容は第3章を参照）、一八八七年の一六五円から一九

表 2-4　廣海家本店主要店員の給金の推移

（単位：円）

年	D. 治平	K. 忠平		K. 安平		M. 元七				前年度賞与	退勤者心附
1882	1.67	2		1.67		2					
83	10	11.25		10		12.5					
								I.(G.)久七			
85	10	11.25		10							
86	10	11.25		10				5			
									K. 吉助		
87	10	11.25		10				5.42			
89	10	11.25		10				6.25	0.83		
91	11.25			10				7.08	2.5		
92	11.25			10				7.5	3.33		
93	11.25			10				7.92	3.75		
94	11.25			10				8.33	4.17		
95	11.25			10				8.75	4.58		
96	11.25			10				9.17	5		
97	11.25			10.42				9.58	5.42		
98	11.25			10.42				10	5.83		
99	11.25			10.5				10.42	6.67		
1900	11.67							10.83	7.5		
01	11.67							10.83	8.33		
02	11.67							11.25	9.17		
		I. 政吉									
03	12.08							12.08	10	190	
		給金	手当								
04	12.5							12.5	10.83	479	
05	12.5	0.42						12.5	11.25	580	
06	12.5	0.83						12.5	11.67	375	20
07	12.92	1.67						12.92	12.08	580	
				M. 源平		N. 由平					
08	15	2.5						16.67	15	756	150
				給金	手当	給金	手当				
09	15	4.17						16.67	16.67	183	
10	15	5.83		10		10		18.33	16.67	278	
11	15	(政七)7.5		11.67		10		18.33	16.67	581	
12	15	9.17		13.33		(11年退勤)		20	17.5	340	
13	15	9		15				20	17.5	325	70
14	15	(13年退勤)		15.83		(15年再勤)		20	18.33	298	
16	16.67	(17年再勤)		18.33		13.33		20.83	18.33	700	10
17	18.33	11.67		20		15				695	
19	25	19.58		30.83		23.75				1,585[1]	50
20	25	25		41.67		33.33				2,005	105
21	25	30	5.83	41.67	8.33	33.33	8.33			385	300
								F. 松太郎			
22	25	33.33	5.83	41.67	8.33	36.67	8.33			700	50
								給金	手当		
23	25	36.67	5.83	45.83	8.33	40	8.33			440	
24	16.67	38.33	5.83	45.83	8.33	41.67	8.33	10		725	
25	16.67	41.67	5.83	48.33	8.33	44.17	8.33	10.83		700	
26	10.53	41.67	6.67	48.33	8.33	44.17	8.33	(福松) 16.67		720	200
27		43.33	6.67	50	8.33	45.83	8.33	20		670	
28		43.33	6.67	50	8.33	45.83	8.33	(庄七) 23.33		725	
29		43.33	6.67	50	8.33	45.83	8.33	25.83		750	
30		43.33	6.67	50	8.33	45.83	8.33	27.5		630	
31		43.33	3.33	50	4.17	45.83	4.17	29.17		385	
32		43.33	3.33	50	4.17	45.83	4.17	30		305	
33		43.33	3.33	50	4.17	45.83	4.17	31.67		0	
34		45	3.33	50	4.17	45.83	4.17	33.33		0	500
35		45.83	3.33	50	4.17	45.83	4.17	35		285	
36		50	3.33	58.33	4.17	50		37.5		335	1,300
37		50	3.33	58.33	4.17	4.17(山林)		40		370	
38		50	3.33	58.33	4.17	4.17(山林)		42.5		365	
39		54.17	10	55.21		4.17(山林)		50	10	420	5,150
40		66.67	20			2.5(山林)		62.5	20	750	
41		83.33	20			2.5(山林)		83.33	20	300	

出所）各年度「万覚帳」より作成。

注記）給金・手当とも年単位であったが，それを月当たりに換算して示した。数値の前の括弧書は，名前の変更を示す。前年度賞与と退勤心附は年額を示し，前年度賞与をどのように個人に分配したかは不明。主要店員として，表で示した各年の最も給金の多かった 2 名を選び，その給金を遡及して示した。N. 由平は 1936 年に退勤後も，廣海家山林の見回りを依頼され，山林世話料を受け取っていた。

注 1）うち 1,000 円は，運用口座（吉伸社）に移された分で，その後退勤心附はその口座から支給された。

〇一年の五九五円と増加し、構成比も約八―一九%を推移し変動幅があった。第3章の表3-8によれば、年により購入飯米量はそれほど変化しなかったことから、飯米座の金額の推移は、その年の米価を反映したと思われる。

またこの時期の営業税額は、一八九〇年の五二円（最小）と一九〇二年の八四円（最大）の間を推移した。国税の営業税法は一八九六年三月法律第三三号で公布され、翌年一月から施行されたが、それまでの営業税は地方税として徴収されていた。[9] 国税営業税の課税方式は外形標準課税で、物品販売業の場合、課税標準として売上金額には卸売の場合万分の五、小売の場合万分の一五を賦課し、建物賃貸価格には千分の四〇、従業者一人に付き一円が課税された。

（2）第二期の営業支出（一九〇三―一四年）

第二期の営業支出合計は、一九〇三（明治三六）年に四、四五〇円と前半に比べて約一、〇〇〇円余り増加しており、当主が交代して北海道直買を本格的に始めるなど、経営の転換点が、この時期であったことを裏付ける。営業支出合計の推移は、北海道直買を最後に行った一九一四年を除けば、一九〇七年に約六、〇〇〇円弱に増え、一二（大正元）年には七、〇〇〇円を上回り、一〇年間で約一・六倍に膨んだ。

第二期の特徴として、以下の三点が指摘できる。第一に、一九〇五年より新たに入用座が設けられた。廣海家は一八七一年に干鰯店を開設し、主に現在の岸和田市・貝塚市・熊取町域の農家に肥料を小売したが、一九〇五年以降は現在の泉佐野市域の農家にも積極的に販売した。[10] 入用座では、主に佐野地域での肥料販売に掛かった諸経費が計上され、販売地域が広がるに伴い、その営業費を別に設けたと思われる。

第二に、営業費・給金座・運賃仲士賃で営業支出の約八割強を占めた。給金座と運賃仲士賃の年平均額は、給金座は一、四〇三円、運賃仲士賃一、一七九円で、それぞれ第一期の平均値の三倍に増え、構成比も給金座が約一九―三〇％、運賃仲士賃約一七―二七％と、特に運賃仲士賃の営業支出全体に占める割合が増えた。前掲表2-3をみると廣海家店員数は一九〇四年の九名から一〇年の一三名に増加し、前掲表2-4では長期勤続の久七と吉助の給金はともに第二期に月額ベースで八円増え、他の店員の給金も増加額に差はあるが増えた。さらに廣海家は、産地直買を再開した一九〇三年から賞与を支給し始めたが、〇九年の「万覚帳」では、[11]「昨年〔一九〇八年――引用者〕ハ稀ナル不成績ニテ損失課多ナルトモ特ニ與フ」と計一八三円の賞与（「店員心附」）を計上し、損が出ても賞与は続けて支給し、〇六年からは退勤者心附も支給し始めた。また表2-5をみると、一九一〇―一四年は運賃仲士賃総合計のうち運賃総計が五割強、仲士賃が三割強、繰上・瀬取賃と積込賃で一割強を占めた。この運賃は、大阪・兵庫・別府から泉南地域までの大阪湾岸地域間の輸送運賃で、北海道から兵庫までの汽船運賃は別に「万覚帳」の産地直買座に記載された。そのため北海道直買の肥料、多木肥料、北海道商人からの買入分の重量単位当たりの運賃に際立つほどの差はなかったが、北海道直買には別に汽船・鉄道費として約一、五〇〇―二、五〇〇円の輸送費が掛かった。

第三に、営業税額の推移は税制改正とも関連していた。すなわち一九〇四年に日露戦争が開始され、非常特別税法による租税増徴が行われ、営業税は〇四年に本税の七割増、〇五年にはさらに本税の八割増の増徴が実施された。[10]非常特別税法中営業税は一九一〇年四月の法律第四五号で廃止され、翌年一月より改正営業税法が施行された。減税は一律に行われたが新たな課税標準は一八九六年時点と比べて高く、また負担の公平性を欠いた。そのため一九一四年三月法律第二〇号で再度営業税法は改正され翌一五年一月より施行された。物品販売業は取扱商品や業態で課税標準が異なり、肥料は甲種に属したがその場合、売上金額は卸売で万分の八、小売で万分の二〇、建物賃貸価格は千分の七〇、従業者は一人に二円の課税となった。廣海家の営業税額が一九〇三年の八六円から〇四年の一四七円に急増したのは、非常特別税法の影響を考えられるが、その後〇九年の三一〇円まで税額が増えた要因は、産地直買による積極経営で店員数と売上金が増加したことにある。小幅な減税が実施された一九一一年は、営業税は二五九円となった

表 2-5　運賃仲士賃の推移

（単位：円）

年	運賃				仲士賃	繰上・瀬取賃	積込賃	総合計	北海道直買汽船賃	北海道商人渡運賃			右欄別記運賃合計
	総計	内 北海道直買	内 多木製肥所	内 北海道商人						汽船賃	鉄道賃	不明分	
1910	832	358	78		531	155	57	1,574	1,572				1,572
11	1,098	417	249		617	204	52	1,971	2,448				2,448
12	1,007	322	357	167	632	245	13	1,896	2,194	908			3,102
13	804	223	373	13	467	192	10	1,483	2,337	124			2,461
14	636	128	190	175	438	159	2	1,235	952	602			1,554
15	695		152	221	458	170	5	1,328		2,154			2,154
16	221[1]		116	133	395	157	13	785		1,443			1,443
17	332		150	1	300	72	24	709		678	4,185		4,863
18	1,018	内 豊年豆粕	485	21	356	252	1	1,627		251	834		1,085
19	1,056		478	17	369	336		1,761			1,529	342	1,871
20	627	144	266		203	141		971			574	196	770
21	631		281	63	274	242		1,147			300	253	552
22	1,239	103	618	50	327	272		1,838			402	203	605
23	1,689	455	554	70	648	548		2,886			753	794	1,547
24	1,959	118	1,004		569	544		3,072				1,464	1,464
25	2,542	299	1,271		531	625		3,398		66	418	252	736
26	2,637	910	1,150	8	593	894		4,124		73	1,719	551	2,342
27	2,876	603	1,021	181	573	953		4,402		1,238	259	307	1,806
28	3,421	920	1,167	115	571	1,408		5,401		336	570	733	1,638
29	2,911	888	1,374		648	896		4,455			989	1,415	2,405
30	2,195	842	800		416	800		3,412			1,579		1,579
31	2,473	963	593		283	916		3,672		91	212		303
32	1,895	610	749		335	700		2,930			1,744		1,744
33	2,213	1,021	733		297	789		3,299			891		891
34	2,346	1,141	522		308	927		3,581			861		861
35	2,249	820	644		474	883		3,606			512		512
36	1,769	629	413		337	709		2,815			83		83
37	1,682	244	529		338	562		2,581					

出所）明治 43・大正 3・8・昭和 2・6・10 年「運賃仲使帳」，各年度「万買帳」「外分万買帳」「万買帳（甲部・卸部）」（廣海家文書）より作成。

注記）内訳を検討するため「運賃仲使帳」の金額をそのまま示したので，1910・11 年は表 2-2 の運賃仲士賃と異なる。運賃はいずれも大阪・兵庫・別府から泉南地域までの運賃と考えられる。したがって運賃の内訳の北海道直買は，北海道直買肥料を汽船で運んで，兵庫（神戸）で積み替えた後の兵庫から泉南地域までの運賃を示す。なお，北海道直買肥料の兵庫（神戸）までの汽船運賃は，「万覚帳」の産地直買座に記載されたので，それを右欄に別記した。さらに，運賃の内訳の北海道商人は，北海道商人から買い入れた肥料を汽船で運んで，兵庫（神戸）で積み替えた後の兵庫から泉南地域までの運賃を示す。その場合の北海道から兵庫（鉄道ならば直接泉南地域）までの汽船・鉄道運賃は，廣海家が北海道商人から購入した肥料代金に含まれており，運賃額は，「万買帳」に記載されたので，それを右欄に別記した。その場合，運賃としか記載していないものも，前後関係から汽船か鉄道かを推定できるものは，それに従って分類し，それでも不明なものは不明分とした。右欄に別記した運賃は，その合計を一番右に示した。運賃の内訳は，分類困難なものや多木製肥所産肥料・豊年豆粕以外で大阪・兵庫の肥料商から購入した分の運賃は除いたため，内訳を合計しても運賃総計値に満たない。なお豊年豆粕は，ほとんどが大阪・兵庫の肥料商から買い入れていた。

注 1）内訳を集計すると，221 円をかなり上回るが，帳簿での集計値は，221 円。

が、一四年までに四〇円減額したのは、店員数と売上金の減少といえよう。

(3) 第三期の営業支出(一九一五—三六年)

第三期の営業支出合計は、一九一五(大正四)—一七年に約五、八〇〇—六、五〇〇円を推移するに止まったが、一八年には一万円を超え、その後は三六(昭和一一)年まで約九、〇〇〇—一五、〇〇〇円を推移した。この時期の営業費・給金座・運賃仲士賃の三項目の構成比は、一九一五—二〇年(但し一六年を除く)は、それまでと同様に営業費>給金座>運賃仲士賃だが、一九二四—三三年は給金座と運賃仲士賃で全体の六割強を占めて営業費を上まわった。

そのうち給金座は、産地直買中止後も増え続けて一九二〇年には四、三〇〇円を示し、その後二三年の二、六七五円まで減少したが、二四年以降は三、〇〇〇—四、〇〇〇円台を推移した。前掲表2-3によれば店員数は、一九一六年の八名から、二二年の六名、三七年の五名、四〇年の四名と次第に減少し、二五年以降は店員の入れ替わりはほとんどなかった。表2-4で第三期の給金について月額ベースで推移をみると、給金は上昇し続け、一九二〇年恐慌後の二一年からは手当が付き、以後毎年支給された。また一九二一年の「万覚帳」に[13]、「〔大正——引用者〕九年度欠損ニ付賞与ナシ、生活補助トシテ支給ス」とあり、主人は、賞与を生活補助費と認識していた。前掲表2-4のように、廣海家の給金は年功型賃金だが、一九二五年以降は長期勤続店員が多かった為に人件費全体額が押し上げられたといえよう。

また運賃仲士賃は、一九一五年以後は約七〇〇—一、八〇〇円余の間で増減をくり返したが、二三年には前年より約一、〇〇〇円増え、その後は毎年増額して二八年に五、四〇一円を計上した。もっとも翌一九二九年は四、四五五円と減額し、その後は約三、〇〇〇—三、六〇〇円の間を推移した。第3章では、本店は一九二一年から本格的に大豆粕を扱い始め、それに併せて多木からの人造肥料の仕入量を増やしたと指摘するが、前掲表2-5をみると、二二年の運賃総計は、一、二三九円と前年のほぼ倍額になり、特に多木肥料の運賃は六一八円とその半分を占め、二四年以降は約一、〇〇〇—一、三〇〇円と運賃が嵩んでいた。運賃仲士賃と繰上・瀬取賃の推移をみると、仲士賃は、一九二三年に六四八円となった後は約五〇〇—六〇〇円で推移したのに対し、繰上・瀬取賃は、二五年以降は常に仲士賃を上回り、海上輸送が減少し、鉄道輸送が増えたことを反映している(14)。

なお営業税法は一九二三年三月法律第九号で改正され、課税標準のうち建物賃貸価格に対する課税はなくなり、物品販売業の売上金額と従業者に対する課税は、一四年改正時と同様のまま据え置かれた(15)。外形標準課税方式を採用した営業税法は、税金負担が必ずしも営業収益を反映しないとの根強い非難があった。そのため政府は一九二六年三月法律一〇号営業収益税法の公布に伴い、営業税法を廃止し、二七年一月より営業純益金の百分の二・八に課税する営業収益税法が施行された。廣海家では、営業収益税は一九二七年に七五円であったが、三六年には四三円となり、二〇年代後半から三〇年代前半にかけて商業収益が低下していた。

所得税も営業税と同様に、課税方法や課税率の改正が税額の推移に影響した(16)。一八九九（明治三二）年の所得税法改正では所得が法人所得税（第一種）、公社債利子（第二種）、個人所得税（第三種）に分類され、法人から個人へ渡される配当金に関しては、法人段階で源泉課税することになり、個人配当所得は非課税にされた。個人所得については三〇〇円段階の一％から一〇万円以上段階の五・五％に至る全額累進課税とされた。一九〇四年の非常戦時特別税法では、第一種、および第三種の所得に対し非常特別税として本税額の七割を増徴し、翌〇五年の第二次増徴では個人の所得額を五〇〇円未満から一〇万円以上の一〇階級に分け、定率の三—二〇割を増徴し、これは一三年まで続いた。その後一九一三年と一八年の二度、第三種所得は課税率と免税点が改正され、また勤労所得の一割が控除となった。個人所得への課税で大きな転換点となったのは一九二〇年改正で、従来は法人からの配当は、法人所得の段階で源泉課税し、配当を受けた個人所得には課税されないまま置かれたが、改正により配当を個人所得に総合して課税すると変更された。ただし配当金の四割は控除され、免税点も五〇〇円から八〇〇円に引き上げられた。また税率区分も八〇〇円以下の〇・五％から四〇〇万円超の三六％まで細分化された。

廣海家の所得税の推移をみると、一九二〇年までと翌二一年以降で様相を異にする。一八八七年から一九二〇年までは、改正の度に若干の増額を重ねて推移したが、二一年は前年に比較して税額が約一〇倍に膨らんだ。廣海家の所得税額中の最高額は一九二三年の九、〇四四円で、この金額は同年の営業関連支出合計一〇、四四二円にほぼ匹敵する。明治末期から大正・昭和期における廣海家の収益は、株式配当と株式売買収支で七―八割以上を占めたが、一九二七年以降の所得税と営業収益税を対比すれば、まさに当時の収益構造を反映していたといえよう。

第三節　「営業費」内容の変化

前節で検討した営業関係支出のうち、表2-6で五年おきに営業費の内容を項目別に集計した。まず廣海家の主人と家族および親戚に関係した家計費的出費が、店の営業費から除かれ、整理されていく過程を検討しよう。

「他所行入用・買物代・宿料」は、主人または店員が米穀・肥料取引および販売に関する諸経費、例えば大阪・兵庫・堺など大阪湾岸地域や北海道への出張経費、また岸和田・佐野・熊取など貝塚周辺地域への交通費が中心であるが、一八八七（明治二〇）―九五年は店員の他所行入用に併記して、しばしば「買物代」が記載された。廣海家では、店員が大阪や兵庫に出張したついでに、貝塚で入手できない品物を購入させていた(17)。ただし一九〇一年以後、店員の買物代はなくなったが、主人の買物代は二〇年まで営業費に計上された。「主人・家族・親戚入用」をみると、主人の場合は、一八八七―一九二〇（大正九）年まで簿記学校の学費、病院入院費や病院薬代、往診した医者の薬礼、床屋代、煙草代、衣料・帽子・時計・傘・靴の購入費および修理代、生命保険料、娯楽費、臨時の小遣いなど、食住関係費用を除いた実に様々な費用が計上されたが、徐々に整理され、二五年以降は床屋代のみが確認できる。

家族親戚入用で興味深いのは、「小遣い」である。一八九五年には、息子である惣十郎に月二円（八ヵ月分）の定額で、甥の益十郎には二―五円の間で必要な時に「小遣い」を渡していた。ただし惣十郎に対しては、当主就任が迫った一九〇一年に月五円（九ヵ月分）が渡されたことが分かる。また昌蔵には一九三〇（昭和五）年に月六五円、三五年に月七五円の「小遣い」が付与されていたが、この金額を長期勤続店員の月額ベースでみた給金の最高額と比較すると（前掲表2-4参照）、三〇年時で七円、三五年時では二〇円高かった。「小遣い」は、必ずしも連年して営業費に計上されず、何がしか店の仕事を手伝った息子と甥に付与したと思われる。そう見ると息子と甥に渡された小遣いは、給金としての意味合いが色濃かったといえよう。

次に交通費と通信費に注目しよう。交通費は、それまでの人力車に加えて一八九五年から汽車賃が登場した。通信費は、郵便・電信の利用に加えて、一九〇一年より一・二五円と小額ながらも電話料金が計上されはじめ、一〇年になると廣海家は電話を架設したことが分かる。この変化を「宿料」の推移と合わせて考えてみよう。一八九五年頃までは主要な店員が大阪・兵庫で活動するため、定宿に長期滞在した「宿料」が経費として計上されたが、一九〇一年以降は「宿料」は営業費に見られなくなる。丁度この頃に「汽車賃」が登場し、また電信使用料も一八九五年の約一五円から一九〇一年には三四円強に増え、新たな交通・通信手段を頻繁に利用することで、店員の大阪湾岸地域への長期出張はなくなり、同地域での用件は日帰りで済ますことが多かったと推察される。

電信の利用も一九一〇年の四四円三七銭がピークで、同年に電話が架設された影響か、一五年と二〇年の電信料は二六円、二五年には一五円と一〇年時点の三分の一まで減額し、三〇年以降は「営業費」に電信料金が登場しなくなる。これに対して電話料金（交換維持料含む）は一九一五年の約七〇円から二五年の一三三円余へと約二倍に増え、

表 2-6　廣海家営業費の内訳

（単位：円）

項　目	1887年	1890年	1895年	1901年	1905年	1910年	1915年	1920年	1925年	1930年	1935年
他所行入用・買物代・宿料	136.23	121.43	135.14	96.27	119.05	117.5	83.99	166.32	33.29	22.28	27.51
内　店員買物代	24.26	88.87[1)]	30.43								
内　店員入用	47.69		84.08	94.48	113.24	44.68	83.99	71.73	33.29	22.28	27.51
内　主人買物代	20.52					4.84		38.25			
内　主人入用	4.11			1.79	5.81	67.98		56.34			
内　宿料	39.65	32.56	20.63								
主人・家族・親戚入用	0.95	12.91	74.23	119.87	131.94	242.03	186.22	19.8	10.4	715.5	900
内　主人小遣・入用		10.2	1		60.1	3					
内　主人病院・医者・薬代		1.05				33.04		7.8			
内　惣十郎・益十郎・昌蔵小遣			43	45						715	900
内　明瀬扶助料							180.51				
内　髪結賃・床屋			0.23					7.9	10.4		
内　教育費			30							0.5	
内　修理代・修繕料	0.95	0.2		1.2		1.55	1.15	4.1			
内　保険支出				71.84	71.84	201.29					
内　親戚小遣		1									
内　娯楽		0.46		1.83		3.15	4.56				
交通費	4.4	8.35	15.82	2.97	2.89	4.25	0.83	7.51	2.69	0.85	−0.35
内　店員車賃	4.15	8.35		0.91		0.12					
内　主人車賃（籠賃を含む）				2.06		2.6		6.5			
内　車賃	0.25		7.9		2.09		0.83				−0.35
内　汽車・電車賃			7.92		0.8	1.53		1.01	2.69	0.85	
通信費	31.19	51.91	72.32	77.84	78.93	172.67	144.17	193.31	190.36	231.3	221.83
内　電信印紙・電信切手	3.63	14.95	34.18	32.25	32.55	44.37	26	26	15		
内　郵便印紙・郵便切手	15.25	21.76	26.85	25.61	26.6	31.61	34.75	55.29	35.5	51.2	40.68
内　郵便葉書	9.25	15.2	10	18.03	14	32.4	13.8	6.75	3	10.5	19.9
内　小包料・書留料									2.39	0.18	0.93
内　古切手											3
内　電信料（届賃を含む）	3.06	0	1.29	0.7	5.28				1.02		
内　電話料（交換維持料を含む）				1.25	0.5	64.29	69.62	105.27	133.45	169.42	157.32
営業関係諸費用	25.83	34.33	16.84	34.16	44.18	73.9	105.68	16.91	65.5	38.84	141.95
内　証券（収入）印紙・約束手形用紙	13.06	8.49	11.16	17.98	24.28	17.32	9.2	3.49		1.75	1.8
内　広告料				0.6		3.5	3	4	34	18.2	4
内　印刷料											81.24
内　諸手数料	11.21		5.68	2.5	11.296	16.58	90.62	1.4	2.87	2.79	2.84

内　（電信）為替料	0.06					2.4		0.8		0.25	0.07
内　送金・渡金		14.35				25					
内　借地料（浜地貸下料を含む）	0.5			10.33	5.3	9.17					
内　新聞・相場表・雑誌代	1	0.75		2.59	3.3	2.12	5.71	7.05	28.63	15.7	52
内　荷物運賃		10.74		0.16		2.23	0.15	0.17		0.15	
内　高石村共有地関係						21.58					
水光熱費				7.15			44.32	177.69	245.94	320.84	275.98
内　電灯料（準備料を含む）				7.15			44.32	177.69	204.76	189.49	188.26
内　ガス代									41.18	119.35	80.47
内　水道代											1
内　ラジオ放送料										12	6.25
店中入用購入	216.5	305.44	373.61	635.98	830.68	1,238.80	902.64	2,544.21	900.77	960.29	781.87
内　節季払商用	216.5	303.74	370.61	635.6	823.59	1,234.73	901.65	2,526.83	900.77	946.29	779.17
内　湯札			3			3.3		8.28			
内　洗濯料		1.7									
内　飯米料（飯米求賃を含む）					7.09						
内　床屋								8			
内　修理代										14	2.7
内　富山薬代				0.38		0.77	0.99	1.1			
交際費	31.26	115.04	35.56	92.11	222.41	154.8	197.95	2,353.15	292.57	190.6	178.62
内　寄付		15		14	139.76	71.7	130.9	489.6	87.25	35.9	77
内　祝儀	1.8	1.8	2.5	13.45	6.7	15.2	16.49	33.5	65.5	28.5	2.5
内　進物・贈答	17	17.46	1.5	16.13	2.2	21.69	9	1,537.60	12.95		
内　返礼・御礼	3.1	40	4	18.6	36.75	−0.45	6.5	12	2	90	
内　香典（仏事・祭事割当を含む）	0.3	4	0.8	3.23	5.55	4.5	18.58	127.53	67	22	20.11
内　報謝・賽銭		0.2	0.9	0.95	4.48	6.88	2.88	13	53.65	6.5	79.01
内　見舞・慰労金	8.06	22.12	15	20.75	3.33	21.86	6.04	107.92	0.22	5	
内　心附（タメ金を含む）・餞別	1	5.2	2.7	4.4	20.2	13.42	6.2	32	4	2	
内　接待費		9.26	8.16	0.6	3.44		1.36			0.7	
諸品買入・売却	71.06	104.91	189.15	193.56	204.86	268.06	221.385	367.23	307.23	342.35	93.26
日用賃	70.85	12.46	189.13	12.66	2.85	19.04	0.84	29.1	11.5		
団体・仲間会費，会合参加費	0.59	3.71	0.74	7.65	51.47	21.43	23.59	198	35.3	13.03	89.8
その他	7.37	43.2	248.03	55.56	25.37	−25.75	144.07	331.01	−2.9	197.04	46.36
計	596.23	813.69	1,350.57	1,335.78	1,714.63	2,286.73	2,055.68	6,404.24	2,092.65	3,032.92	2,756.83

出所）明治 19 年「小払帳」，明治 24・34・38・43・大正 4・9・13・昭和 4・9 年「諸払帳」（廣海家文書）より作成。
注記）保険支出は，保険料支払－保険配当金収入の金額を示した。
注 1 ）店員他所行買物代と入用を含む。

さらに三〇年代以降は電話料金が通信費の七割以上を占めるに至る。なお郵便切手や葉書は贈答用としても購入され、そのため約一五円—五〇円と金額に幅はあるが購入され続けたのである。

広告料は一九〇一年一月の新年恭賀新聞広告代が初出で、その後は二〇年に南海日々新聞（暑中見舞広告）まで新聞広告料は計上されていない。もっとも一九二五年に九社、[18]三〇年と三五年に三社[19]に新聞広告料の支払いがあり、特に二五年は三月と八・九月を除いて毎月広告料が確認され、新年慶賀や暑中見舞の広告以外の広告を掲載したと思われる。その他には一九一〇年に共同広告看板代三・五円、一五年に帝国興信所一〇周年記念号広告料三円、三〇年には駅前広告看板五〇銭が見受けられた。廣海家は一九二〇年代以降、泉南地方を中心に肥料の小売に力を注いで多数の販売先を獲得したが、このような商業部門の営業活動の一端が、新聞・看板・雑誌など様々な媒体を通じた広告活動からも垣間見えてくる。

また「団体・仲間・会合参加費」は、一九〇一年までは八円未満に止まるが、〇五年には約五一円まで増加した。それ以降は年度により変動はあるが、一八八七—九五年と比較すると各種団体に払われた会費や祝儀・心附は格段に増えた。例えば、南浜・西浜・沖士仲戎講や米商仲戎講は一九世紀来の商人仲間で、毎年正月に酒料と祝儀を渡すことは廣海家の慣習であった。その他では一九〇一年に本船揚仲戎講と渡海仲戎講、一〇年には団体の内容は不明だが、丸平講、丸一仲戎講、東水揚仲戎講、飛脚仲戎講、兵庫郵船浜仲間に祝儀と心附を渡し、同じく一〇年に商工会、鳳鳴会、未生会等の諸団体にも会費を納めていた。廣海家は、一九二〇年に南水揚仲戎講と駅沖使戎講に祝儀を渡し、二五年には和泉肥料組合への加入金を支払い、三〇年には日根野組合員として佐野駅での会食の昼食代も営業費に含め、岸和田市政クラブや教育会の会費も支払っており、これらの諸団体とかかわりつつ営業をしていた。

仲間・団体の経費は、各時期に廣海家がどのような仲間・団体とかかわって商業活動をしたかを知るうえで興味深い。特に一九二〇年には各種沖士戎講への祝儀がなくなり、かわりに駅沖使戎講と南水揚仲戎講への祝儀（二〇—三五年まで継続）が現れたが、この変化は、本店の取扱肥料の品種が豊富化するとともに、輸送手段も海運に加えて鉄道を利用するようになったことを示す。前掲表2-5を参照すると、一九一七年以降、北海道産肥料の輸送コストは汽船賃より鉄道賃が高く、また本店は多木肥料に加え二〇年から豊年豆粕を本格的に取り扱い始めた。こうした変化からみて、本船（汽船）・艀船間で積荷を搬入出する仲仕の仕事よりも、駅における積荷の搬入出と大阪湾岸地域を廻船する艀船から積荷を陸に水揚する仕事を、本店は商品の輸送面において、より重要視するようになったと思われる。

そのほか廣海家四代惣太郎は、一九一七年に貝塚町会議員に当選して政界でも活躍したが[20]、そうした活動の痕跡が岸和田市政クラブへの会費納入にも現れた。その他の交際費をみると、神社祭礼の諸費用（太鼓皮張替え賃、賽銭、御膳料、感田神社敷地拡張に伴う寄付）、避病舎新築など、地域で必要とされた施設・設備に多額の寄付を行っており、地域の産業化や商品流通など経済的な局面のみならず、宗教や医療の施設充実など地域の社会福祉的な局面にも積極的に寄与した商家の姿が浮かびあがる[21]。

第四節　店員の構成とその活動

本節では、廣海家店員の構成とその活動を、店員の出張に着目して検討する。店員の出張経費の記録は、一八八一（明治一四）年の「他所行入費帳[22]」、八六年の「小払帳」および各年度「諸払帳」にあり、その記載内容は、店員名・「出張先地名」行・金額（経費）であった。そこで一〇—一五年間で時期を区切り、店員別に出張先、出張回数、金額の推移をみると、長期勤続店員の場合、各人が担ったおおよその業務が各時期の経営展開から類推できる。

ここでは便宜上、第一期を一八八一—九五年、第二期を一九〇一—一四（大正三）年、第三期を一五—二六（昭和元）年、第四期を二七―三八年に時期区分し、書簡を利用して検討を試みるが、廣海家は一九一〇年に電話を架設し、一五年に産地直買を止めた後は、店員関係の書簡はそれ以前と比べて少なくなった。また他の章で産地直買の展開や泉南地域の肥料流通を、店員の書簡を利用して解明するので、これらのテーマに関係した店員の活動は各章で論じる。それゆえ本節では、第一期の検討を中心とし、北海道直買が本格化した第二期に関しては大阪・兵庫での活動を検討するにとどめ、第三期と第四期における書簡の分析は他の章にゆだねた。

（1）第一期（一八八一―九五年）

表2-7をみよう。一八八一（明治一四）―八五年まで出張店員数は二―四人であったが、八六年以降は八八年を除けば五―九名と増えた。出張先としては圧倒的に大阪が多く、回数が明確な一八八八年以降では、八八年が二四回、九五年が二八回と少ないが、その他の年は三四―四五回と月平均三回以上の大阪出張がなされた。このほか出張回数の多い地域は、兵庫・堺・鳴尾・下灘・上灘・佐野・灘目など、肥料仕入と販売にかかわる大阪湾岸の諸地域で全体の九割以上を占め、前掲表2-3を参照すると一八八六年以降はほとんどの店員が近郊地域に出張していた。

とはいえ、新しい肥料仕入・販売先を獲得するため、一八八一年に忠平が、八一年末から八二年初頭にかけて万助が、愛知・三重県へ出張したこともあった。出張先で忠平は、名古屋の有力な肥料問屋である高松定一、野尻利右衛門などの評判を聞いて、書簡で主人に伝え、商品の見本を兵庫から取り寄せたりした[23]。一方、万助は、神戸から三重県四日市に入り、名古屋・半田・亀崎など愛知県内の集散地を廻って、取引相手と契約したと思われる[24]。前掲表2-3では、万助は当時中堅の店員である。支配人に次ぐ地位にあった忠平が、前もって出張して下交渉し、新たな取引先を開拓した。その上で、万助がそれらの商家と取引したと考えられる。結果的に一八八二年に廣海家は、名古屋の高松定一に約二六九石、野尻利右衛門に約九九石、四日市の山中伝四郎に約一〇七石、愛知県半田の小栗三郎に約八

表2-7　廣海家店員の出張旅費と出張先（その1）

店員名	1881年	1882年	1883年	1884年	1885年	1886年	1887年	1888年	1889年	1890年	1891年	1892年	1893年	1894年	1895年
久吉 →	4.76円 岸和田3, 鳴尾1, 高石1, 吹田1	37.7円 大阪12以上 兵庫7, 堺1, 鳴尾1, 春木1	治平 →	13.87円 大阪5, 兵庫4	9.74円 大阪4, 兵庫3	10.89円 大阪7, 兵庫2, 堺1	19.72円 大阪10以上 兵庫2, 灘目1, 堺1, 上灘1	13.12円 大阪7, 兵庫2, 瀬戸内1, 上灘1, 佐野1, 大津1	40.12円 大阪16, 上灘1, 瀬戸内1	31.75円 大阪19, 兵庫4	65.28円 大阪19, 兵庫3, 下津井1, 堺1, 尾道2	28.33円 大阪16, 堺1, 兵庫1	20.67円 大阪15, 堺2	39.14円 大阪14, 北海道1	6.9円 兵庫1, 堺1, 岸和田1, 富田林1
万助 →	30.77円 鳴尾4, 兵庫1, 帆走4, 愛知・三重1	60.03円 大阪2, 堺1, 大津1, 鳴尾1, 尾崎1, 愛知・三重1	安平 →	2.31円 大阪1, 下灘1, 紀伊1	1.47円 大阪2	2.49円 大阪1, 他所2	11.55円 堺1, 静岡県2, 他所2		8.36円 大阪7, 兵庫2	28.02円 大阪6, 兵庫1, 尾道1, 堺1, 河内1, 加太1, 佐野1	0.97円 大阪1	5.26円 大阪3, 兵庫1	5.8円 大阪3, 兵庫2, 鳴尾1, 若木2	15.59円 大阪5, 兵庫3, 上灘1, 和歌山4	17.17円 大阪8, 兵庫2, 紀伊1
	米吉 →	13.58円 大阪6, 兵庫2, 堺1, 尾崎1	46.89円 大阪23, 堺9, 鳴尾1, 兵庫12		元吉 →	1.87円 大阪3, 兵庫1	吉松（吉助） →	0.23円 下灘1, 佐野1, 不明1	3.54円 大阪6, 岡田1, 下灘1, 不明1, 岸和田3	2.55円 大阪2, 兵庫1, 岸和田1, 堺1, 上灘1, 下灘1, 佐野1, 春木1	6.16円 大阪5, 兵庫2, 堺1, 下灘1, 尾崎1	12.62円 大阪6, 兵庫3, 上灘1, 下灘3, 尾崎1	18.23円 大阪11, 堺1, 兵庫2, 下灘1, 尾崎1, 貝掛1	26.15円 大阪13, 堺1, 兵庫4, 北海道1	35.32円 大阪12, 兵庫5 御影1 岸和田1
	忠平 →	54.62円 大阪14, 堺1, 大津1, 鳴尾1, 兵庫4, 尾崎1			13.85円 大阪6, 兵庫1	58.14円 大阪8以上, 兵庫3	17.19円 大阪4, 兵庫1	34.38円 大阪15, 兵庫2, 紀伊1, 不明1	26.23円 大阪7, 兵庫1, 岸和田1	2.21円 大阪3		新吉 →	1.04円 大阪1, 兵庫1, 岸和田2	新八 →	2.45円 兵庫2, 佐野2
					勘平 →	1.45円 大阪2		益十郎 →	2.2円 大阪1	4.78円 大阪1, 岸和田2		1.4円 堺1, 佐野1	2.76円 大阪1	浅吉 →	0.23円 佐野2
					直七 →	0.19円 堺1	0.88円 大阪1, 高石1	元七 →	1.1円 大阪1		粂七 →	0.4円 堺1			0.02円 不明1
						久七 →	3.84円 大阪3, 上灘3	2.38円 大阪2	2.31円 大阪4, 下灘1	0.71円 大阪1	2.07円 大阪3	3.11円 大阪4, 灘目1	18.4円 大阪14, 兵庫3	15.0円 大阪5, 兵庫3, 神戸1	30.03円 大阪7, 兵庫3, 京都1
						幸吉 →	0.38円 大阪1		幸助 →	0.49円 大阪1				3.28円 大阪2, 鳴尾1	2.39円 大阪1, 兵庫1
									長三郎 →	0.22円 大阪1	5.06円 大阪7	11.24円 大阪7, 堺1	徳松 →	0.91円 兵庫1, 他所1	
									新平 →	0.08円 岸和田1				徳八 →	0.05円 岸和田1
合計額	35.53円	165.93円	46.89円	16.18円	25.06円	75.03円	53.56円	50.11円	83.86円	70.81円	79.54円	62.36円	66.9円	100.07円	94.56円
主要出張先合計	兵庫1, 鳴尾5, 岸和田3, 高石1, 帆走4, 愛知・三重1	大阪34以上 堺4, 鳴尾3, 兵庫13, 尾崎3, 愛知・三重1	大阪23, 兵庫12, 堺9, 鳴尾1	大阪6, 兵庫4, 下灘1, 紀伊1	大阪12, 兵庫4	大阪21以上 兵庫6, 堺2	大阪19以上 兵庫3, 堺2, 上灘4	大阪24, 兵庫4, 瀬戸内1, 佐野2, 大津（和泉）1, 紀伊1	大阪42, 兵庫3, 瀬戸内1, 岸和田4, 下灘2	大阪34, 兵庫6, 尾道1, 堺2, 岸和田4, 佐野2	大阪35, 兵庫5, 下津井1, 堺2, 尾道2, 尾崎1	大阪36, 堺4, 兵庫5, 佐野1, 尾崎1, 下灘3	大阪45, 堺3, 鳴尾1, 兵庫8, 岸和田2, 尾崎1, 貝掛1	大阪39, 堺1, 北海道2, 兵庫11, 和歌山4	大阪28, 堺1, 兵庫14, 佐野4, 岸和田3, 紀伊1

出所）明治14年「他所行入費帳」，明治19年「小払帳」，明治24年「諸払帳」（廣海家文書）より作成。

注記）1881-85年までは，明治14年「他所行入費帳」より店員に渡された出張旅費を，それ以降は「小（諸）払帳」の営業費の項に出てくる店員他所行入用分を集計。金額の下に挙げた地名が出張先でその隣の数値は出張回数。出張回数は，「兵阪行」とある場合，「兵庫1・大阪1」とみなしてのべ回数を算出した。大津はいずれも和泉国の大津。上灘は，岸和田から堺の間の大阪湾岸，下灘は，佐野から和歌山の間の大阪湾岸地域を指すと考えられる。北海道への出張は，別途出張費が渡され，それは「万覚帳」に記されたので本表はそれを含まず。なお，1889-1893年に大阪・岸和田・堺などへ出張した益十郎は，主人の甥である。また1890-92年の長三郎は，廣海家の本家筋である明瀬家の人で，当時，廣海家で働いていたと思われる。

五石、愛知県大浜の岡本八右衛門に約五〇石の泉州粕を販売した[25]。

第一期に本店「支配人」（番頭）を勤めた忠平と治平が、大阪・兵庫に出張した際に本店と交わした書簡から、米穀肥料取引に関係した店員の活動が分かる[26]。それを整理すると、①大阪・兵庫に入港した船の積荷（米または肥料）や大阪・兵庫の肥料商の商品の品質を、直接に目で確認し、船頭または肥料商と交渉して単価と仕入数量を決定する。②商品を廣海本店が手配した艀船に荷積みし、貝塚へ廻船させ、③取引に関する金融決済の手続きを行った。また④出張員は出張先の肥料・米の商況を必ず本店に連絡した。出張員は、本店を出発する直前に、廣海家主人からおよその仕入計画の意向を聞いて出張したが、入港した船の定宿や大阪・兵庫の肥料商を複数訪ねて、商況を確認した。⑤本店は出張員から商況の情報を受けたうえで、現在融通が可能な資金額、在庫数量と商品の売れ行き、出張中に主要取引先が本店に連絡してきた情報を、出張員に知らせた。⑥大阪・兵庫での仕入の判断は、取引現場にいる主要な出張員の裁量に委ねられてはいたが、それはあくまで主人が許す限りにおける裁量であった。主人は、融通可能な資金額、貝塚周辺の米穀・肥料商と小売先の需要動向、本店が抱える商品の在庫数、継続的取引をしていた主要取引先との取引見込みの四つの要因を秤にかけ、仕入全体の最終的な判断を下しており、出張員はこうした主人の意向を前提として業務を取り計らうことが通常であった。

さて米穀・肥料取引のほか、大阪では株式に関する業務が加わった。例えば一八八九年一二月二四日付の忠平から本店主人・治平宛書簡には[27]、「一、舞鶴鉄道会社残リ金之手形封入仕候間御入手可被下候、一、同会社已後之分御断被遊候得者如何候哉、左の通見込モ無之由ニ御座候間、御断書御出し被遊候テ如何ト奉存候」と、忠平は、主人にこれ以上の舞鶴鉄道株買入を断るよう忠告した。また一八九四年五月二六日付廣海惣太郎から治平宛書簡では[28]、「一、貴君寸閑御座候ハヾ、×〔広海二三郎店——筆者引用〕𠆢七〔大家七平店—筆者引用〕ニテ岸和田煉化株券此頃少々気配ニ付、一株三十円位ナラバ御売拂可相成哉御尋可申上候、未ダ三十円買人出不申候へ共御聞置可被下候」と、肥料の主要取引先である広海と大家を訪ね、両家が保有する岸和田煉化株を売却する意向があるか否かを確認するよう主人は治平に指示した。ただし一八九四年時点では、株式業務は、肥料仕入の「寸閑」に行う副次的な業務であった。ところが主人が大阪への出張員であった安平と吉助に宛てた一八九六年七月一四日付書簡からは[29]、明らかに株式業務が出張員の主要業務となった様子が窺われた。

［史料二］

貴翰披見仕候、大阪阪塚へ差金及配当御受取被下候由、日本紡織払込期日前故受取不申候由、案内状ハ書入致置候間御入手被下度候、若し払込相出来候へば其領収証を以而直グ本社ニ行き券面へ記入を乞ハずして、後日序之節ニ記入を乞ふも差支なきか否や御聞たゞし置被下度、是非本社（西ノ宮）へ行べキ事なれば、序ニ辰馬に行き日本海上保険株五十枚御受取被下度候　早々

七月十四日　　廣海主人

安平殿

吉助殿

辰馬ゟの払込金受取書二通及紡織会社案内証書入ス

本店主人は、日本紡織株式の株金払込と親戚の辰馬家を仲介して買入れた日本海上保険会社の株券を西宮へ受け取りに行くよう指示したのみで、肥料取引には全く言及がなかった。廣海家は株式買入の資金を一八九六年まで大礎社口座（基礎積立金）から手当てしたが、九七年前後から銀行借入も用いるようになり、九六年に大礎社口座は消え、その後、有価証券の管理・運用は本店株券座に一元化した（第4章を参照）。この変化は、本店の業務に株式運用部

門が本格的に加えられたことを意味すると思われ、それを裏付けるように、一八九七年一月二八日、大阪出張中の吉助が本店主人に宛てた書簡には、[30]「(前略)一　日本紡織会社株券引替ニ罷出候處、昨日迠ハ本社ヨリ持参仕居候へ共、本日ハ帰宮致候由ナレドモ当地ヨリ書面ニテ早々送附可致旨、当支社ヨリ本日申遣し呉候ニ付、明日中ニハ西ノ宮ヨリ到着可致旨申居候、小生帰貝迠ニ間ニ合候ハヾ持帰リ可申候、一　貝塚銀行株券請求仕候へ共未ダ出来不中、来月七日ニハ必ズ出来可申誠ニ延引之段平ニ御用捨被下度旨申居候(後略)」と、吉助が日本紡織および貝塚銀行株の諸手続きを行った旨を連絡している。

また同年三月二日、兵庫井上茂助方から吉助が本店に宛てた書簡には、[31]「拝啓　昨日梅田より一寸申上候通リ阪鶴ハ売皆ニ相成残念之至リニ存候、石井氏ハ昨夜定メテ本店へ参リ候也ト奉存候(中略)小生儀昨夜八時当着今朝ヨリ地廻リ一見仕候処(中略)右百本丈ケ買取申みて本日積方可致之處北風之為廻舟セズ明朝積入迅走上阪可致存候(中略)明日上阪之上株券相場聞合セ被申可仕候、取引モ其上ニテ可仕候(後略)」と記された。[32] 吉助は、三月二日に兵庫の肥料商井上商店で肥料を仕入れて艀船に荷積みした後に、其の翌日三日に再び大阪に戻って株式相場を確認する予定なので、取引はその情報の上で行いたいと本店に知らせた。つまり少なくとも一八九七年時点では、出張員が株式運用に必要な情報を自ら収集しており、株式業務は肥料取引の「余業」ではなくなっていた。

続いて大阪・兵庫以外の遠隔地での店員の活動についても検討する。遠隔地へは給金が高額な「支配人」格の店員が派遣されることが多かった。前掲表2-3と前掲表2-7をみると、治平は一八八八年と八九年に瀬戸内、九一年には下津井、九四年に北海道へ出張したが、年給をみると八九年は一二〇円と安平と同額で、忠平の一三五円に次ぐ給金を得ており、八九年に忠平が店を辞めた後は、九二年では一位治平一三五円、二位安平一二〇円と、治平が「支配人」へ昇格したことが分かる。なお治平は大阪・兵庫・堺および遠隔地に出張する機会が多く、安平は大阪・兵庫以外では紀伊への出張が集中し、紀伊地方での肥料販売を任されたと思われる。

遠隔地へ出張した店員の書簡によると、一八八九年の治平の出張は、伊吉丸（越後鬼舞伊藤助右衛門船）が瀬戸内で事故に遭遇した後始末をするためであったが、その折に他の船の寄港情報と瀬戸内地域での米価と肥料の商況も調査した[33]。また一八九〇年の安平の尾道出張は、当時港湾機能が衰退化しつつある貝塚港に廻船してくれるよう帆船の船頭たちに依頼するためであった。尾道の食塩商会で面会できなかった船頭には、多度津・鞆・兵庫で面会を申し込み依頼すると述べ、尾道の商況も知らせた[34]。

さらに一八九四年の北海道出張で治平は、次期当主の惣十郎と店員の吉助を連れて肥料の直接買付を試みるが、それは予想外に困難を極めた。同年六月二八日付書簡で[35]、惣十郎と治平は、「汽船不足且つ銀行不融通荷為替取組等出来さる故何となく買進み不申」、「実ニ六ケ敷キ年柄ニて困入候」と、汽船不足と金融条件がともに悪く、思惑通りには買付ができなかった。一方、小樽の「田口・渡邉之両店ハ将来之為ノ手合依頼仕居候」と、廣海本店との将来的取引を見越して接触してきた小樽商人も居り、悪条件のなかでも将来に繋がる新たな人脈を形成して産地直買の基礎を築いた。七月一〇日付書簡では[36]、越後鬼舞伊藤家の小樽出張員の田中伊太郎から産地状況を聞いた惣十郎と治平は、「奥地漁民ハ強気ニテ安価ニ売拂ざる」ため、田口梅太郎を仲介して祝津山中産の並上粕を買付けたと打電した。本店は「電信見タ承知、則曰三千円送ル　金融切迫（アトカイ）見合セ」と返電し、治平らは「承知仕候間買見合居候」と応えた。七月二七日付治平書簡に[37]、近々現地を引払う予定だが出発前日にその旨を打電するとあった。

こうして北海道における初めての産地直買では、他の事情で本店の金融が逼迫する環境下で[38]、金融と輸送の課題が浮上したが、他方で新たに人脈を築き、以後の取引基盤を形成した。北海道に同行した店員の吉助は、入店した一八八八年はわずか年給一〇円であったが（前掲表2-3）、八九年には大阪・岸和田・下灘等へ計一二回出張し、九一―九四年では出張総計に占めた旅費と出張回数は治平に次いでおり（前掲表2-7）、その将来性を見込んで、治平は吉助を北海道直買に同道させたと思われる。もっとも産地直買はコスト高のため一八九六年から一九〇二年まで休止され、吉助のこの経験は、惣十郎が〇二年に四代惣太郎＝当主となり、〇三年に北海道直買を再開するまで活かされなかった。

（2）第二期（一九〇一―一四年）

この時期の廣海家は、北海道直買を一九〇三（明治三六）年に再開した後、〇六年以降一四年まで継続的に直買を行い、一〇年からは多木製肥所との取引を始める等、商業部門に大きな変化があった。同時に一八九六年頃より山滝村大澤（牛滝地方）、大土村土丸、東信達村葛畑、奈良県天川村澤原に山林を購入して、檜や杉の植林事業も展開していた（第3章を参照）。また第一期に引き続き、廣海家主人は地元企業への投資活動や貝塚銀行の経営に携わり、貸家業や地主経営（田畑）もあわせれば、複数の事業を本格的に同時並行で進めた時期に当たる。

表2-8をみよう。一九〇一年は治平から伊八まで、給金の高い順に店員の名前を挙げた。なお北海道直買の経費は産地直買座に別に集計されたが、「諸払帳」の営業費項目にも北海道出張の直前に地元神社へ御膳料を納める等の費用が計上されており、その分はこの表の金額に含めた。まず出張費合計の推移から第二期は二つに時期区分される。前期が一九〇一―〇九年で、この時期の出張費は〇四年と〇九年を除けば約七一―一一七円で推移したが、後期の一〇―一四（大正三）年になると約二四―五九円となり、前期の半分以下の水準で推移した。この差が生じた背景を出張数でみると、岸和田・佐野・北海道への出張数に大きな変化はないが、大阪・兵庫・紀伊への出張数がかなり減少していた。前節で触れたように一九一〇年に廣海家は電話を架設し、それを契機に電信料が減少するなど、取引先との情報伝達手段は大きく変化し、その影響が出張数の減少に現れた可能性が強い。

前掲表2-3を参照して、年給上位三名の店員の動きに注目しよう。一九〇一年の年給は治平一四〇円、久七一三〇円、吉助一〇〇円と一八九五年時点と比べると、昇給額では吉助が四五円と大きく、治平は五円、久七は一〇円の

表2-8　廣海家店員の出張旅費と出張先（その2）

店員名	1901年	1902年	1903年	1904年	1905年	1906年	1907年	1908年	1909年	1910年	1911年	1912年	1913年	1914年
治平→	1.98円 大阪2，牛滝1	1.5円 大阪1	0.62円 土丸2		5.34円 大阪1，高畑1，上之郷1，山行2	0.78円 浜寺1	1.32円 河内1	1.94円 河内1，浜寺1	0.68円 葛山1	12.0円 京都1	2.23円 大阪1，住吉1，堺1，岸和田1	0.16円 湊1	0.6円 牛滝1	
久七→	17.81円 大阪7，兵庫4	13.67円 大阪7，兵庫1，佐野1，紀伊1	24.62円 大阪11，北海道1，兵庫2，紀伊2	15.86円 大阪7，紀伊2	16.09円 大阪4，兵庫3，紀伊2	15.06円 大阪5，兵庫2，和歌山2，長承寺1	9.57円 大阪3，兵庫1，北海道1，大津1，水間1	18.76円 大阪3，兵庫5，岸和田1	10.78円 大阪7，兵庫1，北海道1	4.39円 大阪3，兵庫1，上之郷1	6.04円 大阪4，兵庫2，北海道1	5.43円 大阪2，兵庫1，北海道1，岸和田2		0.3円 北海道1
吉助→	58.47円 大阪20，兵庫12，北海道1，東灘1，紀伊5，岸和田1，佐野3，大津1	79.98円 大阪27，兵庫9，高石1，岸和田2，粕川3，紀伊3	73.27円 大阪24，兵庫11，佐野2，樽井1，紀伊8，粕川1	50.94円 大阪10，兵庫8，佐野1，紀伊6	68.6円 大阪20，兵庫10，神戸2，佐野1，紀伊2	32.25円 大阪12，兵庫1，紀伊2，北海道1	49.72円 大阪19，堺1，兵庫7，佐野1，下泉・紀伊2	30.96円 大阪18，堺2，兵庫1，鳴尾1，高石1，大津1，下泉・紀伊2	35.76円 大阪16，兵庫5，大津1，粕川1，和歌山1，下泉・紀伊2	18.76円 大阪8，兵庫2，北海道1，佐野1，粕川1，下泉・和歌山1	23.89円 大阪8，佐野1，熊取1，樽井1，紀伊4，笠田2，下泉・和歌山5	10.42円 大阪3，兵庫3，浜寺1，池田1，紀伊1	23.55円 大阪10，兵庫6，尾崎3，北海道1，下泉2	20.2円 大阪5，兵庫9，尾崎4，堺1，佐野2，下泉1
新八→	12.93円 大阪5，兵庫2，岸和田2，佐野1，紀伊2	0.18円 山行1	13.04円 大阪1，兵庫3，岸和田1，佐野1，樽井2，紀伊2，下灘1			23.15円 大阪2，兵庫5，高石1，佐野1，下灘1，紀伊1，長瀬寺2	25.09円 大阪8，兵庫6，堺1，大津1，紀伊2	3.45円 大阪3，伯太1		由平→	0.36円 浜太1		米吉→	0.2円 池田1
										又助→	0.8円 大阪1，佐野1			
伊八→	0.36円 岸和田2	0.2円 岸和田1	3.62円 鳴尾1	0.21円 鳴尾1	1.99円 大阪1，兵庫1			0.35円 大津1						1.56円 兵庫1，佐野1，大津1，下泉1
浅助→	2.25円 大阪2，兵庫1，池田2，岸和田1	1.08円 池田2，佐野1	0.41円 岸和田1，池田1	1.3円 大阪1，佐野1					源平→	6.06円 大阪1，兵庫3，和歌山1	22.57円 大阪1，兵庫4，近江1	10.05円 大阪3，兵庫3，紀伊1	9.3円 大阪1，兵庫1，紀伊2，不明1	1.5円 兵庫1
幸助→	2.72円 兵庫1，葛山1			貞吉→	1.0円 佐野1，大津1，葛山1	0.16円 佐野1	0.3円 大津2，池田1			1.13円 佐野1	伊三吉→	0.34円 浜寺1	0.2円 大津1	
				政吉（七）→	0.7円 大津1			0.08円 大津1	0.84円 大阪1，佐野1	1.96円 兵庫1	2.83円 大阪3，兵庫1，土丸1	8.54円 大阪2，兵庫3，樽井1，下泉1，紀伊1，長承寺1	0.2円 大津1	
						愛助→	5.37円 大阪3，浜寺1，上之郷1	15.94円 大阪3，兵庫5，紀伊1	3.07円 佐野1，浜寺1，岡田1，上之郷1，下泉1，紀伊1					
合計額	96.52円	96.61円	115.58円	68.31円	93.72円	71.4円	91.37円	71.48円	51.13円	44.3円	58.72円	34.94円	33.85円	22.76円
主要出張先合計	大阪36，兵庫20，岸和田6，佐野4，北海道1，紀伊7	大阪35，兵庫10，岸和田3，佐野1，紀伊4，池田2	大阪36，兵庫16，岸和田2，北海道1，佐野3，紀伊12	大阪18，兵庫8，佐野2，紀伊8，鳴尾1	大阪26，兵庫14，神戸2，佐野2，紀伊4，大津2	大阪19，北海道1，兵庫8，佐野2，紀伊3，和歌山2	大阪33，堺2，兵庫14，佐野1，北海道1，紀伊4，大津4	大阪27，堺2，兵庫11，岸和田1，紀伊3，大津3	大阪24，兵庫6，北海道1，佐野2，紀伊3，和歌山1	大阪12，兵庫7，佐野2，北海道1，和歌山2	大阪18，兵庫7，岸和田1，北海道1，佐野2，下泉・和歌山5	大阪10，兵庫10，紀伊3，北海道1，岸和田2	大阪11，兵庫7，北海道1，紀伊2，大津2，尾崎3	大阪5，佐野3，兵庫11，北海道1，尾崎4，下泉2

出所）各年度「諸払帳」（廣海家文書）より作成。

注記）表の記載方法は，表2-7と同じ。下泉は，佐野から和歌山の間の大阪湾岸地域を指すと考えられる。北海道への出張は別途出張費が渡され，それは「万覚帳」に記されたので，その分は本表に含まず。

昇給額に止まった。一九〇四年の年給は、治平と久七が共に一五〇円、吉助は一三〇円だったが、一〇年には久七二二〇円、吉助二〇〇円、治平一八〇円に変化し、一三年になると久七二四〇円、吉助二一〇円と昇給したが、治平は一八〇円のまま据え置かれた。一九一〇年に源平が入店したが、源平の場合は入店時から吉助についで出張金額・回数ともに多かった。源平は入店時の年給は六〇円であったが、一九一三年には一八〇円と治平と同様となり、吉助に次ぐ三番手格の給金であった。ところで表2-8で出張先をみると、治平は出張数そのものが年間一―五回と第一期に比べて明らかに減少し、出張先も牛滝・土丸・葛山（葛畑）・山行など廣海家の山林所有地が多く、商業部門からは身を引いて山林経営に力を注ぎ、書簡からも杉や檜の植林事業、山林の手入れ（間木伐採や山林芹取）の差配を「△山林方」として指示したことが分かる。[39]

久七は、大阪・兵庫・紀伊・岸和田などに出張したが、その回数は年間で一〇回前後と少なく、一九一四年は北海道出張のみであった。[40] 但しこの一五年間に久七は六回も北海道へ出張しており、北海道直買の責務を担う主要な店員であった。書簡からみる限り第二期において、久七が北海道に出張せずに大阪・兵庫に出張したときの業務は、商況を調べて船頭と商談し、肥料を仕入れ、艀船で貝塚に廻送させることであった。[41] 久七が本店で行った業務に関しては、やや時期を遡るが、一八九四年と九六年の下津井出張をめぐる一連の書簡から、久七は、廻船に肥料を積んで瀬戸内諸港で商品を売捌く船積座の業務を担当していたことが分かる。[42] また一八九七年には葛畑に出張し、山林の登記や植林事業に関係したことが確認でき、[43] 治平の差配のもと山林事業を手伝ったと思われる。

さて吉助も第二期に四回の北海道出張を経験したが、その他の出張先は、大阪・兵庫・堺・紀伊および貝塚周辺の肥料小売販売先であった。第二期の出張費合計額の五―七割は吉助の活動経費で、廣海家の大阪湾岸地域および肥料売込先に関する営業で吉助は重責を担ったといえよう。例えば、第3章に掲げる表3-3で本店の肥料販売先地域別比率の推移をみると、一九〇〇―一〇年に紀伊地方への売り込みが急増したが、同期間における紀伊への出張員を前掲表2-8で確認すると、吉助が三三回、久七と新八が七回、愛助が二回、源平一回と吉助が紀伊へ出向く機会が圧倒的に多く、紀伊地方における吉助の活動が販売額の急増に大きく影響していたといえよう。これを裏付ける史料に、一九〇六年一〇月一七日付の紀州の肥料商から本店吉助に宛てた書簡があり(44)、吉助は売込先を新たに開拓するため、すでに取引関係を結んだ肥料商に目当ての人物の身上調査を依頼しており、むやみに販売先を拡大した訳ではなく、慎重に取引相手を見極めようとしていた（第11章を参照）。

吉助は、主要取引相手先の店員からの信頼も厚く、つぎに挙げる一九〇六年一一月一四日付河合又一（広海二三郎店店員）の書簡に(45)、その辺りの事情が読み取れて興味深い。

［史料二］

（前略）兼而御申聞之不撰ニ付貴殿沾御意見伺上候、実ハ昨日出帆之千代丸積ニテ兎も角大阪揚上之分来る二十日過入港之予定と相成居候、就而ハ貴店エハ是非半数丈水揚可致心組候得共、当主人之売見込直段非常ニ高く六円云々申居候、本日も小生と山口氏（広海二三郎店店員——引用者注）の見当相応ニテ半数丈鞆川口及金澤エ引合候所、主人大不服ニ而遂ニ中止仕候（中略）当方申出直段五円八十銭ニ而主人不服之体ニ而大イニ意地張り候間、此荷物を仮リニ貴店江引取リ預候而も随分直組六ケ敷事ニ存候（中略）当地出来直段より幾分御張込被下候へハ出来可申なれ者御承知之主人之事ニ候へハ豫め御話し申上置候（中略）就而ハ明日本店より貴店宛不撰水揚之事公然御照会可仕候間、豫め直段御照会之上御引取リ被下るか又揚訳け之事ニ候者成行ニ任セ只々跡直段として御引取リ被下候哉御都合ニ而御申越し被下度候（後略）。

この史料から、取引を予定した双方の商家間では、商品の品質・単価・取引数量を公式に照会する前に、取引業務を担う各店の主要な店員相互の間で予め連絡をとりあい、事前に自店の内部情報を伝えて、本交渉を円滑に進めるための下交渉をしていたことが分かる。こうした情報交換を重ねて取引が行われた事実からみて、事業を多角的に展開した中規模商家の場合、主人ネットワーク（商家の主人同士が取り結ぶネットワーク）と店員ネットワーク（各商家の主要な店員が取り結ぶネットワーク）が存在し、この二つのネットワークは互いにその役割を分担しつつ、商家間の取引網を形成した可能性が強い。なお広海二三郎家の場合も、商取引の最終決定権は主人にあることが書簡から判る。

最後に、治平・久七・吉助以外の店員の出張に触れよう。前掲表2-8によれば、一九〇六年と〇七年は新八が、一〇年以降は源平が吉助に次いで出張金額・回数ともに多く、久七または吉助のどちらかが北海道出張中の場合、大阪湾岸地域および肥料販売地域の営業活動は、他の四番手格以下の店員が担っていた。

（3）第三期（一九一五—二六年）

表2-9には治平が登場しないが、治平は一九二六（昭和元）年で退店しており（前掲表2-4参照）、第三期には治平が出張しなかったことを意味した。また久七と吉助は北海道直買を止めた二年後の一九一六（大正五）年に店を辞めた。それに代わり第三期の主要な店員となったのは源平と政七であった。前掲表2-4を参照して源平の給金を月額ベースでみると、一九一〇（明治四三）年の入店時には一〇円だったが、一三年には一五円に上がり、久七と吉助が辞めた一六年には吉助と同額の一八円三三銭に引き上げられた。第二期に店を担ったベテランの店員が二人とも辞めた状況下で、源平は店の「支配人」に抜擢されたのである。

表2-9を参照すると、出張費合計は一九一五—一九年は約一二—二七円を推移したが、二〇年には約四六円とそれまでより二〇円以上増えた。しかしその後一九二一—二六年は再び約一二—二〇円で推移した。出張先の回数を見ると、相対的に大阪が多いことは変化せず、絶対数では一九一七年と二〇年が二〇回、一八年が一九回を数えたが、

その他の年は一〇回前後に止まり、二六年には僅か五回と大きく減少している。兵庫に注目すると、第二期までは大阪に次ぐ出張数だが、第三期の出張総計数を見ると佐野が大阪に次いで多く、大阪一三八回・佐野二五回・兵庫一一回、神戸と堺はともに七回となっていた。佐野は、一九二〇年代から廣海家が肥料小売業に力を入れ、販売先件数を

表2-9　廣海家店員の出張旅費と出張先（その3）

店員名	1915年	1916年	1917年	1918年	1919年	1920年	1921年	1922年	1923年	1924年	1925年	1926年
吉助→	13.74円 大阪9, 兵庫3, 佐野3	4.99円 大阪6, 佐野1	新七→	1.93円 大阪1, 岸和田1	0.15円 佐野1	粂吉→	2.71円 大阪2					
源平→	2.44円 大阪1, 兵庫1	1.36円 大阪2	13.05円 大阪14, 西宮1, 紀伊1	15.3円 大阪12, 佐野1, 尾崎2	13.07円 大阪11, 尾崎2	21.09円 大阪11, 兵庫1, 昆陽1, 佐野1	3.99円 大阪3	8.23円 大阪5, 稲葉1	12.11円 大阪8, 岸和田1	9.79円 大阪5, 堺1, 山林会1	18.47円 大阪10, 兵庫1, 岸和田1, 相田1	8.71円 大阪3, 兵庫1, 佐野2, 清児1, 吉見1
米吉→	0.59円 大阪1	末吉→	2.1円 大阪1, 堺3	0.16円 佐野1	兵吉→	3.22円 佐野1, 紀伊1	0.2円 佐野1					
	政七→	0.64円 大阪1	4.35円 大阪4, 兵庫1, 下泉1	9.12円 大阪6, 兵庫1	9.62円 大阪5, 神戸1, 別府1, 田山1	17.74円 大阪5, 神戸3, 西宮1, 兵庫1, 堺1, 田山1	3.44円 大阪2, 佐野2	6.49円 大阪1, 神戸2, 鳴尾2, 今津1, 佐野1	4.12円 大阪1, 神戸1, 佐野1, 田山1	2.76円 大阪1, 西宮1	1.66円 西宮1, 佐野1	3.01円 大阪2, 佐野2
	久七→	4.92円 大阪5, 下泉1		喜平→	0.15円 佐野1	2.16円 大阪1			福松→	3.27円 大阪1, 西宮1, 佐野2		
				春吉→	0.15円 佐野1	2.1円 堺2, 浜寺1, 佐野3						
		秀吉→	0.68円 大阪1	由平→	1.58円 神戸1	秀七→	1.73円 西宮1					
合計額	16.77円	11.91円	20.18円	26.51円	24.72円	46.31円	12.07円	14.72円	16.23円	15.82円	20.13円	11.72円
主要出張先合計	大阪11, 兵庫4, 佐野3	大阪14, 佐野1, 下泉1	大阪20, 兵庫1, 堺3, 紀伊1, 西宮1, 下泉1	大阪19, 兵庫1, 岸和田1, 佐野2, 尾崎2	大阪16, 神戸2, 別府1, 佐野3, 尾崎2	大阪17, 堺3, 兵庫2, 神戸3, 佐野5	大阪7, 佐野3	大阪6, 神戸2, 佐野1, 鳴尾2, 稲葉1, 今津1	大阪9, 神戸1, 岸和田1, 佐野1, 田山1	大阪7, 佐野2, 西宮2, 堺1	大阪10, 兵庫1, 岸和田1, 佐野1, 西宮1	大阪5, 兵庫1, 佐野4, 清児1, 吉見1

出所）各年度「諸払帳」（廣海家文書）より作成。

注記）記載方法は，表2-7と同じ。下泉は，佐野から和歌山の間の大阪湾岸地域を指すと考えられる。

伸ばした地域であるし、神戸出張が増えた背景には、輸入肥料や大豆粕などの肥料を取り扱い始めた商業上の変化があった（第7・8章を参照）。

前掲表2-3から主要な店員の給金は、一九一九年で源平が年給三七〇円と最高額であり、次いで治平が三〇〇円、由平が二八五円、政吉が二六五円、政七が二三五円であったが、二二年には源平が六〇〇円、由平が五四〇円、政七が四七〇円、治平が三〇〇円、二五年には源平が六八〇円、由平が六三〇円、政七が五七〇円、治平が二〇〇円と変化した。この期間の出張延べ回数をみると、源平は大阪八五回と圧倒的に多く、その他兵庫・佐野・尾崎が四回、岸和田二回で、その他には山林会へ出席したことが確認できる。政七をみると、大阪二八回、神戸・佐野がともに七回ずつ、兵庫三回、西宮二回、その他は多木製肥所のあった別府に出張していた。神戸や別府など人造肥料や大豆粕の仕入れの中心地には政七が赴き、その手配をしたと考えられる。これに対して源平は大阪の肥料商との取引を主に担い、他方で山林経営にもかかわった。また佐野での営業活動も中心となって行った可能性が高い。興味深いのは由平の存在である。年給でみると源平に次いで高額で雇用されたが、出張動向をみると一九一九年に神戸に一度出向いたのみである。この限りでは由平がどのような仕事を任され、高給を付与されたかは不明である。

（4）第四期（一九二七—三八年）

前掲表2-3で一九二八（昭和三）年の店員構成と給金をみると、源平が七〇〇円、由平が六五〇円、政七が六〇〇円、新平が五二〇円、庄七が二八〇円、元吉が一八〇円であったが、三七年には由平が退店し、源平が七五〇円、政七が六四〇円、庄七が四八〇円、元吉が三九〇円、和吉が一四〇円となった。庄吉が二〇〇円と元吉が二一〇円と大幅に給金が増額した。

表2-10をみると、源平と政七についで庄七の出張金額・回数が増えた。特に庄七の場合、一九二八年から西宮へ

の出張が始まり、出張内容は不明だが、第四期の西宮出張延べ九回のうち八回と、庄七が西宮での用件を専門に担当したことが判明する。元吉に注目すると、一九二七—三一年は佐野への出張が特に多く、三四年と三五年は大阪への出張が主であった。

表2-10　廣海家店員の出張旅費と出張先（その4）

店員名	1927年	1928年	1929年	1930年	1931年	1932年	1933年	1934年	1935年	1936年	1937年	1938年
源平 →	3.54円 大阪2，佐野1，植田1	9.73円 大阪4，兵庫1，清児1，吉見1	0.1円 岸和田1	16.58円 大阪11，佐野1，岸和田2	21.17円 大阪10，堺2，岸和田1，佐野1，熊取2，役所2	12.12円 大阪5，佐野1，堺2，熊取2，稲葉1，吉見1	12.78円 大阪7，神社1	11.6円 大阪6，佐野2，堺1，岸和田2，日根野1，岡田1，宗田1	13.17円 大阪7，京都1，佐野2，清児1，樽井1	11.84円 大阪8，浜寺1	10.21円 大阪7，岸和田1	8.82円 大阪5，土丸1，山畑1
政七 →	8.94円 大阪2，京都1	5.91円 大阪1，京都1			3.45円 大阪2，佐野1	3.68円 大阪2，宝塚1，堺1	3.64円 大阪2，佐野2，堺1，浜寺1	2.71円 大阪1，堺1，佐野1	7.24円 大阪3，兵庫1，佐野1，牛滝1	7.06円 大阪4，堺1，吉見1	2.77円 大阪1，西宮1	1.57円 大阪1，岸和田1
元吉（元助） →	0.4円 佐野1		1.18円 佐野4，尾崎1	0.45円 佐野2	0.2円 佐野1			7.17円 大阪5，岸和田2	4.94円 大阪4			
庄七 →		2.53円 西宮1，佐野2，吉見1	1.48円 西宮1	4.7円 大阪2，西宮1，佐野2	5.26円 大阪3，堺1，西宮1	3.28円 大阪1，西宮1	4.84円 大阪2，西宮1，佐野1	1.7円 佐野2，淡輪2	4.07円 大阪1，西宮1，佐野3，尾崎1，吉見2	4.32円 大阪2，西宮1，佐野2	13.77円 大阪10，浜寺1，鶴原1	2.2円 大阪2
喜平 →		1.1円 大阪1										
福松 →		1.08円 大阪1										
和吉 →											1.46円 大阪1 佐野1	0.2円 佐野1
由平 →			1.63円 大阪1，鳴尾1				0.3円 佐野1，石才1					
合計額	12.88円	20.35円	4.39円	21.73円	30.08円	19.08円	21.56円	23.18円	29.42円	23.22円	28.21円	12.79円
主要出張先合計	大阪4，佐野2，京都1，植田1	大阪7，兵庫1，佐野2，西宮1，吉見2	大阪1，岸和田1，佐野4，尾崎1，鳴尾1	大阪13，岸和田2，佐野5，西宮1	大阪15，堺3，岸和田1，佐野3，熊取2	大阪8，堺3，佐野1，西宮1，熊取2	大阪11，堺1，佐野4，西宮1	大阪12，堺2，岸和田4，佐野5	大阪15，兵庫1，佐野6，吉見2，尾崎1	大阪14，堺1，佐野2，西宮1，吉見1	大阪19，岸和田1，佐野1，西宮1	大阪8，岸和田1，佐野1，土丸1

出所）各年度「諸払帳」より作成。
注記）記載方法は，表2-7と同じ。

第四期の全出張数の半分以上は源平が担当した。出張先延べ数でみると、その主要な地域は大阪七二回、佐野八回、岸和田七回、堺五回、熊取四回であった。山林についてみると、源平が一九三八年に土丸へ、政七が三五年に牛滝へ出向いたことを確認できる。なお佐野への全店員の出張数を合計すると三六回と、大阪についで多かった。第四期の店員は全員大阪への出張経験があり、また佐野へも源平・政七・元吉・庄七・和吉の五名（延べ店員八名中）が出張しており、この二つの地域が廣海家の経営で重要であったことが推察される。

おわりに

本章での分析を基に、冒頭で提示した論点に留意してまとめておこう。

まず、営業支出の推移は、①廣海家が肥料取扱に際して、問屋業・仲買業・小売業のいずれに力点を置いたか、②取引先や取扱商品による運賃仲士賃の変化、③店員の給金体系が年功型賃金であったこと、の3点に大きく影響された。営業税に関しては、税制の変化で課税方法や課税比率の改正に伴う増減はあったが、その営業支出全体に対する影響は相対的に小さかった。「諸払帳」の支出総計における諸税額の推移に注目すると、むしろ所得税と所得付加税としての地方税が特に一九二〇年代以降多額にのぼり、「諸払帳」の支出全体に与えた影響も大きかった。その意味では、廣海家の商業部門と有価証券投資部門の収益格差が、税負担額でみても大きかったことが確認される。

しかし廣海家の「家業」意識は近世以来の商業活動にあったと思われ、米穀肥料商の経営を営々として継続してきた。それは「営業費」内容の分析および書簡から浮き彫りとなった店員たちの活動の様子から明らかである。すなわち営業費（商用費）が「諸払帳」に計上され始めた一八八六（明治一九）年当初から大正初期頃までは、主人や家族の身の回りに関係する諸経費も部分的に営業費に含まれ、営業費と家計費の区別には曖昧な部分が残されていた。しかし営業費の内訳を詳細にみると、家計費的性格の経費が、大正期半ば以降には少なくなり、個人商店の廣海家でも両費の分離が進んだ。特に一九三〇年代以降は店の経営にかかわった息子に「給金」的な色合いがある「小遣」を毎月定額支給し、その額は「支配人」格店員の月額ベース給金より多かった。また地域社会とのかかわりでは、神社敷地拡張、避病舎新築に多額の寄付をした。

さらに店員の格付けとその活動を出張活動の内容から分析を試みたが、廣海家の経営展開、とりわけ産地直買活動や有価証券投資、山林経営、肥料小売販売、取扱肥料の多様化など、各時期の経営内容に応じて、高額な給金を得ていた主要な店員の仕事は、おおよそ区別されていた。その際、店員が出張した先での仕入の判断は、店員の裁量に委ねられていたが、店員は出張前に資金面・販売面での主人の意向を聞いており、取引現場での店員の裁量権は主人の意向を前提としていた。その意味で、冒頭で紹介した研究史で論じられた多店舗展開を遂げた大商家ほどには、廣海家の場合は主人から店員への権限委譲は進んでいなかった。とはいえ、廣海家が多角的展開を遂げれば遂げるほど、店員の業務内容も多様化かつ複雑化し、主人のネットワークとは別に各商家の主要な店員同士が結ぶネットワークを築いて情報交換をしつつ、それらの業務をこなしていった。

また交通・通信の近代化は店員の営業活動にも大きく影響した。汽車・電車という新しい交通手段と、新しい通信手段である電話の利用で、大阪湾岸地域における店員の長期滞在出張はなくなったが、取引先と直接面会して商談することは重要な意味があったと思われ、電話架設後の同地域への出張回数は減少したが、出張そのものはなくならなかった。なお出張にそれほど出むかない店員が高給を得た事例もあり、店員の活動については別の観点からの検討も必要であるが、それは今後の課題としたい。

注

（1）上村雅洋・宮本又郎「経営組織と経営管理」（安岡重明・天野雅敏編『日本経営史1　近世的経営の展開』岩波書店、一九九五年、第三章）、安岡重明・千本暁子「雇用制度と労務管理」（同上、第四章）、西坂靖「越後屋京本店手代の入店・昇進・退職について」（『三井文庫論叢』第二七号、一九九三年）などを参照。以下の記述は、宮本又郎「商家の経営組織」、上村雅洋「商家の労務管理」（いずれも経営史学会編『日本経営史の基礎知識』有斐閣、二〇〇四年）を参照。

（2）末永國紀「近江商人の店員組織」（『経済経営論叢（京都産業大学）』第一二巻四号、一九七八年）、上村雅洋『近江商人の経営史』（清文堂出版、二〇〇〇年）など。

（3）近代日本の通信手段の変化については、杉山伸也「情報革命」（西川俊作・山本有造編『日本経済史5　産業化の時代　下』、一九九〇年、第九章）、石井寛治『情報・通信の社会史』（有斐閣、一九九四年）、藤井信幸『テレコムの経済史』（勁草書房、一九九八年）がある。

（4）「小払帳」には、正月から年末まで日付ごとに、家計と営業経費の区別なく、支払金額と内容を記帳して合計してある。ところが一八八六（明治一九）年度の「小払帳」では、その総額の上に張り紙があり、「営業税」・「地租其外町費類」・「西ノ町元山家修復賃」・「商用他所行仲間厘引店人手当電信郵便懸り取日当其外いろいろ〆」の項目別に合計額が記された。またその翌一八八七年には、帳簿の記帳形式自体に変化はないが、「商用費」・「商業税」・「地租地方税船税公儲町費共〆」・「借家修繕費」・「勝手用」の項目ごとに合計するため、記号（〇・×・□・△）が項目内容に相当した経費に加筆してある。

（5）以下、所得税法に関しては、雪岡重喜『所得税・法人税制度史草稿』（大蔵省主税局調査課、一九五五年）一―一四頁参照。

（6）同右、二頁。

（7）「小払帳」と「諸払帳」では、家事費を一八八六―九五年までは台所用と称したが、一九〇一年以降は家事費となった。

（8）一八八六―九五年の「小払帳」と「諸払帳」では、営業費を商業費と称したが、一九〇一年以降は営業費となった。ただし一九〇一―〇九年の営業費は諸税を含めて計上したが、一〇年以降諸税は営業費から除かれて、別に計上された。

（9）営業税に関しては、明治財政史編纂会編『明治財政史』第六巻（丸善株式会社、一九〇四年）三六―六七頁参照。

（10）中西聡「近代日本における地方集散地問屋の商業経営展開」（『経済科学（名古屋大学）』第四九巻四号、二〇〇二年）の表五を参照。

（11）明治四二年「万覚帳」（廣海家文書L一五〇）。

（12）以下、営業税法の制度改正については、大蔵省編纂『明治大正財政史』第七巻（財政経済学会、一九三八年）一―一三八頁を参照。

(13) 大正一〇年「万覚帳」(廣海家文書、J〇一三)。
(14) 繰上・瀬取賃は鉄道駅や港での荷物の積み替えに伴う費用で、仲士賃は本船から艀船、艀船から陸への荷物の積み替えを行った仲仕への賃金である。
(15) 前掲『明治大正財政史』第七巻、一三八―一五五頁を参照。
(16) 前掲雪岡重喜『所得税・法人税制度史草稿』四―二二頁参照。
(17) 例えば一八九四(明治二七)年一月八日治平宛書簡(廣海家文書V〇〇四―七―一八)からは、廣海店が大阪に長期出張していた治平に対して商業関連事項の他に、「御手数ナガラ下駄(主人之分ジキバキ)十五足程御買求被下度候」と、主人の下駄を纏めて購入するよう伝えたことが分かる。なお詳しくは、中西聡「文明開化と民衆生活」(石井寛治・原朗・武田晴人編『日本経済史1幕末維新期』東京大学出版会、二〇〇〇年)を参照して頂きたい。
(18) 一九二五年に広告を掲載した新聞社は、実業新聞、阪南毎日、南海日々、南海自由、南海時事、民友新聞、商工新聞、南海国民新聞、南海朝日新聞である(大正一三年「諸払帳」(廣海家文書I〇四四))。
(19) 一九三〇年は実業新聞、南海朝日新聞、南海時事新聞に、一九三五年は南海朝日新聞、南海時事新聞、岸和田実業新聞に広告料を支払った(昭和四年「諸払帳」(廣海家文書C一六七)および、昭和八年「諸払帳」(廣海家文書F〇二八))。
(20) 「備忘録」(廣海家文書J一六七)。
(21) 例えば一九一九年には避病舎新築に二四五円、翌二〇年には感田神社境内拡張敷地代として一八〇円の寄付をした(大正九年「諸払帳」(廣海家文書J一五五))。
(22) 廣海家文書Q〇八〇。
(23) 廣海家文書D〇〇一―七―四〇。
(24) 明治一四年「他所行入費帳」(廣海家文書Q〇八〇)。なお明治一五年「売留帳」(廣海家文書A一五四)によると、廣海家はこれらの相手に一八八一年一二月から八二年一月に泉州粕を預けていた。
(25) 明治一五年「売留帳」(廣海家文書A一五四)。販売量は、風袋引(重量)を引いた正味重量である。
(26) 大阪・兵庫での取引において出張員と本店主人の間で交わされた情報内容を整理してその要点をまとめた。おもに参照した書簡は、廣海家文書V〇〇二―二―九、V〇〇二―四―六二、V〇〇四―七―一二、V〇〇四―七―一四、V〇〇四―七―一八、V〇〇五―五―四二、V〇〇八―二―二四、V〇〇八―五―七四である。なお廣海家文書V〇〇七―四―四七により、同家では番頭にあたる店員を「支配人」と呼んだことが判明する。
(27) 廣海家文書V〇〇二―二―九。

(28) 廣海家文書Ｖ〇〇四―七―七。
(29) 廣海家文書Ｖ〇〇八―四―一三。
(30) 廣海家文書Ｖ〇〇五―五―五六。
(31) 廣海家文書Ｖ〇〇五―五―五四。
(32) 本書第4章によれば、廣海家は一八九七年に阪鶴鉄道株で一、三八二円の売却損を出したが、吉助の書簡の内容から、この売却に岸和田の現物商石井銭太郎が関与したことが分かる。
(33) 廣海家文書Ｖ〇一五―二―一七。
(34) 廣海家文書Ｖ〇〇二―四―七四。
(35) 廣海家文書Ｖ〇〇七―四―五。
(36) 廣海家文書Ｖ〇〇一―二―七二。
(37) 廣海家文書Ｖ〇〇一―二―七九。
(38) 第8章第一節1項では、一八九四年六月から八月の北海道直買の時期に、本店が金融逼迫を伝えてきた事情について、大阪銀行筋の融通状況、紀州での住宅・畑地の購入、紀摂鉄道株の払込などがあったと指摘する。
(39) 廣海家文書Ｂ〇五四―二―六八―二二―三一、Ｖ〇〇五―六―一一〇、Ｖ〇〇八―二―四を参照。
(40) 第8章の注78で、久七と吉助がともに病気で退店したと言及がある。特に葛畑へ植林のため出張中の久七は、一八九七年三月二二日付書簡で、自分と交代する出張員の派遣を要請したが、その理由を「小生モ少々発病之気味モ有之候間宜敷御依頼申上候」と述べた（廣海家文書Ｖ〇〇五―五―四六参照）。久七は当時から持病を抱えており、そのため出張数が次第に減ったと考えられる。
(41) 廣海家文書Ｖ〇〇五―七―一五三、Ｖ〇一三―三―三二を参照。
(42) 廣海家文書Ｖ〇〇八―三―一八、Ｖ〇〇八―三―一九、Ｖ〇〇八―三―二七、Ｖ〇〇八―四―五、Ｖ〇〇八―四―六、Ｖ〇〇八―四―二四を参照した。なお船積座は「売留帳」にある項目のひとつで、一八九八年以降は見られなくなった（第1章を参照）。
(43) 廣海家文書Ｖ〇一三―一―三一、Ｖ〇〇五―五―四六を参照。
(44) 廣海家文書Ｂ〇五四―三―六一。
(45) 廣海家文書Ｂ〇五四―三―四四。

第3章　商業経営と不動産経営

中西　聡

はじめに

本章は、廣海家の家業である商業とそれと密接に関連していた不動産経営の展開を検討し、同家の商業的蓄積がいかにして図られたかを解明することを課題とする。(1) なお相手先を含め、廣海家の商取引の具体的な検討は、仕入面については第II部、販売面については第III部に譲り、取引形態のあり方をおわりにで簡単にまとめるに止める。第1章で述べたように、廣海家の商業的蓄積の源泉は主に肥料商売であり、本論に入る前に、近代日本の肥料商の経営展開に関する研究史を押さえる。近代日本の有力肥料商であった万三商店の経営を分析した村上はつは、その経営の特徴を、「伊勢湾岸の有力肥料商の中には、産地支店の開設、汽船（持船）による産地直送など、（中略）産地直結型取引を行うものもあったが、万三商店はこれと違って、生産者と直結するよりも、集散地問屋を価格変動のクッションとして活用する道を選んだ。すなわち、投機的な利益を追うよりも、むしろ三井物産やその他の商社間の例でみたような肥料問屋相互間の激しい競争を利用」したとまとめた。(2) また埼玉県川越地方の肥料商を取り上げた坂口誠と酒井智晴の研究があり、明治後期以降も在来肥料（魚肥・米糠）の根強い需要があったことが指摘された。(3) さらに市川大祐による茨城県下館・結城地方の肥料商の研究では、明治後期から人造肥料取扱に特化した商人とバラエティに富んだ肥料取扱を行った商人が示され、氏は、結城郡の肥料商廣江家は、耕地の手作り経営を進め、農業技術改良の観点から比較的早期に東京人造肥料会社の過燐酸石灰肥料販売を行ったとした(4)。

以上の研究史から見て、生産者から消費者までの商品の流れを川に見立て、より生産に近い方向（川上）への展開として海運業への進出や産地直接買付が、より消費に近い方向（川下）への展開として小売業への進出や土地取得が廣海家に見られたこと、同家が一九一〇（明治四三）年に人造肥料を扱い始めた後も魚肥を根強く扱い続けたことが注目される。本章ではこれらの諸点に着目して廣海家の商業経営の特質と、それと不動産経営との関連を検討する。

第一節　幕末・明治期の商業経営

(1) 幕末期の廻船問屋経営（一八三五—七〇年）

一九世紀前半の畿内では、大坂の他に大坂周辺の諸湊へも遠隔地からの船持商人が直接来航するに至り、大坂市場への商品移入量が停滞していた。その背景には日本海から瀬戸内海を通って畿内に至る西廻り航路で、輸送形態の中心が運賃積から船主が自分で買い入れた積荷を別の湊に運んで売却する買積へ変容したことがあり、一九世紀に西廻り航路で活躍した買積船は北前船と称された。運賃積ならば到着湊は最初から決められたが、買積では船主が到着（取引）湊を選択できたため、船主はより有利な条件で取引できる湊を求めて大坂周辺の諸湊へも来航した(5)。

このような市場環境のなかで一八三五（天保六）年に貝塚湊で廻船問屋を開業した廣海家は、創業当初は、主に西廻り航路で運ばれた荷物を扱った。表3-1を見よう。一八四〇—四七（弘化四）年に廣海家は、主に越後国糸魚川・今町・鬼舞の船持商人から主として越後国産米を預かった。糸魚川・今町・鬼舞は越後国南部の隣接地域で、一

表 3-1　19 世紀中葉における廣海家の主要預り荷物一覧

船主出身	相手数	1840–47 年	相手数	1849–58 年
越後糸魚川	8 軒	高田・村上・長岡米他 17,420 俵	3 軒	米 9,434 俵，　魚肥 240 俵
越後今町	4 軒	高田・赤沢・千原米他 5,178 俵	1 軒	天領米他 962 俵
越後鬼舞	2 軒	会津・村上・柴田米他 3,525 俵		
越後木野浦	1 軒	高田・村上米他 2,726 俵		
陸奥野辺他	1 軒	南部粕 12,464 貫目	1 軒	魚粕 12 貫目
加賀橋立	2 軒	松前鰯粕 9,409 貫目		
摂津鳴尾	1 軒	鰯粕 1,843 貫目		
摂津大坂			1 軒	秋田米 2,862 俵
加賀本吉			1 軒	矢島米他 1,379 俵
越後青海			1 軒	黒川米他 1,025 俵
和泉堺			2 軒	越後大豆 400 俵，　最上小豆 70 俵
出身不明	13 軒	米 13,837 俵，　魚肥 51,865 貫目	19 軒	米 11,847 俵，　魚肥 20,577 貫目他

出所）天保 10 年「預り書控帳」（廣海家文書 ZA071）より作成。
注記）米については，1 年間に 500 俵以上預かった実績のある相手，それ以外の荷物は全ての相手について，各期間に預かった荷物を集計し，金銀の預りは除いた。数値はいずれも表記されない桁の最上位を四捨五入して示した（以下の第 3 章各表とも同じ）。連名での取引の船主出身は，判明したものを示した。出身は，出雲崎町教育委員会編『出雲崎町史 海運資料編（一）―(三)』1995–97 年等より。

九世紀に入って遠隔地間交易に乗り出す船持商人を輩出していた。例えば、近代期に廣海家の有力取引相手となった越後国鬼舞の伊藤助右衛門家は、一八世紀は越後国近隣の沿岸海運業を行ったと考えられるが、一九世紀に入り、越後産米を大坂湾岸に運んで販売する遠隔地間交易に乗り出し、所有船数を急速に増大させた[6]。遠隔地間交易に進出した新興の船持商人らは、一九世紀中葉に木綿生産が発達した泉南地域で飯米需要が増大した状況もあり[7]、旧来の船持商人の商権の強い大坂を避けて、貝塚のような大坂湾岸周辺諸湊へ寄港するようになったと考えられる。

また、当時西廻り航路の主要な流通商品であった魚肥も廣海家は扱い、陸奥国野辺地の船持商人らの積荷の南部地方産鰯粕と、加賀国橋立の船持商人らの積荷の松前（蝦夷島）産魚肥が多かった。特に野辺地の野村家は、一九世紀末まで廣海家の主要取引相手で、野辺地の廻船問屋兼酒造業者として多くの船を所有し、一九世紀前半から大坂や和泉国堺で木綿を仕入れて野辺地で販売する買積経営を行った[8]。その船の登り荷として地元産の鰯魚肥を扱い、目的地の堺に近く、肥料需要が増大していた貝塚に寄港するに至ったのであろう。

一八四〇年代の廣海家は、特定の地域の船持商人と取引したが、五〇年代には大坂や堺の船持商人とも取引し、多様な産地の米・豆類や塩も扱うなど、取引相手・取引品種別ともに多様化した。これらの船持商人に対し、廣海家は大坂湊の廻船問屋よりも手数料率を低く押さえてその来航を誘い[9]、多くの口銭収入を得た。廣海家は船持商人から預った積荷の一部は自ら買い取って自己勘定取引としたが、一九世紀中葉の同家の商業利益の中心は口銭（手数料）で、船主から預った積荷の多くは船主と仲買商との取引を「仲介」したり、仲買商への販売を引き受けたりして手数料と「突合」損益を得るに止めた（表1-1、「突合」については第9章を参照）。例えば一八五九（安政六）年に約一七、五〇〇石の米穀を預り、うち五、五〇〇石を自ら買い入れた（表3-2）。肥料取引で廣海家が船主から得た口銭は、取扱額の約六・五％（近世期）—七％（近代期、諸経費を含む）で、同家が売却先の肥料商に渡した口銭は取扱額の二％—三％であった[10]。

最幕末期には、大坂で米穀・魚肥価格が高騰して米穀産地の北陸や魚肥産地の蝦夷島（近代期の行政区分にあわせ、以下、北海道とする）との価格差が急拡大し、特に魚肥価格の箱館・大坂間の差は米価の北陸・大坂間の差を大きく上回り、最幕末・維新期に多数の船持商人が北海道交易へ展開して北海道産魚肥を扱い始めた[11]。また一八六八（明治元）年の明治維新の結果として株仲間が廃止され、新たな市場参入者が多数登場し、大坂市場は混乱して不正取引が横行し始め、貝塚でも旧来の問屋・仲買商の特権が廃止され、新たな参入者との競争に敗れて衰退する仲買商が多く見られた[12]。

廣海家はこうした市場環境の変化に対し、北海道産魚肥を積極的に扱い始め、幕府が北海道産物の流通統制を目指して各地に設けた箱館産物会所のうち和泉国堺に設けられた会所の肥手問屋に一八六一（文久元）年に加入し[13]、六〇年代以降は北海道産魚肥取扱が商業利益の中心になった（表1-1を参照）。またこの時期廣海家は海運業へ進出し、一八四一年に四反帆の小型和船を所有しており[14]、大坂湾内を主に運航させたと思われるが、六三年に二〇反帆の大型和船福吉丸を所有し、それは陸奥国野辺地の野村治三郎家の代理と考えられる神通丸庄兵衛に名前貸とされた[15]。廣海家は、大型和船の運航を実績のある野村家に委託したと思われ、石見国浜田湊の廻船問屋の客船帳に、一八六七（慶

表 3-2　幕末・明治期廣海家米穀・魚肥取扱量の推移

（単位：石）

年	1859	1863	1868	1872	1876	1879	1883	1887	1889	1893	1898	1902
米穀預り量合計	17,493	14,981	6,658	2,019	1,379	1,855	2,038	996	742	182	なし	なし
内 廣海家持船分預り		9		105						182		
内 野村家持船分預り	941	1,647	316	235	88	578	411	332	185			
内 野坂家持船分預り			2,026	204				141	353			
魚肥預り量合計	5,500	4,061	5,095	6,621	6,449	5,414	4,737	4,862	6,443	6,368	1,661	4,716
内 廣海家持船分預り		330		577		84			559	560		
内 野村家持船分預り	1,113	2,052	2,293	1,390	2,255	2,207	1,954	11	1,896	539		
内 野坂家持船分預り	167		967	1,368	124	257	640	718	797			293

年	1859	1862	1868	1872	1876	1879	1883	1887	1889	1893	1898	1903	1908
米穀買入量合計	5,338	7,719	4,745	2,496	4,198	4,656	2,826	1,875	2,076	1,727	2,134	287	163
内 廣海家持船より買入				105					126	182			
内 野村家持船より買入	612	233	289	230	88	578	411	394	206				
内 野坂家持船より買入			1,395	204				141	353				
内 上記以外の船より買入	3,680	3,795	1,551	1,475	792	959	1,128	520	258				
内 大阪・兵庫・堺商人より買入		1,441	39		1,509	1,840	1,007		333				
内 地元米買入			700	406	56	638	216	522	112	1,318	1,953	150	
内 作徳米買入								157	219	226	168	137	163
魚肥買入量合計	不明	不明	3,662	7,706	7,141	7,330	5,274	6,307	7,096	7,219	2,725	7,297	8,017
内 廣海家持船より買入				577		84			555	416			
内 野村家持船より買入			2,226	1,390	2,685	2,207	1,797	11	1,896	539			
内 野坂家持船より買入			960	1,361	129	257	544	655	606				
内 上記以外の船より買入			476	3,220	3,130	2,875	2,143	3,981	3,264	5,303	1,661	594	929
内 大阪・兵庫商人より買入				847	1,103	1,518	709	786	364	423	985	2,173	163
内 産地商人より買入										496		3,647	4,476[1]
内 産地直接買い付け												883	2,391

出所）安政6・文久3・慶応4・明治5年「穀物仕切帳」「干鰯仕切帳」，明治9–35年「仕切帳」，各年度「万買帳」（廣海家文書）より作成。

注記）廣海家が預った船荷のうち同家が自ら買い取って売買した分は預り量と買入量の両方に含まれる。「仕切帳」末尾の直買座（蔵入座・白米座）分は除き，預り量・買入量ともにその年に預った量・買い入れた量を集計した。また重量はいずれも風袋引（俵引）後の正味重量で示した。廣海家持船として，1863年は福吉丸，72年は神通丸，79年は富廣丸，1889–93年は嘉宝丸分を集計（その根拠は本文を参照）。野村・野坂家は，それぞれ青森県野辺地の野村治三郎家と野坂勘左衛門家で，その持船は野村家文書（野村家蔵）・野坂家文書（野辺地町立歴史民俗資料館蔵）より把握した。この表からは，重量が不明の干鰯の預りと買入，斤単位の外国米や朝鮮干鰯の預りと買入（多い年でも10万斤未満），木谷七平・廣海惣太郎組合分（1877年魚肥104石の買い入れ，99年魚肥363石の預り）を除いた。1斤≒0.6kgで換算すると1万斤がおよそ40石にあたる。1895年以降は米穀の預りはなくなる。作徳米は帳簿上は店が（廣海家から）買い入れる形をとったが，実際は廣海家取得の作徳米の受け渡しと考えられる。産地商人より買入には広海二三郎と大家七平の北海道支店より買い入れたと思われるものも含めた。廣海家の取扱肥料は，1909年まではほぼ全て北海道・青森県産の鯡・鰯肥料で，40貫目（重量）＝1石で換算した。

注1）うち512石は，佐野喜一郎と廣海家の共同買入分。

応三）年に野村家所有船神栄丸との「約束」で廣海惣太郎船の福吉丸と福栄丸の二隻が客船として記録された[16]。

（2）肥料取引中心と自己勘定取引主体への転換（一八七一―九二年）

明治維新後も廣海家は一八七一（明治四）年に野村家から大型和船を購入し、七五年に廣海家が野村家におそらく同じ大型和船を売却するなど、同家と密接な関係を続けたが、七八年に大阪の石元家から購入した富廣丸で自ら買積経営に乗り出した[17]。その背景には一八七七年の西南戦争後のインフレで地域間価格差が拡大して買積経営でかなりの利益が見込めるようになったことがあろう。実際富廣丸は、一八七九年に貝塚・大阪と函館とを往復し、主に北陸米と北海道産魚肥の商いで約一、二三八円の純益を上げ、八〇年にも塩・米・魚肥の商いで約五六五円の純益を上げた。しかし一八八一年からの松方デフレで集散地価格が下落し、同年に約二、九二六円、八二年に約三、四三七円の純損を計上し（表1-7を参照）、廣海家は富廣丸を八三年に売却して買積経営から撤退した[18]。

また一八七〇年代の廣海家は自己勘定取引をかなり行うようになった。廣海家が船持商人から預かった積荷のうち自ら買い入れて販売した割合は、近世期は半分から三分の一程度であったが、近代期には船持商人から預かった積荷の大部分を自ら買い入れ（第7章を参照）、それ以外にも大阪・兵庫の商人からの買入部分が増大した（前掲表3-2）。その結果、近代期は売買収入が増大し、特に一八七〇年代後半に魚肥売買でかなりの利益を上げた（表1-3を参照）。廣海家の取扱量も、一八六八年は預り量・買入量ともに米穀が魚肥を上回ったが、七二年には魚肥が米穀を上回り、七〇年前後を境に同家の取扱商品の中心は米穀から魚肥へ転換した（前掲表3-2）。

廣海家は、肥料取引を中心に据えると、一八七一年に干鰯店（廣海家小売部）を開設し、農家へ主に肥料前貸による小売も始めた（現金売も少しあり）。そして買い入れた魚肥の約一―二割を廣海本店は価格を決めて販売する形を取って干鰯店に渡し、これを干鰯店は貝塚湊の後背地の現在の熊取町域に主に販売した[19]（表3-3）。干鰯店はその売

表 3-3　1872-1921 年廣海家肥料販売先地域別比率一覧

（単位：%，合計欄は 1905 年まで石，それ以降は千円）

地　域	1872年	1878年	1882年	1886年	1889年	1894年	1896年	1901年	1905年	1910年	1912年	1915年	1918年	1921年
貝　塚	59.2	43.6	38.7	27.4	46.4	29.5	38.0	38.2	34.8	16.2	13.4	13.6	16.4	7.3
岸和田	13.3	39.2	24.8	16.1	22.1	26.4	29.1	11.8	17.6	16.3	9.8	3.7	2.3	2.4
堺・上灘	2.2	4.5	7.6	9.0	7.5	6.1	10.6	15.2	3.6	19.1	31.1	16.6	7.5	13.2
佐野・下灘	4.8	1.2	2.6	9.1	4.1	2.5	2.3	1.8	8.8	4.5	3.6	5.1	5.9	0.2
紀　伊	0.5	1.7	2.4	0.0	0.0	1.4	3.3	7.0	5.2	21.4	4.6	0.4	0.0	0.0
大阪・兵庫	0.9	1.8	5.9	26.3	3.9	12.1	5.0	3.5	0.0	4.2	1.6	0.0	0.0	0.0
干鰯店	19.0	8.1	7.6	10.9	15.9	18.1	12.1	22.4	30.0	18.3	35.6	60.5	67.9	76.8
その他とも計	7,927	7,437	8,533	8,601	6,115	7,835	4,465	6,717	6,244	132	153	100	156	75
総販売先数	60	54	74	65	63	53	44	59	44	54	43	28	25	15
内　貝塚	19	16	19	17	21	19	15	16	11	12	7	6	6	6
内　岸和田	28	23	21	15	17	13	12	12	7	9	6	3	3	2

出所）各年度「干鰯売留帳」「売留帳」（以上廣海家文書）より作成。

注記）1905年までは販売量に占める比率を示したが，1910年以降は多木肥料も取り扱ったため，量の単位を統一するのが困難であり，販売額に占める比率を示した。各年度ともその年度に取引が完了したもののみ集計。翌年度への延売分は翌年度の販売量として集計。1905年までは風袋引後の正味重量で，10年以後は入用も含めた販売額で集計した。また表で示さなかった地域区分として諸国への販売が年によってはあったため，表の比率を合計しても100%にならない年がある。1918・21年は，販売先が地域ごとにまとめられておらず，大正10年「名集帳」（廣海家文書F043）を参考に地域別に分類した。上灘は岸和田・堺間の旧和泉国地域，下灘は佐野以南の旧和泉国地域，紀伊は現和歌山県域と考えられる。販売先数の単位は軒で，複数の相手に併せて販売した場合も 1 軒と数えた。40貫目（重量）= 1 石で換算した。

上金を本店に戻し、本店よりの魚肥受取額と本店への売上金戻し額との差額を干鰯店が本店に貸す形で、魚肥小売買粗利益が本店に吸収され、干鰯店は、一八七〇年代後半に順調に利益を上げた（第1章を参照）。鯡は三―八月が漁期で、三―五月に製造された鯡魚肥は、本州・四国の集散地へ五・六月頃に運ばれて卸・小売商を通して消費者に販売され、七・八月に夏肥として使用され、六―八月に製造された鯡魚肥は、本州・四国の集散地へ九・一〇月頃に運ばれて卸・小売商を通して一一―翌年一・二月に消費者に販売され、三―五月に春肥として使用された。

その後一八八〇年代は大阪・兵庫の肥料商からの買入が減少し、船持商人との取引が大部分を占めた。貝塚港の魚肥移入量は、一八八四年が約四、九四三石、八七年が約四、八四四石、八九年が約一五、四〇〇石で[20]、前掲表3-2から見て廣海家は貝塚移入魚肥のかなりの部分を預かっていた。船持商人から預った魚肥の大部分を廣海家は自ら買い入れ、買入量は横ばいであったが、表3-4を見ると売買粗利益率が一八七〇年代に比べて減少しており、八〇年代後半から九〇年代初頭にかけて肥料売買損失を計上した（表1-3を参照）。一八

表 3-4　1872-1927 年廣海家肥料売買粗利益率買入先別一覧

（単位：1872 年は両，1876 年以降は円，粗利益率は%）

買入先	1872年			1876年			1879年			1883年			1887年			1889年		
	買入額	売買利益	粗利益率	買入額	売買利益	粗利益率	買入額	売買利益	粗利益率	買入額	売買利益	粗利益率	買入額	売買利益	粗利益率	買入額	売買利益	粗利益率
廣海家持船	3,030	82	2.7				965	0	0.0							1,846	△ 219	△ 11.9
北前船商人	24,206	2,109	8.7	29,795	1,519	5.1	48,446	924	1.9	40,319	660	1.6	38,345	△ 661	△ 1.7	48,731	△ 347	△ 0.7
大阪・兵庫肥料商	4,469	△ 56	△ 1.3	4,303	257	6.0	17,859	399	2.2	5,821	542	9.3	6,672	324	4.8	2,665	207	7.8
その他・不明とも計	34,783	2,304	6.6	36,940	2,020	5.5	70,539	1,430	2.0	47,680	1,025	2.1	48,970	△ 394	△ 0.8	53,508	△ 281	△ 0.5

買入先	1894年			1896年			1900年			1903年			1906年			1909年		
	買入額	売買利益	粗利益率	買入額	売買利益	粗利益率	買入額	売買利益	粗利益率	買入額	売買利益	粗利益率	買入額	売買利益	粗利益率	買入額	売買利益	粗利益率
北海道直買	9,825	674	6.9	12,862	1,324	10.3				12,070	874	7.2	22,626	2,680	11.8	69,187	2,069	3.0
北海道商人	13,825	879	6.4	6,500	398	6.1	20,754	555	2.7	18,941	179	0.9	52,910	1,048	2.0	44,438	514	1.2
［内　運賃等渡取引］	[3,858]	[327]	[8.5]	[0]	[0]		[5,711]	[526]	[9.2]	[1,482]	[179]	[12.1]	[4,893]	[454]	[9.3]	[4,831]	[303]	[6.3]
北前船商人	39,992	418	1.0	13,676	204	1.5	36,848	△ 513	△ 1.4	24,423	744	3.0	16,031	340	2.1	0	0	
大阪・兵庫肥料商	12,282	283	2.3	15,047	818	5.4	11,772	418	3.6	29,132	1,590	5.5	4,817	256	5.3	10,038	597	5.9
大家七平・広海二三郎							8,102	△ 203	△ 2.5	32,515	△ 177	△ 0.5	22,966	△ 10	△ 0.0	17,172	661	3.8
その他・不明とも計	75,985	2,253	3.0	50,197	2,983	5.9	78,723	308	0.4	117,081	3,211	2.7	120,028	4,356	3.6	141,274	3,883	2.7

買入先	1912年			1915年			1918年			1921年			1924年			1927年		
	買入額	売買利益	粗利益率	買入額	売買利益	粗利益率	買入額	売買利益	粗利益率	買入額	売買利益	粗利益率	買入額	売買利益	粗利益率	買入額	売買利益	粗利益率
北海道直買	75,656	4,543	6.0	17,022	2,205	13.0												
北海道商人	26,448	1,465	5.5	30,451	4,301	14.1	46,949	5,559	11.8	13,237	1,400	10.6	20,559	(3,456)	16.8	35,411	(2,672)	7.5
［内　運賃等渡取引］	[22,339]	[1,434]	[6.4]	[28,134]	[4,108]	[14.6]	[44,146]	[5,187]	[11.7]	[13,237]	[1,400]	[10.6]	[20,559]	[(3,456)]	[16.8]	[35,411]	[(2,672)]	[7.5]
敦賀肥料商				1,200	96	8.0	1,650	84	5.1	20,772	904	4.4	39,129	(3,464)	8.9	6,584	(449)	6.8
大阪・兵庫肥料商	21,174	418	2.0	43,117	3,894	9.0	69,715	6,040	8.7	23,155	901	3.9	70,789	(5,828)	8.2	101,933	(8,011)	7.9
多木製肥所	24,062	2,371	9.9	7,467	1,002	13.4	26,860	2,176	8.1	8,426	1,602	19.0	23,725	3,507	14.8	23,147	3,169	13.7
その他・不明とも計	147,872	8,874	6.0	99,257	11,497	11.6	146,729	14,076	9.6	66,409	5,062	7.6	161,404	16,904	10.5	179,999	15,991	8.9

出所）各年度「万買帳」，明治 43・大正 7 年「外分万買帳」，昭和 2 年「万買帳卸部」（以上廣海家文書）より作成。

注記）前年買入で当年販売の取引は当年の取引，当年買入で次年販売の取引は次年の取引として集計。△ 印は損失。複数の買入先からの買入分をまとめて販売したため，買入先ごとの粗利益額が判明しなかった場合は，買入額に応じて粗利益額を配分して集計。1924・27 年は，この方式での販売額が多かったため売買粗利益額は推定として括弧書とした。大阪・兵庫肥料商を仲介して肥料会社から買い入れた場合は，買入先を大阪・兵庫肥料商に分類した。廣海家持船として，1872 年は神通丸，79 年は富廣丸，89 年は嘉宝丸を分類。1894 年の嘉宝丸分は北前船商人の項に含めた。1887・89 年の三州干鰯組合分は除いた。1894 年の北海道商人からの買入には野辺地の野村家からの直接買入分を，1894・1909 年の北海道商人からの買入には廣海家と北海道・野辺地商人との産地共同買入を，1896 年の北海道直買には南部粕直買を，1903 年の北海道直買の買入額には畿内までの汽船運賃等をそれぞれ含む。運賃等渡取引とは，廣海家が北海道商人に畿内までの運賃や荷為替金を渡した取引形態で，その場合買入額に畿内までの運賃が含まれ，北海道商人との取引のうち運賃等渡取引分を［　］で別記した。大家七平・広海二三郎の項は，両家の店からの直接買入を示し，両家所有船舶からの買入は北前船商人の項に含めた。両家は，大阪と北海道の両方に店を持ったので，北海道商人とも大阪・兵庫肥料商とも異なる区分で集計。その他として 1876 年は廣海・木谷組合，79・83 年は堺肥料商，87 年は貝塚肥料商，96 年は廣海家干鰯店・南部濡俵改良座，1912・18 年は有馬製肥所，21 年は各人造肥料会社，24 年は和歌山肥料商や各人造肥料会社，27 年は四日市肥料商や各人造肥料会社からの買入が多かった。

八〇年代後半に貝塚港の規模はかなり縮小したが（表序-3を参照）、廣海家は買入単価を高めに設定して船持商人を引き付け、買入量を確保したと考えられ、船持商人との取引では廣海家買入の場合も、近世来の取引慣行から廣海家は口銭を取得しており、結果的に口銭収入で売買粗利益率の縮小を補った。例えば、廣海家の有力取引相手の伊藤助右衛門家所有船伊徳丸は[21]、一八八八年一二月九日に廣海家に鯡〆粕を一本四・八八円の価格で一五〇本売却したが、その後より有利に売却できる相手を探したと思われ、八九年一月一七日に下関の綿屋に鯡〆粕を一本四・九一円の価格で一三七本売却した。さらにより有利に売却できる相手を探して瀬戸内諸港を廻り、一八八九年一月二二日に尾道の嶋居に鯡〆粕一本四・四八円で三〇〇本、同日に多度津の励商社に鯡〆粕一本四・六一円で一〇〇本売却し、その後大阪に戻ったが鯡〆粕一本四・六三円でしか売却できなかった（大岡に六〇本売却）。そこで伊徳丸は再び貝塚に戻り、一八八九年一月二八日に廣海家に鯡〆粕一本四・八二円で三〇〇本を売却した。

この間、廣海家の米穀買入量は一八七〇年代の四千石台から八〇年代の二千石台へ減少し（前掲表3-2）、八〇年代前半の松方デフレ期に一時減少した魚肥取扱量を再び増大させるため、同家と船持商人との継続的取引が八〇年代後半に見られた。特にこの時期青森県野辺地の野坂勘左衛門家との魚肥取引が増大し、一八八八・九〇年に廣海家は野坂家の依頼で、野坂家所有和船嘉宝丸・三宝丸の登記上の所有者（実際は野坂家が自己所有船として運航[22]）となり、野坂家や前述の野村家との取引で廣海家は主に青森県南部地方産鰯〆粕（南部粕）を扱った。ただしそれによる廣海家の船舶収入は、一八九〇年一六九円、九一年四〇〇円、九二年はなしとあまり上がらず（表1-7を参照）、嘉宝丸は九四年に北海道松前の山本久右衛門に売却された[23]。一方、廣海本店の魚肥販売先は貝塚・岸和田の肥料商が中心で、干鰯店への販売比率も若干増大した（表3-3）。干鰯店の収益は、松方デフレ期に減少したが、一八九〇年代に持ち直し、販売先を拡大して、年間一、五〇〇円以上の利益を恒常的に上げた（表1-4を参照）。

廣海家は、一八八〇年代—九〇年代初頭に、船持商人との自己勘定取引を重視したが、売買利益があまり上がらず、商業的蓄積は松方デフレ以前に比べて伸び悩んだ。例えば魚肥価格が乱高下した一八七九―八二年を除き大阪の魚肥価格水準にあまり変化がなかったその前後七年間ずつの廣海家商業部門年平均損益を比べると[24]、七二―七八年が二、三七四円で（七三年のみ本店損益で計算）、八三―八九年は一、八〇一円であった（表1-3を参照）。かくして廣海家は一八九〇年代に商業部門で新たな展開が必要となった。

（3）産地直接買付の実施（一八九三―一九一四年）

一八八四（明治一七）年の大阪商船会社や八五年の日本郵船会社の設立で国内海運網が整備され、年平均で八〇年代に大阪価格が小樽価格の一・五倍前後あった鯡魚肥の地域間価格差は、九〇年代に一・二倍前後、一九〇〇年代に一・一三倍前後まで縮小した[25]。和船買積経営の利点の減少とともに、従来和船買積で主に流通した北海道産魚肥が汽船運賃積で流通し始め、一八九〇年代後半に北海道産魚肥市場は大きな転換点を迎えた[26]。販売肥料全体でも大豆粕が北海道産魚肥に代わって、一九〇五年以降販売肥料の中心となり、日露戦争で大豆粕の輸入が一時途絶したため、人造肥料メーカーが勃興し、一九〇〇年代後半には過燐酸石灰の内地推定消費額が急増した[27]（表1-5を参照）。

廣海家の商業経営も一八九三・九四年に転換点を迎え、九三年に同家は野辺地の野村・野坂家本店から汽船運賃積を利用して魚肥直接買付を行い、前述のように嘉宝丸を九四年に売却し、野坂家と南部粕共同買付座を設けた[28]。一八九三年には、石川県橋立・瀬越・塩屋・福井県河野の船持商人の組合（北陸親議会）が大阪の北海産荷受問屋組合に、秤先入目引の全廃と問屋口銭の減額を三月に要求し、大阪北海産荷受問屋組合は兵庫・徳島・撫養《むや》の問屋組合と共同して北陸親議会と交渉し、秤先入目引の全廃と問屋口銭率の六%から四%への減額と代わりに羽鯡（胴鯡）縄引の増額が四月に決められ、廣海家が船持商人から取引の際に取得した口銭の率も、同年八月まで取扱額の七%（諸経費を含む）であったが、同年九月から五・八%+艀仲士賃（両方で六・二―六・三%）に減額された[29]。また、一八九三年一一月に、船持商人の永井家が、大阪・兵庫での入目引全廃をうけて貝塚でも同様の扱いを兵庫滞在中の廣海家店員久七に要求しており[30]、船持商人との取引において廣海家が保持していた近世来の慣習に基づく諸権利は失われつつあった。そのことが、廣海家が船持商人との取引を縮小して、産地直接買付に進出する背景にあった。

そして一八九四年に本店「支配人」（番頭）の治平が将来の当主となる惣十郎を連れて北海道と野辺地へ出張し、その年の魚肥買入量八、〇八六石の約一六%にあたる一、二五八石を、北海道で直接買い入れた[31]。この年は小樽の海産物商の田口梅太郎らと共同で鯡魚肥の買付も行っており、船持商人からの仕入中心から産地での直接仕入中心への転換は、同時に仕入代金の決済方法の変更へもつながり、従来は主に貝塚で船の船頭に買入代金を現金もしくは手形で渡していたのが、次第に北海道などの産地へ直接買入代金を為替で送金するようになった（第13章を参照）。北海道・野辺地直買は一八九五年も行われたが、コスト高のため本店全体の収益はあまり上がらず、一八九六—一九〇二年は休止され、一八七〇年代以降年間七千石前後であった廣海本店の魚肥買入量は、九六年一、八四六石、九八年二、七二五石、一九〇〇年四、二四四石と低迷した。しかし惣十郎は一九〇二年に四代目惣太郎＝当主になると、商業部門の積極経営を展開し、〇三年に北海道直買を再開、〇六年から連年行った。廣海本店の魚肥買入量は、一九〇三年に七、二九七石と増大し、北海道直買を休んだ〇四・〇五年は五、七五三石・六、六四八石とやや減少したが、北海道直買を連年行った〇六年以降、同年七、六五二石、〇七年五、九一九石、〇八年八、〇一七石、〇九年七、一七四石（熊田との共同買付を含む）と〇七年を除き連年七千石を上回り、その三—五割を北海道直買量が占めた[32]。

一八九〇年代以降社外船の増大による汽船運賃の低位安定化のなかで、東京・東海地域の肥料商による汽船運賃積を利用した産地直接取引が急増したが[33]、九〇年代は鯡魚肥製造量の増大から大阪への鯡魚肥移入量はあまり変わらず、本州・四国の集散地間の魚肥集散競争は顕在化しなかった。しかし一九〇〇年頃から鯡漁獲量の減少に伴ってそれが顕在化し[34]、北海道産魚肥を安定的に仕入れるため廣海家も北海道直買を再開したと考えられる。廣海本店では近代期ほぼ一貫して七—九名の店員がいたが[35]、北海道には常に「支配人」格かそれに次ぐ店員が出張し、四代目当主は、一八九四年の学習効果もあり、北海道直買を商業活動の中で重視した。主要買入・仲介先に、伊藤祐太郎・熊田出張店等もともと船持商人として廣海家と取引した商人の北海道支店が挙げられ[36]、同家は旧来の取引人脈を活かして北海道直買を行い、北海道商人を仲介として先物契約で漁民からの魚肥買入も行った[37]。

産地直買魚肥の売買粗利益率を前掲の表3-4で検討する。北海道直買の項で示した産地直買は、廣海家店員が産地で直接魚肥を買い入れ、取引完了後の貝塚までの運賃等は廣海家の負担となった。一方一八九四年以降産地商人から貝塚の本店が汽船・汽車積を利用して魚肥を買い入れた場合もあり、表3-4の北海道商人の項で示した。その方式でも和船積と同様に廣海家が魚肥の貝塚荷揚に際し、手数料を荷主から徴収した場合があり（野坂家・大家七平・広海二三郎よりの買入等）、一九〇〇年代の廣海家は肥料売買収入とともに肥料口銭収入も増大した（表1-3を参照）。その方式では産地・貝塚間の運賃を産地商人が自前で負担した場合と、廣海家が産地商人に運賃・荷為替金を前渡ししたり運賃を後で支払った場合があり、後者の形態の取引額を表3-4の括弧内で示した。後者の場合は、運賃は廣海家の買入額に含まれた。大阪・兵庫の肥料商や貝塚に寄港した船持商人からよりは、産地の方が安価に買い入れ可能なため、一九〇六年の北海道直買魚肥の売買粗利益率は比較的高く、同年以降北海道直買魚肥の泉南地域での販売が廣海家商業利益の源泉になったが、そこに反映されない産地・貝塚間の運賃コストを割り引く必要がある。一九〇六年に廣海家が北海道商人に運賃を前渡しした例では、北海道・畿内間の運賃は買入額の約二—三％を占めた[38]。

また、北海道商人との直接取引の開始で、北海道に出張した店員や北海道商人に荷為替・運賃金を送金するための資金が必要になり、それを銀行借入金で賄ったため、その利子支払いが急増した。初めて北海道直買を試みた一八九四年は[39]、六月一五日に二、一五〇円を店員が持参して北海道へ出張し、七月四日に五千円、七月一一日に三千円が、三井・第一銀行の為替手形で廣海本店から小樽の店員に送金された。七月一一日に本店は岸和田銀行から約束手形で

四、五〇〇円借り、うち三千円が同日に小樽に送られたと思われる。この年本店は、岸和田銀行から二―三カ月の短期で延約二四、〇〇〇円を借り入れ、うち約束手形での借入が一三、四七〇円、魚肥抵当の借入が七、五〇〇円で、株式担保の借入はなかった。北海道直買を本格的に再開した一九〇六年は、[40]六月一六日に二、一〇〇円を店員が持参して北海道へ出張し、本店は七月一九日に南海鉄道株を担保に年利六・一二％で住友銀行から二カ月の短期で一六、五〇〇円を借り入れ、同日一〇、五九九円を北海道へ荷為替金として送金した。この借入金分は徐々に返済され、残りは借り換えられて最終的に翌年六・七月に完済された。また一九〇六年七月二三日に本店は、貝塚銀行株・岸和田紡績株・国債を担保に、年利六・八四％で貝塚銀行から一万円を借り入れ、七月二三―二八日に九、二八二円を北海道へ荷為替・運賃金として送金し、八月一日に岸和田煉瓦株・南海鉄道株を担保に、年利六・八四％で貝塚銀行から一五、〇〇〇円を借り入れ、八月一・二日に一四、〇五二円を北海道へ荷為替・運賃金として送金した。この借入金分は、一二月に借り換えられ、翌年四月に一万円分、残りは五月に返済された。

廣海家の銀行借入は、一八九〇年代前半は約束手形や魚肥抵当で主に行われ、九〇年代後半より株式担保が増大し、一九〇〇年代は大部分が株式担保で行われた。[41]主な借入先は、一八九〇年代は岸和田第五十一国立銀行・岸和田銀行で、九六年の貝塚銀行設立後は、貝塚銀行と住友銀行になった。廣海家の利息収支は、一八八三―九一年はおよそ黒字であったが、九四年は五五五円、九五年は一、二三五円、九六年は一、四五二円の赤字をそれぞれ示し、産地商人との直接取引開始後に銀行借入金利息支払いが増大し、一九〇六年から赤字額が急増した（表1-3を参照）。

このように取引形態の変化に伴う新たなコストの発生が商業利益を一定程度圧縮しており、産地直買および産地商人よりの買入魚肥売買でそれを上回る売買粗利益を上げる必要があった。主要鯡魚肥である鯡〆粕の北海道製造量は、一八九〇年代は約六〇―七〇万石であったが、九八年より急減し、一九〇〇年代前半は約四〇―五〇万石、同後半は三〇万石前後になった。[42]さらに函館の漁夫平均賃金は一八九〇年代の月六―七円から一九〇〇年代の月九円へ上昇し、それらを背景に一〇貫目(重量)当たり鯡〆粕年平均価格は、一八九四年に小樽二円、大阪二・三円、九七年に小樽二・七円、大阪三・二円、一九〇一年に小樽三・一円、大阪三・七円、〇四年に小樽三・八円、大阪四・四円、〇七年に小樽四・七円、大阪五・三円と上昇し、その後〇八年に小樽四円、大阪四・六円、〇九年に小樽二・七円、大阪四・二円と急落した。北海道直買では七・八月に函館・小樽で鯡魚肥を買い入れて一一・一二月に貝塚で販売したと想定して、廣海家が北海道直買を再開した一九〇三年以降の鯡〆粕地域間価格差を七・八月の小樽相場と一一・一二月の大阪相場で比べると、〇七年まで一〇貫目(重量)当たり九〇銭前後大阪相場が高いレベルでほぼ一定し、この間鯡〆粕価格は上昇しており、相対的に地域間価格差は縮小傾向にあった。その後一九〇七年の恐慌の影響で〇八年から全体的に鯡〆粕価格が急落し、買入時期と販売時期のズレから地域間価格差は縮小し、前述の比較で見て〇八年は四〇銭前後、〇九年は五五銭前後となり、廣海家の北海道直買魚肥の売買粗利益率はその頃より低下した(前掲表3-4)。一九一〇年代には、地域間価格差は一〇年八五銭前後・一一年六〇銭前後・一二(大正元)年八五銭前後・一三年五五銭前後と不安定になり、鯡〆粕製造量は若干回復したものの四〇万石台に止まり、北海道直買量は次第に減少し[43]、一四年をもって北海道直買は中止された(表3-4の一九一五年の北海道直買欄は一四年買入分の販売)。

販売面でも、一八九〇年代に取引形態の大きな転換があり(第10章補論を参照)、廣海家の貝塚肥料小売商への魚肥販売軒数は、九四年の一九軒から九六年の一五軒に減少した(前掲表3-3)[44]。その中で次第に廣海家は干鰯店への販売比率を増大させ、一九〇〇年代に全体の約四分の一を占め、廣海家全体の商業的蓄積に占める干鰯店利益の部分が次第に大きくなり、一八九九年から干鰯店利益を本店で一括して把握するに至り、実質的に干鰯店の本店への内部化が図られた(第1章を参照)。一方、干鰯店の肥料前貸販売の典型的な方式は[45]、主に一一―一二月に農家に肥料を前渡しして、代金および前年度繰越貸金を一―二カ月後もしくは夏に受け取って清算し(夏に受け取る場合は利息付き)、足りない分は年末までさらに利息をつけて貸しとし、また四―六月に肥料を前渡しして、利息をつけて代金を秋に受け取って清算し、足りない分は前の分と併せて次年度に繰越貸とした。この繰越貸金が累積し始めると、一八八〇年代は主に土地を抵当に入れさせ、最終的に土地を引き渡させたが、九〇年代以降は繰越貸が累積した例はまれとなり、その場合は主に約束手形を出させた。一八九〇年代以降繰越貸金が減少した背景には、松方デフレからの米価回復に加え、干鰯店の前貸金利率引き下げがあり、その年利率は八〇年代が二〇%以上、九〇年代以降は一五―一六%、一九一〇年代以降は一二%になった。

一八九〇年代以降廣海家の商業的蓄積の基盤は、産地直接買付や小売業となり、一九〇〇年代に商業的蓄積をやや持ち直した。ただし、農家貸付額の増大による干鰯店の蓄積部分が大きく、毎年六―九千円台を示した一九〇〇年代後半の株式配当収入と比べ、商業収入は廣海家の収益基盤の中心となり得なかった（表1-7を参照）。

第二節　大正・昭和戦前期の商業経営

（1）人造肥料取引への展開（一九一〇・二〇年代）

一九〇〇年代後半に本格化した北海道直買がそれほどの利益を上げられず、前述のように〇八（明治四一）年の鯡魚肥価格急落で、同年に北海道直買や北海道商人より買入分の魚肥売買で巨額の損失を出し、〇九年も商業部門の損益で損失を計上したため（表1-3を参照）、商業利益確保の新たな対応が必要となり、廣海家は当時販売額が魚肥に匹敵していた人造肥料に目を付け、一〇年から兵庫県別府の多木製肥所から直接人造肥料を買い入れ始めた。これも一種の産地直買と言えるが、前掲表3-4で多木製肥所産人造肥料（以下多木肥料とする）の売買粗利益率を見ると、一九一〇・二〇年代通して比較的高い数値を示した。ところが廣海家の多木肥料取扱量は、一九一〇年一、八五〇叺、一一年九、四一〇叺、一二（大正元）年一三、一七九叺、一三年一四、五四五叺と急増したが、一四年から急減して二三年まで五千叺前後を推移し、二四年以降再び増大して一万叺前後になった[46]。窒素分と燐酸分をバランスよく含む魚肥と異なり、多木肥料の成分が燐酸分中心で窒素分が少なかったため[47]、多木肥料を単独で用いるのが難しく、大豆粕や人造肥料の硫安など窒素分主体の肥料と併用する必要があった。また単価当たりの輸送コストも魚肥より多木肥料が高く、例えば一九一六年時点の兵庫・貝塚間の運賃は[48]、鯡〆粕一俵に付き大俵六銭・中俵五銭・小俵四銭、多木肥料一叺に付き二銭四厘で、同年一〇月に廣海家が兵庫の肥料商から買い入れた鯡〆粕（中俵）は一俵当たり約一〇円、同月に同家が多木製肥所から買い入れた多木肥料は一叺当たり約二円であり、買入価格に対する運賃の割合は、兵庫よりの鯡〆粕が約五％に対し、多木肥料は約一二％を占めた。前掲表3-4では多木肥料の売買粗利益率は比較的高かったが、運賃を加味すると、北海道商人からの買入と同様、多木肥料の売買利益率はかなり圧縮された。

そのため廣海家の多木肥料取扱は不安定で、逆に人造肥料メーカーの乱立により販路獲得を目指すメーカー側の売り込みが激しかった。例えば一九一四年に多木製肥所から廣海家に特別奨励金割戻制度実施の案内が届き、同年中の購入者で、二万叺以上購入なら、過燐酸類一万叺に付き一〇〇円、配合肥料類一万叺に付き二〇〇円、二万五千叺以上購入なら、同様に一五〇円と二五〇円、三万叺以上購入なら、同様に一八〇円と三〇〇円の割合で割り戻す内容であった[49]。しかし同年より廣海家の多木肥料取扱量は急減し、一九二一年以降同家が大豆粕や多木以外の人造肥料を本格的に扱い始めてから再び多木肥料取扱量が増大した。一方、廣海家の魚肥取引は根強く継続され、運賃を同家が支払って北海道商人から買い入れたが、北海道直買中止以降は大阪・兵庫・敦賀の肥料商からの買入額が増大した。

肥料の販売先を前掲表3-3から見ると、この時期干鰯店への販売比率が急増し、一九二一年は販売総額の四分の三以上が干鰯店への販売であった。それゆえ本店と小売店を分ける必要がなくなり、廣海家は一九二二年に問屋部と小売部の区別を廃し、以後本店が卸小売を兼業した。そして小売販売範囲は泉南地域一帯に広がり、販売軒数も一九〇〇年代までとは隔絶して増大した[50]。農家への小売が販売活動の主力となったため、肥料商への販売に比べて販売金額を上乗せでき、肥料売買粗利益率は一九一〇年代後半から上昇し（前掲表3-4）、肥料売買収入も増大したが、同時に利息収支の赤字が急増し、本店損益でみると恒常的に損失を計上した（表1-3を参照）。廣海家はこの時期北海道商人からの買入代金だけでなく大阪・兵庫・敦賀の肥料商からの買入代金も銀行からの借入金で賄ったと考えられるが、その資金が肥料の販売が終了して廣海家に還流して廣海家が銀行に返済し終わるまでの期間が、小売が主体になったことでかなり長期化し、そのための利息支払額が急増した。

廣海家の銀行借入金残額は[51]、北海道直買を盛んに行った一九〇六年は、二月末三四、〇〇〇円、四月末三一、五〇〇円、六月末一四、〇〇〇円、八月末九六、三〇〇円、一〇月末九〇、七〇〇円、一二月末九二、七〇〇円と推移し、七・八月に銀行借入金が増大してそれが翌年七月までに徐々に返済された。北海道直買停止後の一九一六年は、二月末一四七、五〇〇円、四月末一五七、五〇〇円、六月末一二五、〇〇〇円、八月末一四六、五〇〇円、一〇月末一九七、五〇〇円、一二月末二二一、〇〇〇円と一〇―一二月に大阪・兵庫肥料商や多木製肥所からの肥料買入資金の銀行借入金が増大し、本店から千鰯店への販売が大部分を占めた一九二一年は、二月末二六万円、四月末二七万円、六月末二八万円、八月末二四万円、一〇月末二七・五万円、一二月末二七・五万円と推移し、一〇―一二月の借入金の返済までの期間が長期化し、残額の季節性はあまり見られなかった。また第一次世界大戦末から直後のブームの際の株式購入資金を廣海家は銀行借入金である程度賄ったと考えられ（第5章を参照）、その後借入金の借り換えが続いたことも残額の季節性が見られなくなった背景にあった。

本店は主に三・四・六・七・一一・一二月に千鰯店に肥料を渡し[52]、特に一一・一二月が多く、例えば一九一六年二月―一七年一月の一年間で本店は千鰯店に約七万円分の肥料を渡したが、うち過半の三七、五二〇円を一六年一一・一二月に渡した。千鰯店はそれらを農家に前貸販売し、後に回収した代金を本店に渡したが、それは一九一七年一月六、七九一円、二月六、三三八円、三月一〇、三九四円、四月一二、二三九円、五月六、四八二円、六月八、四二一円、七月一〇、三三二円、八月一〇、三七七円、九月四、八五三円、一〇月六、八四一円、一一月八、八二五円、一二月一一、六四七円で、本店は主に年末に集中的に干鰯店に渡した肥料の代金を長期間に平均して干鰯店より受け取った。

この時期干鰯店は、前貸肥料代金の回収に主に年利一二％を付け、一方一九一〇・二〇年代の本店の銀行借入金利息が年利七―八％で、順調に肥料代金が回収されれば、銀行借入金利息はそれで補えた。小売に伴う利息収入は干鰯店の損益に反映され、一九二二年に卸業と小売業が本店に統一されるまで、本店の商業損益が銀行借入金利息支払の影響で赤字となり、それを干鰯店の黒字で補う構造であった（表1-3・4を参照）。廣海家全体の商業損益は、一九一〇年代後半は利息収支を含めても利益がやや上がったと思われるが、大戦直前の不況と二〇年恐慌の影響で本店が一三・一四・二〇・二一年と大きな損失を出し、その後干鰯店の廃止で小売部門損益が本店損益に統合され、二三・二四年はかなり利益が上がったが、その後商業収益は低下した（表1-3を参照）。干鰯店廃止後は、小売部門の前貸利息収入も含めて商業収支とは別に利息収支勘定が立てられたと考えられ、一九三〇年代の所得税申告書類では、商業収支のコストに銀行借入金利息は入らず、別に貸金・預金利子収支が計上され、課税対象決定額で二九年四六八円、三一年一四六円、三三年一六〇円、三五年二一〇円、三七年三三〇円、三九年三三〇円であった[53]。

（2）昭和戦前期の肥料取引（一九二七―四四年）

廣海家は一九一〇年代後半から大豆粕を取り扱い始め（第8章を参照）、三〇年代に販売肥料市場の中心が大豆粕から人造肥料へ転換したことを受けて、人造肥料の取扱比率も増大したが、依然として魚肥取扱の比率はかなり大きかった（表3-5）。貝塚を含む泉南郡では、主に米麦が生産され（序章を参照）、地域の肥料需要として窒素分と燐酸分の両方が必要で、燐酸分があまり含まれなかった大豆粕よりも窒素分と燐酸分をバランスよく含んだ魚肥の方がより適合的であったと言える。大阪府全体で見ても、一九〇〇年代は全農産物価額のほぼ八五％以上、一〇年代はほぼ八〇％以上、二〇年代以降もほぼ七〇％以上を米麦が占め[54]、日露戦後に日本が「中国東北部」を勢力下に置き、大豆粕輸入が急増するとともに大豆粕は販売肥料市場で最大の地位を占めるようになったが、大阪府の一九〇九（明治四二）年の販売肥料消費推定額では、鯡魚肥約五九万円、棉実粕約三八万円、大豆粕約一七万円の順であり[55]、依然として北海道産鯡魚肥や魚肥と同様に窒素分と燐酸分をバランスよく含んだ地元産棉実粕が大豆粕を上回っていた。とは

表3-5　1927–36年廣海家肥料買入額買入先別一覧

（単位：円）

1927年				1930年				1933年				1936年			
買入先	住所	買入額	種類	買入先	住所	買入額	種類	買入先	住所	買入額	種類	買入先	住所	買入額	種類
川口平三郎	大阪	33,315	魚肥，大豆粕，アルミナ，硫安	川口平三郎	大阪	31,801	大豆粕，魚肥，アルミナ，硫安	川口平三郎	大阪	38,946	大豆粕，魚肥，硫安	川口平三郎	大阪	85,680	魚肥，大豆粕
中江商店	大阪	32,903	大豆粕，魚肥，棉実粕，配合	上野久吉	函館	24,147	魚肥	小浦梅次郎	大阪	28,102	大豆粕，配合，魚肥，硫安	小浦梅次郎	大阪	34,097	大豆粕，人造，配合，魚肥
上野久吉	函館	24,431	魚肥	小浦梅次郎	大阪	15,491	大豆粕，配合	多木製肥所	別府	17,972	多木肥料	多木製肥所	別府	11,288	多木肥料
多木製肥所	別府	23,062	多木肥料(多木製肥所産)	多木製肥所	別府	12,152	多木肥料	中原浅吉	大阪	10,401	大豆粕	中原浅吉	大阪	7,267	大豆粕，魚肥
小浦梅次郎	大阪	11,973	大豆粕，アルミナ，配合，硫安	山路富次郎	函館	12,125	魚肥	上野久吉	函館	9,512	魚肥	清水亀次郎	大阪	5,541	人造，配合
國産合資会社	大阪	8,635	魚肥	中江商店	大阪	11,839	大豆粕	木下武兵衛	大阪	5,142	大豆粕	上野商店	函館	5,021	魚肥
中原浅吉	大阪	7,576	大豆粕，配合，魚肥	その他12軒		12,699	大豆粕，棉実粕，硫安，配合	その他6軒		10,296	魚肥，配合	その他4軒		7,095	魚肥，人造，配合
木村小市	敦賀	6,584	魚肥	不明分		1,511	配合	不明分		2,601	配合	不明分		17,085	人造，配合
田中武商店	四日市	6,119	魚肥												
その他9軒		18,015	魚肥												
合　計		172,613		合　計		121,762		合　計		122,973		合　計		173,074	
内　魚肥		78,271		内　魚肥		51,853		内　魚肥		41,445		内　魚肥		63,548	
内　大豆粕		33,303		内　大豆粕		40,238		内　大豆粕		46,010		内　大豆粕		50,712	

出所）各年度「万買帳」「万買帳（甲部・卸部）」（以上廣海家文書）より作成。

注記）「万買帳」の本帳分・甲帳（卸帳）分を合計して買入額5,000円以上の買入先を挙げた。当年度に買い入れた分を集計し、前年度に買い入れて販売が未済の越年分は前年度分として集計した。したがって表3-4の買入額合計とは一致しない。買入先が連名で峻別できない場合は、軒数に比例して配分した。種類欄の魚肥は鯡・鰯肥料、大豆粕は豊年印大豆粕、配合は配合肥料、人造は人造肥料を示す。種類欄は主要な買入肥料の種類を買入額の多い順に示した。合計の下に、魚肥（外国産を除く）と大豆粕の買入額を再掲した。

いえ、一九三〇年代に鯡魚肥内地消費推定額が急減するとともに（表1-5を参照）、廣海家の大豆粕扱い量は増大し、人造肥料も併せて取扱肥料の種類は増えたが、買入先は逆に減少し、同家は大阪の特定少数の肥料商から多様な肥料を買い入れるに至った。

農家への小売販売先では、一九二〇年代前半に存在していた和歌山県および現泉大津市域・現田尻町域の販売先が二〇年代後半になくなったが、現貝塚市域・現熊取町域・現泉佐野市域での販売先が増え、小売販売軒数は、一九二一（大正一〇）年の九五六軒から二八（昭和三）年の一、四〇九軒へ急増した。一九三五年に廣海家は現貝塚市域の農家五四三軒へ肥料小売販売し、四〇年時点の現貝塚市域の農家戸数は一、五〇五戸なので[56]、廣海家は三〇年代に現貝塚市域の全農家の約三分の一強に肥料を販売したと言える。また岸和田市域を含む泉南郡全体の農家戸数は、一九〇一年時点で一一、四三六戸、三五年時点で一〇、九九四戸に対し[57]、廣海家が泉南郡の農家に肥料小売販売した軒数は、一八九八年時点で三二〇軒、一九〇五年時点で四六四軒、三五年時点で一、三九六軒であったので、一九〇〇年前後に廣海家は泉南郡全体の約三〇分の一の農家に肥料を販売していたが、三〇年代には約七分の一の農家に販売するに至った。廣海家は小売部門を拡大することで巨大肥料小売商として泉南郡で確固たる地位を占めた。

その後一九三八年に泉州肥料小売商業組合が成立すると、組合の肥料買入を廣海家は代行し、四〇年に戦時統制の下で肥料配給制度が本格的に開始されると、同家は主に大阪の肥料商から配合・人造肥料を買い入れてそれを農家へ配給した[58]。表3-6を見よう。一九四〇年の廣海家の肥料買入は、大阪の小浦・中原・川口など一九三〇年代の有力買入先からの買入が継続していたが、魚肥買入は全くなく、大部分が小浦と新谷からの人造肥料買入であった。手数料と戻し割当金を併せて一九四〇年に廣海家は、肥料配給業務で四、〇〇〇円以上の収益があったが、魚肥を長年扱った同家の特徴は、戦時肥料統制のもとに完全になくなった。その後一九四一年に廣海家は主に貝塚・佐野・熊取地域への肥料配給を行う北部配給所の所長となったが、戦争の敗色が濃厚となった四三年以降肥料取扱量が激減し、

四四年に肥料配給が農業会経由に一本化され、最終的に肥料商業の廃業に追い込まれた。(59)

一九三〇年代の廣海家の肥料売買粗利益は、ある程度上がったが、大阪肥料商や多木製肥所からの買入分の比重が高まり、大阪・兵庫県別府と貝塚との運賃コストが急増し、給金コストの増大と相まって、差引損益は赤字基調になった。前述のように利子収支で若干の収益が上がっており、銀行借入金利息支払いは小売先への前貸金利息収入で補えたと考えられるが、小売販売軒数の増大に伴い、表1-3で参考数値として示した廣海本店の小売先への貸付残額が一九二〇年代に六万円台に増大した。廣海家はそれら貸付残額の不良債権化の回避のため、昭和恐慌期に肥料小売先をこまめに入れ換えて貸付残額を整理した。(60) すなわち、廣海家が恐慌直前の一九二八年に肥料を前貸販売した一、四〇九軒のうち三二年にも肥料を販売したのは七三七軒に過ぎず、それ以外に新たに六五四軒に肥料を小売した。そして合計一、三九一軒の一九三二年肥料小売先のうち三五年にも肥料を販売したのは七九三軒にすぎず、それ以外に新たに六三三軒に肥料を小売した。その六三三軒のうち一一五軒には、一九二八年に肥料販売を行い、昭和恐慌期に一旦肥料販売を止めた相手に恐慌回復過程に入って肥料販売を再開した場合も多かった。また一九三二・三五年の「大福帳」の相手先記入箇所に、「注意」「無産」「貸売止」「売止」等の注記が散見され、廣海家は前貸先の経営状況の把握に努め、それが悪化したらまず前貸売を止めて現金売のみにし、さらに悪化したら販売を止めて以後返済のみを行わせたと思われる。

表 3-6　1940 年廣海家肥料配給代行買入先別一覧

（単位：円）

買入先	住所	主要買入肥料	手数料	戻し割当金
小　浦	大阪	特 6 号乙	316.69	1,310.89
新　谷		特 9 号甲	256.78	1,222.80
中　原	大阪	種煮粕	83.52	61.35
高　畠	大阪	粕	47.73	188.25
川　口	大阪	住友硫安	24.75	82.5
斎　藤		過燐酸石灰	21.01	84.02
吉　久		特 9 号乙	14.00	84.00
ニタ矢	堺	麻実粕粉	10.68	46.3
		大豆粕	8.16	32.64
平　野	大阪	特 6 号乙	8.00	48.00
多木製肥所	別府	過燐酸石灰	7.50	30.00
その他 6 軒			32.47	155.26
計			831.29	3,346.01

出所）昭和 15 年「配給元帳」（廣海家文書 H018）より作成。
注記）住所は，昭和 5 年版「大日本商工録」大阪府の部（渋谷隆一編『都道府県別資産家地主総覧』大阪編 3，日本図書センター，1991 年）などより。

こうしたリスク管理により廣海家は一九三〇年代後半に在方貸付額を四万円前後まで減少させ（表1-3を参照）、赤字を計上しつつも戦争末期まで肥料商業を継続した。継続の背景には、この時期の肥料商業の赤字額が家産を傾けるほどではなかったこと、肥料商業を家業としてみる意識の根強さ、肥料前貸で生じた滞貸の回収をはかるため等の要因があったと思われる。

第三節　不動産経営

（1）耕地経営と植林事業

廣海家の不動産経営は、耕地部門・山林部門・貸家部門からなったが、その中で最初に耕地部門が同家の収益基盤の一つに成長した（表1-7を参照）。前述のように、一八七〇年代の廣海家は全体として順調に商業的蓄積を上げ、それが八〇年代から同家が進めた株式投資や土地取得の原資になった。株式投資については次章に譲り、ここでは土地取得について検討する。廣海家は一八八三（明治一六）―八九年に約一八町歩の耕地取得を行い、そのほぼ全てが干鰯店が取得した耕地と考えられ、表1-4のように干鰯店は八二―八五年まで年平均額で一、〇〇〇円以上の土地を取得した。また一八八六年四月―八七年二月に干鰯店は、約六町九反七畝の土地を取得し、うち約三町六反三畝が取引のない相手からの買入、約二町七畝が取引のある相手からの新規購入、そして約一町二反六畝が前貸金の滞貸を相殺するための耕地引き取りであった[61]。肥料前貸の延長で取得したと言うより新規買入の部分が大きく、この時期廣海家は積極的に土地経営へ進出したと言える。耕地所有地域は表3-7のように、現貝塚市域・現熊取町域が大部分で、干鰯店が小売を行っていた地域と重なっていた[62]。廣海家は取得した耕地のうち約九町九反二畝は買入または取得した相手にそのまま、それ以外の耕地は新しい相手に貸し付けて小作を行わせ、作徳米を取得した[63]。

ただし、その後廣海家が耕地取得を進めた形跡はなく、山林を除く土地所有面積は、一九二〇年代が一八九三年時点より減少していた。しかも、廣海家が肥料前貸形態で小売を行った範囲は、耕地所有範囲よりはるかに広がっており[64]、同家が耕地取得とその貸付を基礎として肥料小売を拡大させたとは言えない。廣海家の肥料商としての地位からみて、耕地取得がなくても、十分に小売を拡大させることは可能であり、また一八九〇年代後半以降は、有価証券が耕地に比べてはるかに魅力ある投資対象となっていた。

表 3-7　廣海家土地所有（山林を除く）の推移

（単位：反）

町村名	1882 年時点	1883-88 年取得分	1889 年時点	1893 年時点	1920 年時点	1924 年時点
岸和田町	0.3					
岸和田村					6.2	8.0
貝塚町	0.3	0.9				
麻生郷村		25.8	25.8	26.1	14.3	13.5
木島村		54.9	58.3	57.8	45.2	45.7
北近義村		2.6	6.4	7.5	6.2	6.2
熊取村		62.9	66.0	66.3	63.9	64.4
北中通村		8.6	11.6	11.6		
日根村			10.0	10.0		
合　計	0.7	156.0	178.5	179.6	136.2	138.1

出所）明治 15-21 年「地券」（廣海家文書 ZA001，ZA002，ZB099，ZB100，ZB101，ZB103，ZB104，ZB105），明治 22 年「田畑宛米帳」（廣海家文書 A084），明治 26 年「所得金高届」（廣海家文書 ZB038-14-1），大正 7 年「貢米取入帳」（廣海家文書 J183）より作成。

注記）山林以外の土地所有面積の集計を，畝未満を切り捨てて示した。1883-88 年取得分は「地券」より判明した分を集計した。貝塚町・岸和田町所有分はいずれも宅地のため，1889 年以降の所有面積は不明。1889 年時点の所有面積の内訳は，田：17 町 7 畝，畑：7 反 8 畝。町村名は 1900 年前後を基準とし，史料上は主に大字名で記載。すなわち麻生郷村は鳥羽・堀，木島村は清児・名越・森・三松，北近義村は加治・神前・脇浜，熊取村は野田・小垣内・小谷・久保・和田，北中通村は鶴原で廣海家は土地を取得した。岸和田町・岸和田村は現在の岸和田市域，貝塚町・麻生郷・木島・北近義村は現在の貝塚市域，熊取村は現在の熊取町域，北中通・日根村は現在の泉佐野市域にある。

とはいえ一九二〇・三〇年代の田畑収入は、廣海家の収益基盤の一つとなり、田畑の地主経営で得た作徳米は、帳簿上は廣海家本店が買い上げる形をとった。その際本店が廣海家に支払った買入米代金が、廣海家の田畑粗収入になり、本店は買い入れた作徳米の一部を飯米座に売却する形をとった。飯米座は、本店のなかの一部門で、米を本店店員や東店（廣海益十郎家）に販売した。店員に販売した分はその価額が給金と清算されたが、飯米座は、米の買入額より米の販売額が少なく、その差額分は、飯米座の負担として商業損益の損失に加えられた。つまり、作徳米の一部が廣海家店員によって消費され、飯米座として商業コストに組み入れられた分は、本来は店員の負担になる分を店が負担した点で、福利厚生の意義があり、廣海家の商業経営と耕地経営が密接な関連にあることを示した。

表3-8を見よう。一八八〇年代までは、廣海家の米穀買入量の大部分は、商人からの買入であったが（前掲表3-2を参照）、九〇年代以降は商人からの買入は減少し、二〇世紀に入ると、作徳米を帳簿上廣海家本店が買い入れる形態のみとなった。作徳米は、一八九〇年代は年間四〇〇俵台が納められたが、二〇世紀に入ると年間三〇〇俵台に減少し、表3-7に見られた廣海家の耕地所有面積の減少が、この時期であったことが判明する。納められた作徳米のうち、飯米座には本店店員の数や東店からみて必要な量として年間一〇〇—一五〇俵程度が恒常的に販売され、残りは地元の米穀商や精米会社に販売された。店員に直接販売された分もあったが非常に少なく、大部分は飯米座を通して店員に米が販売された。有価証券投資に比して投資対象としての魅力に劣った耕地経営を廣海家が続けた背景には、資産のリスク分散と同時に、店員の飯米確保の意義があったと考えられる。

二〇世紀初頭に廣海家は耕地所有面積を減少させたが、代わりに貝塚の有力者とともに共同で土地と貸家経営を始めた。表3-9を見よう。一九〇六・〇七年に廣海家は親栄会に八、三三七円を出資したが、親栄会は地所家屋の共同所有の組合として貝塚の有力者が〇六年に設立したもので、当初は所有地所の場所によって出資比率が異なったが、〇九年に全体としての出資比率を決めた。その比率は、[65]廣海惣太郎・宇野藤吉・種子島源兵衛が各一、〇〇〇分の一八〇、尾食弥三郎が一、〇〇〇分の一三〇、信貴孫二郎が一、〇〇〇分の一二五、加田小四郎が一、〇〇〇分の九〇、岡本市三郎が一、〇〇〇分の八五、田端治平が一、〇〇〇分の三〇で、廣海家の出資額から逆算して、全体の出資額は四六、三〇〇円と考えられる。このうち宇野・種子島・岡本・田端はいずれも企業勃興期に廣海家とともに貝塚での会社設立にかかわった投資グループで、信貴（小間物屋）は近世来の両替商で廣海家と深い取引関係があり（第12章

表 3-8　1893-1929 年廣海本店の米売買

買入先	俵数	販売先	俵数
① 1893 年			
地米買入座	2,649	岡田儀平	631
		白米座	472
		井出平三郎	457
		佐々木仙右衛門	226
		伊藤助右衛門	200
		谷久平	181
		石井鉄太郎	130
		井上茂助	100
		浜仲使	14
		その他	213
作徳米	452	岡田儀平	143
		井出平三郎	104
		井上茂助	100
		飯米座	13
		その他	92
鎌野忠五郎	[200]	井出平三郎	[82]
		石井鉄太郎	[75]
		その他	[46]
松島吉右衛門	[200]	井出平三郎	[200]
② 1896 年			
船木久治	1,000	栖原乙吉	900
		飯米座	21
		その他	79
地米買入座	785	石井鉄太郎	385
		岡田儀平	250
		佐々木仙右衛門	150
作徳米	460	佐々木仙右衛門	154
		飯米座	107
		浜仲使	12
		その他	181
③ 1900 年			
他国米買入座	3,497	竹中善七	1,784
		石井鉄太郎	1,713
光成平三郎	900	竹中善七	900
作徳米	308	飯米座	113
		浜仲使	6
		その他	190
④ 1903 年			
作徳米	274	鹿野楠太郎	130
		飯米座	108
		返売分	32
		浜仲使	4
⑤ 1906 年			
作徳米	331	鹿野楠太郎	150
		飯米座	112
		浜仲使	5
		その他	64
⑥ 1910 年			
作徳米	350	泉州精米会社	228
		飯米座	114
		浜仲使	5
		店久七	1
⑦ 1914 年			
作徳米	429	泉州精米所	250
		飯米座	149
		浜仲使	5
		越年分	23
⑧ 1918 年			
作徳米	387	矢野市松	150
		飯米座	136
		山林座	4
		浜仲間	5
		店源七	5
		越年分	8
		その他	80
⑨ 1922 年			
作徳米	296	田端安太郎	125
		飯米座	95
		河合安太郎	75
⑩ 1926 年			
作徳米	301	田端安太郎	135
		飯米座	106
		その他	55
⑪ 1929 年			
作徳米	351	河合浅吉	215
		飯米座	106
		その他	25

出所）各年度「万買帳」（廣海家文書）より作成。

注記）それぞれ買入先別の米について 75 俵以上販売した主要な販売先を示した。ただし，飯米座・浜仲使・返売分・廣海家店員・越年分・山林座については，販売俵数にかかわらず全て示した。[　]内は，外米で単位は袋。1896 年の販売先で，岡田・佐々木連名分は，それぞれ半分ずつを両者に加えた。1918 年の矢野市松への販売は，矢野市松と人名不明の相手の連名分も含む。なお作徳米はいずれも前年度産米を当年度に販売したものを示した。1930 年以降は米売買は「万買帳」に記載されていない。

表 3-9　廣海家と親栄会の出入

（単位：円）

年	出	入	備　考
1906	6,512		出資金
07	1,825		出資金
08		3	出資額変更差金
11		3,103	地所売却分配金
12		4,593	地所売却分配金
13		3,103	地所売却分配金
16		3,103	地所売却株式売買益分配金
		34	配当米
17		4	貢米売残金分配
18		20,276	地所株式益金分配金
19		3,517	分配金
27		331	分配金
41		5,172	地所売却分配金
計	8,337	43,241	差引 34,904 円益

出所）各年度「万覚帳」（廣海家文書）より作成。
注記）出は，廣海家の支出，入は，廣海家の収入。

を参照）、また尾食は有力な肥料商で明治期の廣海家の重要な肥料販売先であった（表補10-2・3を参照）。

親栄会は、麻生郷村や北近義村の地所や貝塚町近木の貸家を所有し、地域ごとに会計担当家を決めて利益を分配した。地所は小作に出したと考えられるが、表3-9のように作徳米の販売や家賃収入はあまり多くなくて通常は積み立てられ、地所を売却した際の利益金分配が多かった。さらに第一次世界大戦期の株式ブームのもとで株式の売買を行い、そのキャピタル・ゲインで多額の収入を上げ、廣海家もその分配を受けた。一九二〇年代以降は地所の売買が行われず、分配金もほとんどなく、四一（昭和一六）年に残された地所が売却されてその分配を受けた。全体として廣海家は、親栄会への出資で約三万五千円の利益を得た。

一方、廣海家の山林経営の開始は、一八九六年頃と考えられ、九六年からの「山林受取帳」が同家に残されている。その頃廣海惣十郎（後の四代当主惣太郎）は、大規模な山林経営を行った奈良県吉野の永田藤兵衛家から妻を迎えており、廣海家は、一八九六年頃から現岸和田市域の牛瀧地方（山滝村）の山を購入し、大規模に杉や桧の植林を開始した。年間数万本規模で、かなり広範囲に植林を行い[66]、それらが一九一〇年代後半から販売され始めた。表3-10を見よう。一九一〇年代時点で、廣海家は、泉南郡山間部の山滝村・大土村・東信達村に山林を所有し、その中心である山滝村の山林は一九〇〇年にかなり購入され、それ以後も断続的に購入された。

材木の売却代金からなる山林収入は、大土村分は一九二〇年代前半でも不安定であったが、山滝村分は二〇（大正

表 3-10　廣海家地域別山林収支

場　所	山滝村大澤	大土村土丸	東信達村葛畑	奈良県天川村澤原
面　積	22町2反7畝10歩	5町4反3畝	1町7反4畝9歩	50町2反6畝19歩
山林売買	年　買入 1900　約14町4反 1903　約3反 1906　約6反 1910　約2町9反 1916　約1町3反 1919　約2町8反	1919年 6反売却 1919年 1反5畝買入	1918年 約1町4反売却 1919年 約3反売却 以後所有なし	5名による共有 持分比率 15分の5　永田 15分の3　廣海 15分の3　逸身 15分の2　福本 15分の2　小西
1910年	差引　△ 613円96銭			分担金支出　359円88銭
1911	差引　△ 1,988円44銭			分担金支出　416円15銭
1912	差引　△ 376円13銭	差引　3円89銭	差引　△ 1円19銭	分担金支出　273円79銭
1913	差引　△ 344円01銭	差引　△ 66円52銭	差引　22円26銭	分担金支出　207円30銭
1914	差引　△ 174円44銭	差引　11円41銭	差引　△ 0円06銭	1910-14年　約62万本
1915	差引　91円24銭	差引　△ 52円45銭	差引　△ 5円70銭	分担金支出　177円59銭
1917	収入　572円16銭 支出　918円85銭 差引　△ 346円69銭		収入　なし 支出　10円40銭 差引　△ 10円40銭	1915-17年　約5万本
1918	収入　1,086円20銭 支出　798円40銭 差引　287円80銭	収入　237円76銭 支出　156円66銭 差引　81円10銭	収入　なし 支出　4円40銭 差引　△ 4円40銭	1916-18年度 手入費分担金支出 374円55銭
1919	収入　2,440円79銭 支出　1,005円10銭 差引　1,435円69銭	収入　なし 支出　284円63銭 差引　△ 284円63銭	大澤・土丸合計 差引　1,151円06銭	
1920	収入　1,302円04銭 支出　1,354円26銭 差引　△ 52円22銭	収入　309円80銭 支出　211円91銭 差引　97円89銭	差引　45円67銭	1919-20年度 手入費分担金支出 464円91銭
1921	収入　2,267円30銭 支出　1,747円92銭 差引　519円38銭	収入　263円 支出　119円88銭 差引　143円12銭	差引　662円50銭	
1922	収入　4,391円66銭 支出　2,263円17銭 差引　2,128円49銭	収入　655円 支出　278円40銭 差引　376円60銭	差引　2,505円09銭	1921-22年度 手入費分担金支出 455円04銭
1923	収入　6,178円 支出　1,683円95銭 差引　4,494円05銭	収入　なし 支出　64円86銭 差引　△ 64円86銭	差引　4,429円19銭	

出所）明治 40 年・大正 6 年「山林経費帳」（廣海家文書 J169, F040）より作成。

注記）山滝村・大土村・東信達村はいずれも大阪府。面積は，出所史料に記載された 1917-19 年にかけての山林（ごく一部原野）帳簿面積。澤原の共有山林の所有者のうち，永田は永田藤兵衛，福本は福本元之助，小西は小西又助。差引はいずれも収支差引で △ は損失を示す。収入は主に材木売却代金で，支出は主に地租と手入費用。澤原の共有山林は，表の時点では分担金の支払のみで収入はない。澤原の分担金支払のうち 1910-13 年はそれぞれ前年度下半期と当年度上半期の合計。澤原欄の 1910-14 年と 1915-17 年の本数は，植樹本数で前者は杉と檜，後者は檜。表のほかに，廣海家は大阪府上之郷村に山林を所有しており，1912-14 年の差引が判明するが，1912・13 年はそれぞれ出入なく，14 年は差引△ 13 円 86 であった。

九）年前後から安定して収入が上がり始め、廣海家は一八・一九年に東信達村の山林を売却して、山滝村の山林を新たに購入し、山林所有を山滝村に集中させた。その他一九一〇年時点で、奈良県天川村に、前述の永田藤兵衛や大阪の近世来の両替商で廣海家とも取引があった逸身（第12章を参照）らとともに共同で山林を所有しており、永田家が経営を行い、持分に応じて所有者が経費を分担拠出していた。天川村の山林経営の収入は、表で示した一九一〇年代—二〇年代初頭では、一〇年代前半に大規模に植樹した杉や檜の苗が販売可能なほど育っていないためまだなく、廣海家は持分に応じた手入費負担金を支払っていた。不動産の共同所有では、前述の親栄会の例があるが、親栄会が地縁に基づく有力層の共同所有に対し、天川村山林の共同所有は、永田家との姻戚関係を通じた出資であった。

植林事業は、利益が上がるまでに長期間を要するが、廣海家の山林経営は一九二〇年代以降恒常的に利益を上げ始め、二〇年代前半には、年間二、〇〇〇円以上の収益を上げた（第1-11を参照）。山林事業もこの時期に、資産のリスク分散の意義とともに廣海家の収益基盤の一つとして確立した。なお第二次世界大戦直後に、廣海家は資産を調査しており、そこに書き上げられた廣海家所有山林は、山滝村牛滝山林が、台帳面積約二四町歩、実測面積約三七町歩、立木約四万四千本で、大土村土丸山林が、台帳面積約四町七反、立木二、七七八本であった。[67]

（2）貸家・貸倉庫経営

次に、廣海家の貸家経営を検討する。第1章で触れたように、貸家収入も明治期からあり、大正・昭和戦前期には、年間三、〇〇〇円近くを上げた有力な収益源となっていた。表3-11を見よう。一八七〇年代から廣海家は若干の貸家を所有したが、それらはX家やQ家のように、廣海家の代表的肥料販売先から家を取得したもので、肥料販売代金の支払いの滞った相手から家を取得することで債権を相殺した。[68]すなわち、Xに廣海家は一八六〇年代後半—七〇年代前半に多い年で年間一千石以上の魚肥を販売したが、Xの代金支払が不十分で、七五（明治八）年にX家屋敷の

表 3-11　廣海家家賃収入の推移（1900 年代まで）

（単位：円）

場　所	元の持ち主	1876 年	1881 年	1886 年	1889 年	1892 年	1895 年	1898 年	1901 年	1904 年	1907 年
北之町	X 家＊	A.留吉（0.9）	→(1.5)	留吉に売却済							
西之町	Q 家南方＊		M.善太郎（1.2）	空家	K. タミ（0.35）	S. 茂吉（0.35）	→(0.35)	H. 為二郎（0.55）	→(0.9)	J. 豊吉（1.0）	K. 長蔵（1.2）
西之町	Q 家北方＊			空家	M. 与吉（0.6）	→(0.6)	→(0.6)	K. 由乙（0.8）	K. 長太郎（1.5）	J. 豊二郎（1.5）	O. 平三郎（2.2）
中之町	Y 家			D. 治平（0.8）★	N. 恒二郎（0.9）	空家	M. 音松（0.85）	→(1.6)			
岸和田	W 家南方			T. 利三郎	M. 章（0.4）	→(0.4)	→(0.4)	→(0.85)			
岸和田	W 家北方				S. 宗治（1.2）	I. 久吉（1.2）	I. 市松（1.4）	→(2.5)			
南之町	大浦西 1 番				I. 久七（0.2）★	I. 俊治（0.3）	K. 長太郎（0.3）	M. 与一（0.36）	→(0.46)	→(0.56)	S. 久吉（0.8）
南之町	大浦西 2 番			K. 市松（0.4）	→(0.35)	→(0.35)	→(0.35)	→(0.42)	S. 定吉（0.55）	N. 久吉（0.65）	→(0.8)
南之町	大浦西 3 番			S. 菊松（0.35）	I. 栄二郎（0.3）	T.(0.3)	→(0.3)	→(0.36)	→(0.46)	T. 亀二郎（0.56）	S. 小三郎（0.8）
南之町	大浦西 4 番			S. もと（0.3）	K. つち（0.15）		K. さく（0.25）	S. 八五郎（0.35）	→(0.45)	K. 三蔵（0.55）	H. 由太郎（0.65）
	V 家★			T. 甚七（0.35）	K. 長太郎（0.2）	→(0.2)	N に譲渡				
中之町	U 家			F. 源三郎（1.1）	U. 甚七（1.0）	→(1.0)	→(1.0)	→(1.5)	K. 安平（1.3）★	→(2.0)★	K. 丑太郎（3.5）
加治村	Z 家＊			I. 三五郎（1.8）＊	→(1.8)＊	→(1.8)＊	→(1.8)＊	→(2.5)＊	→(2.5)＊	→(2.5)＊	→(2.5)＊
西之町	T 家			M. 伊平	M. 善次郎（1.6）	N. 弥太郎（1.2）	K. 新三郎（1.4）	T. 治平（2.0）＊	→(4.0)＊	→(4.0)＊	O. ヒサ（6.0）
西之町	T 家裏					I. タカ		K. 吉助（0.35）★	→(0.35)★	K. 由之助（1.4）	M. 芳橘（0.6）
西之町御下筋	P 家＊				M. 茂樹（0.5）				［M 家倉庫］	N. 寅吉（1.0）	
西之町御下筋	S 家				T. 又左衛門（0.6）	→(0.6)	→(0.6)	→(0.9)	→(2.0)	→(2.0)	F. ウメ（2.4）
西之町	N 家				K. 徳治（0.2）	→(0.2)	K. 久平（0.2）	→(0.2)	→(0.5)	→(0.5)	M. 駒吉（2.3）
本　町	M 家					K. 太平（1.1）	Y. 甚七（1.1）				
西之町御下筋	R 北家＊					M. 治郎吉（1.4）	A. 玉次郎（1.3）	A. 栄二郎（1.6）	→(2.0)	T. 勇二郎（2.5）	T. 常三郎（2.5）
西之町御下筋	R 南家＊					I. 久七（0.4）★		G. 久七（0.5）★	→(0.5)★		G. 久次郎（1.3）
	L 家南方＊					I. 平十郎（0.4）	M. 善二郎（0.4）				
	L 家北方＊					O. 亭淳（2.0）	→(2.0)				
脇浜新町	K 家＊					W. 久三郎★	K. 亀吉へ売却				
和歌山	ト半町家						S. 英之助（5.2）	→(5.2)			
和歌山	ト半町家附属蔵						K. 兵造（2.6）	→(2.6)			
和歌山	小人町家（3 室）							(2.4，1.65，1.2)	→		
西之町	J 屋								K. 茂平（1.0）	→(1.5)	→(2.5)
西之町	H 家								F. 松三郎（1.3）	S. 菊松（1.5）	→(2.5)
西之町	西角蔵									T. 政吉（0.83）	
西之町	9 号・10 号倉庫										Y. 藤吉（2.5）
堀　町	東 1 番										K. 喜代松（0.7）
堀　町	東 2 番										タドン屋（1.2）
堀　町	東 3 番										K. 徳太郎（0.6）
家賃収入計		3	56	51	114	177	186	387	266	267	450
修繕費				4	27	77	77		472	317	685
差　引				47	87	100	109		△ 206	△ 49	△ 235

出所）各年度「万覚帳」（廣海家文書）より作成。

注記）修繕費については，各年度「諸払帳」（廣海家文書）より。場所の北之町・西之町（御下筋）・中之町・南之町・脇浜新町・堀町は，いずれも貝塚町内。本町は不明。人名は賃借人で，矢印は賃借人が表に挙げたその前の年と同じことを示す。本書では賃借人の姓や家の元の持ち主の姓名はプライバシーに配慮して特定できない形で示した。カッコ内は 1 カ月あたりの家賃。★印は廣海家店員。＊は廣海家の代表的取引先。

代価を二〇〇円として廣海家がそれを引き取って清算した。またQは、幕末期貝塚の肥料仲買仲間商人で廣海家はQに一八六〇年代前半に多い年で年間一千石以上の魚肥を売却した。しかし仲間商人の特権が崩れるとともに、次第にQの廣海家への肥料代金支払いが滞り、それを廣海家はQ家屋敷を抵当にしたQへの貸金と処理し、最終的に貸金のうち一五〇両分はQ家屋敷を廣海家が引き取って清算された。

廣海家が積極的に貸家経営を開始したのは一八八〇年代後半で、貝塚南之町に長屋を作り、借家として貸し出した。そこには一般の入居者とともに、廣海家店員I・久七も住まわせた。一八八〇年代後半から九〇年代前半には、廣海家の有力取引先などのZ家・P家・R家の家を取得した。このうちR家は家を二つに分けてその南側には、店員のI・久七を住まわせた。取引先以外の家を取得した場合は、廣海家と同じ町内の西之町の家が多く、T家・S家・N家などはそのまま元の所有者に貸した。

廣海家店員の久七は、一八八六年に店に入っており[69]、若年のうちは長屋（西一番）に住まわされ、勤続年数を重ねて比較的大きい借家に住まわされた。久七の長屋時代の家賃は、一八八九年時点で月二〇銭で、久七が出たあと西一番の賃借人から一八九二年時点で月三〇銭の家賃を取っており、その間隣室（西二・三番）の家賃が一定なので、久七は本来の家賃よりも安い家賃で長屋に住めたと考えられる。前述の飯米座と同様に、住居においても本来の店員負担分を店が負担した部分があり、福利厚生の意義があった。さらに、I・三五郎やT・治平など廣海家の代表的取引相手にも家を貸しており[70]、廣海家店員への賃貸と併せ、貸家経営も商業経営と密接な関連があった。

しかし、二〇世紀に入り、堀町に新たな長屋を作り、貸家経営を拡大し始めると、商業経営との関連は次第に薄れ、貸家経営そのものが廣海家の重要な収益基盤となるに至った。特に一九〇〇年代は、家賃収入以上に多額の修繕費をかけ、新たな貸家の開設や従来の貸家の修繕を大規模に行い、それとともに家賃も引き上げ、その結果表3-11・12に見られるように、一九〇四―一三年にかけて家賃収入が急増した。その間の修繕費も急増したため、差引で

表 3-12　廣海家家賃収入の推移（1910 年代-30 年代前半）

（単位：円）

場　所	元の持ち主	1910 年	1913 年	1916 年	1919 年	1922 年	1925 年	1928 年	1931 年	1934 年
西　町	Q 家＊	東店（4.0）	廣海益十郎（4.0）	→(4.0)	→	廣海祝蔵	→	→		
南　町	大裏西 1 番	S. 久吉（0.9）	Y. 駒吉（1.0）	→(1.0)	Y.リカ（1.5）	→(3.0)	→(4.0)	Y. 伊三郎（4.0）	→(4.0)	N. 浜五郎（3.5）
南　町	大裏西 2 番	N. 久吉（0.9）	→(0.9)	→(0.9)	→(1.5)	→(3.0)	→(4.0)	→(4.0)	→(4.0)	N. 甚蔵（4.5）
南　町	大裏西 3 番	S. 小三郎（0.9）	T. 音吉（1.1）	T. 貞蔵（1.1）	T. 音吉（1.5）	→(3.0)	→(4.0)	→(4.0)	→(4.0)	H. 秀太郎（4.0）
南　町	大裏西 4 番	T. 茂七（0.75）	K.イト（0.75）	→(0.75)	→(0.88)	→(2.2)	→(3.5)	N. 幸三郎（3.5）	→(3.5)	S.ナカ（3.5）
西　町	S 家	G. 久次郎（3.0）	→(3.0)	→(3.0)	N. 常太郎（5.2）	N. 恒二郎（9.0）	→(16.0)	→(16.0)	→(16.0)	→(16.0)
西　町	T 家	O.ヒサ（7.5）	→(8.5)	有地組（7.0）	Y. 忠八郎（10.0）	→(20.0)	K. 仁三郎（23.0）	N. 源七（25.0）	→(25.0)	→(25.0)
西　町	T 家裏	M. 芳橘（0.75）	T. 兵蔵（1.5）	T. 寛満（1.5）	O. 留三郎（2.2）	M. 忠三郎（3.0）★	M. 忠之助（4.0）	T. 吉太郎（4.0）	→(4.5)	
西　町	T 家倉庫	S. 藤三郎（1.2）	G. 久次郎（1.5）	T. 安太郎（2.0）	→(4.2)	→(6.5)	→(8.0)	→(8.0)	K. 久平（7.2）	→(7.3)
中　町	U 家	K. 丑太郎（4.5）	N. 藤次郎（4.5）	→(4.5)	→(5.2)	→(8.5)	→(10.0)	→(10.0)	→(10.0)	M. 浅吉（15.0）
西　町	R 家北方	T. 常三郎（3.5）	→(3.5)	→(3.5)	→(4.5)	→(7.0)	→(9.0)	→(9.0)	→(9.0)	→(9.0)
西　町	R 家南方	K. 孝二（2.5）	→(2.5)	→(2.5)	→(4.2)	→(6.5)	→(8.0)	→(8.0)	→(8.0)	→(8.0)
西　町	J 屋	K. 茂平（3.2）	K.タカ（3.5）	→(3.5)	→(4.6)	→(8.0)	→(10.0)	→(10.0)	→(10.0)	→(15.0)
西　町	H 家	K. 民之助（3.2）	→(3.5)	→(3.5)	→(4.6)	T. 利兵衛（8.0）	→(10.0)	→(10.0)	→(10.0)	→(15.0)
西　町	附属倉庫									M. 正三（15.0）
加治村	Z 家＊	I. 三五郎（3.5）＊	→(3.5)＊	→(3.5)＊						
南　町	10 号倉庫	K. 市松（1.5）	T. 久平（2.0）	Y. 甚七（2.0）	→(4.2)	K. 粂吉（6.0）	→(7.5)	→(7.5)		
西　町	N 家	M. 駒吉（3.0）	T. 吉太郎（3.2）	→(4.0)	→(5.5)	→(9.5)	→(12.0)	→(12.0)	→(12.0)	→(17.0)
堀　町	東 1 番	K. 喜代松（0.7）		S. 長造（2.3）	R.(3.0)	→(5.0)	→(6.0)	→(6.0)	→(5.4)	→(5.4)
堀　町	東 2 番	タドン屋（1.2）		Y. 房吉（2.3）	D. 常十郎（3.0）	R.(5.0)	→(6.0)	→(6.0)	→(5.4)	A. 丈治（5.3）
堀　町	東 3 番	K. 徳太郎（0.6）		Y. 為之助（2.3）	→(3.0)	Y. 為二郎（5.0）	→(6.0)	→(6.0)	→(5.4)	F. 鶴松（5.4）
堀　町	東 4 番			M. 由太郎（2.3）	→(3.0)	→(5.0)	→(6.0)	→(6.0)	→(5.4)	→(5.4)
西　町	G 屋	I.ツネ（1.8）	A. 米太郎（6.5）	→(6.5)	→(7.5)	→(12.0)	→(14.0)	A. 友楠（14.0）	→(14.0)	→(14.0)
西　町	G 屋角	F. 善造（3.2）	→(5.0)	→(5.0)	F.カネ（6.5）	I. 信吉（11.0）	→(14.0)	S. 政吉（20.0）	→(20.0)	→(20.0)
西　町	G 屋裏		M. 由松（1.8）	M. 辰吉（1.8）	→(2.5)	→(4.0)	→(5.0)	S. 新三郎（5.0）	→(5.0)	→(5.0)
南　町	葉弥枝蔵	O. 儀平（1.5）＊	泉州肥料（2.0）	貝塚織物（2.5）	→(4.0)	→(9.0)	泉醤油（12.0）	東洋商工（12.0）	K. 幸右衛門（12.0）	→(12.0)
南　町	弥満蔵	H. 由太郎（2.5）	T. 久平（2.8）	→(2.8)	貝塚織物（5.5）	→(8.0)	M. 久太郎（10.0）	→(10.0)	→(9.0)	K.ヒロ（9.0）
	空　地	U.(0.9)	→(0.9)	→(0.9)	U. 他	貸　地	貸　地	貸　地		
堀　町	角空地			U. 久二郎（0.2）	→(0.2)	→(0.6)	→(0.8)	→(0.8)	→(0.8)	→(0.8)
	L 家南方	O. 宗吉（2.0）								
西　町	浜北蔵	O. 儀平（5.0）＊	→(6.0)＊	→(6.0)＊	→(7.5)＊	→(12.0)＊	旭組（20.0）	→(20.0)	→(19.0)	K. 七太郎（17.0）
西　町	F 家＊		木棺会社（17.0）	K. 政一（10.0）	→(15.0)	S. 昌吾（27.0）	→(30.0)	→(30.0)	→(30.0)	→(30.0)
西　町	E 家				T. 兵蔵（6.5）	→(11.0)	N.ミツ（14.0）	→(14.0)	→(14.0)	I. 光太郎（14.0）
南　町	中　蔵						東洋商工（10.0）	→(10.0)	K. 幸右衛門（10.0）	→(10.0)
西　町	倉　庫									K. 久吉（22.0）
家賃収入計		654	1,037	982	1,466	2,841	3,248	4,083	(3,391)	(3,997)
修繕費		646	343	392	1,317	2,257	620	1,105	860	1,464
差　引		8	694	590	149	584	2,628	2,978		

出所）各年度「万覚帳」・「家賃帳」（廣海家文書）より作成。

注記）表 3-11 に同じ。泉州肥料，貝塚織物，泉醤油，東洋商工はそれぞれ会社名。1931・34 年の家賃収入は，設定された家賃（月額）を満額（12 カ月分）得たと仮定した場合の推定額。加治村を除き本表記載の場所はいずれも貝塚町内だが，南之町・西之町・中之町はそれぞれ南町・西町・中町に地名が変更された。

みると一九〇〇年代の貸家経営は赤字であったが、第一次大戦期以降は恒常的に家賃収入が増大し、一九二〇年代後半以降は修繕費を引いた差引でも、かなりの利益が上がるようになった。

　内容にも変化があり、一九一〇年代以降は、貸家に加えて貸倉庫が増え、貝塚織物会社・東洋商工会社など会社にも倉庫を貸した。なお、一八八〇年代から廣海家が賃貸した元Q家は、分家した廣海益十郎家（東店）に一九一〇年から継続的に賃貸され、二〇年代は益十郎の息子祝蔵がそれを引き継いだ。その他の賃借人は、一九一〇年代までは比較的頻繁に交代したが、二〇年代以降の交代は少なくなり、店員や肥料取引相手への賃貸がなくなり、比較的高い家賃を納めることが可能な賃借人への継続的賃貸が一般的となった。その意味で、廣海家の貸家経営は、一九二〇年代に同家の収益基盤の一つとして確立し、資金運用の一翼を担った。

おわりに

　最後に廣海家の商取引の特質とそれによる商業的蓄積の動向をまとめる。まず、商取引の特質について本章では、廣海本店の取引形態の変容を手数料取引から自己勘定取引へとおおまかに捉えたが、そのなかでは様々な取引形態が試みられていた。その点を、廣海本店が船持商人の積荷を預かった際に交わした証文から確認したい。表3-13を見よう。前述の預り証文は、控帳に一八四〇（天保一一）年から九八（明治三一）年まで全てではないもののある程度の取引について控えてあり、文章表現には若干のバリエーションがあったが、その内容から表のように取引形態を六つのタイプに分類できた。[71]そのうち本来の意味での手数料取引における預り証文と考えられるのがタイプaで、それに廣海家の取引への関与の度合が強まったのが、販売まで引き受けたタイプbや販売を引き受けた上で為替金を貸し付けたタイプcとなり、タイプd・e・fは、廣海家が積荷を預った時点で決めた仕切金額を、いったん廣海家が預

表 3-13　廣海本店米穀・肥料預り証文の分類一覧

（単位：件）

期間（年）	米穀 a	米穀 b	米穀 c	米穀 d	米穀 e	米穀 合計	肥料 a	肥料 b	肥料 c	肥料 d	肥料 e	肥料 f	肥料 合計	総計
1840-44	8	2	16	0	0	26	1	2	0	0	1	0	4	30
45-49	2	6	24	0	0	32	1	4	3	0	0	0	8	40
50-54	7	1	22	0	0	30	1	1	0	0	0	0	2	32
55-59	7	4	9	0	0	20	1	2	2	0	0	0	5	25
60-64	3	15	8	1	1	28	1	9	3	0	0	0	13	41
65-69	3	10	2	0	0	15	0	19	7	1	0	0	27	42
70-74	0	2	0	0	0	2	0	14	1	2	0	0	17	19
75-79	3	10	2	1	0	16	1	20	4	6	0	0	31	47
80-84	4	1	4	0	0	9	23	23	2	13	0	0	61	70
85-89	2	3	1	1	0	7	53	9	7	0	17	19	105	112
90-94	0	0	2	0	0	2	46	0	0	0	23	25	94	96
95-98	0	0	0	0	0	0	6	0	0	0	5	4	15	15
合　計	39	54	90	3	1	187	134	103	29	22	46	48	382	569

出所）天保10年「預り書扣帳」，安政7年「預り帳」，慶応4年「預書控」，明治9年「預書控」，明治18年「証券控」，明治23年「証券帳」（廣海家文書，ZA071，ZA072，ZA075，ZA074，L075，ZA076）より作成。

注記）分類は以下の通りである（いずれも廣海家が，積荷を預る証文）。a：積荷を預り，蔵入りしたことを証する。b：積荷を預り，蔵入りし，追って販売した仕切金を荷主に渡すことを証する。c：積荷を預り，蔵入りし，為替金を荷主に貸付，追って販売した仕切金で為替金を清算することを証する。d：bの証文をかわすと同日に，預り荷物の仕切金に相当すると思われる金を廣海家が預る証文をかわす。e：aの証文をかわすと同日に，預り荷物の仕切金に相当すると思われる金を廣海家が預る証文をかわす。f：積荷の預り証文はかわさず，仕切金額を決めておいてその金額を前もって廣海家が預り，その取引期限と考えられる期日が明記される。

米穀と肥料の取引のみを集計し，それ以外の積荷の預り証文はごく少数のため除いた。なお，同一日付の同一荷主からの同一形態の積荷の預りは，1回の取引とみなした。ただし，複数の形態で取引が行われた場合は，同一日付の同一荷主からの積荷の預りであっても，形態ごとにそれぞれ1回の取引と考えた。また，米穀と肥料を併せて預かった場合は，米穀と肥料についてそれぞれ1回の取引と考えた。仕切金の預り証文は，fのほかにも見られたが，証文の記載からみて先に仕切金額を決めて廣海家がその金額を預り，後日仕切を済ませたことが判明する取引のみをfとして集計した。また，dやeの後半の仕切金預り証文が，前半の積荷預り証文より後日にかわされた場合もあったが，同日と後日では，積荷を預った際の意味が異なると考え，同日にかわされた場合をdやeとして，それ以外は仕切金預り証文を後日にかわされたか否かにかかわらず，全てaもしくはbに含めた。

かる形をとり、船持商人に後日支払う債務を負った点で、事実上の自己勘定取引と考えられる。

このように、表3-13からは、多様な取引形態を組み合わせつつ、全体として、荷物を預り、その販売を引き受けた取引から、事実上の自己勘定取引へ廣海本店の主要取引形態が展開したことが判るが、米穀取引と肥料取引の相違に留意する必要がある。近世期に米穀取引の事例が多く、近代期に肥料取引の事例が多いのは、廣海本店の取扱商品の比重からみて当然のことだが、両方の取引がともにある程度見られた一八六〇・七〇年代に着目すると、タイプaは米穀取引に見られたが肥料取引にはほとんど見られず、この時期廣海本店は肥料取引への比重を高めるに伴い、新たな船持商人との取引が開始されたが、それらは主にタイプbで行われた。肥料取引では、その後一八七〇年代からタイプdが増加し始め、八〇年代後半にそれがタイプeやタイプfへと転換していった。肥料取引で一八八〇年代—九〇年代前半に多数見られたタイプaは、一八四〇・五〇年代のタイプaとは意味が異なり、廣海本店が積荷を預った時点で預り荷を購入したため、船持商人が販売を委託する必要がなくなり、タイプbがタイプaに変化したと思われる。米穀取引では、前述のように一八四〇・五〇年代にタイプcが多かったが、一八六〇年代の最幕末期には、船持商人を介する米穀取引の不安定要因が高まったこともあり（第6・7章を参照）、販売を引き受けた取引のなかでも、為替金貸付を行わないタイプbが多く見られるようになり、八〇年代以降は再びタイプaやタイプcも見られるようになった。このように、手数料取引から自己勘定取引への転換のなかでも、市場動向や新たな取引相手の登場などにより、廣海家が取引に関与するあり方は様々に変化したと言えよう[72]。

次に、廣海家の商取引の展開を生産や消費との関連で見ると、廣海家の川上への展開は、一八六〇年代に野村家に所有和船の運航を委託する間接的な形で、七〇年代後半に買積経営を自ら行う直接的な形で、八〇年代末—九〇年代前半に野坂家所有和船の形式上の所有者となる間接的な形で、一九〇〇年代後半—一〇年代前半に産地直買という直接的な形で、その後は人造肥料メーカーからの直接買入や産地商人からの買入として進められた。一八七〇年代後半の買積経営は松方デフレの影響で大きな損失を出して失敗に終わったが、一九〇〇年代後半からの産地直買による魚肥取引で一定の利益獲得ができ、そのため逆に一〇年代以降も魚肥取引を根強く残し、肥料市場一般の傾向とは異なり、大豆粕取引への転換が遅れた。この背景には貝塚後背地の主要農業生産物（米・麦）が魚肥使用に向いていたことや、一九世紀以来の濃密な鯡魚肥流通経路の形成により、大豆粕の浸透が遅れたことが考えられる。それに対し冒頭で紹介した愛知県半田の万三商店は、一八八〇年前後から輸入大豆を扱い、地元半田の味噌醬油醸造業の原料でもあった大豆を盛んに取引し、一九〇〇年前後より大豆粕を扱うようになり、一〇年には豆粕工場を開業して自ら大豆粕の製造に乗り出した[73]、その点で大集散地を主に活用した万三商店の方が、肥料市場全体の動向に即応していた。

一方廣海家の川下への展開は一八七一年の干鰯店（廣海小売部）の開設に始まり、七〇・八〇年代は小売部門で着実な利益を確保し、一九〇〇年代以降実質的に本店に内部化してそれを取り込み、一〇年代後半以降は小売部門が廣海家商業の中心になった。また一八八〇年代に廣海家は耕地取得を積極的に進めたが、その後の肥料小売先は同家耕地所有村落の範囲をかなり越えて拡大し、逆に同家の一九二〇年代の耕地所有規模は一八九三年より減少していた。廣海家には一八九〇年代以降耕地の地主経営を拡大する意図はなく、肥効の高さやコスト面で生産者に有利な新たな肥料を導入する誘因は小さく、そのことが同家が魚肥取引を根強く継続した背景にあったと思われる。それに対し名古屋の肥料問屋師定商店は[74]、愛知県下に約五三町歩の農地を所有し、小作人に対して生産性向上を奨励し、一八九〇年に神戸・兵庫日本産米品評会で優秀賞を受賞するなど地主経営に熱心な肥料商であった。師定商店は、新肥料にいち早く着目し、一八九八年頃名古屋地方で初めて輸入燐酸肥料を扱い、一九〇六年に大阪アルカリ肥料会社と特約を結んで、〇六年九月―一〇年三月に六〇、二二四叺のアルカリ肥料を販売した。本章冒頭で紹介した市川の研究も合わせ、地主経営に対する濃淡が新肥料導入に対する肥料商の動機付けに影響を与えたことが窺われる。

また廣海家は、地主経営から取得した作徳米を店員の飯米としても利用し、店員を廣海家所有の貸家に低家賃で住まわせるなど、同家の不動産経営は商業経営と密接に関連していた。その意味で、同家の不動産経営は、家業の商業経営を補完する目的でも営まれ、商業収益が十分上がらなくなった一九二〇年代以降は、それを補う収益基盤にもなった。このように廣海家は家業としての商業意識を強くもちつつ、多くの肥料商が没落したなかで、一九四四（昭和一九）年まで肥料商業を継続した。ただし集散地の肥料商にとって近代期に遠隔地の産地へ進出することは、和船買積の場合も汽船運賃積を利用した産地直買の場合もかなり輸送コストが掛かりリスクも大きく、機会を捉えれば大きな利益を得られたが、それを安定的に長期にわたって行うことは困難であった。富廣丸の場合は年間一千円前後の入費がかかっており、(75) それを上回る売買粗利益を上げる必要があり、産地直買の場合も、先物買いの要素が強く、一九〇八年のように激しい魚肥価格下落時には大きな損失を出した。

それゆえ、そのリスク軽減のために「共同」経営形態が試みられ、廣海家は、野村家との和船の共同運航や野坂家・田口梅太郎・佐野喜一郎・熊田出張店等との魚肥の産地共同買付を行った。(76) すなわち一八九四年に、野坂家と鰯粕仲間買座を設けて八九四円の青森県産鰯魚肥を、小樽の田口梅太郎・田中伊太郎と鯡粕仲間買座を設けて九、一五一円の鯡魚肥を廣海家は共同で買い入れ、さらに一九〇八年に佐野・廣海商店共有で九、二五八円の鯡魚肥を、〇九年に熊田出張店・廣海商店共同座で二六、五一〇円の鯡魚肥を買い入れた。また一九一〇年代以降の廣海家は、北海道商人、大阪・兵庫肥料商、多木製肥所からの買入を並行して行い、二〇年代以降は大豆粕の扱い量を増大させて取扱肥料の多様化を進めリスク軽減を図った。

つまり廣海家は個々の取引額が大きく相対的に高リスク・高収益の川上への展開（海運業・北海道直買）と個々の取引額が少なく相対的に低リスク・低収益でリスク管理の容易な川下への展開（農家への前貸販売）を組み合わせ、市場動向に応じて一八七〇年代に海運業・一九〇〇年代に北海道直買へ展開したが、コスト高のため比較的短期間に撤退し、最終的に小売への比重を強め、リスク管理の容易な点で相対的に安定的な肥料商業を行った。こうした機敏さと慎重さの両面を見せつつ廣海家は商業的蓄積をある程度上げ続けた。

ただしそれが他部門に活かされるほど余裕があったのは、一八九〇年代前半までと考えられ、一九〇〇年代以降の産地直買は株式を担保にした銀行借入金で行われ、一八九〇年代前半までの商業的蓄積が株式投資に活かされたものが商業金融の担保として商業的蓄積を逆に助ける構造になった。その点で四代目惣太郎（惣十郎）が一九〇六年以降貝塚銀行頭取として銀行経営に本格的に参画したことが大きく、同年から廣海家は産地直買を本格化させたが、機関銀行的ではないものの一〇年代までは産地へ送金した資金の多くは貝塚銀行よりの借入金であった。[77] その後一九二〇年代の廣海家の商業的蓄積はあまり進まず、三〇年代には商業損益で赤字基調となり、それを株式配当収入がカバーして家業が維持されるに至った。

注

(1) 本章第一・二節は、中西聡(拙稿)「近代日本における地方集散地問屋の商業経営展開」(『経済科学(名古屋大学)』第四九巻四号、二〇〇二年)を基にしている。
(2) 村上はつ「知多雑穀肥料商業の展開」(山口和雄・石井寛治編『近代日本の商品流通』東京大学出版会、一九八六年)二二四頁。
(3) 坂口誠「明治後期〜第一次世界大戦期における川越地方の肥料市場」(『社会経済史学』第六六巻三号、二〇〇〇年)、酒井智晴「在来肥料の後退と鉄道開通による肥料流通への影響」(老川慶喜・大豆生田稔編『商品流通と東京市場』日本経済評論社、二〇〇〇年)。
(4) 市川大祐「幹線鉄道網整備と肥料流通網の形成」(前掲老川慶喜・大豆生田稔編『商品流通と東京市場』)、同「新興養蚕地域における地主肥料商の経営展開」(佐々木寛司編『国民国家形成期の地域社会』岩田書院、二〇〇四年)。
(5) 西廻り航路における運賃積から買積への転換と北前船については、中西聡『近世・近代日本の市場構造』(東京大学出版会、一九九八年)第三章、および牧野隆信『北前船の研究』(法政大学出版局、一九八九年)を参照。
(6) 前掲中西聡『近世・近代日本の市場構造』三四〇―三四二頁。
(7) 本城正徳『幕藩制社会の展開と米穀市場』(大阪大学出版会、一九九四年)。
(8) 野村家の事績については、野村勉四郎『回想八十六年』一九九七年(野辺地町立歴史民俗資料館蔵)を参照。
(9) 前掲中西聡『近世・近代日本の市場構造』一四八頁。
(10) 近世期は前掲中西聡『近世・近代日本の市場構造』一四八頁、近代期は各年度「仕切帳」・「万買帳」・「売留帳」(廣海家文書)。
(11) 前掲中西聡『近世・近代日本の市場構造』一二七―一二九頁。
(12) 近世期以来の廣海家と貝塚肥料仲買仲間商の布屋(七)・富久・沼嶋屋との取引関係は、一八七〇年頃にいずれもなくなった(万延二―明治五年「干鰯売留帳」(廣海家文書))。

(13) 臨時貝塚市史編纂部編『貝塚市史』第三巻史料、一九五八年、三七四―三七五頁を参照。
(14) 同右、三一四―三一七頁。
(15) 万延二年「願書控」(廣海家文書X〇〇三)。実際は、福吉丸は野村家持船とも考えられるが、一八六四年時点の野村家所有船に福吉丸は含まれておらず(文久四年「惣勘定目録并見世勘定目録」野村家文書、野村家蔵)、福吉丸は廣海家持船と見なしてよいと思われる。
(16) 柚木学編『諸国御客船帳』上巻(清文堂出版、一九七七年)三五頁。
(17) 万延二年「願書控」(廣海家文書X〇〇三)、慶応四年「預り扣帳」(廣海家文書ZA〇七五)。
(18) 明治一二年「富廣丸勘定」(廣海家文書A〇九八)。
(19) 例えば、一八七六年時点では、廣海家肥料小売販売総軒数三六五軒のうち一五八軒が、八一年時点では、総軒数二九四軒のうち一六八軒が現熊取町域の農家であった(明治九・一四年「大福帳」(廣海家文書A一一二、A一〇四))。
(20) 明治一七・二〇・二二年度『大阪府統計書』。四〇貫目(重量)＝一石で石に換算。
(21) 以下の記述は、明治二一年「船玉勘定控記」(伊藤家文書、伊藤家蔵)を参照。
(22) 明治二三年「証券帳」(廣海家文書ZA〇七六)。野坂家は両船の定繋港を大阪にするために、登記上の所有者を廣海家に依頼したと考えられる。ただし三宝丸は廣海家と取引関係はなかった。野坂家の事績については、野辺地町史編さん刊行委員会編『野辺地町史』資料編第七集、一九九二年、解題を参照。
(23) 明治二七年「船舶売渡証(写)」(廣海家文書B〇五八―二―八―一)。
(24) 大阪魚肥価格水準は前掲中西聡『近世・近代日本の市場構造』二二六頁、商業部門損益の計算方法は第一章補論を参照。
(25) 一八八〇・九〇年代は前掲中西聡『近世・近代日本の市場構造』二二六頁、一九〇〇年代は『農商務統計表』の物価資料参照。
(26) この点については、前掲中西聡『近世・近代日本の市場構造』第八章を参照。
(27) 農商務省農務局編『肥料ニ関スル調査書』一九一〇年、第三章二節を参照。
(28) 明治二六・二七年「万覚帳」(廣海家文書L一四六、K〇四六)。
(29) 北陸親議会と問屋組合との交渉については、前掲中西聡『近世・近代日本の市場構造』二七六―二七七頁を参照。秤先入目引とは、輸送・保管過程で重量が若干目減りすることを見越して、船持商人が問屋に荷揚げした商品の重量計算において一定率を引いて計算するもので、その廃止は船持商人に有利で問屋に不利に働く。縄引(風袋引)は、重量計算の場合に袋ごと量るため、袋の重量を一定率に推定換算してその分を差し引いて正味重量を推定換算するもので、その増額は船持商人に不利で問屋に有利に働くが、一八九三年の交渉では、羽鯡縄引の増額率は相対的に小さく、全体としてかなり問屋に不利な状況となった。廣海家は、幕末・明治期を通して肥料取引で重量比五%の風袋引を引いた重量で仕切額を計算していたが、廣海家は肥料販売の際にも重量比五%分を引いた重量で販売額を計算したため、風袋引が廣海家の取分に直結するわけではない。また最幕末期から廣海家の取引の一部で、重量比一―二%の入目引（目欠引）が風袋引に加算して仕切額計算の前に引かれ、一八九三年時点でも大口取引の一部で入目引が行われた。廣海家の口銭は、各年度「仕切帳」（廣海家文書）を参照。

(30) 明治二六年一一月二日久七より廣海御店中宛書簡（廣海家文書V〇〇二―六―一一〇）より。

(31) 以下の記述は、明治二七―四二年「万買帳」（廣海家文書）による。同史料では朝鮮干鰯の買入が多い年で数万斤みられた年もあったが石への換算が不正確なため除き、南部粕一本（俵）≒一四貫目（重量）、四〇貫目（重量）＝一石で換算した。なお表3-2の注にあるように一万斤はおよそ四〇石分に相当する。治平が本店「支配人」であることは、第2章を参照。

(32) 廣海家の北海道直買量は、一九〇六年二、二八五五石、〇七年三、一八二石、〇八年二、三九一石、〇九年三、二八二石であった（各年度「万買帳」〔廣海家文書〕）。一九〇九年は熊田との共同買分を含む。

(33) 井川克彦「肥料流通費用の縮小」（高村直助編『明治の産業発展と社会資本』ミネルヴァ書房、一九九七年）。

(34) 前掲中西聡『近世・近代日本の市場構造』第八章を参照。

(35) 各年度「万覚帳」（廣海家文書）記載の店員への給料支払い項目より。

(36) 伊藤祐太郎家は、新潟県鬼舞に本拠をおく近世来の船持商人で、一八七〇年代末より廣海家と取引関係を持ち、八〇年代末に小樽に本店を設置した。熊田出張店は、石川県湊に本拠をおく船持商人熊田源太郎家の小樽店で、熊田家は一八七〇年代末より廣海家と取引関係を持ち、一九〇九年に小樽店を開設して一〇・一一年から樺太・北海道に漁場を所有した。伊藤家については伊藤家文書（伊藤家蔵）、熊田家については熊田家文書（呉竹文庫蔵）より。

(37) 山田雄久「明治大正期肥料商の北海道直買活動と人造肥料取引」（『経済史研究』第四号、二〇〇〇年）九〇―九一頁を参照。

(38) 明治三九年「万買帳」（廣海家文書L一〇九）。

(39) 以下の記述は、明治二七年「万覚帳」（廣海家文書K〇四六）による。

(40) 以下の記述は、明治三九・四〇年「万覚帳」（廣海家文書L一四七、L一三八）による。

(41) 各年度「万覚帳」（廣海家文書）。

(42) 以下の記述は、一八九〇年代―一九一〇年代前半の『農商務統計表』より。

(43) 廣海家の北海道直買量は、一九一〇年三、七六九石、一一年四、三八〇石、一二年三、三三九石、一三年三、一三四石、一四年一、四四四石であった（各年度「万買帳」「外分万買帳」〔廣海家文書〕）。

(44) 前掲『貝塚町史』第二巻各説、一九五七年、二七五頁には、貝塚町の卸売・小売業者は時勢に適合しない商法を行っていたため、その商圏を自らの手で短縮していき、明治中期頃から大阪・岸和田・佐野等の商圏が漸次本市域（貝塚市域）に侵入したとある。
(45) 以下の記述は、各年度「大福帳」（廣海家文書）による。
(46) 明治四三—大正一五年「万買帳」（廣海家文書）。
(47) 多木化学百年史編纂委員会編『多木化学百年史』多木化学株式会社、一九八五年、第二章を参照。
(48) 以下の記述は、大正三年「運賃仲使帳」・大正四年「万買帳」（廣海家文書L一五七、L一〇三）を参照。兵庫・大阪と貝塚との運賃は一九一八年八月に同業者評議の上で改正されており、一六年時点の運賃も同業者評議の上で決定されたものと考えられる。
(49) 明治四四—大正四年「多木肥料買価表」（廣海家文書A一八四）のなかに綴り込み。
(50) 廣海家肥料小売販売総軒数は、一八九八年三四〇軒、一九〇五年四八二軒、〇九年三八五軒、一五年九九二軒、二一年九五六軒であった（各年度「大福帳」（廣海家文書））。
(51) 以下の記述は、明治三九・四〇・大正五・一〇年「万覚帳」（廣海家文書）による。
(52) 以下の記述は、大正五・六年「万覚帳」、同四・一〇年「大福帳」（以上、廣海家文書）による。
(53) 「所得税並営業収益税届出（申告）控」（廣海家文書ZA〇二四—九、B〇五八—六八—六—一）。
(54) 各年度『大阪府統計書』。
(55) 『帝国農会報』一巻一二号、一九一一年、二巻一・七号、一九一二年を参照。
(56) 前掲『貝塚町史』第二巻各説、一五六頁。
(57) 大阪府編『大阪府誌』第三編、一九〇三年、思文閣出版、復刻版一九七〇年、四二三頁、および昭和一〇年度『大阪府統計書』一二二頁。
(58) 昭和一三年「庶務簿」・昭和一五年「配給元帳」（廣海家文書H〇〇一、H〇一八）。
(59) 昭和一六年「有機無機配給簿」・昭和一七年「［配給所別代行料］」（廣海家文書H〇〇七、H〇一五）。
(60) 以下の記述は、昭和三・七・一〇年「大福帳」（廣海家文書）による。
(61) 明治一九年「大福帳」（廣海家文書I〇〇一）。
(62) 一八八一年の廣海家肥料小売販売総軒数二九四軒のうち、一六八軒が現熊取町域、八八軒が現貝塚市域の農家で、八六年の総軒数四〇七軒のうち、一三五軒が現熊取町域、一四四軒が現貝塚市域の農家であった（明治一四・一九年「大福帳」〔廣海家文書A一〇四、I〇〇一〕）。
(63) 「地券」と明治二二年「田畑宛米帳」（廣海家文書A〇八四）を突き合わせて集計。
(64) 廣海家肥料小売販売総軒数に占める現熊取町域・現貝塚市域の農家の割合は、一八九二年が総軒数四二九軒のうち二七六軒、九八年が総軒数三四〇軒のうち一八二軒、一九〇五年が総軒数四八二軒のうち二六六軒と低下した（明治二五・三一・三八年「大福帳」（廣海家文書））。

(65) 以下の記述は、明治四二年「万覚帳」（廣海家文書L一五〇）および中村尚史「地方資産家の投資行動と企業勃興」（『経営史学』第三八巻第二号、二〇〇三年）表7を参照。

(66) 明治三〇年「山林金銭渡」（廣海家文書ZA〇二九―二）。

(67) （昭和二二年）「[財産税控・山林調書]」（廣海家文書B〇五八―六三―一〇―二）。

(68) 安政七―明治五年「干鰯売留帳」、明治五・六・八年「万覚帳」（廣海家文書）。

(69) 明治一九年「万覚帳」（廣海家文書A一六三）。

(70) I・三五郎には一八八二年から二〇世紀以降まで、T・治平には一八八六―九六年まで廣海家は魚肥をほぼ連年販売した（各年度「売留帳」（廣海家文書））。

(71) 六つのタイプについて、史料上の表現と内容を紹介する。タイプaは、積荷の記載に続いて、「右之通蔵入仕、慥ニ預置申処実正也、御入用之節相渡シ可申候、為念預リ一札依而如件」との内容を、廣海本店が船持商人に約束したもので、廣海家は積荷を預かるのみで、販売を委託されているわけではない。明治期に入ると、文面は簡略になり、単に積荷を蔵入りして預かったことのみが記されるようになる。タイプbは、積荷の記載に続いて、「右之通相改蔵入ニ致、慥ニ預リ申処実正也、追而売払申候節仕切銀相渡可申候以上」との内容を、廣海本店が船持商人に約束したもので、廣海家は積荷を預かるとともに、その販売を委託されていると考えられる。タイプcは、積荷の記載に続いて、「右俵数相改蔵入致、慥ニ預リ置則為替銀（金額表示）相渡申処実正也、然ル上ハ追而売払申候節仕切銀ヲ以差引可仕候、為念預リ一札如件」との内容を、廣海本店が船持商人に約束したもので、廣海家は積荷を預かり、その販売を委託されるとともに、前もってある程度の金額を為替金として荷主に先渡ししており、販売して得た仕切金でその為替金を差し引きする契約になっていた。タイプdは、タイプbの証文を交わすのと同日に、金子を廣海本店が船持商人から預かる証文も交わした場合で、その金子預り証文は、金額の記載に続いて「右之金子正ニ請取預リ申所実正也、然ル上返済之義ハ（月日表示――契約日の月の末日が多い）限無相違相渡シ申候依而如件」とあり、タイプcの為替金はきりのよい金額であったが、タイプdの預かり金額は細かい端数があり、廣海本店が預かった積荷の販売代金に相当すると考えられる。タイプeは、タイプaの証文を交わすのと同日に、金子を廣海本店が船持商人から預かる証文も交わした場合で、その金子預り証文の内容は、タイプdと同じである。タイプfは、廣海本店が船持商人の積荷を預かった証文は交わしていないが、金子預り証文を交わした場合で、金子預り証文に取引期限と考えられる期日（場合によって商品も）が明記され、後日仕切が済んだことが追記されており、タイプdやタイプeの金子預り証文が、独立して交わされたと考えられるものを示した。したがって廣海本店が預り荷の販売終了後に船持商人に渡した仕切金を、船持商人から廣海家が預かった金子預り証文は、タイプｆには含めていない。

タイプａは、一八四〇・五〇年代の米穀取引である程度見られたが、形式的には手数料取引であったが販売の委託まで含めたタイプｂ・ｃの方が四〇・五〇年代の米穀取引で多かった。タイプｂとタイプｃは、証文の内容からみて委託販売契約に位置付くと考えられるが、タイプｃは、為替金を廣海本店が船持商人に前渡ししており、販売代金の一部を早めに受け取りたい船持商人の要求に応えるとともに、販売先が見つからない場合は、廣海本店が買い取る可能性が高かったと思われ、実際、この預り証文と「万買帳」（廣海家文書）を突き合わせてみると、廣海家自身が買い取った場合が多く、手数料取引を前提としつつも、自己勘定取引の性格も兼ね備えていたと見られる。廣海本店の米穀取引では創業初期からタイプｃが多く、仲買商の少ない地方集散湊の廻船問屋の特徴と考えられるが、為替金には利子が付けられており、両替商の少ない地方集散湊において、廻船問屋が船持商人に商業金融を行ったとみることもできる。

タイプｄとタイプｅの場合は、積荷を預かったと同じ日に、細かい端数のある金額を廣海本店が船持商人から預かった証文も併せて交わしており、廣海本店が積荷を預かったと同時にその販売金額（仕切金額）をほぼ決めたことを意味している。その金子預り証文では、記載金額が仕切金額であることを明記していないので、廣海本店が販売先を探して、積荷を預かった時点で決めた仕切金額と異なる金額で販売する可能性を残しているが、廣海家は積荷を預かった時点で決めた金額を船持商人に支払う債務を負う点で、廣海本店が積荷預かり時点で決めた仕切金額で買い入れることを約束したに等しく、事実上の自己勘定取引と考えられる。実際、金子預り証文の金子支払期限は一カ月未満の場合が多く、実態として廣海本店が船持商人から積荷を預かった時点で決めた仕切金額で買い取り、その代金を船持商人に支払った後に、廣海本店が販売先を探して販売した可能性が強い。例えば、表9-5の注では、一八八九年に廣海家が松尾丸に仕切金を支払うのと同時に、その仕切金を廣海家が松尾丸から預かったとの指摘がある。

この形式は、荷物を預けた後に速やかに販売したい船持商人の要求に廣海家が応えるものであり、一八八〇年代－九〇年代前半に廣海本店が船持商人との取引を拡大する際に、大きな武器となった（第7章を参照）。このような事実上の自己勘定取引になれば、積荷預り証文で販売の委託を謳う必要はなくなり、積荷預りの証文は単に積荷を蔵入りして預かるのみの内容となり、一八八〇年代後半からタイプｄが無くなり、タイプｅが登場した。それをさらに進めたのが、タイプｆであり、積荷預り証文が省略されたことで、積荷を預かるという手数料取引本来の性格は全く無くなり、仕切金額を決めてそれを廣海本店が荷主に支払う債務を示す金子預り証文のみが交わされたことで、自己勘定取引の性格が前面に示された。

なお、積荷預り証文とともに金子預り証文が交わされる取引形態では、同日の場合のみタイプｄもしくはタイプｅとして示し、それ以外はタイプｂもしくはタイプａに含めたが、いくつかのバリエーションがあった。同日に交わされた場合は、廣海本店が自分から進んで買い入れる意思表示をしたと言えるが、積荷預り証文の数日後に金子預り証文が交わされた場合もあり、おそらく船持商人の貝塚滞在中に、廣海本店が販売先を探したが見つからず、船持商人の意向で廣海本店が仕切金額を決めて、それを廣海本店が船持商人から預かる形にしたと考えられる。その一方で、数ヵ月後に金子預り証文が交わされた場合もあり、廣海本店が販売先を見つけて確定した仕切金を、船持商人がすぐに受け取らずに、廣海本店が預かったことになったと考えられる。

(72) むろん表3-13のみから廣海家の取引への関与のあり方の変化のもつ意味を捉えるのは困難であり、本書の他の章の分析成果と合わせて考える必要がある。また表で示した預り証文は、あくまで控えのため、仕切帳に記載された全ての取引を網羅してはいない。ただし、その控えは、「控え帳簿」として編成された帳簿上に残されており、たまたまその証文の控えが残った性格のものではない。よって、仕切帳のどの取引の預り証文が控えとして残され、その取引が各帳簿上でどのように処理されたかを確認する必要もある。本書第9章では、一八六二（文久二）年と八九（明治二二）年について、各帳簿間の関係から廣海本店の取引形態の具体的検討が行われたが、そうした試みを、時系列的に検討する重要性が示唆される。これらの検討については紙幅の関係もあり、今後の課題としたい。

(73) 前掲村上はつ「知多雑穀肥料商業の展開」を参照。

(74) 以下の記述は、師定肥物問屋類聚百二十五年史刊行会編『師定肥物問屋類聚百二十五年史』（前編）一八九一年を参照。

(75) 明治一二年「富廣丸勘定」（廣海家文書A〇九八）。

(76) 以下の記述は、明治二七・四一・四二年「万買帳」（廣海家文書）による。

(77) 三代目惣太郎も貝塚銀行設立時の一八九六年から一九〇一年まで頭取であったが、その間役員報酬を得ず、名誉職的であった。一方四代目惣太郎が一九〇六年に貝塚銀行頭取になると役員報酬を受け取り（以上、「繁殖簿（大礎社）」（廣海家文書A一八六））、本格的に経営参加を始めたと思われる。とはいえ貝塚銀行からの借入金が廣海家の銀行借入金全体に占める比率は半分程度で、一九一〇年代にはその比率はさらに減少した（各年度「万覚帳」（廣海家文書））。

第4章　明治期の有価証券投資

中村尚史

はじめに

本章の主要な課題は、明治前期、第一次企業勃興期、日清戦後期、日露戦後期という四つの時期について、それぞれの時期における①資本蓄積基盤の推移、②投資銘柄の変化と投資の経緯、③投資資金の調達手段と源泉を検討することで、明治期廣海家の有価証券投資の実態を解明することにある(1)。

廣海家の有価証券投資は、それが同家の重要な収益基盤であったという商家経営の再生産構造の問題だけでなく、商人資本の工業化投資との関係や、地方の企業勃興との関係といった様々な問題を包摂している。さらに廣海家の有価証券投資を可能にした、投資情報や株式の流通構造を考えることを通して、明治期における株式の現物取引の実態解明にも一定の寄与が期待できる。明治期における証券市場の成立過程において現物商や彼らによって担われた現物取引が果たした役割の重要性については、すでに野田正穂の先駆的な研究において指摘されている(2)。その後、場外市場の株価形成については、片岡豊による計量的な分析(3)によって研究の進展がみられたものの、投資情報の流通や現物商の活動といった現物取引の実態については、まだ未解明の部分が残されている。そこで本章では副次的な課題として、廣海家の事例を通した、株式現物取引の研究にも取り組むことにしたい。

ところで廣海家文書の「万覚帳」には、一八八一（明治一四）年以降、「株券座」という項目が登場し、一九二五（昭和元）年に「株券帳」として独立するまで存続した。[4]「株券座」は有価証券の銘柄ごとに、投資残高、配当収入、売買額、払込額等が記載されており、これを適宜、書簡等の一紙文書によって補うことによって、廣海家の証券投資の動向が詳細に分析できると思われる。

第一節　明治前期の有価証券投資

（1）大礎社の成立

本格的な工業化の開始直前における廣海家の資本蓄積構造を確認するため、明治前期の収益基盤を検討したい。まず西南戦後インフレの時期である一八七八（明治一一）年から八〇年における廣海家の収益構造をみると、商業収益が全収益の約八七%を占めていた（表1-7を参照）。第3章によれば、当該期における廣海家の商業経営は、北海道産魚肥の取扱が中心であり、従来の問屋業務に加え、一八七八年には大型和船を購入して自ら買積経営に乗り出した。さらに肥料仲買・小売業へも積極的に進出し、特に干加（鰯）店を通した小売の売買利益が急速に増大した。このような積極的な経営が功を奏し、一八七八―八〇年の同家は平均四、八一九円という大きな商業利益を上げた（表1-3を参照）。その高収益を背景に、廣海家は剰余金の積立を開始した。具体的には、表4-1のように一八七五年に手持ち現金や東店家屋の売却代金などを原資として積立金勘定（基礎積立金）を設置し、以後、肥料小売部門の干加店からの定額積立[5]と本店からの増資金（施蔵）によって、年々その元本を増加させていった。

さらに廣海家では、基礎積立金のうち、干加店からの定額積立分を大礎社という勘定口に移して、これを貸金など

表 4-1　基礎積立金の形成過程

（単位：円）

年	居間	施蔵	東店	干加店	鶴，貞子	積立額合計	同累計額	備　考
1875	451	341	628		39	1,459	1,459	正金・小判他売却代および東店家売却代
76		96	45	300	20	461	1,920	本店増金・干加店積金（300円）・仏壇売却代
77		68		300		368	2,288	本店増金・干加店積金（300円）
78		426		300		726	3,014	同上
79		459		300		759	3,773	同上
80		160		500		660	4,433	本店増金・干加店積金（500円），第五十一国立銀行株（40株）を2,274円で購入
81				500		500	4,933	干加店積金
82		621		500		1,121	6,054	本店増金2年分・干加店積金（500円）
83				500		500	6,554	干加店積金
84				500		500	7,054	同　上
85				500		500	7,554	同　上
86				500		500	8,054	同　上
87				500		500	8,554	同　上
88				500		500	9,054	同　上
89				500		500	9,554	同　上
90				500		500	10,054	同　上
91				500		500	10,554	同　上

出所）「大礎社 繁殖簿」（廣海家文書 A-186）より作成。
注記）施蔵は本店増金と同じ。居間および鶴・貞子は奥帳場からの繰入と思われる。

で運用することにする。大礎社は、表4-2からわかるように、元々「太二講」と呼ばれており、当初は廣海家が主催していた頼母子講の一つであったと考えられる[6]。これが一八七三年に一旦、貸付座に繰り入れられた後、七五年に大礎社と改称し、七七年の干加店積金の受け入れ開始にともない、七八年から大礎社口座として再度、独立した。従って、一八七八年時点における大礎社の資産は、太二講から引き継いだ四〇四円余と干加店からの積金六〇〇円の計一、〇〇四円余であった。この金額を元本として、大礎社は資産の運用を開始する。具体的には前年繰越と「定備金」（干加店積金）に加え、「集り金」という形で外部からも若干の資金を導入し、それらを個人に貸し付けて運用していた。その貸付先を「繁殖簿[7]」という大礎社の貸付帳簿（人名

表 4-2　万覚帳における大礎社の成立

年	口座名	記　　事	備　考
1871（明治 4）	太ニ講	「一, 銀三百四十五匁五分三厘 酉三月迄かけ銀〆」	「月懸け」
1872	太ニ講	同　上	
1873	太ニ講	同　上	戊春貸付帳へ出る
1875	貸付座	「亥十二月二十日 金四百四円三十七銭五厘 正金〆 かし」	「大礎社」と改称
1877	貸付座	「乙亥十二月二十日 四百四円三十七銭五厘 正金〆 かし/丙子二月九日 三百円 亥年分干加店積金分 かし/丁丑二月二十日 三百円 子年分右同断 かし/〆千〇〇四円三十七銭五厘」	「大礎社」
1878	貸付座	「同上」（子と丑の分）二口〆六百円 此分干加店ヨリ年々大礎社江積金也	大礎社帳面記シ候故，此表店卸相除無出入相済ナリ
1878	大礎社	「寅三月十三日 入七百五十円 預り/十六日 入十九円 預り…/四月二十九日 入四百五十円 富村総代分預り…」	金銭出入帳の形式，これ以降も定期的に干加店から入金

出所）明治 4-11 年「万覚帳」（廣海家文書 A-140, 143, 164, 170, 172〜174）より作成。

別）でみてみると、主に貝塚やその周辺の村々と辰馬家をはじめとする廣海家の親戚筋の人々であることが判明する。

このような貸付金による資産運用と、基礎積立金の一部である干加店積金の継続的な受け入れによって、大礎社口座は徐々に拡大していく。そして一八八〇年代に入ると、大礎社の資産運用は、貸付だけでなく有価証券投資にも広がっていった。表4-3が示すように、一八八〇年における第五十一国立銀行株の購入を皮切りとして、大礎社は以後、断続的に有価証券への投資を行っている。そして有価証券を購入した場合、その金額を大礎社口座から株券座に転記し、「大礎社持」として本店所有の株式（「株券座」）と一緒に管理されることになった。従ってその場合、大礎社口座の元本は、有価証券の購入額の分だけ減少することになったが、株式配当はそのまま大礎社口座に振り込まれている。

表 4-3　大礎社口座の推移と有価証券投資

（単位：円）

年	大礎社口座勘定尻	同口座年中増分(a)	うち干加店定備金(b)	純増額(a－b)	大礎社口座での有価証券投資
1875	404				
76	404	0			
77	1,004	600	600	0	
78	1,177	173	300	－127	
79	1,973	796	300	496	
80	302	－1,671	500	－2,171	第五十一国立銀行株購入
81	993	691	500	191	
82	1,406	413	500	－87	第五十一国立銀行株購入
83	1,871	465	500	－35	第五十一国立銀行株，運輸会社株購入
84	2,934	1,063	500	563	
85	4,597	1,662	500	1,162	第五十一国立銀行株購入
86	6,959	2,363	500	1,863	
87	7,502	543	500	43	阪堺鉄道株繰入，大阪鉄道株，貝塚セメント株購入
88	8,339	837	500	337	大阪鉄道株払込・売却，共立銀行株，阪堺鉄道株購入
89	9,564	1,225	500	725	第五十一国立銀行株，阪堺鉄道株購入・払込
90	10,843	1,279	500	779	岸和田第一煉化株購入
91	12,286	1,443	500	943	第一煉化株，共立銀行株払込

出所）明治 8-22, 24 年「万覚帳」（廣海家文書 A-140, 143, 161, 163, 171～173, L-130, 135, 137, 142, 144, 145, 154, 189）より作成。

注記）定備金は干加店積金を指す。

（2）有価証券投資の開始

以上の点をふまえて、次に廣海家における有価証券投資が、いつ、どのような形ではじまったのかを検討したい。

廣海家が最初に購入した有価証券は、起業公債（一八七八〔明治一一〕年八月二七日、四〇〇円）であった。起業公債は日本で最初の公募公債であり、その募集に際して政府は、渋澤栄一（第一国立銀行）らの協力を得ながら、全国的に公債募集キャンペーンを行った。なかでも大阪府は、東京、京都とともに、政府から公債消化の中心と見なされ、重点的な働きかけを受けた。しかし当初、その応募は低調であった。そこで府知事をはじめとする大阪府の地方官たちは、「豪家」への積極的な勧誘活動を展開し、結果的には申込期限（七八年八月三一日）までに、京都府（約一四〇万円）を上回る一七〇万円余の応募を得ている[8]。このような大阪府における起業公債の募集状況を考えると、申込締切直前の八月二七日に公債を購入している廣海家の場合も、やはり地方官などの働きかけに応じて、「出金」したという色彩が強かったと思われる[9]。これに対して、廣海家が株式投資に乗り出す契機となったのは、一八八〇年二―三月における第五十一国立銀行株の購入であった。そしてその仲介を行ったのは、表4-4が示すように、第五十一国立銀行関係者である。以下、その経緯を詳しくみてみよう。

一八八〇年二月、基礎積立金の増加（表4-3）をうけて、従来の貸付金だけでなく、株式での運用を併用しようと考えた廣海家は、岸和田の元肥料商で旧知の坂口直作（当時、第五十一国立銀行出納方）にその旨の打診を行った[10]。これに対して坂口は、「銀行株式御入用之由と得御書状候、此頃ニ至り取集メ候得者、凡拾二枚程心当リ御座候間、思召有之候ハゞ、御報承リ度候」と返答し[11]、銀行株の取り纏めを承諾した。その後、坂口は表4-4からわかるように、二月二日から順次、銀行株の売り手を廣海家に紹介し、その都度、廣海家は株を購入していった。例えば二月六日には、以下のような書簡が届き、廣海家は紹介された七株（三九五円五〇銭）を、手数料三五銭を支払って直ちに購入している。

［史料一］

前略御仁免可下候。兼て御咄之株券七枚売人出来候間急速為御知せ候。値段は先直之通りニ御座候。依て今午時早々印形御持参ニて御入来被下。右売人は出会切望ニ相成候ハゞ甚タ都合宜敷候間必御待せ候先ハ右為御知迄。早々。

二月六日　　　　　　銀行より

　　　　　　　　　　坂口直作

廣海惣太郎様[12]

投資の仲介者

（代金・手数料の単位：円）

手数料	備　考	関連史料（廣海家文書番号）
	7/20 第五十一国立銀行の根抵当	年欠坂口書簡（D001-1-102）
	同　上	2/6 坂口書簡（D001-8-90）
0.35	同　上	
1	26 円損	
	7/20 第五十一国立銀行の根抵当	3/21 坂口・松村書簡（D001-8-159）
	同　上	3/25 坂口書簡（D001-8-167）
	同　上	
0.3		2/21 松村書簡（D001-6-30）
0.1		
	12/19 第 2 回払込 75 円	85/9/23 辰馬書簡（V008-5-12）
0.5	松村の仲介で中村から購入	3/26 松村書簡（U004-2-1-21），86/12/12 中村書簡（V008-8-13）
	手数料込み	11/4 松村書簡（B051-5-26）
	第 1 回払込分	4/9 間島書簡（V008-6-23），5/5 間島書簡（V008-5-51）
	第 1 回払込分	
	第 1 回払込分	
	手数料込み，岸和田石井銭太郎の紹介	11/9 中村書簡（V015-3-96）
	手数料込み	12/15，17，21 中村書簡（V015-3-70, 95, 58）
	鎌野忠平（店員・支配人）からの情報，12/29 償却	12/24 鎌野書簡（V002-2-9）
	証拠金のみ	
	証拠金。冨村（堺），新川（貝塚）から問合せ	11/7 冨村書簡（V005-1-23），12/5 新川書簡（V005-1-13）
	下川徳三郎名義 1 株	
1	小林ヨウ名義 2 株の周旋料・銀行手数料 1 円	
	大阪鉄道株 10 株と交換時損金 158 円	8/4 金谷書簡
	証拠金。三宅，藤野，福田の購入を仲介	11/5 福田書簡（V002-6-120-2）
	証拠金	
	証拠金	
	増株分	
	木谷七平に信用の如何を問合せ	10/5 木谷書簡（V014-1-7）
	増資新株 56 株のうち 15 株を杉本に売却	
	第 1 回払込。権利株の売却代金で払込。	
	益十郎分，98/5/31 会社解散。	
	益十郎分，1 株 9 円手数料とも	
	証拠金。卜半了啓より株価の問合せ	年欠 9/23 卜半書簡（V014-4-56）
	97/1/28 株券がまだ出来ないという報告	97/1/28 吉助（手代）書簡（V005-5-56）
	阪鶴株の売却は残念と吉助から書簡	3/2 吉助書簡（V005-5-54），97/12/29 田端書簡（V013-1-51）
	抽選で 7 株分取得	
		6/24 覚野書簡（V014-4-64）
	730.5 円の損失	
	手数料とも原谷渡し	
	手数料とも原谷渡し，223.8 円益	
	16.5 円益	

142, 144～146, 149, 153, 154, 189, K-046）より作成。

表 4-4　有価証券

年	月	日	売買	銘　柄	仲介者名	株数	代金
1878	8	27	取得	起業公債		500 円	400
1880	2	2	取得	第五十一国立銀行株	坂口直作（第五十一国立銀行出納方）	5	282.5
	2	6	取得	第五十一国立銀行株	坂口直作	7	395.5
	3	12	取得	第五十一国立銀行株	佐納権一より直接購入か	20	1,140
	3	15	売却	起業公債	内海作兵衛（大阪・肥料商）		374
	3	21	取得	第五十一国立銀行株	坂口直作・松村長平治	2	114
	3	25	取得	第五十一国立銀行株	坂口直作	2	114
	3	30	取得	第五十一国立銀行株		4	228
1882	2	21	取得	第五十一国立銀行株	松村長平治（岸和田・肥料商）	2	104
	2	25	取得	第五十一国立銀行株		2	104
1883	9	19	取得	共同運輸会社株		15	150
1885	3	29	取得	阪堺鉄道株	松村，中村利平（堺・株式現物商）	10	158.925
	10	25	取得	第五十一国立銀行株	松村長平治	1	73
1887	5	27	取得	大阪鉄道株	間島清兵衛（大阪・順慶町），発起株主	10	20
	5	31	取得	岸和田第一煉化株	発起株主	88	880
	11	2	取得	貝塚セメント株	発起株主		20
1888	12	28	売却	大阪鉄道株	中村勝平（大阪・株式現物商太田商店）	10	250
	12	28	取得	共立銀行株	同　上	10	370
1889	3	15	取得	阪堺鉄道株	同　上	2	330
	4	27	取得	舞鶴鉄道創立費	発起株主	100 円	
	7	1	取得	紀泉鉄道株	発起株主。寺田甚与茂（岸和田）の勧誘	240	120
	8	30	取得	第五十一国立銀行株	松村長平治	2	216
1892	12	13	取得	岸和田紡績株	発起株主。寺田甚与茂，岸村徳平（岸和田）の勧誘	150	150
1894	3	4	取得	第五十一国立銀行株		1	114
	5	18	取得	第五十一国立銀行株		2	230
	8	4	売却	共立銀行株	金谷和一郎（大阪・株式現物商）	20	442
	8	4	取得	大阪鉄道株	金谷和一郎	10	442
	11	5	取得	紀摂(元紀泉)鉄道株	発起株主	266	266
1895	2	18	取得	貝塚織布株	発起株主	35	18
	6	2	取得	日本紡織株	発起株主	20	20
	8	27	売却	岸和田紡績株	石井銭太郎（岸和田）	50	310
	10	8	取得	阪鶴鉄道株	土居通夫	50	25
	11	30	売却	第五十一国立銀行株	杉本章（岸和田・株式現物商）	15	509
	11	30	取得	第五十一国立銀行株	株主割当増資	41	513
1896	1	26	取得	日本海上保険株	発起株主。辰馬の勧誘か	150	375
	6	26	取得	貝塚織布株		20	212
	8	1	取得	阪鶴鉄道株		100	900
	9	15	取得	貝塚銀行株	発起株主	133	133
	12	25	取得	貝塚銀行株	信貴孫二郎より直接購入	51	786
1897	3	3	売却	阪鶴鉄道株	石井銭太郎（岸和田）か	50	658
	5	31	取得	勧業銀行株	直接申し込み	7	350
	6	26	売却	岸和田銀行株	覚野庄吉（岸和田・株式現物商）	5	200
	9	29	売却	阪鶴鉄道株	原谷政助（大阪・株式取引所仲買人）	70	1,127
	9	29	取得	西成鉄道株	原谷政助	30	1,976
1898	3	29	取得	大阪農工銀行株	発起株主	50	50
	6	29	売却	大阪鉄道株	原谷政助	10	824
	7	2	売却	岸和田銀行株	杉本章	30	1,035
	8	17	売却	大阪鉄道株	杉本章	1	32

出所）明治 8-22, 24-31 年「万覚帳」（廣海家文書 A-140, 143, 161, 163, 171～173, L-130, 131, 135～137, 139,

この史料は、まだ株式市場が未成熟な段階における株式取引の有り様を、鮮明に伝えている点で、大変興味深い。特に銀行関係者が、株式売買を積極的に仲介し、株価についても「先直」（一株五六円五〇銭）という形での店頭価格を提示している点は、場外市場の端緒的形成を示すという意味で注目できる。一方、廣海家は自らも銀行株の売り主を捜していたようで、岸和田の佐納権一から、一八八〇年三月二二日に同銀行株二〇株を一株五七円で直接購入した。ちなみにこの株価は、同年三月二一日に坂口の紹介で購入したケースと同じであり、前述した店頭価格が直接取引の場合にも適用されたことを示している。

こうして廣海家は、一八八〇年三月末までに計四〇株の銀行株を二、二七四円で購入することができた。そしてその購入資金が大礎社口座から支出された結果、同口座の資金繰りが一時的に厳しくなった。そのため廣海家では、干加店積金を従来の三〇〇円から五〇〇円に増額し、これに対応している。このように同家における最初の株式投資は、基本的には資産運用の一環として行われたと思われる。しかしここで確認しておくべきもう一つの事実は、廣海家が同年七月二〇日に銀行株の全てを根抵当として、第五十一国立銀行に差し入れている点である[13]。第13章によれば、廣海家は一八七九年九月から同行との取引を開始している。これらの点を勘案すると、第五十一国立銀行株取得の背景には、同行との取引（特に当座口）を円滑化するという意図も含まれていた可能性がある。廣海家が銀行株の購入希望を、最初に同行出納方の坂口に相談したのも、そう考えれば自然なのかもしれない。

（3）松方デフレ下の有価証券投資

西南戦後インフレの過程で強蓄積を成し遂げた廣海家の商業経営は、一八八一（明治一四）—八三年に、松方デフレにともなう集散地価格の急速な下落により買積経営が大きな損失を計上し、収支全体も大幅な赤字決算となってしまった（第1章を参照）。このような経営状況の急変をうけて、廣海家は一八八三年に富廣丸を売却して不採算部門に転落した船舶部門を廃止する一方で、田畑の集積を開始する。具体的にはデフレの影響で地価が下落していた一八八四―八七年に、干加店を通して毎年三町から四町の田畑を取得した。このうち肥料前貸にともなう土地の流入は毎年二割前後にすぎず、八割は新規買入であった（第3章を参照）。このような積極的な土地集積によって、廣海家の所有田畑は一八八七年一〇月までに一五町五反余に達した[14]。

さらに一八八二年以降、廣海家は有価証券投資を本格化していく。具体的には前掲表4-4が示すように、商売上の取引相手である松村長平治（岸和田の肥料商で当時は第五十一国立銀行にも関与）の仲介で、第五十一国立銀行株を買い増していく一方、一八八三年には共同運輸株（一五株）、そして八五年には阪堺鉄道株（一〇株）の新規購入を行った。なかでも注目できるのは、一八八五年三月の阪堺鉄道株購入であり、廣海家はこの時はじめて株式現物商から株を購入することになった。その間の経緯について、松村書簡は以下のように述べている。

［史料二］

一　先日治平様御光来ニテ阪堺鉄道株御入用ニ付入レ替之儀御申越有之。委細承知致候得共、其頃よノ重鎮衆御遠足ニテ不揃ニ付相談延引ニ相成候。何分不相済ステニ本日同株ニテ御確答致かね候段、両三日之内ニ否成御確答申上候間、不悪御承引可被成下候。先ハ右御請迄。　早々頓首

三月二十六日　松村長平治

廣海御主人様[15]

この書簡からまず廣海家が、一八八四年に設立が認可され、八五年二月に建設工事がはじまったばかりの阪堺鉄道への投資を、銀行に関係し、株式情報を得ていたと思われる松村に相談し、その意を受けて松村が「よノ重鎮衆」に

打診するという方法で株の手配を行おうとしたことがわかる。そして松村が実際に相談を持ちかけたのが、堺の株式現物商・中村利平であり、早くも三月二九日に、廣海家は中村から一〇株（一五〇円払込）の阪堺鉄道株を一五八円九二銭五厘で購入した[16]。

この取引を契機として、廣海家は株式現物商に直接株価の問い合わせなどを行うようになった。その点について、中村利平からの書簡は、以下のように述べている。

［史料三］

（前略）扨本日阪堺鉄道株券売買ノ儀申越被成下、則値段百九円売百八円ナレバ買取仕候間、若御思召ニ御座候得ば、精々勉強仕候間何卒此段よろしく御願依上申候。尤モ当今ニ於テハ相庭モ余程高下モ御座候ニ付、御取組ニ相成候得ば成丈ケ手数料モ少しニテ探索仕候間、何卒此段御引立被成下度候也。

明治十九年十二月十二日　　　　　　堺南半町十九番地

中村利平

廣海惣太郎殿

ここから廣海家が第五十一国立銀行関係者を介せず直接、現物商に株式の相場を聞いている点だけでなく、現物商の側が手数料をとって積極的に株の買い付けを行う姿勢を見せている点が注目できる。こうして廣海家の有価証券投資は、一八八六年を境に株式現物商を通した売買へと移行することになった。

第二節　第一次企業勃興期の有価証券投資

(1) 企業勃興の発生

一八八六(明治一九)年下期からはじまる第一次企業勃興は、広範な地方をも巻き込んだ全国的な企業設立ブームであった。一八八九年まで約三年間続く企業勃興の過程で、全国の会社数は二・七倍、公称資本金額は三・八倍になったが、その増加額の五七・五%(資本金額ベース)が東京・大阪以外の府県で占められていた。[17] また大阪府では、第一次企業勃興の中心的な産業である綿紡績[18]が七社新設されたが、そのほとんどは郡部に立地しており、[19] さらにその設立主体が大阪市部以外に在住する者である会社も三社存在した。[20] 一般に中央の一角とみなされる大阪府においても、大阪市部以外の企業勃興が看過できない比重を占めていたのである。これらの点をふまえ、以下、泉南地域における第一次企業勃興の展開をみていこう。

まず当該期における会社企業数をみると、泉南地域では一八八七年から九〇年にかけて一一社が開業しており、その内訳は工業八、商業二、水陸運輸一という構成になっていた。[21] その具体的な業種としては、綿織物関係の三社、煉瓦・瓦・セメントといった窯業関係の五社が目に付く。[22] このうち前者は、泉南地域の特産品であり、のちに同地域における工業化の中心的な分野となるが、この時点ではまだ販売関係の会社(組合)[23]が中心であった。一方、後者は工業化の開始にともない大量に必要となった建築材である煉瓦、瓦やセメントを、泉南地域で産出する粘土などを原料に生産しようという動きであり、当該期から日清戦後期にかけて同地域における企業勃興の中心的業種になった。ただしこの五社のうち当該期に稼働を開始したのは、第一煉化、佐野煉化、谷川瓦の三社であり、一八九一年の段階での従業員数は、順に二〇〇人、一五五人、一〇三人となっていた。[24] 産業の性格上、動力化こそしていないが、いずれも一〇〇人を上回る規模の工場を建設している点は注目できる。これに対して、第一次企業勃興の中心であった鉄道と紡績に関しては、堺と和歌山を結ぶ紀泉鉄道と岸和田紡績が発起されている。しかし両社とも第一次企業勃興期には実を結ばず、その設立・開業は日清戦争前後に持ち越された。

（2）有価証券投資の動向

次に、泉南地域の企業勃興に対する廣海家の関与の仕方をみると、発起人として設立に加わった会社は、岸和田第一煉化、紀泉鉄道、貝塚セメントの三社であった[25]。これらはいずれも寺田甚与茂からの勧誘をうけて、発起人に名を連ねたものであり、主体的に起業したものではない。従って会社設立後、役員に就任したのも当主・惣太郎が取締役となった岸和田第一煉化だけであった[26]。これらの点から当該期の廣海家は、岸和田の有力な企業家である寺田甚与茂の協力者という立場から企業勃興に係わっていたと思われる。

一方、具体的な投資額の推移をまとめた表4-5をみると、一八八七（明治二〇）年以降、年間投資純増額が一〇〇円未満から一気に一、五〇〇円台に急増したことがわかる。また当該期の新規購入株式には、前述した地元株のほかに、阪堺鉄道株、大阪鉄道株、舞鶴鉄道株といった大阪の鉄道株や共立銀行株も含まれた[27]。このように廣海家は、泉南地域の資産家ネットワークとの関係で地元企業に出資する一方で、資産運用の一環として第一次企業勃興期の花形銘柄であった鉄道株や銀行株へも投資していた。では同家は、それに必要な投資情報を、どのようなルートで得ていたのであろうか。前掲表4-4を用いて、当該期における有価証券投資の仲介者をみると、大阪鉄道については商売上の取引相手である間島清兵衛（大阪順慶町）が、また共立銀行や阪堺鉄道については太田商店・中村勝平（大阪北浜二丁目）という株式現物商が見いだせる。さらに大阪に派遣した店員や親戚の兵庫・辰馬家からも、折に触れて株式投資の情報が提供された[28]。

表 4-5　廣海家有価証券投資の動向

（単位：円）

年	売買損益				配当収入				有価証券投資収支				投資額	うち新規取得額	売却・償却額	年末投資残高				投資純増額	資金調達（投資収支－投資純増額）	投資収益率（投資収支/平均投資額）			
	地元	非地元	債券	合計	地元	非地元	債券	合計	地元	非地元	債券	総計				地元	非地元	債券	合計			地元	非地元	債券	合計
1878													150	40				150	150	150	-150				
79							29	29			29	29	250					400	400	250	-221			6.0%	6.0%
80			-26	-26	264			264	264		-26	238	2,274	2,274	374	2,274			2,274	1,874	-1,636	11.6%			9.6%
81					294			294	294			294				2,274			2,274	0	294	8.6%			8.6%
82					332			332	332			332	208	208		2,482			2,482	208	124	9.2%			9.2%
83					334			334	334			334	225	150		2,482	225		2,707	225	109	9.0%			8.5%
84																2,482			2,482	-225					
85					330			330	330			330	832	223		2,555	759		3,315	832	-502	8.7%			7.2%
86					345	44		389	345	44		389	100			2,555	816		3,371	56	333	9.0%	3.7%		7.7%
87					304	62		366	304	62		366	1,710	940	60	3,835	1,123		4,959	1,588	-1,222	5.9%	4.1%		5.5%
88	20	0.4		20	463	124		587	483	124		607	1,920	470	410	4,915	1,573		6,488	1,530	-922	7.1%	5.8%		6.8%
89	16			16	532	213		745	548	213		761	1,703	1,219	86				8,105	1,617	-856				6.7%
90													900	900		6,931	2,491		9,422	1,316					
91					612	246		858	612	246		858	465			7,406	3,751		11,157	1,735	-878	5.6%	4.9%		5.4%
92	10			10	398	250		648	408	250		658	1,210	1,978	10				12,357	1,200	-543				3.7%
93	-1,730			-1,730									2,613		-1,730	9,409	3,551		12,960	602					
94		-158		-158	970	455	2	1,426	970	297	2	1,268	5,376	1,422	442	14,923	3,394	210	18,527	5,567	-4,300	4.9%	5.7%	0.7%	5.1%
95	-70	197	3	130	1,884	505	11	2,400	1,815	702	14	2,530	6,507	4,335	2,550	21,173	3,909		25,082	6,555	-4,025	6.3%	12.5%	13.6%	7.4%
96	1,036	17		1,053	4,209	669		4,878	5,245	686		5,931	22,299	3,378	3,784	31,418	8,572		39,990	14,908	-8,977	12.5%	6.5%		11.3%
97	1,368	-1,382		-14	3,102	837		3,939	4,469	-545		3,925	16,560	3,331	13,203	32,881	8,622		41,503	1,513	2,412	9.2%	-4.2%		6.4%
98	-106	250		144	2,826	1,330		4,157	2,720	1,581		4,301	3,264	521	5,676	39,238	5,377		44,615	3,112	1,189	4.9%	16.3%		6.6%
99		27		27	3,560	186		3,746	3,560	213		3,773	3,936	2,651	1,920	42,701	3,734	120	46,555	1,940	1,833	5.7%	3.3%		5.5%
1900					4,294	103	5	4,402	4,294	103	5	4,402	1,534	20		44,125	3,734	230	48,089	1,534	2,868	6.6%	1.8%	1.8%	6.2%
01					4,442	112	8	4,562	4,442	112	8	4,562	1,560	210		45,225	3,984	220	49,429	1,340	3,222	6.6%	1.9%	2.5%	6.2%
02	-692	-1,555		-2,247	3,646	116	11	3,773	2,954	-1,439	11	1,526	2,477	1,543	-450	44,969	2,355	470	47,794	-1,635	3,161	4.4%	-33.1%	1.9%	2.1%
03	62	-230		-168	4,575	99	14	4,688	4,637	-131	14	4,520	5,067	374	2,683	48,009	1,605	470	50,084	2,290	2,230	6.6%	-4.7%	2.0%	6.1%
04	140			140	4,310	119	24	4,453	4,450	119	24	4,593	2,380	1,133	1,015	48,072	1,605	1,774	51,451	1,367	3,226	6.2%	4.9%	1.2%	6.0%
05	2,138			2,138	4,364	315	249	4,928	6,502	315	249	7,066	12,337	6,641	3,533	49,677	8,924	4,052	62,653	11,202	-4,136	8.8%	3.2%	5.0%	8.0%
06	139	155	2	296	5,663	524	211	6,399	5,802	679	213	6,695	8,336	2,618	3,983	50,737	10,295	3,268	64,300	1,647	5,048	7.7%	4.6%	4.0%	7.0%
07	-85	-25	23	-87	7,740	609	108	8,457	7,655	584	131	8,370	24,870	7,892	6,946	73,543	11,953	436	85,932	21,632	-13,262	7.7%	3.4%	6.3%	7.1%
08		-80		-80	8,523	493	25	9,041	8,523	413	25	8,961	7,484		9,907	79,021	2,971	436	82,428	-3,504	12,465	7.4%	4.6%	3.9%	7.1%
09	-1,400	132		-1,268	6,892	220	37	7,149	5,492	352	37	5,881	6,040	4,281	-1,069	84,760	2,971	436	88,167	5,739	142	4.4%	7.9%	5.7%	4.5%
10	141			141	7,019	220	23	7,262	7,160	220	23	7,403	1,315	1,070	396	84,376	7,161	436	91,973	3,806	3,597	5.6%	2.5%	3.5%	5.4%
11	-472			-472	7,119	317	22	7,458	6,647	317	22	6,986	19,215	4,450	8,122	88,888	8,786	436	98,109	6,136	850	5.1%	2.6%	3.4%	4.8%

出所）明治 11-22, 24-44 年「万覚帳」（廣海家文書 A-161, 163, 171, 173, B-010, L-038, 130～140, 142～147, 149～151, 153, 154, 189～191, K-046）より作成。

注記）平均投資額は（前年度末投資残高＋今年度末投資残高）/2 で算出。1897 年以降は益十郎家の分を除いた数値。ちなみに 1898 年現在における益十郎家の株式所有額は 9,923 円，配当収入は 595 円。

このうちまず、大阪鉄道の発起株購入の経緯を、一八八七年四月九日付の廣海惣太郎宛間島清兵衛書簡からみてみよう。

［史料四］

本月八日御認之貴書相達難有拝見仕、尚過般ハ御手代ヲ以テ御申越相成候、彼和摂間鉄道株券御申込之儀ニ付、早速御報道可申之処、未タ病気モ全治不仕為メニ延引仕、却テ貴書ニ預リ候段、甚緒奉謝候。陳ハ其後浮田氏ヲ招待致し懇々談合仕候処、既ニ予定満期ニ相成今更迚モ申込ニ応候訳ニハ運不申候旨ニ有之、何分申込高意外ニ多ク相成、拙者本家之如モ申込高ヨリ減ラレ候次第、併シ浮田氏ヘハ折角之御依頼ニ付是非工夫致呉候様相頼候得共、六カ敷旨申居候。就テハ其後之報道も無之候。愚考ニハ貴公様ヨリ直接浮田氏ヘ書面ヲ以テ間島氏ヘモ依頼致候次第ニ付右株券申受度旨、御申込相成候方又別工夫ニテ宜敷候乎ト存候条、至急其手段御運相成度、此段御報知旁申進候也。敬復。[29]

この書簡からわかるように、大阪鉄道の発起株を購入したいと考えた廣海家は、まず以前から取引があった間島に、その手配を依頼した。それを受けて間島は、大阪鉄道の発起人である浮田桂造（売薬商）に働きかけ、同鉄道株式を手に入れようとするが、すでに株式申込み期限を過ぎているという理由で断られてしまう。それでも廣海家は諦めずに株式獲得の運動を続け、五月五日には「鉄道株券之義〔浮田氏と――引用者注〕数回示談之上漸ク拾株即金一千円也配当之事ニ相極申候」という書簡が、間島から届くに至った。[30]このように当該期の廣海家は、第一次企業勃興の動きを決して傍観していたわけではなく、自らの人的ネットワークを駆使して積極的に投資活動を行ったといえる。この点は、廣海家だけの特徴ではなく、例えば岸和田紡績や紀摂鉄道（のちの南海鉄道）の設立に際しては、逆に取引のある商人たちから、同様の依頼が廣海家に届いている。[31] 株式発行市場が確立していなかった当該期には、このような商人ネットワークが、株式募集や株式の流通に際して重要な役割を果たしたのである。

一方、すでに流通している株式を購入する場合、当該期の廣海家は大阪北浜の株式現物商・太田商店と、直接取引をしている。[32] 太田商店からは一八八八年一二月一五日以降、大阪の株式商況を詳しく伝える書簡が頻繁に届き、廣海家が投資情報を収集する際の参考になったと思われる。事実、廣海家では同年一二月一七日には、大阪鉄道株を売って共立銀行株を買うという、はじめてのキャピタルゲイン狙いの株式売買を、太田商店を通して行っており、わずかながら利益を上げている。[33]

(3) 投資資金の調達

以上のような株式投資にともなって生じた資金需要のため、廣海家では一八八七(明治二〇)年から八九年までの三年間で、少なくとも三、〇〇〇円を株式勘定以外から調達する必要があった。その主たる資金源となったのが、基礎積立金であった。廣海家では一八八七年二月に、それまで本店株券座で管理してきた阪堺鉄道株一二株(八二一円)を、基礎積立金の運用口座である大礎社に移す。そしてこれ以降、前掲表4-3が示すように、大礎社口座による株式投資が本格化した。具体的には一八八七年中に大阪鉄道株と貝塚セメント株、八八年には阪堺鉄道株と大阪共立銀行株を、それぞれ大礎社口座で取得している。この間、前掲表4-3からわかるように、基礎積立金は干加店から年々、五〇〇円ずつの定期積立金を受け入れていた。その結果、一八九一年初頭の段階で基礎積立金の総額は一万五五八円に上っている。この資金が大礎社口座に振り込まれる配当収入とともに、株式払込に宛てられたと思われる。

ところが第一次企業勃興期における一連の株式投資は、収益性の面では必ずしも成功であったとは言えない。前掲

表4-5が示すように、有価証券投資の投資収益率は、一八八六年の七・七%から八九年の六・七%へと第一次企業勃興の過程で下降気味に推移した後、一八九〇（明治二三）年の恐慌を経た九二年には三・七%まで低下する。また恐慌の影響で、貝塚セメント、舞鶴鉄道、紀泉鉄道といった投資先が解散し、さらに岸和田第一煉化が大幅な減資を行ったことから、大きなキャピタルロスも発生した。ただしその中には、岸和田第一煉化のように減資によって経営が好転し、優良企業となった会社や[34]、紀泉鉄道のように一旦、挫折したにもかかわらず、のちに南海鉄道という形で再生した会社もあった。従って、短期的には、成果を挙げ得なかった当該期の株式投資も、長期的にみれば廣海家の収益基盤の多様化を考える上で、重要な役割を果したといえる。

以上の点をふまえて、当該期における廣海家の収益基盤をみると、一八八七年から八九年における収益の中心は、依然として商業部門（全収益の約四二%）であった（表1-7を参照）。ただし、当該期の廣海家は肥料売買の損失が大きく（表1-3を参照）、商業収益は停滞的に推移した。そのため収益全体に占める商業部門の比重は徐々に低下し、かわって土地部門と証券部門が顕著な伸びをみせた。第一次企業勃興期には株式投資と平行して、土地集積も年間六—九反ずつ継続しており[35]、必ずしも同家が株式投資のみに傾斜していたわけではない。しかし第一次企業勃興を契機として、株式投資が次第に廣海家の多角化投資の中心に位置するようになったことは間違いない。

第三節　日清戦後期の有価証券投資

（1）第二次企業勃興と廣海家

一八九〇（明治二三）年の恐慌によって、一旦、急速に沈静化した企業勃興は、九二年頃から紡績業を中心として再燃し始めた。その後、日清戦争による中断があったが、清国からの賠償金などを背景として、一八九五年下期以降本格的に過熱する。その中心的分野は鉄道と銀行で、両者をあわせると一八九五—九九年の払込金資本金増加額の三分の二近くを占めていた[36]。さらに一八九四年末と一九〇〇年末の会社企業の地域分布を比較すると、東京の払込資本金額のシェアが約一割低下している点が注目できる[37]。逆に東京を除く四六府県中二六府県はそのシェアを増加させており、企業勃興が地方においても広範な展開を遂げていたことがわかる。

一方、泉南地域では、一八九〇年の恐慌によって一旦、企業設立が途絶したものの、九二年一一月に岸和田紡績が設立され、九四年に開業すると[38]、再び企業勃興の機運が生じはじめた。そして一八九六年から九七年にかけて一挙に一七社の会社企業が設立され、その動きはピークをむかえる。一八九二年から九八年にかけて、泉南地域では計二八社の会社企業が設立されているが、その内訳は銀行八社、煉瓦製造業八社、綿紡績・綿織物業五社、その他製造業五社、鉄道・運輸業二社となっていた[39]。この点から当該期における泉南地域の企業勃興が、銀行業と煉瓦製造業、綿工業を中心に展開したことがわかる。そして廣海家は、このいずれの分野にも発起株主として、積極的に関与した。

銀行業では、一八九三年に宇野四一郎（岸和田村）を中心とする岸和田銀行の設立に参加し、当主である三代・惣太郎が監査役に就任する。その後、一八九六年に地元貝塚の有力者が共同で設立した貝塚銀行の発起に加わり、惣太郎がその頭取に就任した。また綿工業では岸和田紡績の発起人に名を連ねたのに加え、地元貝塚の貝塚織物には当主の甥である益十郎を監査役として送り込んだ。さらに煉瓦製造業では貝塚煉瓦の監査役に益十郎が就任した。一方、第二次企業勃興のもう一つの花形である鉄道業では、紀摂鉄道—南海鉄道の設立過程に関与している。武知京三の研究[40]によると、会社の主導権をめぐる旧紀泉鉄道派と旧紀阪鉄道派の対立の中で、廣海家は宇野四一郎とともに紀泉派に属し、発起株二四六株を引き受けて泉南地域における最有力発起人になった。そしてこの抗争が基本的に紀泉派の勝利に帰した結果、廣海家は主流派大株主として、南海鉄道で重要な地位を占めるに至った。

ところで当該期の廣海家の投資行動を考える場合、その共同出資者の構成が第一次企業勃興期と比べて変化した点も注目できる。廣海家は、貝塚セメント、岸和田第一煉化、岸和田紡績の設立までは、基本的に寺田甚与茂の勧誘をうけて企業の設立に関与したが[41]、一八九三年以降、寺田との新規共同出資は姿を消し、かわって種子嶋源兵衛（醤油醸造業）や佐納権四郎（酒造業）など貝塚の商人たちとの共同事業が増加し始めた。具体的には一八九四年の貝塚煉瓦、九五年の貝塚織物、九六年の貝塚銀行と連続して地元貝塚の企業設立にかかわった[42]。

以上のように、当該期における廣海家は、第一次企業勃興期に比べ、地元における企業設立をより主体的に推進した。この点は、主として出資を行うだけであった一八八〇年代末とちがい、出資した七社のうち、五社に役員を派遣していることからもうかがえる。しかし注意を要する点は、投資対象の選定にあたって、共同出資者の顔ぶれやその事業の将来性を考慮し、慎重に対処していた点である。そして事業の将来性を確信した場合、たとえ一時的に業績が悪化した場合でも継続して資金的な支援を続けた。ここではその事例として岸和田第一煉化製造会社（資本金二万五、〇〇〇円、一八八七年設立）との関係をみておこう。廣海家は発起当初から寺田甚与茂の勧誘によって第一煉化に出資し、理事（のち取締役）にも就任している[43]。創立期の同社は、一八八八年一月に第一回の配当（年利一〇%、以下同じ）を行って以降、八九年上期八%、同年下期一〇%と比較的順調に配当を行っていた[44]。しかし一八九〇年の恐慌の影響で業績不振に陥り、九一年上期には無配に転落してしまった[45]。資金繰りに困った社長・山岡尹方は[46]、一八九一年下期から翌九二年にかけて、廣海家から短期借入を繰り返したが[47]、ついに九三年上期、資本金の半額減資を断行した。それに際して、廣海家は一、七三〇円という少なからぬ損失を被ったが[48]、その後も同社の株を持ち続け、一八九五年一〇月における増資とその後の追加払込にも応じた[49]。このような廣海家の金融的な支援もあって、第一煉化（一八九三年に岸和田煉瓦と社名変更）は経営を立て直すことに成功し、当該期以降、中堅の煉瓦製造業者として順調に発展していくことになった[50]。

一八九七年にピークをむかえた第二次企業勃興は、日清戦後の第一次恐慌（一八九八年三月）と第二次恐慌（一九〇〇年四月）によって終息し、一九〇〇年から〇四年の日露戦争までは、基本的に不況のまま推移した。[51] この間、泉南地域では第二次企業勃興の過程で設立された会社企業二八社のうち、実に一五社が解散、二社が吸収合併された。一九〇二年まで生き残った企業一一社のうちわけは、銀行六、紡績一、煉瓦一、綿織物一、簾製造一、鉄道一であり、銀行と鉄道を除くと製造業は四社にすぎない。しかしこの一一社に、廣海家が関与していた企業が六社含まれている点は、注目に値する。ちなみに第二次企業勃興期に同家が関与した企業八社のうち、七社が五年以上存続した。[52] それは当該期の廣海家が、慎重に投資対象を選択していたことを示唆している。さらにもし役員になった場合、廣海家は前述した岸和田煉瓦の事例が示すように、その地位を利用したモニタリングを前提として長期的に資金供給を続け、地方企業の発展を援助したのである。

（2）有価証券投資の動向

日清戦争を境として、廣海家の収益構造は大きな変容をみせる。日清戦争前後の一八九三（明治二六）年から九五年の時期は、それ以前と同様に商業収支が最大の収益部門であったものの、一八九六年から一九〇一年にかけて、商業部門の収益が著しく減少し、かわって株式投資が最大の収益部門に成長した。[53] このような商業部門不振の一因は、一八九四年から開始した北海道魚肥の産地直接買付が、コスト高のため、一八九六年に早くも中止を余儀なくされた点に求められる（第3章を参照）。そのため一八九六年から九八年にかけて商業部門が赤字に転落する一方で、証券部門の収益は、前期に比べて一気に四・四倍に伸張し、全収益に占める証券収支の比重が七〇％を超えることになった。以後、一九〇三年から北海道直買の再開により商業部門が若干、盛り返すものの、証券部門が最大の収益部門であるという構造は、日露戦後にいたるまで変化していない。さらに一八九二年まで漸増を続けていた土地（田畑）所有も、日清戦後期にはその伸びが停止する。[54] こうして廣海家では、当該期において早くも商業中心から株式中心へという収益基盤の移行がはじまったと考えられる。

このように日清戦後になると、廣海家の収益構造の解明のために有価証券投資の動向を検討することが、極めて重要になった。まず、前掲表４-５から有価証券投資の全般的な動向を検討する。一八九〇年の恐慌の後、しばらく株式の新規取得に消極的になっていた廣海家は、九二年以降、株式取得を再開する。その動きは第二次企業勃興の過程で急速に加速し、ピーク時の一八九六—九七年に年間一万六、〇〇〇—二万二、〇〇〇円という巨額の資金が株式に投入された。

この点をふまえて、表４-６から株式投資の銘柄別構成をみると、一八九五年までは地元株（縁故株も含む）が八〇％前後と、圧倒的な比重を占めていることがわかる。その中心は、第五十一国立銀行、岸和田銀行、岸和田紡績、岸和田煉瓦（旧第一煉化）といった企業であった。しかし一八九六—九七年になると、非地元株への投資も顕著になる。具体的には日本勧業銀行、日本興業銀行、日本海上保険といった金融株や阪鶴鉄道、大阪鉄道、西成鉄道といった鉄道株を中心に、第二次企業勃興の花形銘柄への投資を行った。ただしそれと平行して、貝塚銀行を中心とする地元株への投資も継続している。

さらに前掲表４-４から有価証券投資の仲介者をみると、①大阪の現物商（金谷、原谷）、②岸和田の現物商（石井、覚野、杉本）、③新規設立会社の発起人（寺田、土居、辰馬）という三つのグループからなっていることがわかる。このの内、①は日清戦争以前から存在したルートであるが、②は廣海家の地元である泉南地域にも株式現物商が登場したことを示す、という意味で注目できる。彼らは岸和田銀行株や岸和田紡績株といった地元株を扱うだけでなく、阪鶴鉄道株や大阪鉄道株といった花形株をも売買し、泉南地域における株式流通の主たる担い手になったと思われる。廣海家もまた、当該期以降、積極的に彼らを利用し、地元で調達ないし売却しきれない場合に大阪の現物商に売買を依頼するという行動をとった。例えば後述する一九〇五年の勧業銀行株の取得に際しては、計六〇株の内、五〇株を覚

所有（1893-1903 年）

（単位：円）

1898 年		1899 年		1900 年		1901 年		1902 年		1903 年	
取得額	比率	取得額	比率	取得額	比率	取得額	比率	取得額	比率	取得額	比率
900	2.0%	900	1.9%	900	1.9%	900	1.8%	6,819	14.3%	5,319	10.6%
7,647	17.1%	7,547	16.2%	7,547	15.7%	7,547	15.3%				
500	1.1%	500	1.1%	1,000	2.1%	1,000	2.0%	1,000	2.1%	1,000	2.0%
5,183	11.6%	5,183	11.1%	5,183	10.8%	5,183	10.5%	5,701	11.9%	5,935	11.9%
2,700	6.1%	2,700	5.8%	2,700	5.6%	2,700	5.5%	2,700	5.6%	2,860	5.7%
7,954	17.8%	7,954	17.1%	7,954	16.5%	7,954	16.1%	7,954	16.6%	9,904	19.8%
375	0.8%	375	0.8%	375	0.8%	375	0.8%	375	0.8%	375	0.7%
13,980	31.3%	17,543	37.7%	18,467	38.4%	19,567	39.6%	20,271	42.4%	22,467	44.9%
								150	0.3%	150	0.3%
39,238	87.9%	42,701	91.7%	44,125	91.8%	45,225	91.5%	44,969	94.1%	48,009	95.9%
25,258	56.6%	25,158	54.0%	25,658	53.4%	25,658	51.9%	24,698	51.7%	25,542	51.0%
1,893	4.2%										
1,796	4.0%	1,796	3.9%	1,796	3.7%	1,796	3.6%				
250	0.6%	500	1.1%	500	1.0%	750	1.5%	750	1.6%		
350	0.8%	350	0.8%	350	0.7%	350	0.7%	455	1.0%	455	0.9%
								750	1.6%	750	1.5%
1,088	2.4%	1,088	2.3%	1,088	2.3%	1,088	2.2%	400	0.8%	400	0.8%
5,377	12.1%	3,734	8.0%	3,734	7.8%	3,984	8.1%	2,355	4.9%	1,605	3.2%
								250	0.5%	250	0.5%
		120	0.3%	230	0.5%	220	0.4%	220	0.5%	220	0.4%
		120	0.3%	230	0.5%	220	0.4%	470	1.0%	470	0.9%
44,615	100.0%	46,555	100.0%	48,089	100.0%	49,429	100.0%	47,794	100.0%	50,084	100.0%
3,113		1,940		1,534		1,340		-1,635		2,290	

作成。

としている点，廣海家がその発起にかかわった点の 2 つの理由から地元に含めた。泉南地域のみ

表 4-6　廣海家の有価証券

分類	銘　柄	1893 年		1894 年		1895 年		1896 年		1897 年	
		取得額	比率	取得額	比率	取得額	比率	取得額	比率	取得額	比率
地元	五十一銀行株	3,406	26.3%	3,750	20.2%	4,262	17.0%	5,175	12.9%	1,825	4.4%
	岸和田銀行株	1,875	14.5%	5,625	30.4%	7,500	29.9%	11,000	27.5%	8,582	20.7%
	岸和田貯蓄銀行株			500	2.7%	500	2.0%	500	1.3%	500	1.2%
	岸和田煉瓦株	1,660	12.8%	1,660	9.0%	3,652	14.6%	4,978	12.4%	5,183	12.5%
	岸和田紡績株	2,365	18.2%	2,750	14.8%	2,770	11.0%	2,500	6.3%	2,700	6.5%
	貝塚銀行株					10	0.0%	2,400	6.0%	7,482	18.0%
	貝塚織布株					263	1.0%	200	0.5%	200	0.5%
	貝塚煉瓦株	73	0.6%	373	2.0%						
	貝塚(日本)教育保険株							375	0.9%	375	0.9%
	南海鉄道株	30	0.2%	266	1.4%	266	1.1%	2,340	5.9%	6,034	14.5%
	摂津灘興業株					1,950	7.8%	1,950	4.9%		
	貸家共有社株										
	地元株合計	9,409	72.6%	14,923	80.5%	21,173	84.4%	31,418	78.6%	32,881	79.2%
	泉南地域のみ小計	9,379	72.4%	14,657	79.1%	18,957	75.6%	27,128	67.8%	26,847	64.7%
非地元	日本海上保険株							1,893	4.7%	1,893	4.6%
	阪堺鉄道株	2,784	21.5%	2,784	15.0%	2,784	11.1%	2,784	7.0%	2,784	6.7%
	大阪鉄道株			600	3.2%	600	2.4%	605	1.5%	613	1.5%
	阪鶴鉄道株	10	0.1%	10	0.1%	25	0.1%	2,494	6.2%		
	関西曳船株							30	0.1%		
	西成鉄道株									1,976	4.8%
	大阪共立銀行株	758	5.8%								
	大阪農工銀行株										
	日本勧業銀行株									350	0.8%
	日本興業銀行株										
	日本紡織株					500	2.0%	767	1.9%	1,007	2.4%
	非地元株合計	3,551	27.4%	3,394	18.3%	3,909	15.6%	8,572	21.4%	8,622	20.8%
債券	軍事公債			210	1.1%						
	国庫公債										
	日本興業銀行債券										
	日本勧業銀行債券										
	債券合計			210	1.1%						
総　計		12,960	100.0%	18,527	100.0%	25,081	100.0%	39,990	100.0%	41,502	100.0%
前年比増減				5,567		6,554		14,909		1,512	

出所）明治 26-36 年「万覚帳」（廣海家文書 B-010, I-038, L-131, 136, 143, 146, 149, 153, 190, 191, K-046）より
注記）摂津灘興業は親戚・辰馬家の事業であるため，縁故株として地元に含めた。南海鉄道は泉南地域を沿線
小計は本社が泉南地域に所在する会社のみを集計した。具体的には摂津灘興業と南海鉄道を含まない。

野庄吉、一〇株を原谷政助を通して買付けた[55]。その際の買収単価は、手数料込みで覚野（岸和田）が一株当たり一〇九円四五銭、原谷（大阪）が同じく一一〇円一〇銭であり、岸和田の方が有利であった[56]。また③については、前述した商人ネットワークの一環といえるが、一八九五年一〇月に土居通夫から勧誘を受けた阪鶴鉄道株の購入に際して、木谷七平にその評判を問い合わせた上で投資に踏み切っている点は[57]、廣海家の投資行動の特徴を考える上で注目できる。木谷七平は廣海家と同様に近世以来の貝塚の有力肥料商であり明治以降大阪に支店を開設していた。従って大阪の経済情報に精通していたとみられ、廣海家にとって信頼のおける情報源の一つであった。このように、廣海家は投資の勧誘を受けた場合、独自のネットワークで情報を収集し、選択的に投資していたのである[58]。

一方、当該期における株式投資の損益は、前掲表4-5が示すように一八九四・九五年頃から配当収入が急増している点に特徴がある。それにともない投資収益率も上昇し、一八九六年には一一・三％に達した。日清戦後企業勃興の最盛期である一八九五—九七年の三カ年平均で、地元株と非地元株の収益率を比較してみると、地元株の九・三％に対して、非地元株は四・九％と低めであった。その背景には、廣海家が地元企業には基本的に発起段階から関与し、額面、もしくはそれに近い価格で株式を取得しているのに対して、非地元株は株式市場において高値で購入していたという事情があった。例えば前述した阪鶴鉄道株の場合、廣海家は土居通夫に勧められた発起株五〇株とは別に、一八九六年八月、一株五〇銭払込の発起株一〇〇株を一株九円もの高値で購入している[59]。さらに非地元株では、一八九七年に阪鶴鉄道株などで一、三八二円の売却損を出したのに対して、地元株では九六・九七年と連続して一、〇〇〇円を超える売却益を得ている。つまり当該期の株式投資は、非地元株への投資で生じた損失を、地元株の収益でカバーしている構造であった。その結果、一八九八年以降、廣海家では地元株への回帰が進み、非地元株は金額的にも、また比重の面からも地位が低下していく。そして一九〇三年には、有価証券投資全体における非地元株の比重は、わずか三・三％になっていた。

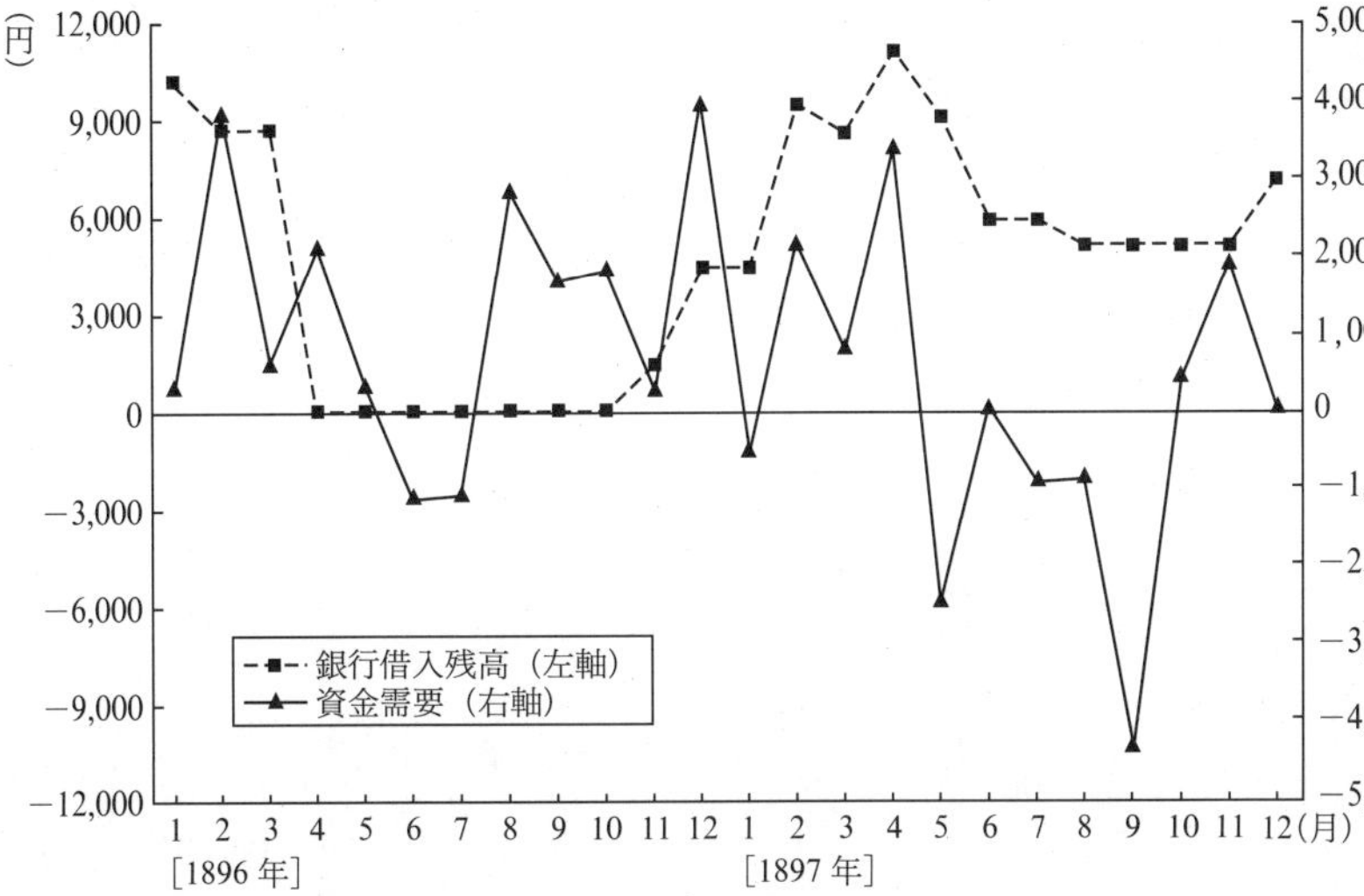

図 4-1　株式投資の資金需要と銀行借入

出所）明治 29，30 年「万覚帳」（廣海家文書 L–149，153）より作成。

（3）投資資金の調達

以上のような活発な株式投資には、当然のことながら莫大な資金が必要であった。当該期において最も投資額が大きかった一八九六（明治二九）年の場合、前掲表4-5が示すように九、〇〇〇円近い資金需要（資金調達のマイナス）が発生していた。図4-1から資金需要の月次データを概観すると、二月と九月にそのピークがあることがわかる。ところが同じグラフから廣海家の銀行借入の動きをみると、九月には銀行借入そのものがなく、二月にも新規借入は行っていない。また銀行借入の形態も、約束手形による短期金融と商品担保の定期借入が中心であった。さらに一一月—翌年五月に借入が集中するという季節性を鑑みると、この時点における銀行借入は商業金融であったと思われる。従って一八九六年における株式投資の原資は、やはり基礎積立金であった可能性が高い。少なくとも大礎社口座の岸和田煉瓦株と第五十一国立銀行株への追加投資に要した合計五、七五四円は、基礎積立金で手当したものと思われる。

ところが一八九七年になると、このような資金調達の方法に変化が生じている。まず同年中に大礎社口座が消滅し、有価証券の管理・運用は本店株券座に一元化された。それと前後して、銀行借入を用いた株式投資もはじめた。具体的には四月一二日、貝塚銀行から二、五〇〇円を無担保で借り入れて、それを翌一三日に日本勧業銀行株一〇〇株の申込証拠金二、五〇〇円にあてている。[60] さらに銀行借入の形態も、住友銀行との取引開始を契機として、株式担保金融が本格化した。しかし図4-1が示すように、一八九七年に入ってからも、相変わらず借入金の季節性は強く、その使途は基本的に商業金融であったと思われる。むしろ前掲表4-5からわかるように、一八九八年以降は、株式配当や株式売却益といった株式収入の範囲内で、追加投資が行われるようになった点が注目できる。つまり一八九七年頃を境にして、商業部門の剰余を工業部門を中心とする株式へ投資するという資金の流れが途絶し、株式からの収益を工業部門へ再投資するという資本循環が成立したといえる。

第四節　日露戦後期の有価証券投資

(1) 日露戦後における泉南地域の会社企業

日清戦後の企業勃興が、第二次企業勃興とよばれ、日本における資本主義の本格的な開始をつげた第一次企業勃興と並び称されるのに対して、日露戦後の企業勃興は、これまであまり注目を集めてこなかった。実際に日露戦後企業勃興のピークである一九〇六（明治三九）―〇七年の会社企業数の増加をみると二、〇八一社であり、日清戦後のピークである一八九六―〇七年の二、九九〇社の三分の一強にとどまっている。[61] しかし、一九〇六年下期以降本格化した当該期の企業勃興は、①日清戦後に大きな比重を占めた蒸気鉄道・銀行が激減した、②電鉄や電灯・電力といった電気関連部門が中心的な位置を占めている、③紡績をはじめとする工業が比重を高めたといった点で、大きな特徴をもっていた。[62] さらに輸出の面では、中村隆英が指摘したように、恐慌の影響もあって一九〇八年に三億円台に落ち込んだ後、国内における不況を後目に漸次増加を続け、一九一三（大正二）年には六億円を上回る水準に達している。そして綿織物が、生糸や綿糸と並んでその中心に位置していた。[63]

以上の点をふまえて、次に泉南地域における日露戦後（一九一二年一月現在）の会社企業の状況をみると、払込資本金一〇〇万円以上の大企業は岸和田紡績のみで、一〇万円以上の企業も銀行を除けば岸和田煉瓦、貝塚織物、和泉水力電気、大阪タオル、泉州瓦斯の五社にすぎず、残りの三九社は一〇万円未満の零細企業であった点が指摘できる。またその業種は、銀行を除く三八社のうち綿織物業二〇社、窯業三社、運輸二社、綿紡績一社、その他一二社となっており、綿織物関係の比重が圧倒的に高い。[64] このような企業勃興の動向が、綿織物業の近代化や輸出産業化と深く関係していたことは言うまでもない。阿部武司の研究によると、泉南地域では一九〇七年頃から力織機が普及しはじめ、一〇年頃からは出機屋の力織機工場化が相次いだという。[65] そしてその設備投資資金を獲得するため、彼らは会社組織による織物会社を設立し、地縁ないし血縁を用いた資金調達を行った。[66] 一般的には中間景気と称されている一九一〇年[67]以降、泉南地域で綿織物企業が急速に、かつ継起的に勃興した背景には、好調な綿織物輸出を背景とする力織機工場の叢生があった。

このような日露戦後の企業勃興の過程で、廣海家は四九社中九社に出資し、その内三社の役員に就任している。業種としては銀行四、綿業（紡績・織物）二、窯業（煉瓦・瓦）二、その他（木櫛）一となっているが、当該期に新設されたのは、貝塚織物、和泉瓦、加田兄弟合資（木櫛）の三社であった。[68] なかでも貝塚織物は、その前身である貝塚織物合資会社（一九〇六年設立）の段階から発起人として関与していたが、〇九年には四代・惣太郎が相談役に就任し、後述するように一一年の減資——株式会社化の際には、その整理を手がけている。このように日露戦後の廣海家は、綿織物業を中心とする泉南地域の企業勃興に、主体的にかかわっていたと思われる。以下、この点に注目しながら、廣海家の投資行動を検討したい。

（2）有価証券投資の動向

廣海家では、一九〇一（明治三四）年に三代・惣太郎が隠居し、四代目が家督を相続した。四代・惣太郎は家督相続の翌年から北海道での魚肥の直接買付を本格的に再開するなど、商業部門の建て直しをはかった（第3章を参照）。その結果、一九〇〇年代前半にはいると、[69]商業収支は一九〇二—〇四年の三カ年平均で三、五五七円にまで改善し、収支全体に占める商業の比重も四〇%台に回復した。しかし一九〇〇年代後半からは魚肥の地域間価格差の縮小により、産地直接買付の利益が急速に低下し始めた。そのため日露戦後には再び商業収支の比重が低下し、一九〇九—一一年の三カ年平均で二二・六%と、証券収支の五七・〇%に、はるかに及ばなくなった。

また、北海道直買には多額の買付資金が必要であったことから、廣海家では直買開始以降、銀行借入への依存が強まった。具体的には一九〇五年一月末に二万三、四〇〇円であった廣海家の銀行借入残高は、〇七年一月末には八万円と二年間で三・五倍になった。[70]その主な借入先は、貝塚銀行と住友銀行であり、担保は基本的に株式であった。なお担保株式の銘柄は、住友銀行が主として勧銀株、興銀株、南海鉄道株と岸和田紡績株であり、貝塚銀行はこれに貝塚銀行株と岸和田煉瓦株が加わっている。[71]このように当該期の商業の拡大は、銀行借入に大きく依存しており、さらにそれは担保価値をもつ優良株の所有によって支えられていた。つまりこの段階になると、株式所有は単に収益源としてだけでなく、株式担保金融を媒介とした商業金融の獲得手段としても重要な役割を果たすようになっていた。

これらの点をふまえて、次に前掲表4-5から、日露戦後期における株式投資の動向を概観したい。廣海家は、一九〇二年に日清戦後恐慌の結果生じた不良資産を、減資・償却や売却損の計上というかたちで精算する。その影響もあり、以後、一九〇四年まで同家の株式投資は、停滞的に推移した。ところが日露戦後になると同家の株式投資は、再び活発になった。具体的には、一九〇五年の日本勧業銀行株六〇株の取得を契機として、まず非地元株への投資がはじまった。前述したように担保価値のある中央銘柄株は、大手銀行との取引のために是非とも必要であった。しかし勧銀株を額面の一・七倍で取得していることからもわかるように、優良株ほど買入価格が高かった。そのため、勧銀株でも一九〇六年で年利六%と、その投資収益率は必ずしも高くなかったといえる。一方、地元株への投資は、一九〇六年以降、本格的に再開している。特に一九〇七年には、地元株だけで年間二万二、〇〇〇円にのぼる投資を行った。その結果、一九〇七年末までに、有価証券全体の投資残高が、八万円を超える規模に拡大する。この内訳は、表4-7からもわかるように、共同地所や和泉瓦、和泉製紙、加田兄弟合資、貝塚織物合資といった会社であった。このうち最も多額の出資を行っている共同地所（親栄会）は、貝塚町の有力者が出資するパートナーシップの会社であり、貝塚貸家株式会社の解散を受けて、一九〇六年に土地と貸家の共同経営を行う目的で設立された（親栄会については第3章を参照）。[72] 廣海家は日清戦後期以降、土地の新規取得には消極的になっていたが、二〇町歩程度の土地所有を維持し、安定した収益を上げていた。そこで同家は、自家の土地・貸家経営を維持する一方、共同出資による不動産会社の経営にも乗り出したのである。これに対して、和泉製紙などはかなり泡沫的な色彩が強く、廣海家自身も積極的に関与する意志があったようには見えない。なお一九〇四—〇六年は日露戦争の戦費調達のために発行された国庫債券を購入した関係で、一時的に債券の比重が高まっている。しかし一九〇六年に国債のほとんどを売却したため、債券の比重は再び一%未満に戻った。

以上の点をふまえた上で、当該期における株式投資の損益を検討してみよう。まず前掲表4-5から全体的な動向をみると、一九〇五—〇八年の投資収益率が七%から八%と比較的高いことがわかる。さらに地元株と非地元株の収益率を比較すると、前者が後者の二倍近い数値を示していた。当該期の地元株で特に収益率が高いのは、岸和田煉瓦株（一四%前後）、岸和田紡績株（一〇%前後）、南海鉄道株（一〇%前後）[73] といった一八九〇年代から所有し続けている銘柄であり、新規投資先は概して低収益であった。そのため一九〇九—一一年に、廣海家はこれら不振新設企業の整理を行った。まず貝塚織物合資会社は一九〇九年に四代・惣太郎が相談役に就任し、減資を断行した上で一一年、株式会社に改組する。減資に際して、廣海家自身一、四〇〇円の損失を受けたにもかかわらず、株式会社への改組に際しては七、二〇〇円に上る追加投資を行い、経営再建を後押しした。その結果、貝塚織物は経営を立て直し、第一次大戦期以降、大きな利潤を上げるようになる。これに対して、和泉製紙は一九一一年、加田兄弟合資は一二年に、それぞれ会社を解散した結果、廣海家は合計で六〇一円の損失を計上した。(74)

一方、優良な投資先として、廣海家に大きな利益を与えていた岸和田煉瓦や貝塚銀行といった地元企業は、配当収入の面だけでなく、役員報酬や賞与という形で収入が得られた点でも重要であった。表4-8からその状況をみると、一九〇二年の家督交代以降、〇五年までは、岸和田煉瓦のみが役員報酬・賞与の面で収益に貢献していたことがわかる。ところが四代・惣太郎が貝塚銀行の頭取に就任した一九〇六年以降、貝塚銀

11年)

(単位：円)

1908年		1909年		1910年		1911年	
取得額	比率	取得額	比率	取得額	比率	取得額	比率
4,041	4.9%	4,041	4.6%	4,041	4.4%	2,541	2.6%
16,723	20.3%	16,723	19.0%	16,723	18.2%	16,723	17.0%
2,205	2.7%	2,205	2.5%	2,205	2.4%	3,150	3.2%
13,161	16.0%	14,881	16.9%	14,521	15.8%	14,521	14.8%
28,117	34.1%	31,096	35.3%	31,092	33.8%	33,922	34.6%
570	0.7%	570	0.6%	570	0.6%		
750	0.9%	900	1.0%	900	1.0%	990	1.0%
20	0.02%	20	0.02%	20	0.02%	20	0.02%
1,000	1.2%	1,000	1.1%	1,000	1.1%	1,000	1.0%
100	0.1%	90	0.1%	90	0.1%	90	0.1%
8,334	10.1%	8,334	9.5%	8,334	9.1%	5,231	5.3%
4,000	4.9%	4,900	5.6%	4,900	5.3%		
						10,700	10.9%
79,021	95.9%	84,760	96.1%	84,396	91.7%	88,888	90.6%
50,904	61.8%	53,664	60.9%	53,304	57.9%	54,966	56.0%
2,625	3.2%	2,625	3.0%	2,625	2.9%	3,000	3.1%
				4,190	4.6%	5,440	5.5%
346	0.4%	346	0.4%	346	0.4%	346	0.4%
2,971	3.6%	2,971	3.4%	7,161	7.8%	8,786	9.0%
236	0.3%	236	0.3%	236	0.3%	236	0.2%
200	0.2%	200	0.2%	200	0.2%	200	0.2%
436	0.5%	436	0.5%	436	0.5%	436	0.4%
82,428	100.0%	88,167	100.0%	91,993	100.0%	98,109	100.0%
-3,504		5,739		3,826		6,116	

めた。泉南地域のみ小計は本社が泉南地域に所在する会社のみを集計し

表 4-7　廣海家の有価証券所有（1904-

分類	銘　柄	1904 年		1905 年		1906 年		1907 年	
		取得額	比率	取得額	比率	取得額	比率	取得額	比率
地元	五十一銀行株	5,319	10.3%	5,319	8.5%	5,863	8.3%	4,041	4.7%
	岸和田貯蓄銀行株	1,000	1.9%	2,000	3.2%				
	岸和田煉瓦株	5,935	11.5%	6,773	10.8%	7,568	10.8%	13,543	15.8%
	岸和田紡績株	2,860	5.6%	2,205	3.5%	2,205	3.1%	2,205	2.6%
	貝塚銀行株	9,967	19.4%	9,474	15.1%	9,474	13.5%	13,161	15.3%
	日本教育保険株	375	0.7%	375	0.6%				
	南海鉄道株	22,467	43.7%	23,382	37.3%	24,765	35.2%	26,741	31.1%
	和泉製紙株					238	0.3%	428	0.5%
	和泉瓦株							450	0.5%
	丸一連合運送店					20	0.03%	20	0.02%
	加田（和泉木櫛）合資							1,000	1.2%
	岸和田ホテル株							20	0.02%
	貸家共有社株	150	0.3%	150	0.2%	150	0.2%		
	親栄会（共同地所）出資金					6,512	9.3%	8,334	9.7%
	貝塚織物合資会社					800	1.1%	3,600	4.2%
	貝塚織物株								
	地元株合計	48,072	93.4%	49,677	79.3%	50,281	80.7%	73,543	85.6%
	泉南地域のみ小計	25,605	49.8%	26,295	42.0%	25,517	45.5%	46,802	54.5%
非地元	高野鉄道					600	0.9%	618	0.7%
	堺電気鉄道					50	0.07%		
	日本勧業銀行株	455	0.9%	7,024	11.2%	7,024	10.0%	8,364	9.7%
	日本興業銀行株	750	1.5%	1,500	2.4%	1,875	2.7%	2,625	3.1%
	朝鮮銀行								
	日本紡織株	400	0.8%	400	0.6%	400	0.6%		
	南満州鉄道株					346	0.5%	346	0.4%
	非地元株合計	1,605	3.1%	8,924	14.2%	10,295	14.6%	11,953	13.9%
債券	国庫公債	1,304	2.5%	3,582	5.7%	2,582	3.7%		
	臨時特別公債					236	0.3%	236	0.3%
	日本興業銀行債券	250	0.5%	250	0.4%	250	0.4%		
	日本勧業銀行債券	220	0.4%	220	0.4%	200	0.3%	200	0.2%
	債券合計	1,774	3.4%	4,052	6.5%	3,268	4.6%	436	0.5%
総　計		51,451	100.0%	62,653	100.0%	70,357	100.0%	85,932	100.0%
前年度比増減		1,367		11,202		7,703		15,575	

出所）明治 37-44 年「万覚帳」（廣海家文書 B-010, L-132～134, 138, 140, 147, 148～151）より作成。
注記）南海鉄道は泉南地域を沿線としている点，廣海家がその発起にかかわった点の 2 つの理由から地元に含た。具体的には南海鉄道を含まない。

行からの報酬・賞与が急増し、岸和田煉瓦と合わせれば年間所得が八〇〇円から九〇〇円に達した。ここで注目すべき点は、先代の三代・惣太郎もまた創立以来一九〇一年まで、貝塚銀行の初代頭取を務めていたものの、報酬を全く受け取っていない点である。このことは三代目が名誉職的な頭取であったのに対して、四代目は実質的な経営責任者として、銀行経営に携わっていたことを示唆している[75]。なお廣海家では、役員報酬や賞与などを貝塚銀行の小口預金口座で受け取り、これを定額預金口座でプールしていた。ちなみにその累計額は、一九一一年下期現在で、五、四九〇円である[76]。そしてこの預金は、企業勃興期のような

表 4-8　廣海惣太郎（3 代，4 代）の役員報酬・賞与収入

（単位：円）

年	岸和田銀行		岸和田煉瓦		岸和田貯蓄銀行		貝塚銀行			貝塚織物	合計	備考
	報酬	賞与	報酬	賞与	報酬	賞与	報酬	交際費	賞与	報酬		
1895		65	14	27	5						111	岸和田煉瓦：取締役，岸和田銀行・貯蓄銀行：監査役
96	18	69	17	40	6						149	岸和田銀行：取締役
97	36	39	18	35	6	1					135	貝塚銀行：頭取
98	30	50	18		6	1					105	
99		35	18	58		3					114	
1900		35	18	95		3					151	
01		15	18	75		2					110	3 代・惣太郎，貝塚銀行，岸和田銀行等役員辞任
1902			18	89							107	4 代目襲名
03			24	112							136	
04			30	84							114	
05			30	267							297	
06			33	311			75	25	60		504	貝塚銀行：頭取
07			39	518			220	75	138		990	
08			46	386			240		133		804	
09 上			25	51			120		49	20	265	下期の数値は不明
10			50	158			120			40	368	
11 下			25	120			60			25	230	上期の数値は不明

出所）「大礎社 繁殖簿」（廣海家文書 A186）より作成。
注記）上・下期の数値を足して年額を表示。ただし 1909 年と 1911 年は半期のみの数値。

資金逼迫時に、かつての基礎積立金にかわって株式投資の原資の一部に充当された。

おわりに

以上、本章では明治期における廣海家の有価証券投資を、①地方の企業勃興との関係、②商業的な資本蓄積と工業化投資との関係、③投資情報と株式の流通構造という三つの視角から検討してきた。その結果、以下の点が明らかになった。

まず収益基盤の推移と有価証券投資の関係を概観すると、次のようになる。明治前期から日清戦争前後までの廣海家は、松方デフレを契機として、徐々に多角的な投資を志向しながらも、あくまで商業を軸とした経営を展開していた。しかし一八九七（明治三〇）年頃を境にして、商業の縮小と資産運用における有価証券投資への傾斜が鮮明になった。当主が交代した日露戦争前後に、廣海家は北海道直買を開始し、再度、商業の拡大を目指す。しかしその収益性はあまり高くなく、有価証券投資が最大の収益基盤であるという構造に変化はなかった。そしてむしろ買い付け資金などの需要が発生したことで、株式担保による銀行借入が巨額になり、株式への依存はさらに高まっていく。

次に有価証券投資の原資について考えたい。廣海家が有価証券投資を本格的に開始した第一次企業勃興期において、株式取得・追加払込の原資となったのは、商業的な剰余を蓄積することで成立した基礎積立金とその運用口座である大礎社であった。このような商業から工業への資本移転は、日清戦後の一八九六年まで続いたと思われる。しかし同年に、基礎積立金を管理していた大礎社口座が廃止されたことから、以後、商業から工業へという資金の流れは途絶する。そして一八九七年以降は、基本的に株式所得と役員報酬・賞与を原資とする有価証券投資が行われるようになった。

また廣海家の有価証券投資を支えた株式売買の仲介メカニズムについては、以下の点が指摘できる。一八八〇年代前半に、第五十一国立銀行に関与していた岸和田の肥料商たちの仲介で始まった廣海家の有価証券投資は、第一次企業勃興の過程で、自らの人的ネットワークや大阪の株式現物商から入手した投資情報に支えられて、本格的に展開しはじめる。そして日清戦後になると、大阪だけでなく岸和田にも現物商が登場し、有価証券投資がさらに容易になった。特に既発行株の取得時には、岸和田と大阪の場外取引の状況を見極めながら、有利な方から購入するという動きも見られるようになる。ただしそれ以降も、会社新設時の発起株取得には、相変わらず商人ネットワークが大きな役割を果たした。またこのような仲介者から得られる株価情報は、キャピタルゲインを狙った非地元企業への投資の際にとどまらず、地元企業に対する客観的な評価を把握する上でも有用であったと思われる。

一方、有価証券投資の内容を検討すると、その特徴としてまず株式への極端な傾斜が指摘できる。廣海家が最初に購入した有価証券は、起業公債であったが、以後、債券の比重が全体の一〇%を超えることはなく、基本的には一%未満で推移した。次に株式の内訳をみると、地元株を軸とした運用であったことがわかる。日清戦後期の一時期だけ、非地元株の比重が二〇%台になっているものの、以後、廣海家では地元株への投資が全体の九〇%前後を占めていた。また収益面でも、地元株は基本的に非地元株を上回る投資収益率をあげており、証券収支に大きく貢献していた。これに対して非地元株への投資は、景気変動への感応度が高く、企業勃興期に活発化し、恐慌期には縮小するという傾向があった。このような投資行動は、日清戦後期のように一時的に利益を上げることはあっても、明治期全体を通してみれば、必ずしも成功したとはいえない。むしろ非地元株の場合、銀行株や鉄道株を中心として、株式担保金融の抵当品としての役割の方がより重要であった。

注

(1) 本章は、中村尚史（拙稿）「地方資産家の投資行動と企業勃興」（『経営史学』第三八巻第二号、二〇〇三年）を基にしている。
(2) 野田正穂『日本証券市場成立史』（有斐閣、一九八〇年）第五章を参照。
(3) 片岡豊「明治期の株式市場と株価形成」（『社会経済史学』第五三巻第二号、一九八七年）。
(4) 但し「万覚帳」は慶応年間と一八七〇（明治三）年、一八九〇年が欠落している。
(5) その額は、一八七六—七九年は年三〇〇円、八〇—九一年は年五〇〇円となっていた。
(6)「万覚帳」の「太ニ講」という項目から、廣海家が月々一定額を掛金として太ニ講に出資していることがわかるものの、太ニ講の活動そのものは、史料の不足から明らかでない。
(7) 一八八二年一月以降、一九〇九年頃まで貸付残、元利返済を人別に記帳。「大礎社　廣海家」の裏書きあり。
(8) ちなみに六月一五日現在の東京府の応募額は約六五〇万円であった。以上、戒田郁夫「明治前期における国債思想の展開」（『経済論集（関西大学）』第四一巻第五号、一九九二年）一二一—一二六頁を参照。
(9) そのことを裏付けるかのように、廣海家は払込終了（一八七九年三月）のすぐ翌年の八〇年三月に、二六円の損失を出しながら、公債を売却した。売却に際して仲介したのは大阪の肥料商・内海作兵衛であった。
(10) 坂口は一八七七年頃まで廣海家の肥料大口取引先の一つであった（表10-4〜9参照）。しかし第五十一国立銀行の設立（一八七八年）以降、銀行経営への関与とともに、肥料商売を縮小したようであり、一八八二年頃を境に廣海家との肥料取引もなくなっている。

(11) 年欠 坂口直作書簡、廣海家文書D〇〇一―一―一〇二。
(12) 廣海家文書D〇〇一―八―九〇。
(13) 明治一三年「万覚帳」廣海家文書A一六一。
(14)「記」廣海家文書ZB〇三八―六。
(15) 廣海家文書U〇〇四―二―一―二一。
(16) なおこの取引にともなう手数料は五〇銭であり、廣海家はこれを第五十一国立銀行に支払っている（明治一八年「万覚帳」廣海家文書L一四四）。
(17) 中村尚史「後発国工業化と中央・地方」（東京大学社会科学研究所編『二〇世紀システム4 開発主義』東京大学出版会、一九九八年）二五六―二五七頁。
(18) 紡績業は公称資本金増加額で全体の八・三%を占め、第二位であった。ちなみに第一位は鉄道業の二二・八%である。中村尚史『日本鉄道業の形成』（日本経済評論社、一九九八年）七頁を参照。
(19) 一八九〇年末における新設紡績会社七社の所在地は西成郡五、住吉郡一、堺市一という分布である（明治二三年度『大阪府統計書』）。
(20) ここでは平野紡績（社長・末吉勘四郎）、金巾製織（社長・阿部市郎兵衛）、泉州紡績（社長・前川迪徳）を、その設立の経緯から大阪市以外と見なした。山口和雄編『日本産業金融史研究 紡績金融編』（東京大学出版会、一九七〇年）一三―一五頁を参照。
(21) 前掲中村尚史「地方資産家の投資行動と企業勃興」三二頁、表二を参照。
(22) 同右、三六頁、表五を参照。
(23) 阿部武司によると、当該期の泉南地域では粗製濫造の影響で綿織物業が不振に陥っており、それを打開するため同業者団体結成の動きが活発化したという。この点をふまえて、阿部は一八八八年に設立された共同木綿会社を木綿商の同業組合的な存在と評価している。阿部武司「明治期における地方企業家」（『大阪大学経済学』第三八巻第一・二号、一九九八年）一二七―一二八頁を参照。
(24) 明治二四年度『大阪府統計書』。
(25) 持株数は岸和田第一煉化八八株、紀泉鉄道二四〇株、貝塚セメント（創立費五〇円・株数不明）であった。
(26) 岸和田第一煉化の資本金に占める廣海家の持株比率は一七・六%であった。
(27) 阪堺鉄道は二株を追加購入分、大阪鉄道は一〇株を購入、舞鶴鉄道は創立費を支出している（明治二〇・二一・二二年「万覚帳」廣海家文書L一五四、L一三五、L一三七）。

(28) 一八八五年九月二三日付辰馬商店書簡（廣海家文書Ｖ〇〇八—五—一二）では共同運輸株についての評判が、廣海家にもたらされ、その売却に影響を与えたと思われる。
(29) 廣海家文書Ｖ〇〇八—六—二三。
(30) 廣海家文書Ｖ〇〇八—五—五一。
(31) 一八九二年一一月七日付冨村三郎吉（堺市櫛屋町）書簡（廣海家文書Ｖ〇〇五—一—二三）など。ちなみに紀摂鉄道株については、藤野嘉市（大阪の船持商人）や福田吉兵衛（大阪の金主）、三宅政右衛門（貝塚の肥料商）といった商人たちが廣海家の仲介で発起株を入手している。一八九四年一一月五日付福田吉兵衛書簡（廣海家文書Ｖ〇〇二—六—一二〇—二）を参照。
(32) 一八八八年一一月九日付太田商店・中村勝平書簡は、「兼て岸和田石井君へ御依頼仕置候処御尊家様へ御咄……」と述べ、その取引が岸和田・石井銭太郎の仲介で始まったことを示唆した（廣海家文書Ｖ〇一五—三—九六）。
(33) 一八八八年一二月一七日付鎌野忠五郎（廣海家代理）宛中村勝平（太田商店）書簡（廣海家文書Ｖ〇一五—三—九五）。
(34) 廣海家も一八九五年下期と九六年上期に計二、六〇〇円の特別配当を得て、損失を埋め合わせた。
(35)「店卸」廣海家文書Ｐ〇五五。
(36) 以上、高村直助『日本資本主義史論』（ミネルヴァ書房、一九八〇年）八〇—八三頁。
(37)『日本帝国統計年鑑』各年次。なお一八九四年末における東京府の払込資本金額のシェアが四〇・四％であったのに対して、一九〇〇年末は三〇・七％である。
(38) 杉山和雄「岸和田紡績会社」（前掲山口和雄編『日本産業金融史研究　紡績金融編』）六七三頁。
(39) 前掲中村尚史「地方資産家の投資行動と企業勃興」三六頁、表五を参照。
(40) 武知京三『都市近郊鉄道の史的展開』（日本経済評論社、一九八六年）第三章第二節。
(41) 岸和田紡績の設立時における寺田甚与茂の勧誘の模様については、（一八九二年）一〇月二六日付廣海惣太郎宛寺田甚与茂「書簡」廣海家文書Ｖ〇〇五—一—三五を参照。
(42) 前掲中村尚史「地方資産家の投資行動と企業勃興」四〇頁、表七を参照。
(43) 前掲阿部武司「明治期における地方企業家」一四四頁。
(44) 以上、明治二一年「万覚帳」廣海家文書Ｌ一三五、明治二二年「万覚帳」廣海家文書Ｌ一三七。
(45) 明治二四年「万覚帳」廣海家文書Ｌ一四五。
(46) 旧岸和田藩士。一八九〇年の社長就任に際して廣海家から一〇株の名義貸しを受けていた。
(47) 借入額は五〇—一、〇〇〇円の範囲で、期日は二〇日—三ヵ月、金利は日歩二〇—四〇銭。借入回数は一年半で一二回におよぶ。

明治二四年「万覚帳」廣海家文書L一四五、明治二五年「万覚帳」廣海家文書L一三九。

(48) 明治二七年「万覚帳」廣海家文書K〇四六。

(49) 新株発行に際して廣海家は一六六株を引き受けた。明治二八年「万覚帳」廣海家文書L一三一。

(50) 岸和田煉瓦（一九一九年に岸和田煉瓦綿業と社名変更）の大正期の経営動向については、藤田貞一郎「大正期における寺田財閥の成長と限界」（『経営史学』第一五巻第二号、一九八〇年）一三―二一頁を参照。

(51) 前掲高村直助『日本資本主義史論』八五―九七頁。

(52) 以上、前掲中村尚史「地方資産家の投資行動と企業勃興」三六頁、表五を参照。

(53) 同右、四二頁、表八を参照。

(54) 本書表1-7および「所得金高届」（廣海家文書ZB〇三八―一四―二）。なお廣海家の資産運用が日清戦後期以降、田畑の所有ではなく株式所有に大きくシフトした背景には、中村政則が指摘する「税制」の問題も存在したと思われる（前掲中村政則『近代日本地主制史研究』四六―六七頁）。しかし廣海家の場合、それは田畑集積停滞の理由にはなっても、株式投資活性化の説明としては不十分である。さらに同家は一八九六年以降、各所で山林の買入を行っており、田畑以外の土地購入は継続していた（「東信達村葛畑山林」廣海家文書ZA九〇―六、「大土村土丸山林」廣海家文書ZB四四―一六ほか）。

(55) 明治三八年「万覚帳」廣海家文書L一三三。

(56) 廣海家文書U〇〇四―一―一―一四、一五。

(57) 一八九五年一〇月五日付木谷七平書簡（廣海家文書V〇一四―一―七）。

(58) ただしもちろん、その思惑がいつも当たるとは限らず、阪堺鉄道株の売買では後述するように大きな損失を出すことになった。

(59) 明治二九年「万覚帳」廣海家文書L一四九。翌一八九七年にそれを売却した際に計一、八六九円という巨額の損失を出した（明治三〇年「万覚帳」廣海家文書L一五三）。

(60) ただし勧銀株は抽選の結果七株しか購入できなかったため、九三株分二、一五〇円は五月三一日に返却した。

(61) 会社数は『日本帝国統計年鑑』各年次。なお払込資本金増加額の面でも、一九〇六―〇七年の一三、八三九万円は、一八九六―〇七年の二六、八九二万円の半分程度である（『日本帝国統計年鑑』各年）。

(62) 前掲高村直助『日本資本主義史論』一九一―一九二頁。

(63) 中村隆英「マクロ経済と戦後経営」（西川俊作・山本有造編『日本経済史5　産業化の時代 下』岩波書店、一九九〇年）三二一―三三頁。

(64) 以上、前掲中村尚史「地方資産家の投資行動と企業勃興」四八頁、表一一を参照。

(65) 前掲阿部武司「明治期における地方企業家」一三五―一四〇頁。

(66) 当該期における織物会社の設立主体について阿部は、「従来の織物業者のみならず、新興の企業家層によって推進された」と述べ、その「新興の企業家」のなかに地主が多く含まれていたことを示唆している（前掲阿部武司「明治期における地方企業家」一四〇頁）。

(67) 前掲高村直助『日本資本主義史論』二〇〇―二〇一頁。

(68) 前掲中村尚史「地方資産家の投資行動と企業勃興」四八頁、表一―一を参照。

(69) 以下の記述は、表1-3および第3章を参照。

(70) 明治三八年「万覚帳」廣海家文書L一三三および明治四〇年「万覚帳」廣海家文書L一三八。

(71) 同右。ただし資金需要が大きい一一月―翌年二月には商品（鯡〆粕）担保も若干みられる。

(72) 貝塚貸家株式会社（貸家共有社）は、資本金一万円（総株数二〇〇株）で一九〇二年設立され、〇七年に解散した。廣海家の持株数は二五株（払込一五〇円）で、毎年一五％を超える高配当を得ていた。さらに解散時に出資額の二倍にあたる七、五〇〇円の払い戻しを受けた（以上、明治三九年「万覚帳」廣海家文書L一四七、明治四〇年「万覚帳」廣海家文書L一三八）。

(73) 阪堺鉄道と合併（一八九八年）後の南海鉄道株を地元株に編入するか否かは議論の余地がある。廣海家は株主割当増資を引き受ける形で南海鉄道株を集積していったため、ここでは連続して地元株に分類した。

(74) 加田兄弟合資会社（資本金二万円）については出資金一、〇〇〇円のうち、一五〇円を償却した上で、残額を年賦払い（年一三五円）で返済する契約を、主唱者の嘉田家と結んだ（明治四五年「万覚帳」廣海家文書L一五五）。

(75) 一九〇六年の頭取就任以降、四代惣太郎は表4-8が示すように貝塚銀行から頭取報酬や賞与とともに、交際費を受け取っていた。また銀行から「日報」形式の報告書も受け取っており、経営実務に関与していたことが推察される。（一九〇七年）一二月一九日付廣海頭取宛貝塚銀行・新川雅史「書簡」廣海家文書V〇〇五―六―九〇。

(76) 「大礎社　繁殖簿」廣海家文書A一八六。

第5章　大正・昭和戦前期の有価証券投資

花井俊介

はじめに

本章では、前章の分析を引き継ぎ、大正・昭和戦前期における廣海家の株式投資活動を追跡する。[1] 具体的には、前章と同様に、廣海家所有の株式銘柄を地元企業株式と非地元＝中央企業株式に分けた上で、①投資の動向、②投資の資金源泉、③保有行動の特性（指向性と継続性）、④保有行動と収益性との関係が検討される。商人による工業化資金の供給はいかに行われたか、また商家の投資行動を規定した誘因は何かに焦点を合わせ、具体的な事例分析を提示することが本章の目的である。この課題設定の含意は以下の通りである。

(1) 工業化資金の供給について、従来の研究は、地主や商人によるさかんな株式投資の事実を明らかにしてきた。[2] この中で、大阪など大都市商人層の株式投資に関する推計に基づき、資本主義確立期には商業部門の蓄積が大きく寄与したとする議論が提起され、商業的蓄積の工業部門への供給という工業化資金の外生的性格が指摘されている。[3] 資本主義確立期以降も、持続的工業化を支えた成長資金のマクロ的な供給構造を明らかにすることは重要な課題となる。この点では資本・金融市場における大企業の資金調達に関する研究が中心を占め、[4] 産業部門間の資金需給という視角から明示的な指摘はなされていないが、工業部門における蓄積自体が累積的に拡大したという事実は、外生的な資金供給から工業内部での循環的な資金供給へと変化したことを示唆している。

　ただし、この想定が成り立つためには、配当として企業外に流出した資金が企業に還流する構造がいかに形成されたかが、さらに問われねばならない。問題とすべきは工業部門内への資金流出ではなく、工業以外の諸産業部門に流出した資金の還流構造であり、資本主義確立期の推計が明らかにした株式投資に占める商人層の高い比重からみて、商業部門への資金流出とその還流のあり方が第一に解明される必要がある。他方、戦前期大企業の資金調達に関する研究は、株式が企業に対する成長資金供給の主要な経路であったという興味深い検討結果を提示している[5]。これを直接金融の優位と評価しうるかについては議論が分かれるが[6]、株式が主要な資金調達手段であったとすれば、工業部門内部における資金循環を問題とするに当たっては、配当などの流出資金が株式投資を通じて企業に還流する構造が具体的に究明されねばならないだろう。すなわち、第一に、配当を通じた工業から商業への資金流出とその還流の実態が、第二に還流の経路としては株式投資のあり方が明らかにされる必要がある。したがって、商人＝株主の投資行動の解明が焦点として浮かび上がってくるのである。

　もちろん、廣海家の事例だけで、この問題に回答を与えられるわけではないが、本章では、工業化に伴う資金循環構造のマクロ的な変化が、廣海家というミクロの商家事例にいかに投影されていたかを念頭に置いて[7]、同家の投資活動を追跡する。また、この課題を果たすために、株式投資の資金源泉（商業的蓄積か、商業部門以外の蓄積か、外部からの借入か）の検討も行われる。

(2)　企業勃興期の地方における投資活動を追跡した研究は、企業家として経営に積極的には関与しないが、地域の「名望家」として投資の初期リスクを敢えて引き受けるという「名望家的」投資が地方企業の設立に重要な役割を演じたと主張している[8]。本章ではこの指摘に留意し、限定的とはいえ、「名望家」的側面を備えていた廣海家の投資行動を規定した誘因（動機）についても考察する。期待収益に感応的でない「名望家的」投資が企業勃興期に果たした役割は否定されないが、営利的誘因が弱い投資活動が支配的であれば、マクロ的にみた投資の効率は低水準にとどまる可能性がある。特に、工業化資金の主要な供給者と想定される中規模商人層の投資行動が利益に高い感応を示さなかったとすれば、資本という稀少な資源が工業化という後発国日本のマクロ的な経済課題に対して、あるいは泉南地域のセミ・マクロ的な経済目標に対して十分効率的には利用されなかったことになる。[9] この点で商人の投資行動の効率性が改めて問われる必要があろう。

第一節　株式投資の動向と資金調達

（1）投資残高の動向

廣海家の株式投資状況を示した図5-1（株式銘柄別の投資状況は表5-1・2参照）で注目されるのは、第一次大戦前後期の飛躍的な増大である。大戦前に一〇万円台前半だった投資額は、大戦期以降一九二二（大正一一）年前後にかけて著しく拡大し、七〇万円近くに達した。しかし、その後は増加ペースが衰え、一九二〇年代半ばから二〇年代末は七〇万円台前半に停滞する。後述のように、この時期、廣海家は大戦期・戦後ブーム期に高価格で購入し、二〇年代に収益が悪化して潜在的キャピタルロスが生じた株式を大量に抱え込み、それが株式投資の効率低下と投資自体の停滞を招いていた。[10] 一九三〇（昭和五）年には収益性が低い株式の大整理が行われ、投資残高は一挙に五〇万円近くに落ち込んだ。整理に伴い、廣海家は大幅なキャピタルロスを計上した（後述）。三〇年以降は、整理の結果、収益性が回復した保有株式をベースに再び緩やかに投資を拡大させた。

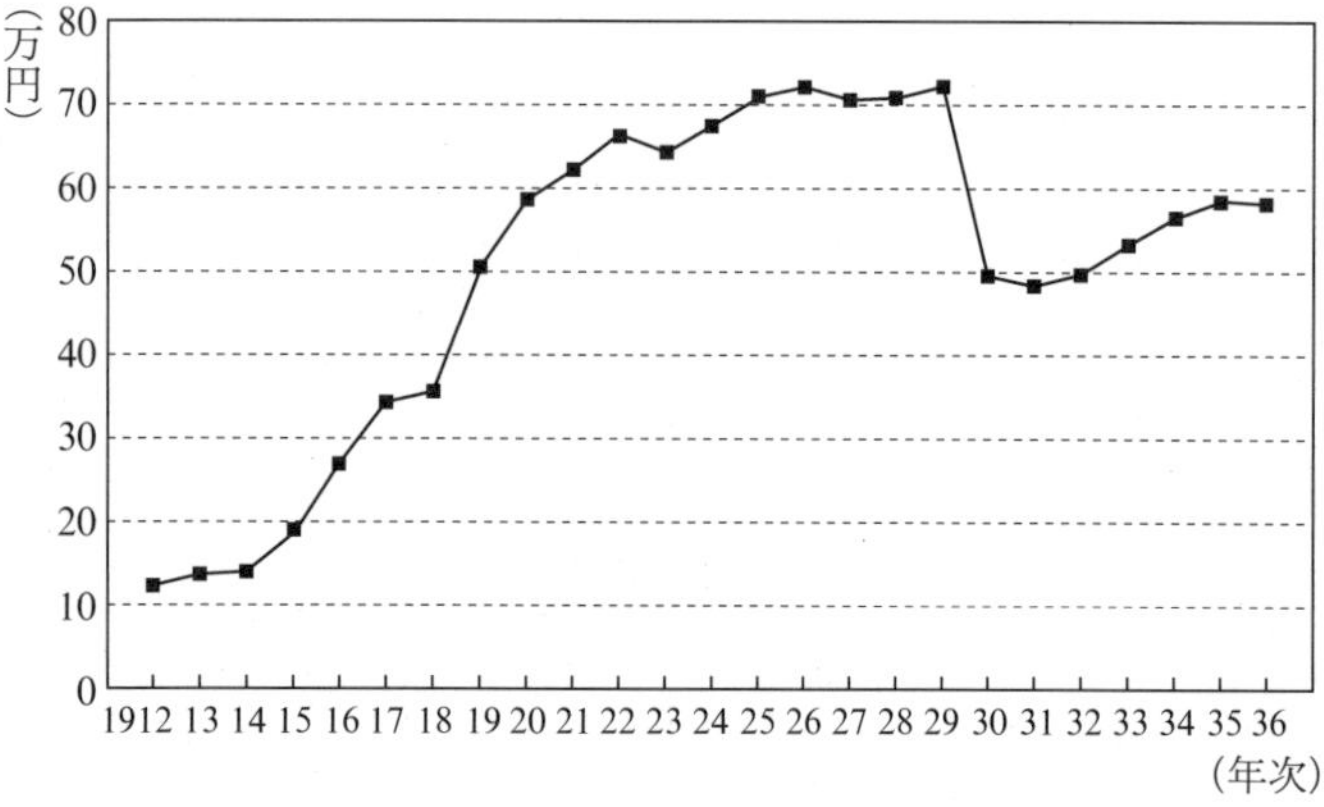

図 5-1　廣海家の株式投資残高（1912-36 年）

出所）表 5-1・2 より作成。

（2）投資資金の調達

ⓐ収益構造と投資源泉

廣海家は株式への追加投資資金をどのように調達したのであろうか。

考察の前提として、明治後期以降、「商業収益が株式投資を支える」という財務構造がほぼ消滅したことを確認しておきたい。この点は、株式追加投資額の大きさと商業部門の低収益から明らかである。例えば、大戦をはさむ一九一二（大正元）—二二年に廣海家の株式投資残高は六〇万円近く増加したが、この間の商業収益は不安定で、累計では赤字であった可能性が高く（第1章参照）[11]、商業的蓄積で株式投資を賄う状況にはなかった。したがって、投資資金の調達に関しては、最大の蓄積部門＝株式の収益で新たな株式投資をカバーしえたか、カバーできなかったとすれば、いかなる外部資金が導入されたのかが問題となる[12]。

ⓑ一九一〇年代の投資源泉

表5-3で各年の株式投資残高の純増額（＝追加投資）が当年中に得た株式収益でカバーできたかを確認しよう。

大正期をみると、一九一〇年代、特に大戦期・戦後ブーム期に当年中の株式収益を超える追加投資がなされており、何らかの形で外部資金を導入する必要が生じていた。

表 5-1　廣海家の株式投資状況 I（1912-26 年：購入金額ベース）

（単位：円）

分類	銘　柄	1912 年		1913 年		1914 年		1915 年		1916 年		1917 年		1918 年		1919 年		1920 年		1921 年		1922 年		1923 年		1924 年		1925 年		1926 年		投資額累計
		取得額	比率	取得額	比率	取得額	比率	取得額	比率	取得額	比率	取得額	比率	取得額	比率	取得額	比率	取得額	比率	取得額	比率	取得額	比率	取得額	比率	取得額	比率	取得額	比率	取得額	比率	
地元	貝塚銀行	16,341	13.7	22,191	16.6	22,191	16.1	22,191	11.7	25,701	9.6	32,721	9.5	49,491	13.9	49,491	9.8	59,241	10.1	59,246	9.5	59,246	8.9	68,996	10.7	68,996	10.2	68,996	9.7	67,641	9.4	692,684
	岸和田紡績	1,440	1.2	2,210	1.6	8,284	6.0	27,666	14.6	30,541	11.4	27,969	8.1	13,681	3.8	22,931	4.5	29,931	5.1	47,718	7.6	70,614	10.6	72,734	11.3	72,734	10.7	78,836	11.1	78,836	10.9	586,125
	貝塚織物（貝塚紡織）	10,700	8.9	10,700	8.0	10,700	7.8	10,700	5.7	10,700	4.0	10,700	3.1	10,700	3.0	10,700	2.1	39,750	6.8	39,750	6.4	51,700	7.8	58,512	9.1	64,280	9.5	64,280	9.0	64,280	8.9	468,152
	岸和田煉瓦	16,723	14.0	16,723	12.5	16,723	12.2	16,723	8.8	16,723	6.2	16,723	4.9	16,720	4.7	21,380	4.2	32,970	5.6	46,360	7.4	46,360	7.0	46,360	7.2	46,360	6.9	46,360	6.5	57950	8.0	461,158
	南海鉄道	34,322	28.7	35,937	26.8	29,062	21.1	20,185	10.7	20,185	7.5	21,730	6.3	25,555	7.2	15,618	3.1	15,618	2.7	23,768	3.8	30,418	4.6	30,945	4.8	35,813	5.3	40,233	5.7	45,688	6.3	425,072
	本辰酒造							10,000	5.3	10,000	3.7	17,500	5.1	20,000	5.6	30,000	5.9	30,000	5.1	30,000	4.8	30,000	4.5	30,000	4.6	30,000	4.4	30,000	4.2	30,000	4.2	297,500
	和泉紡績	625	0.5	1,750	1.3	1,750	1.3	1,750	0.9											15,818	2.5	15,818	2.4	15,818	2.5	19,138	2.8	27,988	3.9	27,988	3.9	128,440
	五十一銀行	4,677	3.9	4,677	3.5	4,677	3.4	4,677	2.5	4,677	1.7	4,677	1.4	6,052	1.7	8,802	1.7	8,802	1.5	10,989	1.8	10,989	1.7	10,989	1.7	10,989	1.6	10,989	1.5	10,989	1.5	117,652
	泉醤油	5,500	4.6	7,000	5.2	7,000	5.1	7,000	3.7	3,000	1.1	3,000	0.9	3,000	0.8	3,000	0.6	4,000	0.7	4,000	0.6	5,000	0.8	5,000	0.8	6,000	0.9	7,650	1.1	9630	1.3	79,780
	東洋商工													5,000	1.4	5,000	1.0	5,000	0.9	5,000	0.8	5,000	0.8	5,800	0.9	5,800	0.9	5,800	0.8	5800	0.8	48,200
	和泉貯蓄銀行																									11,466	1.7	11,466	1.6	11,466	1.6	34,398
	和泉帆布													4,875	1.4	10,400	2.0	5,200	0.9	6,190	1.0	7,253	1.1									33,918
	水間鉄道																									2,000	0.3	6,400	0.9	8000	1.1	16,400
	泉（州）物産													3,750	1.1	3,750	0.7	5,250	0.9	0	0.0											12,750
	金剛無尽																					1,913	0.3	1,913	0.3	2,413	0.4	2,413	0.3	2,413	0.3	11,065
	大日本除虫菊（除虫粉）															1,250	0.2	1,250	0.2	1,250	0.2	1,250	0.2	1,250	0.2	2,000	0.3	2,000	0.3			10,250
	東洋麻糸							625	0.3	1,300	0.5	1,750	0.5	1,750	0.5	1,750	0.3	2,125	0.4	0	0.0	0	0.0	0	0.0	0	0.0	0	0.0	0	0.0	9,300
	和泉瓦	990	0.8	990	0.7	990	0.7	990	0.5	900	0.3	900	0.3																			5,760
	親栄社（貝塚倶楽部）									300	0.1	660	0.2	660	0.2	660	0.1	660	0.1													2,940
	藤村酒造																													2,500	0.3	2,500
	Θ 連合運送店	20	0.0	20	0.0	20	0.0	20	0.0	20	0.0	20	0.0	20	0.0	20	0.0															160
	地元企業小計	91,338	76.4	102,198	76.3	101,397	73.8	122,526	64.8	124,046	46.3	138,350	40.2	161,253	45.2	184,751	36.4	239,796	40.8	290,089	46.5	335,560	50.5	348,317	54.0	377,989	55.9	403,411	56.7	423,181	58.6	
非地元	尼崎紡績（大日本紡績）			3,000	2.2	3,000	2.2	3,400	1.8	20,450	7.6	59,335	17.3	94,585	26.5	197,983	39.0	246,859	42.0	246,859	39.6	246,859	37.1	218,495	33.9	218,495	32.3	218,495	30.7	206,175	28.6	1,983,990
	朝鮮銀行	21,939	18.3	21,939	16.4	25,689	18.7	25,689	13.6	25,689	9.6	25,689	7.5	25,138	7.1	36,388	7.2	36,388	6.2	37,500	6.0	37,500	5.6	37,500	5.8	37500	5.5	18,750	2.6	18,750	2.6	432,048
	川崎造船									22,064	8.2	24,564	7.1	24,990	7.0																	71,618
	台湾銀行															11,181	2.2	12,431	2.1	7,500	1.2	8,750	1.3	8,750	1.4	8,750	1.3	6,300	0.9	6,103	0.8	69,765
	日本郵船									11,180	4.2			11,560	3.2	45,970	9.1															68,710
	大日本麦酒																											32,976	4.6	32,976	4.6	65,952
	大同電力																	5,603	1.0	5,444	0.9	6,069	0.9	8,381	1.3	10,000	1.5	10000	1.4	10000	1.4	55,496
	大阪商船											44,415	12.9	10,470	2.9																	54,885
	東洋汽船							15,250	8.1	13,562	5.1	10,850	3.2	9,498	2.7	2,500	0.5	280	0.0													51,940
	摂津紡績									17,040	6.4	26,550	7.7	合併																		43,590
	日本勧業銀行							2,592	1.4	2,592	1.0	2,592	0.8	3,092	0.9	3,592	0.7	4,092	0.7	6,634	1.1	7,134	1.1	2,119	0.3	2,119	0.3	1,119	0.2	1,119	0.2	38,796
	南満州鉄道	1,451	1.2	1,839	1.4	2,239	1.6	2,239	1.2	2,239	0.8	2,239	0.7	2,411	0.7	2,651	0.5	2,831	0.5	2,831	0.5	2,831	0.4	2,831	0.4	2,831	0.4	2,831	0.4	2,831	0.4	37,128
	台湾電力															1,651	0.3	3,751	0.6	3,751	0.6	5,064	0.8	5,064	0.8	4,000	0.6	4,000	0.6	4,000	0.6	31,281
	日本綿花																	20,060	3.4	10,060	1.6											30,120
	東洋紡績																	5,762	1.0	5,762	0.9	5,762	0.9	5,762	0.9	5,762	0.9					28,809
	朝鮮殖産銀行													3,030	0.9	5,070	1.0	3,680	0.6	2,680	0.4	2,650	0.4	2,650	0.4	2,650	0.4	2,650	0.4	2,650	0.4	27,710
	同興紡績																			2,710	0.4	3,835	0.6	3,835	0.6	4,960	0.7	6,085	0.9	6,085	0.8	27,510
	大阪農工銀行	1,850	1.5	1,975	1.5	2,100	1.5	4,980	2.6	4,980	1.9	4,980	1.4																			20,864
	北海道炭礦汽船							3,719	2.0	7,190	2.7	3,595	1.0																			14,504
	塩水港製糖									12,310	4.6																					12,310
	大連株式商品取引所															7,750	1.5	3,750	0.6													11,500
	大阪窯業													9,000	2.5																	9,000
	日本興業銀行	3,000	2.5	3,000	2.2	3,000	2.2																									9,000
	市岡土地									250	0.1	250	0.1	875	0.2	875	0.2	875	0.1	875	0.1	875	0.1	875	0.1	875	0.1	875	0.1	875	0.1	8,375
	久原鉱業									191	0.1	125	0.0	125	0.0	125	0.0	125	0.0	125	0.0	125	0.0	125	0.0	125	0.0	3,950	0.6	540	0.1	5,681
	京阪電気鉄道																													5,515	0.8	5,515
	木曽川電気製鉄															5,410	1.1	合併														5,410
	毛斯綸紡績（紡織か）							3,868	2.0																							3,868
	日本絹毛紡績									625	0.2	438	0.1	438	0.1	438	0.1	438	0.1	438	0.1	700	0.1	合併								3,513
	台湾製糖							3,365	1.8																							3,365
	奉天取引所信託																	625	0.1	625	0.1	625	0.1	475	0.1	475	0.1					2,825
	日本含蜜製造									1,984	0.7																					1,984
	台北製糖							1,453	0.8																							1,453
	（大阪）合同紡績									1426	0.5																					1,426
	日本水力															466	0.1	466	0.1	合併												933
	日本無線電信																											463	0.1	463	0.1	925
	門司築港																	185	0.0	185	0.0	185	0.0	185	0.0	185	0.0					925
	日本レイヨン																											125	0.0	625	0.1	750
	アルカリ（肥料）会社															565	0.1															565
	非地元企業小計	28,240	23.6	31,753	23.7	36,028	26.2	66,554	35.2	143,772	53.7	205,621	59.8	195,212	54.8	322,615	63.6	348,200	59.2	333,978	53.5	328,963	49.5	297,047	46.0	298,727	44.1	308,619	43.3	298,707	41.4	
総　計		119,579	100.0	133,952	100.0	137,425	100.0	189,080	100.0	267,818	100.0	343,971	100.0	356,465	100.0	507,367	100.0	587,997	100.0	624,067	100.0	664,524	100.0	645,364	100.0	676,716	100.0	712,030	100.0	721,888	100.0	

出所）1924 年までの数値は各年「万覚帳」（廣海家文書，15・18 年は欠）より，25 年以降は各年「株券帳」（廣海家文書）より作成。

注 1）摂津紡績は 1918 年 6 月尼崎紡績に合併，同時に尼崎紡績は大日本紡績と社名変更。2）貝塚織物は 1920 年 3 月に貝塚紡織に社名変更。3）木曽川電気製鉄は 1920 年に大阪送電に合併，さらに 21 年大同電力に合併。4）日本水力は 21 年に大同電力に合併。5）日本絹毛紡績は 1923 年に大日本紡績に合併。6）岸和田煉瓦は 1924 年以降，岸和田煉瓦綿業に改称。7）地元企業とは泉南郡内の企業および次の①から④に該当する企業を指す。①泉南郡と密接な関係を有する企業（南海鉄道），②泉南郡に近接した非上場企業（金剛無尽），③泉南郡内と推定されるが未確認の非上場企業（Θ 連合運送店，藤村酒造），④廣海家と姻戚関係にある企業（本辰酒造），非地元企業は上記以外のすべての企業。8）期末の実績を表示。従って，期中に購入・売却され，期末に残らなかった株式は表掲されていない。9）表掲数値は廣海惣太郎・昌蔵・格蔵・祝蔵・千代・惣爺・潤蔵名義分の株式所有で，購入額（実際投資額）ベース。10）空欄は非所有，ゼロは償却済み。

表 5-2　廣海家の株式投資状況 II（1927-36 年：購入金額ベース）

（単位：円）

分類	銘　柄	1927 年		1928 年		1929 年		1930 年		1931 年		1932 年		1933 年		1934 年		1935 年		1936 年		投資額累計
		取得額	比率	取得額	比率	取得額	比率	取得額	比率	取得額	比率	取得額	比率	取得額	比率	取得額	比率	取得額	比率	取得額	比率	
地元	岸和田紡績	78,836	11.1	78,836	11.1	78,836	10.9	78,836	15.9	68,659	14.1	68,659	13.7	68,659	12.9	76,304	13.5	76,304	13.0	76,304	13.1	750,237
	貝塚銀行	66,631	9.4	66,631	9.4	66,631	9.2	66,631	13.4	67,131	13.8	67,131	13.4	67,131	12.6	67,651	11.9	67,651	11.5	67,651	11.6	670,874
	岸和田煉瓦綿業	57,950	8.2	57,950	8.2	57,950	8.0	57,950	11.7	57,950	11.9	57,950	11.6	57,950	10.9	57,950	10.2	57,950	9.9	57,950	9.9	579,501
	南海鉄道	45,688	6.5	45,688	6.4	45,688	6.3	45,688	9.2	45,688	9.4	45,688	9.1	67,396	12.7	67,396	11.9	67,396	11.5	67,396	11.6	543,710
	貝塚紡織（貝塚織物）	64,280	9.1	64,880	9.1	70,040	9.7	31,820	6.4	31,820	6.5	31,820	6.4	31,820	6.0	31,820	5.6	22,969	3.9	16,719	2.9	397,989
	本辰酒造	30,000	4.2	30,000	4.2	32,775	4.5	32,775	6.6	32,775	6.7	32,775	6.6	32,775	6.2	32,775	5.8	32,775	5.6	32,775	5.6	322,201
	和泉紡績（東洋紡績）	27,988	4.0	27,988	3.9	27,988	3.9	27,988	5.6	11,177	2.3	11,177	2.2	11,178	2.1	11,178	2.0	12,178	2.1	5,008	0.9	173,844
	和泉貯蓄銀行（和泉銀行）	11,466	1.6	11,466	1.6	11,466	1.6	11,466	2.3	11,466	2.4	11,466	2.3	11,466	2.2	17,870	3.2	17,870	3.0	17,870	3.1	133,872
	泉醤油	9,630	1.4	9,630	1.4	9,630	1.3	9,630	1.9	9,630	2.0	9,630	1.9	9,630	1.8	9,630	1.7	7,680	1.3	7,680	1.3	92,400
	五十一銀行	10,989	1.6	3,750	0.5	3,750	0.5	3,750	0.8	3,750	0.8	3,750	0.8	3,750	0.7	3,750	0.7	3,750	0.6	3,750	0.6	44,739
	東洋麻糸	0	0.0	0	0.0	1,000	0.1	1,375	0.3	3,875	0.8	3,875	0.8	3,875	0.7	3,875	0.7	3,875	0.7	4,375	0.8	26,125
	東洋商工	5,800	0.8	5,800	0.8	5,800	0.8															17,400
	金剛無尽	2,413	0.3	2,413	0.3	2,413	0.3	2,413	0.5	1,250	0.3	1,250	0.3	1,250	0.2	1,250	0.2	1,250	0.2	1,250	0.2	17,152
	藤村酒造	2,500	0.4	2,500	0.4	2,500	0.3	1,000	0.2	1,000	0.2	1,000	0.2	1,000	0.2	1,000	0.2	1,000	0.2	1,000	0.2	14,500
	水間鉄道	8,000	1.1	1,010	0.1	540	0.1	540	0.1	540	0.1	540	0.1	540	0.1	540	0.1	540	0.1	540	0.1	13,330
	薬水園																	1,000	0.5	1,000	0.5	2,000
	岸和田人絹															188	0.0	375	0.1	375	0.1	938
	地元企業株小計	422,171	59.6	408,541	57.5	417,006	57.6	371,861	74.8	346,711	71.3	346,711	69.4	368,420	69.2	383,177	67.7	374,563	63.9	361,643	62.0	
非地元	大日本紡績（尼崎紡績）	181,086	25.6	146,086	20.6	138,086	19.1	16,920	3.4	16,920	3.5	16,920	3.4	16,920	3.2	16,920	3.0	16,920	2.9	20,445	3.5	587,225
	日本窒素			25,300	3.6	25,300	3.5	31,425	6.3	50,845	10.5	47,625	9.5	37,133	7.0	33,295	5.9	33,295	5.7	33,295	5.7	317,513
	大同電力	18,275	2.6	24,268	3.4	24,268	3.4	24,268	4.9	24,268	5.0	24,268	4.9	24,268	4.6	24,268	4.3	24,268	4.1	25,483	4.4	237,898
	大日本麦酒	32,976	4.7	23,346	3.3	23,346	3.2	13,201	2.7	13,201	2.7	13,201	2.6	13,201	2.5	13,201	2.3	13,201	2.3	13,201	2.3	172,075
	台湾製糖											7,010	1.4	16,995	3.2	16,995	3.0	16,995	2.9	16,995	2.9	74,990
	日本生命			32,520	4.6	32,520	4.5															65,040
	京阪電気鉄道	5,515	0.8	5,515	0.8	5,515	0.8	5,515	1.1	5,515	1.1	5,515	1.1	5,515	1.0	5,515	1.0	7,255	1.2	7,255	1.2	58,630
	朝鮮銀行	18,750	2.6	18,750	2.6	18,750	2.6															56,250
	三菱銀行					10,000	1.4	10,000	2.0	5,800	1.2	5,800	1.2	5,800	1.1	5,800	1.0	5,800	1.0	5,800	1.0	54,800
	日本染料											9,249	1.9	5,499	1.0	9,644	1.7	10,644	1.8	18,669	3.2	53,705
	共同信託	5,575	0.8	5,575	0.8	4,950	0.7	4,950	1.0	4,950	1.0	4,950	1.0	4,950	0.9	4,950	0.9	4,950	0.8	4,950	0.8	50,750
	台湾電力	4,000	0.6	4,000	0.6	4,000	0.6	4,000	0.8	4,000	0.8	4,000	0.8	4,000	0.8	4,525	0.8	4,525	0.8	4,525	0.8	41,575
	同興紡績	6,085	0.9	4,350	0.6	4,350	0.6	4,350	0.9	4,350	0.9	4,350	0.9	4,350	0.8	4,350	0.8	4,350	0.7			40,885
	日本絹靴下															5,000	0.9	16,000	2.7	16,000	2.7	37,000
	南満州鉄道	3,011	0.4	3,011	0.4	3,131	0.4	3,131	0.6	3,131	0.6	3,281	0.7	3,751	0.7	4,071	0.7	4,391	0.7	4,711	0.8	35,621
	新高製糖（大日本製糖）													8,320	1.6	8,320	1.5	9,219	1.6	9,219	1.6	35,079
	住友金属工業																	11,700	2.0	11,700	2.0	23,400
	塩水港製糖													5,705	1.1	4,365	0.8	4,365	0.7	4,365	0.7	18,800
	住友化学工業															5,200	0.9	6,200	1.1	7,200	1.2	18,600
	日本電気化学工業													5,830	1.1	5,000	0.9	5,000	0.9			15,830
	日本曹達															6,390	1.1	7,015	1.2	1,435	0.2	14,840
	日本航空輸送			1,235	0.2	1,963	0.3	2,863	0.6	2,863	0.6	2,863	0.6									11,787
	日本勧業銀行	1,119	0.2	1,119	0.2	1,119	0.2	1,119	0.2	1,119	0.2	1,119	0.2	1,119	0.2	1,119	0.2	1,119	0.2	1,119	0.2	11,190
	朝鮮殖産銀行	2,650	0.4	2,650	0.4	5,200	0.7															10,500
	日本レイヨン	1,000	0.1	1,000	0.1	1,000	0.1	1,250	0.3	805	0.2	805	0.2			2,200	0.4	2,200	0.4			10,260
	市岡土地	875	0.1	875	0.1	875	0.1	875	0.2	875	0.2	875	0.2	875	0.2	875	0.2	875	0.1	875	0.2	8,750
	台湾銀行	4,003	0.6	2,100	0.3	2,100	0.3															8,203
	倉敷絹織																			6,150	1.1	6,150
	日本無線電信	546	0.1	592	0.1	792	0.1	1,092	0.2	867	0.2	867	0.2									4,756
	朝鮮ドレッヂ礦業																			2,900	0.5	2,900
	満州化学工業																			2,565	0.4	2,565
	三菱重工業															780	0.1	780	0.1	780	0.1	2,340
	東邦人造繊維															250	0.0	500	0.1	1,000	0.2	1,750
	新興人絹																			900	0.2	900
	久原鉱業	540	0.1																			540
	非地元企業株小計	286,006	40.4	302,292	42.5	307,265	42.4	124,959	25.2	139,509	28.7	152,698	30.6	164,230	30.8	183,033	32.3	211,567	36.1	221,537	38.0	
総　計		708,177	100.0	710,834	100.0	724,272	100.0	496,820	100.0	486,220	100.0	499,409	100.0	532,650	100.0	566,209	100.0	586,130	100.0	583,180	100.0	

出所）各年「株券帳」（廣海家文書）より作成。

注 1）貝塚織物は 1920 年 3 月に貝塚紡織に社名変更。2）尼崎紡績は 1918 年に大日本紡績と社名変更。3）岸和田煉瓦は 1924 年以降，岸和田煉瓦綿業に改称。4）和泉貯蓄銀行は 1934 年に和泉銀行に合併。5）新高製糖は 1935 年に日本製糖に合併。6）和泉紡績は 1935 年に東洋紡績に合併。7）地元企業とは泉南郡内の企業および次の①から④に該当する企業を指す。①泉南郡と密接な関係を有する企業（南海鉄道），②泉南郡に近接した非上場企業（金剛無尽），③泉南郡内と推定されるが未確認の非上場企業（Θ 連合運送店，藤村酒造，薬水園），④廣海家と姻戚関係にある企業（本辰酒造）非地元企業は上記以外のすべての企業。8）期末の実績を表示。従って，期中に購入・売却され，期末に残らなかった株式は表掲されていない。9）表掲数値は廣海惣太郎・昌蔵・格蔵・祝蔵・千代・惣爺・潤蔵名義分の株式所有で，購入額（実際投資額）ベース。10）空欄は非所有，ゼロは償却済み。

表 5-3　廣海家の株式投資残高と投資資金の調達

（単位：円，括弧内は%）

年　次	1912	1913	1914	1915	1916	1917	1918	1919	1920
〈株式投資残高〉									
地元企業株	91,338 (76.4)	102,198 (76.3)	101,397 (73.8)	122,526 (64.8)	124,046 (46.3)	138,350 (40.2)	161,253 (45.2)	184,751 (36.4)	239,797 (40.8)
非地元企業株	28,240 (23.6)	31,753 (23.7)	36,028 (26.2)	66,554 (35.2)	143,772 (53.7)	205,621 (59.8)	195,212 (54.8)	322,615 (63.6)	348,200 (59.2)
計	119,579 (100)	133,952 (100)	137,425 (100)	189,080 (100)	267,818 (100)	343,971 (100)	356,465 (100)	507,366 (100)	587,997 (100)
株式収益合計　A	9,601	11,425	13,376	…	42,573	65,475	…	89,320	71,996
〈投資資金調達〉									
株式投資増加額　B	31,775	14,373	3,473	51,655	78,738	76,152	12,494	150,901	80,631
A－B	－22,174	－2,948	9,903	…	－36,165	－10,678	…	－61,581	－8,635
年　次	1921	1922	1923	1924	1925	1926	1927	1928	1929
〈株式投資残高〉									
地元企業株	290,089 (46.5)	335,561 (50.5)	348,317 (54.0)	377,989 (55.9)	403,411 (56.7)	423,181 (58.6)	422,171 (59.6)	408,542 (57.5)	417,007 (57.6)
非地元企業株	333,978 (53.5)	328,963 (49.5)	297,047 (46.0)	298,727 (44.1)	308,619 (43.3)	298,707 (41.4)	286,006 (40.4)	302,292 (42.5)	307,265 (42.4)
計	624,067 (100)	664,524 (100)	645,364 (100)	676,716 (100)	712,030 (100)	721,888 (100)	708,177 (100)	710,834 (100)	724,272 (100)
株式収益合計　A	53,452	81,696	42,231	58,299	47,767	55,590	39,969	37,858	46,576
〈投資資金調達〉									
株式投資増加額　B	36,071	40,457	－19,160	31,352	35,314	9,858	－13,711	2,657	13,438
A－B	17,382	41,240	61,390	26,947	12,453	45,732	53,680	35,201	33,138
年　次	1930	1931	1932	1933	1934	1935	1936		
〈株式投資残高〉									
地元企業株	371,861 (74.8)	346,711 (71.3)	346,711 (69.4)	368,420 (69.2)	383,177 (67.7)	374,563 (63.9)	361,643 (62.0)		
非地元企業株	124,959 (25.2)	139,509 (28.7)	152,698 (30.6)	164,230 (30.8)	183,033 (32.3)	211,567 (36.1)	221,537 (38.0)		
計	496,820 (100)	486,220 (100)	499,409 (100)	532,650 (100)	566,209 (100)	586,130 (100)	583,180 (100)		
株式収益合計　A	－128,597	10,497	29,142	47,292	31,767	41,199	39,832		
〈投資資金調達〉									
株式投資増加額　B	－227,452	－10,600	13,189	33,241	33,559	19,921	－2,950		
A－B	98,855	21,097	15,953	14,051	－1,792	21,278	42,782		

出所）表 5-1・2 より作成。
注記）株式投資増加額は本年末投資残高から前年末残高を差し引いて算定。従って，本年中に購入・売却された株式に関する資金需要は含まれていない。…は不明。

表 5-4　廣海家の銀行新規借入（1916 年）

月　日	借入先	借入額(円)	担　保（株式銘柄・株数）
1. 18	貝塚銀行	4,000	（和泉紡 50）
2. 25	三十四銀行	15,000	尼崎紡新 100
3. 24	五十一銀行	10,000	岸和田煉瓦旧 418
8. 19	三十四銀行	15,000	…
8. 26	貝塚銀行	6,500	…
9. 01	三十四銀行	20,000	岸和田紡旧 150
9. 25	三十四銀行	20,000	摂津紡旧 100，岸和田紡旧 70
10. 02	三十四銀行	20,000	尼崎紡 50，東洋紡新 100，東糖新 100
10. 17	三十四銀行	23,000	岸和田紡旧 100，同新 90
10. 17	三十四銀行	35,000	岸和田紡新 140，同旧 20，尼崎紡旧 100
10. 30	三十四銀行	35,000	川崎造船新 100，摂津紡 50，岸紡 150
11. 13	五十一銀行	20,000	北炭 200，東洋汽船新 200
12. 10	貝塚銀行	20,000	貝塚織物 428，岸和田煉瓦 536
12. 14	貝塚銀行	10,000	尼崎紡 50
12. 14	貝塚銀行	30,000	川崎造船新 100，摂津紡新 50，岸和田紡 150

出所）大正 5 年「万覚帳」（廣海家文書 L148）より作成。
注記）10 月 2 日の三十四銀行からの借入に際して担保として記入された「東糖」株は誤記と思われるが，そのまま表示した。…は不明。

　では、どのように外部資金が調達されたのか。一九一六（大正五）年についてみよう。同年の廣海家の銀行新規借入を示した表5-4によれば、三十四銀行、五十一銀行、貝塚銀行の三行から新規借入が行われている。ただし、この年に新規借入はないが、住友銀行からも負債借換えにより借入を継続しており、同年の取引銀行は全部で四行であった。新規借入の方法を確認すると、六〇日前後の短期手形借入がほとんどで、判明する限り、担保は明治期同様（第4章参照）すべて株式であった。これら新規借入に返済、借換え等を加味して一六年における廣海家の銀行借入残高の動きを追うと（図5-2）、三・四月に借入残高が若干増え、八月頃から残高が大きく拡大している。この借入が株式投資に利用されたかを推定するために、株式関係資金需要の動き（＝株式関係資金の収支尻、図5-3）をみると、三・四月に収支の資金ポジションは若干のマイナスとなり、五月にほぼゼロに戻るものの、再び七月半ばから一一・一二月にかけてマイナスが大きく膨らんでいる。すなわち、株式資金収支のマイナス（資金需要の発生）と銀行借入増大の動きは一致していた。廣海家は、大戦・戦後ブーム期に激増した株式投資の資金需要に、銀行の株式担保金融で対応していたのである。但し、この検討結果については、次の二点に留意する必要がある。

第一に、この時期の株式投資がもっぱら銀行からの株式担保金融に依存して行われたわけではないことである。例

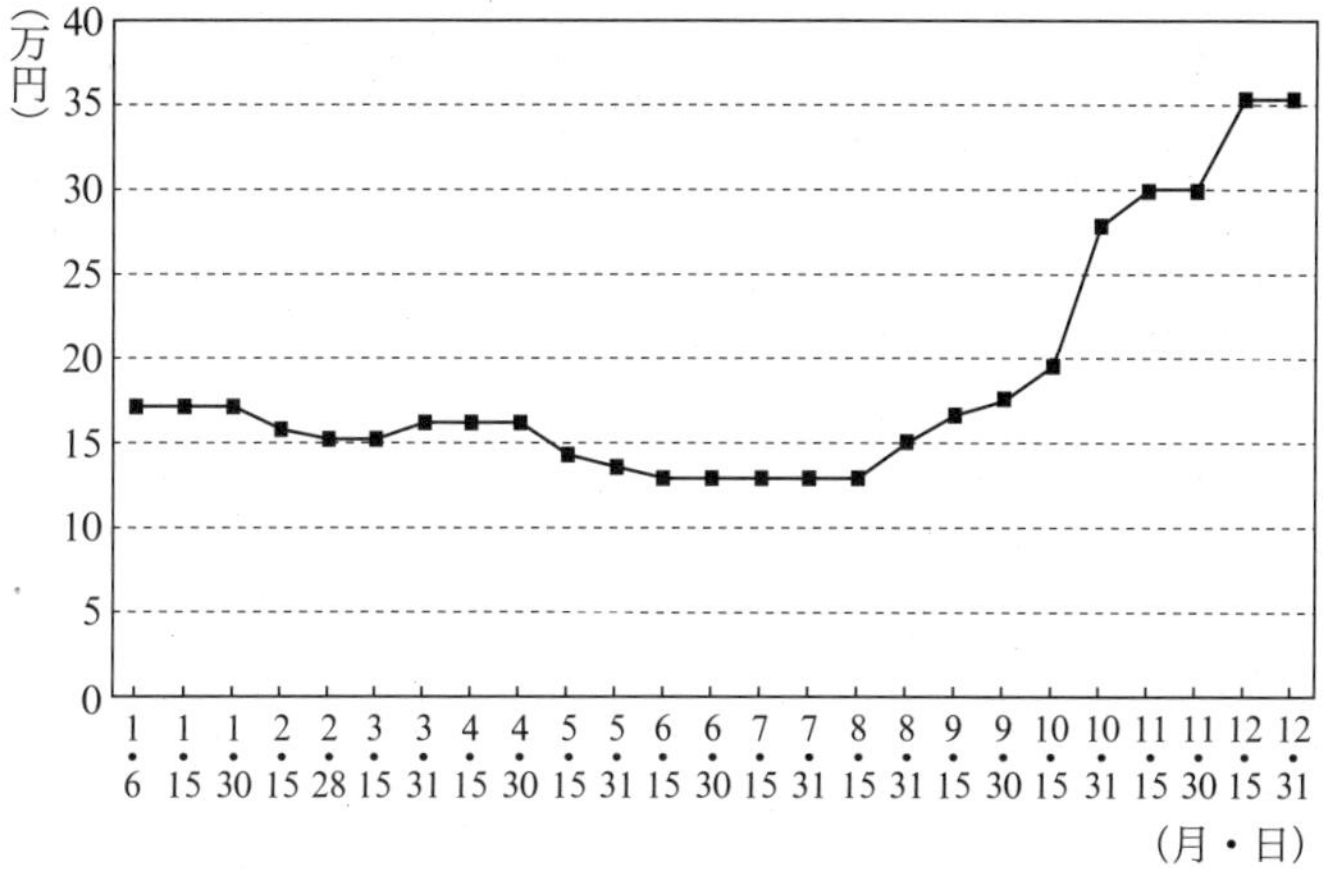

図 5-2　廣海家の銀行借入残高（1916 年）

出所）大正 5 年「万覚帳」（廣海家文書 L148）より作成。

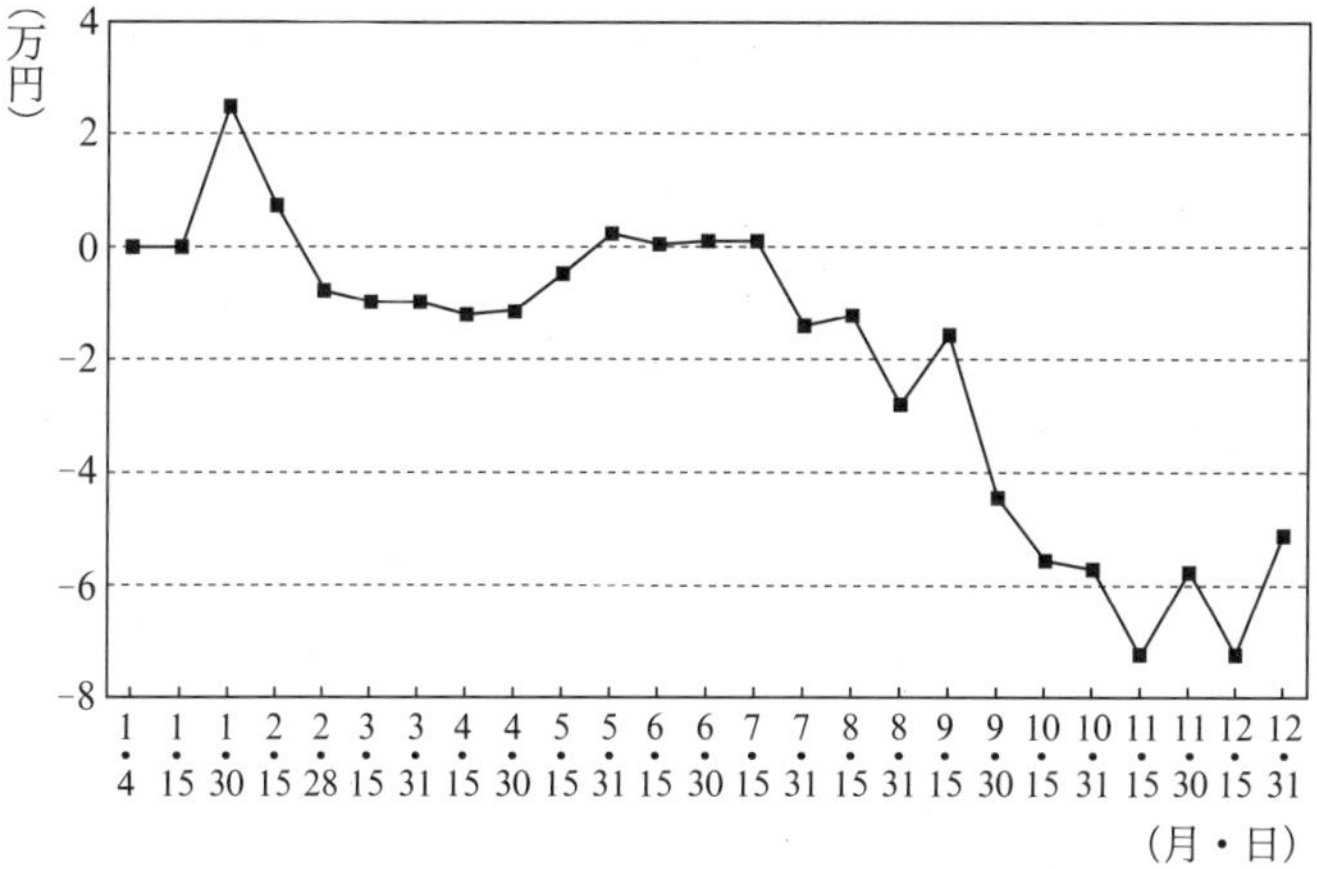

図 5-3　廣海家株式関係資金の収支残高（1916 年）

出所）大正 5 年「万覚帳」（廣海家文書 L148）より作成。
注記）年始の収支残高のポジションをゼロとして，配当・売却益などの収入と追加払込，新株引受，新規購入などの支出によって収支尻がどのように推移したかを図示した。

えば、一九一五―二〇年の株式追加投資額は累計で三九万九、〇〇〇円近くにのぼったが（表5-3）、このうち少なく見積もって三三万円程度、[13]すなわち約八割は株式収益の再投資でファイナンス可能であった。第13章が指摘するように、株式投資が激増した大戦期・戦後ブーム期でも、自己資金による株式投資を基調としたのであり、株式担保金融は補完的な資金調達手段として位置づけられていた。

第二に、銀行借入と株式投資の資金需要（図5-2・3）は整合的な動きを示したが、絶対額では銀行借入の増加が株式資金需要を大きく上回ったことである。特に、七月以降の銀行借入の増大は著しく、株式関係資金需要が最大七万円程度であったのに対し、七月―年末の銀行借入純増は二〇万円以上にのぼった。この乖離のうち一定部分は、銀行借入が商業資金にも利用されたことから説明できる。[14]第3章で述べるように、一九一〇年代に干鰯店（小売部門）の売上げが拡大し、大戦期に肥料販売額の過半を占めるに至った。干鰯店の小売は肥料前貸形態をとったため、販売増大に伴い前貸金回収までの繋ぎ資金需要が拡大し、それが銀行借入への依存度を高めた。しかも、一九二〇年恐慌前の繋ぎ資金需要には強い季節性があり、年央から肥料前貸が集中する一一・一二月にかけて需要が大きく膨張する傾向がみられた。株式資金需要と前貸による資金需要がともに年半ばから年末に増加した結果、下半期に廣海家の銀行借入は大幅に拡大した。なお、銀行借入の担保はほぼすべて株式であったから、株式保有は家業＝商業の資金調達にも必要不可欠であった。

ⓒ一九二〇年代―三〇年代半ばの投資源泉

再び表5-3で一九二〇年代以降の株式投資の資金源泉を確認すると、一九二一（大正一〇）年を境に株式収益で株式投資を賄いうる構造が現れ、この構造は昭和戦前期にも変化しない。もっとも、この評価については、次の点に留意する必要がある。

第一に、一九二〇年の所得税改正により配当収入への課税が始まり、二一年以降は所得税が新たな投資の資金コストとなったが（第2章参照）、表5‐3は税負担を考慮しない粗収益ベースで算定されていることである。これは、所得税が総合課税方式をとったため、支払い税額中の配当対応分を分離して確定するのが困難であるという技術的な理由に基づいている[15]。しかし、所得税全額（表2‐2参照）を株式収益から差し引いた場合でも、二一年以降は残余の株式収益で十分に株式追加投資をカバーしており、株式収益による株式再投資という構造自体に変化はない。

第二に、年内に購入し、年末まで持ち越さずに売却するという短期の株式売買が、表5‐3に捕捉されていないことである。仮に廣海家が年末残高に反映しない短期の株式売買を頻繁に繰り返したとすれば、同表に現れない株式購入のための短期資金需要がしばしば発生したことになる。ただし、結論的にいえば、廣海家は大戦期・戦後ブーム期には投機的な短期売買をかなり行ったが、一九二〇年恐慌でバブル景気が崩壊すると[16]、以後は短期の株式売買にほとんど手を出さなくなった。一九二〇年代の短期売買は、二八（昭和三）年の八千代生命保険株式一件にすぎない。一九三〇―三六年をみても、三三年の錦華人絹株式、三四年の岸和田人絹株式など、七年間でわずか四件であった。したがって、一九二〇年代以降は、表5‐3の株式投資額が廣海家の実際投資額とほぼ一致しており、株式投資は株式収益で賄いうる構造にあったと考えられる。

第三に、一年というタイムスパンでみて株式投資を株式収益で賄いうる構造が形成されたとしても、廣海家が現実の株式投資にあたって銀行借入を行わなくなったわけではないことである。資金循環を株式部門内に限定した場合も、投資資金需要の発生までに必要額が株式収益で得られる保証はなく、収益が入るまでの繋ぎ資金として銀行借入が導入されることは十分ありうる。現実には株式以外の資金需要も生じるので、株式収益が遊休資金化していれば、これらの資金需要に流用されたであろう。この結果、株式投資の資金需要が生じたときに、賄いうる収益の蓄積がなく、銀行借入が利用された可能性もある。実際、第13章が明らかにしているように、廣海家の株式投資は一九二〇年代以降も銀行借入を不可欠の一環とする資金循環構造に組み込まれていた[17]。

したがって、大戦ブーム・戦後バブル崩壊後も、廣海家は株式担保で銀行借入を続けた。廣海家諸事業部門間の資金循環は第13章で分析されるが、株式以外に商業、不動産経営など多角的に事業を展開していた同家内部の資金循環は非常に複雑な形をとっていた。残念ながら不動産や家計部門などの年末ストック値が得られないため、第13章は資産ストックの分析対象を商業と株式投資に限定しているが、おそらく銀行借入は株式や商業以外の諸部門をすべて含んだ廣海家の資金循環全体を支える要として機能し続けたと考えられる。[18] その意味で、廣海家にとって株式保有は、リターン獲得という営利機能だけでなく、商業を始めとする同家諸事業部門全体の資金循環を支えていた銀行借入に不可欠の担保価値を確保するという重要な役割を果たしていた。

第二節　株式保有構造と投資行動

（1）株式保有の構造

ⓐ地元企業株式中心の保有志向

前掲表5‐3で廣海家の株式投資残高をみると、第一次大戦前は地元企業株が七五％程度のウェイトを占めていた。ところが、大戦期に非地元企業株投資が急増し、ピークの戦後ブーム期（一九一九〔大正八〕年）には六〇％を超える比重を示すに至った。もっとも、非地元企業株投資額は一九二〇年をピークに減少に転じており、非地元企業株に傾斜した投資活動は大戦前後のごく短期間に限られた。

一方、地元企業株投資額は一九二〇年代半ばまで順調な拡大を遂げ、投資残高に占めるウェイトも一九二二年に再び五〇％を超え、二〇年代半ばには六〇％近くに回復した。二〇年代後半の地元企業株・非地元企業株は、ウェイト・投資額ともに停滞的であり、既述のように一九三〇（昭和五）年の大整理を迎えた。

大整理の主要な対象は大日本紡績株などの非地元企業株式で、非地元企業株投資額は約三二万円から一二万五、〇〇〇円となり、一挙に六〇%近くが整理された。貝塚紡織株など地元企業株の一部も整理されたが、地元株全体では約四二万円から三七万円へと、約九%の減少をみたにすぎない。また、貝塚紡織株投資残高の減少は半額減資の結果であり、廣海家が能動的に売却整理したわけではなかった(19)。非地元企業株を中心に整理された結果、投資残高に占める地元企業株の比重は七五%近くに上昇し、大戦前の水準に戻った。一九三〇年代に地元企業株のウェイトは若干低下したが、大戦期のような急減はなく、おおむね六五―七〇%前後の比重を保った。廣海家の場合、第一次大戦前後の一時期を除けば、一貫して地元株保有志向が強かったといえる。

ⓑ地元企業への投資姿勢

もっとも、地元企業株への投資姿勢には一九二〇年代半ばを境に変化がみられた。

一九一二―一九二六年　廣海家が置かれた当該期の投資環境から検討しよう。泉南郡(岸和田市を含む)の会社数・払込資本金推移をみると(表5-5)、大戦前は企業数が減少するなど不振であったが、大戦・戦後ブーム期には工業会社を中心に活発な企業設立がみられた(一九一五〔大正四〕―二〇年に企業数は倍増、払込資本金は約四倍化)。一

表5-5　泉南郡における企業数・払込資本金額の推移

(単位：円)

年次	農業		工業		商業		運輸		漁業(水産業)		鉱業		総計	
	企業数	払込資本金	企業数	払込資本金	企業数	払込資本金	企業数	払込資本金	企業数	払込資本金	企業数	払込資本金	企業数	払込資本金
1913	1	75,000	48	5,942,450	19	2,056,850	2	6,250	–	–	–	–	70	8,080,550
15	–	–	34	5,957,050	21	2,100,700	1	3,750	–	–	–	–	56	8,061,500
20	–	–	87	27,285,675	22	4,517,640	2	103,750	–	–	–	–	111	31,907,065
25	–	–	98	40,271,200	29	6,886,800	1	3,800	–	–	1	75,000	129	47,161,800
30	–	–	104	41,132,820	48	6,696,000	7	530,250	–	–	–	–	160	48,359,070
35	1	1,500	145	43,867,620	59	6,821,220	9	641,250	1	9,500	–	–	215	51,330,090

出所)『大阪府統計年鑑』各年次より作成。

九二〇年代前半には会社数の増加ペースは衰えたが、払込資本金は大幅に増加しており、企業設立と拡大は続いた。この地元における投資機会の増大に廣海家も積極的に対応し、二六（昭和元）年までは地元企業株への投資残高が増え続けた。この間の地元企業株投資を詳細に追うと（前掲表5-1）、大戦期・戦後ブーム期を中心に、和泉紡績（一九一二年、同年新設）、本辰酒造（一五年、同年組織変更・新設）、東洋麻糸（一五年・同年新設）、親栄社（貝塚倶楽部（一六年、設立年不詳）、東洋商工（一八年、同年新設）、和泉帆布（一八年、同年新設）、泉州物産（一八年、設立年不詳）、大日本除虫粉（一九年、同年新設）の八社、一九二〇年代に入っても二六年までに金剛無尽（二二年、設立年不詳）、和泉貯蓄銀行（二四年、二一年新設）、水間鉄道（二四年、同年新設）、藤村酒造（二六年、設立年不詳）の四社、合計で一二社に新たに投資していた[20]。このうち設立年不明の四社を除く八社中七社は、廣海家が創立に当たって株式を引き受けた。不明の四社も、おそらく創立時に出資したものであろう。一九一二―二六年に廣海家の地元株投資額は三三万円強の増加をみたが、この増分に占める新規投資先の比重は、約八万九、〇〇〇円、二七％にのぼった。また、新規投資先一二社のうち本辰酒造（一九一五年、取締役）、和泉帆布（一八年、相談役）、東洋商工（一八年、監査役）、泉州物産（設立年不詳、監査役）の四社では、廣海惣太郎が設立と同時に経営陣に参加したと推測されるなど[21]、能動的に地元企業の勃興を援助する動きも引き続いてみられた。廣海家は追加出資により既設の地元企業の成長を支える一方で、新たな地元企業の設立を積極的に支援する投資活動を並行して行っていた。

一九二七―一九三六年　一九二〇年代後半から三〇年代前半の日本経済は、金融恐慌、金解禁準備不況、昭和恐慌という不況・恐慌の連続であり、泉南経済も企業の払込資本金総額が約四、七〇〇万円から五、一〇〇万円への微増にとどまるなど（前掲表5-5）、景気を反映して停滞していた。但し、注目されるのは資本金の微増と対照的に、企業数が一九二五年一二九社、三〇年一六〇社、三五年二一五社へと大幅に増加した点である。会社数と資本金の乖離は平均資本規模の縮小を意味するが、不況・恐慌下で企業の減資、倒産が多くみられたことを考慮すれば、この時期の泉南地方では、廃業企業が出現する一方、小規模ではあるが、表に示された以上の数にのぼる広範な企業の新設が行われたと想定できる。低迷する景気の下でも事業機会を見いだそうとする積極的な動きが続いたのであり、一九三〇年代前半（三二年以降）は低為替の下で綿布輸出が好調に転じた波及効果が泉南経済にも及んだと考えられる[22]。

ところが、一九二七年以降、廣海家の地元企業株投資額は停滞ないし減少に転じ、三〇年代も大整理が行われた三〇年三七万円前後の水準に停滞し続けた（前掲表5-3）。一九二七―三六年に地元株投資額は約六万円（一四％）減少していた。一九二七年以降の地元株新規投資先をみると（前掲表5-2）、岸和田人絹（一九三四年、同年新設）、薬水園（三五年、不詳）の二社にすぎない。この二社への一九三六年末投資額は一、五〇〇円弱で、地元株投資額（約三六万円）の〇・五％に満たなかった。廣海家の地元株投資は泉南地方の企業設立状況と乖離した動きを示しており、昭和戦前期に同家は慎重な投資姿勢に転換し[23]、地元企業の設立と拡大を支える点でその果たす役割は低下した。

この事実は、地元企業株に対する廣海家の保有姿勢の決定的な転換、すなわち地元株を処分しようとしても、非上場株で流動性が乏しいために保有し続けたにすぎなかったことを意味するのであろうか。この点も含め、廣海家にとって地元株保有がいかなる意味をもったかについては、後に改めて検討したい。

ⓒ株式保有の継続性

次に、表5-6で地元企業株、非地元企業株の所有銘柄数の変動を追跡し、保有の継続性を検討しよう。

大正期には、大戦期・戦後ブーム期に非地元企業株の銘柄が頻繁に動いたのに対して、地元企業株の銘柄変動は相対的に少なかった。大正期全体の平均実績では、地元株は平均一三銘柄所有され、このうち売却と購入を合わせて入れ替わる銘柄数は年間一銘柄であった。これに対し、非地元企業株の平均所有銘柄数は一二・五銘柄で地元企業株とほとんど同じだが、購入・売却による入れ替わりは年平均三・八銘柄にのぼり、所有銘柄の三分の一近くが毎年差し換えられた。

表 5-6　廣海家所有株式の銘柄変動

年次		1912	1913	1914	1915	1916	1917	1918	1919	1920	1921	1922	1923	1924	1925	1926	大正期平均
地元株	所有銘柄数	10	10	10	12	12	12	14	15	14	14	14	13	15	15	15	13.0
	売却（減少）	0	0	0	0	1	0	0	0	1	1	1	1	0	0	0	0.3
	新規購入（増加）	0	0	0	2	1	0	2	1	0	1	1	0	2	0	1	0.7
非地元株	所有銘柄数	4	5	5	10	16	13	13	16	18	16	15	14	14	14	15	12.5
	売却（減少）	0	0	0	1	3	4	2	3	2	2	1	0	0	3	0	1.4
	新規購入（増加）	0	1	0	6	9	1	3	6	5	1	0	0	0	3	1	2.4

年次		1927	1928	1929	1930	1931	1932	1933	1934	1935	1936	昭和期平均
地元株	所有銘柄数	15	15	15	14	14	14	14	15	16	16	14.8
	売却（減少）	0	0	0	1	0	0	0	0	0	0	0.1
	新規購入（増加）	0	0	0	0	0	0	0	1	1	0	0.2
非地元株	所有銘柄数	16	18	19	15	15	17	17	23	24	25	18.9
	売却（減少）	0	1	0	4	0	0	3	0	0	3	1.1
	新規購入（増加）	1	3	1	0	0	2	3	6	1	4	2.1

出所）表 5-1・2 より作成。
注 1）所有銘柄数は年末の実績。なお，売却とは完全売却を意味し，部分売却は含まれない。購入も完全新規購入を意味し，部分的な買い増しは含まれない。
2）なお，1918, 20, 21, 23 年には合併による非地元株銘柄の減少が 1 件ずつ発生した。非地元株の期中の銘柄変動と年末の銘柄数の動きに不一致が生じたのはこのためである。

非地元株保有の強い変動性と地元株保有の安定という構造は昭和期も変わりがない。例えば、一九二四（大正一三）年以降、地元株で売却されたのは東洋商工株一銘柄にすぎず、他の全銘柄は一九三六（昭和一一）年まで保有された。もっとも、表5-6には保有株の部分売却や買増しなどは反映されていない。そこで、前掲表5-1・2で詳細に保有動向を追跡すれば、非地元企業株の場合、銘柄数に現れない保有変動も激しかったことが確認できる。すなわち、廣海家は、地元株を長期にわたり保有し続ける一方、非地元株は有望な銘柄に随時差し換えるという投資行動をとった。

では、何故こうした投資行動をとったのか。この背景を株式投資の収益性から考察しよう。

(2) 株式の収益動向と投資行動

ⓐ収益性の相違

表5-7によれば、大正期に地元企業株はほぼ一貫して一〇%を超える収益率を実現しており、特に大戦期から一九二〇(大正九)年にかけては三〇%前後という空前の高収益率を示していた[24]。その収益源泉を追うと、株式売買による差益(キャピタルゲイン)は多くなく、安定した配当収入(インカムゲイン)が地元株の高収益を支えていた。一方、非地元企業株の収益率は、大戦・戦後ブーム下の一時期を除き、地元企業株よりも劣っていた。その収益源泉をみると、配当収益率は低く、売買損益に影響されて収益率が大きく変動していた[25]。したがって、株式相場が高騰し、大きな売買益が期待できた大戦・戦後ブーム期に廣海家は非地元株投資で好成績をあげたが、一九二〇年代に株式相場が崩落すると[26]、売買差損などのため成績が低迷した。

表5-8で昭和期をみると、地元企業株、非地元企業株とも収益率は一段と低下している。ただし、地元企業株の収益率は、整理とその翌年(一九三〇・三一年)を除けば、八%前後を確保しており、大正期同様に安定した配当収入がその基盤となっていた。他方、非地元企業株の収益率は、一九三〇年の整理まできわめて低水準であり、整理の際に四〇%近い大きなマイナスを計上した。しかし、整理により高コストの不良株式が処分された結果、一九三一年以降、地元株には及ばないが、収益性を回復した。

すなわち、地元株が、ほぼ一貫して安定した高収益率を維持したのと対照的に、非地元企業株の収益率は相対

収益動向Ⅰ（大正期）

1920		1921		1922		1923		1924		1925		1926	
円	%	円	%	円	%	円	%	円	%	円	%	円	%
63,292	87.9	47,840	89.5	59,932	73.4	44,133	104.5	41,921	71.9	51,094	107.0	46,588	83.8
30,990	43.0	30,455	57.0	31,555	38.6	23,873	56.5	18,636	32.0	16,984	35.6	19,532	35.1
94,282	131.0	78,295	146.5	91,487	112.0	68,006	161.0	60,557	103.9	68,078	142.5	66,120	118.9
−35	0.0	330	0.6	0	0.0	2,010	4.8	0	0.0	0	0.0	168	0.3
−8,052	−11.2	4,896	9.2	−4,510	−5.5	−20,033	−47.4	0	0.0	1,889	4.0	2,872	5.2
−8,087	−11.2	5,226	9.8	−9,760	−11.9	−18,023	−42.7	0	0.0	1,889	4.0	3,040	5.5
−5,200	−7.2	−7,750	−14.5	0	0.0	−7,753	−18.4	0	0.0	0	0.0	−1,250	−2.2
−9,000	−12.5	−22,319	−41.8	−30	0.0	0	0.0	−2,258	−3.9	−22,200	−46.5	−12,320	−22.2
−14,200	−19.7	−30,069	−56.3	−30	0.0	−7,753	−18.4	−2,258	−3.9	−22,200	−46.5	−13,570	−24.4
58,057	80.6	40,420	75.6	59,932	73.4	38,391	90.9	41,921	71.9	51,094	107.0	45,506	81.9
13,938	19.4	13,032	24.4	27,014	33.1	3,840	9.1	16,379	28.1	−3,326	−7.0	10,084	18.1
71,996	100.0	53,452	100.0	81,696	100.0	42,231	100.0	58,299	100.0	47,767	100.0	55,590	100.0
27.4%		15.3%		19.2%		11.2%		11.5%		13.1%		11.0%	
	29.8		18.1		19.2		12.9		11.5		13.1		11.3
	0.0		0.1		0.0		0.6		0.0		0.0		0.0
	−2.4		−2.9		0.0		−2.3		0.0		0.0		−0.3
4.2%		3.8%		8.1%		1.2%		5.5%		−1.1%		3.3%	
	9.2		8.9		9.5		7.6		6.3		5.6		6.4
	−2.4		1.4		−1.4		−6.4		0.0		0.6		0.9
	−2.7		−6.5		0.0		0.0		−0.8		−7.3		−4.1
13.1%		8.8%		12.7%		6.4%		8.8%		6.9%		7.8%	
	17.2		12.9		14.2		10.4		9.2		9.8		9.2
	−1.5		0.9		−1.5		−2.8		0.0		0.3		0.4
	−2.6		−5.0		0.0		−1.2		−0.3		−3.2		−1.9

資残高＋本年末投資残高）/2。
には実際に売却がなされるまでは時価変動に伴う損益は記載されず，従って含み益や含み損は念頭に置かれて
た，株式時価に対する収益率ではなく，購入価格に対する収益率を算出したのも，廣海家が帳簿で行っている収

的に低水準かつ不安定であったといえる。

ⓑ収益性の規定要因

地元企業株と非地元企業株との間に収益性の相違をもたらした要因は、何に求められるであろうか。

表5-9で株式払込額（株式の名目価格）と廣海家の実際投資額（株式購入価格）との乖離をみると、地元企業株は、一九二五・二六（大正一四・一五）年を除いて乖離はほとんどなく、乖離幅も一・一五倍の範囲内にあった。地元株で乖離幅が抑えられたのは、廣海家が発起人などの形で企業設立に参加し、創立時から株式を引き受けたケースが多く、ほぼ払込額で株式を入手しえたためである。したがって、市場による株式購入に比べて取得価格が低く抑制され、それが配当収益率の高さにつながった。

他方、非地元企業株の場合、地元企業株と対照的に乖離幅が非常に大きい。特に第一次大戦期・戦後ブーム期前後には三―五倍もの大きな

表 5-7　廣海家株式投資の

年　次	1912		1913		1914		1916		1917		1919	
〈配当〉	円	%	円	%	円	%	円	%	円	%	円	%
地元企業株	8,954	93.3	10,292	90.1	9,968	74.5	13,718	32.2	25,298	38.6	42,744	47.9
非地元企業株	648	6.7	1,121	9.8	1,262	9.4	4,666	11.0	12,286	18.8	22,032	24.7
小計	9,601	100.0	11,413	99.9	11,230	84.0	18,384	43.2	37,584	57.4	64,776	72.5
〈売買損益〉												
地元企業株	0	0.0	0	0.0	2,146	16.0	1,505	3.5	7,665	11.7	15,258	17.1
非地元企業株	0	0.0	12	0.1	0	0.0	26,684	62.7	24,220	37.0	18,286	20.5
小計	0	0.0	12	0.1	2,146	16.0	28,189	66.2	31,885	48.7	33,544	37.6
〈償却〉												
地元企業株	0	0.0	0	0.0	0	0.0	−4,000	−9.4	0	0.0	0	0.0
非地元企業株	0	0.0	0	0.0	0	0.0	0	0.0	−3,994	−6.1	−9,000	−10.1
小計	0	0.0	0	0.0	0	0.0	−4,000	−9.4	−3,994	−6.1	−9,000	−10.1
〈合計収益〉												
地元企業株	8,954	93.3	10,292	90.1	12,114	90.6	11,223	26.4	32,962	50.3	58,001	64.9
非地元企業株	648	6.7	1,133	9.9	1,262	9.4	31,350	73.6	32,512	49.7	31,318	35.1
総計	9,601	100.0	11,425	100.0	13,376	100.0	42,573	100.0	65,475	100.0	89,320	100.0
〈収益率〉												
地元企業株	10.5%		10.6%		11.9%		9.1%		25.1%		33.5%	
株式配当		10.5		10.6		9.8		11.1		19.3		24.7
売却損益		0.0		0.0		2.1		1.2		5.8		8.8
償却		0.0		0.0		0.0		−3.2		0.0		0.0
非地元企業株	3.5%		3.8%		3.7%		29.8%		18.6%		12.1%	
株式配当		3.5		3.7		3.7		4.4		7.0		8.5
売却損益		0.0		0.0		0.0		25.4		13.9		7.1
償却		0.0		0.0		0.0		0.0		−2.3		−3.5
所有株式全体	9.3%		9.0%		9.9%		18.6%		21.4%		20.7%	
株式配当		9.3		9.0		8.3		8.0		12.3		15.0
売却損益		0.0		0.0		1.6		12.3		10.4		7.8
償却		0.0		0.0		0.0		−1.8		−1.3		−2.1

出所）表 5-1・2 に同じ。
注 1）投資収益率は本年度の株式収益を本年平均投資残高で除して算出。なお，本年平均投資残高＝(前年末投
　2）株式相場の変化に伴う含み益，含み損は収益率には算入しなかった。その理由は，第一に，廣海家の帳簿
いなかったこと，第二に地元企業株の多くが非上場株式であり，時価の確定が不可能なためである。ま
益算定方法に従ったためである。

倍率に達した。この株価高騰時に購入した株式が一九二〇年代にも影響を及ぼし続けた結果、一九三〇年の整理まで乖離幅を二倍以内に抑制できなかった。三〇年の整理でようやく乖離幅は一・四七倍に低下したが、それでも地元企業株と比べれば、まだ格差は大きかった。非地元企業株の場合、市場での時価購入が基本であり、しかも人気の高い優良株を購入すれば、価格は高くならざるをえなかった。この結果、非地元株の実際投資額と払込額は大きく乖離したが、配当は払込額に応じて支払われたため、配当収益率は低下せざるをえなかったのである。

ⓒ投資・保有対象としての位置

以上の分析結果は、廣海家の投資活動において、地元企業株式と非地元企業株式との間には、単なる銘柄の違いでは片づけられない、投資・保有対象としての位置づけの差が存在していたことを示唆する。

廣海家にとって、地元企業株式は投資に初期

リスクを伴ったが、それを克服して経営が安定すれば、配当だけでも一定の収益を期待しうる投資対象であった。実際、廣海家では、初期リスクを乗り越えた地元企業株への投資で、安定した配当を基盤に高い収益率を実現していた。同家が地元企業株保有を根強く志向し、現実に地元株を長期保有し続けたのは、先に述べた流動性の欠如といった消極的要因によるものではなく、安定期に入った地元株の有利性に基づいていたと考えられる。

この点は、収益率が低下し、地元企業株投資が消極化した昭和戦前期にも当てはまる。この時期の地元企業株主要銘柄の収益率をみると（表5-10）、当然銘柄間で多少の違いがあり、例えば岸和田煉瓦綿業株は収益性でやや見劣りするが、非地元企業株の収益動向と比較すれば（表5-8）、低収益であったわけではない。さらに地元企業株の投資残高上位六社の合計収益は、一九三〇・三一年を除き、八%前後のより安定した高い水準にあった。しかも、この上位六社で地元株投資残高の八〇—九〇%を占めたのであり、少なくとも地元株の圧倒的部分は廣海家にとって継続保有に十分値する銘柄であった。

地元企業株とは対照的に、非地元企業株は実際投資額と払込額との間に大きな ギャップが存在し、配当だけで十分な収益率を達成するのはそもそも構造的に難しかった。したがって、非地元企業株投資で

和期）

1933		1934		1935		1936	
円	%	円	%	円	%	円	%
27,073	57.2	29,937	94.2	30,261	73.5	29,188	73.3
7,029	14.9	7,817	24.6	11,145	27.1	12,195	30.6
34,102	72.1	37,754	118.8	41,406	100.5	41,383	103.9
0	0.0	21	0.1	−208	−0.5	−2,385	−6.0
13,190	27.9	0	0.0	0	0.0	834	2.1
13,190	27.9	21	0.1	−208	−0.5	−1,551	−3.9
0	0.0	0	0.0	0	0.0	0	0.0
0	0.0	−6,008	−18.9	0	0.0	0	0.0
0	0.0	−6,008	−18.9	0	0.0	0	0.0
27,073	57.2	29,958	94.3	30,054	72.9	26,803	67.3
20,219	42.8	1,809	5.7	11,145	27.1	13,029	32.7
47,292	100.0	31,767	100.0	41,199	100.0	39,832	100.0
7.6%		8.0%		7.9%		7.3%	
	7.6		8.0		8.0		7.9
	0.0		0.0		−0.1		−0.6
	0.0		0.0		0.0		0.0
12.8%		1.0%		5.6%		6.0%	
	4.4		4.5		5.6		5.6
	8.3		0.0		0.0		0.4
	0.0		−3.5		0.0		0.0
9.2%		5.8%		7.2%		6.8%	
	4.5		4.6		4.8		4.7
	2.6		0.0		0.0		−0.3
	0.0		−1.1		0.0		0.0

資残高＋本年末投資残高）/2。
には実際に売却がなされるまでは時価変動に伴う損益は記載さ
であり，時価確定が不可能なためである。また，株式時価に対
に従ったためである。

表 5-8　廣海家株式投資の収益動向 II（昭

年　次	1927		1928		1929		1930		1931		1932	
〈配当〉	円	%	円	%	円	%	円	%	円	%	円	%
地元企業株	42,770	107.0	34,072	90.0	35,335	75.9	25,201	25.0	21,377	203.6	22,092	75.8
非地元企業株	15,789	39.5	21,436	56.6	19,316	41.5	12,207	12.1	8,232	78.4	7,050	24.2
小計	58,559	146.5	55,508	146.6	54,651	117.3	37,409	37.0	29,609	282.1	29,142	100.0
〈売買損益〉												
地元企業株	−1,010	−2.5	−993	−2.6	−75	−0.2	−2,800	−2.8	−17,138	−163.3	0	0.0
非地元企業株	−901	−2.3	−660	−1.7	0	0.0	−74,899	−74.2	−810	−7.7	3,220	11.0
小計	−1,911	−4.8	−1,653	−4.4	−75	−0.2	−77,699	−76.9	−17,948	−171.0	3,220	11.0
〈償却〉												
地元企業株	0	0.0	0	0.0	0	0.0	−39,720	−39.3	−1,163	−11.1	0	0.0
非地元企業株	−16,678	−41.7	−15,998	−42.3	−8,000	−17.2	−20,986	−20.8	0	0.0	−3,220	−11.0
小計	−16,678	−41.7	−15,998	−42.3	−8,000	−17.2	−60,706	−60.1	−1,163	−11.1	−3,220	−11.0
〈合計収益〉												
地元企業株	41,760	104.5	33,079	87.4	35,260	75.7	−17,319	−17.1	3,075	29.3	22,092	75.8
非地元企業株	−1,790	−4.5	4,779	12.6	11,316	24.3	−83,678	−82.9	7,422	70.7	7,050	24.2
総計	39,969	100.0	37,858	100.0	46,576	100.0	−100,997	−100.0	10,497	100.0	29,142	100.0
〈収益率〉												
地元企業株	9.9%		8.0%		8.5%		−4.4%		0.9%		6.4%	
株式配当		10.1		8.2		8.6		6.4		5.9		6.4
売却損益		−0.2		−0.2		0.0		−0.7		−4.8		0.0
償却		0.0		0.0		0.0		−10.1		−0.3		0.0
非地元企業株	−0.6%		1.6%		3.7%		−38.7%		5.6%		4.8%	
株式配当		5.4		7.3		6.3		5.6		6.2		4.8
売却損益		−0.3		−0.2		0.0		−34.7		−0.6		2.2
償却		−5.7		−5.4		−2.6		−9.7		0.0		−2.2
所有株式全体	5.6%		5.3%		6.5%		−16.5%		2.1%		5.9%	
株式配当		5.4		5.2		5.1		3.8		4.0		4.0
売却損益		−0.3		−0.2		0.0		−12.7		−3.7		0.7
償却		−2.3		−2.3		−1.1		−9.9		−0.2		−0.7

出所）表 5-1・2 に同じ。
注 1）投資収益率は本年度の株式収益を本年平均投資残高で除して算出。なお，本年平均投資残高＝（前年末投
　2）株式相場の変化に伴う含み益，含み損は収益率には算入しなかった。その理由は，第一に，廣海家の帳簿
れず，従って含み益や含み損は念頭に置かれていなかったこと，第二に，地元企業株の多くが非上場株式
する収益率ではなく，購入価格に対する収益率を算出したのも，廣海家が帳簿で行っている収益算定方法

は売却によるキャピタルゲインの実現が重要な課題となった。先にみたように，非地元企業株の保有銘柄が大きく変動したのは，こうした背景によっていたと考えられる。

この売却益依存の傾向は，大戦・戦後バブル期に高時価で購入した非地元株に特に強く現れたと想定できる。廣海家は，株式ブームの間こそ，これら非地元株売買で大きな差益を得たが，一九二〇年恐慌以降は，売り抜けに失敗した大日本紡績株など高コストの非地元企業株を抱え込み，それが非地元株全体の収益率を低迷させる要因となった[27]。したがって，一九三〇年の大整理の主眼は，高コストで収益性に乏しい非地元企業株の売却・整理を通じた収益率全体の回復に置かれることとなった。整理の結果，非地元企業株の実際投資額と払込額の乖離が縮小し，この投資コストの改善を

表 5-9　廣海家所有株式の投資額（購入金額）と払込額との乖離

（投資額／払込額，単位：倍）

年　次	1912	1913	1915	1916	1918	1919	1920	1921	1922	1923	1924	1925
地元企業株	1.00	1.00	1.14	1.10	0.96	0.95	0.97	1.04	1.12	1.08	1.13	1.46
非地元企業株	1.69	1.76	1.47	2.48	2.97	3.49	5.37	2.16	2.11	2.15	2.49	2.40
所有株式合計	1.11	1.12	1.24	1.57	1.53	1.77	1.88	1.44	1.46	1.41	1.48	1.48

年　次	1926	1927	1928	1929	1930	1931	1932	1933	1934	1935	1936
地元企業株	1.44	1.14	1.13	1.13	1.13	1.08	1.08	1.11	1.10	1.11	1.14
非地元企業株	2.16	2.03	2.02	2.00	1.47	1.44	1.42	1.44	1.39	1.36	1.39
所有株式合計	1.41	1.38	1.39	1.39	1.20	1.17	1.17	1.19	1.18	1.19	1.22

出所）表 5-1・2 に同じ。

表 5-10　昭和戦前期における主要地元企業株の収益率

（単位：%）

年　次	1927	1928	1929	1930	1931	1932	1933	1934	1935	1936	平　均
岸和田紡績	13.7	13.2	13.2	9.4	−2.8	7.6	7.6	7.2	8.3	8.3	8.5
貝塚銀行	8.9	7.9	7.9	7.4	6.9	6.9	6.9	6.9	6.9	6.9	7.3
岸和田煉瓦綿業	10.0	5.0	6.1	0.0	0.0	0.0	5.0	5.0	5.0	5.0	4.5
南海鉄道	14.3	14.3	14.3	13.2	11.0	9.9	9.1	9.3	9.3	9.3	11.2
貝塚紡織	5.4	0.0	2.4	−75.0	2.5	6.5	9.0	12.5	9.1	1.5	5.4
本辰酒造	10.0	10.0	9.6	9.5	7.6	9.5	9.5	11.4	11.4	11.4	10.[illegible]
上位 6 社株合計	10.3	8.2	8.7	−5.0	3.5	6.4	7.6	8.1	8.0	7.5	7.6
投資残高に占める上位 6 社のウェイト	81.3	84.2	84.4	84.4	88.4	87.1	88.7	86.8	87.2	88.2	

出所）表 5-1・2 に同じ。
注 1）収益率は本年収益を本年平均投資残高で除して算出。本年平均投資残高＝(前年末投資残高＋本年末投資残高)/2。
2）上位 6 社の上位とは，地元株における期間単純累計投資額の順位を示している。
3）上位 6 社のウェイトとは，地元株の投資残高に対する上位 6 社株の投資残高の比率。

ベースに一九三〇年代には非地元株の収益率に一定の回復がみられた。

(3) 株式投資行動の特徴

これまでの検討を踏まえ、廣海家の株式投資行動の特徴についてまとめよう。

ⓐ非地元企業株投資

非地元企業株の場合、配当とともにキャピタルゲイン（売買差益）を強く狙った積極的な投資が行われており、投資の第一の目的は営利にあった。非地元株投資では収益がキャピタルゲインによって大きく左右されたので、廣海家は株式売買人（岸和田の覚野庄吉など）から得た情報[28]や貝塚銀行頭取として入手した情報などを利用して優良銘柄の取得に努めた。一九二四（大正一三）―三五（昭和一〇）年に貝塚銀行が所有した非地元企業株・延べ二〇銘柄のうち一三銘柄が廣海家の保有株式と一致しており、それは同家所有延べ銘柄数（三七銘柄）の三五％にのぼった[29]。これは偶然の一致ではなく、銀行家として得た投資情報を自らの投資活動に援用していたことを示唆していよう。廣海家は非地元株に関する投資情報の点で一般投資家よりも有利な環境に置かれていたのである。しかし結果的にみれば、非地元企業株投資は、第一次大戦期、戦後ブーム期に一時的に高収益をあげたものの、その後、少なくとも一九三〇年の整理までは低収益に悩み続けた。非地元企業株式投資は、必ずしも廣海家に思惑通りの成果をもたらさなかったのである。優良銘柄の選択購入はデフォルトリスクの低下とインカムゲインの安定に寄与したが、反面で優良銘柄ゆえの高価格のために、廣海家をキャピタルゲイン獲得をめぐる株式市場のマネーゲームに巻き込んだ。

一九二〇年恐慌とその後の株式市場の低迷は、廣海家にマネーゲームのリスクを強く認識させる契機になったと考えられるが、なお同家は非地元株売買を繰り返し、市場で優良と認知される銘柄に保有株を差し換えようと努め続けた。営利の不確実性を強く自覚した後も、こうした投資行動がとられ続けた理由は営利動機では十分に説明できない。営利とは別の事情が優良な非地元企業株の保有を要請したとみるべきであろう。

前掲表5-4によれば、優良銘柄の非地元企業株が銀行借入の担保にされているケースが多く、貝塚銀行を除いてこの傾向が強かったことがわかる。一九一六年以外の状況は明確でないが、同年の借入額では三十四銀行など貝塚銀行以外の比重が大きく、優良な非地元企業株はそれら諸行からの借入担保として高い利用価値をもった。そして、第13章が解明しているように、株式担保による銀行借入なしに商業・株式資金を始めとする廣海家全体の資金循環は円滑には進まなかった。非地元株投資は、営利の点では期待通りの実績をあげなかったが、銀行借入に必要な担保価値を確保し、廣海家全体の資金循環を支えるという点で重要な役割を担ったのである。

ⓑ地元企業株投資

既述のように、地元企業株投資残高は一九二〇年代半ばまで増加を続け、廣海家は地元企業の新設や拡大を支援する役割を果たした。明治期からの保有銘柄に対する追加投資と全くの新規投資とに分けて、この積極的な投資拡大の誘因を考察しよう。

追加投資の誘因　長期保有の地元企業株に追加投資を行った理由は明らかである。何故なら、これらの株式はすでに投資の初期リスクを乗り越え、配当だけで安定した高収益を期待できる、地元株独自の有利性を体現した銘柄だったからである。

もっとも、この中には貝塚銀行のように廣海惣太郎が経営陣に加わった企業もあり、追加投資の目的に経営参加の意図が含まれていた可能性もある。惣太郎の役員就任状況がわかる一九二二年のデータで企業名と役職名（地元企業新規投資先を除く）を確認すると、貝塚銀行頭取、泉醤油監査役、岸和田煉瓦取締役、貝塚紡織監査役の四社にのぼっていた[30]。これらの経営に惣太郎がどの程度実質的にコミットしたのかは明らかでない。しかし、貝塚紡織、泉醤油で就任した監査役は、多くの場合、名目的な役員であり、貝塚紡織は貝塚の鋳物業者宇野藤吉と貝塚の酒造業者寺田久吉（寺田甚与茂の弟）が、泉醤油は貝塚の醸造業者種子嶋源兵衛が経営権を掌握していたとみられる。[31] 取締役に就任した岸和田煉瓦綿業も寺田甚与茂一族が経営を握っていたと考えられるので、貝塚銀行以外は経営の意思決定に実質的にコミットしえたと想定するのは無理がある。貝塚銀行の場合、前章で指摘されているように実際に頭取として意思決定を担ったようであり、経営参加も投資目的に含んでいたとみるべきであろう。廣海家の銀行借入に占める比重は低いが、同行は商業・株式資金等の借入先の一つであり、廣海家諸事業の関連投資という面もあった。したがって、貝塚銀行のように営利以外の動機が想定できるケースもあるが、追加投資の圧倒的部分を規定した最大の誘因は、安定期を迎えた地元企業株独自の有利性にあった。

この営利目的に即してみると、役員就任には大株主重役として企業の内部情報を入手しうるというメリットがあった。役員就任企業には多額の投資を行っていた点、地元企業株のほとんどが非上場で株価という重要な市場指標を欠いていた点を考えれば、投資情報の非対称性を緩和できたことの意味は小さくない。また、廣海家所有の地元企業株延べ一七銘柄（一九二四―三五年）のうち六銘柄（三五％）が貝塚銀行の所有銘柄と一致しており、同行頭取として入手した地元企業の情報も自らの投資活動に利用していたとみられる。[32] 注目されるのは、貝塚銀行の『営業ノ報告書』に所有株式銘柄ごとに払込額と時価評価額が記載され、しばしば時価が変更されていたことである。[33] これは非上場の地元企業株について同行が何らかの方法で時価情報ないし時価算定の根拠となる情報を得ていたことを示唆している。地域に密着した金融機関には地元企業についてのインフォーマルな情報が集積されていたのであり、廣海惣太郎は頭取としてこれらの情報にアクセスが可能であった。投資先企業の役員就任、地域金融機関のトップとしての経営活動は、非上場の地元企業株投資に付随する強い情報の非対称性を緩和し、投資の期待収益を高めるという（おそらく意図せざる）機能を果たしたのである。[34]

なお、第1章でみたように、地元企業株投資に派生する重役の俸給・賞与収入は廣海家収益全体の一割程度に達しており、この点も地元企業株投資の経済的な魅力を高めていた。

新規投資の誘因　地元企業への新規投資（一九一二—二六年一二社、二七—三六年二社）は、既述のように、ほとんどが設立時からの出資であり、発起人に加わったケースも多かったと思われる。当初から経営陣に名を連ねたケースも四社みられた。

これら新規投資の動機を一義的に確定するのは困難だが、大正・昭和戦前期ともなれば、初期リスクを克服した後の地元企業株の有利性を十分に認識していたので、安定期に入った地元株の高収益に対する期待が投資の二次的な動機にとどまったとは想定しにくい。期待収益の新規投資に対する制約は、一九二〇年代に非地元株の収益性が悪化し、また貝塚紡織・東洋商工など一部の地元株が不振に陥る中でいっそう強まったと考えられる。この結果、一九二〇年代後半以降は、地元泉南郡で企業設立が比較的活発に展開したにもかかわらず、廣海家はデフォルトリスクへの警戒、期待収益の厳格化によって簡単に出資に応じなくなった。したがって、廣海家の場合、地域の名望家として企業設立に伴う初期リスクを甘受する投資行動をとったというよりも、その投資動機は相当程度まで経済的な計算に規定されていたとみるべきであろう。(35)

もっとも、地元企業株への新規投資が積極的に展開された一九一二—二六年をとってみても、明治期から保有していた地元企業株式への追加投資が新規投資の三倍近くに及んだ。したがって、地元企業への新規投資は、少なくとも量的にみるかぎり、大正・昭和戦前期における廣海家の投資活動のなかで中心的な位置を占めてはいなかった。

おわりに

本章の検討をまとめ、工業化資金の供給ルート、資金供給を支えた投資の動機という二点について、廣海家の事例が示唆する点をまとめておきたい。

（1）工業化資金の供給構造

工業化資金の供給について、廣海家の事例で確認できたのは、第一に大正・昭和戦前期も明治後期（第 4 章参照）と同様に商業的蓄積が工業化資金にまわる構造ではなかったこと、第二に一九一〇年代、特に大戦期・戦後ブーム期には株式担保金融で得た外部資金も動員して工業化資金が供給されたこと、第三に一九二〇年代以降は株式収益が株式に再投資されるという明治後期と同じ構造に回帰したことの三点であった。このうち、二点目の株式担保金融は、日本における工業化資金供給の特徴的経路としてこれまでも注目されてきた。但し、廣海家の場合、一九一〇年代の飛躍的な投資拡大期でも投資原資の約八割は株式収益で調達可能であり、株式担保の銀行借入は補完的機能を果たしたにすぎなかった。その点では、一九一〇年代の資金供給も、三点目の株式収益が株式投資をカバーする構造を基調としていた。

この株式収益の株式再投資というパターンは、従来想定されていない新たな投資経路といえる。この形をとる場合、投資主体が商人であっても、その株式投資は商から工への外生的な資金供給を意味せず、工業の蓄積が商人という投資主体を媒介に工業に再投資されるという工業内部の循環構造となる点が重要である。前章が明らかにしたように、工業内部の資金循環パターンはすでに明治後期の産業革命期にみられたが、このパターンは大戦期・戦後ブーム期にも基本的に維持され、さらに昭和戦前期まで一貫して観察されることを、廣海家の事例は示している。もちろん、廣海家における観察事実は一つの可能性を示すにすぎず、性急な一般化は慎むべきである。しかし、少なくとも同家の事例は、工業化資金の供給構造を考察する場合、ミクロ・レベルで商人を中心とした投資主体の蓄積構造と投資行動を追跡する必要があることを示唆しており、さらに多様な商人の投資事例に関する研究の蓄積が要請されてい

地元株の資金余剰（1912–36 年）

（単位：円）

1919	1920	**1921***	**1922***	**1923***	1924	1925	**1926***	大正期単純累計（除，15・18 年）
23,498	55,046	50,293	45,472	12,757	29,672	25,422	19,770	300,130
127,403	25,585	**−14,222**	**−5,015**	−31,916	1,680	9,892	**−9,912**	269,805
58,001	58,057	40,420	59,932	38,391	41,921	51,094	45,506	468,867
31,318	13,938	13,032	27,014	3,840	16,379	−3,326	10,084	179,184
34,504	3,012	−9,872	14,460	25,634	12,249	25,672	25,736	168,737
−96,085	−11,647	27,254	32,029	35,756	14,699	−13,218	19,996	−90,621

1934	1935	1936	昭和期単純累計（除，30 年）
14,757	−8,614	−12,920	−16,393
18,803	28,535	9,970	105,13
29,958	30,054	26,803	249,153
1,809	11,145	13,029	74,979
15,202	38,667	39,723	265,546
−16,993	−17,389	3,059	−30,157

る資金的余裕額。従って，余剰資金がプラスの場合は，他の支出に資金を回しうる状態にあり，マイナスの場

れた 1930 年度）は除外して算定した。

よう。付言すれば、株式収益がどの程度まで株式投資を賄ったかという問題は、商業部門の蓄積状況とは基本的に別の問題であり、その点で廣海家の事例を商業活動がたまたま不振に陥った例外的ケースと位置づけるのは適当ではない。

なお、大正・昭和戦前期における廣海家の事例を敢えて単純化すれば、地元企業株で安定した収益を上げ、非地元企業株の低収益性を補完する投資パターンをとっていたとみることができる。このことは、地域の工業化に伴う収益が商人を媒介にして非地元、つまり中央での工業化資金に流出した可能性を示していよう。

この点を確かめるため、非地元株・地元株それぞれについて株式収益と株式投資需要とを比較し、投資資金の余剰ないし不足を算定した（表5-11）。表の資金ポジションには年により変動があるが、大正期・昭和戦前期の各累計値（最右欄）で趨勢をみると、両期とも基本的には地元株の資金余剰が非地元株の原資不足を補完していた

表 5-11　地元株，非

年		1912	1913	1914	1915	1916	1917	**1918***
投資増減	地元株 A	12,321	10,860	−802	21,130	1,520	14,303	22,904
	非地元株 a	19,454	3,513	4,275	30,525	77,218	61,849	**−10,409**
収　益	地元株 B	8,954	10,292	12,114	…	11,223	32,962	…
	非地元株 b	648	1,133	1,262	…	31,350	32,512	…
余剰資金	地元株 B−A	−3,367	−568	12,916	…	9,703	18,659	…
	非地元株 b−a	−18,806	−2,380	−3,013	…	−45,868	−29,337	…

年		**1927***	1928	1929	**1930***	1931	1932	1933
投資増減	地元株	−1,010	−13,630	8,465	−45,146	−25,150	0	21,709
	非地元株	**−12,701**	16,286	4,973	**−182,306**	14,550	13,189	11,532
収　益	地元株	41,760	33,079	35,260	−17,319	3,075	22,092	27,073
	非地元株	−1,790	4,779	11,316	−83,678	7,422	7,050	20,219
余剰資金	地元株	42,770	46,708	26,795	27,827	28,225	22,092	5,364
	非地元株	10,911	−11,507	6,343	98,628	−7,128	−6,139	8,687

出所）表 5-1・2 に同じ。
注 1）投資増減は前年度末と当年度期末の株式簿価の差額。
2）収益は配当，売却損益，償却損失の合計。
3）余剰資金は地元株（非地元株）の投資増減を，地元株（非地元株）の収益で賄った上で，なお残ってい
合は他からの資金導入が必要とされていることを示す。
4）非地元株への追加投資が行われなかった年度（投資額減少年度）は，太字で表し＊を付した。
5）累計は期間単純累計。但し，数値が得られない年度（1915・18 年度）および特異な年度（大整理の行わ
6）…は不明。

ことがわかる。廣海家を媒介とする工業化資金の内部循環には、地方工業化の果実が中央の工業化を支えるという特徴がみられたことになる。この「地方→中央」の資金流出パターンも、廣海の事例で示された一つの可能性にすぎない。しかし、地方と中央の工業化が独立した事象ではなく、商人などの投資行動に媒介され、資金面で相互に結びついてダイナミックに展開したことは十分想定できる。こうした工業化資金の内部循環構造の特徴を解明する必要性も廣海家というミクロの事例は示しているのである。

(2) 株式投資の動機

株式投資の動機について、廣海家の事例で観察された特徴は、利益に基づく投資行動が様々な局面で追求されていたことである。例えば、一九二〇年代半ばまでの地元企業株投資の拡大は、追加投資はもちろん新規投資についても、相当程度が経済的な動機で説明できる。一九二〇年代後半以

降、地元企業株を保有し続けたのも、期待収益の高さに基づいていた。一方、非地元企業株投資では頻繁な株式の差し換えにより積極的にキャピタルゲインが追求されており、投機的利益に動機づけられていた。リスキーな非地元企業株投資や地元企業への新規投資と並行して収益の安定した地元企業株への追加投資を進め、リスクを回避していた点も経済的な合理性を感じさせる。こうした利益に規律づけられた投資行動は、前章が解明した明治期から一貫していた。もちろん、廣海家の株式投資すべてを一義的に経済的要因のみで説明しうるわけではないが、収益性を軽視した投資活動は皆無に近かったと考えられる。従来指摘されてきた「名望家的」投資が個人的な利益よりも地域貢献を重視した投資行動を意味するとすれば、廣海家の投資行動は、それとは異なり、期待収益により感応的であったとみるべきであろう。

この廣海家のように、投資先企業の選別と監視に強いインセンティブをもつ経済合理的な投資主体の存在は、工業化（特に地域の工業化）のための投資がマクロ的に効率性を維持する上で重要な条件となったと考えられる[36]。さらに、「名望家的」投資が地域の工業化に貢献できたのも、廣海家のように利益に感応的な資産家＝投資主体が、地域名望家の人的ネットワークを介して「名望家的」投資を期待収益の高い投資機会に誘導した結果であった可能性もある。経済合理的な商人の株式投資活動は、その量的なウェイトの高さを通じて工業化投資全体の効率を底上げしただけでなく、質的な面でもマクロ的な投資効率を改善するカウベル効果を発揮したことが予想できるのである。

廣海家における株式投資のもう一つの重要な目的は、家計を含む廣海家全体の資金循環を支えた銀行借入の実現に不可欠な担保価値を確保することにあった。この点は、地元企業株式の一部にも妥当するが、特に銀行借入における担保として融通性が高かった非地元企業株の優良銘柄が保有された動機として強調されるべきであろう。

注

(1) 本章で利用した廣海家の株式関係諸帳簿の記載内容等については、前章を参照。

(2) 資本主義確立過程における地主の有価証券投資については中村政則『近代日本地主制史研究』(東京大学出版会、一九七九年)、商人のそれについては石井寛治『近代日本金融史序説』(東京大学出版会、一九九九年)第一一章を参照。

(3) 前掲石井『近代日本金融史序説』第一一章、同『日本経済史〔第二版〕』(東京大学出版会、一九九一年)二〇四—二〇六頁を参照。

(4) 岡崎哲二・奥野正寛編『現代日本経済システムの源流』(日本経済新聞社、一九九三年)、寺西重郎『日本の経済システム』(岩波書店、二〇〇三年)。

(5) 前掲岡崎・奥野編『現代日本経済システムの源流』九—一〇頁、前掲寺西『日本の経済システム』七七—七八頁。

(6) これを単純に直接金融の優位とみる議論(岡崎・奥野前掲書)に対しては、株式担保金融の拡がり(株式投資自体が銀行による間接金融に立脚)や実証方法などの点で疑問が提示されている(前掲石井『近代日本金融史序説』序章)。

(7) 工業内部の資金循環(流出と還流)を厳密に捉えれば、配当収入の株式再投資のみが問題となる。しかし、株式部門を「配当収入→株式再投資」「株式売買損益→株式再投資」に分割して取り扱うのは複雑かつ理解しにくいので、本章では両者を一括し、「配当・売買損益→株式再投資」の経路を取り上げる。なお、後述のように、廣海家は大戦期には一時的に大きな株式売買益をあげたが、株式収益で株式投資を賄う構造が本格的に出現する一九二〇年代以降、投資原資としては、ほぼ一貫して配当収入が圧倒的な比重を占めた。

(8) 谷本雅之・阿部武司「企業勃興と近代経営・在来経営」(宮本又郎・阿部武司編『日本経営史2 経営革新と工業化』岩波書店、一九九五年)。地域の企業勃興に地方官僚、政治家、地主・商人などの資産家がどのようにかかわったかについては、中村尚史の一連の研究が示唆的である(同「地方の企業勃興」〔武田晴人編『地域の社会経済史』第三章、有斐閣、二〇〇三年〕、同「工業化資金の調達と地方官」〔高村直助編『明治前期の日本経済』第一一章、日本経済評論社、二〇〇五年〕)。なお、白鳥圭志「明治後期から第一次世界大戦期における地方資産家の事業展開」(『経営史学』第三九巻、一号、二〇〇四年)は、地方資産家の投資活動と「地方名望家」としての行動様式との関連を改めて強調しているが、その場合、マクロ的な投資効率に生じる歪み(後述)がいかなる意味をもったのかがさらに問われる必要があろう。また、二谷智子「商人ネットワークと地域社会」(前掲武田編『地域の社会経済史』第八章)が岡本家(高岡市)の事例で詳細に解明したように、地域の経済発展にとって商人などの地方資産家が果たした役割は、企業への投資や経営参加だけに限られていたわけではない。

(9) 営利動機の希薄化は期待収益による投資制約が緩和されることを意味するので(後掲注34)、投資に対する十分な審査(screen-

ing）と監視（monitoring）を行うインセンティブは低下し、投資効率が悪化する可能性が高まるからである。なお、近年の研究は日本の工業化過程で株式担保金融や問屋金融などの商人（問屋）や地主資産家を媒介とした在来的金融システム（informal non-bank finace）が果たした機能に注目しており、近代的金融機関（銀行）の情報収集力の限界を商人や地主資産家の情報・信用力・監視機能が補完することによって、情報の非対称性のために投資が低い水準で均衡する危険が回避されたと想定している（前掲寺西『日本の経済システム』、中林真幸『近代資本主義の組織』東京大学出版会、二〇〇三年、Yoshiro Miwa & J. Mark Ramseyer, "Industrial Finace Before the Financial Revolution : Japan at the Turn of the Last Century", CIRJE Discussion Papers-F-311, Univ. of Tokyo, 2004）。この見方は重要だが、在来的金融システム自体の効率性の問題、すなわち高められた投資水準の下で商人などが行った投資が効率性を保持しえた諸条件がさらに検証される必要がある。もちろん、問屋金融のように明らかに営利動機が支配的な場合は効率性を担保する明確な規律づけが存在したと考えられるが、株式投資のように営利以外の規定要因が想定できる場合、動機のあり方は投資の効率に影響を与えるであろう。その意味で、商人や資産家の投資動機の分析は、彼らの投資行動を効率の面で規律づけた条件に接近する試みともいえる。投資行動の営利動機に対する感応度が高ければ、商人等が集積していた投資情報がより経済合理的に利用され、非感応的な場合に比べて投資の効率は高まるはずである。

(10) 廣海家は、帳簿上でキャピタルロスを計上しなかったわけではない。例えば、昭和戦前期に、非地元株では大日本紡績、台湾銀行、大同電力など七銘柄、地元株では貝塚紡織など三銘柄の株式について評価損が「償却」として計上されている。但し、銘柄が限定されていたことに加え、①時価評価よりも緩和された基準で評価替えを行ったとみられること、②同一銘柄でも保有株式の一部に限定して評価替えを行った可能性があること、③毎年実施ではなく、まったく不定期に評価替えがなされたことなど評価損の計上方法は恣意的であった。おそらく、時価低落が甚しく、含み損の累積を放置すれば、後年大きな打撃を被ると廣海家が判断した銘柄に限り、またその時点で廣海家として許容しうる範囲内で（当該銘柄の配当収入を償却資金に充当するケースが多い）評価替えを行い、徐々に整理を進めたとみられる。したがって、正確にいえば、廣海家は一九三〇年以前から不良株式の評価替えによる含み損の部分的な吐き出しを行っていた。しかし、その整理は恣意的かつ不十分であり、投資効率の回復を妨げていたため、改めて一九三〇年の大整理が要請されたといえよう。ちなみに、評価替えがしばしば行われた大日本紡績株と貝塚紡織株は一九三〇年における大整理の中心的対象となった銘柄であった。

(11) 第1章によれば（表1-11参照）、大戦景気を迎える前の一九一二（大正元）—一四年まで商業部門は赤字、大戦ブーム期の一五—一八年度は多く見積もっても年一、五〇〇—三、五〇〇円前後の黒字と推定される。また、一九年の戦後ブーム期には約一万六、〇〇〇円という大きな黒字を出したものの、翌二〇年の恐慌で一万円を超える大損失を被り、さらに二一・二二年にも赤字決算に終わったとみられるなど、商業部門は大戦期・戦後ブーム期を除けば概して不振であった。一九一二—二二年の累計収支は赤字の可能性が高い。

(12) 後述のように（注17参照）、こうした見方は廣海家における資金循環の総括的な構造を検討するという意味をもつ。

(13) 一九一八（大正七）年の株式収益は不明だが、同年における廣海家の株式収益は、株式投資自体の増加と大戦下での株式ブームの深化により前年実績を上回ったと考えられる。しかし、ここでは一九一八年の収益を前年並と低く見積もった上で、一九一五—二〇年の株式収益を少なくとも累計約三三万円と推定した。

(14) 乖離のすべてが商業資金需要で説明されるわけではない。第13章でも指摘されているように、一九一六（大正五）年末の銀行借入残高は商業関係流動資産額（運転資金需要）をはるかに超えていたからである。後述のように（注18参照）、銀行借入は商業と株式投資のみに関連していたわけではないので、この乖離を十分に説明するためには、不動産投資や家計まで含めた廣海家全体の資金循環の動態が問題とされねばならない。

(15) ①配当以外の様々な所得が完全に把握できない年度があること、②廣海家の保有株式は廣海惣太郎名義を中心に昌蔵、格蔵、祝蔵、千代、先代惣太郎（惣爺）、潤蔵という七名の名義で分割所有されており（表5-1・2、注8）、それらを区別して所得税支払い額に占める配当対応分を算定するのがきわめて難しいことによる。なお、配当収入全額に課税されたわけではなく、四割は自動的に控除され、残額を他の所得と合算して累進税率〇・五—三六％で総合課税された（大蔵省主税局調査課「所得税・法人税制度史草稿」一二—二二頁、一九五五年三月）。

(16) 一九一九年には貿易収支が赤字に転じ、実体経済が悪化傾向にあったにもかかわらず、株式や不動産の価格が思惑的な期待により急騰した点でバブル的要素が強くみられたと指摘されている（岡崎哲二『工業化の軌跡』読売新聞社、一九九九年、八〇頁）。

(17) 第13章では、この繋ぎ資金や事業部門間の資金流用などの現実を踏まえ、実際に銀行借入が直接には何をファイナンスし、それが資金全体の流れの中でどのような位置を占めたかという資金循環の動態について解明を試みている。これに対し、本章では、第1章で明らかにされた部門ごとの収支状況（赤字・黒字部門の確定）を前提に、負債が直接に何をファイナンスしたかではなく、動態的には様々な迂回的経路をとるものの、最終的に負債導入を必要とした部門はどこか、逆に他部門への資金的ファイナンスを行い得た部門はどこかを確定するという、いわば総括的な観点から資金循環の構造を考察する。

(18) 廣海家の貸借勘定（資産・負債年末ストック）を検討した第13章は、一九二〇年代以降も年末の銀行借入残高が商業関係流動資産残高ではなく、株式投資残高と連動していたことを明らかにしており、現実には株式投資で得た収益をすべて株式投資に再利用せず、銀行借入に部分的に依存して株式投資を続けていた可能性が示唆されている。この場合、株式収益から相当額（株式収益のうち株式に再投資された額に依存）の余剰資金が生じたはずであり、その使途が問題となる。第一の可能性として、廣海家が手持ち現金として利用したとすれば、何らかの目的で流動性を確保するために銀行に利子を払い続けたことになる。流動性を選好する理由は様々に考えられるが、主たる用途としては商業資金と株式投資が想定できる。もっとも、銀行借入残高の大きさからみれば、銀行借入で商業資金を賄った上に株式投資の相当部分もカバーされたことになるので、株式収益から生じた余剰分は、この想定の下では廣海家が株式投資のために常時抱えていた資金バッファーを示すことになる。この資金バッファーは資産区分上では家としての手持ち現金（＝家産）となるため、第13章・表13-7には現れない。この場合、結果的には実際の株式投資必要額を超えた手持ち資金を抱え続けたことになり、過剰な流動性選好が廣海家の資金効率を低下させた（＝過大な利払いを生じさせた）とも評価できる。ただ、これは結果論であり、有望銘柄の購入機会、株式の増資や追加払込がいつ生じるかが予測できない以上、一定の資金的バッファーを確保すること自体は不合理とはいえない。第二の可能性は、第13章では扱われていない不動産等への投資や家計上の資金として余剰資金を利用することである。この場合も取得した不動産や個人資産は家の資産として計上されるため第13章・表13-7には捕捉されないし（家計消費の場合は資産には反映しない）、また現実には不動産取得などに備えて、現金の形で一定の資金的バッファーを確保していた可能性もある。おそらく実体は、この第一・第二の可能性が混合した形をとっていたのではないかと思われる。すなわち、株式で生じた余剰資金の使途は不動産投資や商業資金、株式投資のバッファーなど特定の目的に一義的に固定化（パターン化）されていたわけではなく、現実にはその時々に発生した資金需要に対応して家計を含む多様な目的に利用されたとみなすべきであろう。したがって、この点の解明には、不動産投資や廣海家の家計をも含めた考察が必要となるが、残念ながら現在の資料状況ではきわめて困難である。なお、資金循環の上で商業、株式投資、不動産投資、家計などの諸部門が密接に結合していたとしても、決算において各部門の収支が個別に分離されて算定されていれば、第2章が指摘する家計と経営との分離傾向と矛盾するわけではない。

(19)　貝塚紡織の半額減資が登記されたのは一九三一（昭和五）年三月一一日であるが、すでに三〇年一二月二六日の臨時株主総会で減資が決議されていた（貝塚紡織『第四一回決算報告書』一九三一年上半期）。この総会決議を承けて、廣海家はすでに登記前の三〇年末時点で帳簿上の同社株評価額を半額以下とする「償却」処理を行った。

(20)　各社の設立年については、『銀行会社要録』第八巻（一九二二年）、『鉄道辞典』下巻（日本国有鉄道、一九五八年）、中澤米太郎『泉州産業史』（一九六三年）による。一九二一（大正一〇）年の和泉紡績株への投資は、一九一五年に中断した投資を再開したものである。和泉紡績は大戦勃発後の糸価低迷により一時的に業績が悪化したので、廣海家はそれを契機に同社株式を売却し、その後の業績回復を踏まえて、一九二〇年の資本金六〇〇万円への倍額増資に際して増資新株を引き受けたものと思われる（前掲中澤『泉州産業史』一五二—一五三、二五六—二五七頁）。

(21)　前掲『銀行会社要録』第八巻（一九二二年）による。

(22)　一九三〇年代前半における綿布輸出の増加を担ったのは、兼営織布ではなく、泉南、泉北、知多、遠州などの大産地綿布であった。泉南では賃金の低落と長時間労働により生産費を切りつめ、円為替低落を追い風として産地大経営を中心に綿布輸出を大幅に増加させた。綿織物業会社（上位約三〇〇社）の対払込資本利益率も三二年には恐慌前の水準（七％）に回復し、三三年以降は一〇％を上回った。これらの点については、高村直助「資本蓄積(2) 軽工業」（大石嘉一郎編『日本帝国主義史2 世界大恐慌期』東京大学出版会、一九八七年）、阿部武司「両大戦間期泉南綿織物業の発展」（『土地制度史学』第八八号、一九八〇年）、同「戦前期日本綿織物業における『産地大経営』」（原朗編『近代日本の経済と政治』山川出版社、一九八六年）による。

(23) 後述のように（表5-7・8参照）、地元企業株は収益性で非地元企業株を上回ったが、一九三〇年（大整理）直前の地元株収益率はそれ以前に比して低下しており、また地元株中にも整理対象となる貝塚紡織株や東洋商工株など業績の芳しくない銘柄があった。したがって、一九二〇年代後半に廣海家は地元企業への新規投資に際し、期待収益に対する選択を厳格化していた可能性が高い。こうした収益状況は一九三〇年代前半の地元株も同様であり、また資産減少の痛手を被った廣海家は慎重な投資姿勢を崩さなかったように思われる。

(24) 一般的には株式の時価（期中平均時価）をベースに収益率を測定するが、本章では取得原価を分母とする。廣海家の株式投資行動を規定した誘因を解明するためには、廣海家自身の収益性認識に合致した算定方法を採ることが望ましい。同家の認識は帳簿記載に反映されており、前掲注10で触れた若干の例外を除けば、株式投資残高は時価ではなく取得原価で把握されていた。本章が取得原価をベースとしたのは、このためである。また、非上場株式、特に非上場の地元企業株について信頼できる時価情報を得るのはほとんど不可能に近いことを考慮すると、上場企業に分析対象が限定されている場合を除けば、時価ベースの方法はそもそも技術的に採用が困難であるともいえる。

(25) 表5-7の「償却」は、帳簿上で計上・処理されたキャピタルロスであり、擬制的な売買差損とみなしうる。廣海家における「償却」のあり方については前掲注10参照。

(26) 株価は一九二〇年恐慌を契機に反落し、以後一九二三年まで継続して低落し続けた。また、二三年以降もほとんど回復をみせず、二七年の金融恐慌によって再び大きく下落した。この結果、二九年の株価指数を一九一九年のピーク値と比べると、三分の一近い値にまで落ち込むこととなった（前掲岡崎『工業化の軌跡』七九頁、図二一）。

(27) 例えば、非地元株企業全体の収益率が一九二七年△〇・六％、二八年一・六％、二九年三・七％であったのに対して、大整理の中心対象となった大日本紡績株は、一九二七年△四・七％、二八年△六・五％、二九年〇・五％と低迷していた（△はマイナス）。しかも同銘柄への投資額は非地元株式投資全体の約二分の一から三分の二という高いウェイトを占めたため、その不振は非地元企業株全体の収益率を下方にシフトさせていた。

(28) 廣海家の「株券帳」には株式購入代金や手数料について「覚野渡」などの付記が頻繁に登場する。この覚野とはおそらく岸和田で現物商を営んでいた覚野庄吉であり（前掲中澤『泉州産業史』一一九頁）、非地元企業株の相当部分は覚野を通じて購入していた。覚野からいかなる情報を入手したかについては明らかではないが、岸和田で織物業者を営む家に生まれた中澤米次郎は一九一〇・二〇年代の岸和田における株式売買業者の活動ぶりについて次のように証言している（前掲中澤『泉州産業史』一七六、二二四頁）。「その当時（大正三・四年頃）株屋は毎日のように私の家を訪れていた。美濃半紙に前日の株価を書いた紙一枚を置いてゆくことは日課であった。（当時はラヂオもなく、この半紙は唯一の景気を知るバロメーターであった。）」「（一九二二・二三年——引用者）当時株屋は株の値段表を毎日午前十時頃、直接家まで持ってきて「今日は○○株は上がった。旦那はんはこれを買っておきなはれ、よろしおまっせ」等々とよく聞いた」。おそらく、覚野と廣海惣太郎との情報交換もこれに類する形で行われていたのであろう。なお、覚野以外に大阪の場外株式現物商から送付された株式相場表が廣海家に残されているが、取引関係の詳細は現在のところ不明である。

(29) 貝塚銀行『営業ノ報告書』（第五六期—第七八期、一九二四年下半期—一九三五年下半期）による。なお、一九二四年以前の営業報告書は現在のところ発見されておらず、詳細は不明である。

(30) 前掲『銀行会社要録』第八巻による。

(31) 前掲中澤『泉州産業史』、同『明治・大正・昭和前期の泉州繁栄記 銀行編』（一九七七年、非売品）による。

(32) 一九二四—三五年に貝塚銀行が所有した地元企業株の延べ銘柄数は七であり、うち六銘柄が廣海家の保有株と一致していた（前掲同行『営業ノ報告書』各期）。

(33) 例えば、貝塚紡織株の評価替えを追うと、一九二四年〇・七六倍（時価／払込額）、二五・二六年〇・七七倍、二七年〇・四五倍、二八・二九年〇・五倍、三〇年〇・一倍、三一—三五年〇・二倍と変化した（前掲貝塚銀行『営業ノ報告書』各期より算定）。こうした評価替えは、東洋商工株、和泉紡績、泉醬油、岸和田紡績など同行所有のすべての地元企業株でみられた。

(34) 廣海家クラスの資産規模を備えた地方商人の場合、地元の出資先企業や地元金融機関の役員に就任するケースは広くみられたと推測されるので、地元株に対する投資環境の点で廣海家は特殊な事例であったとは想定していない。但し、この点は事例分析の蓄積を通じて改めて検証される必要があろう。

(35) もちろん、投資行動の動因は、営利的動機と非営利的動機（例えば名望家的要素）の一方に限定されるわけではない。商人にせよ、地主にせよ、およそ投資主体が営利的要素をまったく無視して（すなわちゼロまたはマイナスの期待収益を前提に）出資するとは想定できないので、実際には期待収益の水準が営利以外の投資動機（名望家的要素、血縁関係、個人の信条など）によって、どの程度影響をうけ、どこまで低下するかということが問題となろう。その点で廣海家の場合、追加投資はもちろん、新規投資についても、地主資産家に比べて、非営利的要素に対する感応度が低いことに特徴を見いだせるように思われる。もっとも、この問題を本格的に検討するためには、個々の企業設立に廣海家がいかなる形でかかわっていたかが具体的に究明されねばならないが、現在のところ、その準備は整っていない。今後の課題としたい。

(36) 廣海家のように利益に動機づけられた投資行動が中規模商人（工業化資金の供給主体）の株式投資には広く観察され、それが彼らが行った投資のマクロ的な効率性を担保する条件となったのではないかと推測しているが、なお実証が必要である。

第II部　市場取引と廣海家

第II部のねらい

第II部ならびに第III部は、第I部において明らかにされた廣海家の商家としての経営展開が、どのような取引相手とのいかなる関係のもとで実現したかを歴史的に分析しようとするものである。第II部「市場取引と廣海家」は、近世から近代にかけての廣海家が、米穀ないし肥料の取引にさいして、どの地域のいかなる相手から商品を仕入れたのか、また、その取引活動が、手数料取引と自己勘定取引という観点からどのように性格付けられるのか、という問題を検討する。後者の問題は、序章での課題設定に引きつけて言えば、近世的な問屋と仲買の区別がそもそもいかなるものであったのか、また、その区別が近代にかけてどのように変容したのか、という従来具体的にはほとんど解明されてこなかった研究史上の難問であると言ってよい。

以下、第II部を構成する四つの章のそれぞれについて、執筆のねらいと叙述のポイントを記して導入部としたい。第6章「米穀市場と廣海家の取引活動」は、幕末期になると、年貢米＝蔵米が集中する大坂に加えて、兵庫と堺において民間の納屋米が各地から移入されるようになった結果、それら三都市を中心とする大坂湾岸市場が成立して、周辺農村部への米穀供給を行ったことをまず指摘する。その上で、貝塚の廣海家は、北前船主やそれら三都市の米穀商から北国米や西国米を仕入れたが、そのさい手数料＝口銭収入よりも売買差益の方が多くなり、同家の経営は問屋業務から仲買的業務へとシフトしていったことを明らかにする。次いで、明治前期になると、廣海家は、泉州米等の地米や安価な輸入米の取扱にも手を広げつつも、しだいに米穀取引から肥料取引へと取引の重点を移すことを指摘する。

第7章「廣海家商業の展開と全国市場」は、幕末から昭和初期までの廣海家の全国市場における米穀・肥料取引の特徴を三期に分けて分析する。第一期（幕末期）の廣海家は、陸奥国野辺地の野村家・野坂家の手船や越後国鬼舞の伊藤家の手船などが運んでくる米穀・肥料（鰯粕）を仕入れるが、そのさい廣海家は荷受問屋としての仲介業務を基調としながら自分でも商品を一部買い取ったと指摘する。続く第二期（明治前期）には、廣海家は、利益の低下した米穀取引からしだいに手を引き、肥料取引に専念するが、その一因は船持商人が北海道産魚肥（鯡粕）の取引を重視するようになったことにあり、廣海家は入荷商品をほとんど自分で買い取る卸商（問屋兼仲買）になっていったと論ずる。第三期（明治後期以降）になると、廣海家みずから北海道に魚肥の直買に赴き、それを止めてからは大阪・兵庫の肥料仲買や多木肥料などから多様な肥料を購入するようになったとする。

第7章のいう第三期における魚肥の産地買付については、次の第8章「産地直接買付における情報伝達と輸送」において、廣海家文書の書簡と電報を用いた分析がなされている。まず、一八九三（明治二六）年に北海道での産地買付が開始・継続された契機は、それまで有力取引先であった野辺地商人の和船経営が行き詰まり、同地からの汽船輸送は採算上不利、鉄道輸送も安定性を欠くという事態にあったとする。こうして小樽・函館から兵庫への汽船輸送に依存する北海道産地買付が展開されるが、その利益は必ずしも安定的でなく、書簡・電信連絡を通じて、状況いかんでは大阪や兵庫での買付も並行して実施したことが明らかにされる。さらに、廣海家が一九一四（大正一二）年限りで北海道直買を停止した理由は、翌一五年の米価暴落と第一次大戦の影響による汽船運賃の暴騰にあり、汽船運賃が低落した大戦終了後も北海道直買を再開しなかったのは、廣海家が取扱肥料を多様化し、それらを鉄道によって消費地へ直送する方針を採ったためだと論じている。本章の分析は、廣海家の取引形態の変容が、交通通信手段の変化といかに密接に結びついているかを示すものと言えよう。

第9章「廻船問屋廣海家の商業業務」は、第8章で分析した産地直接買付のような新しい仕入方法でなく、廻船問屋＝荷受問屋としての伝統的な「仲介」業務の内容を具体的に分析することにより、いわゆる「仲介」取引においても販売価格との差益を獲得することがある事実を究明する。第6章において、幕末期の廣海家の商業活動が手数料取引の問屋業務から自己勘定取引の仲買的業務へシフトしたことが指摘され、第7章でも、同家が仲介業務を基調としつつ実際には自己勘定取引を一部行っていたことが指摘された。本章は、まず、一八六二（文久二）年の諸帳簿を突き合わせることにより、廻船業者からの廣海家への商品の水揚、価格の決定＝仕切、商品の販売という一連の過程がごく短時日に遂行されることが多く、そこには荷物を預り、買い手を探すという「仲介」を超えた「委託販売」業務がほとんど見られないこと、しかし、販売先からの代金回収に三週間前後先立つ仕切日において、廣海家が荷主である廻船業者に対して仕切金から口銭等を差し引いた金額を支払う点では、「仲介」業務を明らかに超えた活動を行っていることを指摘する。続く一八八九年の分析からは、帳簿上では廣海家が「仲介」した荷物を自分で購入する形をとりつつも、取引は自己勘定取引にほぼ一本化されたことを指摘する。こうして、本章は、手数料取引と自己勘定取引を別個の取引行為として分解・把握する従来の見方への大きな疑問を提起している。なお、本章の分析に関連するものとして、第3章の「おわりに」の冒頭に、廣海家が荷主から販売を委託される場合を含む多様な取引形態についての証文類の時系列分析があるので、あわせて参照されたい。

（石井寛治）

第6章　米穀市場と廣海家の取引活動

山田雄久

はじめに

幕末期以降米穀取引を活発化させた廣海家では、問屋業務とともに仲買業務、さらには小売業務へと商業取引の業態を広げることで急速に商業経営を拡大することに成功した[1]。同家の経営を軌道に乗せる上で不可欠の役割を果たした米穀取引の変遷とその特徴について、廣海家が問屋として活躍した貝塚市場とともに、米穀取引を盛んに実施した大坂・堺・兵庫市場を中心とする大坂湾岸米穀市場の展開を踏まえて解明を試みたい。米穀問屋として商家経営を本格化させた廣海家は大坂湾岸地域の米穀商と積極的に情報交換を行うことで、日本海地域さらには西日本各地で生産された大量の米穀を買い付けて泉南地域へと供給し、明治期には米穀と同時に肥料を大量に購入しながら商業経営を拡大した。本章では大坂湾岸市場との関連を考慮することで、同家の経営において大きな比重を占めた問屋・仲買業務の変化について検討を実施する。

徳川後期には大坂を経由しない米穀流通が見られるようになり、地方における米穀市場が発展する中で、大坂を中心とする米穀市場は大きく変質しつつあった。諸大名の年貢徴収方法が変化し、諸藩における米穀商が蔵米以外の納屋米を大量に取り扱うようになると、諸大名は商人による納屋米取引に介入して財政再建を図り、かつ商人による大坂への廻米量が増加して大坂を中心とする年貢米市場は動揺し続けた。各地の米穀商は蔵米取引を実施して大坂蔵屋敷を通じた米穀販売に参加し、地方の米穀商とも取引を展開しながら大坂以外の諸都市における米穀市場の発達を促したのである。

一方、買積による廻船経営を行った船持商人は各地の米穀を買い入れて大坂以外の諸湊へ持ち込み、需要地に対して直接米穀類を供給した[2]。幕末維新期における米穀市場の動向を考えたとき、九州・瀬戸内地域の良質な米穀に加えて、日本海地域で産出する比較的廉価な米穀類が大坂方面へと流入し、堂島米穀市場をはじめ、各地米穀市場で積極的に北国米を取り扱うことで、幕末期以降日本の米穀市場は一層発展を遂げたと考えられる。創業当初から北国米を大量に取り扱い、貝塚諸色問屋として貝塚地域における代表的米穀商となった廣海家では九州米や地元米等を幅広く取り扱い、泉南地域における代表的米穀問屋として各地の商人と取引関係を結んだ。日本海地域の農業生産が拡大する中で、北前船商人が日本海地域の米穀類を大坂湾岸地域で盛んに販売するようになり、大阪・兵庫を中心とした近代的な米穀市場が発展する上での重要な契機になったと推測される。幕末維新期における廣海家の米穀取引を分析しながら大坂・兵庫米穀商の活動について検討を加え、近代的米穀市場の特徴について明らかにすることが本章の主要な課題である。

徳川期には日本海地域から西廻り航路を経て大坂方面へ来航する廻船が兵庫湊に入り、そこから曳船に積み替えて大坂商人が市中へと商品を運んだが、次第に兵庫商人の金融力に依存した諸藩が大坂を経由しない形で関東・東海地域での販路を拡張することに成功し、兵庫商人、さらには兵庫に来航する廻船商人に対して米穀等の商品を販売した。各地での販路拡張を目指した諸藩が兵庫の米穀商や蔵元に対して米穀の販売を委託するとともに、兵庫商人へ大量に米穀を販売することで、兵庫が大坂と並ぶ米穀市場として発展を遂げたのである。堂島米穀市場が年貢米等の定期米取引を中心に成長を続けたのに対して、兵庫では納屋米等の正米取引を中心とする米穀市場が発達し、都市型米穀市場として問屋を中心とする取引組織を形成した[3]。

さらに兵庫に廻着した米穀は大坂だけでなく和泉地域の中心都市である堺等に運ばれ、大坂と並んで兵庫が大坂湾岸市場のセンターとして機能し始めた。また納屋米取引が活発化すると、蔵米を中心とする大坂市場だけでなく、納屋米が多く集まる堺市場へと蔵米を移出するようになり、諸藩が堺に蔵元を設置することで大坂に続く蔵米市場が堺に誕生した。幕末期に流通・消費都市として発達を遂げることで堺の米穀市場は大坂市場の機能を代替することとなり、大坂・兵庫・堺の三都市を中心とした大坂湾岸市場が幕末維新期に成立したと考えられる。消費都市への米穀供給を踏まえて、大坂湾岸の農村部における米穀需要の拡大に対応した供給ルートが成立し、泉南地域の流通都市であった貝塚でも堺の後背地として活発な米穀取引が見られ、堺に来航していた北前船商人が貝塚へと寄航することによって、幕末期以降活発に米穀取引を実施した。そして大坂湾岸市場は貝塚や佐野、そして岸和田等の諸地域を包摂する市場圏として発展を遂げていった。

市場システムが大きく変化した幕末維新期において兵庫・堺・貝塚等を結ぶ流通ルートが生まれ、各種の情報連絡手段を用いて商品情報を速やかに伝達するようになり、このような動きが各地域における米穀市場の発達を促しながら飯米需要を導き出し、大坂湾岸地域に近代的な米穀流通システムを構築したのである。本章では貝塚の廣海家をめぐる米穀市場の形成という観点から、(1)兵庫・堺米穀市場の発展と大坂湾岸市場の形成について概観した上で、(2)貝塚市場の発展を導いた廣海家による米穀取引の実態について明らかにし、(3)明治期における同家の取引活動の変化について考察を加えながら、近代における大坂湾岸市場の展開と泉州地域の米穀取引の動向に関して展望する。

第一節　一九世紀における大坂湾岸市場の発展

(1) 納屋米取引の活発化と兵庫米穀市場

一八世紀中頃に幕府の直轄地となった兵庫津では、幕末期に北風荘右衛門等の米穀問屋が積極的に諸藩の廻米に携わり、諸大名の引請蔵元として活躍した[4]。諸藩は大坂の蔵元に加えて、兵庫の問屋商人を通じて年貢米の販路を拡大しようと試みた様子が窺える。西国米等の米穀類を問屋から大量に買い受けた兵庫の穀物仲買は穀物仲間を結成し、取引ルールを定めて問屋との円滑な取引を実現しつつ、米穀取引を安定的に実施することで着実に経営規模を拡大した。兵庫を中心に納屋米流通が活発化したため兵庫における米穀取引量は増加し続け、幕末期の銀目相場低落を通じて市場が混乱した大坂に代わって、廻船商人をはじめとする地方商人が兵庫で米穀販売を進め、米価変動による利益獲得に努めた。江戸積によって打開策を模索した諸藩が大坂以外の地域でも米穀販売量を拡大し、日本海地域や西日本地域で産出した米穀を兵庫の米穀問屋へ預けて穀物仲買へと販売したのである。兵庫の穀物仲買が大坂や堺、そして貝塚等の各湊へと米穀の販売を進めることで、兵庫米穀市場は新たに大坂湾岸市場を形成する重要な流通センターとなった。

明治期には諸問屋株の廃止によって米穀問屋の数が増加し、諸藩による大坂蔵屋敷への廻米量が停滞する頃から兵庫米穀市場の役割が一層高まった。兵庫津に廻着する米穀の中でも廉価な北国米が各地へ運ばれて米穀の販路が拡大し、江戸方面への輸送拠点となった兵庫が北国米の一大集散地として成長したのである。北前船商人による廻米量が増加する中で、兵庫津へ来航する多数の廻船と取引関係を結んだ北風家等の豪商が大量の北国米を取り扱った[5]。西国米だけでなく日本海地域の北国米を大量に荷捌きすることで、幕末期に大坂湾岸市場へと流入する米穀の取扱量は回復基調にあったと想定できる。徳川期の諸藩による年貢米売買を中心とした定期米市場については、明治期以降大阪の堂島米会所が引き続きその機能を継承して廻米量の回復に努めたが、幕末期に納屋米を中心とする正米市場が各地で急速に発展を遂げたため米穀流通が活発化し、廻船商人による米穀取引の中心地となった兵庫についても大坂と並ぶ米穀市場としてクローズアップされた。兵庫では米穀問屋・仲買が一八九二（明治二五）年に兵庫米穀肥料問屋業組合を結成して米穀商による安定的な取引活動を維持すると同時に、委託米穀肥料取扱規則を設けて問屋業務におけるトラブルを回避し、米穀相場情報の伝達機能等を強化しながら米穀市場発展の基礎を確立した。(6)

(2) 堺米穀市場の発展と問屋商人の活躍

泉州地域については、一八世紀中頃以降堺とともに後背地である貝塚や大津等に米穀の注文取次所を設置して流通網を構築しながら、堺が泉州全域の流通・金融センターとして機能し、問屋・仲買相互の取引が活発化した兵庫と同じく、堺湊へ廻船商人が持ち込んだ米穀類を米穀問屋が一手に取り扱い、堺における納屋米流通が拡大した。一八三二（天保三）年には市中米価の調節を目的に米問屋株を設定し、堺商人の酢屋利兵衛・斗々屋甚助・海部屋清之助・松屋武兵衛・中尾屋金五郎・海部屋休兵衛・池田屋六右衛門が問屋株を願い出た。(7)堺の米問屋は諸藩が持ち込む蔵米に加えて、堺へと来航する廻船商人との取引に意を注いで納屋米の取引量を増加させたといえる。北前船が持ち込む北国米等の米穀類を一手に取り扱うことで廻船商人からの信頼を得て、速やかに売買仕切を行うとともに、仲買に対して米穀類を販売することができた。堺の米穀問屋は天保期に株仲間を結成しながら廻船商人との安定的な取引を企図し、兵庫へ来航する北前船を堺まで呼び寄せて米穀取引量を拡大したのである。廻船商人は問屋商人の荷為替金を通じて商品の買付資金を確保するとともに、大量の米穀類について販売を委託しつつ取引相手を見つけることに成功した。(8)

米穀類を大量に買い付けた北前船商人は堺へ蔵米・納屋米を輸送することで、大口の販売先と継続的に取引することが可能となった。次に示す文政期の送り状には、蔵米の引受先として、兵庫と堺の代表的米穀問屋が登場する。(9) 堺の米穀問屋は取引関係を結んだ兵庫の米穀商から最新の情報を仕入れ、次第に直接廻船商人との取引を拡充したものと考えられる。

[史料一]

送り状之事

一　長府蔵米八百八十壱俵　　斗立四斗弐升入

一　豊前蔵米六十□俵　　斗立四斗七合五勺入

〆

右之通り此度能州七尾津問屋次郎吉殿船江積入差登セ申候間、着岸之砌御同人殿江御相談之上御取捌被成可被下候、依而送り状如件

文政十二年丑八月十二日　　赤間関　油屋七兵衛

兵庫　北風荘右衛門殿

泉州堺　斗々屋甚助殿　　外添書

本状は西廻り航路の中継地となった下関の商人が九州・中国地方の蔵米を兵庫・堺の米穀問屋へ輸送した際に発行したものであり、幕末期以降下関商人は蔵米の引受を行う形で兵庫、そして堺へと西国米を次々と移送していた。日本海地域や九州・瀬戸内地域の蔵米を輸送した地方廻船は独自に買積を実施して商業活動を続け、諸国で買い付けた

米穀類を兵庫・大坂、さらには堺において売捌くという経営を展開したのである。堺では諸藩の蔵元が年貢米をはじめとする各種商品の売却を担当しながら幕末期に新たなマーケットを形成し、兵庫と並ぶ米穀市場が誕生したのである。

堺への米穀入津量が増加する一方、廻船商人に対する荷為替金融が重要な位置を占めたことで、旧来の問屋・仲買による米穀売買では米穀取引に限界が見られ始め、一八六〇（万延元）年には堺を代表する両替商であった具足屋半兵衛が米問屋に加入して堺における米穀問屋の集荷機能を高め、大量に流入した納屋米を荷捌きするようになった(10)。

［史料二］

市之町　具足屋半兵衛

其方儀米問屋へ加入申付候、右は入船米相殖し市中潤沢のため差許候儀に有之候間、元直段取締多少の石数正路に取扱ひ無益の失費無之様米価引下げ候様出精いたし、在来米問屋得意の内より積送の米穀引受け候ては羅買に相成候迄にて無詮事に候間、右得意外の船より引受候様厚く可致丹誠候、尤も米問屋兼て取締の趣相守可申、自然不相当に存候儀有之候ハヽ無斟酌可申立候事

堺奉行所としては、米価の引下げを図ることで大量に出回った米穀の流通を安定化すべく配慮したようである。諸藩の蔵元・掛屋としての機能を有した具足屋が米問屋として活動する等、諸藩の蔵米に加えて納屋米を大量に集荷するための資金を安定的に供給するべく、資金力のある米問屋が大量の米穀を一手に取り扱うケースが見られたといえる。同年に堺の米問屋が取り扱った米穀の八割が東北・北陸米であり、九州・四国産の西国米に加えて東北・北陸産の北国米を大量に取り扱うことで、堺の米問屋は次第に蔵米から納屋米へと米穀類の取扱範囲を拡大した(11)。

堺への納屋米流入が増加する中で、蔵米として北国米を移送することで堺への廻米量を拡大しようとする動きも見られた。『堺市史史料』によれば、株仲間発足当初からの米問屋であった酢屋は慶応期に自ら廻船を有して盛んに北国米を買付け、一万石の蔵米を堺へ廻送するよう秋田藩に提言することで、以後継続的に北国米を買い受け、堺の仲買商へそれらを大量に売捌いた。堺の米穀問屋は北国米を中心に蔵米と納屋米を組み合わせて販売を手がけ、衰退に向かった大坂市場を補完しながら、廻船経営に大きくかかわることで大量の米穀を取り扱うことに成功したのである。堺への廻米量については、天保期の一八万石から安政期の二五万石へと急増した後、慶応期に二〇万石と比較的安定的に推移したことからも、幕末期に北国米を中心とする取引によって活路を見いだし、蔵米取引に力を入れることで一定の廻米量を確保した。

一八七一（明治四）年には堺県米会所が誕生し、諸藩による廻米機能を継承しながらも、廻船商人による米穀供給に基づいて近代的な米穀市場を形成し始めた[12]。ただ堺への廻米量は一八六八年に約二一万石であったのが、七二年には約一五万石へと減少し、八〇年前後には一三万石台で推移する状態となった。廃藩置県による蔵米取引の停止が堺の米穀市場に与えた影響は大きく、明治期以降の堺では、廻船商人を通じて活発な米穀取引が継続し、兵庫と並ぶ米穀市場として機能したことも事実である。徳川期に存在した米相場所は維新後廃止され、大阪堂島米会所が再編されて以降、大阪を中心に定期米・正米取引を盛んに実施したため、堺における米穀取引は停滞した[13]。堺の米問屋が明治初年に五人から三人へと減少する一方、米穀仲買商（浜仲買と岡仲買）は一八七〇年代に五五人から四五人へ減少し、八〇年代には三五人前後で推移したのである。明治中期以降、堺については泉州地域での飯米需要に対応する形で米穀取引を実施した。

第二節　大坂湾岸市場の発展と廣海家

（1）廣海家による米穀問屋業の展開

兵庫・堺における米穀市場の発展に基づき、貝塚湊における米穀問屋として活躍した廣海家の米穀取引について、とりわけ米穀の仕入活動を中心に考察を加えたい。一八三五（天保六）年に諸色問屋業を開始した初代廣海惣太郎は堺の米穀商から米穀類を買い受け、さらに貝塚へ来航する北前船商人との取引を深めることで米穀取引を盛んに実施した。初代惣太郎は摂津で酒造業を経営した辰馬半右衛門家の出身であり、元来米穀取引に明るい人物であったと推測される。天保期における廣海家の「穀物干鰯仕切突合帳」には堺の米穀商であった指吸家・柴屋・松屋等とともに、池原家・神通丸野村家をはじめとする北前船商人が数多く登場することから、廣海家は堺から米穀の供給を受けると同時に、泉州へ来航する北前船商人との関係を緊密化することで米穀、さらには魚肥の取扱量を増加することに成功したことが判明する。[14] 北国米が大量に流入した堺の米穀市場の発展を受けて、堺から米穀の供給を仰いだ貝塚の初代惣太郎は堺の米穀商との取引を拡大する一方で、北前船商人と直接取引関係を結んで大量の米穀を確実に獲得することができたのである。廣海家自身北前船の経営に多大の関心を示しながら、堺以外の地域とも積極的に取引を行うことで、経営の拡大を目指したと考えられよう。

廣海家の穀物口銭・損益を記録する店卸覚の内容を整理した表6-1によれば、一八四〇年代の動きとしては穀物取引による口銭収入が中心であり、穀物売買による収入は副次的な様相を示していた。[15] しかし同家は次第に口銭収入以上に売買収入を重視することで前者よりも後者の比重が大きくなり、問屋業務による口銭収入を基本としながらも、集荷した米穀を自ら買い入れる形で、仲買的業務を拡大することで着実に利益を拡大したのである。[16] ただ穀物売

表 6-1　幕末期における廣海家の米穀取引

（単位・貫目）

年　次	穀物口銭	穀物損益（突合）	穀物損益（買帳）
1844（弘化元）	28.0	8.8	△ 3.3
45（弘化 2）	23.2	6.1	2.0
46（弘化 3）	22.1	12.5	△ 13.6
47（弘化 4）	17.8	9.8	9.0
48（嘉永元）	15.4	9.7	3.2
49（嘉永 2）	25.2	9.2	27.4
50（嘉永 3）	25.5	17.3	37.4
51（嘉永 4）	19.0	8.4	△ 104.3
52（嘉永 5）	15.8	10.0	4.4
59（安政 6）	不明	不明	3.5
60（万延元）	16.1	8.6	63.2
61（文久元）	9.4	3.9	△ 11.6
62（文久 2）	16.3	11.2	55.9
63（文久 3）	25.0	30.6	32.0
64（元治元）	36.4	不明	不明
65（慶応元）	51.2	不明	不明
66（慶応 2）	58.4	不明	不明
67（慶応 3）	20.3	不明	32.5

出所）「店卸覚」・「万買帳」各年版（廣海家文書）より作成。

買による利益獲得にはさまざまな要因によるリスクを伴い、米価変動の影響を受けて大きく損失が発生することもしばしばであった。一八五〇年代以降同家の米穀取扱量が順調に増加して売買による差益収入も拡大し、五一（嘉永四）年に売買取引で損失を計上したため翌年の米穀取扱量が減少したが、口銭収入以上に売買収益が同家の米穀取引において不可欠の収入源となっていった。

初代惣太郎が取り扱った商品としては秋田・庄内・越後米等の東北・北陸米や南部大豆が中心で、いずれも北前船商人が兵庫・大坂・堺方面へ運んだ米穀類であった。兵庫、さらには堺の米穀市場が発展する上での重要商品となった北国米が北前船商人によって多数持ち込まれる中で、廣海家は米穀問屋としての役割を果たし続け、さらに自ら北国米を買い入れることで米穀売買による利益確保を図った。諸色問屋の機能に加えて、米穀商として泉南地域における販路開拓を行った同家は、このようにして米穀肥料商として発展するための経営的素地を築いたのである。[17] 一八五三年に初代惣太郎が亡くなると、彼の甥である辰馬勉蔵が二代廣海惣太郎として家督を継ぎ、二代惣太郎が経営者として独り立ちするまでの数年間については初代惣太郎の妻であった廣海ひろが経営上の代表者となり、米穀肥料問屋として活動を展開した。[18]

（2）幕末期における廣海家の米穀取引

一八五九（安政六）年以降の帳簿が残存する廣海家の「穀物仕切帳」では、堺商人に加えて住吉屋・淡路屋といった大坂堂島・兵庫米穀商の名前が確認でき、堺に加えて大坂・兵庫における米穀商とも取引関係を結びながら、北国米を中心とする廉価な米穀を仕入れたことが判明する。幕末期以降米穀流入量が停滞傾向にあった大坂では、蔵米以外に納屋米を積極的に取り扱うことで米穀取引量を維持し、大坂に来航する北前船商人と盛んに取引を行って幅広い銘柄の米穀を取り扱った。廣海家は北前船商人から米穀を引き受けるだけでなく、北国米が数多く流入する兵庫・大坂の米穀商からも販売委託を受ける形で米穀取扱量を拡大し、貝塚地域への米穀供給をリードした。「穀物仕切帳」には神通丸・神力丸・天神丸等の北前船商人との取引が見られ、彼らとの取引を拡大する中で米穀とともに魚肥を積極的に取り扱い、それらを大量に買い受けることで巨額の利益を獲得したのである。

廣海家による穀物取引の動きを示した前掲表6-1では、一八六〇年代以降口銭収入をはるかに上回る利益が穀物売買において発生し、米価急騰期における米穀取引の混乱を受けながらも確実に利益を獲得し、二代惣太郎が中心となって経営の拡大に努力した。津軽・庄内・高田米、さらには最上小豆等の各種米穀を取り揃えることによって、米価が上昇した文久期についても以前からの販売量を維持したといえる。米穀の買入量を増加させる方向で積極的に販売活動を行い、一八六六（慶応二）年まで盛んに米穀取引を続けており、同家の米穀仕切高は一八五九年の一、九五六貫目から一八六六年の六、九〇六貫目へと増大した。

米穀売買を記録した「万買帳」には、一八六〇（万延元）年以降直買座として堺・大坂の商人から直接米穀を買い入れた取引について記載しており、堺・大坂・兵庫商人から販売を委託された米穀を買い受けるだけでなく、廣海家自ら堺や大坂の米穀商との間で売買契約を取り結ぶことで米穀売買量を拡大していった。同年には米穀仕切高が一、二五一貫目であったのに対して米穀買入高が一、四三〇貫目となり、同家の米穀取引では仕切高よりも買入高の方が

表 6-2　1861（文久元）年の廣海家による米穀直買

月日	仕入元	銘柄名	代銀（匁）	利益（匁）
越年	難　善	肥後米 600 俵	27,935	4,300
1. 12	塩屋七右衛門	松山蔵米 50 俵	4,329	238
1. 16	安松屋吉平	庄内米 65 俵	6,070	339
1. 29	古谷市十郎	秋田米 85 俵	4,939	566
1. 29	斗々屋甚助	秋田米 90 俵	6,011	236
2. 27	具足屋半兵衛	越前古米 44 俵	3,764	189
4. 13	近江や源次郎	津軽作徳米 60 俵	4,460	131
	指吸善左衛門	御蔵米 200 俵	16,702	1,130
7. 11	金や源兵衛	秋田米 30 俵	1,870	39
8. 6	難　善	加州米 400 俵	29,940	△ 3,281
9. 11	難　善	白米 400 俵	25,640	△ 721
9. 16	市尾や藤七	庄内白米 2 俵	136	0

出所）万延二年「万買帳」（廣海家文書 A131）より作成。

大きかったのである。[19] 同時期の廣海家では、米価の急騰によって貝塚への廻米量が減少する中で堺商人からの販売委託が目立っており、米穀引受量の減少を補うべく自ら米穀の直買へと乗り出したものと考えられる。

一八六一（文久元）年における廣海家の米穀仕切高が八二八貫目、米穀買入高が三〇二貫目へと急激に落ち込んだのを受けて、翌年の米穀仕切高は一、一九五貫目、米穀買入高は一、〇二四貫目へと変化した。米穀買入高を増加させる形で貝塚への廻米量を維持し、同家の経営が問屋業務から仲買的な業務へとシフトする形で米穀の仕切高が再び回復したと思われる。[20] 廣海家の米穀直買を示した表6-2では、難波屋（難善）からの肥後・加賀米の買付や、指吸家からの蔵米の大量購入等、北前船商人による同家への委託販売では十分カバーできない銘柄の米穀を堺市場で積極的に確保したことが判明する。堺の有力米穀商であった斗々屋・具足屋等から米穀を買い受ける等、廣海家は米穀の一大集散地となった堺において米穀を積極的に買い付けたのである。

廣海家は口銭収入だけでなく売買差益による利益獲得に力を入れ、取り扱う米穀の種類についても北国米に限定することなく、西国米等の各種銘柄を幅広く取り扱いながら米穀取引を継続した。同家は北国米の取引を通じて泉州を中心とした農村部での米穀需要を喚起しながら、良質な西国米を取り扱うことでさらなる販路開拓を試みた。急激な米価上昇を目の当たりにした廣海家は自ら購入した米穀を容易には売却できないことを痛感したに違いなく、一八六

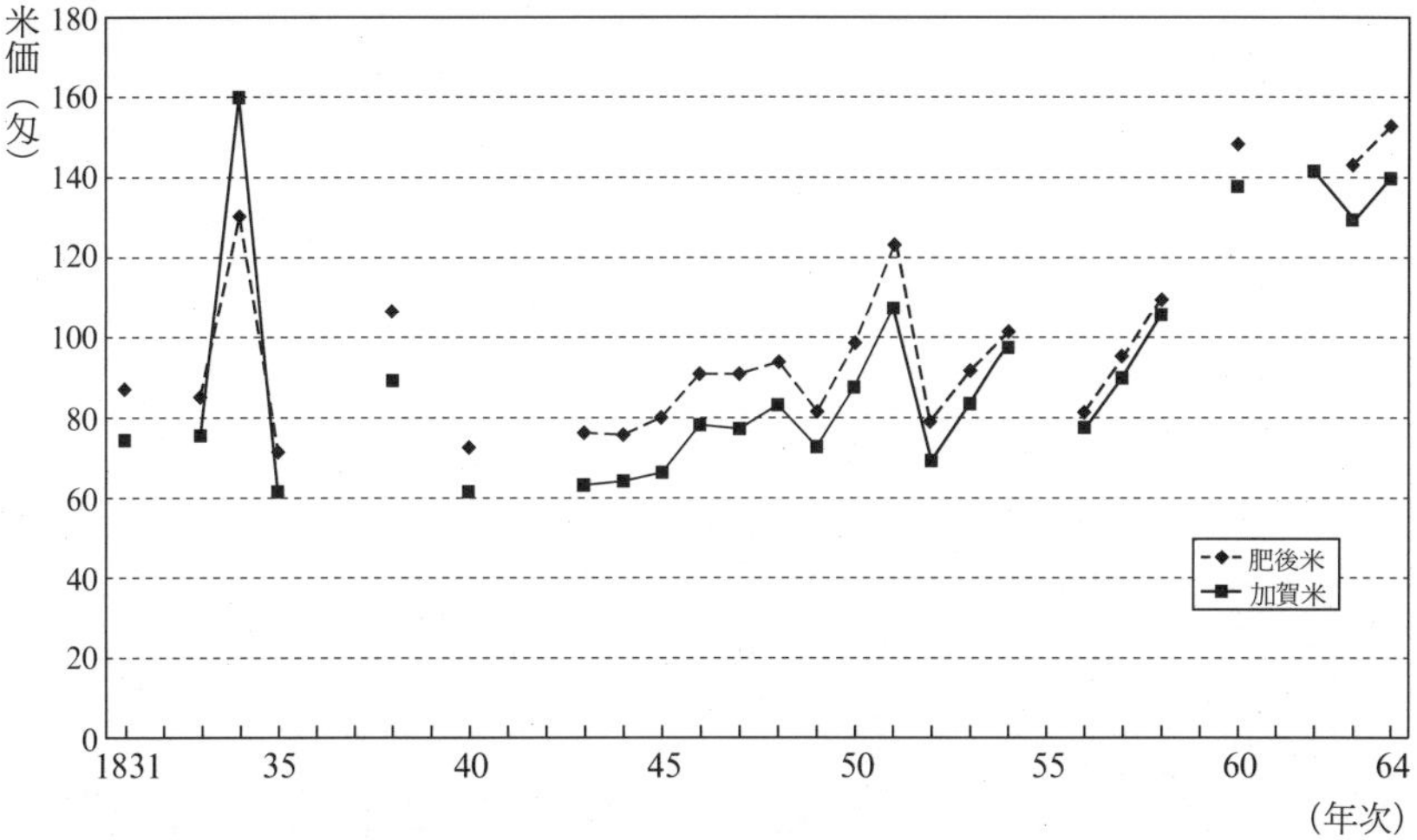

図 6-1　幕末期大坂の肥後・加賀米価格（1石当たり，6月価格）

出所）大阪大学近世物価史研究会編『近世大阪の物価と利子』（創文社，1963年）より作成。

七年には米穀の引受量が急減する一方で魚肥の取扱量を増加させて経営を維持していた。幕末期の大坂における九州・北陸米価格を示した図6-1を見ても、一八五〇年代後半以降、良質といわれた西国米と品質が劣るとされた北国米との価格差は次第に縮小し、低価格の北国米を売買することによって利益を獲得することは容易ではなくなった。そこで同家は農村部における米穀需要に見合う銘柄の米穀を選択する必要にせまられ、明治期以降小売部を設けて農村に対する米穀・肥料の売込活動を強化した[21]。

第三節　大阪湾岸市場の再編と廣海家

（1）廣海家による米穀取引活動の展開

一八六七（慶応三）年における廣海家の米穀取扱量は急減し、維新期の経済的混乱を受けて北前船商人による同家への販売量についても、米穀に関する限り減少に転じた。その主要な原因として、北前船商人からの購入商品として米穀以上に魚肥が重視され始め、さらには兵庫・大阪での米穀取引が明治期以降再び活発化したことで定期米・正米ともに取引所

表6-3　明治期における廣海家の米穀取引
（単位・円）

年　次	口　銭	水揚賃他	仕切高
1871	75.0		7,953.25
72	64.5	30.5	7,128.88
73	83.73	23.41	7,795.07
74	281.53	57.74	19,904.27
75	483.39	150.54	39,002.51
76	68.9	41.63	7,231.82
77	231.87	35.66	13,883.04
78	487.19	85.47	28,184.03
79	159.93	23.59	14,895.86
83	167.11	28.71	12,980.47

出所）「穀物仕切帳」・「仕切帳」・「仮仕切」各年版，「万買帳」各年版（以上，廣海家文書）より作成。
注記）1871-73年分の仕切高については，両単位を円として合算（銭については未加算）。

等で大量に取り扱われるようになった点が挙げられる。維新期以降、米穀生産地における貢租のあり方が激変し、地方における米穀の取引システムが変化したことで、米穀の集散市場であった大阪・兵庫市場の役割も大きく転換し始めたと想定される。ここでは幕末期における大坂湾岸市場の再編という観点から、明治期における廣海家と大阪・兵庫・堺米穀商との取引関係について追跡し、貝塚に来航する北前船商人が取り扱う米穀の内容についても検討しよう。

一八七〇年代に廣海家の米穀取扱量が停滞する中で、表6-3にあるように一八七四（明治七）年以降口銭収入が回復し、米穀引受高が増加すると同時に米穀買入量が拡大した。同家の「万買帳」における取引内容からは、一八六八年に北前船商人から北国米の他、筑前・肥後米等の九州米や中国米を引受け、それらを買い入れることで直接販売を手懸けて利益を獲得したことが見て取れる[22]。一八七〇年代に同家はしばしば損失を出しつつも米穀売買による利益を順調に拡大し、同家の主要な取引となった魚肥取引による利益を補完した。各地の商品を買い集めた北前船商人との関係を強化することで、廣海家は魚肥と米穀を同時に取引できるというメリットを享受した。各地の作柄等の最新情報を北前船商人から積極的に収集しながら、随時必要な商品の買い入れを依頼することができたのである。一八七二年における米穀仕切を示した表6-4によれば、廣海家と密接な関係を有した神通丸をはじめ、北前船商人である天神丸・松尾丸等から南部大豆を引受け、米穀取引量を減らしながらも継続的に取引関係を結ぶ北前船商人から米穀を購入していた。

北前船商人からの口銭収入が減少する中で、一八七二年の米穀買入を示した表6-5に見られるように、彼らからの購入品だけでなく、堺・大阪等の米穀商から直接北国米を買い入れることで、結果的に口銭収入以上の売買収益を確保しながら廣海家は米穀取引を拡大した。一八七四年以降、同家は北前船商人から米穀を引き受ける一方で、冨村三郎吉・真木甚作・指吸長十郎等の有力な堺米穀商から米穀販売の委託を受けて米穀取扱量を拡大し、さらに兵庫の直木久兵衛・山本弥兵衛や大阪の住吉屋嘉吉等から九州・北陸米を大量に買い付けることに成功した。廣海家は堺の米穀商に加えて大阪・兵庫の米穀商との関係を重視するようになり、入津した米穀の相場情報を得ながら購入を依頼

表 6-4　1872（明治 5）年の廣海家による米穀仕切

月日	仕入元	銘　柄	取引数量	代金（両）
5. 7	小松庄三郎	蔵　米	290 俵	182
5. 22	山本勘四郎	小柴田古米他	2,964 俵	4,081
5. 29	神通丸嘉七郎	南部大豆	513 叺	436
4. 6	船木屋七五郎	南部大豆	91 叺	164
4. 7	船木屋七五郎	南部大豆	55 叺	96
6. 7	船木屋七五郎	南部大豆他	733 叺	896
9. 6	天神丸与三郎	南部大豆	916 叺	985
10. 19	松尾丸和三郎	南部大豆	464 叺	759.63
11. 2	神栄丸幸太郎	筑前米	12 俵	15.94

出所）明治 5 年「穀物仕切帳」（廣海家文書 Y024）より作成。

表 6-5　1872（明治 5）年の廣海家による米穀買入

月日	仕入先	銘　柄	取引数量	代金（両）	利益（両）
5. 7	小松船	蔵　米	150 俵	182	6
5. 22	山　本	小柴田米	866 俵	1,179	32
	山　本	柴田米他	703 俵	1,054	△ 82
	山　本	切替米	941 俵	1,217	1
	山　本	越後米	40 俵	52	6
5. 29	神通丸	南部大豆	243 叺	433	15
6. 7	福神丸	南部大豆他	781 叺	1,162	2
未　詳	名文車	柴田古米他	31 俵	59.5	△ 3
9. 6	天神丸	南部大豆	508 叺	669.75	27
未　詳	金栄車	切替米	11 俵	17	△ 1
7. 28	名文車	柴田古米他	95 俵	185	△ 8
未　詳	柳五郎車	柴田白米	25 俵	49	△ 1
10. 19	松尾丸	南部大豆	464 叺	759.75	△ 32
10. 31	米　惣	秋田白米	5 俵	8.75	0
11. 2	神栄丸	豊前古米	12 俵	15.94	0
未　詳	和田村	熊取米	366 石	1,384	136

出所）明治 5 年「万買帳」（廣海家文書 A128）より作成。

する等、彼らから積極的に米穀を買い入れる動きを示していた。

このことは、北前船商人が持ち込んだ米穀の販売を委託されるという受身的な取引から、泉南地域で売却するための米穀を積極的に買い集める取引へと廣海家の経営が大きく転換したことを意味しており、絶えず相場が変動する商品であった米穀の取引上のリスクを考えた上での取引戦略としてとられたといえる。廣海家に宛てた書簡の中には、神戸の松屋伝吉や大阪の住吉屋嘉吉・木屋七兵衛等から相場情報を得て、兵庫・大阪間の米価比較を行った上で購入を尋ねられるといった関係が確認でき、大阪・兵庫、さらには堺の米穀市場から取引上魅力的な銘柄を買い集める形で米穀取引に力を入れたことが判明する。[23] 米穀についても産米改良等米穀の品質に関する評価が明確になされるようになり、大阪の堂島米商会所では米穀の品質向上に対する取り組みが見られる中で高品質の米穀に対する需要が高まり、銘柄や品質に応じた米価についても各地へ伝達されるようになった。[24]

（2） 米穀市場の発達と地米取引

明治期に入ると大阪では新たに誕生した堂島米商会所が米穀取引のセンターとして機能し始めた。しかし会所発足時は米穀商と米商会所との間で取引上のトラブルが発生し、堂島米穀取引所として活動が軌道に乗るまでは旧来の米穀商による正米取引が活発に見られた。兵庫・堺米穀商は大阪米穀商との関係を維持しながらも、独自に北前船商人と取引関係を結んで各種銘柄の米穀を取り扱い、北国米をはじめ西国米の取引を担った廻船商人が兵庫や堺へ米穀類を持ち込んだ。大阪・兵庫・堺の米穀市場が各々の地域性を反映させながら発展する中で、米穀取引を活発化させた廣海家は前掲表6-3に見られるように一八七六（明治九）年以降も米穀引受量を維持し、委託販売品の買受、さらに大阪・兵庫米穀商からの直接購入によって米穀取引を継続した。西南戦争による急激な物価上昇を受けながらも同家は積極的に各地の米穀を買い付けて販路拡大に努力したのである。ただ同家による米穀買付については以後大きく発展することなく、やがて肥料を中心とした取引へと転換するに至った。

一八七八年に二代惣太郎が亡くなると、彼の兄である辰馬旋蔵が三代惣太郎として家督を継承した。二代惣太郎の経営を引き継いだ三代惣太郎は北前船商人や堺・大阪・兵庫米穀商との米穀取引を継続する一方で泉州米等の地米を積極的に買い集め、廣海家の家業である米穀肥料取引に深い関心を示した。米穀取扱量が減少しつつも、廣海家は貝塚周辺の米穀商や農民から地米を積極的に購入し、泉州地域における米穀生産の発展に基づき、飯米需要に対応する形で米穀取引を行うようになった。幕末期より岸和田蔵米等の地元産米穀を取り扱った同家は北前船商人からの米穀買入量を減少させながらも、堺や泉大津、そして周辺農村から買い集めることで、泉州地域を中心とする農村部へ米穀を供給したのである。幕末期以降泉州地域では農家が綿作から米作へと生産物を転換しつつ良質米を量産するようになり、そのような動きの中で廣海家も泉州農村部における米穀取引に関心を示したと考えられる。泉州一帯で魚肥販売を手がけた同家は農村部に深くかかわりながら、地域を代表する米穀肥料商として活動を展開した。

神通丸利三郎や熊田作次郎といった廣海家と深い繋がりのある北前船商人から北陸・東北米等の米穀類を引き受け、さらに貝塚周辺の商人を通じて泉州新米を購入し、長瀬村等の農民から直接米穀を買い入れる等、摂津出身の三代惣太郎は米穀取引の方法を転換した。同時に泉州蜜柑を買い入れて函館方面へ出荷し、地元特産品の販売にも着手することで、泉州地域における米穀肥料商として積極的に活動したのである。泉州・河内・紀州米に加えて、兵庫の直木家や泉州尾崎の濱口庄三郎から播州米を購入するなどして、近畿地方の米穀を取り扱った同家は手広く米穀販売を行った。また彼が廣海家の当主となった一八七九年には、大阪南堀江の福原伊三郎や神戸栄町の岸善市等を通じて中国からの輸入米を購入しており、北前船商人がもたらす北国米に限定することなく可能な限り幅広い銘柄の米穀を取り扱うことを試みたことがわかる。(25) 短期的に価格が激しく変動する米穀類の取引においては、良質な地米や取引上購入しやすい北国米を取り扱うことで取引上のリスクを回避した状況が窺えよう。

表 6-6　1886（明治 19）年の廣海家による米穀仮仕切

月日	仕入元	銘　柄	取引数量	代金（円）
7. 25	神通丸	南部大豆他	285 叺・143 俵	730.136
8. 12	熊田徳三郎	秋田仙北米	50 俵	67.723
	熊田源太郎	秋田仙北米	278 俵	372.293
8. 20	熊田源太郎他	秋田仙北米	382 俵	485.531
9. 8	熊田源太郎他	秋田仙北米	342 俵	461.403
9. 16	熊田源太郎他	秋田仙北米	500 俵	659.566
11. 9	永井伊三郎他	秋田地廻り米他	501 俵	736.725
11. 16	熊田才次郎	能代古米	400 俵	695.031
11. 17	永井正三郎	秋田仙北米他	1,200 俵	2,023.062
12. 6	熊田吉次郎	地廻り新米他	339 俵	535.195
	熊田幸次郎	地廻り新米他	333 俵	512.231
	松尾丸孝一郎	南部大豆	600 叺	1,067.921
	嘉宝丸喜平	南部大豆	400 叺	712
	熊田吉次郎	秋田地廻り米他	340 俵	506.382
12. 16	神通丸利三郎	南部大豆	232 叺	407.181

出所）明治 18 年「仮仕切」（廣海家文書 Q019）より作成。

（3）地米取引の拡大と輸入米市場

一八八一（明治一四）年に、米価低落の影響を受けて米穀売買で損失を計上した廣海家は米穀取扱量を縮小し、北前船商人による北国米移入が急減する一方で、函館向けの蜜柑販売に加えて泉州の砂糖や北海道の海産物等を取り扱った。一八八三年には北前船商人による廣海家への米穀販売量が増加し、兵庫の長谷川保兵衛から大量の秋田・庄内米を購入することで米穀売買に力を入れた。北前船商人との取引に依存しない形で、廣海家は兵庫米穀商から北国米を確保しながら米穀売買を継続したといえよう。一八八六年における米穀仮仕切を示した表6-6では、取扱商品として秋田仙北米等の低廉な米穀が目立っており、産米改良が進んだ北国米を積極的に取り扱う状況にはなかった。価格変動が激しい米穀類の取扱量を縮小しながら、同家は確実に取引できる地米を購入することで泉州地域への米穀供給を続け、小売を中心とした米穀・肥料取引に尽力した。同年以降兵庫・大阪からの米穀買入量も急減しており、廣海家は米穀売買による利益獲得については限定的なものとして位置付けたようである。

地米については、廣海家が肥料の小売販売を進める中で関係を結んでいった周辺農村の商人や農民からも積極的に買い入れた。同家は一八八五年に小作地から収穫した作徳米を取り扱い、翌年には干加店が購入した地新米八九俵を売却する等、積極的に地米取引へと関与しながら米穀取引を行った[26]。明治前期の大阪米価を示した表6-7によれば、一八八五年に摂津米価格が肥後米価格よりも高値を付ける等、近畿地方で産出した米穀の価格は堅調に推移していること、あわせて加賀・庄内米等の北国米も西国米にせまる勢いで価格を維持しつつあったことが確認できる。北国米に対する評価が高まるのにともなって、むしろ近畿地方の米穀を積極的に取り扱うことで同家は安定的に米穀取引を行おうと考えたのであり、泉州米需要が拡大を見せるなかで次第に同家は地米取引に力を入れたといえよう。

このように松方デフレの影響で米価が低落するとともに、産米改良による米穀需要の拡大が見られ、米穀に対する評価も次第に変化しつつあった。激しい米価変動による取引上のリスクを回避するべく、同家は地米取引へと傾斜していき、一八八八年には東店で泉州米を買い付け、二〇八石の作徳米を取り扱う等、毎年一定量の作徳米を販売するようになり、一八九〇年代以降同家が取り扱う米穀の過半は地米によって占められた[27]。一方で北前船商人からの米穀引受は継続的に行われなくなり、一八九三年頃にはほとんど北国米を取り扱わない状態となり、地米に加えて菜種等の地元特産品を補完的に売買した。同年にはシャムや中国から兵庫・大阪へと運ばれた安価な輸入米を大量に買い付け、廣海家は地米と輸入米を適宜取り扱う形で米穀の売り込みを図ったのである。輸入米は神戸や大阪、さらには横浜・東京等の米穀市場へと持ち込まれ、一八九〇年代以降中国商人による貿易活動を通じて中国産の輸入米が神戸へと大量に流入した[28]。国産米の供給が不足した折には中国商人等が神戸や横浜へ廉価な輸入米を持ち込み、大阪や東京の消費市場で活動を行った米穀問屋がそれらを盛んに売買するように

表 6-7　明治前期の肥後・北陸米価格

（単位・円）

年　次	肥後米	加賀米	摂津米	庄内米
1881	9.14	8.44	9.14	8.35
82	7.61	7.25	7.48	7.10
83	6.90	6.48	6.79	6.43
84	5.49	5.15	5.44	
85	5.45	5.16	5.70	
86	5.06	4.87	5.12	
88	4.40	4.05	4.35	
89	5.05	4.80	5.00	
90	10.30	10.00	10.20	

出所）大阪大学近代物価史研究会編「明治期大阪卸売物価資料(1)」(『大阪大学経済学』29-1，1979 年）より作成。
注記）1 石当たりの価格，6 月価格を表示。

なった(29)。

おわりに

幕末期に納屋米取引で発達を遂げた兵庫・堺米穀市場では、大坂以外の米穀販売先を求めた北前船商人が来航することで米穀問屋と緊密な取引関係を結び、さらに北前船商人は貝塚等の泉州の諸湊へも来航して日本海地域で生産される米穀類を大量に持ち込んだ。貝塚の諸色問屋であった廣海家は米穀肥料を大量に引き受けながらも、自ら米穀・肥料類を買い取ることで泉州各地へ売り込んだ。問屋から仲買、そして小売業へと経営を多角化しながら泉州農村との関係を緊密化し、安定的に米穀を販売するための方策を考え続けたのである。そこで同家は北前船商人の積荷や堺商人の販売委託品を取り扱うだけでなく、直接堺や兵庫の米穀商から米穀類を買い入れることで農村部への米穀供給を手がけ、泉南地域を代表する米穀肥料商として取引活動を展開した。

一九世紀における廣海家の米穀取引は問屋業務によって商品を確保する一方で、仲買的業務によって売買差益を獲得するという仕込問屋的な役割を果たし、売買取引に取引の重心を移すことで米穀肥料商として発展し続けた。激動期となった幕末期以降、さまざまなリスクをともなう米穀取引に限界を感じながらも、農村部との関係を深めながら米穀・肥料の販売に尽力し、明治期にも積極的に米穀取引を実施することで経営上の苦難を克服していった。兵庫や堺、大坂の米穀商との情報交換を通じて各種銘柄の米穀を購入することに成功し、米穀の需要先に対してスムーズに売却を行うことで確実に利益を獲得した。廣海家の歴代当主が摂津の出身であった点からも、大坂湾岸地域との関係を維持しながら積極的に米穀売買を行った同家の経営を高く評価することができよう。

明治期以降も北前船商人をはじめとする各地の廻船商人が大量の米穀を大阪湾岸地域へ持ち込み、大阪や兵庫、そして堺の米穀市場は発展した。蔵米取引の停止によってダメージを受けた堺に対して、開港地となった兵庫・神戸や米商会所を設置した大阪は輸出入米の集散地として発展し、定期米に加えて正米の取引を拡大することに成功した。大阪・兵庫の米穀市場が発展する中で、堺を中心とする泉州の米穀市場は、泉州米を中心とする地米取引によって新たな発展を見せ、北前船商人が泉州地方へ大量の肥料を持ち込むようになると、廣海家は米穀と肥料を組み合わせて農村部における販売活動を展開した。そして同家は収益の上がる肥料取引を拡充して米穀取引を停止したが、米穀取引における経験に基づいて、泉州を代表する肥料商として活動することができたのである。

北前船商人との取引を通じて米穀とともに肥料への関心を高めた廣海家は、明治期以降魚肥需要が泉州地域で急速に拡大したため米穀取引から肥料取引へと中心的な業務を大きく変化させ、大阪・兵庫市場との関係を深めながら大阪湾岸市場における肥料取引を活発化させた。大阪湾岸市場は米穀だけに止まらず、肥料や綿製品等の移出入品を扱う巨大マーケットとして明治期以降も活発な展開を見せ、工業化の時代に対応した取引システムを形成した。米穀については、輸入米の流入によって兵庫・神戸、そして大阪の米穀市場がさらなる発展を示すこととなり、北前船商人の活動が停滞する一方で大阪商船等の海運会社が誕生し、鉄道による米穀輸送が発達を遂げながら、明治中期以降米穀市場の機能は大きく変化した。米穀の品質向上にともなって産地の米穀市場が発展し、産地と集散地を結ぶ米穀取引が活発化する等、明治中期以降各地で近代的な米穀市場の形成が進んだと考えられるのである。

注

（1）明治中期に問屋業務と仲買業務を組み合わせて北海産魚肥を大量に荷捌きすることに成功した廣海家の魚肥仕入活動については、山田雄久（拙稿）「明治期における北海産魚肥市場の展開」（『市場史研究』第二〇号、二〇〇〇年）で検討した。

（2）近世の廻船経営について分析した研究として、上村雅洋『近世日本海運史の研究』（吉川弘文館、一九九四年）等が挙げられる。

(3) 兵庫津の米穀商と廻船商人との取引関係については、例えば斎藤善之『内海船と幕藩制市場の解体』(柏書房、一九九四年)一九五—二一三頁を参照。
(4) 林吉次郎編『神戸米穀肥料市場沿革誌』(神戸米穀肥料市場、一九二〇年)三四—三八頁。
(5) 姫井惣十郎『兵庫米穀肥料市場沿革誌』(兵庫米穀肥料市場、一九一一年)八八・八九頁。只見徹「東京ニ於ケル廻米問屋ノ沿革現況」(高等商業学校、一九〇〇年)では、明治期に東京市場でも西国米に加えて北陸米が多数流入し、諸藩による販売が停止したことで廻米問屋による取引が活発化して大阪と並ぶ巨大な米穀市場が成立した点を明らかにしている。
(6) 東京市場では東京廻米問屋市場を開設した一八八六(明治一九)年に、東京廻米問屋組合が委託米雑穀取扱規則を制定している。佐々木信義編『東京廻米問屋組合深川正米市場五十年史』(東京廻米問屋組合、一九三七年)二八—三三頁。また兵庫市場では、一八九八年に問屋と仲買の組合が合流して兵庫米穀肥料商組合が誕生した。前掲『神戸米穀肥料市場沿革誌』九〇頁。
(7) 「天保三年米問屋株仲間申合名前帳」『堺市史史料』九八(堺市立図書館所蔵)。
(8) 只見前掲論文では、明治期における東京廻米問屋の機能として、委託販売における荷主への荷為替金貸与の重要性に触れ、自己倉庫に商品を預かる場合と倉庫会社に商品を預ける場合とに区別しながら米穀取引の代金決済について紹介している。
(9) 「眞木文書」『堺市史史料』九八。
(10) 三浦周行監修『堺市史』第三巻、一九二八年、四四八・四四九頁。堺における米穀取引の記述については、「明治三十五年堺米穀販売商組合調査書」(大阪府立図書館所蔵『組合沿革調　商業之部』所収)を参照。
(11) 本城正徳「畿内都市における米穀市場の機能と性格」(『ヒストリア』第九二号、一九八一年)、第三表を参照。
(12) 前掲『堺市史』第三巻、八七六頁。「米市建売買開業願　明治五年二月」『堺市史史料』一三二。
(13) 定期米取引の必要性を感じた堺商人は一八九四(明治二七)年に堺米穀取引所を設立し、株式会社組織を採用して理事長に北田豊三郎、理事に藤本清七・志方勢七、監査役に太田平次・田中市太郎を迎えた。米穀取引所は正米・定期米取引とともに有価証券取引を実施し、各地に設置された米穀株式取引所の形態を踏まえて設立されたといえる。取引所の設立経緯については「堺米穀取引所一件書類」『堺市史史料』一三四を参照。
(14) 天保十五年「穀物干鰯仕切突合帳」廣海家文書ＺＡ〇五八。
(15) 「店卸覚」廣海家文書ＺＡ〇五三・ＺＢ〇〇六・ＺＢ〇七三。「突合」による売買収益の獲得については、第9章の谷本雅之による詳細な分析を参照。「突合」の存在から、廣海家が問屋業務とともに仲買業務を通じた利益獲得を重視していたことが窺える。
(16) 日本商業史の研究において、手数料収入とともに自己資金で売買を実施する仕込問屋と呼ばれる商人が存在したことが指摘されている(宮本又次『日本商業史概論』世界思想社、一九五四年)。

(17) 明治期の廣海家における肥料取引の拡大については、山田前掲論文で仲買業務の拡大に触れながら考察した。明治期に入ると肥料の販売額が急増し、荷受した肥料の多くをそのまま廣海家が買い入れており、自己購入による仕込問屋としての経営を発展させたことがわかる。
(18) 一八五九(安政六)年の帳簿には廣海惣太郎でなく廣海比路の名前が記載されており、同年までは初代惣太郎の経営が維持される形で廣海家の事業を行っていた。
(19) 赤路洋子「幕末期泉州における米穀市場」(脇田修編『近世大坂地域の史的分析』御茶の水書房、一九八〇年)二二二頁、安政七年「万買帳」廣海家文書A一三〇。
(20) 万延二年「穀物仕切帳」・万延二年「万買帳」廣海家文書Y〇一五・A一三一。文久二年「穀物仕切帳」・文久二年「万買帳」廣海家文書Y〇一六・A一五五。
(21) 赤路前掲論文では廣海家の米穀取引について検討を加え、貝塚と大坂における米価の相違について詳細に分析を行っている。
(22) 慶応四年「万買帳」廣海家文書A一三六。
(23) 廣海家文書A二〇〇。
(24) 山田雄久「近代移行期における大阪米穀市場の再編」(長友朋子編『久留米藩蔵屋敷跡』大阪大学埋蔵文化財調査委員会、二〇〇三年)七三・七四頁を参照。
(25) 明治一二年「万買帳」廣海家文書A一二四。
(26) 明治一八年「万買帳」・明治十九年「万買帳」、廣海家文書A一五六・A一三四。
(27) 明治二一年「万買帳」廣海家文書A一五七。米穀取引量の減少に伴って廣海家の米穀座は米穀雑貨部と名称変更し、一八九六年には段通機五二台を取り扱う等、米穀以外の取引にも着手している。一九〇一(明治三四)年には三代惣太郎が引退して実子惣十郎が四代惣太郎を名乗り、肥料を中心とする売買活動に専念した。
(28) 前掲『兵庫米穀肥料市場沿革誌』九〇頁。
(29) 只見前掲論文によれば、一八九〇年代には東京市場にラングーン米・シャム米・安南米・東京米が多く集まる一方、東京では中国米・朝鮮米の取引があまり見られなかった。中国米については神戸で売買がなされた後、各地の米穀市場へと運ばれた。

第7章　廣海家商業の展開と全国市場

落合　功

はじめに

本章の目的は、近世後期―昭和前期の廣海家（本章では廣海本店）の米穀・肥料取引が全国市場の展開にどうかかわり、それとともに廣海家の商業経営はどのような質的変容を見せたのかを明らかにすることである。廣海家は、一八三五（天保六）年に諸色問屋として成立し、幕末期にかけて荷受問屋として、廻船業者から米穀、肥料（魚肥）などの積荷の保管や販売を業務としていた。その後、最幕末期には自身で手船（自己所有船）二隻（福栄丸、福吉丸）を有し、直接購入も行っていた（第3章を参照）。近代以降も、廣海家は、泉南地域最大の肥料商として成長する。貝塚は大阪の後背地に立地した在方市場としての性格を有しており、廣海家の取引は、大阪市場と深いかかわりを有していた。また、近世後期の貝塚の後背地では、綿作など商品作物生産が広く行われ、日用層や無高貧民層に対する飯米供給を必要としながら、商品作物生産に伴う肥料供給も求められていた。さらに、近代以降になると、泉南郡で玉葱や柑橘生産が拡大したため（第11章を参照）、肥料を大量に必要とした地域を後背地に有した。かかる立地に位置する廣海家の商業の展開について、全国市場の展開との関連では次のような成果がある。

赤路洋子は、幕末期における廣海家の廻船経営について、特に米穀市場の問題から概観するとともに、大坂市場との関係や米価の推移から明らかにし、貝塚周辺の農村部に展開した綿作、綿織物、甘藷栽培地帯へ米穀を供給する役割の一端を担ったことを明らかにした(1)。また、本城正徳は、廣海家が相当量の入津納屋米を売り捌いていたことを明らかにし、それが東北北陸地域（米作単作地帯）—畿内地域（綿作・綿業に代表される非米作商品生産発展地域）レベルでの米をめぐる農民（直接生産者）相互間の分業＝市場関係の形成を意味したことを紹介した(2)。一方、中西聡は、近代以降、廣海家の経営において、取引量が増加する肥料取引に着目し(3)、同家が遠隔地からの船持商人と直接取引することから、大阪、兵庫の問屋、仲買による独占的地位を打ち破る存在として位置付けた。さらに、取引先の変遷を明らかにするとともに、販売面で、大阪市場や後背地との関係を論じている。

以上の成果を踏まえながら、本章の課題である、廣海家の商業活動の展開が全国市場にどうかかわったかを考えるとき、全国市場に対する同家の主体的な商業活動に目を向ける必要があるだろう。その際、損益のあり方や資産運用という経営的側面よりも、本論では、廣海家の商業取引について、幕末から昭和初期までを通観し、巨視的な視点から、米穀肥料商として、廣海家ではどのような点に比重を置いた商業が行われたかを明らかにしたい。本章では、廣海家が船持商人から荷受けした商品の仕切額とその口銭を示した「仕切帳」と、廣海家が売買を行った際の購入先と販売先を額とともに示した「万買帳」の二つの史料群を中心に扱うことにし、本文中に出てくる廣海家の取引相手や取引数値等は、特に注記しない限り、この二種類の史料を参照している。

また、取引形態について、幕末から一九三六（昭和一一）年までを概観すると、廣海家の商業は大きく三つの時期に分けられる。すなわち、米穀・肥料の荷受けを基調としながら、自身でも購入販売する米穀肥料商であった第一期（幕末期）、船持商人から米穀・肥料を買い入れ、後背地に向けて販売するといった、問屋兼仲買を基調とした米穀肥料商であった第二期（一八七〇年代―九〇年代前半）、そして、産地（北海道）直買を行ったり、大阪肥料仲買商などから直接購入し、後背地に向けて販売する肥料商としての第三期（一八九〇年代後半以降）である。その後、一九三八年に泉州肥料小売商業組合が成立すると、組合の肥料買入を廣海家が代行するようになり（第3章を参照）、自主的な肥料商としてだけではなく、統制経済下の販売組織へと編成されるようになった。

以上の点を踏まえつつ、本章では、経営主体・人・物の三つの側面から商業活動の展開を明らかにする。まず、経営主体としての廣海家を素材とし、商業の形態、規模（販売総額）、利益（損得、利益率）などを検討する。次に、人、すなわち取引相手（船持商人、大阪商人、地元商人、生産者）に注目する。また、最後に物、すなわち商品の種類や銘柄に注目することとしたい。なお、同一銘柄での品質の差異も留意すべき点ではあるが、本章では言及しないことにする。

第一節　幕末期における取引形態の展開

既述のように、廣海家は一八三五（天保六）年に創業し、幕末には、年間取引額が銀一万貫を超す米穀肥料商へと成長した。本節では、幕末期における廣海家商業の特質を明らかにすることを目的とするが、幕末期は、一般に流通機構が動揺した時期であることに留意し、わずか三〇年間に廣海家がいかにして飛躍的に取引規模を拡大していったかを明らかにする。まず最初に「仕切帳」と「万買帳」および、その損益の結果を示した表7-1をもとにしながら、二つの点を指摘しておこう(4)。

まず一つは、この時期「穀物仕切帳」と「干鰯仕切帳」の二つの仕切帳が存在していた。「穀物仕切帳」には、販売代金と手数料、そして船持商人への支払いが記載されたものと、「蔵入座」として地元商人から直接買い入れたものが記載されている。船持商人（遠隔地商人）との間では、廣海家は、商品を蔵入りし、仲介業務を行っており、船持商人から商品を荷受けするときは、一回当たりの取引額は高額で銀一〇貫目を超える場合がほとんどであった。それに対し、地元の商人との間で取引がなされる場合は、比較的低額な場合が多く、一回当たりの取引額は銀一貫目や二貫目程度でその場で支払いがなされた。こうした傾向は肥料においても同様で、「干鰯仕切帳」を参照すると、船持商人との取引が一般的であり、一回当たりの取引金額は銀一〇貫目を超える高額で、ときには銀一〇〇貫目を超え

表 7-1　幕末期における肥料・米穀取引の様子

（単位：取引額，購入代金は銀貫目，石高は石）

年	肥料							米穀								
	「仕切帳」記載分				「万買帳」記載分			「仕切帳」記載分					「万買帳」記載分			
	取引額	手数料	口銭	手数料比率	購入代金	利益	口銭＋利益	取引額	石高	手数料	口銭	手数料比率	代金	石高	利益	口銭＋利益
1859	1,029	69.8		6.78				1,766	16,732	28.3	25.7	1.60	592	5,838	10.7	12.5
60	1,150	79.0	58.2	6.87		8.7	66.9				15.8		1,290	10,033	55.9	
61	1,720	116.9	76.3	6.78		29.9	106.2	821	4,571	11.9	9.3	1.44			3.2	
62	1,120	75.9	53.5	6.78		37.3	90.8	1,206	9,625	17.7	15.9	1.47	1,066	8,030	55.9	71.8
63	1,015	68.2	46.6	6.72		1.7	48.3	1,928	14,980	28.0	24.3	1.45			62.6	86.9
64	977	65.0		6.65				3,334	19,315	41.2	36.6	1.24				
65	2,538	168.4		6.64				5,350	18,121	55.3	51.2	1.03				
66	3,379	225.0	129.2	6.66				7,123	10,635	62.8	56.0	0.88				
67			131.2		1,742	−201.4	−70.2	2,553	3,508	21.6	20.3	0.85	607	717	−14.0	6.3

出所）各年次「干鰯仕切帳」「穀物仕切帳」「万買帳」（廣海家文書）より作成。

注記）記載がないのは史料がないため不明分。本文にも記したが，「仕切帳」は，北前商人や大坂・兵庫などの商人から肥料ないしは米穀を購入した段階で仕切られた際の史料であり，「万買帳」は，販売先に売られた際に記載された史料。越年分，「仕切帳」の直買分（米穀関係）を削除してある。「手数料」とは，取引額と支払額の差額であり，口銭以外に瀬取賃なども含まれる。「代金」の集計については，蔵入座および直買座を除く。「口銭」とは，帳簿に記載の口銭のことである。「手数料」と「口銭」の差は，帳簿記載の場合，手数料収入のみを記載しているのに対し，自身の集計の「手数料」は，瀬取賃なども含まれてあることが理由と考えられる。手数料比率は，手数料÷取引額×100である。

ることもあった。全体として年間の損益でみれば、ほぼ毎年安定した利益を得ていたのである。

二つ目は、幕末期の廣海家の商業取引は、米穀取引と肥料取引がなされていたが、「仕切帳」代金を参照すると、年間の取引額は、肥料の場合、銀一、〇〇〇貫から三、〇〇〇貫程度で推移したのに対し、米穀は銀一、〇〇〇貫から七、〇〇〇貫程度で推移していた。いずれも安定的に利益を生んでいるが、どちらかといえば、幕末期は米穀取引に重点が置かれ、それが次第に肥料取引へと比重が移っている。また、肥料取引と米穀取引の両方とも収入は幕末期を通して安定していた。

幕末期における手数料の比率は、肥料は六—八%程度あったのに対し、米穀は一—二%前後と明らかに低率であった。全体的にも、肥料は幕末期を通じて六%台後半で安定していたのに対し、米穀取引は最幕末期になるに従い低率となり、一八六六・六七（慶応二・三）年には一%を割ることもあった（前掲表7-1）。手数料が低率である分は、売買取引で補塡したともいえるが、肥料取引の手数料比率は最幕末期に至るまで変化しないのに対し、米穀取引の手数料比率の方は低率になっていくという事実は注目してよいだろう。

廣海家が仲介した米穀の量は、一八六四（元治元）年には一万九千石を超え相当量を扱っていたが、幕末期には三、五〇〇石程度に減少している。廣海家自身も一八六〇（万延元）年には一万石を超える米を購入していたが、最幕末期の六七年には七一七石と激減している。一八六七年に取引量が激減した理由は、長州戦争などによる兵糧米確保の動きが見られるとともに、下関が途絶された影響が表面化したものと考えられるが、こうした事態に直面した廣海家が商品を確保することは困難であった。この時期、手数料の比率をさらに引き下げているのも、こうした入荷量の減少に対応したものといえるだろう。また、廣海家が幕末期—明治初期に所有船の大型化を進めたのも、入荷量減少に伴う商品確保が大きな理由といえよう（第3章を参照）。

次に、取引方法について述べておこう。廣海家に蔵入りした商品は、すべてを仲買商人に仲介していたとは限らず、また廣海家がすべての商品を購入したわけでもなかった。一八六二(文久二)年における米穀取引の様子について表7-2をみよう。これらの関係を各項目ごとにみると、神通丸庄兵衛のように「仕切帳」と「万買帳」で、ほぼ同数が記載されており、蔵入りしたもののほとんどを廣海家が買い取った場合もあったが、輪島屋清蔵を始め多くの場合、「仕切帳」>「万買帳」となっており、廣海家は、仲介販売と保管を基調としながら一部を廣海家が購入していたのである。

続いて、取引相手について検討する。廣海家自身で買い取ることを目的とした大坂湾岸地域の商人との取引は別として、船持商人の場合、神通丸庄兵衛や神力丸嘉七郎、松尾丸孝一郎、および伊藤家の船はほぼ毎年廣海家と取引した。神通丸、神力丸、松尾丸はいずれも野辺地商人の野村家、野坂家の手船であったが、彼らは、南部粕、市川粕、田名部粕、南部大豆、津軽米など青森県産の米穀や魚肥を扱っている。越後国鬼舞の伊藤家の場合は高田米、越後米など、いずれも越後産の肥料や米が中心であった。船の経営を考えるとき、遠隔地取引による利潤獲得を目的として各湊に寄り、物資を買い入れたり、販売する場合もあったが、それとは別に、船主の地元の物資の大坂(ひいては畿内)への回送の担い手としての役割を有する場合もあり、このような、船持商人は、領内物資を大坂へ輸送することで船主の地元の物資の換金を担う役割を果たしたと言えるだろう。ちなみに伊藤家は、この時期、富山藩の年貢米の大坂輸送を請負っていたことが知られるが(5)、こうした富山米は廣海家へ一切送られていない。あくまでも、廣海家は、古米、古々米などといった船主の地元産米の換金先として位置付けられていた。また一般に、米穀か肥料のいずれかのみを荷揚げすることが多いが、神通丸や神力丸のように同時に米穀・肥料の両種類を荷揚げする場合もあった。北国からの輸送品として魚肥も重要な商品であり、米穀だけでなく魚肥も一緒に蔵入れした方が好都合であったし、頻繁に取引があった船持商人と廣海家とは複数種類の商品取引で密接に結びついていた。

また、それと同時に、単発的に廣海家と取引した船持商人も多くいた。彼らは秋田米、庄内米、新庄米などの東北

表 7-2　1862 年における廣海家の米穀取引の様子

（取引額 10 貫目以上）

「仕切帳」に記載されている取引内容			量（石）	金額（匁）	「万買帳」に記載されている取引内容			量（石）	金額（匁）
輪島屋清蔵	吉久米	4 月 14 日	488	71,865	輪島屋清蔵	伯古米	4 月 12 日	24	3,500
湊屋善左衛門	金□米	4 月 30 日	859	115,646	湊屋善左衛門	米	4 月 28 日	15	2,026
銭屋与八郎	南部大豆		238	28,937	銭屋与八郎	南部大豆	5 月 9 日	4	502
	南部小豆	5 月 12 日	38	5,126		南部小豆	5 月 11 日	29	4,001
栄宝丸栄蔵	津軽米		297	43,451	河内屋栄蔵	青森米		7	967
	南部大豆	5 月 11 日	518	63,293			5 月 26 日		
尾山屋市右衛門	藤谷米	5 月 14 日	4	613	尾山屋市右衛門	藤谷米	5 月 14 日	4	599
正宝丸半七	津軽米	5 月 23 日	315	45,853	河内屋半七	津軽米		307	44,720
	南部大豆		504	66,726		南部大豆		608	79,456
	南部小豆		37	5,025		南部小豆	5 月 26 日	26	3,371
	津軽米，南部小豆		39	5,196					
神通丸庄兵衛	南部大豆	6 月 7 日	41	5,118	神通丸庄兵衛	南部大豆	6 月 7 日	41	5,115
	南部小豆		60	7,164		南部小豆		57	7,164
渡辺弥左衛門	藤谷米	6 月 5 日	517	75,792	渡辺弥左衛門	藤谷米	6 月 4 日	73	10,722
						館村米		38	5,505
加登屋九左衛門	秋田七所	6 月 5 日	779	111,782	加登屋九左衛門	七所米その他	6 月 11 日，7 月 4 日	893	125,776
瀧越丸作左衛門	作州米，加賀米	7 月 22 日	84	11,548					
佐藤彦右衛門	郷蔵米，越後小豆	7 月 28 日	509	57,712	佐藤彦一	郷蔵米，高田古米	7 月 27 日，29 日	284	29,544
渡辺伝四郎	藤谷米，立村米	8 月 1 日	464	59,242	渡　伝	藤谷米，立村米	8 月 1 日	351	44,781
細野喜八郎	館村米	8 月 2 日	442	56,198	細　喜	立村米	8 月 2 日	448	56,198
酒屋松太郎	高田米	8 月 6 日	397	33,383	酒　惣	毛入白米	8 月 10 日	56	7,187
高橋新之助	藤谷米	8 月 6 日	363	42,390	高橋分	立村米	8 月 7 日	242	28,126
天神丸伊三郎	南部大豆	8 月 4 日	93	10,416	天神丸	南部大豆	8 月 4 日	70	7,843
伊藤清蔵	高田米，郷蔵米	8 月 9 日	558	48,372	伊藤清	高田古米	7 月，8 月	916	80,690
黒丸善兵衛	矢しま米	閏 8 月 18 日	467	49,066	黒丸善兵衛	矢島米	閏 8 月 16 日	6	636

中屋久蔵	越後小豆 長岡米	9月8日	37 790	4,552 93,379
渡辺磯七	郷蔵米，加賀米	9月15日	834	95,118
中屋久蔵	越後小豆	9月8日	37	4,552
せと屋権兵衛	長岡蔵米	1月6日	166	25,648
久保宇右衛門	立村白米	8月	218	25,951
指吸長右衛門	柴田七所米	10月14日	306	41,310
鳥井伊八	柴田古米	12月13日	167	27,640
津　田	館村白米	8月，9月	181	26,108
斗々屋甚助	富山米，伊予米，庄内米	11月	559	145,947
木屋七兵衛	柴田古米，上蒲原古米	10月14日	167	22,875
目根屋源助	庄内米	10月18日	467	63,761
名越油屋五兵衛	入舂白米，今岡白米	6月，8月	308	43,859

出所）文久2年「穀物仕切帳」と同年「万買帳」（廣海家文書 Y016，A155）より作成。

産米や、樽舞粕など北海道産魚肥を扱っており、先に指摘した在地物資の回送という立場からは離れ、遠隔地取引による利潤獲得を目的とした船持商人といえるだろう。彼らの場合、購入先も販売先も自由であり、こうした中で廣海家は蔵入り先の一つであったのである。

次に、米穀や肥料の商品の性格を検討する。まず、米穀取引の対象は、幕末期を通して、九割近くが北陸・東北地方の産米であった。残り一割程度が、岸和田蔵米など地元産米を受け入れており、地払い米の受入先にもなっていた。一般にこの時期の北陸・東北地方において産出した米は、安価であったが品質的に劣るといわれている。日用層などの飯米需要を後背地に抱えていたため、北国産の米穀商品が大坂市場を通さず直接に貝塚に流入することになった。特に庄内米、秋田米、津軽米など東北地方の産米は、多くの船持商人から恒常的にもたらされている。一方、高田米、村上米、柴田米、越後米など北陸地方の産米は一時的に大量に送られるものの、恒常的とはいえない。こうしたなか、高田米は、古米、古々米を中心に、伊藤家の所有船によって、越後米や村上米などは、池原家、寺崎家、伊藤家の三者によってほとんどがもたらされ、特定の商人によって北陸地方の産米の輸送がなされていた。一方、肥料取引の場合、市川粕、田名部粕など、青森県産の魚肥（鰯粕）がほとんどであった。肥料は、主に、陸奥国野辺地の商人、野村治三郎や野坂勘左衛門の手船である、神通丸、天神丸、神栄丸、松尾丸などによってもたらされた。

以上、幕末期における廣海家の商業の展開をまとめると大きく二つのことが指摘できるだろう。

一つは、幕末期の廣海家は、荷受問屋としての口銭取引を基調としながらも、一部は自身で買い入れ販売していた。しかも米穀の場合、直買も行われ、一万石以上も販売されていた。天保期の設立当初は、廣海家は諸色問屋の一つとして成立しているので、問屋形態を維持したものと考えられるが、幕末期に取引慣行が流動化するなかで、廣海家は、商品の管理保管だけでなく、販売業務の性格が強くなったと考えられる。その背景には泉南地域の日用層の増大や商業的農業の発展に伴う、飯米、金肥需要の増大という後背地の消費地帯における需要の拡大があり、最幕末期の米不足のなかで、廣海家は飯米需要に応える必要があったのである。

また、この時期の廣海家の商業取引について特筆すべき点として、荷受問屋として仲介業務を基調としながらも、自身でも商品を買い取り、販売することで、荷受け後、短期間で船主への支払いが可能になったという点があげられよう。すなわち、蔵入分の販売が円滑になされることで、買積による遠隔地取引による利益を基調とした船持商人が、滞船することなく蔵入し、販売可能な廣海家を荷卸先として選択することになったのである。かくして、幕末期の商業取引慣行の混乱のなかで、多くの船持商人が貝塚に寄港するに至り、廣海家は天保期に設立して以来、飛躍的に成長することになったのである。

ただし、この荷受けを基調とした取引方法は、船持商人の自由意志による寄港に委ねられることを意味した。よって、商品を安定的に確保できる平時と異なり、最幕末期のように輸送路が遮断されたときには、廣海家は荷受問屋であるがゆえに、船の寄港の減少の影響をまともに受け、米穀の取扱量を減らした。この点は、生活必需品を扱う商人としては、安定性に欠く要素であり、廣海家自身が手船を利用することで対応されていた。

第二節 一八七〇年代—九〇年代前半における米穀・肥料取引

(1) 一八七〇年代—九〇年代前半における廣海家の経営

まず最初に、表7-3を参照しながら、一八七〇年代—九〇年代前半における米穀取引の特徴を検討する。

「仕切帳」に記載された米穀取引は、一八九三(明治二六)年で終わるが、八〇年代の肥料取引と米穀取引の利益を比較したとき、米穀取引の利益の方が明らかに低額であった。米穀取引は口銭の割合が低く、利益をあまりもたらしたとはいえない。「万買帳」の米穀の項目を参照すると、一八九四年以降は、継続的に取引がされているように見られるが、実際は、地米を買い入れているだけである。一八九〇年以降の取扱商品としても南部大豆がほとんどで、遠隔地からの米穀を取引したのは一八八九年までと考えてよいだろう。

ちなみに、一九〇〇年の米穀取引における「万買帳」の項目は、二万三、三九四円の取引額に対し、四、四〇〇円近くの損失を生んでいる。これは、越年分記載の「他国米買入座」のものである。前年分の「万買帳」が存在せず、この「他国米買入座」の詳細は不明だが、少なくとも一八九八年には、地米しか買い入れず、他国米は買い入れていない。この一九〇〇年の取り組みは、これまでの他国米で残っていたものを精算したもので、買入額一六、〇〇〇円に対し、販売額一三、〇〇〇円で、三、〇〇〇円もの損失を生んでいる。一九〇一年の「万買帳」が残されておらず、確証はないものの、一九〇〇年で他国米取引を精算し、米穀の取引は止める方向にあったと思われる。

この時期の廣海家の取引は、大きく以下の三つの方法でなされていた。この点、本項で利用する「仕切帳」と「万

おける廣海家の取引の様子

米穀							
「仕切帳」記載の取引			「万買帳」記載の取引				
代金（円）	石高（石）	口銭（円）	代金（円）	越年分（円）	合計（円）	損益（円）	口銭＋損益
		88				615	703
7,953	1,531	75				−753	−678
6,607	1,941	95	8,208	36	8,244	125	220
8,552	1,843	84				−449	−365
20,435	5,093	284	53,732	388	54,126	−880	−596
38,947	6,856	634	55,754	5,498	61,252	627	1,261
7,255	1,582	95	20,529	1,468	21,997	228	323
14,045	3,038	232	28,399	1,081	29,480	850	1,082
30,651	5,961	487	42,038	39	42,077	850	1,337
13,278	1,785	160	40,514	6,484	46,998	1,188	1,348
		318	37,600	606	38,206	1,035	1,353
		61	12,598	616	13,214	−78	−17
		74				110	184
9,806	2,029	167	15,609	713	16,322	−91	76
22,412	4,553	403	44,593	2,160	46,753	1,583	1,986
		55	19,127	8,450	27,577	−34	21
		184	11,295	737	12,032	223	407
4,501	1,206	105	8,754	5,144	13,898	−471	−366
		119	8,689	805	9,494	96	215
4,093	971	90	9,285	3,459	12,744	297	387
3,088		52				294	346
1,763		36				40	76
1,425		30				25	55
1,669		41	5,864	9,841	15,705	1,833	1,874
			7,029	3,362	10,391	272	
						433	
			9,315	451	9,766	374	
						166	
			6,012	24,555	30,567	1,493	
						255	
				23,394	23,394	−4,396	

数料取引は1893年まで。手数料取引は，各年次「仕切帳」を参照。自己勘定取引は，各年次「万買帳」を参

表 7-3　1870-1900 年に

年	肥料						
	「仕切帳」記載の取引		「万買帳」記載の取引				
	代金（円）	口銭（円）	代金（円）	越年分(円)	合計（円）	損益（円）	口銭＋損益
1870	31,417	1,434				3,254	4,688
71	25,723	1,060				−1,190	−130
72	27,696	601	28,776	10,693	39,469	1,874	2,475
73	45,034	1,756				3,842	5,598
74	32,503	1,407	46,958	4,176	51,133	−853	554
75	32,757	1,549	30,239	8,339	38,578	−510	1,039
76	32,427	1,391	35,631	5,104	40,735	2,020	3,411
77	29,632	1,482	41,309	6,552	47,861	3,306	4,788
78	31,298	1,534	51,968	3,212	55,180	2,385	3,919
79	53,838	3,055	80,422	6,736	87,158	1,411	4,466
80		1,688	32,788	28,588	61,376	2,693	4,381
81		1,891	66,255	9,746	76,001	400	2,291
82		2,183				173	2,356
83	35,630	1,782	40,384	10,756	51,140	1,025	2,807
84	40,748	2,053	46,237	4,047	50,284	1,831	3,884
85		1,532	48,644	3,193	51,837	1,497	3,029
86		2,402	48,794	6,245	55,039	1,630	4,032
87	42,002	2,637	51,171	14,717	65,888	−2,644	−7
88		3,245	52,498	15,190	67,688	−2,005	1,240
89	56,202	3,760	68,020	4,815	72,835	866	4,626
90	60,778	3,912				−1,044	2,868
91	79,318	5,405				−264	5,141
92	56,541	2,686				2,217	4,903
93	65,013	2,846	71,865	18,342	87,048	525	3,371
94		2,299	82,518	21,209	103,727	2,272	4,571
95		606				3,939	4,545
96		391	22,999	30,245	53,244	2,984	3,375
97		734				2,289	3,023
98	24,810	715	43,014	8,465	51,479	−293	422
99		2,153				3,252	5,405
1900		1,338	66,923	32,435	99,358	308	1,646

出所）各年次「仕切帳」,「万買帳」（廣海家文書）より作成。
注記）口銭については，第 1 章を参照。空白は，史料が残されていない場合。ただし，米穀についての手
照。

買帳」の記載のあり方を含めて、その方法を述べておくことにしよう。

まず一つは、船持商人などが廣海家のもとへ荷揚蔵入し、それを、廣海家自身で購入、販売がなされる場合である。この場合、「仕切帳」と「万買帳」の両方の帳簿に記載されている。

二番目は、船持商人などが廣海家のもとへ荷揚蔵入するものの、廣海家が仲介業務を行い、他の販売先へ販売がなされる場合である。この場合、「仕切帳」には記載されているが、「万買帳」には記載されていない。

三番目は、廣海家のもとへ荷揚蔵入が行われず、廣海家自身が直接購入し、販売する場合である。この場合、『仕切帳」には記載がなく、「万買帳」に記載がある。

以上の三種類の取引の推移を明らかにしたのが、表7-4である。表7-4の対象者は当該年において廣海家との取引額が一、〇〇〇円を超えた商人に限定してある。

表中の「蔵入分から廣海家が購入した額」というのは、当該年における「仕切帳」と「万買帳」の両帳面に取引が記載されており、①に該当するものである。「蔵入から他所へ販売した額」というのは、「仕切帳」には記載されているが「万買帳」には記載されていない取引額を指し、②に該当する。そして、「廣海家直買額」というのは、廣海家のもとへ荷揚蔵入が行われずに廣海家が直接購入したことを示し、③に該当する。「廣海家取引額」とは、この①②

年は両，74年以降は円）

前年度越年分	廣海家取引額（①＋②＋③）
36	6,046
388	40,084
5,498	47,159
1,468	12,667
1,081	14,372
39	38,988
6,484	34,946
713	12,886
2,160	36,839
5,144	7,723

前年度越年分	廣海家取引額（①＋②＋③）
10,693	30,350
4,176	45,530
8,339	41,225
5,104	36,849
6,552	38,494
3,212	46,171
6,736	78,007
10,756	37,785
4,047	46,237
14,717	45,299
4,815	64,550
18,342	72,559
8,465	41,115

いた。

表 7-4　1872-98 年における廣海家の商業活動

〈米穀取引〉　(単位：1872

年	①蔵入分から廣海家が購入した額	②蔵入から他所へ販売した額	廣海家口銭取引額		③廣海家が直買した額	廣海家取引額	
			(①＋②)	「仕切帳」総額		(①＋③)	「万買帳」総額
1872	4,662	0	4,662	6,607	1,384	6,046	8,208
74	11,002	2,893	13,895	20,435	26,189	37,191	53,732
75	33,911	3,534	37,445	38,947	9,714	43,625	55,754
76	5,229	0	5,229	7,255	7,438	12,667	20,529
77	6,838	0	6,838	14,045	7,534	14,372	28,399
78	29,521	0	29,521	30,651	9,467	38,988	42,038
79	13,279	0	13,279	13,278	21,667	34,946	40,514
83	7,261	1,796	9,057	9,806	3,829	11,090	15,609
84	20,455	0	20,455	22,412	16,384	36,839	44,593
87	3,653	550	4,203	4,501	3,520	7,173	8,754

〈肥料取引〉

年	①蔵入分から廣海家が購入した額	②蔵入から他所へ販売した額	廣海家口銭取引額		③廣海家が直買した額	廣海家取引額	
			(①＋②)	「仕切帳」総額		(①＋③)	「万買帳」総額
1872	23,294	2,728	26,022	27,696	4,328	27,622	28,776
74	31,187	0	31,187	32,503	14,343	45,530	46,958
75	16,942	13,864	30,806	32,757	10,419	27,361	30,239
76	20,054	10,132	30,186	32,427	6,663	26,717	35,631
77	25,864	3,393	29,257	29,632	9,237	35,101	41,309
78	27,902	0	27,902	31,298	18,269	46,171	51,968
79	51,405	0	51,405	53,838	26,602	78,007	80,422
83	31,869	1,924	33,793	35,630	3,992	35,861	40,384
84	37,302	2,436	39,738	40,748	6,499	43,801	46,237
87	35,439	0	35,439	42,002	9,860	45,299	51,171
89	54,943	0	54,943	56,202	9,607	64,550	68,020
93	62,949	772	63,721	65,013	8,838	71,787	71,865
98	24,793	0	24,793	24,810	16,322	41,115	43,014

出所）各年次「万買帳」,「仕切帳」（廣海家文書）より作成。

注記）①，②，③は，当該年に廣海家との取引額が1,000円以上の商人との取引について集計し，越年分は除

③を合計した総額である。前述のように本表は一、〇〇〇円以上の取引額があった商人を対象としたが、「仕切帳総額」「万買帳総額」は当該年全体の取引額合計を示した。同表を参照すると、一、〇〇〇円以上の取引額があった商人との取引額でも総額のうちかなりの比率を占めており、十分概要が把握できると見てよいだろう。

特に肥料取引を参照すると、一八九三年まで購入額（①）は上昇しており、一八九八年はそれより減少していた。これは、船からの入荷量が減少していたことを意味するが、この一八九八年には直買額（③）が前年よりも増加しており、大阪の肥料仲買商から購入することで船からの入荷量の減少を補完している様子がわかるだろう。

以上を踏まえると、大きく二つの点が指摘できる。一つは、「廣海家取引額」と「①＋③」との関係を調べると、米穀、肥料取引のいずれにおいても、一八七七年ごろには、廣海家が他所へ販売するといった業務は行われなくなり、廣海家が蔵入した商品を自身で買い取り販売するようになったと言える。

また③の廣海家が直買をする場合、直買の相手は白藤嘉助や金澤仁兵衛、秦新七、井上茂助、内海作平、木谷七平（大阪店）などといった大阪や兵庫の肥料仲買商が中心であった。消費地の需要に対して、船持商人からの荷受のみに期待するのではなく、大阪の仲買商から肥料を購入し、販売することもあったのである。

以上、簡単ではあるが、明治期における廣海家の商業取引は、米穀取引から肥料取引へ、船持商人との取引を基調としながらも、近世以来の問屋業務だけでなく、商品を廣海家自身が買い取るといった販売業務を併せて行う取引形態へと推移する様子を見ることができる。そして、船持商人に対して買取を行い、蔵入商品の購入を保障することで船持商人の寄港を促すことになったのである。

（2）一八七〇年代―九〇年代前半における取引商人

この時期、取引相手としている商人は、米穀にしても肥料にしても、廣海家との間で直接売買を行う大阪湾岸地域の商人と、荷揚蔵入を基礎とした船持商人に分けられる。船持商人については、いずれも、一一二年程度で取引が終わる商人と、ほぼ毎年恒常的に取引が行われる商人に分けられる。なお、大阪湾岸地域の商人との取引では、米穀の場合は、旧和泉国地域の米穀商が中心であるに対し、肥料の場合は、大阪や兵庫の肥料仲買商が中心である。

上記のような特徴を有した商人について主要な取引相手をピックアップし、廣海家との取引の様子を示したのが、表7-5である。まずは表中に登場してくる各人の取引の様子について、明らかにしていくことにしよう。

野辺地商人野坂勘左衛門の手船である松尾丸は、幕末から明治期を通じて、ほぼ毎年廣海家と取引した。扱ったものは、野坂家の地元（南部地域）で生産された商品がほとんどである。米穀類は南部大豆が中心で、津軽米などが送られ、魚肥は市川粕、田名部粕であった。同様に野辺地商人野村治三郎の手船である神通丸は、幕末には神通丸庄兵衛、一八七八（明治一一）年には嘉七郎、その後は利三郎と船頭の名前は変わるが、ほぼ毎年廣海家と取引した。なお神通丸は一八七一年に野村家から廣海家に売却され、七五年に廣海家が再び同船を野村家に売却したと推定されるまでの間、廣海家の持船となっていた[6]。この神通丸も市川粕、青森粕、南部大豆などといった野村家の地元産出の商品を中心に廣海家へ運んだ。一八八五年には、筑前米や豊前米などを扱っているが、これは一時的なものである。松尾丸、神通丸といった野辺地商人の手船による貝塚廣海家への取引は幕末期の取引と変わることなく、明治期以降も南部地域産出の商品を貝塚へ送荷していたといえるだろう。

越後国の伊藤助右衛門家は、伊久丸、伊吉丸、伊福丸など多くの手船で廣海家と取引している。これらの船は、一八七九年までは越後大豆、柴田米、今町米など越後国産米穀の取引が多かったが、このころから厚田粕、宗谷粕などの北海道産鯡粕を取引するに至る。この経緯は表7-5を参照しても、明確な変化として読みとれる。また、加賀国の熊田家も永昇丸や長徳丸、吉広丸など多くの手船で廣海家と取引しており、一八七七年では、秋田米、仙北米など秋田産米が中心であったが、八八年以降は小樽産鯡粕など鯡粕を中心に扱っていた。このように、船持商人の中で

商人の取引額の推移

（単位：円）

1883	1884	1885	1886	1887	1888	1889	1890	1891
0	699	—	—	549	—	1,649	2,575	1,764
0	699	0	468	549	0	1,649	—	—
0	0	—	—	0	—	0	0	0
0	850	0	0	0	0	0	—	—
1,533	3,586	—	—	2,022	—	0	0	0
0	5,134	0	4,010	2,022	0	0	—	—
2,093	1,400	—	—	1,083	—	0	0	0
2,093	1,400	3,069	1,304	1,083	1,530	974	—	—
0	0	—	—	0	—	0	0	0
921	2,276	0	0	0	0	0	—	—

1883	1884	1885	1886	1887	1888	1889	1890	1891	1892	1893
4,699	6,662	—	—	4,554	—	5,842	6,614	232	0	0
4,699	4,226	4,326	4,778	4,554	2,527	6,402	—	—	—	0
1,206	4,860	—	—	4,521	—	4,089	9,781	13,041	11,058	23,110
1,206	4,972	3,170	5,031	4,857	8,662	4,538	—	—	—	22,698
0	0	—	—	764	—	0	0	7,975	3,654	4,059
0	0	0	155	763	1,404	0	—	—	—	4,059
15,522	9,810	—	—	101	—	8,499	5,107	6,640	0	0
15,522	10,206	13,299	20,690	101	631	8,403	—	—	—	0
0	0	110	199	724	0	0	—	—	—	0
950	1,769	1,091	524	1,127	0	0	—	—	—	0
3,992	888	4,145	1,974	1,507	815	0	—	—	—	0
3,459	5,184	—	—	6,983	—	1,381	0	1,357	433	0
515	4,917	3,823	8,430	7,528	1,111	1,381	—	—	—	0
0	81	0	0	514	0	0	—	—	—	0

載の金額を示したもののことを意味し，「売買取引」とは「万買帳」に記載されていた金額を示したものを意味
帳」が残存しておらず，売買取引は不明。

表 7-5　米穀・肥料取引

〈米穀取引の様子〉

年		1874	1875	1876	1877	1878	1879	1880	1881
松尾丸孝一郎	口銭取引	0	459	0	0	0	0	—	—
	売買取引	0	459	0	0	0	0	0	3,935
伊藤助右衛門	口銭取引	3,904	7,495	0	3,954	3,117	2,963	—	—
	売買取引	3,761	7,795	0	3,954	3,117	1,444	0	0
熊田源太郎	口銭取引	0	0	0	916	12,065	6,133	—	—
	売買取引	0	0	0	917	11,198	9,696	7,403	0
神通丸	口銭取引	0	3,943	0	0	2,771	3,105	—	—
	売買取引	0	3,443	0	0	2,176	3,655	3,703	49
富村三郎吉	口銭取引	214	3,833	2,977	1,381	1,140	1,077	—	—
	売買取引	219	1,603	2,287	5,171	1,255	4,707	1,100	0

〈肥料取引の様子〉

年		1874	1875	1876	1877	1878	1879	1880	1881
松尾丸孝一郎	口銭取引	0	0	598	2,587	2,886	2,865	—	—
	売買取引	0	4,172	598	2,592	3,438	2,839	1,331	5,185
伊藤助右衛門	口銭取引	0	0	0	0	737	4,269	—	—
	売買取引	0	0	0	0	737	4,269	0	0
熊田源太郎	口銭取引	0	0	0	0	0	2,264	—	—
	売買取引	0	0	0	0	0	2,264	0	0
神通丸	口銭取引	5,506	4,766	2,670	2,656	4,692	18,891	—	—
	売買取引	5,406	4,444	384	2,656	4,691	24,481	14,153	12,220
白藤嘉助	売買取引	3,392	347	1,631	3,501	6,575	0	0	0
金澤仁兵衛	売買取引	1,343	0	0	2,369	1,614	0	0	0
内海作兵衛	売買取引	0	0	0	0	2,999	4,286	4,586	5,054
広海二三郎	口銭取引	0	0	0	0	3,092	0	—	—
	売買取引	0	0	0	0	3,092	0	0	0
富村三郎吉	売買取引	0	0	0	0	1,956	3,269	0	0

出所）各年次「万買帳」と「仕切帳」（廣海家文書）より作成。

注記）越年分は含めず。一箇所は，史料が残されていないことによる不明分。「口銭取引」とは，「仕切帳」記する。1880・81・85・86・88年は「仕切帳」が残存しておらず，口銭取引は不明。1890-92年は「万買も、伊藤家のように船主の地元産米の移出先として廣海家を利用する場合と、熊田家のように地元とは関係ない秋田米を買積み、廣海家へもたらした場合の二つの場合を見て取ることができる。しかし、いずれの船持商人も、一八八〇年代半ばには北海道産魚肥へと取引商品の中心を移していった。近世以来、船主の地元物資の大坂輸送を担っていた船持商人も、一八八〇年代には地元物資の取引から自由になっていく様子が見てとれる。

大阪府堺の商人富村三郎吉（三郎兵衛、宗七）の場合、一八七四年頃は、加賀米を中心に廣海家と取引していたが、八四年は越中米が中心になっている。また、樽舞粕や鯡粕なども取引したが、これは一時的なものである。

次に、大阪の肥料仲買商との取引の様子について、白藤嘉助、内海作兵衛、金澤仁兵衛を紹介していくことにしよう。彼らからは、樽舞粕、鬼鹿粕、南部粕などの魚肥を廣海家は購入しているが、船持商人からもたらされる魚肥の量と比較すると少量である。なお、表7-5からわかるように、大阪や兵庫の肥料仲買商の名前は、「仕切帳」には記載がなく、「万買帳」にのみ記載がある。すなわち表7-4の③に該当する取引形態になる。

また、広海二三郎は、一八七八年以降見ることができるが、永吉丸弥三郎、永福丸庄次郎の船に積丹鯡粕、嶋牧鯡粕、増毛鯡粕や余市鯡粕など北海道産魚肥を中心に運んでいる。

以上を踏まえつつ、表7-5の検討結果をまとめる。その際明治期は、米穀から魚肥へと、廣海家が取引商品の主軸を移した時期であり、それを念頭におく必要がある。

松尾丸や神通丸などといった野辺地商人によって輸送された商品は、南部大豆、市川粕を中心とした船主の地元商品を取引対象としており、基本的に変化しなかった。それに対し、伊藤家の場合は、越後米や新発田米といった船主の地元商品を取引対象としていたが、一八七九年に初めて鯡粕を扱って以来、北海道鯡粕を中心とした取引対象へと変化した。野坂、野村家の場合は、あくまでも自らの地元商品を扱い続けたのに対し、伊藤家の場合、地元商品の大阪への回送、換金を意図した地域利害の担い手としての船持商人のあり方から自由となり、隔地間取引の利益追求を主眼とした船持商人へと変容し、北海道魚肥を取引対象としたのである。熊田家の場合、すでに幕末から秋田米を販売しており、地元から切り離された存在であったが、やはり、一八八六年ごろから廣海家との取引商品は米穀ではなく北海道魚肥へとシフトした。熊田家のように、近世後期から全国市場における遠隔地取引のメリット（価格差）に依存した廻船経営が行われた例もあるが、多くの船持商人は近代に入り、藩の領内物資の輸送といった幕藩制的市場の下での船持商人の役割から自由になったことを受け、北海道産魚肥という新たな商品に目を向けたのである。

以上から明らかな通り、廣海家は、後背地の魚肥需要の存在や、米穀取引よりも魚肥取引の方が利益を得やすいといった自身の経営上の理由だけでなく、船持商人が、米穀取引よりも北海道魚肥販売を重視するようになったこともあり、取引対象の主軸を魚肥にシフトした。そして、船持商人からの移入はあくまでも荷受を主体としたことから、魚肥の不足分は、大阪肥料仲買商から直接購入し、補完することになったのである。

（3）廣海家の商品取引について

一八七〇年代から九〇年代前半における米穀取引について、大隈財政期（インフレ期）と松方財政期（デフレ期）の二つの時期に分けて検討を進めていくことにしよう。廣海家における一八七二（明治五）年の米穀の預り量は一、九四一石程度であり、七五年には六、八五六石と三倍以上も増加させたが、七九年には一、七八五石となっている。一八八一年の石高は不明だが、前掲表7-3の口銭額が低額なことから、取引額も低額であったことが推定できる。他方、この間の米価については、秋田米一石当たりの価格を参照しても、一八七二年段階で二円七三銭程度であったが、八〇年段階では一〇円一七銭となっている。こうした傾向は、秋田米に限らない。大隈財政期のインフレーションの結果であり、一般的な傾向と見てよいだろう。ただ、この時期、取引金額が上昇するだけでなく、取引量としても増加している点は注目してよいだろう。

次に一八七九年の米取引量は一、七八五石弱と激減したが、その後、八三年には二、〇〇〇石弱、八四年には四、五〇〇石強にまで再び急速に増加した。ただその後、一八八九年に九七一石となり、次第に取引量を減らしている。価格面では、秋田米について、一八八〇年段階で一石当たり一〇円を超えていたのが、八三年には三円四九銭となり、その後、四円から五円程度で推移している。こうした傾向は、他の銘柄でも同様な傾向といえるだろう。これは、インフレ期に多量の米穀取引がなされていたが、一八八一年、八二年は松方デフレにより取引量において打撃を受けたことを示している。その後、ある程度価格が安定すると、再び取引を活発化するが、結局その後、取引を減少させていくようになるのである。

以上の点を踏まえながら、一八九〇年前半までの米穀取引をまとめると、以下の三つの点が指摘できる。

一つには、大量に送られている米穀は東北・北陸米であることは幕末期から変わらない傾向であった。一八七二年から七六年にかけては、廣海家の買入米のうち東北・北陸米は半分程度であったが、七七年以降、東北・北陸米が増えてきている。ただし、一八七七年、七八年は買入米量の九割を超したが、八〇年、八一年は七割を下回り、その後も、八五年は五割程度にとどまっており、東北・北陸米が安定的に送られているとは限らない。また、銘柄の種類も秋田米、越後米などにほとんど特化している。

二つ目には、単発的ではあるが、豊前米、中津米、筑前米、肥後米、肥前米など九州地方の産米が送られていた。一八七四年には米屋利兵衛や辰与右衛門などによってもたらされたが、八四年には、兵庫の長谷川保兵衛から買い入れた。こうした九州や中国地方の産米は、兵庫や堺などの商人によってもたらされた。この時期、廣海家は、長谷川保兵衛から随時相場情報を入手しており、中国米や加賀米、肥前米、肥後大豆などの相場が記載されている書状が長谷川から廣海家のもとに送られ、一八八四年一一月には長谷川自身から廣海家に対して中国新米や讃岐新米などの引き合いがなされたり、大蔵省の保管米の入札情報が伝えられた(7)。「万買帳」を参照すると、一八八四年一一月前後には長谷川保兵衛から米を購入しておらず、廣海家はその時は長谷川保兵衛から購入しなかったようであるが、このように廣海家は単発的な取引ゆえに、より多様な相場情報を入手しながら米穀・肥料の取引を行ったのである。そして、三つ目には、紀州米、熊取米、地米など地元産米を購入量の一割程度はほぼ恒常的に扱っていた。

一方、魚肥流通の動向について廣海家は、北海道の鯡粕と青森の鰯粕の大きく分けて二種類を扱っていた。当初は青森産の市川粕、田名部粕を中心とした鰯粕を多く扱っていた。北海道産は樽舞粕などを中心に各地から魚肥が送られており、拮抗したものの、一八八六年までは青森産の鰯粕が中心であった。そのうち、一八八三年前後は朝鮮干鰯や松江干鰯、越後干鰯などを購入しているが、この時期から次第に、北海道鯡粕を中心とした魚肥へと移行していく。ただ、それは青森県産鰯粕（市川、田名部、南部粕）が減少したことを意味したわけではなく、むしろ北海道産魚肥（鯡粕）が相対的に取引量を増やしていく結果といえるのである。

（4）一八七〇年代―九〇年代前半における商業経営形態

近代になり、近代的な全国市場が再編成されると、在地の物資輸送を担っていた船持商人も、遠隔地間の物資輸送による利潤追求を基調とした輸送へと次第に移行するようになる。また同時に、畿内農村では、商業的農業の活発な展開の中で金肥（魚肥）需要が拡大し、廣海家は、こうした後背地農村の発展を支える肥料商として位置付けられるようになった。幕末期の廣海家は、米穀の荷受けを主軸としており、口銭を低く抑えるだけでなく、蔵入になった商品はできるだけ自身が購入することとし、船持商人からの入荷を促した。しかし、近代以降になると、米穀取引ではあまり利益を見込めず、損失を生む時期も見られた。他方、肥料取引においては、安定的に収入が得られるだけでなく、後背地農村の需要が拡大することで、販路が安定することになった。さらに、北海道魚肥の輸送が活発化し、商業取引の主軸を米穀取引から肥料取引へとシフトするようになったのである。

こうした近代以降の市場の変化に応じて、廣海家は、荷受けした商品を他の販売先に仲介するとともに、荷受け商品の一部を自身で買い取る取引形態から、次第に廣海家に入荷した商品はほとんど廣海家自身が買い取り、販売するといった卸し（この場合の卸しは、問屋業務と仲買業務を兼ねるという業態）になり、船持商人の販売先として廣海家は位置付けられることになった。この時期も、廣海家は船持商人との取引を基調としていたが、肥料の不足分は、大阪・兵庫の肥料仲買商から購入し、補うようになったのである。

また、この時期の取引の様子について、書簡を元に、もう少し詳しく紹介しておこう。

まず一つは、一八九四（明治二七）年一月、貝塚の廣海惣太郎が、大阪北堀江にある鎌野忠五郎の家に居住している治平に送付した書簡である。それによると、「見本送付有之一見仕候処、品質も随分宜敷様見受、且又香も宜しく、左候へ共、砂気ハ少々有之哉ニ奉存候、何卒現品御一覧之上大低ナレバ御取組相成候テハ如何ニ候哉、御勘考之上可然御斗ヒ被下度申入候」と、見本を貝塚の惣太郎のもとに送付させ、品質を確認し、購入は治平に任せている(8)。このように、購入の決断は、貝塚にいる廣海惣太郎との書簡のやりとりによって決まるが、その判断に際しては、当時の相場や貝塚にある在庫量、そして品質などを確認した上で購入に踏み切ったのである。

時期は前後するが、第二番目の事例として、一八八三年一月の事例を参照しよう。廣海家の蔵に荷揚してある松尾丸孝一郎の荷物について（この時点で、廣海家では市川粕八二八本、田名部粕三七二本を保管していた）、廣海家は当時の相場で買い取ろうとしている。そこで、大阪にいる治平を通じて孝一郎に交渉したところ、六月までは相場を見守りたいとし、結果、一部しか買えていない（この時、廣海家が購入したは市川粕一九〇本、田名部粕一四三本）。つまり、貝塚の廣海家に送荷された商品は、蔵に水揚されることになるが、蔵に水揚された商品は即座に取引がなされるとは限らなかった。むしろ、廣海家の蔵へ荷揚した商品で、将来的に廣海家が購入するとしても、その販売時期は、売り手の意志に委ねられていたのであり、この時期はまだ、廣海家の問屋業務（管理・保管）はある程度機能していたと判断する方がよいだろう[9]。

第三番目として、藤野嘉市との交渉の事例を紹介しよう。貝塚の廣海惣太郎は、藤野嘉市から商況の問い合わせがなされたのを受けて、大阪の治平に対し意見を述べている。それによると、「品宜シク候ニ付テハ惜シキ客ニハ候得共何分御承知之不捌之折柄故仕切込事不出来、先方之都合ニテ揚置之上永々気張置候様之事ナレバ、廻船願度精神ニ候得共、右様之事迚モ六ケ敷候ト存候間」と、品柄は良いものの、当時は貝塚での販売状況が思わしくないとし、廣海家の商売方法は廻船に期待する商売ではあるものの、この度は取引が難しいことを述べている[10]。しかし、その約二週間後の一一月三〇日になると、藤野嘉市から廣海惣太郎に宛てて、できるだけ早く仕切るよう申し出されており[11]、さらに、一二月四日には、藤野嘉市から、入港したら、できるだけ早く水揚げすることが再度願い出されている[12]。そして、実際の「仕切帳」によれば、一二月六日で仕切られている。このように、廣海家としては、基本的に寄港し、水揚げした商品について、廣海側の肥料販売が思わしくなかったとしても、売手側が販売の意向を示した場合、当該時期の相場で購入しているのである。

そして、第四番目に廣海惣太郎が大阪・兵庫の肥料商との間で、売値の交渉をしている例がしばしば見られる。例えば、一八九三年一一月、大阪肥料商秦幸は、白子の値段が二円五〇銭より安いようでは販売できないとしている。同年の「万買帳」を参照すると、秦幸が鰯粕や樽舞粕をそれぞれ一〇月、一二月に購入しているものの、白子は購入していない[13]。売り手の希望額と相場が折り合わない場合、取引が成立しないこともあったのである。また、同年一一月には、廣海惣太郎は、兵庫の吉助に宛てて、吉崎久兵衛からの電信を受け、樽舞粕二五〇本の取引値段が二円四九銭相当であり、購入を予定している旨を伝えると共に、兵庫での相場で樽舞粕の相場が極上品で二円四〇銭であれば買い付け、鰯粕類が二五〇本相当で二円四一—四二銭程度であれば電信にて連絡し、中品であれば電信する必要にも及ばないことを伝えている。この書簡が送られた翌日、吉崎久兵衛から樽舞粕二七六本を購入することとし、二三日には井上茂助（兵庫商人）から樽舞粕一二九本を購入している。[14]

このように、治平・吉助などの店員を大阪や兵庫に派遣し、これらを基点として相場や得意先の動向などといった情報収集を行っている。また、実際の取引も、貝塚の主人の意向を反映させながら、治平や吉助は大阪・兵庫の商人と取引を行うこともあったのである。他方、貝塚の店では、荷揚と荷揚商品の販売が行われていたのである。

第三節　一八九〇年代後半以降の商業取引

一八九〇年代後半になると、全国市場が再編成され、大阪・兵庫の畿内の市場も再編成されるようになった。一八九〇年代前半には、廣海家は船持商人が積載した魚肥を自身で買い取ることを基本としながら、不足分を大阪・兵庫の肥料商から買い取ることとし、廣海家自らが小売商や農家に販売する形態であった。それが、一八九四（明治二七）年から一九一四（大正三）年の間、北海道の産地直買が行われることで、直接産地から仕入れる取引形態へと性格を変えていった。

産地直買については、第8章において詳述されるのでここでは簡単に述べるが、北海道から魚肥の直買を実施し、船持商人の商業的利益を廣海家自身のものにしようとするものであった。産地直買は、一八九四年と九五年に南部直買が行われ、北海道直買も一八九四年、九五年、一九〇三年と断続的に行われ、一九〇六年以降、毎年行われた。船持商人も、小樽や函館などに支店を出すことになり、船持商人というよりも、北海道在住の商人（北海道商人）という形式となり、そうした商人から魚肥を買い付けるようになった。[15] 他方でこの時期、船持商人の船が貝塚港へ寄港し、廣海家のもとへ蔵入することは少なくなってきている。そして、一九〇九年には船持商人からの取引はなくなり、北海道直買いや北海道商人からの移入がかなりの部分を占め、その後、一五年に廣海家が北海道直買から撤退す

表 7-6　1911-35 年の肥料取引銘柄

（単位：円）

年	1911	1914	1917	1920	1923	1926	1929	1932	1935
多木肥料	15,383	14,531	15,084	14,818	14,979	26,632	25,495	9,835	19,284
魚肥，魚粉末	134,973	86,461	76,748	18,844	89,259	91,771	75,145	28,622	54,529
外国産魚肥				7,398	16,164	2,646			
大豆粕	5,140			11,615	34,127	7,056	52,422	26,970	41,847
硫　安	66			12,242	4,969		2,864	4,054	3,545
外国産硫安				4,921	3,183	7,237	4,366		
過燐酸				5,239	64	1,460		342	580
蹄角粉，骨粉					6,483	1,355	23,216	4,744	9,489
綿実粕粉末					2,758	10,689			
配合肥料						5,740	6,097	7,143	27,613
硫酸カリ						131	240	654	1,655
計	155,562	100,992	91,832	75,077	171,986	155,887	193,301	82,450	158,656

出所）各年次「万買帳」（廣海家文書）より作成。
注記）越年分は含まれていない。

ると、大阪・兵庫の肥料商との取引の比重が増大していくことになる。こうして、廣海家もまた、近代的市場が再編成されるなかで、大阪・兵庫の肥料商の販売先として編成されたのである。

大阪・兵庫の肥料商に肥料仕入先の重心を移しつつ、廣海家が積極的な取り組みとして行ったのが、多様な肥料の購入と販売であった。表７-６を参照しよう。

多木肥料については、一九一一年以来コンスタントに購入と販売がなされている。ただ、一九三五（昭和一〇）年まで取引の中心は魚肥であった。魚肥の取引額は、廣海家の取引額の総額の三割以上をほぼコンスタントに占めていたのである。また、一九二〇年以降、廣海家本店は、大豆粕を始めとして蹄角粉、燻製骨粉などを積極的に購入販売した。こうした商品は、川口平三郎、中江商店、清水亀次郎、中原浅吉の四名の大阪肥料商から購入している。

大阪市の肥料商であった川口平三郎はもともとは船持商人として正福丸や伊勢丸などで北海道魚肥を廣海家へ入荷していたが、一九一九年には大豆粕や過燐酸、二九年には英国粉末、印度蹄角粉などを廣海家へ販売している。こうして恒常的に多様な肥料を廣海家は購入するようになった。しかも、一九二九年ごろになると、大豆粕の購入の割合が高くなっており、購入総額の二割を超え、多木肥料よりも多額に購入していることがわかる。

以上のように、一八九〇年代後半以降、産地直買を実施することで、廣海家の取引は、船持商人の荷受を主体とした形態から仕入を主体とした形態へとその性格を変え始め、その後、北海道直買を中止すると、北海道商人や大阪・兵庫の肥料仲買商から購入することになったのである。

この時期の特徴として、多品目の肥料を扱っていることが指摘できるが、同時にこの時期には、後背地農村においても肥料に対する関心が高まり、単に魚肥だけでは肥料需要に応えられなくなってきていることを示している。また、船持商人の船の寄港が減り、廣海家自身も直買から撤退したことで、魚肥だけによる肥料市場を掌握する必要もなくなったといえるだろう。むしろ、土壌や育成作物に応じた多様な肥料の提供が求められはじめた時期であり、一九二二年以降大豆粕の取引が急速に増大したのもこうしたことによるといえるだろう。そして、利益率の高低の激しい遠隔地間の取引よりも、消費地のニーズに応じて大阪・兵庫から多様な肥料を調達・販売することによる安定した利益の獲得を優先したともいえる。

おわりに

以上、一八五〇年代から一九三〇年代に至るまでの全国市場の展開の中で、廣海家の商業活動がいかに変化したかという点について、取引形態の変容と特質から検討した。以下、本論で扱った時期を廣海家の取引形態から三つの時期に分け、まとめておくことにしよう。

最初は、廣海家が船持商人の船の荷受けを主要な取引形態とした時期（一八三五—六〇年代）である。廣海家が諸色問屋として開業したのは一八三五（天保六）年のことであったが、この時期は、畿内における大坂市場の地位の低下とともに、泉南地方に展開する日用層への飯米需要の増大や商業的農業の発達による潜在的肥料需要があったと考えられる。さらに廣海家の商業形態においても、とりわけ米穀に対しては、仲介業務が積極的になされ、売れ残り分については必要に応じて廣海家自身が購入することで、蔵入分の処理を行い、船持商人への信用をかちとったのである。こうして船持商人の入荷を促し、万延期には廣海家は、一万石もの米穀販売を行うに至り、わずか二五年程度で、年間銀四、〇〇〇貫を超す取引額にまでなった。幕末期、廣海家が急速に成長した背景には、泉南地域の需要に応えるとともに、船持商人にとっては滞船することなく蔵入できたことが大きな要因となったのである。

ただ、こうした廣海家の荷受問屋としての性格は、船持商人の主体性による寄港に委ねられたものであり、結果として最幕末期のように輸送路が途絶されると入荷量を極端に減らす問題も孕んでいた。

次は近代以降の、廣海家が問屋と仲買の機能を併せ持つ取引を行った時期（一八七〇年代—九〇年代前半）である。近代になると、地元産品の輸送から自由になった船持商人も増え、近世後期以来注目されていた北海道魚肥が移入量として急増した。しかも買積による遠隔地取引により、商業的利潤を期待した船持商人にとって確実な販売先が求められたのである。この点、廣海家は入荷した商品を、形式的には蔵入し、仲介業務をしていることになっているが、実態としては、この時期の蔵入分は、自身で買い取ることで、船持商人の船の寄港を促し、そしてまた、商品がさらに不足した場合、肥料は、大阪・兵庫の肥料仲買商から、米穀は旧和泉国の米穀商から仕入れることで補ったのである。

このように廣海家が積極的に購入することができた背景には、船持商人の入船を促すこと以外にも、自身の小売店である干鰯店を中心としながら、買取販売するだけの販売網を、着実に形成しており、安定的に販売できたことがあった。つまり、販売網を形成することが、自己勘定による取引形態を確実なものとし、泉南地方の潜在的な肥料需要を拡大させ、商品作物生産の発展を促したと考えられる。(16)

そして最後は、廣海家が船の寄港に依存せず自身が積極的に肥料を購入販売した時期（一八九〇年代後半以降）である。具体的には船持商人の後退を背景に、新たな肥料確保を意図して取り組まれた北海道肥料の直買であった。これにより、廣海家は荷受問屋としての形態から、次第に問屋と仲買の機能を併せもつ卸し、そして仕入中心の経営へと形態を移すことになる。そして、一九一五（大正四）年以後は北海道直買を中止し、大阪・兵庫の肥料商から買い入れることになったのである。

このように廣海家自身が積極的に産地（北海道）商人や集散地（大阪、兵庫）商人に注文し、買い取り、販売する取引方法は、干鰯店をはじめとした販売網の形成を前提としなければならない。実際、この時期には干鰯店による農家への直接販売が拡大しており、後背地農村の多様なニーズに対応しながら、魚肥だけでなく多木肥料などの人造肥料、外国産硫安や大豆粕、綿実、骨粉など多様な肥料の仕入を行い、高額ではないが、安定した利益を得ることとなった。

以上のように、廣海家は、全国市場と後背地農村を取り結ぶ米穀肥料商として、その全国市場の環境変化や農村における需要側のニーズなどに応じながら取引形態と商品の内容を変容させつつ商業活動を展開したのである。

注

（1）赤路洋子「幕末期泉州における米穀市場」（脇田修『近世大阪地域の史的分析』御茶の水書房、一九八〇年）。
（2）本城正徳『幕藩制社会の展開と米穀市場』（大阪大学出版会、一九九四年）。
（3）中西聡『近世・近代日本の市場構造』（東京大学出版会、一九九八年）。
（4）なお船持商人の預荷の仕切額と廣海家が仲買商に販売した額の差額である「突合」分も廣海家の売買利益に加えることができるが、「突合」分については第9章で論じられるのでここでは触れない。
（5）原直史「新潟県能生町鬼舞伊藤家文書調査について」（科学研究費補助金研究成果報告書『商人の活動からみた全国市場と域内市

場』（研究代表者石井寛治）一九九七年）。

（6）臨時貝塚市史編纂部編『貝塚市史』第三巻史料、一九五八年、四〇九頁および本書第3章を参照。

（7）「明治一七年、長谷川保兵衛、廣海惣太郎宛書状」廣海家文書B〇五一―四―八六、七四、B〇五一―六―五一。

（8）「明治二七年、廣海惣太郎、鎌野忠五郎方廣海治平宛書状」廣海家文書V〇〇四―七―一八。

（9）「明治一六年、廣海治平、廣海惣太郎宛書状」廣海家文書B〇五一―七―三五。

（10）「明治二三年、廣海惣太郎、治平宛書状」廣海家文書V〇〇二―四―二四。

（11）「明治二三年、藤野嘉市、廣海惣太郎・治平宛書状」廣海家文書V〇〇二―四―一一。

（12）「明治二三年、藤野嘉市、廣海惣太郎・治平宛書状」廣海家文書V〇〇二―四―二九。

（13）「明治二六年、肥料商秦幸、廣海惣太郎・治平宛書状」廣海家文書V〇〇五―三―一四。

（14）「明治二六年、廣海惣太郎、吉崎久兵衛方廣海吉助宛書状」廣海家文書V〇一三―五―七九。

（15）山田雄久「明治大正期肥料商の北海道直買活動と人造肥料取引」（大阪経済大学日本経済史研究所『経済史研究』第四号、二〇〇〇年）。

（16）本書第3章では、一九三〇年代に廣海家は現貝塚市域の全農家の約三分の一強に肥料を販売したとしている。

第8章　産地直接買付における情報伝達と輸送

伊藤敏雄

はじめに

近年、経済史・経営史研究において情報と輸送の問題についての関心が高まっているが[1]、情報と輸送の問題を組み合わせて論じた研究はまだ少ないと言えよう。特に廣海家の活動のなかで一九世紀末から二〇世紀初頭に行われた魚肥の産地直接買付は、遠隔地からの直接仕入の点で、情報と輸送の問題が大きくかかわることになった。それゆえ本章では、通信や輸送等の面から産地直接買付の実態を解明することを課題とする。その場合、従来の廣海家の産地直接買付に関する研究では、北海道直買の停止理由が荷為替・運賃金のコスト高や地域間価格差の縮小であったとされたが[2]、その背景にある情報や輸送の問題は等閑視されている。そこでまず、北海道直買停止の要因を解明し、続いてその停止後に、廣海家の肥料輸送がいかなる変化を遂げるのかについて考察する。廣海家の産地直接買付には、北海道直買と野辺地直買があったが、後者は数年しか行われなかったため、検討の中心は前者になる。

後述するように、同家の北海道直買の停止には、第一次世界大戦が大きく影響していた。肥料取引への同大戦の影響について考察したものとして坂口誠による川越の伊藤長三郎家の研究がある[3]。そこでは、一九一六（大正五）年以降、同家の魚肥の仕入先が遠隔地にまで至るようになったことが述べられるとともに、それは鉄道による産地との直接取引が活発化していたことを反映したものであろうとされている。しかし、同家は汽船運賃積による産地直接買付を行ってはおらず、そのため、第一次世界大戦がそれに及ぼした影響についての具体的な考察は行われていない点、および鉄道に関する分析が仕入先にのみ限定され、販売面への影響に関しても検討がなされていない点に問題が残る。

これらの点を考察するに当たり、まず、廣海家が北海道直買を開始する背景について言及する。そして、どのような認識の下に買入量等が決定されたのかに触れる。第二に、北海道直買の実態について、これまで考察されてこなかった時期・店員（出張員）による情報活動・輸送等に焦点を当てて検討する。第三に、北海道直買の停止された理由について、前述した第一次世界大戦の影響だけでなく、大正初期の米価にも留意して考察する。そして最後に、当該期に開始された廣海家における人造肥料や大豆粕取引等について述べ、それらの輸送に関しても検討する。

近代以降の廣海家は、北前船との魚肥取引から北海道直買によるその大量買付に進出し、直買停止後は取扱肥料を多様化しながら小売にも重点を置いていく。以上の分析から、そのような同家の商取引の変容に、輸送手段の発達とその利用方法が密接に関連していたことが明らかになる。

第一節　産地直接買付の開始

（1）北海道直買

廣海家における産地直接買付の検討に当たり、まず、明治中期頃の貝塚港の状況について述べておきたい。一八八六（明治一九）年四月一〇日付で、「和泉国日根郡脇浜村外二ケ村」と「同国南郡貝塚西之町外六ケ町」の議員計一七名は、大阪府知事建野郷三に貝塚における「築港新工事願」を提出した。そこには、「貝塚浦以南海岸一帯ノ如キハ港湾ノ以テ船ヲ泊ス可キ無ク不便危殆不尠候」と述べられており[4]、貝塚港の港湾機能が低下していたことが判明する。また、当該期には、それまで行われてきた北前船との取引自体も困難となっていた。北海道直買が開始された一八九四年には、廣海家と近世来の有力な取引先であった野辺地の野坂勘左衛門家が共同所有していた嘉宝丸の売却も行われている（第3章を参照）。同船は、実質的には野坂家が所有していたため、その売却は同家の事情によってなされたことになる。これに関しては、廣海惣太郎から同家店員治平宛の同年三月三日付の書簡に、「嘉宝丸売船ニ決定之由主人ゟ今朝長々敷書状参リ和船之不引合之事情御尤ニテ押テ申上様も無之候尚汽船ニテ積送リ度候へ共今迄之懸リ物ニテハ引合不相成ニ付東京通リ懸リ物ニ可致様申来リ候[5]」と、野坂家の和船経営の行き詰まりと近畿地方への汽船輸送の不採算性が述べられていた。廣海家は北海道直買に先立つ一八九三年に、野坂家と、同じく近世来の有力な取引先であった野辺地の野村治三郎家から、汽船による魚肥の直接買付を行っていたが、それが北海道直買のように継続しなかったのは、後者の点に、その一因があったことが窺える。また、前者に関して付け加えれば、一八九一年には、野坂家所有船松尾丸・野村家所有船神通丸がともに破船しており、それらのことは廣海家に書簡で報告されていた[6]。すなわち、北海道直買は、主要な取引先であった野辺地商人との北前船・汽船双方による取引が困難になることを見越して、開始されたものであったといえよう。

しかし、北海道直買が買入額から見て、廣海家の魚肥取引のなかで中心的位置を占めるのは、さらに後のことであり、その開始当初においては北前船との取引が継続された。直買が開始された一八九四年の廣海家から北海道出張員廣海惣十郎と治平宛の七月一二日付書簡からは、その買入量が、大阪銀行筋の融通状況、本店における紀州での住宅・畑地の取得や紀摂鉄道株への払込といった事情に加えて、八月に来航する北前船との取引をも考慮して決定されたことが窺える[7]。また、一八九四年における北海道直買先であった、新潟県鬼舞に本拠を置き小樽に本店を設置した伊藤祐太郎家へ、「帆舞道具代貸金六百円余過渡」になったことも買入量に影響していた。ここからは、廣海家が北前船建造に協力的であったことが窺え、同年七月二七日付書簡でも廣海惣太郎は出張員両名に、「伊藤氏江も従前之通下店方へも不相変御荷物御送附御頼置可被成候御客船ハ御承知之通リ少ク相成ニ付此段万事御頼置専一ニ御座候」(8)と、その来航を依頼することを述べていた。

(2) 野辺地直買

廣海家の産地直接買付においては、既述のように北海道直買だけでなく、一八九三年から九五年に野辺地直買も行われたが(第3章を参照)、その実態に関しては詳らかでない。これは、その後一九〇〇(明治三三)年に再開されたが、ここでは、それがどのような理由からなされたのかを輸送面から検討しておきたい。以下に、同年一〇月二五日付の廣海家から野辺地に滞在中の出張員新八宛の葉書(9)を示そう。

[史料一]

拝啓然ハ兼テ御承知之当地停車場ヨリ天王寺駅へ連絡イヨ〳〵明廿六日ゟ開始相成候間荷物御送附之際ハ当駅迄直通之御手配被下度一寸御通知ニ及候也

ここで述べられているのは、一九〇〇年一〇月二六日に、南海鉄道が天下茶屋駅から分岐して関西鉄道天王寺停車場まで連絡する天王寺支線の営業を開始した(10)ということである。これと一〇月八日付の野坂勘左衛門から廣海家宛の書簡(11)の内容とを勘案すれば、日本鉄道の野辺地駅から東海道線の品川・大阪、先の天王寺の各駅を経由して南海鉄道の貝塚駅まで直送可能になったことが、野辺地直買再開の理由であったということが窺える。

魚肥という嵩高貨物を鉄道で遠距離輸送することに関して、廣海家がコスト面において、どのような認識をもっていたのかについては詳らかでない。しかし、一九〇〇年一〇月九日付の野坂勘左衛門から廣海家宛の書簡には、野辺地から函館へ回し同地より汽船に積込むことによる目減り等を考慮すれば、鉄道輸送の方が割安であろうと述べられていた[12]。廣海家においても、同様の認識があったと考えられるが、但し、これには「会社之都合ニ而貨車欠乏之時ハ一周《ママ》間も延滞致候事」との問題があった。そして、同家は実際にこの問題に直面しており[13]、その結果、野辺地直買が継続されなかったと考えられるのである。また同年、廣海家においては、八戸の商人関野喜四郎との取引も検討されていた。同人は、「御手船積入ニテモ之無者汽車積入之方者便利ナラン[14]」と述べており、野辺地にとどまらず、八戸からも魚肥を鉄道輸送しようとしていたことが窺える。

なお、この一九〇〇年の野辺地直買においても、北前船との取引を勘案してなされたことが、以下に示す同年一〇月二五日付の廣海家から野辺地の新八宛の書簡[15]から分かる。

［史料二］

一　当方客船ハ大阪不振ノ為カ意外多ク上品ノよりどり仕居候当時手当品合計ニテ八千俵余ニ相成羽にしんも七千
　　束入蔵セリ御買止メ至急手仕舞ニテ御送荷可被下候

以上より、廣海家の産地直接買付への進出には、輸送環境の変化に対応するという側面が見られた。それには、青森県で鉄道を利用して行うという試みもなされたが成功せず、北海道からの汽船輸送に限られることになった。

第二節　北海道直買の実態

(1) 北海道直買の期間

以下では、北海道直買が行われた時期について考察していこう。表8-1にそれが示されているが、その間に本店・出張員間で、後述するように綿密な情報のやりとりが行われた。但し、留意しなければならないのは、漁期に入ると出張員が派遣される以前より、本店側は取引先の小樽・函館等の商人から北海道各地の漁獲高等の情報を継続的に入手し、常に商況を把握していたことである[16]。

表 8-1　北海道直買の期間と出張費

(単位：日・円)

年代	期　　間	日数	出張費
1894	(6月22日-8月6日)	(46)	—
95	(5月31日-8月9日)	(71)	—
1901	6月5日-7月18日	44	—
03	(7月25日-8月7日)	(14)	—
04	—	—	—
05	—	—	—
06	(7月6日-7月29日)	(24)	—
07	6月5日-(8月17日)	(74)	—
08	6月5日-7月27日	53	269.6
09	6月18日-8月25日	69	280.2
10	7月1日-8月28日	59	232.7
11	7月12日-9月10日	61	165.7
12	7月21日-8月24日	35	164.5
13	—	—	—
14	9月11日-10月16日	36	148.7

出所) 廣海家文書A179-1-1, A179-2-13, A179-3-3, A182-5, A191-8, A201-2, U003-4-39-1～4・6～19, V001-1-31～34・39・40, V001-2-70～74・79・80, V001-7-43, V003-12-0, V004-10-0・2～12・14～54, 明治 35・37 年「電信写」(廣海家文書 L226・L224) より作成。

注記) 期間は出発から帰店までである。括弧内に示したのは判明分のみであるが，1907 年における北海道滞在の終了日は 8 月 16 日である。1901 年については，魚肥を買付けたのかは不明である。

しかし、北海道へ出張しても、必ず望ましい結果が得られたわけではなかった。この点について、以下に、廣海家の一九〇一（明治三四）年における場合を取り上げて検討していこう。同年に関しては、史料上の制約により、実際に北海道で魚肥を買い付けたのかは不明であるが、少なくとも、それを行おうとしていたことは出張員の情報活動から分かる。

六月一九日付の小樽滞在の吉助から廣海家宛の書簡には、「今日ニテハ直段ハ充分引下ケ不申新粕貴地売行ノ時機も相済候事ナリ秋粕当ナレバ来月中頃迄ハ迚モ手出シ難ク（中略）当地商人ノ談ニテハ本月中ハ迚モ安直ハ無之来月ニ至ラバ多少下落可仕云々申シ居候[17]」と述べられていた。この点について、六月二五日付の小樽の吉助から廣海家宛の書簡には、「本業肥料ハ不人気の割ニハ売人なく当地相場ゟ奥産地利尻辺ハ高張居候然ルニ当地ニテハ一向上品ハなく（中略）小生の考ニテハ右の要件片附候ハヾ帰国仕候兵阪在荷之内上品より買仕候方ハ宜敷哉ト存候[18]」と報告されている。そして、その後の利尻鬼脇港滞在の同人からの七月五日付書簡には、「当地商況ハ此中小樽ヨリ買人入込候為皆々居直リ上品ハ千百五十円並千百円申シ居候却テ小樽之方ハ割安ニ御座候小生も当地手仕舞之上直チニ帰樽仕候跡多少買収可仕候[19]」と記されていた。以上から、各地より多くの商人が出張してきたため、利尻などの産地側の魚肥価格が高騰していたこと、そして漁民も強気であったため、小樽よりも必ずしも安価に入手することはできなかったことが判明する。また、大阪・兵庫で買い入れた方がよいとの見解も示されていたが、この点については後述する。

但し、これらの状況には時期も関連していた。秋粕当てには、七月中頃にならなければ、有利な取引ができなかったことが述べられていたが、それは同月末頃には夏肥の取引が終了するためである。これに関して、一九一〇年七月五日付の小樽の吉助から廣海家宛の書簡には、同地の佐野喜一郎が買い入れた浜益粕に関して、「夏肥ニ売残候時ハ本店へ仕切呉ト申シ居候同人ハ五千石斗リ買付候分皆々損毛ヲ見切売却スル決心ラシク候（何連モ百石百円余ノ損毛）」と記されるとともに、「当地送荷主ハ夏肥中ニ片附度心組ニ付佐野氏モ成行売ニテ発電仕候由申居候」とも述べられていた[20]。つまり、北海道商人は売残りを回避するために、投売りをするというのである。そして、これと同時期に、廣海家は秋肥への対応を行っていた。一九〇七年七月三〇日付の本店の吉助から小樽の久七宛の書簡には、「商況ハ少々不印夏肥ハ終了仕候ニ付最早売行不申（中略）何分上物ハ悉皆売却ニ相成候ニ付秋迄持越之上物ハ少数ニ相成候夫故今後トテモ片附物有之候トモ並上以下品斗リニ御座候格好物ハ無之哉ト存候貴地又ハ函館ニテ精々御請荷有之度候[21]」と消費地側の秋肥の見込みに関する情報が記されるとともに、北海道での買入が指示されていた。以上から、七月頃には、出張員は夏肥の投売りものに留意しつつ、消費地側のその売残り状況を勘案して、秋送りで対応しようとしていたことが分かるのである。また、秋送りでは、「先々ニ至リ候ヘハ運賃ノ下落モ可有之[22]」とも述べられていた。

北海道直買の期間は、既述のように、その開始以前の情報収集によって判明した商況に応じて決定される。そのため、それは年度によって異なるが、表8-1より、一九〇九年以降は、八月末頃まで北海道に滞在する傾向が強くなることが窺える。第3章の表3-4から、それは北前船商人との取引がなくなった時期でもあったことが分かる。つまり、既述の八月以降に来航する北前船との取引を視野に入れておく必要がなくなったため、出張期間を夏肥・秋肥の両方に有効に対応できる時期に変更して、秋肥当てであった北前船との取引分を効率的に補ったと考えられる。廣海家の販売先における秋肥の用途に関しては、一九〇三年七月八日付の小樽商人の有井丈之助から同家宛書簡に、「御尊店売先ハ蜜柑肥ニテ自然秋肥ハ極上品位御仕入之必用《ママ》有之候事なれハ[23]」と記されていたため、その一部は蜜柑に施されたといえる。

(2) 情報活動と輸送

北海道直買という遠隔地取引には、店員による情報活動が重要となるが、以下ではまず、その期間中における出張員・本店間の情報伝達の頻度について述べよう。これについては、史料が比較的よく残されている一九〇七（明治四〇）年の状況を取り上げる。次いで、それらの間で、どのようなことが述べられていたのかを検討し、同家の産地直接買付と集散地での買入との関連について言及する。そして、活発な情報活動が行われながらも良好な結果が出せなかった場合があったことについて、輸送面を視野に入れて考察する。

北海道出張員久七は、本店に一九〇七年の六月五日から八月一七日までの七四日間において、書簡五二通と葉書一通を発送していた[24]。一方、本店からは同人に同期間内に書簡二九通が送られている[25]。しかし、出張員が主に滞在した小樽からのその到達日数は、二地点の消印（小樽・和泉岸和田）間で見れば、平均約四日であり、緊急の用件には対応できなかったといえる。この点に関して、一八九四年七月六日付の廣海惣太郎から小樽の惣十郎と治平宛の書簡には、「今朝六月廿九三十日両通共一時ニ達ス披見仕候ヘ共手紙ハ巨細分リ候ヘ共金ノ「買入ノ「等ハ電信ニ相成ゆへ跡トノ祭リ別段必要ノ返事スベキナシ併シ買粕ハ当方ノ金融ニ応ジ可申「[26]」と記されていた。つまり、廣海家では、出張員・本店間の通信において、金融や魚肥の買入に関することについては、電信が利用されることになっていたことが分かる。換言すれば、出張員は、これらのことに関しては、本店の指示を仰がねばならなかったのである。同年の書簡の内容からは、情報面における本店での役割分担がおおよそ窺える。主人の廣海惣太郎は主に金融のことを、一方、店員の久七は大阪・兵庫・貝塚等の商況等について述べていた。但し、両者はそれらにとどまらず、廣海家における商業全般について把握していた。なお、久七と吉助に関しては、一方が北海道に出張すれば、他方が本店でその対応に当たっていた。

電信については、一九〇七年の前述の期間内において、久七は本店に三二回（この内、兵庫出張員宛が二回）、北海道商人に二〇回、兵庫商人に二回の計五四回発信し、それぞれから、一五回（この内、兵庫出張員から四回）、二〇回、一回の計三六回受信していた[27]。また、頻度は不明であるが、同人は北海道商人と葉書や書簡によっても交渉を行っていた。同年には、廣海家から進物として小樽商人には葉書、函館商人には三銭切手が贈られており、それらが利用されることもあったと考えられる[28]。さらに、久七は、函館や樺太からやってきた他店の出張員とも面会して情報収集を行っていた[29]。また、廣海家店員が滞在した、日本郵船の船客取次所でもある小樽色内町の越中屋旅館には、多くの他店出張員も宿泊しており、そこで様々な情報の交換がなされたと考えられる。

このように、出張員と本店・取引先等との間で緊密な情報収集・伝達が行われ、取引に反映された。この内、前述した電信のやりとりがあった兵庫商人とは米穀肥料商井上茂助であり、兵庫に北海道直買分を積載した汽船が到着すると、吉助は同人宅に出張することもあった。それは、以下に示す一九〇七年七月五日付の井上茂助方の吉助から久七宛の葉書[30]より分かるように、同人と直買分についての取引を行うこともあったからである。

［史料三］

今回北陸丸ニテ御積送ニ相成候宗谷粕昨日ヨリ沖取仕居候ヘ共浜支ニテ未ダカン〱セズ品位ハ上等ニ御座候本店ヘ三百七十俵積送リ余ハ当倉庫ヘ揚置井上ヘ売却之見込直段ハ未ダ取極不申候今日政太郎氏得意廻リ仕候ニ付明日帰店ノ上商談仕候

ここには、北海道直買分が兵庫の倉庫へ保管され、井上へ売却される予定であったことが示されている。そして、七月七日付の本店の吉助から小樽の久七宛書簡には、「井上ノ播州得意先き政太郎氏直チニ出張致シ弐百俵斗リ売約シテ帰兵仕候ニ付彼地ヘ三百卅俵陸上致候分丈ケ売渡し三百七十一俵ハ本店ヘ請取候[31]」と記されており、播州での契約が成立した同人に、実際に売却されたことが判明する。

また、同年六月一三日付の小樽の久七から廣海家宛の書簡には、佐野喜一郎から購入した宗谷上粕についても、「夏肥ニ間ニ合シ度存意ニモ候故直段之高直モ厭ハズ買付ノ次第ニ御座候御都合ニテ井上氏ヘ半分位委託被遊候テモ可然御相談被下度候[32]」とあり、直買による魚肥の売却に関して、井上茂助へ委託する場合もあったことが分かる。この点に関しては詳らかでないが、一九〇八年七月二二日調の「当地倉入ノ内証券[33]」という史料には、同人が、廣海家が購入した魚肥の兵庫における倉入れおよび倉出しに関与していたことが示されていた。以上から、廣海家は北海道直買による魚肥を、直ちに貝塚の本店へ艀船で輸送する分以外は、兵庫の倉庫に保管し、井上茂助に直接売却、あるいは同人を通じて売却していたと考えられる。

この北海道直買とは別に、表3-4には、廣海家が前述した北前船商人の他、大阪・兵庫肥料商、大家七平・広海二三郎からも魚肥を購入したことが示されている。これらとの取引に当たったのも、以下に示すように、本店での直買担当者であった。

まず後者の大家・広海家に関しては、一九〇七年八月五日付の小樽の久七宛書簡において、本店の吉助は、直買分の荷役に関する報告や今後の小樽・函館での買入に関する意見等に続いて、「大阪𠆢七〔大家七平家の商標――引用者注〕分利尻粕三千俵斗リ兵庫倉庫へ一段蔵入シタル分有之候へ共是ハ追テ相談スル事ニ相成候何連半仕切ニテ諸方へ掛合ノ上売却ニ付見込薄シ✕〔広海二三郎家の商標――引用者注〕分ハ未ダ掛合不申候」と記していた(34)。すなわち、北海道直買と同時に大阪や兵庫で両家との交渉が行われていたのである。

次に前者の大阪・兵庫肥料商についてであるが、一九〇三年八月四日付の函館の久七宛書簡において、本店の吉助は、昨日大阪に出張し秦新蔵商店との取引に当たったことを報告するとともに、「其他阪地問屋ニハ売物実ニ無之兵庫へも引合致候へ共樺太中上以下ノ品ニテ上物ハ売出シ不申只今トマモイ粕引合居候へ共株立売放シ不申哉ト存候」と述べていた。そして、「兵阪共在荷ハアレ𪜈荷主ハ産地高ニテ売放シ不申為ニ売物無之候割安モノアレバ御買入被下度」と兵庫・大阪の商況を伝達するとともに北海道での買付を依頼した(35)。

一方、一九〇六年七月一二日付の小樽の吉助から廣海家宛の書簡には、北海道の商況が報告されるとともに、「却テ兵阪ニテ買取候方ハ安直ニ手ニ入候哉ト存候間若シ御本店ニハ先キ見込強ク御手持被遊候見込ナレバ兵阪在荷ノ内上乾キ品御買収被遊度(36)」と記されていた。同様に、一九一〇年七月一三日付の小樽の吉助から廣海家宛の書簡にも「兵阪ニテ夏肥残リ極上品御選買被下度候其方ハ却テ利益ト存候宜敷御かけ引願上候(37)」と述べられ、北海道出張員側から兵庫・大阪での購入を依頼していたことが分かる。

つまり、産地であっても、集散地より安価な良品を入手できるとは限らなかったのである。そのため、廣海家においては、北海道出張員と本店でのその担当員が、収集した商況情報を相互に伝達し合いながら、産地および集散地で並行して魚肥を買い入れていたのである。

ここまで、北海道直買における出張員と本店担当員の役割について述べてきたが、その間、他の店員は、どのような業務に従事していたのであろうか。一九〇七年八月二日付の廣海家宛書簡において、久七は、本店からの八月一日の返電について、同日は直買分を積載した忠佐丸の為替期日のために吉助と新八はともに兵庫へ出張していることから考えて、それは「小売部御掛員ヨリ之御指図ト存候」(38)と述べていた。すなわち、同年頃における北海道直買に関する本店での業務は、前述した主人を除けば、店員では吉助（同人が出張した場合は久七）・新八によって担われ、その他の店員は主に小売業務に従事していたと考えられる。

但し、この小売部の要望は、本店を通じて出張員に伝達されていた。新八が退店した後の一九一二（大正元）年における北海道直買分の兵庫での荷役に関する請求書等には、源平の印が付されているため(39)、後者が前者の直買関係業務を引き継いだと考えられる。その源平から函館の吉助宛の一九一三年七月二三日付書簡には、「真正鰯粕直頃之物品有之候ハ、三百俵位御詮索願上度小売部之者望ニ御座候」(40)と小売部の要求する魚肥の種類や数量が具体的に示されていた。また、その後の一九一四年九月二九日付の本店の吉助から小樽の久七宛書簡にも、「商況ハ変動ナシ矢張米安株券及綿糸安ニテ不人気勝ニ御座候蜜柑も出来悪敷需要家ノ資力も薄弱ニ付木肥当テ仕入も余リ有望ニモ無之候小売部ノ集金も一向捗々敷無之候間宜敷御良考御かけ引被下度候也」(41)と述べられ、北海道直買が小売部の状況をも勘案してなされたことが判明する。

一方、出張員側も小売部の状況を把握することに努めていた。一九〇七年八月二日付の廣海家宛書簡で、小樽に滞在中の久七は、「尚本年秋見込如何且蜜柑場ノ景況モ併セテ御報被下度候」と述べ、続く翌三日付書簡においては、「実ニ本年ハ蜜柑場宛テノ品物ハ欠乏ニ候へバ小売部御掛ノ衆モ御楽之薄クト御察候」とも記している[42]。本店・出張員間の書簡には、蜜柑の他、米作に関する状況も示され、また、西瓜について述べられることもあった[43]。無論、これらの情報は兵庫・大阪での買入にも反映された。

しかし、綿密な情報収集に基づいて決定された北海道直買分であっても、常に順調に売却されたわけではなかった。一九〇七年七月一一日付の本店の吉助から小樽の久七宛書簡には、「太郎丸ハ十三日期日ナレバ本船ハ余程延着ノ由困リ居候該品入港セバ兵庫ニテ売却之見込ナルニ延着ニテハ為替支払及売方ニ大ニ迷惑仕候へ共致シ方なし[44]」と述べられていた。すなわち、汽船が延着すれば、為替支払いや売却に差支えるというのである。後者に関して、七月一八日付の久七宛書簡において吉助は、太郎丸分の荷着は同月二二日以後であると思われるが、「兵庫ニテ売却ノ予定ナレバ時季八歩方相済候ニ付多分ニハ売行不申候[45]」と述べていた。つまり、北海道直買において、活発な情報活動が行われても、輸送手段が予定通りに運行されなければ、良好な結果をもたらすことはなかったのである。

第三節　第一次世界大戦と北海道直買の停止

(1) 米価暴落の影響

一九一五（大正四）年から北海道直買は行われなくなるが、その要因について考察していこう。廣海家は、小樽の誉田平二商店からの同年六月二六日付書簡によって、同地では米価の下落に伴って魚肥価格も下落し夏肥の見込みが立たないとの情報を得ていた[46]。これに関して、六月二七日付の小樽の佐野喜一郎商店からの書簡にも、「下店も本年は新粕買見合セ申候ニ付秋粕にて多少共手当て致度考に御座候[47]」と示されていた。その後の九月六日付の誉田商店からの書簡には、「爰元商況ハ日々の米安の為め更ニ活気無之丸切り火の消えたる如く（中略）〆粕入注も途切れ可申弐百廿日之厄日も経過米価確定後ならでは活発なる取引ハ出来不申と被察候」と記されるとともに、「本年ハ上粕至而不足」で割高であったと報告されていた[48]。すなわち、秋肥の時期になっても、状況は改善しなかったのである。

魚肥価格については、「一概には云ひ得ぬが普通農作物殊に米価と常に比例して高低を見るもの」とされる[49]。つまり、魚肥価格は米価と密接に関連しており、前述の状況はこのことを踏まえて述べられたものであるが、ここで、一九一〇年代前半の米価に関して触れておこう。一九一二・一三年においては、それは一石当たり二〇円台にまで騰貴した。しかし、一九一四年には一六円、翌一五年には一三円台に低落し、最低価格が一一円になるほどの大暴落が起こった。北海道直買が行われなくなったのは同年であり、これがその停止の一因であったと考えられる。この米価暴落の要因としては、豊作・不況・朝鮮米の移入の増大が挙げられる[50]。この内、不況の要因については、一九一四年に、外債非募債主義による財政・金融の引締政策に転換したこと、そして第一次世界大戦が勃発したことに求められる[51]。その後の一九一六年一二月八日、小樽の久々津米蔵商店は、「本年ハ肥料界革命時期に相成未曾有之大暴騰[52]」と述べており、同年には、肥料取引も活況を呈するようになったことが分かるが、北海道直買が再開されることはなかった。次に、この点に関して述べていくことにする。

（2）輸送停滞の影響

既述のように、廣海家の産地直接買付は多様な形ではなされず、北海道からの汽船輸送に限られたが、当該期の海運状況はどのようであったのであろうか。以下に、廣海家が収集した情報のなかから、この点を明らかにしていこう。一九一六（大正五）年五月二二日（消印）付の函館海産商同業組合肥料部に所属する藤村康商店から廣海家宛の書簡[53]には、第一次世界大戦の影響により、船舶の不足から運賃が暴騰したこと、そして、鉄道は船舶に比し輸送量に

表 8-2　1917 年における魚肥の鉄道輸送

（単位：本・両）

月　日	買　入　先	品　名	員　数	貨車数
3. 18	敦賀・高木合資会社	鯡　粕	182	—
6. 25	敦賀・高木合資会社	鰯　粕	86	—
6. 26	敦賀・高木合資会社	鰯　粕	94	—
7. 2	敦賀・高木合資会社	鰯　粕	77	—
7. 5	敦賀・高木合資会社	鰯　粕	151	—
7. 8	函館・森本一郎	鯡　粕	280	4
7. 9	敦賀・高木合資会社	鰯　粕	68	—
7. 12	函館・森本一郎	鯡　粕	212	3
7. 14	函館・森本一郎	鯡　粕	70	1
7. 16	敦賀・高木合資会社	鰯　粕	70	—
7. 18	函館・森本一郎	鯡　粕	210	3
7. 19	函館・森本一郎	女子粕	72	1
7. 22	函館・岡本忠蔵	鰯　粕	215	3
7. 26	小樽・誉田平治	馬鹿・鯡粕	67	1
8. 2	小樽・誉田平治	鯡　粕	150	2
8. 22	函館・岡本忠蔵	鯡　粕	276	4
8. 28	函館・岡本忠蔵	鯡　粕	140	2
9. 17	函館・山路富治郎	鰯　粕	170	—
10. 25	函館・岡本忠蔵	鰯　粕	72	1
11. 9	函館・岡本忠蔵	鰯　粕	71	1
12. 10	函館・岡本忠蔵	鰯　粕	328	4

出所）大正 6 年「万買帳」（廣海家文書 L102）より作成。

限界があり遅延する可能性があるが、「当方ノ怠慢又ハ過失トシテ損害ノ御要求ニ応ゼザル事ニ一同申合セ候ニ付右予メ御含ミ置キ被成下度此段得貴意候」と記されていた。また、同年五月二一日における小樽の誉田平治商店から廣海家宛の書簡には、運賃に関して、「兵庫大阪行郵船弐百円（割戻リハ無）自小樽（伏木、又ハ七尾、敦賀）経由大阪駅着百五十五円兵庫大阪行社外船百七八十円」[54]と述べられていた。すなわち、廣海家は、海上運賃が暴騰し、小樽から兵庫・大阪への輸送は汽船で直航するよりも北陸経由で鉄道を利用する方が低廉であるとの情報を入手していたのである。

これに先立つ一九一五年の春季には、世界的な船舶不足により、海運業が活況を呈するようになっていた[55]とされており、北海道直買が行われなくなったのも同年からであった。つまり、前述した一九一五年の米価暴落に加え、海上運賃暴騰によって北海道直買が停止されたと考えられるのである。同年九月一六日頃に、廣海家は敦賀の高木合資会社と魚肥の取引を開始するが、それは北陸本線の敦賀港駅から鉄道によって輸送された[56]。さらに、翌一九一六年一〇月一日付の下関の黒川利八商店からの廣海家宛書簡によれば、同家は下関からも粕類の鉄道輸送を試みていた(57)。最終的にそれが行われたのかは不明であるが、一九一九年に、廣海家は同地の豊永七蔵商店から魚肥を鉄道によって仕入れていた(58)。すなわち、第一次世界大戦による海上運賃暴騰という事態に直面した同家は、北海道以外からの魚肥の鉄道輸送を開始したのであった。

表 8-3　1918 年における魚肥の鉄道輸送

（単位：本・両）

月　日	買　入　先	品　名	員　数	貨車数
6. 16	大阪・久保合名会社	鯡　粕	50	—
6. 26	函館・岡本忠蔵	鯡　粕	70	1
6. 29	函館・岡本忠蔵	鯡　粕	70	1
7. 1	函館・岡本忠蔵	鯡　粕	140	2
7. 5	函館・山路富次郎	鯡　粕	80	—
7. 10	函館・山路富次郎	鯡　粕	161	—
8. 8	小樽・山路富次郎支店	鯡　粕	80	1
8. 8	函館・山路富次郎	鯡　粕	80	1
8. 15	函館・山路富次郎	鯡　粕	82	1
8. 19	函館・山路富次郎	鯡　粕	160	2
8. 20	函館・山路富次郎	鯡　粕	82	1
8. 20	敦賀・高木合資会社	鰯　粕	90	1
8. 30	小樽・山路富次郎支店	鯡　粕	84	1
9. 5	函館・山路富次郎	鯡　粕	153	—
9. 12	函館・岡本忠蔵	鯡　粕	72	—
9. 16	函館・岡本忠蔵	鯡　粕	144	—
10. 4	函館・森本一郎	鯡　粕	79	1
10. 7	函館・森本一郎	鯡　粕	72	—

出所）大正 6・7 年「万買帳」（廣海家文書 L102・J014・J015）より作成。

この間、一九一八年五月二日付の小樽の間瀬商店からの書簡によって、廣海家は、北海道からの鉄道輸送状況はさらに悪化し、とりわけ青函連絡船を利用する直通積は困難で伏木または直江津経由の方が多少早着すること、そして、各中継地においても有蓋車が不足してやむを得ず無蓋車を利用する場合もあるとの情報を得ていた(59)。その後の函館の森本一郎商店から廣海家宛の同年九月二六日付書簡には、「頃来輸送大困難にて当分注文引受兼候次第何品共五六拾円高に候尚昇進ノ見込ナレ𪜈輸送困難にて捗々敷商内出来不申候(60)」と述べられており、好況でありながらも取引を断念せざるを得ない状況であったことが分かる。小樽の中村市郎商店と誉田商店からの、それぞれ同年七月一八日・同二四日付書簡には、この肥料取引の活況が米価暴騰と関連させて述べられていた(61)。

既述のように、廣海家の北海道直買は、綿密な情報収集に基づいて魚肥を買い付けるが、輸送が滞れば商機を逸し、荷為替や艀船の準備等にも不都合が生じる。そのため、廣海家は、米価暴騰によって肥料取引が活況を呈するようになっても、このように輸送が困難な状況では、前掲表8-1に示された出張費に見合うだけの結果が得られないと判断し、北海道直買を再開しなかったと考えられる。但し、同家は、例年直買が行われた六—九月頃に北海道との取引を全く行わなかったわけではなく、一九一五・一六年には同時期に汽船で魚肥を輸送していた[62]。鉄道が利用されるようになったのは、北海道からは一九一七年以降であり、表8-2・8-3にそれらが示されている。これらからは、函館商人との取引が中心であったことが分かるが、これは輸送の便からであろう。表8-3の内、いくつかに関しては、函館から青森まで海上輸送し同地で鉄道と中継されたことが確認できた[63]。また、同表では、貨車数は一両のものが多いことが示されている。それは、同年の鉄道輸送が非常に困難であったことを表すものではあるが、その利用により、遠隔地取引が小口化することにもなったことが窺える。

第四節　取扱肥料の多様化と輸送

(1)　人造肥料・大豆粕取引の開始

これまで、第一次世界大戦による北海道直買への影響に関して述べてきたが、以下では、同大戦後に廣海家の肥料取引やその輸送がどのように変化したのかを考察していこう。廣海家は北海道直買が行われていた期間内の一九一〇(明治四三)年に多木製肥所と人造肥料取引を開始する[64]。この点に関しては、第3章で検討されているが、以下では、その宣伝活動や第一次世界大戦による影響等について述べておきたい。

廣海家の広告の下書と考えられる史料には、多木肥料各種を取り扱っていることに関して、「弊店今般泉州一手販売ノ特約致居候間続々御用命奉希上候」と記されており[65]、同家が多木製肥所の特約店となったことが判明する。同家の小売販売軒数が一九〇九年から一五（大正四）年の間に急増している（表11-9を参照）ことの一因は、このことに求められよう。この一手特約が結ばれたことは、一九一〇年六月一一日付の同製肥所から廣海家宛の書簡にも記されていたが、ここからは、それが、廣海惣太郎が取締役を務めた岸和田煉瓦会社と同製肥所との取引に何らかの関連があったことが窺える。それによれば、後者は前者から煉瓦を五〇万個買い入れており、その帰り荷として肥料を艀船輸送することで、肥料運賃が安くなることはないか検討してほしいと述べていた。そして、「貴店ヨリ肥料御注文被下候ハヾ精々岸和田煉瓦買入候様可致候是最双方共便利ト存候」と付け加えていたのである。(66)

この書簡によれば、廣海家は多木製肥所から、「御店頭用看板拾枚」・「鉄板広告用看板四十枚」・「広告紙弐千枚」・「美麗広告紙五百枚」を受け取り、岸和田新聞に広告を掲載することとなった。また、同製肥所から廣海家への一九一八年二月七日付の送券には、「紙看板莚包」一個が別府より貝塚まで客車便で積送られたことが示されており、(67)このような看板・広告紙類は適宜補充されたと考えられる。但し、これらは、同家の所在する貝塚周辺でのみ使用されたわけではなかった。一九一一年一月二五日付の、堺の泉谷與一郎から廣海家宛の書簡には、多木肥料一六〇叺の他に「看板及鉄板広告等慥ニ受領仕候」(68)と記されており、泉州各地に多木肥料の看板等が見られるようになったと考えられる。また、多木製肥所から廣海家に、同年頃には「革新ナル意匠ヲ凝シ印刷鮮明高尚優美ナル年賀用絵葉書」が三〇〇枚、一九一五年一二月二八日頃には「年始用掛暦」一、二〇〇枚が送付され、(69)個々の肥料商や農家への宣伝による販売促進もなされていたことが分かる。さらに、同製肥所は廣海家に泉南地域の篤農家や多木肥料愛用者の名簿の作成を依頼し、これらを利用して直接彼らに郵便物を差し出していた。(70)

このように種々の販売努力がなされたが、第3章で、廣海家の多木肥料取扱量は一九一四年から急減することが明らかにされている。これに関しては、第一次世界大戦がその一因であったことが以下から窺える。一九一五年七月一日付の多木製肥所など一一の肥料製造会社連名の廣海家宛書簡には、同大戦の影響による原料価格と運賃の暴騰およ

表 8-4　1916・1918 年における大豆粕・硫安の買入量

買　入　先	品名	1916 年	1918 年
大阪・川口平三郎支店	大豆粕	620 叺	0
大阪・木下武兵衛支店	大豆粕 硫　安	100 叺 —	300 叺 250 叺
大阪・久保合名会社	大豆粕	—	270 叺
兵庫・石川茂兵衛	大豆粕	150 叺	400 叺
兵庫・森六郎支店	大豆粕 硫　安	200 叺 30 叺	1,000 叺・200 枚 220 叺
兵庫・井上茂助	大豆粕	—	246 枚
不明分	大豆粕	—	700 叺
計	大豆粕 硫　安	1,070 叺 30 叺	2,670 叺・446 枚 470 叺

出所）廣海家文書 B053-7-1-3・7・18・20・24，B053-7-4・5・7・9・11・13・20・21・23・31・34，R002-1-1-5-1・2，R002-1-1-16・22・30・32・33・39，V002-5-64-28・42，大正 7 年「水揚帳」（廣海家文書 C184）より作成。
注記）1916 年は判明分のみである。

び船舶欠乏のため、今後は再度、燐酸肥料価格改正の可能性があることについて述べられていた[71]。多木製肥所は、同年一二月にも配合肥料や過燐酸肥料の値上げを行い、翌一六年一〇月には、その取引先は特別奨励金割戻制度を利用するのが困難な状況に至っていた[72]。その後、第一次世界大戦後に廣海家における多木肥料の取扱は活発化するが、それは輸入再開に伴う無機肥料価格の低下によって、有機肥料から無機肥料への代替が急速に進展したことを反映したものであろう[73]。

また、一九一二年二月二日から三月三一日の間に、廣海家と兵庫の有馬製肥所との間で、鯨肉骨粉末に関する「岸貝塚一手販売」の特約が結ばれた[74]。さらに同じ頃、廣海家は硫安や大豆粕を取り扱うようにもなっていた。同家の本店である廣海商店の「万買帳」には一九一九年まで見られないそれらの取引が、前者は一〇年、後者は一一年から、廣海小売部の「注文帳」に記載されているのである[75]。このことから、廣海家ではこれらの肥料を、まず小売部において試験的に導入したと考えられる。この間の一端を示したものが表8-4であるが、これらの大豆粕は、主に鈴木商店の豊年撒豆粕であり、川口・木下はその特約店であった[76]。また、その輸送手段は艀船であった。

このような状況を踏まえ、第一次世界大戦後における廣海家の魚肥取引に触れておきたい。この時期にも、北海道直買は再開されなかったが、それは、多様な需要に柔軟に対応するために、積極的に種々の肥料を取り扱うようになったためと考えられる。また、一九二〇年不況の影響もあったであろう。函館の上野商店から廣海家宛の同年六月二〇日付書簡には、魚肥について、「爰元商況夏肥最盛季にあり乍ら極度の不売不振の結果惨々たる暴落」(77)と述べられており、既述した一九一五年と同様の状況であったことが窺える。そして、第2章で明らかにされているように、北海道直買において中心的役割を果たした店員の久七と吉助が、その停止二年後の一九一六年に退店した(78)こともそれに関連していたと考えられる。このように、第一次世界大戦期に停止された北海道直買はその後も再開されず、主に大阪湾岸地域から多様な肥料が仕入れられるようになっていく。とりわけ一九三〇年代からは、廣海家では大豆粕の取扱が増大していくが（表3-5参照）、以下では、当該期に同家が一九二二年に設立された豊年製油会社の販売組織に加入したことについて述べておこう。

　豊年製油会社の前身である鈴木商店時代の一九一八年に結成された豊年会は、その後、同社設立の翌二三年に強化拡大が図られる。そして、それは一九二九（昭和四）年に、大阪・神戸・尼崎・堺の特約店によって結成された西部豊年会を皮切りに、以後全国各地に拡大していくことになる。泉南地域では、一九三〇年八月一日に岸和田の川崎平右衛門ほか一〇名から成る泉南豊年会が結成され(79)、廣海家もそれに加入した。同会の活動内容に関しては詳らかでないが、一九三六年には、「佐野駅前魚喜楼」・「岸和田港今寅楼」・「貝塚駅前極忠楼」を中心に、「阪和線山中駅《ママ》ほとぎす楼」・「岸和田本町田辺楼」において毎月「例月会」が開催され、「豊年引取数」の報告、営業税や商業組合事業についての協議、奨励金の分配等が行われた(80)。また、廣海家の帳簿には、「豊年会積立ノ内七年度分一叺ニツキ二厘戻リ」との記載があり、積立金も徴収されていた。奨励金に関しては、同家帳簿に「五年度売上叺（一叺壱銭）ニ対スル奨励金豊年会社ゟ入」と記載されており、豊年製油会社による豊年会員の販売促進を企図したものであったことが分かる。また、同社では販売数量の向上を図るために、一九二八年から三二年までに五度にわたって豊年撒豆粕景品附特売が行われたが、廣海家はこれに二九年と三〇年に当選していた[81]。

（2）消費地への直送

先述のように、人造肥料や大豆粕を積極的に取り扱うようになったことに伴い、廣海家における北海道産魚肥の取扱は相対的に低下していった。しかし、同家は出張員を産地に派遣することはなくなったが、近代的通信手段による情報収集に基づいた買付を主に鉄道を利用して継続した。当該期の取引状況を示した第3章の表3-5には、函館の上野久吉・山路富次郎の名が挙がっている。それらの一九三二（昭和七）年、また函館の満留三商店の三三年の輸送ルートは、函館から汽船積にした後、東北本線青森駅・中越線伏木駅・関西本線四日市駅・東海道本線大阪駅のいずれかで鉄道に接続されるというものであった[82]。

また、北陸方面では、一九三三年の敦賀の葉加瀬商店との取引におけるその発駅は北陸本線敦賀新港であり、三二年における富山県東岩瀬の牧野貞次郎商店、三三年における同滑川の網谷出張店の場合は、それぞれ同線東岩瀬・滑川であった[83]。その他、発駅については詳らかでないが、敦賀の加藤藤吉商店、伏木の荻布合名会社および国産合資会社等からも魚肥の鉄道輸送が行われた。

そして、このような鉄道輸送は第一次世界大戦後には、大阪湾岸の肥料商や肥料製造会社との取引においても行われるようになった。とりわけ、注目されるのは前述の北海道や北陸の場合も含めて、その着駅が南海鉄道の貝塚のみでなくなり、より販売先の近くへ輸送されるようになったことである。それまでは、各地から仕入れた肥料は、おおよそ一旦廣海家において保管され、その後、貝塚駅から和歌山方面等へ輸送されていた。

大阪湾岸からの直送の事例としては、一九二三（大正一二）年の川口平三郎大阪支店との取引において、豊年撒豆粕が大阪駅から岸和田・佐野・樽井の南海鉄道の各駅に輸送されたことが挙げられる。川口支店をはじめとする各地の肥料商からは、これらの三駅に加え、同鉄道の吉見ノ里駅、水間鉄道の水間駅、和歌山線打田駅、そして後述する阪和電気鉄道の各駅にも各種肥料が輸送された。また、艀船輸送においても、多木肥料や豊年撒豆粕等の各種肥料が貝塚港だけでなく、岸和田・脇浜・鶴原・北出・佐野・出村・嘉祥寺・岡田といった泉南沿岸で直接荷揚げされるようになった。多木肥料に関しては、別府軽便鉄道の別府港駅から山陽本線土山駅を経由して鉄道輸送されることもあった[84]。

さらに、工場渡として肥料商を介さず、製造会社の工場から直接輸送される場合もあった。当該期に廣海家は、豊年撒豆粕を大阪の川口平三郎支店・小浦梅次郎商店・中江藤吉商店・中原浅吉商店等から仕入れたが、一九二七年の川口支店との取引においては、それが豊年製油会社鳴尾工場から吉見ノ里駅まで直送されたことがあった。同様に一九二九年の小浦商店との取引では、それが同社清水工場から佐野駅まで直送されたことが確認できた[85]。また、一九二八年における神戸の日本カルシューム肥料合名会社との取引では、カルシューム肥料が東海道本線東灘駅から佐野駅へ輸送されていた[86]。加えて、貝塚駅送りであったが、多様な肥料ということに関して述べれば、一九三三年に廣海家は、中原商店の扱う大阪府八尾の藤村製油所の棉実粕粉末を関西本線八尾駅から直接鉄道で仕入れた[87]。同粉末については、八尾の小川敬商店との一九三二年の取引や大阪府志紀の河内製油合資会社との二七年の取引においても、それぞれ同線八尾駅・柏原駅から鉄道輸送されていた[88]。その他、一九二七年における四日市の中上製肥合名会社との取引では英国産鯨粉末や扇印撒豆粕が、翌二八年における大日本特許肥料株式会社の中部代理店であった名古屋の師定商店との取引では同社の巴印特許肥料（水稲専用）が、それぞれ発駅は不明であるが、貝塚駅へ鉄道輸送されていた[89]。

前述した南海鉄道の貝塚駅以外への輸送を行うために、廣海家は仕入先に事前に積送駅を指定していた。例えば、一九三六年一月二五日付の中原商店から廣海家宛の葉書には、「積付駅御指図御願申上候」と記されている[90]。また、同年八月一八日付の小浦商店からの葉書でも、「御申越し被下候鰮〆粕拾俵之積送駅の件貴店様御指定通り阪和線久米田駅揚げにて御積送仕り候」と述べられていた[91]。

廣海家が同家の倉庫に保管した肥料を鉄道輸送する場合、最寄駅である南海鉄道の貝塚駅や水間鉄道の貝塚駅からはそれぞれの沿線にしか輸送できない。しかし、各地の仕入先に事前に積送駅を指定しておけば、これらの沿線はもとより、阪和天王寺駅を経由して阪和電鉄の各駅にも輸送することが可能になる。同電鉄は、一九二九年に阪和天王寺駅・和泉府中駅間と支線の鳳駅・阪和浜寺駅間、そして翌三〇年に和泉府中駅・阪和東和歌山駅間が開通して、大阪から和歌山までが全通した[92]。それ以後、廣海家においては、各地の仕入先から和泉府中・久米田・阪和岸和田・和泉橋本・熊取・日根野・長滝・阪和砂川の同電鉄各駅へも各種肥料が直送されるようになる。これらのなかには、次のように一駅発二駅行が行われたものもあった。前述の川口支店には築港倉庫があり、そこに保管された各種肥料は川西倉庫会社大阪出張所築港荷扱所や安治川口合同運送会社の取扱により、関西本線大阪港駅から鉄道輸送される場合があった[93]。この内、一九三三年四月一七日に積み込まれた鰯玉粕一二九俵は、日根野駅で八三俵、長滝駅で四六俵が取り降ろされた[94]。同様に、一九三二年七月六日に積み込まれた中原商店の扱うアルカリライムは西濃鉄道の美濃大久保駅から熊取・日根野の各駅に順次輸送された[95]。

これらの阪和電鉄各駅での貨物の取扱は阪和運送合名会社によって行われ、貨物が到着すると、同社は運賃と印鑑を持参して引き取りにくることを葉書で通知した。一九三八年頃に廣海家は、その日根野扱店に対して、S・久作に石灰窒素七袋を同家が発行した出切手と引替に渡すことを依頼していた[96]。また、一九三六年四月一日付の熊取村成合のK・嘉平治から廣海家宛の葉書には、鰯粕を五俵注文していることについて、「熊取駅に有之候か一寸御尋ね申上候無之場合は御送り被下度御願迄右御注文に及候也[97]」と述べられている。これらから、積送駅を指定された各種肥料は、同所で販売先に引き渡される場合もあったと考えられる。

さらに、同家では、一九二六年一二月末頃までには貨物自動車も利用されるようになっていた[98]。廣海家において、それは大阪・兵庫の肥料商や製造会社から同家まで、あるいは同家から泉南の販売先までにとどまらず、仕入先から販売先までの一貫輸送にも利用された。これに関して、最後に二つの事例を挙げておく。一九三七年一一月一八日付の上之郷村の花枝自動車部から廣海家宛の葉書によれば、同自動車部は、尼崎の小浦製肥所から日根野村の東上組合へ国勢五号肥料を輸送していた[99]。また、一九三八年における「鳴尾よりホ年上ノ郷下村組合行二〇〇外日ネノ村戸人へ一八〇叺運賃花枝渡[100]」との記述から、花枝自動車部は豊年製油会社鳴尾工場より豊年撒豆粕を消費地へ直送したことが分かる。

以上から、廣海家においては、人造肥料や大豆粕製造会社の販売組織に加入するとともに、鉄道や貨物自動車を利用することによって、より消費地の近くへ各種肥料を輸送することが可能になった。このような輸送方法の変化は、北海道直買の停止後は取扱肥料を多様化しながら小売にも重点を置いていくという同家の商取引の変容に深くかかわっていたといえる。

おわりに

これまでの考察結果を整理し、それをもとに論点を提示したい。廣海家の北海道直買は、貝塚港の港湾機能が低下するとともに北前船が衰退するなかで、主要な仕入先との取引が困難になることを見越して開始されたものであった。すなわち、それは輸送環境の変化に対応したものであったが、当初は、北前船の来航を視野に入れるとともに、本店における金融や株式投資の状況等をも勘案して買入量が決定された。しかし、廣海家の産地直接買付は、北海道からの汽船輸送に限定されたため、第一次世界大戦期には大きな影響を受けた。

魚肥の産地である北海道に出張しても、必ずしも、漁民や北海道商人との取引において、望ましい結果が得られるとは限らなかった。そのため、廣海家では、北海道出張員と、その対応に当たりつつ大阪・兵庫肥料商との取引も行った本店担当員が、小売部による泉南地域での販売状況を把握しながら、相互に収集した情報等を伝達し合って、産地および集散地の双方で並行して魚肥を買い入れた。但し、北海道直買分は常に順調に売却されたわけではなく、それには、輸送手段が予定通りに運行されることが不可欠であった。

この北海道直買が停止されたのは、地域間価格差が縮小するなかで、米価政策や第一次世界大戦等がもたらした米価暴落や海上運賃暴騰の影響によるものであった。その後、同大戦ブームや米価の暴騰により、肥料取引が活況を呈するようになるものの、輸送状況のさらなる悪化等から、その再開はなされなかった。また、鉄道による代替輸送も困難ではあったが、廣海家は、それを利用することで北海道との魚肥取引を継続し、その間に輸送は小口化することになった。

第一次世界大戦後に汽船運賃は低下したが、北海道直買は再開されず、鉄道輸送が積極的に行われるようになった。その際、同家は事前に積送駅を指定することによって、南海鉄道や水間鉄道および阪和電鉄における泉南地域の各駅へそれらを直送するようにもなった。同様に、艀船輸送に関しても、各種肥料が貝塚港だけでなく、岸和田・佐野・岡田といった泉南沿岸に直送されるようになった。さらに、遅くとも一九二六年には貨物自動車輸送が開始され、大阪・兵庫から泉南地域行の一貫輸送も可能になった。そして、北前船・汽船利用からこのような輸送方法への転換は、魚肥の大量取引から取扱肥料を多様化しながら小売にも重点を置いていくという廣海家における商取引の変容と密接に関連していた。

本章の分析により廣海家の商取引の変容に、情報や輸送の問題がいかに深くかかわっていたかが明らかになった。その意味で商家の商業活動の研究は、商取引の局面だけでなく、輸送・保管・情報流通の局面も総合して進めることが不可欠であろう。

注

(1) 二〇〇二年には、社会経済史学会第七一回全国大会の共通論題で「情報の経済史」が取り上げられた。石井寛治「〈コンファレンス・レポート〉情報の経済史」(『社会経済史学』第六九巻第四号、二〇〇三年)には、そこでの問題提起やこれまでの研究動向が述べられているが、ここでは、通信手段を利用する消費サイドの主要な研究として、同『情報・通信の社会史』(有斐閣、一九九四年)、藤井信幸・佐々木聡編『情報と経営革新』(同文舘、一九九七年)、藤井信幸『テレコムの経済史』(勁草書房、一九九八年)を挙げておく。

商品流通史に関する研究には、最近のものに限っていえば、老川慶喜・大豆生田稔編『商品流通と東京市場』(日本経済評論社、二〇〇〇年)、中西聡・中村尚史編『商品流通の近代史』(日本経済評論社、二〇〇三年)、松本貴典編『生産と流通の近代像』(日本評論社、二〇〇四年)があり、また、輸送問題に正面から取り組んだ成果としては、渡邉恵一『浅野セメントの物流史』(立教大学出版会、二〇〇五年)が挙げられる。

(2) 中西聡「近代日本における地方集散地問屋の商業経営展開」(『経済科学』(名古屋大学)』第四九巻四号、二〇〇二年)。

(3) 坂口誠「明治後期〜第一次世界大戦期における川越地方の肥料市場」(『社会経済史学』第六六巻第三号、二〇〇〇年)。

(4) 廣海家文書B〇五八—九—二。

(5) 廣海家文書V〇〇四—七—二五。

(6) 廣海家文書B〇五四—一—二三・七七・八一。一八五九—一九〇八年の廣海家魚肥取扱量において、野村家および野坂家持船からのものが多かったことが、表3-2から分かる。

(7) 廣海家文書V〇〇四—一三—一九—一。同年七月五日付の廣海家から両名宛の書簡には買入量について、「秋ニ相成バ入船是非多少有之ニ考候入船客ヲ断リ中ニテハ不都合ニ付少数可然候」と、北前船来航との関連がより明確に示されている(廣海家文書V〇〇四—一三—四—一—二)。

(8) 廣海家文書V〇〇四—一三—三〇—二。

(9) 廣海家文書V〇〇三—一三—一一。

(10) その一年後の一九〇一年、南海鉄道住吉駅と関西鉄道天王寺駅を経て鉄道作業局線大阪駅との間に直通運転が実施された。しかし、この直通運転は、一九〇七年の天王寺支線電化開業により廃止された(南海電気鉄道編『南海電気鉄道百年史』南海電気鉄道、一九八五年、一四七—一五〇頁)。一方、青森県側では、一八九一年九月一日に、日本鉄道東北本線盛岡・青森間が敷設完了したことによって、上野・青森間が全通し野辺地駅も開業した(野辺地町史編さん刊行委員会編『野辺地町史』通説編第二巻、一九九七年、二七八—二七九頁)。以下、本章では、官営鉄道については路線名のみ示した。

(11) 廣海家文書V〇〇三―一三―一八。
(12) 廣海家文書V〇〇三―一三―一七。
(13) 廣海家文書V〇〇四―一一―二二。
(14) 廣海家文書V〇〇三―一三―三〇。
(15) 廣海家文書V〇〇三―一三―二三。
(16) 各年度「電信帳」(廣海家文書)および同文書中における多数の北海道商人からの書簡等。
(17) 廣海家文書V〇〇三―一二―一一。
(18) 廣海家文書V〇〇三―一二―九。
(19) 廣海家文書V〇〇三―一二―一七。
(20) 廣海家文書A二〇三―二。
(21) 廣海家文書V〇〇一―二―二二。
(22) 廣海家文書V〇〇四―一〇―一〇。
(23) 廣海家文書V〇一五―六―一四八。
(24) 廣海家文書V〇〇四―一〇―二〜五四。
(25) 明治四〇年「万覚帳」(廣海家文書B〇一〇)。
(26) 廣海家文書V〇〇四―一三―一五―一―四。
(27) 明治三九年「電信写」(廣海家文書L二二一)。
(28) 明治四〇年「万覚帳」(廣海家文書B〇一〇)。
(29) 廣海家文書V〇〇四―一〇―二三。
(30) 廣海家文書V〇一三―二―四四―二―七。
(31) 廣海家文書V〇〇一―二―七。
(32) 廣海家文書V〇〇四―一〇―三六。
(33) 廣海家文書U〇〇一―四―一九―二―三。一九一一年九月三〇日付の兵庫倉庫株式会社差出の「保管料領収証書」には、廣海家から同年九月分保管料として一七円五〇銭を受け取っていたことが記されており、同社倉庫が利用されることもあったことが判明する(廣海家文書U〇〇四―四―二〇―一―一二)。
(34) 廣海家文書V〇〇七―四―八―〇・一。

(35) 廣海家文書V〇一四―三―五七―〇・一。
(36) 廣海家文書V〇一三―四―三三。
(37) 廣海家文書A二〇三―八―一。
(38) 廣海家文書V〇〇四―一〇―七。なお、この出張は同船の荷役等のためでもあり、この他、直買で利用された台湾丸や後に示す太郎丸が兵庫に入港した際にも、前者には吉助、後者については新八が出張した（廣海家文書V〇〇一―二―二、V〇一四―三―二〇―〇・一、V〇〇七―四―八―一、V〇〇七―六―七）。
(39) 廣海家文書A一九五―二―一・二等。
(40) 廣海家文書V〇〇四―二―二―一―一―二。
(41) 廣海家文書V〇〇四―二―一―二―一―一。
(42) 廣海家文書V〇〇四―一〇―七・八。
(43) 廣海家文書V〇〇七―四―八―二。
(44) 廣海家文書V〇〇一―二―六。
(45) 廣海家文書V〇〇一―二―二。
(46) 廣海家文書V〇一五―六―七八。
(47) 廣海家文書V〇一五―六―七七。
(48) 廣海家文書V〇一五―六―一七三。
(49) 鉄道省運輸局編『重要貨物情況　第二十一編　肥料ニ関スル調査』（雄松堂出版、一九九六年復刻版）一一四―一一五頁。
(50) 川東竫弘『戦前日本米価政策史の研究』（ミネルヴァ書房、一九九〇年）三八頁。
(51) 中村隆英「景気変動と経済政策」（中村隆英・尾高煌之助編『日本経済史6　二重構造』岩波書店、一九八九年）二七八頁。
(52) 廣海家文書V〇〇二―五―六三―二―〇・一。中西聡「近代の商品市場」（桜井英治・中西聡編『新体系日本史12　流通経済史』山川出版社、二〇〇二年）三〇一頁における鯡〆粕価格の推移を示した図二によれば、一九一五年から翌一六年にかけて同価格が上昇していることが判明する。
(53) 廣海家文書B〇四九―三―四―二四。
(54) 廣海家文書B〇四九―三―四―一九。
(55) 前掲中村隆英「景気変動と経済政策」二七九頁。
(56) 廣海家文書B〇五四―三―一五六、V〇〇二―五―六六―二。

(57) 廣海家文書B〇四九—九—二〇。
(58) 廣海家文書V〇〇二—五—六四—二三・二四。
(59) 廣海家文書U〇〇三—六—五二—二。
(60) 廣海家文書V〇〇二—五—六二—四〇—〇・一。
(61) 廣海家文書V〇一一—二—一八一・一八五。このような米価暴騰の結果、同年の八月には全国各地で米騒動が起こった（前掲川東竫弘『戦前日本米価政策史の研究』六八頁）。
(62) 大正三・四年「万買帳」（廣海家文書L一〇六・L一〇三）。
(63) 廣海家文書B〇五三—七—一二・一五・一九・三五—一・三六。
(64) 但し、同家は、一八八九年二月二六日には、三井物産へ「人造肥料販売特約之儀ニ付云々御照会」（廣海家文書B〇五〇—一—七八）しており、多木製肥所との取引を開始するまで、人造肥料に全く関心がなかったわけではなかった。
(65) 廣海家文書V〇〇四—一四—一三。これに伴い、廣海家では、大正期に「多木肥料一手大阪売店 大阪府貝塚町 廣海惣太郎商店 電話一一番」と印刷された封筒が作製された（廣海家文書ZA〇一九—一〇—〇）。なお、一九二五年時点での同家に所属する取次販売店には、西信達村岡田のT・長七と土生郷村土生のT・清一の名が挙がっていた（廣海家文書U〇〇二—二—九二—一・二）。一九〇九年時点ではあるが、多木製肥所の一特約店下における取次販売店数の平均は一九であったため、廣海家自らによる販売の比率は他の特約店と比較して多かったと考えられる。また、同製肥所では、このような特約店制度とともに、農家の協同購入による特別割引という販売政策も行われた（多木化学百年史編纂委員会編『多木化学百年史』多木化学株式会社、一九八五年、三九頁）。なお本章では、プライバシーへの配慮から、廣海家の肥料販売先の姓を特定できない形で示した場合がある。
(66) 廣海家文書V〇〇五—一〇—三〇。一九〇四年の日露戦争による満州産大豆粕の途絶等の影響は、人造肥料業界に活況をもたらし、多木製肥所でも生産設備の拡充強化等がなされ、一九〇九年から一九一一年の間に各種設備が完成した（前掲多木化学百年史編纂委員会編『多木化学百年史』二五—二七頁）。これらに岸和田煉瓦会社製の煉瓦が使用されたのであろう。また、このような生産設備増強に伴う販売強化のなかで、廣海家との取引は開始されたと考えられる。
(67) 廣海家文書V〇〇二—五—六四—五二。品名と員数の余白にそれぞれ一〇〇、二七斤との記載があり、前者は一〇〇枚を意味していると考えられる。
(68) 廣海家文書V〇〇四—一五—二三。
(69) 廣海家文書V〇一三—三—九四—五、V〇一八—四—二〇—二。
(70) 廣海家文書U〇〇二—二—九二—二。

(71) 廣海家文書V〇一五―六―七九。
(72) 廣海家文書B〇四九―九―二五・八一、大正三年「電信控」(廣海家文書L二二七)。
(73) 岡崎哲二『工業化の軌跡』(読売新聞社、一九九七年) 一一二頁。
(74) 廣海家文書V〇一三―六―九六―一、V〇一五―六―三―八―二。
(75) 各年度「注文帳」(廣海家文書)。
(76) 平野茂之編『豊年製油株式会社二十年史』(豊年製油株式会社、一九四四年) 八四頁。
(77) 廣海家文書U〇〇三―二―三。
(78) その理由はともに病気であったと考えられる。北海道直買の他に、久七は「所得税之件ニ付日々郡役所へ出頭致且届出調整之事」を行ったり、一九一一年頃に吉助は「別府行船戻リ候ハヾ㋑弐百俵ハ泉州会社へ直渡シ被下㋭㋵百俵宛ハ本店倉庫へ御収蔵願上候」との指示を店員に出すなど多木肥料関係の業務も担っていた。また、廣海家において、誰が帳簿をつけていたのかは詳らかでないが、両者は少なくとも一九一六年頃の年末の「帳簿整理」に従事しており、相次ぐ退店は同家の商業経営に大きな影響を及ぼしたといえよう(廣海家文書B〇五四―三―一五八・二二四、B〇五四―五―六―一一、U〇〇一―三―二六、V〇一五―四―二八・三〇)。
(79) 豊年会や後述する豊年撒豆粕景品附特売については、前掲平野茂之編『豊年製油株式会社二十年史』八一―九一・九九―一〇一頁を参照。
(80) 廣海家文書F〇八二―二―一五・六四・二二二・二六七・二八七、F〇八二―五―一二、F〇八二―六―二三・六九、F〇八二―七―一二・五四、F〇八二―八―二四・五二。
(81) 昭和四・五・八年「萬買帳」(廣海家文書J〇三一・C一〇八・C一一一・C一一四)。
(82) 廣海家文書B〇五三―一―一・一五・一六・一八・二一・二三・二七・二八・二九・三〇・四九・五〇・八九・一〇九。以下の記述は、各年度「万買帳」明治四三、大正三・八・一〇、昭和六・一〇年「運賃仲仕帳」(廣海家文書)に基づいている。
(83) 廣海家文書B〇五三―一―六七・一〇六、V〇〇六―七―六八。
(84) 廣海家文書V〇〇四―二五―二三一等。
(85) 昭和二・四年「萬買帳」(廣海家文書J〇二五・J〇三一)。清水工場の発駅は東海道本線清水駅であった(廣海家文書F〇八二―八―四六・五一)。鳴尾工場については、鈴木商店時代には東海道本線西ノ宮駅の利用が見られた(鉄道省運輸局編『港湾と鉄道との関係調書　第一輯』日本経済評論社、二〇〇三年復刻版、三六九頁)が、その後の状況や同工場からより近い阪神電鉄の鳴尾駅が利用されていたのか等は詳らかでない。

(86) 廣海家文書V〇一二―九―二。
(87) 廣海家文書B〇五三―一―七三。
(88) 廣海家文書B〇五三―一―一〇五、B〇五四―二―九七。
(89) 昭和二年「万買帳」（廣海家文書J〇二五・J〇二七）、廣海家文書B〇五四―六―二〇四、V〇一三―二―四四―二―一四。
(90) 廣海家文書F〇八二―二―二五四。
(91) 廣海家文書F〇八二―六―七九。
(92) 竹田辰男『阪和電気鉄道史』（鉄道史資料保存会、一九八九年）三〇・三六頁。
(93) 廣海家文書B〇五三―一―八・二四・二六。
(94) 廣海家文書B〇五三―一―七二。
(95) 廣海家文書B〇五三―一―七。
(96) 廣海家文書F〇八二―五―六八。
(97) 廣海家文書F〇八二―二―一八七。当該期における到着貨物の引渡に関しては、東洋書籍出版協会編『国有鉄道貨物運送の実務』（東洋書籍出版協会、一九三〇年）中野金次郎『小運送論』（春秋社、一九三七年）等を参照。その他、このような最寄駅までの鉄道輸送を利用していた廣海家の販売先には、日根野村の野々地蔵実行組合があり、一九三六年に同組合は廣海家に鯡粉末四本を日根野信用組合入札値段として日根野駅着五円で注文していた（廣海家文書F〇八二―二―二六九）。
(98) 廣海家文書V〇〇二―六―三〇。
(99) 廣海家文書F〇八二―一―九一。
(100) 昭和一〇年「運賃仲仕帳」（廣海家文書F〇三四）。

第9章　廻船問屋廣海家の商業業務

谷本雅之

はじめに

廣海家は和泉国貝塚湊（現大阪府貝塚市）の廻船問屋として、北前船などの廻船業者からもたらされる荷物（穀物・魚肥）を、後背地に分配する役割を担っていた。本章の直接の目的は、そこでの商業業務――水揚げ（荷物の到着）から代金回収まで――の実態をできる限り具体的に検討することである。その作業を通じて、生産者から消費者に連なる一連の流通過程において、消費地に近いところに位置する廻船問屋がいかなる商業機能を担っていたのかを考察したい。

近世商業制度の研究によれば、廻船問屋は通常複数商品を取り扱う「荷受問屋」に分類され、その主要業務は売手（荷主）と買手（仲買）の「仲介」であったとされる。取扱額に一定の係数を乗じて算出される「口銭」（手数料）がその報酬となっていた(1)。しかしそこで言われる「仲介」の具体的な業務内容は、どのようなものだったのだろうか。

宮本又次は、『大阪北海産荷受問屋組合沿革史』（大坂の有力廻船問屋）などの検討に基づき、この「仲介」を「委託販売」業務と捉えている。[2] その後の商業史研究も、基本的にその見解を踏襲した。[3] 他方、近年の近世都市論・身分論の視角から商業機構に注目する研究は、[4] 取引の場としての「市場」の存在に注目し、それとのかかわりにおいて、問屋と仲買の区分を強調することとなった。塚田孝によれば、荷受問屋の仲介業務は売り手と買い手に取引の場を設定することを本質的な内容としている。従って、問屋は「市場」に近く、口銭は「店賃」に相当する。すなわち問屋は、自己勘定での売買を行う商人系列に属する仲買とは異なる、町人系列に属する存在とされるのである。[5] 商業業務に即してみれば、この理解は問屋の機能として荷物を「預かり」、販売先を探索すること——それこそが「委託販売」のエッセンス——を想定していない。すなわち、塚田らの見解は、問題関心や分析視角の相違とともに、問屋の業務内容に関する事実認識自体が異なっているといえる。この指摘に呼応する形で、経済史研究者の側からも問屋機能の再検討の必要性が指摘されるようになった。[6] 本章の作業は以上の研究状況に対して、議論を進展させる素材を提供することも意図している。もとより本章で扱うのは、一個別経営の事例に過ぎない。しかしこれまでの荷受問屋の取引内容に関する諸研究の多くが、仲間議定等の分析を主とし、取引に参加する主体の行為を直接観察したものではないことに鑑みれば、このような作業にも意義は認められるであろう。

廣海家の廻船問屋としての業務については、これまでの研究によって、以下の三つの事実認識が提出されている。一つは、廣海家の口銭授受を伴う取引業務を「委託販売」とする見解である。[7] しかしそこでは、廣海家に即した形で「委託販売」業務の手順が示されている訳ではない。大坂の荷受問屋の業務が、「北前船商人が鯡魚肥の肥料商への販売を荷受問屋に委託して積荷を預け、荷受問屋が肥料商と価格を取り決めて売買し、代金から手数料（諸掛り）を差し引いて残りを北前船商人に渡す形態」[8] として紹介されており、事実上、廣海家の業務内容もこれに準じたものとして捉えられている。この大坂の事例は、先の宮本又次の研究に依拠しているから、通説的な口銭取引＝「委託販売」の図式の廣海家への適応といえよう。

二つめは、廣海家における自己勘定取引の存在である。後掲の表9-4にみられるように、廣海家の店卸帳には、口銭収入と並んで売買収益が計上されていた。この売買収益に、荷主から仲介した荷物を廣海家自身が買い入れ、それを販売することで得た収益が含まれることが、「仕切帳」と「万買帳」との突合せから明らかにされている。[9] 本章でも、その認識は踏襲されることになるが、この取引を、二つの取引行為に分解するこれまでの把握の仕方には問題が残っていると考える。[10] 水揚から代金回収までの一連の過程に位置付けることで、この特異な取引形態の理解を深めたい。

第三は、上述の自己購入とは異なる形態での売買収益の存在である。後述のように、廣海家は「仲介」取引においても、販売価格との差益を獲得するケースがある。赤路洋子の先駆的な論考は、事実上、この史実を明示していた。[11] しかしこの事実発見は、同論文の取引構造全体に対する認識の不備もあって、その後の研究で正当に受け継がれていない。本章では赤路の見出した史実を、取引業務全体の構造の中に位置付け、その取引形態上の意義を論ずることとする。

以下本章では、帳簿群の体系的な理解を前提に、水揚げから代金回収までの一連の過程を、商品の動きと貨幣の動きの双方を視野にいれつつ復元し、廣海家商業活動の実際を検討していきたい。廣海家文書に多系統の経営帳簿が残されていることが、このような作業を可能としている。ただし、一連の帳簿がすべて揃う年次は限られている。以下、次節で帳簿の記載内容を概観した上で、早い時期に多種の帳簿が揃う一八六二（文久二）年について検討し、それとの対比で、一八九九（明治三二）年のケースにも言及することとする。

なお本章は、貝塚湊で廻船業者との取引を行う廻船問屋としての業務に検討対象が絞り込まれており、手船の所有による自身の廻船業者化や、大坂（阪）や北海道への直買行為は考察の対象外であることをあらかじめ明記しておく。

第一節　帳簿の記載内容

廣海家の魚肥および米穀の商業業務の基本的な流れ（消費者への小売業務を除く）は、入船順番帳・水揚帳・仕切帳・万買帳・当座帳・売留帳によって把握することができる。年次によって同一名帳簿でも記載内容は同一ではないが、本節ではこれらの帳簿の基本的な記載内容と、そこから読み取れる取引の骨格を示し、二、三節の検討に備えることとしたい。以下は、帳簿ごとの記載内容の概略である。

①「入船順番帳」

船名（ないしは人名）、日付および荷物の数量が記載されている。

②「水揚帳」

「証」を冒頭に掲げた一まとまりの記載が列挙されている。それぞれについて、まず商品の内容、数量・重量の記載があり、「右之通水揚候也」との文言ののちに、受取日と受取先（例えば松尾丸孝一郎殿）が記されている。

③「仕切帳」

荷物に関する「仕切」を記録した帳簿である。まず仕切日、仕切相手の名前、対象となる商品の種類と数量・重量、およびその商品の単位重量あたりの価格と仕切価額の記載がある。仕切価額には「代金」との記載があり、これから「諸掛」「蔵入」「口銭」などを差し引いた金額について、日付と「相渡済」の記載がなされていた。

④「万買帳」

荷物の買入れと販売が記録されている。買入先の名前、日時、商品の種類、数量・重量、金額の記載と、そのひとまとまりの商品の販売先人名、日時、販売商品の数量および販売額が記載される。最後に買入額と販売額の差し引きで損益を算出している。

⑤「当座帳」

日並の販売の記録である。販売日、販売先人名、数量・重量、単位重量当たりの価格と販売価額が記録される。明治期には代金支払条件（期限、部引き）の記載が加わった。

⑥「売留帳」

販売先ごとに、販売の日時、販売額、入金日、入金額が日並で記載される。時折、販売額と入金額の差額の計算もなされている。

以上から、廣海家の商業業務の基本的な流れをまとめてみよう。まず入船順番帳から、廣海家は直接貝塚の湊に寄港した船舶の荷物を取り扱っていたことが読み取れる。ただしこの段階では、荷物の重量記載がないなど記載されている内容は乏しく、船と荷物の貝塚湊への到着の事実が記録されているに過ぎなかった。廣海家の荷物取り扱いへの関与が明確となるのは次の「水揚帳」の段階である。個々の荷物について、「重量」および「正味重量」が加わり、荷物内容の吟味が行われたことが判明する。また一群の荷物を列挙したのち、荷主にあてて「右之通水揚候也」との記載があった。すなわち「水揚帳」の段階で、廣海家は廻船業者の荷物に関与し、陸揚げしたのである。なお当該荷物に関する「入船」日と「水揚」日は、同日ないしは数日以内にほぼ限られるので、「水揚」は廻船の寄港から時を置かずに行われるのが通例であったといえよう。

このように陸揚げに「関与」した荷物をめぐる荷主との取引関係については、別系統となる二つの帳簿——「仕切帳」および「万買帳」——を見る必要がある。「仕切帳」では、荷主荷物の販売額が確定され、そこから口銭等を差し引いた金額を荷主に渡したことが明記されていた。そこでの取引内容は、明らかに「仲介」業務である。これに対して「万買帳」では、はじめに荷主荷物の内容と金額があり、その荷物の販売先が列挙されたのち、販売額の合計と当初の荷主荷物価額の差し引きがなされていた。それが正の値をとれば「利益」、負の値ならば「損失」である。これは荷主荷物の買取りに基づく自己勘定取引といえよう。本章冒頭でも述べたように、この二つの異なる帳簿にはしばしば同一の荷物が現れることが指摘されており、次節以下でもその解釈は論点の一つである。しかしここでは、廣海家がこの二つの取引の形態——「仲介」および「自己勘定取引」——を並存させており、それに対応して、荷主との取引関係に関しても二種の帳簿が作成されていたことを確認しておきたい。

販売先は、「万買帳」に記載があるが「仕切帳」にはない。この事実は、「仕切帳」での取引が「仲介」であり「売買」ではなかったことを物語っているともみられるが、実際には下記のように、「仕切帳」による取引も、「当座帳」「売留帳」に廣海家の販売として記録されていた。[12]

［史料一］

文久二年「穀物仕切帳」

輪島屋清蔵殿

四月十四日

（中略）

一　吉久古米　九百俵

［史料二］

文久二年「穀物当座帳」
「入船座」
輪島屋清蔵殿分
四月十二日
一　吉久古米　百五十俵　木屋七兵衛
代　十貫二百一匁九分
（中略）
〆　九百俵

［史料三］
文久二年「穀物売留帳」
木屋七兵衛　殿
四月十二日　わじまや分
一　よし久古米　百五十俵
代　十貫二百一匁九分

「当座帳」には「万買帳」に記載のある販売先も記載されており、廣海家の販売行為を日並に記録した帳簿といえる。明治期には、個々の販売条件（代金決済期限など）も記録されるようになった。ただし代金回収の実際は、「当座帳」には記載がない。販売と入金の記録は、販売先別に「売留帳」に集められている。「売留帳」は、販売先債権を管理する帳簿といえる。以下、これらの帳簿の記載を組み合わせ、水揚げから代金回収までの過程を見ていこう。

第二節　取引活動の実際——一八六二（文久二）年の場合

図9-1は、一八六二（文久二）年の事例に即して帳簿記載と取引の流れを対応させたものである。この頃の廣海家は、穀物（米・大豆）と魚肥の双方の取り扱い量が肩をならべており、仕切帳・当座帳は、それぞれ穀物と干鰯の二冊に分けられていた。なお万買帳は一つしかないが、内容は穀物に偏っていた(13)。

一八六二（文久二）年における荷主との取引は、すべて「仕切帳」に記載があるようで、これに越年分（在庫）を加えた荷物が、同年の販売商品の供給源であった。ただし「穀物仕切帳」は後半部分の「直買座」とそれ以前（以下「仕切帳前半」と呼ぶ）に分かれ、それぞれで取引相手および取引の形態が明確に異なっている。また、「当座帳」は穀物・干鰯双方ともに後半の「入船座」とそれ以外の部分（以下「当座帳前半」と呼ぶ）に分かれていた。「当座帳前半」の販売記録が「万買帳」の販売先と重なっていたことも確認できる。このような帳簿記載の照合から、図9-1にまとめたように、穀物については①—③の三種、魚肥については④、⑤の二種の取引のパターンが浮かび上がってくる。

荷主との取引の局面では、取引パターンは③とそれ以外に二分される。「仕切帳直買座」では荷物の内容、金額および代金支払い日が記載されている。また取引相手として穀物の販売先に現れる人名が多い。従って、ここでの取引は、貝塚周辺の穀物を扱う同業者との、自己勘定による穀物購入の記録と考えられる。そこでの購入荷物は万買帳に記載され、続いて当該荷物の販売先が列挙されていた。その販売は、日並で「当座帳前半」（＝「当座帳・入船座」以外の部分）にも記載されている。このように、同業者内での自己勘定取引が、廣海家の取引パターンの一つであった。

　しかし、この種の「直買」が取引全体に占める割合は、一八六二（文久二）年には小さかった。魚肥に関しては「直買座」自体設定されていない。荷主の主要部分を占めていたのは、明らかに「仕切帳前半」に現れる廻船業者である。貝塚湊に寄港する荷主から荷物を「預かり」、それを買い手に「販売」するここでの業務は、口銭取得が明記されていることとも相まって、廣海家が典型的な「荷受」業務——荷物の販売受託——を営んでいたことを示しているように見える。ではそこで営まれる「荷受」業務の実際は、どのような取引であったのだろうか。

　表9-1には、「仕切帳前半」に現れる荷主との取引で、水揚帳と照合可能なものをまとめてある。取引の日付に注目しよう。水揚帳での荷物記載の日付（≒荷物の貝塚への到着日）と、仕切帳における取引の日付（取引の仕切＝精算を行った月日）が近接していることが目に付く。最も多いのが、水揚日と仕切日とが同日のケースで、それ以外でも

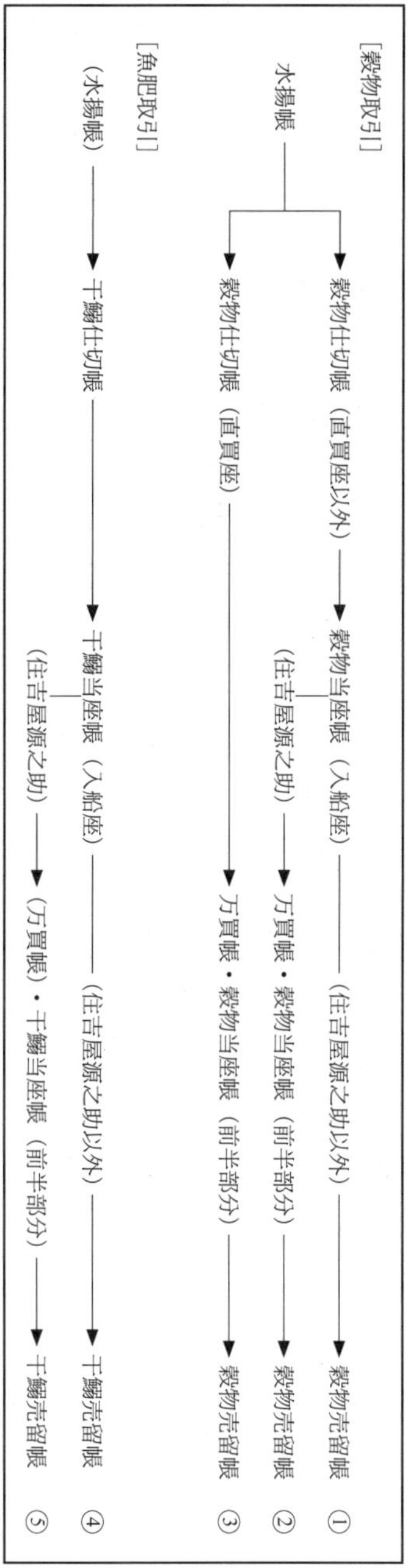

図9-1　取引の流れと帳簿記載（1862年）

表 9-1　1862（文久 2）年の穀物「仲介」取引における水揚・仕切・仕切金渡のタイミング

			水揚帳	穀物仕切帳（直買座以外の分）		
荷　主	荷　物	俵	水揚日	仕切日	仕切金渡	万買帳にも登場
輪島屋清蔵船	米	1,046	4月14日	4月14日	4月14日	○
酒屋善右衛門船	米	2,010	4月20日	4月20日	4月20日	○
銭屋与八船	南部大豆・小豆	601	5月10日	5月12日	5月12日	○
川内屋栄蔵	南部大豆・小豆	1,860	5月13日	5月11日	5月13日	○
河内屋半七船	米，南部大豆・小豆	2,117	5月23日	5月24日	5月24日	○
銭屋渡辺弥左衛門	米	1,217	6月 5日	6月 5日	6月 6日	○
加賀屋九左衛門	米	2,531	6月11日	6月11日	6月11日	○
名越丸佐二右衛門	米	236	7月22日	7月22日	7月22日	○
佐藤常右衛門船	米	1,222	7月27日	7月28日	7月30日	○
伊藤清蔵船	米	1,510	7月27日	8月12日	8月22日	○
渡辺伝四郎船	米	1,120	7月27日	8月 1日	8月 3日	○
ほその喜八郎船	米	1,075	8月 2日	8月 2日	8月 3日	○
酒屋松太郎船	米	1,126	8月 4日	8月 6日	8月 6日	○
高橋新九郎船	米	852	8月 5日	8月 6日	8月 9日	○
黒丸善兵衛船	米	1,470	8月18日	8月18日	8月19日	○
中屋久蔵	米，小豆	1,833	9月 7日	9月 8日	9月10日	○
磯七船	米	2,105	9月15日	9月15日	9月15日	

出所）文久 2 年「水揚帳」，文久 2 年「穀物仕切帳」（廣海家文書 Q049，Y016）より作成。
注記）水揚帳に該当する取引のない分は省略してある。

伊藤清蔵船を除けば、ズレは二日以内である。また、仕切日に荷主へ仕切金を渡すケースが大部分を占めていた。すなわち廻船業者の荷物の大部分は、貝塚への到着から数日以内で廣海家からの代金支払を受けていたのである。

　販売については表9-2をみよう。廻船業者・輪島屋清蔵の運んできた米千俵余の水揚げは四月一四日であったが、当座帳入船座によれば、四月一二日にすでに販売先が定まっていた。「吉久古米」九〇〇俵は六人が各一五〇俵ずつ、ほかに「泊り古米」一四〇俵と「泊り新米」六俵が、四つの販売先で分けられている。販売日が水揚日に先行する点は、水揚げを廣海家の蔵への搬入日とみなし、その数日前に荷主・荷物は貝塚へ到着（ただし荷物は船積のまま）していたと考えれば、整合的に理解できる。事実、「入船順番帳」によれば、輪島屋清蔵の入船日は四月一二日となっていた[14]。またこの販売において設定された単価が、「吉久古米」九〇〇俵では仕切時の単価と一致していたことも注目される。

表 9-2　1862（文久 2）年の帳簿記載と取引の流れ（穀物）

［荷主・輪島屋清蔵］

荷主との仕切り「穀物仕切帳」				販売先（口銭取引）「当座帳入船座」					販売先（自己勘定）「万買帳」				
	1 石当価格（匁）	数量（俵）	価額（貫）		1 石当価格（匁）	数量（俵）	価額（貫）			1 石当価格（匁）	数量（俵）	価額（貫）	
4 月 14 日				4 月 12 日					4 月 12 日				
吉久古米	147	900	61.318	吉久古米	147	150	10.202	木屋七兵衛	（買入）				
				吉久古米	147	150	10.183	木屋専蔵	***泊り古米***	***148.5***	***48***	***3.500***	***住吉屋源之助***
泊り古米	***148.5***	***140***	***10.154***	吉久古米	147	150	10.193	市場屋藤七					
泊り新米	133	6	0.393	吉久古米	147	150	10.204	塩屋七左衛門	（販売）				
計		1,046		吉久古米	147	150	10.275	板屋籐兵衛	4 月 23 日		20	1.493	金屋源兵衛
仕切金額			71.865	吉久古米	147	150	10.275	安松屋吉兵衛	5 月 2 日		2	0.149	□□儀兵衛
				小計		900	61.332		5 月 5 日		10	0.776	金屋源兵衛
口銭計			0.974	泊り古米	149	80	5.853	塩屋七左衛門	5 月 6 日		1	0.079	さのや権四郎
差引＝荷主へ渡す金額			70.891	泊り古米	150.5	12	0.834	金屋源兵衛	5 月 14 日		3	0.233	さのや権四郎
4 月 14 日相渡す				***泊り古米***	***148.5***	***48***	***3.500***	***住吉屋源之助***	5 月 16 日		3	0.233	さのや権四郎
				泊り新米	136.5	6	0.403	金屋源兵衛	5 月 16 日		9	0.698	金屋源兵衛
				計		1,046	71.922		計			3.660	

穀物売留帳・木屋七兵衛の項

	代金（貫）	入金（貫）
4 月 12 日	10.202	
5 月 1 日		0.730
5 月 2 日		11.672
	過上	

出所）文久 2 年「穀物仕切帳」，文久 2 年「穀物当座帳」，文久 2 年「万買帳」，文久 2 年「穀物売留帳」（廣海家文書 Y016，A033，A155，A052）より作成。

注）二重枠で囲った部分は木屋七兵衛，斜字・太字は住吉屋源之助に関連する取引を示す。価額の単価は銀貫匁で，匁未満は四捨五入。

干鰯取引の事例を挙げた表9-3でも、同様な取引の過程を見ることができる。廻船業者・熊田屋善吉は、八月四日以降に貝塚湊に入船し、積荷の魚肥九〇〇本余のうち、三八一本分について、八月九日に廣海家との仕切（精算）を完了した。すなわち販売額が確定され、そこから口銭・諸掛を差し引いた金額が、八月九日に熊田屋に渡されている[15]。他方販売契約は、一五〇本については仕切日と同日、残りは一三日および一八日に結ばれた。単価はいずれも仕切価格と同じであった。

以上の取引の過程で特徴的なことは、一連の商業業務――水揚、仕切、販売――が、時間的にごく近接して遂行されていたことである。水揚・仕切・販売が同日になされている事例も少なくない。すなわち廣海家は、荷物が到着すると速やかに穀物商・肥料商に触れ回り、彼らを廣海宅にて荷主に引き合わせる。そこで販売先・販売価格が決まり、荷主に代金が支払われる。この売買の手はずを整わせた（仲介した）報酬として、成立した取引価格の一定割合を、廣海家は口銭として獲得する。廣海家が携わったのがこのような取引であったとすれば、それはまさに荷主と穀物商・肥料商との売買を「仲介」する業務といえる。またそれは、「委託販売」業務とは区別すべき商業業務とみるべきであろう。荷物を預かり、自ら買い手の探索を行う「委託販売」業務には、売買「仲介」を超えた商業機能が含まれているが、ここではそれらの業務が、ほとんど発生していないのである。

口銭に関しては、穀物取引と干鰯取引の差異にも留意しておこう。表9-3の布屋清兵衛の事例にあるように、干鰯の場合、当座帳に記された販売額（=仕切額）六貫三八〇匁四九から「俵引」および「部引」を控除した六貫二八三匁六分が、売留帳において販売先から回収すべき金額として算定されていた。この控除した金額が、「仲買口銭」に当たるものと見られる。実際、「干鰯仕切帳」の口銭・諸掛の項目には表示のように「仲買行」の文言が含まれていた。これに対して前掲表9-2の木屋七兵衛に見られるように、穀物売留帳では「仲買口銭」に該当する販売額からの控除項目がない[16]。穀物の場合、「仲買口銭」は設定されていなかったといえる。廣海家において干鰯取引の口銭

表 9-3　1862（文久 2）年の帳簿記載と取引の流れ（魚肥）

［荷主・熊田屋善吉］

入船順番帳

日付・摘要	
8月4-9日の間	
タルマイ粕	900本
その他	

干鰯仕切帳

日付・摘要		価格（匁）	数量（本）	重量（貫目）	価額（貫）
8月9日					
タルマイ粕	仕切金額	47	381	8,091.09	38.028
	口銭等計				2.579
	(内訳)				
	口銭仲買行				2.472
	俵　引				0.038
	印　分				0.011
	掛ちん				0.019
	せ　取				0.038
	荷主へ渡す金額				35.450
	8月9日渡済				
8月9日					
切り出し					
タルマイ粕	仕切金額	47		448.26	2.001
	口銭仲買行				0.130
	荷主へ渡す金額				1.871
	計		381	8,539.35	40.030

干鰯当座帳（入船座）

日　付	販売先		価格（匁）	数量（本）	重量（貫目）	価額（貫）
8月9日	塩屋利八	タルマイ粕	47	100	2,264.04	10.641
8月9日	津島や助次郎	タルマイ粕	47	50	1,136.58	5.342
8月13日	布屋清兵衛	タルマイ粕	47	30	694.64	3.265
8月18日	布屋清兵衛	タルマイ粕	47	30	662.91	3.116
8月18日	***住吉屋源之助***	***タルマイ粕***	***47***	***171***	***3,758.77***	***17.666***
計				381	8,516.94	40.030

干鰯当座帳（前半）

船	日　付	販売先	価格（匁）	数量（本）	重量（貫目）	価額（貫）
熊善船	***8月28日***	***布屋七郎右衛門***	***46.5***	***10***	***224.58***	***1.044***
熊善船	***9月10日***	***木屋七兵衛***	***47.0***	***15***	***324.14***	***1.523***
熊善船	***9月14日***	***柴屋嘉助***	***45.8***	***145***	***3,182.50***	***14.575***
熊善船	***12月28日***	***布屋太三郎***	***65.0***	***1***	***26.81***	***0.170***
熊善船		***計***		***171***	***3,758.03***	***17.313***

干鰯売留帳

布屋清兵衛		価格（匁）	本数	重量	価額(貫)
8月13日	タルマイ粕	47	30	694.64	3.265
8月18日	タルマイ粕	47	30	662.91	3.116
	代　金				6.380
	内　俵引				0.001
	部引				0.096
	正味代金				6.284
8月17日	入　金				2.800
閏8月13日	入　金				2.039
閏8月19日	入　金				0.500
閏8月28日	入　金				1.329
閏8月28日	差引過上　荷主へ返却				0.366

出所）文久2年「入船番号簿」，文久2年「干鰯仕切帳」，文久2年「干鰯当座帳」，文久2年「干鰯売留帳」（廣海家文書 P025，Y004，Y036，Y041）より作成。

注）二重枠で囲った部分は布屋清兵衛，斜字・太字は住吉屋源之助に関連する取引を示す。価格は10貫目（重量）当り，価額の単位は銀貫匁で，匁未満は四捨五入。

率（口銭／仕切価額）が穀物のそれを上回っていた実体的な理由の一つは、この「仲買口銭」設定の有無にあるといえよう。(17)

では、一八六二（文久二）年の廣海家の果たした商業機能は、売買「仲介」に限定されていたのであろうか。ここで廣海家が、仕切日に荷主に仕切金を支払っていたことに着目しよう。この仕切金の支払に先立って販売先からの入金があれば、商品取引と代金決済が一致し、「仲介」業務としての一貫性が看取されることになる。しかし実際に販売先から廣海家に入金があるのは、前掲表9-2の木屋七兵衛で仕切の一八日後、市場屋藤七では一八—二五日後であった。廣海家は、販売代金の中から口銭を差し引き、仕切金を荷主に渡していたのではない。販売代金回収以前に、廣海家の資金の中から、荷主に対して支払をしていたのである。これは、荷主の資金需要を背景に、委託販売でしばしば見られる「内金（為替金）渡し」に見かけ上は類似している。実際、販売先からの代金回収以前に支払いを受けることは、荷主の資金回転を早める機能を果たしていた。しかし、すでに仕切がなされ、当該取引に関して荷主との関係は終了している点で、仕切金の支払いは荷主に対する融資である「内金（為替金）渡し」とは明らかに異なるものである。(18)「内金（為替金）」は荷主に対する債権であり、販売先からの入金額との相殺ができなければ、原理的には荷主に債務履行を要求できるはずのものである。しかし仕切後には、販売先からの代金回収に伴うリスクは、すべて廣海家が負っていたことになる。資金の流れの面では、廣海家の商業活動は、「仲介」業務の範囲を踏み越えていたといえる。

売買業務に関しても、さらに立ち入ってみていこう。まず表9-3の熊田屋との取引で、半分以上の荷物販売先の決定が、水揚日の八月九日ではなく一三日、一八日にずれ込んでいたことに着目しよう。この間廣海家が荷物を預かっていたのであれば、これは「委託販売」に近い形態といってもよい。しかしこの取引における荷主との「仕切」は、既に八月九日に済んでいた。「仕切」によって荷主との取引は終了したのであるから、それ以降の荷物は原理的

表9-4　廣海家商業の主要収益源

（単位：銀貫匁）

		1845（弘化2）	1850（嘉永3）	1860（万延元）	1861（文久元）	1862（文久2）	1863（文久3）
仕切帳	穀物口銭	23.2	25.5	16.1	9.4	16.4	25.0
	干鰯口銭	1.1	1.9	58.2	76.3	53.5	45.9
	荒物口銭	0.3					
突　合	穀　物	6.1	17.3	8.6*	3.9	11.2	30.6
	干　鰯	0.3	0.9		16.5	3.4	5.7
買　帳	穀　物	2.0	37.4	63.2	−11.6	55.9	32.0
	干　鰯	−0.5	−0.1	8.7	13.4	33.9	−4.0

出所）第1章表1-1，原資料は弘化2年「店卸帳」，万延元—文久3年「店下帳（勘定）」（廣海家文書ZA073，ZA053）より作成。
注記）＊は穀物・干鰯の合算。

には廣海家の所有にかかるもので、預かり品ではない。別言すれば、仕切日以降については、販売契約の締結にかかわるリスクは、すべて廣海家が負っていたことになる。これは自己勘定取引の要件を満たしていた。このように「仕切帳前半」の取引においても、事実上、自己勘定取引の要素が入り込んでいたのである。

右の事情を踏まえると、前掲表9-2の「泊り古米・新米」に見られる仕切価格と販売価格の相違も理解可能となってくる。荷主と買主を「仲介」するのがここでの業務であるとすれば、仕切価格と販売価格（重量当たり単価）は等しくなければならない。実際、先に引いた表9-2、9-3の吉久古米、タルマイ粕の事例では、単価および価額は一致している。しかし、「泊り古米・新米」のケースでは、販売価格が仕切価格（一三三匁）を上回っていた。このため、「仲介」であるにもかかわらず仕入額と販売額の差に準ずる利益が、廣海家にもたらされているのである。赤路洋子は、一八六三（文久三）年の米穀取引の検討の中で、この差益の販売額に対する割合が取引によって三%から一〇%までばらつき、平均六・七%であったとしている。[19] ここでの赤路の理解は、この差益を通常の売買収益とみなしている点で十分ではない。しかし、このような取引が決して特殊事情に基づく例外ではなかったことは、同論文によって明示されている通りであった。実際、廣海家店卸帳はその収益を「突合（金）」として計上している。[20] 表9-4に見られるように、この「突合」は弘化期から存在し、多くの年次で、廣海家商業利益の中に少なからぬ位置を占めていたのである。

このように、廣海家の「仲介」業務には、通常の「仲介」の概念には含まれない商業機能が組み込まれていた。[20] さらに廻船業者との取引において、業務体系として明確に自己勘定取引に踏み込んでいたのが、前掲図9-1の②および⑤に示される一連の流れであった。帳簿からそれを読み取るには、「住吉屋源之助」なる人名の理解が鍵となる。前掲表9-2にあるように、住吉屋源之助は「当座帳入船座」の販売先として現れるが、この住吉屋との取引行為がそのまま「万買帳」の買い方にも現れていた。すなわち、廣海家が住吉屋源之助に「仲介」した荷物が、再度、「万買帳」の中で、金屋源兵衛以下に販売されていたのである。そしてこの金屋源兵衛らに対する販売行為は、同時に「当座帳前半」の日並の記録の中にも見出すことができた。前掲表9-3の住吉屋源之助をめぐる取引も、同様の構図のうちにある。前述のように、この頃の魚肥取引に関する「万買帳」は見出されていないが、「当座帳入船座」で住吉屋源之助へ販売された荷物のさらなる販売記録が、日並の販売記録として「当座帳前半」に見出されるのである。このような記載内容は、住吉屋源之助への販売が実は廣海家自身への販売を意味していたと解釈することで、整合的に理解することができる。表9-2、9-3ともに、住吉屋への販売に際して、仕切価格と販売価格が一致していたことも、その解釈を裏打ちしている。「仲介」と購入ともに廣海家であれば、そこでの差益形成は無意味だからである。実際、住吉屋源之助への販売では、一貫して仕切価格との一致が見られた。[21] 廣海家は、仲介した荷物の一部を自ら買い取り、それを転売していたのである。[22]

以上の検討によって、表9-2の「泊り古米」四八俵は、実は廣海家自身が購入した荷物であったことが判明した。表9-2では、住吉屋をめぐる取引の比率は低いが、表9-3では仕切本数の半数近くを占めている。また表9-1の最右欄にみられるように、「仕切帳前半」に現れる荷主の大半が「万買帳」にも姿をみせていたから、仲介取引で自ら購入者になるケース（水揚帳→仕切帳→万買帳）が、かなりあったことが分かるであろう。文久期の廣海家は、「仲介」と自己勘定取引の二様の形態で、貝塚およびその周辺在住の商人と取引していたのである。

第三節　明治前期における変容——一八八九（明治二二）年の場合

本節では明治維新後の廣海家商業活動の変化を、一八八九（明治二二）年を事例にみていこう。穀物の取り扱いが縮小し、魚肥中心の商業活動となったことは大きな変化の一つである。ただし本章の関心からは、仕切帳に記載のある取引で万買帳に記載のないものが、二八件中三件にとどまったことが注目される。この三件は、それぞれの取引金額も小さなものとなっていた。すなわち、一八八九年には「仲介」取引（前掲図9-1の①、④）が事実上消滅していたのである。

他方で、万買帳に記載がありながら仕切帳には登場しない取引が、四九件中七件（肥料四〇件中四件、米で九件中三件）あった。これは口銭（手数料）とは無関係な取引であり、先の図9-1では③にあたる業務の流れである。ただし文久期とは異なり、そこでの主な取引先は大阪の商人であった。水揚帳には、当該商人名とは別に輸送手段（「岸和田湊・早船会社」など）が記載されている。北海道産魚肥を買い入れ、輸送業者を利用して、貝塚港に荷揚げしていたと見られる。この取引形態が、純然たる自己勘定取引であることは、言を俟たないであろう。もっともこのタイプの取引の比重は大きくない。一八八九年の特徴は、図9-1でいうところの②、⑤のケース、すなわち、仕入帳・万買帳双方に記載のある取引が、大半を占めていたことである。以下、文久期の事例も考慮しつつ、仕入帳から万買帳へと取引記載の進展する取引の特徴を考察していこう。

前節で述べたように、この取引の帳簿処理上の特徴は、廣海家が「仲介」した荷物を自身が買い取った形式がとられていたことである。ただし一八八九年の場合、「入船座」の存在は「当座帳」から消滅しており、それに伴い、住吉屋源之助への販売記載もなされなくなっている。この「入船座」が、「仲介」業務における販売活動の記録であったことを想起すれば、一八八九年におけるその消滅は首肯されるところであろう。

表9-5によれば、水揚帳での荷物記載の日付（荷物の貝塚への到着日）と、仕切帳における取引の日付（取引の仕切＝精算を行った月日）は、一部の取引を除いて近接している。仕切金は、仕切日あるいはその数日以内に荷主に支払われることが多かった。仕切帳と万買帳の日付もほぼ一致している。これらの特徴は先の一八六二（文久二）年の場合と基本的に同様であり、事実上、廣海家は荷主から、水揚まもない荷物を現金決済に近い形で購入していたといえる。

次に販売を含めた一連の取引の流れを、表9-6によってみていこう。まずこの取引でも、七月一二日の水揚、七月一七日の自身での購入の確定＝荷主に対する仕切、七月二〇日の仕切金の荷主への支払となっており（表9-5）、荷主とは購入を前提とした取引を、現金決済に近い形で遂行していたことが確認できる。しかし対照的に、販売先との取引には、相当の時間がかかっていた。取引回数は二七回（同日の同一人との取引は一回とする）に及び、すべての販売契約をむすび終わったのは一〇月一六日である。すなわち商品を売り切るまでに、三カ月の時間が費やされていたことになる。また、当座帳から得られるそれぞれの支払条件では（表9-7右欄）、販売契約時に代金が支払われることは少なく、支払期限が販売契約締結から一カ月以上先のことが多かった。表示で最も支払までの期間が長いのは一〇月二日の田端安太郎との契約（三九本）で、支払期限は約二カ月後である。しかもこの取引は、荷主への仕切金支払の二カ月以上後のことであったから、この取引では、仕切金の支払から販売代金の回収まで、最長で四カ月半かかった可能性があるのである。

以上からまず廣海家がこの取引において担った機能として、販売先の探索業務、諸種の商業取引上のリスク負担——売れ残りのリスク、価格変動のリスクおよび代金回収に関するリスク——が挙げられる。それは、自己勘定取引の特徴を十全に備えていたといってよい。さらに代金決済において、荷主への支払がごく短期であるのに対して、販

表 9-5　1889 年 7 月以降の魚肥取引における水揚・仕切・仕切金渡および自己買入のタイミング

水揚帳			仕切帳			万買帳	
水揚日	船名	数量	仕切日	数量	仕切金渡	買入日	数量
7月12日	松尾丸	687本	7月17日	678本	7月20日*	7月17日	679本
7月29日	正運丸	401本	7月30日	40本	7月30日	7月30日	40本
			11月13日	181本	11月26日	11月13日	181本
9月23日	長徳丸	701本	9月23日	237本	9月24日	9月23日	250本
			10月4日	226本	10月22日	10月4日	226本
			12月6日	225本	12月26日	12月6日	225本
9月25日	喜京丸	670本	10月8日	340本	10月10日	10月8日	340本
9月29日	栄徳丸	535本	10月5日	335本	10月1日/10月5日	10月5日	335本
9月30日	蛭子丸	601本	10月1日	221本	9月30日/10月1日	10月2日	221本
10月8日	宝力丸	250本	10月10日	251本	10月10日	10月10日	250本
10月12日	宝力丸	516本	10月15日	350本	10月15日	10月15日	350本
10月13日	宝力丸	24本	10月14日	24本	10月14日	10月14日	24本
10月14日	宝力丸	39本					
10月11日	太神丸	300本	10月30日	300本	11月1日	10月30日	300本
10月12日	嘉宝丸	300本	10月17日	344本	10月17日	10月17日	344本
10月16日	嘉宝丸	384本	11月5日	340本	11月26日	11月5日	340本
10月14日	福神丸	826本	10月16日	156本	10月16日	10月16日	156本
			10月17日	1本	10月17日	10月17日	1本
			11月5日	68本	11月11日	11月5日	68本
10月18日	国福丸	790本	10月24日	958本	10月25日	10月24日	958本
10月19日	国福丸	190本					
10月20日	神通丸	1,541本	10月20日	60本	10月22日	10月20日	60本
		ほか	10月23日	324本	10月25日	10月23日	324本
			10月25日	417本	10月25日	10月25日	417本
10月25日	長久丸	774本	10月25日	40本	10月25日	10月25日	40本
			11月13日	72本	11月17日	11月13日	72本
			11月26日	200本	11月26日	11月26日	200本
10月25日	寅一丸	543本	10月26日	4本	10月26日	10月26日	4本
			11月13日	49本	11月17日	11月13日	49本
11月4日	伊徳丸	953本	11月5日	66本	11月27日	11月5日	66本
			11月26日	444本	11月26日	11月26日	444本

出所）明治 22 年「水揚帳」，明治 22 年「仕切帳」，明治 22 年「万買帳」（廣海家文書 I074，A092，A137）より作成。

注記）＊仕切金の「記帳」日。明治 22 年「入払帳」によれば，同日に廣海家は仕切金を支払いかつ預かっていた。

表 9-6　自己購入荷物の販売（1889 年）

明治 22 年「万買帳」 荷　主　野坂勘左衛門殿 松尾丸孝一郎殿					明治 22 年「当座帳」
		買入品目	数量（本）	価額（円）	
買入	7月12日	砂	1 俵	0.472	
	7月17日	田名部改良	605.1	1,617.749	
	7月17日	田名部・一印	13.3	28.628	
	7月17日	田名部・□□	25.6	61.191	
	7月17日	田名部改良	31.9	115.872	
	7月17日	田名部・一印	0.7	2.032	
	7月17日	田名部・□□	1.4	3.414	
				1,829.358	
	8月27日	酉井新助分南部粕 買戻シニ付直合金		23.000	
		計		1,852.358	
		販売先	数量（本）	価額（円）	代金支払条件
販売	7月14日	三宅政右衛門	25.0	64.941	8月限 2 部引
	7月16日	稲葉三五郎	6.0	17.974	8月限 2 部引
	7月16日	寺田利吉	14.0	34.268	即金 3 部引
	7月20日	出山鉄三郎	20.0	62.316	8月30日限 2 部引
	7月23日	田端安太郎	8.0	24.803	8月限 2 部引
	7月25日	稲葉三五郎	6.0	18.898	8月30日限 2 部引
	7月28日	小門三治	8.0	24.562	即金 3 部引
	7月29日	根来常三郎	10.0	31.105	8月10日限 2 部引
	7月30日	稲葉三五郎	10.0	30.474	8月30日限 2 部引
	7月31日	出山鉄三郎	20.0	60.765	9月15日限 2 部引
	7月31日	田端安太郎	4.0	12.339	8月30日限 2 部引
	8月 3日	阪上長五郎	3.0	9.068	8月30日限 2 部引
	8月 3日	岡田儀平	20.0	60.721	8月30日限 2 部引
	8月 4日	田端安太郎	4.0	12.223	8月30日限 2 部引
	8月 3日	酉井新助	1.0	3.011	8月30日限 2 部引
	8月 9日	岡田儀平	1.0	3.059	即金 3 部引
	8月11日	岡田儀平	4.0	12.012	8月30日限 2 部引
	8月10日	稲葉三五郎	30.0	89.474	9月30日限 2 部引
	8月14日	尾食弥三郎	100.0	293.117	10月30日限 2 部引
	8月14日	西上武三郎	50.0	152.136	9月15日限 2 部引
	8月14日	酉井新助	30.0	89.488	9月30日限 2 部引
	8月15日	田端安太郎	15.0	45.113	9月30日限 2 部引
	8月15日	干加店	150.0	438.551	即金 3 部引
	8月27日	三宅政右衛門	50.0	168.857	9月30日限 2 部引
	8月28日	干加店	50.0	167.231	即金 3 部引
	10月 2日	田端安太郎	39.0	154.257	11月30日限 2 部引
	10月 2日	田端安太郎	5.0	9.747	即金 3 部引
	10月16日	田端安太郎	5.0	5.317	即金 3 部引
			688.0	2,095.827	
		砂 9 俵　過売分引		5.441	
		計	679.0	2,090.386	
		3 部引き　677.294円		20.319	
		2 部引き 1,413.098円		28.262	
		合　計		2,041.875	
		徳　用		189.517	

出所）明治 22 年「万買帳」，明治 22 年「当座帳」（廣海家文書 A137，L211）より作成。

表 9-7　販売先との取引頻度（取引回数 15 回以上の販売先，1889 年）

販売先	1 月	2 月	3 月	4 月	5 月	6 月	7 月	8 月	9 月	10 月	11 月	12 月	販売先取引回数 A	荷主取引回数 B	A/B
尾食弥三郎	4	2	5	6	4	1	3	6	1	2	2	1	37	18	2.06
西井新助	2	3	5	3	4	2	4	3	4	3			33	15	2.20
三宅利吉	2	3		2	3	1	7	6	4		3	2	33	11	3.00
西上武二郎		3	5	2	7	5	1	1		3	4	2	33	15	2.20
田端安太郎	3	2	4	5	5	2	2	2		3	2	2	32	21	1.52
三宅政右衛門	1	4	2	1	6	3	5	2	3	3		1	31	17	1.82
岡田儀平		5	5	2	2	2	1	6	1	2	2	1	29	17	1.71
稲葉三五郎	4		2	1	6		7	3	3	1			27	14	1.93
干加店	3	2	2		2	2	3	4	3	2	3		26	20	1.30
石井鉄太郎	1	1	3	4	4	2	1			3	2		21	15	1.40
薬師芳松	2	2			3	2	4	3	1		2		19	16	1.19
村田米太郎	2				4	4	6	1					17	9	1.89
番匠安太郎	5	3	3	1	3				2				17	12	1.42
阪上長五郎	1			1	2	4	3	2	2				15	10	1.50
佐々木仙右衛門		1	1	2	3	4	1	2	1				15	7	2.14

出所）表 9-6 と同じ。
注記）同一日における販売先との複数取引は 1 回と数えている。

売代金回収が数カ月に及んでおり、廣海家は金融機能も担っていたことが指摘できる。廣海家は、荷主にとって速やかな代金回収が可能な取引先である一方で、購入者にとっては、支払猶予を認めてくれる存在であった。

先の表9-6からは、廣海家は同一販売先と、短期間に複数回の取引を重ねていたことも読み取れる。実際、表9-7に見られるように、船から水揚された一群の荷物に対して、多くの販売先は、複数回に分けて取引がなされていた。このことの流通上の意味は、廻船業者との取引において、「仲介」と自己勘定取引の二様の形態が並存していた一八六二（文久二）年の事例をみると分かりやすい。まず先の表9-2の事例では、穀物取引における「仲介」と自己勘定販売では、取引規模に明らかに差があった。「当座帳入船座」では、一五〇俵を単位とする取引が中心であったのに対して、万買帳での販売（「当座帳前半部分」）は、一桁台の俵数が大半である。同一人物に、間歇的に数俵ずつの販売をする例も多い。その一因として、取引先の相違が考えられる。実際、この輪島屋との取引にかかわる「当座帳入船座」と「当座帳前半部分」の販売先で、共通するのは「当座帳入船座」では最も購入量

表9-8　取引相手の異同（1862〔文久2〕年　当座帳入船座と当座帳前半）

	干鰯当座帳	
	入船座	前半部分
取引相手数	26	40
当該部分のみ	12	26
共　通	14	14

出所）文久2年「干鰯当座帳」（廣海家文書Y036）より作成。

の少なかった金屋源兵衛のみであった。このことは、この二つの販売に関する取引において、廣海家が対峙する商人の、流通段階における位置が異なっていたことを推測させる。「仲介」においては仲買層が取引相手であり、自己購入の荷物の販売先には、より小売に近い層が入っていた可能性が考えられる。

もっとも表9-8によれば、取引先は二つの取引形態で明確に分かれていたわけではなかった。「仲介」取引に登場する取引先が、自己勘定での販売先に現れるケースも稀ではなく、事実、前掲表9-2で一五〇俵の取引のあった木屋七兵衛や市場屋藤七は、自己勘定販売における購入者としても現れている。この場合これらの「仲買」は、廻船業者からの比較的大口の買い付けと、廣海家からの小口の買い付けを組み合わせていたことになる。すなわち流通段階が同じ商人であっても、より小口の購入が可能であったのが廣海家自己勘定取引からの購入であったといえる。このことは、販売過程においては、廣海家が在庫保持機能を果たしていたことを意味している。廣海家の「仲介」による荷主との取引では、「仲買」はまとまった量の荷物を、入船時に購入しなければならない。しかし廻船業者の入船のタイミングは、肥料消費者（農家）の施肥のそれに連動する保障はない。入船から時を置かず仕切が履行される以上、その時間的なズレには、地域内での在庫保持によって対応する必要があった。それを実際に担いうるのは地域内の流通担当者であり、「仲買」の複数回にわけての小口購入は、その負担の配分が、廣海家に傾斜することを意味していた。逆にそれは、販売価格への上乗せによって、廣海家の商業利益獲得の場ともなったのである。

以上の検討を踏まえるならば、廣海家取引における「口銭」の意味も明確になってくる。一八六二（文久二）年・一八八九（明治二二）年ともに、廣海家の取引の大部分は、「仕切帳」に現れる口銭取得をともなう取引であった。

しかし、そこでの「口銭」の意味が、実際に行われた取引のタイプによって異なっていたことに留意する必要がある。一八六二（文久二）年の「仲介」取引（前掲図9-1の①、④）では、「口銭」は販売先が確定する仕切の時点で、少なくとも債権としては確定・確保されており、取引仲介の「手数料」と見ることに問題はないであろう。しかし、事実上の自己勘定取引である「仲介」荷物の自己購入に基づく販売（一八六二年は図9-1の②、⑤、一八八九年では「仕切帳」→「万買帳」の取引）では、口銭は自分自身への債権となる。これは架空の債権であり、実態としては無意味であろう。口銭に匹敵する収入は、「万買帳」による最終的な販売価額が仕切価額を上回ってはじめて実現される。したがって廣海家にとっての収益獲得上のポイントは、あくまで荷物購入価額と販売額の差であった。その意味で、実態としてこの取引は、完全に自己勘定取引であったというしかない。

ではなぜ、廣海家が一八八九年に至っても、「口銭」（「仕切帳」）と「売買利益」（「万買帳」）を別々に算出しているのだろうか。幕末には図9-1の①、④のように、その区分が実態的に意味をもっており、その帳簿記載形式を踏襲していたことが第一の理由であろう。同時に、前述のように自己購入による取引では、「仲介」業務には含まれない新たな業務——在庫保持機能——が付加されていた点にも留意する必要がある。商業業務の付加によって、従来の商業業務の報酬＝「口銭」、新たな商業業務の報酬＝売買利益という観念が生まれる。それが帳簿形式の継続を正当化する根拠となったと考えられるのである。

同様のことは、魚肥取引で存在した「仲買口銭」についても指摘できる。一八六二（文久二）年の図9-1④の取引では、廣海家が荷主から取得する「口銭」額に仲買の取り分が含まれていることが明確に認識されており、実際、「売留帳」によれば、確定した販売価額から「二分」を差し引く形で、仲買への口銭配分は遂行されている。しかし同じく「仕切帳」で口銭を取得している魚肥取引で、一八六二（文久二）年の図9-1⑤のタイプの場合、販売先への「売留帳」の記載に「現銀二分半引」といった記載が現れていた。先の表9-6は、一八八九年にもこれと意味内

表 9-9　購入に先立つ販売の事例（魚肥取引・1889 年）

取引番号	9		12		16		19	
	野村治三郎		野村治三郎		角谷治郎		野村治三郎	
	福神丸七五郎		神通丸利三郎		長徳丸		神通丸利三郎	
	購入（本）	販売（本）	購入（本）	販売（本）	購入（本）	販売（本）	購入（本）	販売（本）
1888 年中の売分		39		435		18		17
1 月前半		28		15		78	50	
1 月後半		78				40		86
2 月前半		116						222
2 月後半		70	225				225	145
3 月前半		46						
3 月後半		150						
4 月前半		6						
4 月後半		30						
5 月前半		135			136			30
5 月後半	1,288	166	225				225	
6 月前半		315						
6 月後半		32						
7 月前半		70						
7 月後半		12						
計	1,288	1,293	450	450	136	136	500	500

出所）明治 22 年「万買帳」（廣海家文書 A137）より作成。

容が同じ記載が、販売条件として「当座帳」に記されていたことを示している。また同表によれば、即金支払いと掛売りでは部引率が異なっていた。このことは、これらの取引における「部引」は、売掛金にかかる金利に比肩しうる要素を含んでいたことを示している。もっとも部引のない取引は稀であるから、金利の問題だけではここの記載を十全には説明していない。しかし前述のように、これらの取引で廣海家の取得する「口銭」自体が架空のものであった。販売価格を二割高めに設定し、そこから「部引」を行ったとすれば、実質的には「仲買口銭」の支払はなかったことになる。その上で発生している部引率の差を、売掛金に対する金利差とみなせば、実態的には「仲買口銭」の存在は架空のものとなるのである。

以上のように、帳簿上は収益の基盤を「口銭」収入に置くものの、一八八九年の廣海家の取引の基本は自己勘定取引であった。従って、この時期の口銭収入と売買収入を異なる二つの商業活動の成果と捉える、これまでの見方は修正される必要があろう。明治期の「口銭」収入が安定的な利益源泉であったとする議論も、当を得たものではなかった[23]。ただし実際の取引の中では、自己勘定取引の枠内においても、多様な形態があったようである。表9-9は、「万買帳」に現れる魚肥の取引四〇件の中から、明らかに販売された日付が購入の日付に先立って記帳された事例を列挙したものである。購入↓販売を基本とする「万買帳」での自己勘定取引において、これは通常の取引の順序を逸脱した形態であった。表9-10の正運丸も同様なケースで、ここでは水揚げから購入までの期間が長かった。形式としては、仲買への仲介を模索し、それが果たせなかったために廣海家が買い取ったともみえる。そうであれば典型的な委託販売となるが、その前に廣海家の勘定において、すでに販売を行っている点がそれとは決定的に異なっている。手続き的には荷主から荷物を借り受け、販売行為を先に手がけてから、正式に荷主から買い受けていたことになろう。これらの取引では、荷主との購入契約の決定が、ある程度の商品の販売先が確保された後になるので、事実上荷主への支払いを遅らせていたことになる。取引形態としては自己勘定取引の中で、売買の中に孕むリスクを回避すると共に、運転資本の節約を試みていたといえよう。実際、前掲表9-5に注記した仕切金の「預り」は、より直接的に荷主への支払いを遅延させる方策であった。それがこの時期の常套手段であったことは、表3-13に示されている。

その背後には、リスクの軽減および資金需要の削減が要請される状況があった

表9-10　1889年の取引事例（魚肥）

正運丸 永井正三郎	着荷	買入		販売
	水揚帳（本）	万買帳（本）	万買帳（円）	万買帳（本）
7月29日	401			
7月30日		40	159.033	4
8月1日				4
8月1日				2
8月1日				30
8月23日				2
9月1日				15
9月1日				10
9月13日				20
9月14日				20
9月15日				30
11月13日		181	806.242	
11月18日				1
11月19日				100
12月1日				15
12月1日				3
計	401	221	965.275	256
		販売額から過売分35本引*		

出所）明治22年「水揚帳」，明治22年「万買帳」（廣海家文書I074，A137）より作成。
注記）＊帳簿の注記。買入以上の量の販売契約を結び，記帳したため，それを訂正するために注記したと思われる。

表 9-11　「住吉源」への売りと買い（1888・1889 年）

明治 22 年「万買帳」						明治 21 年「万買帳」		
取引番号	荷　主	購　入				販　売		
		摘要	金額（円）	数量	数量単位	販売先	金額（円）	数量
肥料 3	井上半十郎・清徳丸伊右衛門	越年住源買	897.364	229	本	住吉源	897.364	229
肥料 5	伊藤助右衛門・伊久丸清太郎	越年住源買	1,193.352	306	本	住吉源	1,193.352	306
肥料 6	中島清助・野坂勘左衛門	越年住源買	2,351.906	935	本	住吉源	2,351.906	935
肥料 7	岡田儀平　他 2 人	越年住源買	44.700	149	疋	住吉源	44.700	149
肥料 10	伊藤助右衛門・伊吉丸伊太郎	越年住源買	84.563	28	本	住吉源	84.563	28
肥料 11	小林興右衛門・栄久丸庄二郎	越年住源買	593.733	160	本	住吉源	593.733	160
肥料 13	田中九右衛門・長久丸新三郎	越年住源買	117.007	29	本	住吉源	117.007	29
肥料 14	大家七平・吉徳丸兵造	越年住源買	950.699	247	本	住吉源	950.699	247
肥料 15	川口平三郎・神勢丸太三郎	越年住源買	2,555.118	655	本	住吉源	2,555.118	655
肥料 17	伊藤助右衛門・伊徳丸助四郎	越年住源買	373.851	80	本	住吉源	373.851	80
肥料 18	野坂勘左衛門・松尾丸孝一郎	越年住源買	498.175	216	本	住吉源	498.175	216.2
肥料 20	牧口庄三郎・明悦丸久次郎	越年住源買	389.566	90	本	住吉源	389.566	90
米穀 1	永井庄三郎・永栄丸栄造	越年住源買	1,464.553	1,084	俵	住吉源	1,464.553	1,084
米穀 3	青海丸・油谷清右衛門	越年住源買	407.001	299	俵	住吉源	407.001	299
米穀 4	久井六平　他 2 人	越年住源買	557.500	223	俵	住吉源	557.500	223
肥料 1	野坂勘左衛門・松尾丸孝一郎	越年住源買	199.012	87	本	住吉源	199.012	87
肥料 2	沼野留七　他 2 人	越年住源買	176.750	707	俵	住吉源	176.750	707.3
肥料 2	沼野留七　他 2 人	越年住源買	44.450	63.5	俵	住吉源	44.450	63.5

出所）明治 21・22 年「万買帳」（廣海家文書 A157，A137）より作成。

と考えられる。表9-11は、一八八八年中に販売先の決まらなかった荷物が「住吉源」に販売され、翌年それが越年荷物として、もともとの購入先の廻船業者からの新たな購入として処理されたことを表している。廣海家からみて、販売と購入の価額は同じであったから、ここでの売買記録が通常のそれとは異なっていたことは明らかであろう。実際、前節でみたように「住吉源」は廣海家自身を意味していた。すなわち「住吉源」への販売は、実質的には年末在庫の時価評価であったといえる。それが少なからぬ金額となっていたことは、廣海家の商業業務が、多くの在庫を抱えざるをえなかったことを示している。それは先にみた、廣海家の在庫保持機能の反映であったといってよい。しかしそれは、経営上のリスクを増大させるとともに、所要運転資本の増大も招いた。廣海家はそれを軽減する方策を、自己勘定取引の枠内で模索していたのである。

おわりに

以上の検討をまとめておこう。文久期（一八六〇年代前半）の廣海家の廻船問屋としての業務内容は、形式上は口銭の授受を伴う「仲介」業務が大半を占めていた。ここでの「仲介」業務の第一のポイントは、荷物の到着・販売先の確定、荷主との仕切がほぼ同一の日に行われていたことである。そこでは、廻船業者から廣海家への積荷の預託行為はほとんど見られないし、廣海家が独自の販路探索活動を行っていたわけでもなかった。それは通常用いられる「委託販売」概念には遠く、むしろ荷主と仲買の荷物のやり取りという点で、近年提起される仲介の場としての「問屋」イメージに近いものがある。同一荷物群の仕切に複数の販売先があり、そこでの取引価格が皆一致していたことも、「市」的な取引行為の存在を窺わせるものであろう。さらに廣海家自身の購入でさえ、「住吉屋」名義で他の購入者と同列に記帳している点、かつそこでの仕切価格も他と同一であった点に、「市」的な取引行為への形式上の固執を見て取ることが可能かもしれない。取引の形式が包含する「観念」としての取引形態の側面は、今後詰められるべき論点の一つともいえる。

しかし廣海家が実際に担った多種の商業機能を考えれば、廻船問屋としての廣海家の機能を、近年の研究のいうところの取引の「媒介」（仲介）の枠内に留めることはできない。廣海家の「仲介」行為の第二のポイントとして、販売先からの代金回収が、荷主への仕切金支払から常に遅れていた点が指摘されるからである。荷主への支払は、水揚げ時に近接する仕切時に済んでおり、「代金から手数料（諸掛り）を差し引いて残りを北前船商人に渡す形態」をとっていたわけではなかった。この荷主への仕切金支払と販売先からの代金回収のズレは、貝塚地域における荷物の流通を、廣海家が金融的に支えていたことを意味している。さらに販売先の決定が仕切より遅れることもあり、そこでは仕切・販売間では価格差が形成されていた。これは「仲介」行為の中での自己勘定取引への接近である。そして「仲介」荷物の自己購入は、たとえ口銭授受の形式が維持されていたとしても、実質的に完全な自己勘定取引であった。

このように一八六〇年代前半の廣海家廻船業務の特徴は、一方で純化した「仲介」業務の存在であり、他方で事実上の自己勘定取引の広がりにあったといえる。双方の取引形態において、廣海家は貝塚地域の穀物・魚肥流通の金融的な起点として機能していた(24)。「仲介」と「自己勘定」の相違は、金融機能の量的側面（代金回収までの期間）と、在庫保持機能および販売リスク負担の有無にあったといえよう。しかし、いずれの取引形態も、「委託販売」概念には適合しなかった。ここに取引形態の形式的な把握では抜け落ちる商業業務の実態と、廻船問屋が担う商業機能の多様性が示されている。

この一八六〇年代前半との対比からみた一八八九（明治二二）年の特徴は、そこでの取引形態が、自己勘定取引にほぼ一本化されたことに尽きている。荷主から仲介したほとんどの荷物を、廣海家は自ら買い入れるようになった。変化は量的な問題であり、当該の商業業務自体は、文久期にすでに廣海家の活動の中に根付いていたのである。

その一方、廣海家をめぐる流通構造には、大きな変化をきたしていた可能性があった。廣海家の自己勘定取引への一本化は、廣海家の仲介によって荷主から荷物を購入した、比較的大口の取引を行う「仲買」が、廣海家の取引範囲から消滅したことを意味していた。廣海家に代わって、荷主との仲介を担う荷受問屋の勃興がなければ、従来の仲買の流通構造上の位置は変化せざるを得ない。荷主との直接取引への進出か、あるいは小売業務への特化である。前者であるとすれば、それは、従来は問屋とは異なる業務を営んでいた仲買が、問屋・仲買業務を兼営し、廣海家を含む旧来の荷受問屋の諸経営と、同一の業態の中で競争と協調の関係に入ったことを意味するものであろう。それは近世期に典型的にみられた、流通段階の異なる経営体——問屋と仲買——が取引の場で対置する構造とは、大きく異なるものであった。その変化の過程を跡付けることは本章の課題を超えている。ただ本章で明らかにされた取引形態の実態は、近世における独立した荷受問屋の存在が、如何なる存立基盤の上にあったのかを、改めて問うているように思われる。

注

(1) 宮本又次『日本近世問屋制度の研究』(刀江書院、一九五一年)。同『続・日本近世問屋制度の研究』(三和書房、一九五四年)。
(2) 宮本又次、前掲書。宮本又次「大阪北海産荷受問屋組合沿革史の解説」(大阪経済史料集成刊行委員会編『大阪経済史料集成』第一〇巻、大阪商工会議所、一九七七年)五八〇—五八一頁。
(3) 竹中靖一・川上雅『日本商業史』(ミネルヴァ書房、一九六五年)。藤田貞一郎・宮本又郎・長谷川彰『日本商業史』(有斐閣、一九七八年)など。
(4) 塚田孝「身分制の構造」(『岩波講座・日本通史』第一二巻・近世二、岩波書店、一九九四年)。原直史『日本近世の地域と流通』(山川出版社、一九九六年)、同「市場と問屋・仲間」(斎藤善之編『新しい近世史3　市場と民間社会』新人物往来社、一九九六年)など。
(5) 塚田孝、前掲論文、一三二—一三五頁。
(6) 宮本又郎「日本近世の市場を支えた秩序」(社会経済史学会編『社会経済史学の課題と展望』有斐閣、二〇〇二年)。石井寛治『日本流通史』(有斐閣、二〇〇三年)第八章。
(7) 中西聡『近世・近代日本の市場構造』(東京大学出版会、一九九八年)。山田雄久「明治期における北海産魚肥市場の展開」(『市場史研究』二〇号、二〇〇〇年)。
(8) 中西聡、前掲書、二七六頁。
(9) 中西聡、前掲書、一四五、二七七—二七九頁。山田雄久、前掲論文、一二四頁。
(10) 中西聡「近代日本における地方集散地問屋の商業経営展開」(『経済科学』四九巻四号、二〇〇二年)では、後述のように仲介荷物のほとんどが自己購入される一八八〇年代において、廣海家が「売買収入ではなく口銭収入主体で商業利益を挙げる方法」(八三頁)を採用したとしている。また、山田雄久、前掲論文も同時期について、「委託取引と買取りでそれぞれ個別にみた場合、口銭収入でより安定した利益を上げたことがわかる」(一二五頁)とした。

(11) 赤路洋子「幕末期泉州における米穀市場」（脇田修編『近世大坂地域の史的分析』御茶の水書房、一九八〇年）。
(12) 販売については、赤路洋子、前掲論文が、すべての米穀販売が売留帳に集められることを指摘している。
(13) この年は、入船順番帳や仕切帳に現れる廻船業者との取引が水揚帳に記載されていないケースが散見される。特に魚肥の「水揚」記録が僅少であった。ここでは、この頃の「水揚帳」の記載には不備があるとみなしている。
(14) なお、このように仕切日が水揚日に先行する事例は稀であった。
(15) なお、これ以外に熊田屋との魚肥取引は「仕切帳」には現れていないから、残りの荷物は、貝塚の他商人に販売された可能性がある。
(16)「相対値引」によって金額の控除が見られることがあるが、これは「仲買口銭」とは別物であろう。
(17) 仲買口銭を除外しても、穀物と干鰯では口銭率の差異は残っている。他方、表9-4によれば、口銭と「突合」および「買帳」の売買利益」が、一八六〇（万延元）年や一八六二・三（文久二・三）年では逆相関の関係にあった。これは穀物では口銭率の抑制が売買差益の相対的上昇に繋がっていた可能性を示唆している。このことは、廣海家の荷物自己購入取引における収益――販売額と荷主への支払額の差――が、口銭とその他の利益で按分される構造にあったことを暗示しているといえる。詳細については他日を期したいが、少なくとも商品間での口銭率の差異が、廣海家の取引商品の選択に直結するわけではないことは指摘されるべきであろう。
(18)「内金」渡しと「仕切」の関係については、例えば谷本雅之「銚子醤油醸造業の経営動向」（林玲子編『醤油醸造業史の研究』吉川弘文館、一九九〇年）二五六・二七五―二七七頁に具体例が示されている。
(19) 赤路洋子、前掲論文、二二九頁。
(20) 嘉永元（一八四八）年分「店卸帳」の文言は次の通りである。

　　入　九貫七三八匁三分二厘
　　　石物〔穀物――引用者〕仕切帳当座帳突合過上
　一　九二匁四分四厘
　　　干鰯仕切帳当座帳突合金不足

(21) なお、赤路洋子、前掲論文も、一八六三（文久三）年の帳簿群を検討する中で、住吉屋が最も大口の販売先であり（ちなみに一八六〇〔万延元〕年の穀物取引中、住吉屋源之助への販売は約三七%を占めていた）、かつ、仕切価格と販売価格がすべて一致する、特異な販売先であることを指摘していた。しかし、同年には万買帳が残されていなかったために、住吉屋が廣海家の荷物自己購入のダミーであった事実を見出すことができず、住吉屋を「同家〔廣海家――引用者〕と何らかの契約を結んで、同じ船から同家を通して米を買い入れている他地域の米問屋だろうと推測される」（二三九頁）と述べるのに留まった。

(22) このように、帳簿記載において住吉屋をダミーとする理由については、詳しいことは不明である。ただ後述のように、一八八〇年代後半にも「万買帳」での住吉屋への販売が、廣海家自身への販売を意味しているので、問屋と仲買の業務分担に関する近世期の諸規制にその理由を求めるのは適切ではないように思われる。

(23) 前注10を参照。

(24) 廻船問屋が船主（荷主）へ速やかな代金支払を行っていたことは、江戸の下り塩問屋についても指摘されている（落合功「近代東京市場における流通機構の整備と塩流通」〔老川慶喜・大豆生田稔編『商品流通と東京市場』日本経済評論社、二〇〇〇年〕、九二頁）。

第III部　地域経済と廣海家

第III部のねらい

第III部「地域経済と廣海家」は、近世から近代にかけての廣海家が、米穀・肥料を大坂湾岸地域のどのような相手に販売したのか、また、その商業・投資等の諸活動に必要な資金を大坂湾岸地域の内部でいかに調達したのかという問題を扱う。全四章のうち、前半の二章が販売活動の相手について論じ、後半の二章が資金調達のあり方を問題とする。

第10章「幕末維新期泉南地域の肥料流通」は、幕末期の廣海惣太郎が貝塚では中西久太郎、木屋てい、市場屋藤七と並ぶ最有力問屋であり、一八六一（文久元）年、堺に箱館産物会所が設置されたときにも堺問屋と対等の地位を認められたこと、岸和田の肥料商は貝塚問屋の下に編成されていたことを指摘する。次いで、廣海家からの肥料販売先商人の変化を追跡し、一八六一（文久元）年から七二（明治五）年にかけての約一〇年間に継続的な取引相手が大きく入れ替わったことを明らかにする。幕末の有力取引先は貝塚の干鰯仲買であったが、その多くは一八七三年以降は廣海家との取引がなくなっているのである。その後の動きを扱った同章補論「明治中期泉南地域の肥料流通」では、幕末の肥料仲買が年間一千石以上の肥料を扱っていたのに対して、一八八〇年代の販売相手は年間五〇〇石未満を扱っていることから見て小売商が主であったとし、近世来の「仲買」層は分化・消滅したと論ずる。そして、小売商相手の小規模取引は不安定性を増すため、一九〇〇年代の廣海家は有力相手への集中販売に努めるとともに、干鰯店（＝直営の小売店）への販売比率を高めていくと指摘する。

続く第11章「近代泉南農業の変容と廣海家」は、まず、明治後期から大正期にかけての泉南農業が、米麦・綿・菜種中心の近世型商業農業から米・玉葱・蜜柑中心の近代型商業農業へと変容したが、魚肥の使用率の高さという点では一貫しており、廣海家もそうした需要に対応して魚肥を中心にほぼ同規模の肥料取引を継続しえたと指摘する。次いで、廣海家の魚肥販売先の中心をなす干鰯店の販売状況を分析し、それが基本的に前貸販売の形をとっていたことを具体的に示していく。さらに、昭和期に入って産業組合が台頭すると、廣海家は産業組合への販売比率を高めており、入札などによる競争に堪えなければならなかったとはいえ、肥料商を中心とする反産運動とは無関係であったという重要な事実を明らかにする。

第12章「近世後期の手形流通と両替商」は、廣海家の米穀・肥料取引の決済が、貝塚・堺・大坂の両替商との取引によっていかに支えられていたかを、手形流通の構造に注目しつつ分析する。まず、廣海家が諸色問屋を開業する一八三五（天保六）年以前の泉州において、すでに大坂両替商宛の振手形が盛んに決済手段として用いられていたことを示した上で、廣海家と両替商との取引を分析する。廣海家は地元貝塚では小間物屋（信貴）孫兵衛・半兵衛と取引し、大坂の本両替銭屋宗兵衛・佐一郎とも直接取引していた。一八五一（嘉永四）年には、貝塚の小間物屋へ米穀・肥料代として販売先から受け取った手形を渡して、堺・大坂両替商宛の手形を入手・送金しており、堺の具足屋宛の振手形や大坂の銭屋宛の振手形によって盛んに北前船荷主への支払を行い、その手形は荷主の帰り荷の仕入先への支払にも充てられた。廣海家が一八五四（安政元）年に大坂取引先を鴻池重太郎に切り替え、五七年に米屋三十郎との取引も開始するようになると、堺の具足屋や貝塚の小間物屋との手形取引は減少するが、廣海家と北前船荷主との間では大坂両替商宛の振手形を用いることによって、手形による決済の比重がかえって高まるという興味深い事実を明らかにする。

最後の第13章「近代の金融システムと廣海家」は、前章の分析を引き継いで、明治初年における廣海家の商業活動が、必要に応じて大坂両替商宛の手形振出しによる借入に依存していたことを明らかにした上で、一八七九（明治一二）年以降、銀行との取引がいかに展開したかを検討する。大阪両替商銭佐宛の振手形に代わって、逸身銀行宛の小切手による北前船荷主への支払いが行われたが、一八九〇年代には北前船取引そのものが減少し、代わって大阪有力銀行を利用しての産地への為替送金や産地諸銀行からの荷為替取組を行うようになる。銀行との取引は、商業活動の活性化を支えただけでなく、株式投資などの新しい活動を支える役割も果たしており、本章後半では、投資活動を含む家業全体の資金繰りの推転が分析される。第12章までの分析が年々の取引額と損益というフロー分析に限定されがちだったのに対して、特定時点での貸借というストック分析を通じて本書の分析を改めて総括するものと言って良かろう。検討の結果、明治中期までの自己資本中心の時期を経て、産地買付と株式投資が自己資本の蓄積テンポを大きく上回って進むさいの資金ギャップを埋めたのは銀行融資であるが、しだいに株式配当が投資原資の中心を占めるようになることが順次明らかにされる。商業利潤による株式投資というシェーマは廣海家の場合ごく初期の段階にのみ当てはまるのである。と同時に、ストック分析によると、第一次大戦以降においても銀行借入が商業資産残高でなく株式投資残高と連動していることが明らかであり、その理由が問題となる。この点については、最終的には不動産投資や家計支出を含めた総合的分析の結果を待たねばならないが、取り敢えずの指摘として、第5章の分析、とりわけその注18を参照されたい。

（石井寛治）

第10章　幕末維新期泉南地域の肥料流通

岡田光代

はじめに

本章では、廣海家（貝塚）から後背地帯である泉南農村への肥料販売を抽出し分析することを試みる。すなわち、物流（肥料というモノの動き）に注目し、生産地である北海道・東北から貝塚に移入された肥料が消費地へと移動していく過程を追うことを目的としている。

廣海家の肥料販売についてはすでにいくつかの研究がなされ、その概要が示されているが[1]、ここでは個々の取引先商人にも注目し、より詳細に廣海家の肥料販売——あるいは後背地農村の購入——の一端を明らかにしたい。問屋である廣海家の取引関係から、最終消費地（消費者＝各農家）までを確認することは困難であるが、幕末維新期における、廣海家（貝塚）を結節点とした生産地から消費地までの肥料の流れをできる限り追っていくこととする。

また、貝塚とともに泉南地域の経済的中心地であった岸和田についてもふれ、貝塚との経済的機能の相違等について若干の考察を加えたい。

第一節　貝塚の肥料商人

貝塚に多種多様の商人が居住していたことは明らかであるが、その具体的な人数等は詳しくは明らかではない。ここでは廣海家が創業とともに加わることになる「諸色問屋」を中心に肥料にかかわる商人を捉え、その中での廣海家の位置づけをみておきたい。

（1）諸色問屋の成立

表10-1は一七一〇（宝永七）年および一七四六（延享三）年における貝塚の業種別軒数である。このうち肥料を扱っていたのは「干鰯屋」と「問屋」であるが、一七四六年段階では「北西国へ米商ニ参、干鰯は江戸浦賀ニ而買調帰」るという状況[2]で、北前船ルートによる北海道・東北からの肥料移入は少なくとも盛んではなかったようである。「問屋」については一八六八（慶応四）年の記録[3]であるが、次のような記載がある。

［史料一］

一、貝塚浦問屋之事

当浦安永比迄、穀物・干鰯等近国之小船而已入船ニ而遠国之大船ハ入着無御座、入用米ハ兵庫・大坂へ少々宛小船ニ而買取、地方仲買江売渡、漸塩問屋と申名目ヲ立商内致居候処、地頭ゟ右塩問屋之者江助成致遣シ、問屋之者も銘々ニ相励ミ遠国迄客廻り船差出、五拾里七拾里も引船為差出候ゟ追々諸国之米・干鰯・〆粕等入船ニ相成候、仍天保年中塩問屋之名ヲ諸色問屋と改メ申候すなわち、安永期（一七七二―八〇年）頃までは、塩問屋という名称で穀物・干鰯などを近国から小船で買い取っていたが、その後「地頭」すなわち卜半家の助成もあり遠国の廻船も入るようになり、天保年中（一八三〇―三四年）に名称を「諸色問屋」と改めた、というのである。そして諸色問屋として、改称当時は中西永太郎・嘉中惣太郎・岸喜右衛門・松屋安太郎の四人が、記録作成時＝一八六八年は廣海惣太郎・木屋てい・大岡屋佐七郎・市場屋藤七の四人の名が記されている。一八六九（明治二）年の「諸色問屋渡世之者」は西之町市場屋藤七・同町廣海屋宗太郎・同町大岡屋太市郎・南之町木屋七兵衛で、(4)諸色問屋は四軒が常であったようである。一八三二（天保三）年の浦役銀賦課に関する史料(5)には「四軒問屋」という文言があり、これが後の諸色問屋と思われるが、少なくともこの時点ではその名称は使われていない。

一方、一八二一（文政四）年の「造用帳」によると、「当浦問屋仲組合相定候始」は一七四八年正月であり、その時に「戎講」を結成したと記されている。講は一時中断したらしく一八二〇年に再結成、二一年には四軒の問屋によって新たに「四海講」が結成されている。「造用帳」には一八二一年から七〇年までの講の諸入用が各年の当番（問屋の四人による輪番）によって記録されているが、その名前を追うと当初の問屋は中西永太郎・岸喜左衛門・川崎屋可平次・家中新次郎である。その後、幾度か問

表 10-1　貝塚の業種別軒数

（単位：軒）

業　種	1710 年（宝永 7）	1746 年（延享 3）
問　屋	8	16
米　屋	22	22
干鰯屋	43	43
肴　屋	不明	10
材木屋	6	3
木綿屋	24	70
綛　屋	不明	17
小間物屋	不明	12
薬種屋	9	9
質　屋	45	45
古手屋	不明	100
古道具屋	不明	9
両替屋	不明	5
酒屋株	9	9
（内，休業）	(2)	(3)
油　屋	12	6
櫛　挽	119	90
櫛中買	不明	3
鍛冶屋	43	40
旅籠屋	16	16
廻船（100-700 石）	35	11
（内，江戸廻り）	(13)	（不明）
渡海（20-90 石）	35	41
漁　船	79	35

出所）臨時貝塚市編纂部編『貝塚市史』（第 1 巻通史，1955 年）602 頁，および延享 3 年「了観師記 万記録」（前掲『貝塚市史』第 3 巻史料，1958年，547頁）より作成。

表 10-2　「戎講」当番一覧

1821（文政 4）年	家中新次郎	1842 年	岸喜左衛門
22 年	中西永太郎	43（天保 14）年	廣海惣太郎
23 年	岸喜左衛門	44（弘化元）年	大岡彦十郎
24 年	川崎屋可平次	45 年	中西永太郎
25 年	嘉中惣太郎	46 年	岸喜左衛門
26 年	中西永太郎	47（弘化 4）年	廣海惣太郎
27 年	岸喜左衛門	48（嘉永元）年	大岡彦十郎
28 年	川崎屋可平次	49 年	中西久太郎
29（文政 12）年	嘉中惣太郎		
30（天保元）年	中西永太郎	51（嘉永 4）年	廣海惣太郎
31 年	岸喜左衛門		
32 年	川崎屋嘉平次		
33 年	嘉中惣太郎	62（文久 2）年	廣海惣太郎
34 年	中西永太郎		
35 年	岸喜左衛門	64（元治元）年	大岡佐七郎
36 年	廣海惣太郎	65（慶応元）年	市場屋藤七
37 年	中西永太郎	66 年	廣海惣太郎
38 年	岸喜左衛門	67（慶応 3）年	木屋貞（てい）
39 年	廣海惣太郎	68（明治元）年	市場屋藤七
40 年	大岡彦十郎		
41 年	中西永太郎	70（明治 3）年	廣海惣太郎

出所）文政 4 年「造用帳」（廣海家文書 A122）より作成。

屋の交代があり、一八六八年には前出と同様の廣海惣太郎・木屋てい・大岡屋佐七郎・市場屋藤七となっている（表10-2）。

以上を総合すると次のようにいえる。貝塚にはすでに宝永期には多くの問屋・廻船が存在し、一七四八年に問屋の組合も結成された、しかし、一八世紀半ば頃一時衰退をみせ、小船での近国との取引が中心となった。その後領主卜半家の援助もあってか経営が回復をみせ、一八二〇年には戎講再結成、二二年には四軒の問屋によって四海講が結成された。文化・文政期（一八〇四—一九年）は貝塚の戸数・人口ともに大きく減少する時期であり、領主が何らかの振興策を講じたことも十分に考えられる。そして天保期、おそらく一八三三年か三四年に諸色問屋の名称が用いられるようになる。この背景の一つとして「天保期摂泉浦々における納屋米集散市場としての発展[6]」が考えられる。

諸色問屋から肥料を買い付けて販売していたのが干鰯屋（仲買）仲間である。表10-1にあるように、すでに一七一〇・四六年に「干鰯屋」四三軒が存在しているが、その組織や構成員等の詳細は不明である。一八五八（安政五）

1820（文政 3）年	中西永太郎	岸喜左衛門	川崎屋可平次	家中新次郎
				1824（文政 7）年 譲渡
			1832（天保 3）年	嘉中惣太郎
天保期 諸色問屋成立	中西永太郎	岸喜左衛門	松屋安太郎	嘉中惣太郎
				廣海惣太郎 1835（天保 6）年 創業
			大岡彦十郎 1840（天保 11）年	
	1845（弘化 2）年	1846（弘化 3）年	1848（嘉永元）年	
	中西久太郎 1849（嘉永 2）年			
1857（安政 4）年	中西久太郎	布屋七郎兵衛	大岡佐七郎	
		1862（文久 2）年 譲渡		
	市場屋藤七 1863（文久 3）年 加入	木屋てい		
1868（明治元）年	市場屋藤七	木屋てい	大岡佐七郎	廣海惣太郎

図 10-1　諸色問屋の変遷

出所）文政 4 年「造用帳」（廣海家文書 A122），文政 7 年「乍恐御請書」（廣海家文書 ZB014−9），万延 2 年「願書控」（廣海家文書 X003），などにより作成。

年の「干鰯屋仲年行司」は尾食佐近右衛門・尾食亀之助・松屋嘉兵衛であり、五九年の「干鰯売留帳」には「仲買中八軒」として、木屋七兵衛・沼島屋助次郎・沼島屋市兵衛・布屋清兵衛・布屋七郎右衛門・布屋多三郎・松屋嘉兵衛・明瀬長右衛門が確認できる。[7] 彼らは次節でみる廣海家からの肥料の販売先として現れてくる。

（2）廣海家の位置づけ

廣海家は一八三五（天保六）年に貝塚の名家であった明瀬家から、領主に「廣海（ひろみ）」という姓を与えられて分立し、米穀・肥料問屋を開業した。[8] 諸色問屋は嘉中惣太郎から継承したものと考えられるが、嘉中惣太郎の諸色問屋開業の事情は次の史料[9]から明らかとなる。

［史料二］

乍恐御請書

一　今度家中吉兵衛出店家中新治郎義、問屋渡世相続難出来相止メ申候段御届申上候ニ付、私義去ル七日御召出之上、右問屋渡世私方へ引請向後渡世可仕様被為　仰附奉畏候、近此私方も無人ニ御座候得者難行届乍恐御断申上度奉存候得共、以　御目鑑被為　仰附甚恐入難有御請奉申上候、右ニ付新治郎家屋敷并蔵九ケ所諸色ニ至迄吉兵衛ゟ譲り請候応対仕候

一　出店家中新治郎名前之儀、此度私方へ譲り請候ニ付、別家明瀬利兵衛義を嘉中惣太郎と改、名前人ニ仕候而向後召仕申度、尤出店附之家屋敷并蔵問屋引合筋惣太郎家持分ニ取締仕置候間、此段御聞届被為　成下度、尚又御用之儀ハ惣太郎へ被為　仰附度、乍恐此段奉申上候

（中略）

文政七甲申二月廿一日　　明瀬長右衛門㊞

目黒平右衛門様
新川　環　様
並河　主　計　様

すなわち諸色問屋の一人であった家中新次郎が経営難に陥り、一八二四（文政七）年に領主卜半家の斡旋もあって明瀬家が経営を引き受けることとなり、当主長右衛門の親戚が嘉中惣太郎と改名して問屋を継承したのであった。それを明瀬家から分立した廣海家が引き継いだのである。したがって同家の開業はゼロからの出発というわけではなかった。

それでは廣海家は諸色問屋四軒の中でどの程度の地位にあったのだろうか。他の問屋に関する史料がないため正確に比較することはできないが、いくつかの手掛かりを挙げておこう。一八五八（安政五）年二月、貝塚の干鰯屋仲間

が四軒の諸色問屋から仕入れた干鰯（九、〇五七俵）に対する税を上納しているが、その仕入れの内訳は廣海ひろ二二、四八九俵、大岡佐七郎一、五五〇俵、布屋七郎兵衛四六俵、中西久太郎四、九七二俵であった。[10] 最も多いのは中西で全体の約五五％を占め、第二位が廣海で約二七％である。また堺箱館産物会所へ上納した元方仕入銀をみると、一八六五（慶応元）年は廣海惣太郎が二貫目、木屋ていが二貫目、市場屋藤七が五〇〇目、翌六六年は廣海が一貫目、木屋が一貫目、市場屋が五〇〇目であった。[11] 中西は文久期以降その名をみせておらず、最幕末期には廣海家は貝塚で一、二を争う問屋であったのではないかと考えられる。

第二節　廣海家の肥料販売

（1）「売留帳」からみた肥料販売

廣海家の一年間の肥料販売は各年の「干鰯売留帳」（廣海家文書）に集約されている。この帳簿は、販売先別に一取引の取引日・品名（銘柄）・数量・代銀、そして決済の終了までが記録されている。主要な取引相手は商人ごとに纏められているが、そのほかは地方（貝塚およびその隣接地域を含む）・岸和田・佐野・上灘（貝塚より北の和泉国）・下灘（貝塚より南の和泉国）・諸方（その他）といった地域に区分して日並みに取引内容が記載されている。

幕末期の貝塚仲買商人との取引の一例を各帳簿の記載とともに示してみよう。[12] 一八六五（元治二）年一月四日、「南部粕濡七本」、重量九五貫五七〇目・代銀八八八匁八分（一〇貫につき銀九三匁）が布屋七郎右衛門に販売された（「干鰯当座帳」）。同日、商品は廣海家の蔵に預かっており（「干鰯蔵入帳」）、引き渡しは二二日であった（「干加渡日記」）。決済にあたって代銀は約二％が歩引きされて八七一匁二厘とされ、三月二五日に受け取り、取引が完了している（「干鰯売留帳」）。この「売留帳」の記載形式は次の通りである。

［史料三］

正月四日
一　南部粕濡　七本
　正貫　九十五貫五百七十目
　　　　十貫九十三匁
　代　八百八十八匁
　　内
　一　十七匁七分八り　歩引
　正ミ　八百七十一匁〇弐り
三月十五日
　入　八百七十一匁〇弐り　うけ取

すでに廣海家の肥料販売については中西聡が販売量を基準にその概要を明らかにしている[13]。それによると幕末維新期における肥料の販売量は一八六〇（万延元）年以降減少を続け、六八（明治元）年に一時回復、翌年減少と変動した後、七三年まで増加傾向にある。販売先の変遷について中西は次のようにまとめている。①肥料の大部分は貝塚の商人に販売されたが、次第に岸和田の肥料商への販売が拡大、一八六二（文久二）年からは大坂の肥料商への販売も拡大する。②明治に入ると、一八六九年以後大阪・兵庫市場への販売はほぼなくなり、七一年に廣海家の小売部門である「干鰯店」が設置されるとそこへの販売が急増する。また、貝塚・岸和田の取引相手は明治初年に大きく変化し、特に岸和田商人との新たな取引を拡大する。これらは維新の株仲間廃止による市場の流動化に対して、新たな販

表 10-3　地域別販売額比率と取引相手数

地　域	1860(万延元)年		1862(文久 2)年		1865(慶応元)年		1868(明治元)年		1873(明治 6)年		1877(明治 10)年	
	%	人	%	人	%	人	%	人	%	人	%	人
貝　塚	62.99	17	58.32	19	62.84	24	57.50	21	58.99	23	47.05	17
岸和田	5.33	8	21.26	7	13.04	6	9.06	12	21.77	19	23.26	24
上灘(含・堺)	1.13	1	4.67	5	2.06	5	1.08	4	2.20	11	7.03	6
下灘(含・佐野)	14.32	12	1.21	2	3.82	5	0.10	2	5.08	12	3.55	8
諸　方	16.23	8	14.54	11	18.24	2	32.26	7	11.96	11	19.11	10
合　計	100.00	46	100.00	44	100.00	42	100.00	46	100.00	76	100.00	65

出所）安政 7・文久 2・元治 2・慶応 4 年「干鰯売留帳」，明治 6・明治 10 年「売留帳」（廣海家文書 A048, Y041, A046, Y045, A060, A063）より作成。

売先を確保するものであった。③明治初年の変化は、近世期の代表的な販売先が消え、それに代わる新たな取引相手が明治一〇年代まで中心的取引相手となった。

以上の点を念頭に起きつつ、「売留帳」により一八六〇年から七七年の間の廣海家の肥料販売を販売額によってみていくことにする。[14] 表10-3は地域別に肥料販売額の比率と取引相手数をまとめたものである。価額は歩引き前の数値（右の記載例では銀八八匁）をとり、地域区分は――「売留帳」では年により相違があるが――貝塚・岸和田・上灘（貝塚より北の和泉国沿岸地域、堺を含む）・下灘（貝塚より南の和泉国沿岸地域、佐野を含む）・諸方（その他大坂・兵庫など）の五地域とした。

まず地域別販売額比率では貝塚が常にシェアトップであり、一八七七年は五割弱であるがおおむね六割程度を占め、貝塚商人への販売が廣海家の肥料販売の中心であったといえる。以下の順位はその年により比率もかなり変動しており、一定の傾向は見出しがたい。一八六〇年は貝塚に諸方・下灘が続いているが、それ以降は岸和田と諸方が二、三位にあり、上灘・下灘の比率は一割に満たない。次に取引相手数は全体として一八七三・七七年に急増しており、なかでも岸和田・上灘の増加が目立っている。下灘は一八六二―六八年の間減少していた人数が回復する形になっている。上灘の場合、高石・大津といった沿岸農村部の商人が増えていること、下灘の場合、一時期、取引の途絶えていた商人が復活したのでは

表 10-4　販売額上位 15 名 ① 1860（万延元）年

地　域		商　人　名	銀額（匁）	％	
貝塚		布屋多三郎	181,978.32	12.06	
貝塚		松屋嘉兵衛	174,562.91	11.57	
貝塚		沼嶌屋助次郎	109,841.96	7.28	
貝塚		（共同購入）	105,334.92	6.98	
貝塚		布屋七郎右衛門	98,096.88	6.50	
諸方	紀州久保村	塩屋利兵衛	94,489.34	6.26	
下灘	尾　崎	樽井屋弥吉郎	93,501.57	6.20	
貝塚		市場屋藤七	65,464.29	4.34	
下灘	岡　田	古谷市十郎	50,144.72	3.32	
諸方	西ノ宮	常念屋清助	45,501.89	3.02	67.53
貝塚		木屋七兵衛	45,490.52	3.01	
貝塚		布屋清兵衛	42,689.50	2.83	
諸方		辰ノ小助	32,212.04	2.13	
岸和田		松屋左次右衛門	30,723.28	2.04	
諸方	兵　庫	和泉屋伊左	29,700.87	1.97	79.51
その他			309,175.01		20.49
合　計			1,508,908.02		100.00

出所）安政 7 年「干鰯売留帳」（廣海家文書 A048）より作成。

なく佐野を中心に新たな商人が現れていることが特徴である（本章末の付表を参照）。

また、販売額比率と取引相手数からみると貝塚は他地域に比べて一人当たりの取引額が大きく、それは後述する取引額上位者にも表れている。単純に一人当たりの価額比を算出すると、例えば一八六〇年では、貝塚三・七%、岸和田〇・七%、上灘一・一%、下灘一・二%、諸方二・〇%、平均二・二%となる。取引相手数が急増する一八七三年でも、貝塚二・六%、岸和田一・五%、上灘〇・二%、下灘〇・四%、諸方一・一%、平均一・三%と貝塚の数値が高い。

表10‐4〜9は各年の肥料販売額上位一五名を示したものであるが、貝塚商人がその多くを占めており、やはり貝塚が主要な販売先であったことを示している。ここからは廣海家の取引相手数がさほど多くなく、取引額上位者に取引が集中していたことも読み取れる。すなわち一八六〇年では上位一〇名で価額比の六七%余、一五名までだと同じく八〇%弱を占めているのである。同年の取引相手数は四六名なので（表10‐3）、約三三%の人数で約八〇%の商品を扱っていることになる。見方を変えれば約七割の商人が中・小の取引相手だったといえよう。ただし一八七三年以降この傾向に変化が現れ、七七

年には上位一五名（二三％）の価額比は六五％と上位者への取引の集中が緩み、さらに販売額一位は廣海家の小売部門である「干鰯店」となっている。

表 10-5　販売額上位 15 名 ② 1862（文久 2）年

地域		商人名	銀額（匁）	%	
貝塚		沼嶌屋助次郎	162,073.83	15.40	
岸和田		亦野平助	140,078.46	13.31	
貝塚		尾食亀之助	81,310.96	7.72	
貝塚		布屋七郎左衛門	49,111.99	4.67	
貝塚		湊屋武兵衛	47,581.93	4.52	
岸和田		薩摩屋伊兵衛	40,335.26	3.83	
諸方		木屋伊助	40,145.16	3.81	
貝塚		冨久次郎兵衛	39,946.26	3.79	
貝塚		木や専蔵	38,015.15	3.61	
諸方	西ノ宮	常念屋清助	37,326.65	3.55	64.21
貝塚		井筒屋惣左衛門	34,979.56	3.32	
貝塚		鳥取屋久兵衛	34,087.85	3.24	
貝塚		木屋七兵衛	25,481.43	2.42	
貝塚		市場屋藤七	22,815.66	2.17	
貝塚		河津四郎吉	20,760.64	1.97	77.33
その他			238,658.53		22.67
合計			1,052,709.32		100.00

出所）文久 2 年「干鰯売留帳」（廣海家文書 Y041）より作成。

（2）取引商人の変化

前項では地域別に廣海家の肥料販売の推移を述べたが、ここではさらに個々の商人について貝塚を中心にみていくことにする（本章末の付表を参照）。

一八六〇（万延元）年から七七（明治一〇）年までの期間を通じて取引が継続している商人は貝塚の干鰯屋利兵衛のみ、取引のない年もあるが継続しているといえる商人は貝塚の市場屋藤七・尾食佐近右衛門・木屋七兵衛、紀伊国久保村の塩屋利八である。このうち市場屋は一八六三（文久三）年に諸色問屋となっているが（前掲図10-1）それ以前は仲買であったと思われ、尾食は五八（安政五）年に「干鰯屋仲年行司」、木屋は五九年に「仲買」として確認できる（本章第一節（1））。干鰯屋・塩屋については確認できないものの、彼らは近世から一八七七年に至るまで廣海家と取引を続ける数少ない商人である。

表 10-6　販売額上位 15 名 ③ 1865（慶応元）年

地　　域		商　人　名	銀額（匁）	%	
貝塚		布屋七郎右衛門	438,796.28	18.29	
諸方		柴や嘉助	395,608.57	16.49	
岸和田		亦野平助	181,814.39	7.58	
貝塚		河津四郎吉	163,489.49	6.82	
貝塚		沼嶌屋助次郎	149,797.79	6.25	
貝塚		布屋多三郎	104,915.46	4.37	
貝塚		市場屋藤七	74,077.79	3.09	
貝塚		干鰯屋利兵衛	65,295.76	2.72	
下灘	佐　野	熊取や久右衛門	65,103.46	2.71	
貝塚		玉屋村右衛門	64,913.76	2.71	71.04
貝塚		布屋多兵衛	64,699.04	2.70	
貝塚		布屋佐助	64,558.25	2.69	
諸方	西ノ宮	常念屋清助	41,854.34	1.75	
貝塚		冨久次郎兵衛	41,706.06	1.74	
貝塚		池上屋宗兵衛	41,067.08	1.71	81.62
その他			440,804.08		18.38
合　計			2,398,501.60		100.00

出所）元治 2 年「干鰯売留帳」（廣海家文書 A046）より作成。

ここで貝塚の諸色問屋と干鰯仲買仲間と確認できる商人について廣海家との取引状況をみてみよう。まず諸色問屋について。中西久太郎は一八五九年のみ、六二年まで問屋であった布屋七郎兵衛（以後仲買）は六〇年、布屋から問屋株を譲渡された木屋ていは七二年のみ取引がある。大岡佐七郎は一八五九・六八年に取引があり、そのほかの年次には干鰯代銀返済等の記載がある。基本的に諸色問屋間の取引は少なかったものと思われる。次に確認できる干鰯仲買一〇名のうち前述の二名（尾食佐近右衛門・木屋七兵衛）を除く八名については次の通りである。

尾食亀之助——一八六八年まで断続的に取引を行っている。

布屋七郎右衛門——一八七二年まで取引継続。

布屋清兵衛——一八七二年まで取引を継続、翌年は返済の記載のみがある。

布屋多三郎——一八六五（慶応元）年まで取引継続。

沼島屋市兵衛——一八六七年のみ取引がある。

沼島屋助次郎——一八六九年まで取引を継続しているが、以後返済の記載が続く。
松屋嘉兵衛——一八五九・六〇年に取引、以後一八七三年まで返済の記載が続く。
明瀬長右衛門——一八七二年まで断続的に取引があり、以後返済の記載が続く。

表 10-7　販売額上位 15 名 ④ 1868（明治元）年

地域		商人名	銀額（匁）	%	
諸方	大坂	柴屋嘉助	1,212,222.57	21.59	
貝塚		沼島屋助次郎	1,101,186.88	19.61	
貝塚		米屋宗兵衛	605,359.71	10.78	
貝塚		河津四郎吉	319,824.55	5.70	
諸方		木屋伊助	304,828.59	5.43	
貝塚		大岡佐七郎	242,812.90	4.32	
岸和田		薩摩屋喜兵衛	220,073.59	3.92	
貝塚		布屋七郎右衛門	183,451.30	3.27	
諸方	兵庫	京屋亦兵衛	150,699.45	2.68	
貝塚		鶴原屋喜助	121,691.06	2.17	79.46
貝塚		市場屋藤七	119,339.00	2.13	
諸方	紀州久保村	塩屋利八郎	99,828.85	1.78	
貝塚		池上屋宗兵衛	98,912.79	1.76	
貝塚		布屋清兵衛	97,011.35	1.73	
岸和田		薩摩屋伊兵衛	85,641.40	1.53	88.38
その他			652,527.13		11.62
合計			5,615,411.13		100.00

出所）慶応 4 年「干鰯売留帳」（廣海家文書 Y045）より作成。

沼島屋市兵衛を除いて一八五九年から取引のある商人たちであるが、七三年以降は取引がなくなっている。

このほかに継続的に取引を行っている貝塚商人を挙げると、湊屋武兵衛は一八五九年から六五年まで、鳥取屋久兵衛とその後継者とみられる卯平は一八六〇年から七三年まで、冨久次郎兵衛は一八六〇年から六九年まで、米屋宗兵衛は一八六七年から七二年まで、それぞれ廣海家と取引がある。以下は一八七七年にも取引を行っている商人で、河津四郎吉は六二年から、池上屋宗兵衛・鶴原屋喜助は六五年から、尾食弥三郎・松屋平兵衛・薮屋伊兵衛は七二年から、沼野留七は七三年からである。

以上のような取引状況から、文久期（一八六一―六四年）頃から一八七二年頃の約一〇年間に継続的に取

表 10-8　販売額上位 15 名 ⑤ 1873（明治 6）年

地域		商人名	金額（円）	%	
貝塚		鳥取屋卯兵衛	12,521.4723	20.30	
貝塚		干鰯店（廣海宗三郎）	9,269.3126	15.03	
岸和田		谷伊兵衛	4,430.8731	7.18	
貝塚		河津四郎吉	3,907.0465	6.33	
貝塚		干鰯屋利兵衛	2,178.6401	3.53	
貝塚		池上屋宗兵衛	1,595.9501	2.59	
諸方	若山	長谷六平	1,592.1932	2.58	
貝塚		薮屋伊兵衛	1,398.6838	2.27	
貝塚		干鰯座	1,352.1034	2.19	
諸方	紀州久保村	塩谷利八郎	1,172.8656	1.90	63.90
岸和田		薩摩屋喜兵衛	1,130.7390	1.83	
諸方	大坂	金澤仁兵衛	1,090.2306	1.77	
諸方	塩津	中道甚吉	1,067.5270	1.73	
岸和田		交屋平右衛門	913.4197	1.48	
岸和田		川出伊平	908.4143	1.47	72.19
その他			17,156.2563		27.81
合計			61,685.7276		100.00

出所）明治 6 年「売留帳」（廣海家文書 A060）より作成。
注記）廣海家は 1871 年に小売部門（干鰯店）を開設したが，本表で示したのは廣海本店の（肥料）販売額上位 15 名である。

引を行う商人の入れ替わりがみられたといえよう。一八六二年に諸色問屋の布屋七郎兵衛が木屋ていに株を譲渡し仲買仲間に加わり、翌年仲買であったと思われる市場屋藤七が諸色問屋に加入していることは、肥料商人の間で経営状況の変動があったことを示す一例であろう。

この点は貝塚以外の地域についても確認することができる。一八五九年から取引が継続している商人は貝塚以外では多くはなく、先述した紀伊国の塩屋利八のほかは七七年までに取引がなくなっている。例えば岸和田の薩摩屋伊兵衛（一八七二年まで）・又ノ平助（一八六七年まで）、上灘大津の和泉屋久三郎（一八六八年まで）、諸方西宮の常念屋清助（一八六五年まで）である。岸和田の薩摩屋喜兵衛・魚屋宗右衛門はそれぞれ一八六二・六七年から取引が始まり、七七年まで継続している。

一八七三年の取引相手数の増加は、岸和田・上灘・下灘地域で新たに取引を始めた商人の出現によるもので、岸和田の浮舟長左衛門・紀ノ国屋幸兵衛・珍斎次兵衛・道具屋為之助・西野喜右衛門・亦ノ長六・松屋佐次郎・毛綿屋安次郎、下灘佐野の平松九左衛門などは以後も継続的に取引を行っているが、特に上灘・下灘では単発的に出現する取引相手も多い。一八七七年は七三年より取引相手数が減少しているにもかかわらずこの年にのみ現れる商人が多い（本章末の付表注2を参照）ことは、彼らの中に継続的取引を行う者が少なく、交代が激しかったことを示していると考えられる。

表 10-9　販売額上位 15 名 ⑥ 1877（明治 10）年

地　域		商 人 名	金額（円）	%	
貝塚		干加（鰯）店	4,140.834	9.33	
諸方	兵　庫	山本伊三(左)	3,606.113	8.13	
貝塚		沼野留七	2,572.581	5.80	
貝塚		河津四郎吉	2,425.883	5.47	
貝塚		上林喜太郎	2,000.733	4.51	
貝塚		薮野伊平	1,960.470	4.42	
貝塚		中谷伊平	1,758.538	3.96	
貝塚		南宗次郎	1,743.984	3.93	
諸方	大　坂	白藤嘉介	1,508.990	3.40	
貝塚		木谷七平	1,487.821	3.35	52.29
諸方		岡本要助	1,335.559	3.01	
貝塚		三宅利平	1,306.251	2.94	
上灘		村田徳次郎	1,205.551	2.72	
岸和田		坂口直作	938.699	2.12	
岸和田		珍斎次平	883.991	1.99	65.07
その他			15,500.870		34.93
合　計			44,376.868		100.00

出所）明治 10 年「売留帳」（廣海家文書 A063）より作成。
注記）廣海家は 1871 年に小売部門（干鰯店）を開設したが，本表で示したのは廣海本店の（肥料）販売額上位 15 名である。

先述のように中西は明治初年の変化で現れた新たな取引相手が明治一〇年代まで中心的取引相手となったとしているが、変化は文久期頃にはすでに現れ始め、廃藩置県等の新たな体制が整い始める一八七二年頃までそれが続いたとみられるのではないだろうか。その変化がもたらした結果の一つとして、廣海家は一八七一年に小売部門を設置し、新たな取引相手も増加するが、少なくとも七七年までは継続的に取引を行う者は少なかった。

ここで改めて地域ごとにその特徴をいくつか付け加えておこう。

貝塚については、すでに述べたように従来からの仲買仲間が取引の中心であったが、文久期頃から変化を見せた。なお「貝塚」としてまとめた商人は「売留帳」では「地方」あるいは「地方新町」と分類された者たちで、貝塚寺内のほかに隣接する五新町の商人も含まれているとみられる。近隣村の取引相手も記されたが数名にすぎず、「干鰯店」開設までは、近隣でも廣海家から農村部の消費者＝農民に直接販売することはなかったといえよう。

岸和田は継続的に取引を行っている商人は意外に少ないが、一八七三年以降新たな取引先が増え、その重要性が高まる地域である。

文久期までほとんど取引のなかった上灘地域では、明治になると沿岸農村部の取引相手が増えることが特徴であり、取引相手の増加は販路の拡大も伴っていたことを示している。

下灘地域は、佐野・尾崎・樽井・岡田といった沿岸の町場、特に佐野がその中心であるが、継続的に取引を行っている商人はいない。地域別比率も上灘と同程度であまり高くはなく、特に販路を拡大した時期もみられない。しかしながら期間を通じて取引が行われている（相手の商人が異なっていても）という意味では安定した販売先であったといえる。

諸方は大坂・兵庫・西ノ宮等の商人のほかは紀伊方面の商人がほとんどである。諸方の比率が高い年次、例えば一八六八年は大坂の柴屋嘉助が第一位、七七年は兵庫の山本いさが第二位であるが、継続的な取引は行われていない。大坂・兵庫はその年の市況により取引相手はかなり変動し、安定した販売先ではなかったのではないだろうか。そのようななかで紀伊国久保村の塩屋利八は期間を通じて取引がみられる数少ない商人の一人で、それ以外の取引相手は入れ替わるものの、紀伊国は安定した販売先の一つである。数量・価額とも決して多いとはいえない地域ではあるが、明治以降は取引相手も増えている。

廣海家からの肥料販売先は、兵庫・西宮から泉南の佐野・尾崎そして紀州北部までの「大坂湾岸地域」に広がっていた。中心となった貝塚の仲買商人に販売された肥料はそこから泉南一帯の消費者＝各農家へと販売されていったと考えられる。残念ながら最終消費地までを特定することはできないが、廣海家は泉南地域農村への肥料供給の一つの拠点として、生産地と消費とを結ぶ役割を果たしていたといえよう。

（3）堺箱館産物会所と廣海家

ところで、一八六一（文久元）年堺に設置された箱館産物会所は貝塚における肥料取引にも影響を与える可能性が大きかった。箱館産物会所は開国・開港にともなって幕府が畿内ではまず大坂に設置し、その後堺・兵庫にも設けられた[15]。堺では入津した荷物は入札によって売り捌かれた後、その代銀は会所を通して荷主に支払われ、会所は売価の二分の口銭を受け取ることとなっていた。当時の廣海家当主惣太郎は同年一〇月から堺奉行所に対して、「兼而箱館産物同処得意先より積来り商内」してきたので「箱館産物肥手問屋」に加入したいと願い出て、加入銀をめぐって堺肥物問屋と対立しながらも、一二月に布屋七郎兵衛（当時諸色問屋）とともに許可されている[16]。ここで注意しなければならないのは、産物は「居店ニ而取扱」い、貝塚で「堺同様ニ産物問屋」を営むという内容で許可されていることである。すなわち、会所への代銀預け渡し・口銭上納を行いながら、堺ではなく貝塚において箱館産物問屋として営業するのである。さらに翌一八六二年閏八月、堺の問屋・仲買が会所付商人となり、他の商人から「連印料」を受け取って会所への代銀預け渡しを代行することとなると、これに対抗し、会所付商人同様に直接会所に代銀を納めることを認められている[17]。

ここで諸色問屋と箱館産物問屋について整理しておきたい。前項でみたように、一八五八（安政五）年の諸色問屋は廣海ひろ・大岡佐七郎・中西久太郎・布屋七郎兵衛であったが、彼らのうち中西は六一年の堺箱館産物会所設立当時も営業していたかどうか確認できず、また大岡は産物問屋に加わっていない。したがって当初は廣海・布屋の二軒が産物問屋の許可を受けていた。布屋は一八六二年五月に「諸色米問屋并箱館産物問屋渡世」を木屋ていに譲渡し[18]、翌六三年一一月には市場屋藤七が新たに「諸色米問屋并ニ箱館産物問屋」に加入した[19]。この時点で諸色問屋は廣海・

木屋・大岡・市場屋の四軒で、うち廣海・木屋・市場屋の三軒が箱館産物問屋を兼ねていたことになる。そしてこの状況が明治になるまで継続している（前掲図10-1を参照）。

すでにみたように一八六五（慶応元）年から三軒の箱館産物問屋は仕入方銀を会所に上納しているが、この年から「造用帳」に産物会所に関する礼金が記載され、会所とのかかわりがより深まったことが窺われる。具体的には堺御礼と産物御礼が年頭・八朔にそれぞれ贈られているが、相手はすべて同じで堺奉行・与力衆・下役、用達である。ちなみに一八六五年の礼金合計は六両二分、うち堺奉行は二両（金二〇〇疋×四）であった。ほかに会所役人が貝塚を訪れた際の飯料や堺との飛脚賃なども散見できる。堺から離れた場所で取引がなされることは、会所からみれば取り締まり上望ましくないはずだが、その状況が改められることはなく、代わって一八六六年に廣海惣太郎に「蝦夷地産物取締」を申し付け、「箱館方御用談所」（場所は不明）を設置した。[20]

このように、堺箱館産物会所の設立後も、貝塚は堺と対等の立場を維持していた。堺奉行などへの礼金や経費負担もあってか、貝塚に堺の会所の出先機関ともいえるものが設けられ、ほぼ従来通りの営業が継続されていた。「干鰯売留帳」によると、廣海家から堺箱館産物会所への販売は一八六六年に行われているだけであり、六二年からは大坂・兵庫への販売が増加をみせている。この頃から廣海家の手船は大型化しており（第3章を参照）、同家にとっては堺箱館産物会所への加入は新たな販路を得る機会になったのであろう。

明治維新後、箱館産物問屋は通商司・開拓使へと移管され、一八七〇（明治三）年七月に貝塚に新たに堺北海道産物会所の出張所が設置されることとなり、唐津屋市郎兵衛が「御用達」に任命され、翌月に従来箱館産物問屋であった三軒のうち廣海と木屋が「御用達格」となっているが[21]、貝塚は堺の出張所として位置づけられていたようである。

第三節　貝塚と岸和田

最後に肥料流通における貝塚と岸和田の位置づけについて若干の考察を加えることとするが、まず岸和田の肥料商人についてみておこう。

（1）岸和田の肥料商人

岸和田城下の商人については、現在のところ肥料商人に限らず詳細は明らかにされていない。一八一六（文化一三）年に岸和田藩は他所の商人・領内商人ともに「印札」を交付し、「印札」を所持しない商人の営業を禁じると同時に、他所商人は月に銀一匁、領内商人は同じく二分から一匁を徴収する触を出している[22]。このことから岸和田藩領内には他領から多くの商人が流入していたことが窺え、それに目をつけた増税策といえるが、同藩ではこれ以前には積極的な商業統制や課税の方策をとっていなかった。この触には領内商人の業種の一つに「干鰯屋」があげられており、「問屋」を称するのは「諸（色）問屋」のみである。貝塚においても廣海家は諸色問屋であって専業の肥料問屋ではないから、この点は同様の状況であると考えられるが、岸和田の諸問屋の実態はつかめない。

翌一八一七年にはさらに物価値下げや不正取締のための政策が打ち出されており、そこでは干鰯商人は従来からの岸和田・佐野・岡田・嘉祥寺・樽井に三新町（貝塚に隣接する新町のうちの三カ所）を加えた合計六カ所の者に限るとされている。活動場所は居住地に限定されているわけではなかったので貝塚での廣海家との取引は認められており、廣海家の取引先のうち岸和田藩領内に関してはこの六カ所の商人であったと考えられる。

前節でみた廣海家からの販売先のうち岸和田商人の松屋左次右衛門は、明治初年の商工名鑑[23]にあらわれる岸和田北町の造醬油・肥商「川崎佐治右衛門」であるとみられる。同書には貝塚の肥料商は五軒記載されているが、岸和田で

表 10-10　1878（明治 11）年 6-9 月の岸和田港移出入

種類			量目(貫目)	金額（円）	移出入先	備考
移出	木　綿	1,849 丸	18,320	46,200.000	摂津，大阪	
	酒		12,240	1,941.200	兵庫，大阪	1 石 12 貫目
	油	159 樽	3,180	1,650.000	大　阪	
	西　瓜	4,500 玉	9,000	285.000	大　阪	
	蛯蟹干	1,300 俵	10,400	169.000	大　阪	8 貫俵
	計		53,140	50,245.200		95 艘
移入	米	1,321 石	50,840	6,806.000	兵　庫	
	薪	14,558 斤	291,160	3,011.345	阿波，土佐，紀伊，播磨，淡路	
	塩	1,161 石	13,932	405.440	播磨，備前	
	油　粕	1,950 玉	7,800	780.000	大　阪	
	鰯　粕	1,689 俵	37,700	7,540.000	大　阪	
	洋　糸	60 本	2,880	6,000.000	摂　津	18,000 斤
	計		404,312	24,542.785		572 艘

出所）明治 11 年「輸出・輸入取調届控」（岸和田市史編さん委員会編『岸和田市史』第 8 巻，448 頁）より作成。

はこの川崎のみであり、しかも廣海家との取引は一八六七（慶応三）年までである。期間中に比較的継続して廣海家と取引があったのは、魚屋宗右衛門（赤松宗与茂）・薩摩屋伊兵衛・薩摩屋喜兵衛（佐納喜平次）・又ノ平助などである。廣海家の販売先としての位置付けは明治以降に重要性を増し、販売額比率が上昇し、新たに取引を始める商人が増加する。一八七七（明治一〇）年に至ると、販売額比率では地域別にみて第二位であるが、取引相手数は貝塚を抜いて第一位となっており、一人当たりの販売額は少なかったものの多くの商人が廣海家と取引を行っていたのである。

（2）泉南地域における貝塚・岸和田の経済的役割

序章第二節に述べられているように、岸和田の港湾は一七九一（寛政三）年に整備されており、翌年の入津貨物は土佐・播磨・阿波からの塩・薪・紙が中心であった。他の年度の状況が分からないので断定はできないが、比較的近国との取引が多く、したがって産地からの肥料移入は貝塚が中心で岸和田ではあまり行われていなかったのではないだろうか。幕末期に堺に箱館産物会所が設置された際に、貝塚が同所での取引継続を要求して実現させたことからも、やはり泉南地域における肥料移入の中心地は貝塚ではなかったかと考えられる。廣海家の肥料販売から考えると、泉南地域に船持商人によって移入された肥料については、北海道・東北（生産地）―貝塚―泉南地域（消費地）という比較的シンプルな流通経路が形成されており、岸和田の「干鰯屋」は貝塚廣海家と消費地を繋ぐ位置にあったといえよう。

一八七八（明治一一）年の六―九月までであるが、岸和田港の移出入は表10-10のとおりである。寛政期と比較すると、移入品目に油粕・鰯粕といった肥料が大阪から移入されており、金額的には移入のトップにあるが、やはり産地からの移入ではない。移出について寛政期は不明であったが、明治期には移出の多くを木綿が占めていたことがわかる。この表が近世期の状況を継承しているとは限らないが、全体として移出入量は決して多いとはいえず、やはり近国との取引が多い。ただ、和泉の重要な産物である木綿の移出港として機能していたといえるであろう。

岸和田の経済的役割に関しては米穀、特に米について考えなければならないであろう。城下は領内年貢米の集積地であったからである。廣海家の米穀取引については、販売先は肥料の場合と大差はないが、購入先はより多様である（第6章を参照）。銘柄としては東北・北陸米が中心であるが、岸和田藩蔵米などの地元産の米も扱い、全体量の一割程度を占めていた。他国米の移入も必ずしも産地から直接輸送されるだけではなく、大坂・堺からの購入も多く、より複雑な双方向的な流通経路が形成されていた。米の場合、泉南地域が消費地であると同時に生産地でもあることが肥料との大きな相違であり、このことがそれぞれの流通経路の相違に反映されていることはいうまでもないであろう。

おわりに

廣海家の肥料取引について本章では、販売先を中心に詳細な状況を示した。具体的な仲買商人の名を明らかにしたことで、今後他の史料との比較・照合等にも活用できることと考える。そして泉南地域全体の肥料流通を考えた場合、幕末維新期には貝塚が生産地と消費地の結節点となっており、廣海家はその中でも重要な位置を占める諸色問屋であったといえるであろう。

廣海家の販売先の商人を考えた場合、文久期（一八六一—六四年）頃から七二（明治五）年頃までの一〇年間が大きな変化がみられた時期であったのではないかと考察した。幕末維新期の混乱や変革は様々な形で影響を及ぼしたであろうが、その一端が「売留帳」に現れている。すなわち一八六〇（万延元）年には金（両）での受取が現れ、六七（慶応三）年には受取の多くが「入金」となっており、この間六二年には「現金取引」という文言もみられる。もちろん帳簿は銀建てでいずれも銀換算して計算されている。一八六八年になると銀目廃止に伴い五月末頃から金建ての記載が始まるが、銀目も併記されていることがある。一八七一年には新貨条例が発布されているが、七二年に至っても基本的には金建てで銀目も混在し、七三年からようやく円建てとなっている。また一八七一・七三年には「即金取引」が現れている。近世的な延売買を中心としていた在方商人にとっては、必要な現金・銀を準備できるだけの資金力、あるいは両替商との関係を通じた金融力の強弱が経営維持に大きく影響したであろうことは想像に難くない。

廣海家からの肥料販売についてはある程度明らかにすることができたと考えるが、肥料を購入した商人がさらにどの地域へ販売したのか、すなわち最終消費地を特定するという最終目的は果たされていない。生産地から消費地までの流通経路を明らかにすることによって、商品流通の全容のみならず、地域の経済構造の全体像を構築することが今後の課題である。

注

(1) 赤路洋子「幕末期泉州における米穀市場——貝塚・廻船問屋の分析を中心にして」（脇田修編『近世大坂地域の史的分析』御茶の水書房、一九八〇年）、中西聡『近世・近代日本の市場構造——「松前鯡」肥料取引の研究』（東京大学出版会、一九九八年）など。
(2) 延享三年「了観師記 万記録」（臨時貝塚市史編纂部編『貝塚市史』第三巻史料、一九五八年）五四七頁。「問屋十六軒」の下に取扱品目と思われる「干鰯・木柴・米・魚・塩・青物・綿」という記載がある。
(3) 慶応四年「卜半従来仕来之覚　堺県江御届ノ控」同右、五六一頁。
(4) 明治二年一〇月「（商売に付き御触、請書）」（万延二年「願書控」（廣海家文書X〇〇三）、前掲『貝塚市史』第三巻、四二五頁）。
(5) 天保三年八月「乍恐書附ヲ以奉願上候」・同年九月「申渡覚」（前掲『貝塚市史』第三巻）二九八頁。
(6) 本城正徳『幕藩制社会の展開と米穀市場』（大阪大学出版会、一九九四年）三〇七—三〇八頁。
(7) 安政六年「干鰯売留帳」（廣海家文書B〇二八）。
(8) 前掲『貝塚市史』第三巻、三〇三—三〇四頁。
(9) 廣海家文書ZB〇一四—九。
(10) 安政五年二月「乍恐口上」（前掲『貝塚市史』第三巻）三六五頁。
(11) 慶応元年九月「乍恐口上」・同二年三月「乍恐口上」（万延二年「願書控」（廣海家文書X〇〇三））。
(12) 元治二年「干鰯当座帳」「干鰯蔵入帳」「干加渡日記」「干鰯売留帳」（廣海家文書A〇一九、Y〇三三、A〇三六、A〇四六）。
(13) 前掲中西聡『近世・近代日本の市場構造』一四五—一四七、二九五—三〇〇頁。
(14) 各年度「干鰯売留帳」「売留帳」（廣海家文書）。
(15) 大阪府史編集専門委員会編『大阪府史』第七巻（一九八九年）三九五—三九七頁。
(16) 文久元年一〇月「乍恐御届ケ奉申上候」・同「乍恐奉願上候」・同「乍恐御訴」・同年一二月「乍恐御聞届ケ奉申上候」（万延二年「願書控」（廣海家文書X〇〇三）、前掲『貝塚市史』第三巻、三七四—三七五頁）。
(17) 文久二年「箱館産物会所一件書類」（三浦周行監修『堺市史』第六巻、一九二九年、二〇一—二一五頁）。

(18) 文久二年五月「乍恐御訴」(万延二年「願書控」〔廣海家文書X〇〇三〕、前掲『貝塚市史』第三巻、三七六頁)。
(19) 文久三年一一月「乍恐御訴」・同「乍恐御届奉申上候」(万延二年「願書控」〔廣海家文書X〇〇三〕)。
(20) 慶応三年三月「(蝦夷地産物取締申付)」・同年一〇月「覚」(同右)。
(21) 万延二年「願書控」(廣海家文書X〇〇三)、前掲『貝塚市史』第三巻、四三二―四三三頁。
(22) 文化一三年「諸用留」(前掲『貝塚市史』第三巻、二三二―二三三頁)。
(23) 川崎源太郎著、出口神暁補訂『明治初年　和泉豪商名家図譜』和泉文化研究会、一九七八年。明治初年と題されているが、原本は一八八三(明治一六)年に発刊されたもののようである。ちなみに貝塚の五軒は、北ノ町・河津四良吉、西ノ町・廣海惣太郎、南ノ町・木谷七平、新町・南平太郎、西ノ町・沼野冨七である。

第 10 章付表　廣海家肥料販売先商人一覧

地　域	商　人　名	1859年(安政6)	1860年(万延元)	1862年(文久2)	1865年(慶応元)	1867年(慶応3)	1868年(明治元)	1869年(明治2)	1872年(明治5)	1873年(明治6)	1877年(明治10)	備考(＊)
貝塚	網屋久兵衛								○		*	網谷(野)久平
	池上屋宗(惣)兵衛				○	○	○	○	○	○*	○	南惣次郎
	市場屋藤七	○	○	○	○	○	○	△	○	○*	△	井田藤七
	井筒屋惣左衛門			○								
	いづミ屋又(亦)兵衛						○					
	井出新治郎						○					
	浦田屋清兵衛							○				
	大岡屋佐七郎	○	△	△	△	△	○	△	△			
	尾食亀之助	△	○	○	○		○					
	尾食佐近右衛門	○	△	○	○	○		△	○	○*1	○*2	1 平次郎 2 平十郎ヵ
	尾食弥三郎								○	○	○	
	綛屋喜兵衛	○										
	河合屋利兵衛			○	○		○					
	河津四郎吉			○	○	○	○	○	○	○	○	
	川出伊平									○		
	関東屋与右衛門		○									
	喜多為次郎									○		
	木屋嘉十郎								○	○*		木谷
	木屋七兵衛	○	○	○				○	○	○*	○	木谷七平
	木屋仙(専)蔵			○						*		木谷
	木屋惣助						○					
	木屋てい								○			
新　町	木屋平兵衛								○			
	久保田屋伊之助				○							
	米屋宗兵衛					○	○	○	○			
	坂口利平									○		
	笹屋喜兵衛		○									
新　町	澤屋佐治右衛門					○						
	澤屋亦治郎						○					
	柴屋喜兵衛		○	△								
	辰ノ与左衛門				○							
	玉屋村右衛門				○		○					
	玉屋常次郎								○			
	鶴原屋喜助				○	○	○	○	○	○*	○	上林喜太郎
	鳥取屋久(休)兵衛		○	○	○	○	○	○				
	鳥取屋卯兵衛								○	○*		鳥取卯平
	冨久次郎兵衛		○	○	○	○	○	○				
	中西久太郎	○										
	布屋七郎右衛門	○	○	○	○	○	○	○	○			
	布屋七郎兵衛		○									
	布屋佐助				○	○	△	△	△	△		
	布屋清兵衛	○	○	○	○	○	○	○	○	△*		岸上清七
	布屋多(太)三郎	○	○	○	○							
	布屋多(太)兵衛				○							
	沼島屋市兵衛					○						
	沼島屋助次郎	○	○	○	○	○	○	○	△	△	△*	沼野
	沼野留七									○	○	
	干鰯屋利兵衛	○	○	○	○	○	○	○	○	○*	○	三宅利平
	松屋嘉兵衛	○	○	△	△	△	△	△	△	△		
新　町	松屋平兵衛								○	○*	○	南平重(十)郎
	溝端助治郎					○						

地　域		商　人　名	1859年(安政6)	1860年(万延元)	1862年(文久2)	1865年(慶応元)	1867年(慶応3)	1868年(明治元)	1869年(明治2)	1872年(明治5)	1873年(明治6)	1877年(明治10)	備考(＊)
		湊屋武兵衛	○	○	○	○							
		明瀬長右衛門	○	○	○	○	△	○	○	○	△	△*	長十郎
		毛綿屋勘右衛門	○							○	△		
		薮屋伊兵衛								○	○*	○	薮野伊平
	南新町	若木屋久兵衛					○					○*	若木久次(二)郎
(貝塚)	七山村	浄見寺					○	△	△				
(貝塚)	小垣外	新次郎							○	△	△		
(貝塚)	名　越	政右衛門				○	△						
		□□□為七			○								
岸和田		石屋栄助						○					
		石屋治郎吉								○			
		和泉屋利兵衛		○			○	△		○	○		
		魚屋宗右衛門					○	○	○	○	○*	○	赤松宗与茂
		浮船長左衛門								○	○*1	○*2	1 松村長平次 2 長次郎
		小田梶右衛門								○			
		柏屋松之助								○			
		紀ノ国屋幸兵衛						○		○	○*	○	小畑幸平
		小間物屋喜兵衛					○	○	○	○			
		米屋利右衛門						○		○	○		
		米屋利兵衛		○				○	○	○			
		米屋喜一郎								○	*		坂口
		米屋喜右衛門			△		○	○					
		米屋喜兵衛							○				
		栄木新平									○		
		坂口屋次兵衛									○		
		薩摩屋伊兵衛	○	○	○	○	○	○	△	○			
		薩摩屋喜兵衛			○	○	○	○	○	○	○*	○	佐納喜平次
		塩屋利右衛門								○	○		
		瀬戸物屋権兵衛					○	○			*		竹中権平
		田葉粉や平兵衛		○									
		田葉粉や四郎兵衛			○	○	○						
		たはこ屋与兵衛					○						
		茶屋三治(次)									○		
		茶屋利平								○			
		珍斎次兵衛								○	○*	○	次平
		鶴原与平								○			
		道具屋為之助								○	○*	△	杰浦為平
		西野喜右衛門								○	○*	○	喜与茂
		鱧屋甚兵衛			○	○							
		春木屋藤兵衛						○		○	*		植松藤平
		春木屋又(亦)右衛門		○			○	△	△	△	△		
		春木屋与兵衛								○	○		
		干物屋清兵衛					○	△	△	△	△		
		藤岡屋三右衛門							○				
		船越嘉平									○	○	
		亦ノ長六					△	△		○	○*	○	亦野
		亦ノ長七							○				
		又(亦)ノ平助	○	△	○	○	○	△	△	△	△		
		松屋嘉兵衛					○	△	△	△			
		松屋左次右衛門		○	○		○	△	△				
		松屋左次兵衛		○			○						
		松屋佐四郎								○			

地域		商人名	1859年(安政6)	1860年(万延元)	1862年(文久2)	1865年(慶応元)	1867年(慶応3)	1868年(明治元)	1869年(明治2)	1872年(明治5)	1873年(明治6)	1877年(明治10)	備考(＊)
		松屋佐次郎								○	○*	○	川崎佐次郎
		松屋平右衛門					△	○		○	○*		川崎平与茂
		毛綿屋安右衛門			○	○							
	北町	毛綿屋安次郎								○	○*	○	坂口安次郎
		毛綿屋茂七								○			
		八百屋吉五郎								○			
		柳屋長左衛門					○						
上灘	堺	草部屋長左衛門				○					△		
	高石	油屋政次郎								○	○*		政五郎
	高石	亀屋忠蔵								○			
	高石	米屋善五郎						○					
	高石	肥子徳兵衛									○		
	高石	山内勘三郎									○	○	
	高石	山川繁栄次									○	○	
	助松	浅井宇八			○	○					△	△	
	大津	赤根屋新七									○		
	大津	石津屋利兵衛						○			○		
	大津	和泉屋久三郎	○	○	○	○	○	○	△	△	△		
	大津	上(植)田万吉			○						△		
	大津	岡屋平助									○		
	大津	納屋茂兵衛								○	○		
	—	木挽(引)卯八		○		○	△	△	△	△	○		
	—	米屋長兵衛								○	○		
	—	堀口勝右衛門				○							
	—	増江民三郎									○		
	—	吉田忠五郎									○		
	—	綿屋三郎兵衛			○								
下灘	佐野	油屋藤兵衛									○		
	佐野	覚ノ新右衛門					△						
	佐野	覚ノ兵蔵					○		△	△			
	佐野	唐金利兵衛				○					△		
	佐野	熊取屋久右衛門				○							
	佐野	正清喜兵衛		○									
	佐野	谷川屋幸助								○			
	佐野	田端嘉平								○			
	佐野	田端利兵衛									○		
	佐野	番匠平吉									○		
	佐野	平松九左衛門								○	○	○*	平松九十郎
	佐野	古妻四郎兵衛									○		
	佐野	干加屋佐吉								○	○		
	岡田	亀岡平三郎									○		
	岡田	長瀧屋清七									○		
	岡田	古谷市十郎	△	○	○	△	△	△	△	△	△		
	樽井	江戸屋長兵衛		○						○			
	樽井	小路兵蔵	○	○									
	樽井	城ノ伊右衛門	○			○	△	△	△	△	△		
	樽井	深見藤左衛門	○	○									
	尾崎	杉本七平									○	○	
	尾崎	樽井屋弥吉郎		○		○							
	尾崎	松屋又(亦)兵衛	○	○	△	△	△	△	△	△	△		
	深日	岡田屋助右衛門		○	○	△	△	○	○	△	○		
	谷川	布屋弥八郎						○					
	—	蔵の源兵衛		○									

地域		商人名	1859年（安政6）	1860年（万延元）	1862年（文久2）	1865年（慶応元）	1867年（慶応3）	1868年（明治元）	1869年（明治2）	1872年（明治5）	1873年（明治6）	1877年（明治10）	備考（＊）
	−	車屋庄兵衛		○				○					
	−	西口屋善助		○									
	−	浜ノ権次郎	○										
	−	浜ノ権六		○									
	−	吉見儀右衛門				○							
	−	□□伊兵衛								○			
諸方	兵　庫	いつみや伊左		○								○*	山本伊佐
	兵　庫	瓜屋嘉兵衛									○		
	兵　庫	京屋亦兵衛						○				○*	藤井又兵衛
	西　宮	常念屋清助	○	○	○	○	△	△	△	△	△		
	尼　崎	鍋屋平三郎									○		
	大　坂	池原佐治兵衛						○					
	大坂・靫	近江屋市兵衛		○									
	大　坂	金澤仁兵衛								○	○		
	大　坂	木屋伊助			○		△	○	○	△	△		
	大　坂	柴屋嘉助			○	○		○	△	△	△	○*	白藤嘉介
	大　坂	吹田屋吉兵衛			○								
	大　坂	若狭屋惣助			○	△	△	△	△	△	△		
	和歌山	米屋六兵衛								○	○*		長谷六平
	紀伊・山東	芦野屋忠次郎									○		
	紀伊・久保村	塩屋利八	○	○	○	△	△	○[*1]	△	△	○[*2]	○[*3]	1利八郎 2塩谷 3宇田利八郎
	紀伊・粉河	駒屋清六						○	△	△	△	△	
	紀伊・粉河	鳴尾屋喜兵衛					○	○	△	△	△	△*	嘉平
	紀伊・塩津	中屋甚吉			○						○		
	紀伊・大池村	藤井良助									○		
	紀伊・大崎浦	柏屋庄左衛門		○									
	紀伊・大洲	谷伊兵衛									○		
	紀伊・黒江	名手由兵衛									○		
	松　江	太田理右衛門									○		
	−	大久保善兵衛			○								
	−	小間野惣平							△	△	○		
	−	米屋善五郎		○				○					
	−	佐竹政助			○								
	−	辰ノ小助	○	○									
	−	布屋長兵衛			○								
	−	米屋吉兵衛			○								

出所）1859-72年は「干鰯売留帳」，それ以降は「売留帳」（廣海家文書）より作成。

注1）○＝肥料販売あり。△＝肥料販売はないが売掛銀残銀，支払等あり。

2）△印のみの商人は次の通り（括弧内は年次の下2桁）。
［貝塚］小間物屋新七（59），佐野屋佐七（73），住吉屋源助（59），鍋屋善右衛門（59-69），沼島屋弥平次（同），松屋藤八（59-73）　［岸和田］稲葉屋義三郎（67-73），河合屋利助（72・73），岸上七郎（77），澤清平（77），中間屋重兵衛（72・73）　［上灘］〈堺〉丹波屋重助（62-67，69-73）　［下灘］〈佐野〉新屋忠左衛門（59-73）　［諸方］〈尾張・内海〉大岩甚兵衛（67，69-73），米屋重兵衛（59-69）。

3）1877年のみ販売先として現れる商人は次の通り。
［貝塚］岡野栄介，木谷栄平，種ケ島徳次郎，中谷伊平，（小垣外村）義本新十郎　［岸和田］浮舟与平，小門三治，川崎助次郎，岸勘平，蔵野甚三郎，坂口直作，佐野甚平，佐納伊平，鈴木利平，松浪平七，山崎利与茂，萬屋新次郎　［上灘］〈堺〉和泉屋伊八，米屋喜兵衛（喜平），冨村三郎吉。〈大津〉寺田利平。〈高石〉筆野（尾）忠蔵，村田政五郎，村田徳次郎　［下灘］〈佐野〉石野熊吉，里井忠左衛門，竹谷嘉平，松浪楠松。〈湊〉里井良平。〈尾崎〉奥文次郎　［諸方］〈兵庫〉岡本要助。〈摂津〉伝法村・谷伊兵衛。〈紀伊〉川上・上村佐次郎，山東・大河内新次郎，和歌山・垣内善八，大谷村・関原源次郎，和歌浦・鈴木定右衛門。

4）備考欄は，代替わり・改名を示した（文久3年「御客船名寄」〔廣海家文書Q016〕も参照した）。

5）廣海家は1871年に干鰯店（支店）を開設したが，それ以降も本表では廣海本店の肥料販売先を示した。

補論　明治中期泉南地域の肥料流通

中西　聡

ここでは、第10章本論を補足すべく、一八七八（明治一一）年以降の廣海家の肥料販売を検討し、二〇世紀前半の第11章の分析につなげる。第10章本論では、廻船問屋として仲買商に肥料を販売した廣海家の姿が描かれたが、廣海家は、一八七一年に干鰯店を開設して小売業に進出し、その後徐々に本店の干鰯店への肥料販売比率が増大した。そこで、廣海本店（卸部）と干鰯店（小売部）に分けて肥料販売の動向を検討し、巨大卸小売商として直接農家に肥料を販売した廣海家の姿が描かれた第11章への、転換期の様相を明らかにする。

（1）一八七〇年代後半の貝塚肥料商

一八七〇年代後半に、廣海家は米穀問屋・塩問屋・肥料問屋・肥料仲買・炭薪問屋・昆布屋の貝塚諸営業の総代取締として、諸営業者の堺県への県税の納付を代行したと考えられ、そのうち米穀問屋・肥料問屋・肥料仲買の納付状況を表補10-1で示した。一八七九（明治一二）年に県税を納めた肥料問屋は、廣海家と木谷七平と淡野萬八の三軒で四〇年代以来の諸色問屋であった大岡家は、七八年末で営業を休止したと思われる。肥料仲買一九軒には、一八五九（安政六）年の貝塚肥料仲買仲間商人八軒（第10章本論を参照）から四軒しか挙がらず、うち明瀬家は七七年末で営業を休止した。ただし、幕末期に廣海家が肥料を販売した家が、上述の四軒以外に四軒挙げられ、特に一八五九（安政六）年時点で廣海家が肥料を販売した三宅家は当時の仲間外の肥料仲買商と思われる。また、廣海家は一八七一年に宗三郎（後の三代惣太郎）名義で干鰯店を開設し（序章を参照）、干鰯店の営業を形式上は仲買として届けたと

表補 10-1　1876 年 11 月-79 年 3 月貝塚地域米穀・肥料商県税納入状況

氏　名	等級	税額	納付済期間（年月）	1859 年	第 10 章付表初出	1878 年販売（石）	1882 年販売（石）	1886 年販売（石）	備　考
①米雑穀問屋之部									
木谷七平	1 等	月40銭	1876.11-79.3						
廣海宗太郎	1 等	月40銭	1876.11-79.3						
大岡太一郎	4 等	月10銭	1877.6 届け，-78.12						
淡埜萬八	4 等	月10銭	（1879.4-79.12）						
②肥問屋之部									
廣海宗太郎	1 等	月15銭	1876.11-79.3						
木谷七平	1 等	月15銭	1876.11-79.3						
大岡太一郎	1 等	月15銭	1877.6 届け，-78.12						
西田久平	1 等	月10銭	1878.3 届け，-78.12						
淡埜萬八	2 等	月10銭	（1879.4-79.12）						
③肥仲買之部									
南惣次郎	1 等	月 5 銭	1876.11-79.3		1865 年	208			
種嶋徳次郎	1 等	月 5 銭	1876.11-79.3		1877 年	127	177		
河津四郎吉	1 等	月 5 銭	1876.11-79.3		1862 年	301	187	191	
尾食平次郎	2 等	月 3 銭	1876.11-79.3	○	（1859 年）				
廣海宗三郎	1 等	月 5 銭	1876.11-79.3			599	648	943	1)
上林喜太郎	1 等	月 5 銭	1876.11-79.3		1865 年	241	354		
明瀬長次郎	1 等	月 5 銭	1876.11-77.12	○	（1859 年）				1878年1月休業
木谷嘉十郎	1 等	月 5 銭	1876.11-77.6		1872 年				1877 年 10 月休業届済2)
岸上勘与茂	1 等	月 5 銭	1876.11-79.3	○	（1859 年）		147		
藪野伊平	1 等	月 5 銭	1876.11-79.3		1872 年	180	126		
沼野冨七	1 等	月 5 銭	1876.11-79.3		1873 年	388	373	149	
三宅利平	1 等	月 5 銭	1876.11-79.3		1859 年	209	123	230	
南平十郎	1 等	月 5 銭	1876.11-79.3		1872 年	45	10	184	
木谷宗助	1 等	月 5 銭	1877.6 入株届け，-79.3		1868 年	82	196	47	鑑札は惣太郎
尾食弥三郎	1 等	月 5 銭	1876.11-79.3		1872 年	58	169	130	
木谷七平	1 等	月 5 銭	1878.3-79.3	○	1859 年	213	374	178	
西井甚七		月 5 銭	1878.9 届け，-79.3			67	96	223	
守行久太郎		月 5 銭	1878.10 届け，-79.3			15			
岡田儀平	2 等	月 3 銭	1879.1-79.3						

出所）明治 10 年「米雑穀問屋・塩問屋・肥問屋・肥仲買・炭薪問屋・昆布屋県税通」（廣海家文書 Q040）より作成。

注記）納付期間で 1876 年 11 月-79 年 3 月納付のものは全期間納付，淡野萬八は後から書き加えたもので，これのみ 1879 年 4-12 月の納付が記載された。1859（安政 6）年の欄は，1859 年時点の肥料仲買仲間 8 軒（第 10 章本論を参照）に含まれたもの。第 10 章付表初出は，第 10 章本論末尾の付表で廣海家の肥料販売先として最初に出てきた年を示した。その欄の括弧内は，代替わりを考慮した推定年。尾食平次郎は，尾食佐近右衛門，明瀬長次郎は，明瀬長右衛門，岸上勘与茂は，岸上清七（布屋清兵衛）につながると推定した。1878・82・86 年販売は廣海本店の各肥料商への肥料販売量（風袋引を引いた正味重量，単位：石）を示し（明治 11・15・19 年「売留帳」〔廣海家文書 A062, A154, I033〕），上林喜太郎は菊太郎，岸上勘与茂は清七，南平十郎は平太郎，木谷宗助は惣太郎にそれぞれ代替わりした。なお，肥料の重量は，40 貫匁＝1 石で石に換算し，数値はいずれも表記されない桁の最上位を四捨五入した（以下の第 10 章補論各表とも同じ）。

注 1）1879 年 3 月より廣海宗太郎（1 等月 5 銭）として納入。
　2）1879 年 1 月より木谷久平（2 等月 3 銭）として納入。

考えられる。それゆえ、宗三郎が一八七九年に三代惣太郎を継ぐと、干鰯店の名義も惣太郎に変更され、肥料仲買之部で廣海宗太郎として県税が納入された。問屋の部に加えて一八七八年三月から肥料仲買之部でも県税を納入した木谷七平の場合も、肥料仲買の部分は九三年の廣海本店と貝塚肥料商との約定（後述）に出てくる木谷小売店のことと考えられる。木谷（木屋）七平家は、一八六二（文久二）年に「てい」の名義で問屋株を取得して諸色問屋を兼業したと考えられ（第10章本論を参照）、明治に入ると大阪に支店を開設し、同支店が大阪肥物商組合に加入した。[1] 一八九七（あるいは九八）年の営業税額では、大阪店と貝塚店の合計で木谷は廣海家を上回った（表序-10を参照）。

ここでの問題は、表補10-1の肥料仲買一九軒が、「小売」に販売する「仲買」層に位置付くか、農家に直接販売する「小売」層に位置付くかである。廣海家は幕末期に、貝塚の肥料仲買仲間商人に一千石前後の肥料を販売していた。例えば、一八六一年に布屋多三郎に一、四三六石、布屋七郎右衛門に一、四〇八石、沼嶋屋助次郎に八九三石の肥料を廣海家は販売しており、[2] 廣海家以外の廻船問屋からの仕入分を併せ、肥料仲買仲間商人は少なくとも年間一千―二千石程度の肥料を扱ったと考えられる。一方、一八七八・八二・八六年の廣海本店の貝塚肥料商への販売量は干鰯店を除きいずれも四〇〇石未満で（表補10-1）、九七（もしくは九八）年の営業税額からみて、当時廣海家が泉南地域で最大の肥料商であったことを考えると（表序-8を参照）、廣海本店の肥料販売先が廣海家以外から仕入れた肥料の量はそれほど多くなかったと思われ、明治期に廣海家と取引した泉南地域の肥料商の年間肥料扱い量は多くても五〇〇石前後と想定でき、近世期の肥料仲買仲間商人に比べ、営業規模はかなり小さかったと言える。

ただし、泉南地域の肥料商が大阪肥料仲買商から直接に肥料を仕入れた可能性もあり、その点を有力な大阪肥料仲買商の田中市兵衛家の事例で確認する。田中市兵衛家は、一八五九年時点で、大坂後背地の摂津国西成郡へ一二三石と二四五俵の肥料を販売したのに対し、貝塚の肥料仲買仲間商人の松屋嘉兵衛や布屋清兵衛など泉南地域の肥料商に合計二六六石と三四六俵の肥料を販売しており、大坂肥料仲買商への販売を除けば、主要販売先は泉南地域であった。しかし田中家は近代に入り、大阪府西成郡の肥料商や農家へ一八八四年に二八二石、八五年に四五四石の肥料を販売したのに対し、泉南地域の肥料商への販売量は、八四年に三七石、八五年が一二五石と一、二七二俵であり、主要販売先は大阪府西成郡になっていた(3)。大阪肥料仲買商は一八八五年時点で一一〇軒であり(4)、それらの泉南地域への肥料販売量を合計しても、多くても一—二万石程度と思われ、明治期の泉南地域の肥料商が大阪肥料仲買商から多くの肥料を仕入れたとは考えにくい。後述のように干鰯店は、農家に一軒当たり年間二—三石程度の肥料を販売しており、明治期の干鰯店が現貝塚市域の農家に販売した軒数からみて（表11-9を参照）、肥料小売商がそれぞれ一〇〇—二〇〇軒の肥料小売先をもっていたと想定すると、年間五〇〇石未満という取扱規模は、肥料小売商の取扱規模に相当する。また表補10-1で、一八七八年時点に肥料仲買営業の県税を納めていなかった貝塚地域の中谷伊平・澤清平・若木久次郎にも、同年に廣海家はそれぞれ約三〇三石、約一五五石、約五一石の肥料を販売しており、少なくともこの三軒は形式的にも「肥料仲買」ではなく、肥料小売商であったと言える(5)。

以上のことより、廣海家が一八八〇年代に肥料を販売した相手は、流通段階としては農家（消費者）と直接対峙する肥料小売商が主であったと考えられる。大阪肥料市場では、近世来の荷受問屋と仲買商が一八八五年にそれぞれ組合を結成し、翌八六年に両組合が定約書を交わして近世期と似通った集団間の排他的取引関係を結んだが(6)、泉南地域では廣海本店などの卸商が廣海干鰯店も含め肥料小売商に販売する肥料流通が八〇年代には主流になっていたと言える。そのなかで、近世来の「仲買」層は、一八七〇年代に、廃業した者、小売業務へ転換した者、木谷七平など卸業務へ積極的に進出した者に分化したのであった。

（2）廣海本店の肥料販売

前述のように一八八〇年代の廣海本店の肥料販売先は小売商が主であったと考えられるが、そのことは廣海家の肥料販売先がかなり分散することを意味し、肥料販売の不安定性が増した。そのため、廣海家では年により多量の越年分（在庫分）が生じており（表7-4を参照）、越年分の一部は大阪肥料仲買商にも販売された。表補10-2を見よう。一八八六（明治一九）年の大阪の白藤嘉助への一、八三四石の肥料販売のうち五三二石は同年一―二月に販売され、前年の一〇・一一月に船持商人や大阪・兵庫の肥料商から廣海本店が買い入れて売れ残った分（越年分）の一部は、大阪の肥料商に年初めに販売されて処理された[7]。一八九四年も大阪の秦幸と川口平三郎に合計九五〇石の肥料が販売されたが、うち二二八石は同年一―二月に販売され、やはり前年の越年分が大阪の肥料商に販売されて処理された[8]。

貝塚の肥料商については前述したので、岸和田の肥料販売先を表補10-2で見ると、一八八二年に販売した主要販売先には、寺田利吉を除きいずれも七七年時点でも廣海本店は肥料を販売しており（第10章本論の付表を参照）、七〇年代後半は、貝塚・岸和田ともに廣海本店の肥料販売先の転換はあまりみられなかった。しかし一八八六年を見ると、八二年の主要販売先が軒並み廣海家との取引がなくなるか縮小しており、九〇年代に廣海本店の主要販売先となる稲葉三五郎・酉井甚七（新助）・三宅政右衛門・米子岩吉・番匠安太郎との取引が拡大したり始まったりした。松方デフレ期に廣海本店の肥料販売先は大きく転換したと言える。そのなかで新たな肥料販売先の獲得も目指され、一八八二年に廣海本店は地元泉南産の魚肥を愛知・三重県の肥料商に合計約六一〇石を販売し（第2章を参照）、廻船を利用して瀬戸内方面へ約二二七石の肥料を販売した[9]。

続いて、廣海本店と肥料商の取引形態を検討する。廣海本店は、肥料商への肥料販売に際し、商品を前渡しして代金は後から受け取った。その場合、代金支払の期限を設定した取引（期限設定取引）かもしくは即金取引が行われ、即金取引の場合は数日程度で代金支払が行われ、期限を設定する場合は、一―二カ月後の月末が代金支払の期限とされた。どちらの場合も、代金の支払が遅れた場合は延滞期間に応じて延滞利息を付け、もし期限前に代金が支払われた場合は、延滞利息の利率（延滞利率）と同じ利率で期限までの日数に応じて、廣海本店が代金を割り引いた（戻し

表補 10-2　1882-91 年廣海本店肥料主要販売先一覧

（単位：販売量は石，歩引・延滞利率に%）

販売先	住所	1882 年			1886 年			1889 年			1891 年		
		販売量	歩引	延滞利率	販売量	歩引	延滞利率	販売量	歩引	延滞利率	販売量	歩引	延滞利率
干鰯店(廣海小売部)	貝塚	648	(2)		943	(2)		973	(3 → 4)		1,230	(3)	
木谷七平	貝塚	374	4		178	3(3)		76	6		287	3	
沼野冨七	貝塚	373	2		149	2(3)		80	2(3)	12.0	343	2(3)	9.0
上林菊太郎	貝塚	354	2	24.0 → 15.6	西上武二郎（貝塚）➞			249	2(3)	18.0			
仲谷伊平	貝塚	297	2	21.6	17	(3)							
若木久次郎	貝塚	224	2(3)	21.6	岡田儀平（貝塚）➞			126	2(3)	18.0	158	2(3)	14.4
高田岩造	貝塚	213	2	24.0	112	2(3)	21.6	50	2(3)	18.0			
河津四郎吉	貝塚	187	2(2.5)		191	2(3)		65	2(3)				
尾食弥三郎	貝塚	169	2	24.0 → 18.0	130	2(3)		406	2(3)	7.2			
三宅利平(利吉)	貝塚	123	2		230	(3)	21.6	231	2(3)	18.0	52	2(3)	12.0
稲葉三五郎	貝塚	104	2	21.6	261	(3)	21.6 → 18.0	168	2	18.0	189	2	18.0
西井甚七	貝塚	96	2(3)		223	2	18.0	238	2				
三宅政右衛門	貝塚				291	2		336	2	10.6	283	2	
米子岩吉(清治郎)	貝塚				166	2(3)		65	(3)	18.0	220	2(3)	10.8
田端治平(安太郎)	貝塚				6	2		304	2	18.0	141	2(3)	18.0
浮船与平	岸和田	403	2	18.0	2			5	(3)		10	2	18.0
珍斎治平	岸和田	252	2	21.6	河内弥平（岸和田）➞			15	2	18.0	276	2	16.2
川崎助次郎	岸和田	155	2		46	2(3)	18.0	135	2(3)	12.0	132	2(3)	
小門三治	岸和田	154	2(3)	14.4	45	(3)		86	(3)		218	2(3)	9.6
寺田利吉	岸和田	144	2(4)	16.2	66	(3)		117	(3)		101	2(3)	
川崎佐次右衛門	岸和田	86	2(3)		127	(3)		208	(3)		121	(3)	
番匠安太郎	岸和田				341	2(3)	21.6	261	2	18.0	324	2	18.0
阪上長五郎	岸和田				269	2(3)	21.6	82	2	18.0	8	2	
出山鉄三郎	岸和田				104	2(3)	18.0	142	2	18.0	34	2	18.0
山内勘三郎	高石	100	2	24.0	146	2	21.6	29	2	18.0	24	2	18.0

深井喜一郎	大津	1	(3)		220	(3)	21.6		辻本駒吉（上灘）➞		216	(3)	
金澤仁兵衛	大阪	379	3		270	3		190	3				
白藤嘉助	大阪				1,834	3							
高松定一	名古屋	269											

出所）明治15・19・22・24年「売留帳」（廣海家文書 A154, I033, I015, B039）より作成。

注記）主要販売先として，表で示した年に200石以上販売した相手，もしくは表で示した年に100石以上販売した年が2カ年以上あった相手について，表で示した年の販売内容を示した。販売量は，その年度に取引が完了した分を集計し，次年度繰越分は，次年度の販売量に加えた。販売量は，風袋引（重量）を引いた正味重量を集計した。販売先欄の括弧内は代替わりを示す。三宅利平は，1889年から利吉，米子は，91年から清治郎，田端は，89年から安太郎。左欄以外に販売先を示した場合は続けて括弧内で住所を示し，上灘は，岸和田・堺間の旧和泉国地域を示すと考えられる（表補10-3も同じ）。歩引欄は，期限設定取引での歩引き率を示し，括弧内は即金取引での歩引き率。延滞利率（延滞利息率）と，戻し利率は同じ利率で，年利換算して延滞利率欄に示した。延滞利率欄の→の左側は年の前半，右側は年の後半の利率。なお1889年は三州干鰯の販売が若干見られたが，重量が不明のためそれを除いて集計した。

利）。また、大阪荷受問屋が大阪肥料仲買商に肥料を販売した際に、仲買口銭を仲買商に渡したように[10]、廣海本店も肥料商に販売する際に、歩引きとして販売額の二％分（即金取引の場合は三％分）を割り引いた。廣海本店からみると期限設定取引より即金取引の方が代金を早く回収できるため歩引き率を高く設定しており、肥料商からみると、即金取引では歩引きのメリットが大きいが代金支払までの期限が短く、肥料商の代金支払能力に応じて即金取引と期限設定取引が使い分けられた。延滞利息は、一八八二年時点では年利二〇％以上の高利が設定されたが、泉南地域でも近代的金融機関が普及し始めた九〇年前後には年利一八％以下に低下した。ただし、廣海家は取引相手に応じて延滞利率を変えており、一八九〇年前後には貝塚・岸和田の有力販売先の延滞利率は相対的に低く設定した。

その後廣海本店と肥料商の取引関係は、一八九三年に大きく転換し、同年九月に廣海本店は貝塚・北近義（貝塚隣接）の肥料販売先二一軒（含干鰯店）と約定を結んだ[11]。そこには、「今般貴殿等ト拙店〔廣海本店――引用者〕ト立会協議ノ上、在来ノ取引上ニ付旧習慣ヲ廃シ更ニ左之条件ヲ約定ス」とあり、廣海本店が販売先への厘引として販売肥料一俵に付き一銭づつ渡すこと（第一条）と、廣海本店が販売した肥料一俵に付き三銭づつ肥料商側が出すこと（第二条）が決められ、「第壱条及第弐条ノ金員合計壱俵ニ付金四銭ヲ以テ貝塚肥料同盟中之積立ト見做シ拙店へ預リ置ク事」とされた（第三条）。積立金には利子が編入され、その「制限ハ駅逓局貯金利率ヲ標準トス」とされ（第四条）、さらに「積立金期限内ニ貴殿等同盟中ニ於テ拙店ヨリ購入シタル肥料代金ニ付自然未払者有之時ハ第一条及第弐条ヲ問ハズ其当人ニ対スル積立金ノ金額ヲ以テ未払金へ引去可申受事」とされた（第五条）。二一軒の肥料商は、井出平三郎、稲葉三五郎、酉井新助、沼野富七、尾食弥三郎、岡田儀平、河津四郎吉、上林辰三郎、米子清次郎、田端安太郎、鍋谷理平、仲谷久次郎、薬師芳松、前出善次郎、松田由松、花篤総次郎、澤清平、三宅政右衛門、三宅利吉、木谷小売店御中、廣海小売店御中で、稲葉・米子・鍋谷・澤は北近義村、その他は貝塚の肥料商であった。

この約定の要点は、肥料商が積立金を前もって廣海本店に預け、肥料代金未払の場合、積立金を肥料代金に当てることで、廣海家が肥料販売代金未収のリスクを回避する意味をもった。この約定が結ばれた背景には、廣海本店の貝塚主要販売先との取引軒数が九〇年前後に減少し、貝塚での肥料販売が不安定になったことがあった（表補10-2）。表補10-3を見よう。この約定の結果、一八九〇年代後半に貝塚地域の肥料商との取引関係は安定し、比重には変動があったが、貝塚地域での取引相手の交代はほとんどなくなった。約定に基づく積立金も利息を含めて一八九四年末に約三五二円、九五年末に約六六三円、九六年末に約八〇七円と順調に蓄積された[12]。ただし、一八九六―九七年に井出平三郎・薬師芳松・稲葉三五郎の肥料代金の未払が嵩み、積立金が取り崩されて補塡された[13]。その結果、それ以降、井出平三郎との取引はなくなり、薬師芳松への肥料販売量は、約四―五石と非常に少なくなった[14]。

またこの時期は歩引き率が変更され、一八九四年八月に即金取引の歩引き率が三％から二％へ、期限設定取引の歩引き率が二％から一％へ引き下げられた（表補10-3）。それとともに延滞利率が引き上げられ、一八九三・九四年頃は販売先の代金未払のリスク回避に廣海家は力を入れた。一八九三年は大阪肥料市場で、船持商人の組合と荷受問屋組合との交渉の結果、問屋口銭・仲買口銭率が引き下げられ、その影響で廣海本店も問屋口銭率を下げており（第3

章を参照)、船持商人との取引において廣海家が保持していた近世来の慣習に基づく諸権利が失われつつあった。そのことが、一八九三年から廣海家が産地直接買付を試みる背景にあったと考えられるが、販売面でも近世来の慣習が大きく変化し、九三・九四年は廣海家の肥料取引において仕入・販売の両面で大きな転換点となった。

ただし、前述の廣海本店と貝塚肥料商との約定は、一八九七年の積立金取り崩しの影響もあり、九八年三月に解約された。約定では、廣海本店と廣海小売店（干鰯店）は比較的自立した経営体として扱われたが、この約定の解約後に干鰯店の実質的な本店への内部化が図られ、一八九九年から干鰯店の損益が帳簿上翌年度に一旦本店に付け替えられ、本店から干鰯店への貸しとして干鰯店に渡される形態となった（第1章を参照）。なお約定の相手先に挙げられた木谷小売店は、木谷七平の小売店と考えられ、一八九〇年代まで廣海本店の主要販売先であったが、一九〇〇年代に廣海家との取引関係はなくなった。

木谷小売店だけでなく、一九〇〇年代になると廣海本店の有力な肥料販売先軒数が減少し、廣海本店は特定の肥料商に集中して販売するに至った（表補10-3）。近世来の慣習であった歩引きは、一九〇一年後半に即金取引でも一％に引き下げられ、〇五年時点では歩引きそのものがなくなるとともに、即金取引のメリットがなくなったためほとんどの取引が期限設定取引となった。廣海本店が大阪・兵庫の肥料商から仕入れた際の歩引き率は、一八八九年は三％、九三年は二％であり、九三年に前述のように大阪肥料市場で問屋口銭・仲買口銭率が引き下げられたことに併せて三％から二％に引き下げられたと考えられるが、九六年にはそれが一％に引き下げられており、また九〇年代後半から廣海本店は北海道商人から肥料を仕入れ始めたが、その際には歩引きはなかった（廣海家店員が直接北海道へ出張して買い付けた場合〔北海道直買〕は、一九〇三年以降二％の歩引きがあった）[15]。それゆえ、廣海本店が肥料販売に際して歩引きを行う根拠は一九〇〇年代にはなくなっていた。さらに延滞利率も年利一〇％前後まで引き下げられ、取引形態の近代的標準化が図られた。そして販売先軒数が減少した分、干鰯店への販売が増大し、干鰯店への販売の比重

表補 10-3　1894-1905 年廣海本店肥料主要販売先一覧

（単位：販売量は石，歩引・延滞利率は%）

販売先	住所	1894 年				1896 年			1901 年				1905 年		
		販売量	歩引 a	歩引 b	延滞利率	販売量	歩引	延滞利率	販売量	歩引 c	歩引 d	延滞利率	販売量	歩引	延滞利率
干鰯店(廣海小売部)	貝塚	1,418	(3)	(2)		541	(2)		1,507	(2)	(1)		1,777	0	
三宅政右衛門	貝塚	361	2	1		225	1		571	1	1	12.2(11.2)			
西井新助	貝塚	334	2(3)	1	14.4	245	1	10.8 → 14.4	302	1	1	9.0 → 14.4	429	0	9.0 → 13.0
松田由松	貝塚	255	2(3)	(2)		151	1(2)		344	2(2)	1	9.0	278	0	9.0
井出平三郎	貝塚	203	2(3)	1	14.4	16	1(2)								
尾食弥三郎	貝塚	184	2(3)	1	12.0	58	(2)		163	2(2)	1(1)				
稲葉三五郎	貝塚	159	2	1	16.2 → 18.0	52	1	16.2	11	(2)	(1)	16.2	110	0(0)	12.6
上林辰三郎	貝塚	146	(3)	1	14.4	27	(2)		244	1(2)	1	9.7 → 9.0			
鍋谷理平	貝塚	120	2(3)	1(2)		79	1(2)	10.8 → 7.2	190	1(2)	1(1)	10.8	275	0(0)	9.0
沼野冨七	貝塚	116	2(3)	1	12.0	80	1						466	0	9.0 → 10.8
米子清二郎	貝塚	114	2(3)	1	14.4	261	1(2)		226	1(2)	1		327	0(0)	9.0
木谷七平	貝塚	95	(3)			248	2(2)								
花篤総次郎	貝塚	73	(3)			162	1(2)	9.0	125	1(2)			242	0	12.6
松村長平治	岸和田	434	2	1(2)	10.8 → 12.6	203	1	12.6							
番匠安太郎	岸和田	245	2(3)	1	14.4 → 18.0	75	1(2)	14.4	3	(2)					
糀野儀平	岸和田	204	2(3)	1	14.4 → 18.0	151	1	14.4	142	1	1	10.8 → 14.4	422	0	12.5
小門三治(寅太郎)	岸和田	175	2(3)	1	14.4	129	1	10.8	122	1	(1)	14.4			
川崎助二郎(平右衛門)	岸和田	162	2(3)	1	14.4	59	1(2)		79	1	(1)	14.8	105	0	
河内弥平(楠太郎)	岸和田	121	2	1	14.4 → 18.0	114	1	14.4	128	1		10.8 → 14.4			
大家房次郎	岸和田	106	2(3)	1	14.4	83	1	10.8	20	1			402	0	9.0
辻定治郎	岸和田					50	1		130	1	1(1)		124	0	9.0
村田常太郎	上灘	174	(3)	(2)		108	1(2)	12.2							
宇澤甚三郎	上灘	109	2			157	1		363	1	1	14.4 → 9.0			
宇澤善太郎	上灘								253	1	1	9.0 → 14.4	194	0	9.3
秦幸(新五郎)	大阪	664	3	(3)		112	2								
川口平三郎	大阪	287	3						207	3					

出所）明治27・29・34・38年「売留帳」（廣海家文書I034, J150, K032, K029）より作成。
注記）主要販売先として，表で示した年に200石以上販売した相手，もしくは表で示した年に100石以上販売した年が2カ年以上あった相手について表で示した年の販売内容を示した。販売量はその年度に取引が完了した分を集計し，次年度繰越分は，次年度の販売量に加えた。ただし，1895年以降は前年からの繰越分の重量が不明のため，前年度の「売留帳」からそれを計算し，1905年については，前年度の「売留帳」が残されていないため，前年からの繰越分を除き，代わりに次年度への繰越分を加算して示した。販売量は風袋引（重量）を引いた正味重量を集計した。販売先欄の括弧内は代替わりを示す。小門は1896年から寅太郎，川崎は，1901年から平右衛門，河内は，1896年から楠太郎，秦は，1896年から新五郎。1894年の歩引aは7月までの，歩引bは8月以降の歩引き率。1901年の歩引cは7-8月までの，歩引dは，8-9月以降の歩引き率。歩引欄は期限設定取引での歩引き率を示し，括弧内は即金取引での歩引き率。延滞利率（延滞利息率）と，戻し利率は同じで年利換算して延滞利率欄に示した。延滞利率欄の→の左側は年の前半，右側は年の後半の利率。三宅政右衛門の1901年の延滞利率欄の括弧内は，戻し利率で，この年は延滞利率と戻し利率が異なった。

の増大は、廣海本店の売れ残りリスクの減少につながり、越年分を大阪・兵庫の肥料商へ販売して処理することもなくなり、大阪・兵庫への肥料販売の比重は減少した。ただし一八九〇年代後半に上灘地域への販売比重は増大しており、廣海家の販売圏は旧和泉国地域では広がった（表3-3を参照）。

（3）廣海干鰯店の肥料販売

干鰯店の農家への小売状況が判明する「留」は、一八八二（明治一五）―一九〇〇年しか残されておらず、その販売動向を表補10-4で示した。農家一軒当たりの肥料販売量は平均して年間二―三石程度で、販売の多くが現物前貸で行われ、魚肥が渡されて二―六カ月後に代金は決済され、秋に渡された魚肥の代金決済時期は翌年度に繰り越された場合が多かった。決済時期になっても代金が未払いの分は、ある程度まとまった時点で証文を入れて廣海家の農家への貸付金とされ、利息も含めてその額が巨額になると年賦金として返済計画がたてられた。表補10-4では、松方デフレ下の一八八〇年代前半に前年残貸額が増大し、八〇年代後半にやや減少した。松方デフレ期に干鰯店は土地取得を進めたが、残貸額の増大と土地取得に強い相関があるわけではなく、新規買入が多かったと考えられる（第3章を参照）。現熊取町域では、廣海家が土地所有した村の農家に対してと同様に、土地所有しなかった村の農家に対す

表補 10–4　廣海家干鰯店魚肥小売先の地域別推移

（単位：金額は円，量は石）

現行政区域		1882年					1886年					1890年					1900年				
		総軒数	前年残貸		魚肥販売		総軒数	前年残貸		魚肥販売		総軒数	前年残貸		魚肥販売		総軒数	前年残貸		魚肥販売	
			軒	金額	軒	量		軒	金額	軒	量		軒	金額	軒	量		軒	金額	軒	量
泉大津市域		13	9	143	5	16.9	4	1	10	4	27.3	8	3	27	8	16.4	8	3	10	8	27.3
和泉市域		1	1	5			6			6	14.5	5	2	16	4	5.6					
岸和田市域		16	11	124	9	11.0	26	10	84	19	120.9	35	10	990	28	200.2	23	4	170	22	88.4
貝塚市域	土地所有	91	47	1,080	49	73.9	96	55	1,092	48	113.7	66	26	409	46	139.6	53	14	228	48	101.5
	その他	26	16	284	13	23.8	5	1	50	4	11.1	34	7	221	27	46.6	16	7	218	14	55.5
熊取町域	土地所有	103	28	540	86	165.3	80	43	1,783	53	166.5	79	39	861	58	180.4	56	30	729	52	67.1
	(和田村)	(23)	(5)	(131)	(20)	(46.1)	(20)	(14)	(601)	(14)	(60.6)	(21)	(13)	(264)	(15)	(61.5)	(10)	(6)	(63)	(9)	(22.0)
	その他	90	19	325	75	115.9	98	55	872	62	173.7	68	39	582	43	86.8	36	17	231	33	57.3
泉南市域		1	1	4								3			3	4.5	3			3	4.5
泉佐野市域		8	5	41	4	12.2	12	8	126	8	20.2	13	7	117	11	28.4	10	5	114	9	17.7
合　計		349	137	2,544	241	419.0	327	173	4,016	204	647.7	311	133	3,225	228	708.9	205	80	1,701	189	319.4

出所）中西聡『近世・近代日本の市場構造』（東京大学出版会，1998年）第7-27表より作成。

注記）取引相手が連名の場合は1軒と数えた。貝塚市・熊取町の土地所有欄は，廣海家が1889年時点で土地を所有した村の農家への販売内容。1889年時点で廣海家は，現貝塚市域の鳥羽・清児・名越・三松・森・堀・神前・加治・橋本村，現熊取町域の野田・小垣外・久保・和田・小谷村，現泉佐野市域の鶴原・日根野村に土地を所有していた（明治22年「田畑宛米帳」〔廣海家文書A084〕）。（和田村）は内数として和田村の数値を示した。残貸金額には当年分利息は含めず。魚肥販売量には前年度からの売掛分は含め，次年度への売掛分は含めず。

る前年残貸額も増大しており、現貝塚市域では、土地所有した村でも前年残貸額はそれほど増大しなかった。

干鰯店と農家との関係を、先行研究で取り上げた和田村の事例で示す[16]。和田村（現熊取町域）は貝塚港の南約七キロメートルに位置し、廣海家は同村に耕地を所有し、一村で干鰯店の魚肥小売全体の一〇％前後を占め、干鰯店の主要な魚肥小売先地域であった（表補10‐4）。干鰯店と和田村農家との取引軒数は二〇―二三軒で、一八八二―九二年までほぼ同じ相手に干鰯店は魚肥を販売した。一八八二年時点で、和田村の取引相手への前年残貸額は全体で約一三一円であったが、この年の魚肥販売代金回収がかなり滞って次年度残貸が全体で約六三五円に急増し、八六年まで前年残貸額が全体で六〇〇―八〇〇円前後を推移した。そして残借を返済するため、一八八六年に二軒の農家が土地を廣海家に引渡し、以後廣海家から土地を借りて小作経営を行った。ただし、一八八〇年代前半の松方デフレ期は、米価と同様に魚肥価格も下落しており、必ずしも農民にとって不利とは限らなかった。大阪卸売物価でみた摂津米価格と、干鰯店が和田村農家に販売した鯡魚肥販売価格の下落率を比べると、一八八〇年代前半は、米価以上に魚肥価格下落率が大きく[17]、農家にとって魚肥と米との相対価格では有利な状況にあった。しかも、干鰯店は同じ時期に鯡魚肥を販売した複数の農家に対して同じ価格で販売し、若干の例外はあったが、村内で鯡魚肥消費者価格はほぼ一価的に決まっていた[18]。よって、この時期干鰯店への農家の残借が増大した要因を別に求める必要がある。

明治前期の泉南地域の農家は商業的農業として主に米作・棉作や麦作・菜種栽培を行い、副業として主に木綿を織った（序章を参照）。和田村農家でも、一八八四年に三軒の農家が種を廣海家に売却して債務を返済した[19]。大阪卸売物価の動向を見ると、和泉木綿・菜種油価格の一八八〇年代前半の下落率は、鯡〆粕（鯡魚肥）価格下落率以上に大きく、松方デフレは菜種栽培や家内副業としての木綿織りに大きな打撃を与えた。さらに一八九〇年代に鯡魚肥価格は回復したが、菜種油・繰綿・木綿価格はいずれも回復せず、大阪近郊ではその後棉花・菜種生産は衰退した。そのため、干鰯店の和田村農家への残貸額は一八九〇年にも全体で約六八七円が残った。一八八六年の次年度残貸繰越額が全体で約八〇三円に対し、九〇年時点の前年残貸額は全体で約二六四円で、松方デフレ後に残貸額が減少したが、この間に少なくとも約三〇〇円の貸付金が償却されており、結果的に九二年には、各農家への魚肥販売量に格差が見られ、全く魚肥販売が行われず、残貸のみが記載された農家が増えた。ただし、一八九〇年に増えた残貸額はかなり返済が進み、九二年時点の前年残貸額は全体で約一七〇円になった。その要因として、残貸への利率が引き下げられたことがある。一八八〇年代前半に干鰯店は農家への残貸に年利一八―二四%の利率で利息をかけた。特に残貸額の大きい相手に対して利率を高めに設定しており、大部分が年利二〇%を上回った。しかし一八九〇年代になると年利一三―一八%の範囲で利息がかけられ、農家の残借金の利息負担はかなり軽減された。

廣海本店が肥料商に販売した際に設定した延滞利率も、一八八〇年代は年利一八―二四%で、九〇年代後半は年利一五%前後であり（前掲表補10-2・3）、干鰯店の残貸金利率と平仄があった。ただし、一九〇〇年代になると前者は、銀行借入金利率の影響を受けたと考えられ、年利一〇%前後まで低下したのに対し、干鰯店の残貸金利率は、一九〇〇・二〇年代でも年利一二%を維持した。[20] その結果、廣海家の肥料販売において、肥料商への販売よりも干鰯店を通した農家への販売の方が有利な状況が、金利面でも形成されるに至った。

（4）明治期泉南地域農業と廣海家の肥料販売

明治期の廣海本店の主要肥料販売先は、近世来の仲買仲間商人から仲間外商人へ転換した最幕末・維新期、近世来の肥料商から明治期に登場した肥料商に転換した松方デフレ期、肥料販売先が減少して干鰯店への販売比重が増人した一九〇〇年代の三つの転換期を辿った。

この転換は、泉南地域の農業の展開と密接にかかわっていたと考えられる。すなわち、最幕末・維新期は、近世来の特権を徐々に失って経営的に苦しくなった旧肥料仲買仲間商人と幕末期に市場流動化のなかで成長した仲間外の肥料商との競争で、主に前者から後者への転換が進んだと考えられ、泉南地域で幕末維新期に棉作・菜種栽培により商業的農業が進展するなかで、特に仲間外の肥料商が農家への小売業務へ進出しつつ成長したと言える。しかし一八八〇年代前半の松方デフレは、前述のように米作よりもむしろ棉作・菜種栽培といった商業的農業により強い打撃を与え、近世来の肥料商は、肥料販売代金の回収が困難になったと考えられる。廣海家や木谷のように資金力のあった卸商は、新たな販売先を確保するなどして乗り切ったであろうが、小売商には、廣海本店からの肥料買入代金未納のまま、廣海本店との取引がなくなったり、激減したりしたものがかなりいた(21)。

そのため廣海本店は干鰯店への販売量を増大するとともに、新たな肥料販売先を確保したが、新たな肥料販売先との取引関係も安定しなかった。それは、前述のように松方デフレ後にも棉花・菜種価格が回復せず、泉南地域で棉作・菜種栽培が衰退したことが影響していた。一八八〇・九〇年代は前後の時期に比べて泉南地域の肥料需要が相対的に減少した時期と考えられ、特に九〇年代後半の廣海家の肥料取扱量は低迷した（第3章を参照）。そのなかで廣海本店は販売代金未収のリスク回避のために貝塚地域の肥料商と新たな約定を結びつつ、旧和泉国北部地域や、蜜柑作地域であった和歌山県への肥料販売網の拡大を試みた（表3-3を参照）。さらに廻船を利用して一八九四年に約二五二石、九六年に約一三二石の肥料を瀬戸内方面へ販売した(22)。その意味で、一八八〇・九〇年代の廣海家は肥料販売方法を模索していたと言える。その状況が大きく転換したのが一九〇〇年代後半以降で、泉南地域でも蜜柑作が盛んとなり、玉葱生産が急増し（表11-3・6を参照）、米・玉葱・蜜柑を中心とする新たな商業的農業が泉南地域で花開いた。そして、廣海家は北海道直買を再開し、北海道商人からも直接仕入れて肥料取扱量を増大させ（第3章を参照）、販売面では、干鰯店を介して直接に農家へ肥料を販売することが中心となったのである。

注

（1）平野茂之『大阪靭肥料市場沿革史』（大阪府肥料卸商業組合、一九四一年）六二頁。
（2）万延二年「干鰯売留帳」（廣海家文書Y〇四〇）。なお複数の相手連名への販売は、人数分で割ってそれぞれに加えた。
（3）安政六年「干鰯売日記」・明治一六年「売日記」（田中市兵衛家文書、大阪大学経済史経営史資料室蔵）。

(4) 前掲平野茂之『大阪靫肥料市場沿革史』五九—六二頁。
(5) 明治一一年「売留帳」(廣海家文書A〇六二)。
(6) 中西聡(拙著)『近世・近代日本の市場構造』(東京大学出版会、一九九八年)二七四—二七六頁を参照。
(7) 明治一八年「万買帳」・明治一九年「売留帳」(廣海家文書A一五六、I〇三三)。
(8) 明治二七年「万買帳」・明治二七年「売留帳」(廣海家文書K〇一六、I〇三四)。
(9) 明治一五年「売留帳」(廣海家文書A一五四)の船積座より(船積座については第1章を参照)。
(10) 大阪肥料市場では、幕末期以来、問屋口銭が六%で、うち半分の三%分が仲買口銭として仲買商に渡されていたが、一八九三年に問屋口銭が四%に引き下げられ、うち半分の二%分が仲買口銭として仲買商に渡されることになった(第3章を参照)。
(11)「預り金記入帖」(廣海家文書ZA〇八七)。後に前出は阪上松右衛門に、澤は高槻岩尾に交代。
(12) 同右。
(13) 井出平三郎の積立金約三五円、薬師芳松の積立金約五円、稲葉三五郎の積立金約三六円でそれぞれ清算された(同右)。
(14) 一八九六年が約四石、一九〇一年が約五石(明治二九・三四年「売留帳」(廣海家文書J一五〇、K〇三三))。
(15) 一八八九—一九〇六年の「万買帳」(廣海家文書)より。
(16) 以下の記述は、中西聡(拙稿)「幕末・明治期畿内肥料市場の展開」(『経済学研究(北海道大学)』第四七巻二号、一九九七年)二九三—二九五頁を参照。
(17) 以下の記述のうち、価格の下落率の比較は、同右、表一一による。
(18) 同右、表一二による。
(19) それぞれ種五石六斗九升、種二石六斗二升、種一石八斗を渡して返済した。
(20) 一九〇〇年代に廣海家は、貝塚銀行・住友銀行等より年利六—七%で資金を借り入れていた(一九〇〇年代の「万覚帳」(廣海家文書))。また干鰯店の残貸金利率は、一九一〇・二〇年代の「大福帳」(廣海家文書)より。
(21) 例えば若木久次郎は、廣海本店からの肥料買入代金未納分約八〇〇円を一八八五年からの年賦払いにし、以後廣海本店との肥料取引がなくなった。種島徳次郎・岸上清七・薮野伊平・仲谷伊平・珍斎治平に対しても、一八八二年時点ではいずれも廣海本店は一〇〇石以上の肥料を販売していたが、松方デフレ期に廣海本店とそれらとの肥料取引はなくなるか取引量が激減した(補表10-1・2、明治一九年「売留帳」(廣海家文書I〇三三))。
(22) 明治二七・二九年「売留帳」(廣海家文書I〇三四、J一五〇)の船積座より。

第11章　近代泉南農業の変容と廣海家

井奥成彦

はじめに

本章は、近代に入ってからの廣海家を取り巻く経済的環境の変化に対して、廣海家がどのように対応したかを見ようとするものである。

序章でも触れられているごとく、近世の泉南地域は日本で最も綿作の盛んな地域の一つであり、それに伴って家内工業的な綿織物業が発達していた。そういった状況は明治に入ってからもしばらくは引き継がれたが、企業勃興期以降の泉南地域の工業化はめざましく、例えば明治末には力織機工場が急速に増え、綿織物業は在来産業から近代産業へと脱皮していった[1]。このことに象徴されるように、泉南地域の産業の中心は近代に入ってから、特に二〇世紀に入る明治後期以降農業から工業へとシフトしたと言え、一つにはこの工業化という事態が廣海家を取り巻く経済的環境の変化としてあらわれた。そういった事態に廣海家がどう対応したかについては、すでに本書第1・4・5章などで検討されている。簡単にまとめれば、同家は商業経営（肥料取引）よりも有価証券投資に比重を置くという一つの対応を見せたのである。同地域の商工業が急伸する状況を見て、機敏な反応を示したと言ってよいであろう。

一方、そういった状況の中でこの地域の農業が衰退したかと言えばそうではなく、工業と比べれば相対的地位は低下したが生産の絶対額は増やしつつ、米や綿を中心とする農業から現代につながる米と都市近郊栽培としての蔬菜や果樹を中心とする農業へと変貌を遂げるという、農業内部での変化が見られた。このことは肥料商を営んだ廣海家にとってはこの地域のもう一つの重要な経済的変化と位置づけることができるように思われる。そこで本章では、そのような泉南地域の農業構造の変化の中で、肥料商としての廣海家がどのような動向を見せたのかについて見ていきたい。

第一節　明治後期—大正期における泉南地域の農業構造の変化

先述の通り、企業勃興期以降、泉南地域では急速な工業化が起こり、二〇世紀に入る頃から生産額で工業が農業を上回るに至った（序章を参照）。以後農工間で比率は急速に開いていったが、農業も決して衰えたわけではない。表11-1を見てみよう。泉南郡の農業生産額は明治後期から大正初期にかけて二〇〇万円台から四〇〇万円台へと伸びた後、しばらくの間頭打ちの感があるが、大正後期以降七〇〇—一、〇〇〇万円台で推移した。この間、多少の波はあるものの長期的にはむしろ伸びていったと言ってよいだろう。もちろん、これらの数値はその年の価格によるもの、すなわち「名目」の数値であり、この間の農産物価格の上昇によるところが大きい。しかし、この間の泉南郡の農産物生産額の推移は農産物価格指数の推移を上回っているし[2]、この頃の農民が消費者としての側面よりも生産者としての側面をより強く持っていたことをも考えると、この間泉南郡農民の実質所得は上昇したと考えられ、後にも述べるように、そのことは彼らに有利に働いたものと思われる。

次に、この間の同郡の耕地面積の推移を見てみると、田畑ともに大きな変化はなく、総計で八、〇〇〇町歩台後半でほとんど変わっていない[3]。また表11-2により、この間の同郡の農家戸数の推移を見てみると、明治後期の一万二、〇〇〇―一万三、〇〇〇戸台から大正末には一万一、〇〇〇戸台へと漸減傾向が見られるが、さほど大きな変化ではない。また全戸数に占める農家戸数の割合は明らかに減少している。言い換えれば、総戸数から農家戸数を引いたいわば非農戸数が増えているのであり、このことは工業化に伴う戸数増を示していると言える。このあたりに工業化の影響を見て取ることができる。

以上のことがらを合わせ考えれば、この間に単位面積当たりの生産額、一戸当たりの生産額は増えていったことがわかり、前者についてはより効率の良い農業、後者については一戸当たりの農家所得の増加が進行していたことを読みとることができる。これらのことがこの地域の農家にとってより多くの肥料、あるいはより高価な肥料を購入する誘因になったことは

表 11-1　泉南郡における産業別生産額の推移

（単位：円）

年	農産物	畜産物	林産物	鉱産物	水産物	工産物
1902	2,243,111	–	–	–	–	2,241,721
07	3,463,993	–	–	–	–	4,097,301
12	4,665,523	53,388	114,558	–	599,197	19,059,303
13	4,864,216	46,965	109,546	–	636,302	24,775,159
14	3,440,222	51,262	156,358	–	599,723	22,957,645
15	3,660,119	59,086	98,912	–	442,456	42,887,984
16	3,983,365	87,425	71,105	33,841	459,184	106,964,527
17	4,808,930	145,243	125,352	26,670	742,892	67,320,264
20	11,773,001	235,476	255,749	48,058	1,482,387	87,718,870
22	7,888,970	308,607	160,513	–	998,084	94,186,985
27	7,724,270	443,818	324,584	–	1,017,070	119,241,674

出所）各年『大阪府統計書』より作成。

表 11-2　泉南郡における農家戸数の推移

年	総戸数(a)	農家戸数(b)	b/a(%)	内，専業農家数	内，兼業農家数
1883	22,347	14,182	63.9	–	–
84	22,285	13,731	61.6	–	–
87	15,486	12,702	82.0	–	–
97	18,552	13,249	71.4	–	–
1912	21,829	12,321	56.4	7,286	5,035
14	23,256	12,354	53.1	7,285	5,069
17	21,118	11,912	56.4	7,144	4,768
20	31,416	11,589	36.9	6,738	4,851
25	27,982	11,445	40.9	6,529	4,916

出所）各年『大阪府統計書』，『大阪府農地改革史』（大阪府，1952 年）189 頁より作成。

表 11-3　泉南郡における玉葱作付反別・収穫高の推移

年	作付反別（町）	収穫高（貫）	価額（円）
1901	94.5	227,510	11,426
07	407.4	977,516	45,526
12	392.6	1,419,000	171,919
14	647.3	2,623,440	167,854
17	546.5	2,019,850	247,522
20	790.3	4,137,263	798,894
25	1,401.1	6,929,036	1,016,419

出所）各年『大阪府統計書』より作成。

十分に考えられることである。

次に、泉南郡で生産されていた農作物について見てみよう。表序-2に見られるように、明治後期から大正期にかけて、農産物の中では米が常に三分の二程度の生産額を占めてトップを維持しており、金額的には終始最も主要な農作物であったと言えよう。その作付反別・収穫高は、明治後期から大正期にかけて六、〇〇〇町歩台後半、一五万石前後とほとんど変化は見られず、大正末に至って作付面積が六、〇〇〇町歩台を割り、若干縮小の兆候が見られるといった程度である。[4] 麦も、表序-2で、生産額の推移を見ると相場の変動によって大きく変わったりもしているが、収穫高は五万石台で比較的安定的に推移した後、大正末に四万石余へと急激に減少している。大正末の作付反別の減少はさらに激しく、四、〇〇〇町歩台から二、〇〇〇町歩台へと半減している。[5]

最も変化が激しかったのは「食用農作物」、「特用農作物」、「果実」に分類されているものである。「食用農作物」には豆類や、この後この地方の特産物として成長していく玉葱（葱頭）[6]など根菜類などが含まれ、大正期の間に急速に生産額を伸ばしている。表11-3により、泉南郡における玉葱生産の推移を見てみよう。二〇世紀に入ってから最初の二五年の間に作付反別で一五倍、収穫高で三〇倍、生産額で一〇〇倍と、どの数値を見ても、明治後期から大正期にかけて急速な伸びを見せたことが一目瞭然である。一町歩当たりの価額を、例えば麦と比較してみると、麦が一九〇一（明治三四）年に六五円程度であったのが二五（大正一四）年に三三〇円程度になっているのに対し、[7] 表11-3からわかるように、玉葱は一九〇一年の一二〇円程度から二五年には七〇〇円以上にまでなっており、それぞれ経費がどれほどかかっていたかという問題はあるにせよ、どの年代においても玉葱は麦などと比べて単位面積当たりの価額が二倍程度にもなっている。従って、「麦作を廃して玉葱作となし生姜作を増加し或は工業用に供するテーセルを栽培する等最近十数年間農業状態に著しき変化を来し[8]（後略）」ということになり、大正末に至ると玉葱の生産額が麦の生産額を追い抜いた[9]のは当然と言えよう。

表 11-4　泉佐野地域各村における主要作物作付反別の推移

（単位：反）

村	年	米	麦類	豆類	芋類	甘蔗	菜種	西瓜	玉葱	甘藍
佐　野	1900	2,835	1,374	330	215	133	1,358	－	15	－
	05	2,810	1,500	237	222	62	655	－	130	－
	10	2,864	1,335	248	265	37	71	103	248	28
	15	2,663	1,468	493	278	18	65	138	528	－
	20	2,464	1,152	553	118	13	25	187	991	181
	25	2,196	320	275	117	－	3	326	2,216	325
	30	1,984	57	307	82	－	3	208	2,123	257
	35	1,769	87	90	78	－	1	162	1,678	306
日根野	1900	3,227	1,499	138	－	10	1,848	15	10	－
	05	3,338	2,982	212	－	20	1,132	21	120	－
	10	3,310	2,604	232	－	5	390	4	105	－
	15	3,240	2,398	495	60	－	13	55	340	7
	20	3,212	1,528	398	32	－	3	88	687	13
	25	2,819	739	263	43	－	－	90	1,256	85
	30	2,578	384	163	37	5	－	107	1,702	125
	35	2,654	440	82	32	7	－	86	1,921	210
南中通	1915	1,147	505	98	97	52	－	23	901	－
	20	1,259	458	89	89	49	－	30	621	52
	25	977	168	15	68	－	－	－	642	27
	30	1,088	58	20	41	24	－	15	969	78
	35	972	123	17	39	35	－	35	1,243	103
長　滝	1915	1,800	1,043	490	63	－	13	300	300	－
	20	1,870	756	462	42	12	－	41	537	58
	25	1,507	373	89	29	－	－	87	1,312	86
	30	1,322	184	212	22	15	－	96	1,250	86
	35	1,371	211	58	30	12	－	68	1,174	145

出所）『泉佐野市史』復刻版（泉佐野市役所，1980 年）373 頁第 47 表より作成。

表11-4は泉佐野地域各村における主要作物の作付反別の推移を示したものであるが、作付反別においても玉葱が麦類を抜き、米に勝るとも劣らぬ状況となっており、この地域での玉葱生産の伸びを象徴していると言える。

泉州の玉葱と言えば今では一大特産物となっているが、その栽培の起源について、一九一七（大正六）年刊の『泉南記要』は次のように記している。「本郡土生郷村坂口平三郎が明治十七八年頃大阪植物試験園又は神戸外国商館に出入の際種子を持

表 11-5　泉南郡における菜種・実綿生産の推移

年	菜種反別（町）	菜種収穫（石）	菜種価額（円）	実綿反別（町）	実綿収穫（貫）	実綿価額（円）
1901	1,511.2	11,640	91,668	35.2	9,412	5,771
06	1,470.0	10,010	90,090	24.0	9,600	7,200
07	1,012.8	7,177	78,059	15.4	3,850	2,887
08	893.5	6,284	63,854	15.0	3,900	2,730
09	674.2	4,348	43,926	3.0	1,500	1,200
10	627.3	4,370	44,544	3.0	1,500	1,200
12	306.1	2,117	25,256	—	—	—
13	149.6	1,059	12,152	—	—	—
17	205.8	1,360	21,446	—	—	—
20	96.4	777	16,732	—	—	—
25	24.2	154	2,408	—	—	—

出所）各年『大阪府統計書』より作成。

帰りたるに起因す其後麻生郷村岸和田村に伝播し更に田尻村に移り今は殆ど全郡普及す就中田尻村の土質は最も之に適し従て産額多く（後略）」。[10]

一八八四（明治一七）―八五年頃に始まった泉南郡における玉葱生産が、まさに本章で対象としている時期に急速な伸びを見せ、現代の当地農業のあり方の原型が形づくられたのである。

なお「食用農作物」の大部分は、「特用農産物」や果実とともに、大正末には統計上、「園芸・工芸作物」に分類されることとなった。

「特用農産物」は菜種・綿・煙草などを含む。これらの作物は『泉南記要』（一九一七年版）における次の記述に見られるように、いずれもかつてこの地域の特産物であったが、当該期においてはすでに衰退過程に入っている。「明治の初め現今作付するもの〻外木綿煙草を本郡の重要物産として数へ就中煙草は新家又は木積煙草は其名高かりしも今や其跡を絶ち甘蔗も亦各地盛んに栽培せしも何れも不引合のため漸次区域を縮少するに至れり」。[11]

明治後期から大正期、菜種や綿の生産額はいずれも大きくはなく、しかも表11-5に見られるように、いずれの数値も急激に縮小している。実綿は大正期に入ると泉南郡では統計上皆無となり、[12] 菜種の生産も大正末にはごくわずかになっている。かつてこの地域の主要な作物であった菜種や綿は、生産額を大幅に減らしていったという意味で、この地域の農業にとって重要な変化があったといってよいだろう。

「果実」では蜜柑その他柑橘類の生産が圧倒的であった。泉南での蜜柑栽培自体は江戸期から盛んであったが[13]、表11-6に見られるようにそれらの生産額は大正期に入ってから増大した後、大正末年には生産を落とすものの、価額的には一定の存在感を示している。なお『大阪府統計書』での分類では、蜜柑は大正末以降は「園芸・工芸作物」の中に入っている。

以上のように、結局大正末時点で農産物のうち最も生産額が多かったのは米、次いで「園芸・工芸作物」であり、後者の中心は玉葱（葱頭）その他蔬菜類と蜜柑であった。明治後期から大正期にかけて、泉南郡の農業は、かつての米・麦・綿・菜種を中心とするいわば近世型商業的農業から、第10章補論で述べられているような移行期の試行錯誤を経て、米・玉葱・蜜柑を中心とする近代型商業的農業へと転換を遂げていったということができよう[14]。そしてこのことは、序章第一節で述べられている「産業としての農業」の成立と軌を一にしていたと見られるのである。すなわち近世型商業的農業においては綿・菜種といった、加工品を農家の家内工業で作るという農工未分離の状況であったのが、近代型商業的農業においては、加工部門が力織機による綿織物業などに分化し、農業は加工を目的とせず直接消費を目的とする農産物を作って市場へ出すことを専らとするという、農工分離の状況が見られるに至った。このような農業構造の変化に廣海家はどのようにかかわり、その商業経営（肥料取引）はどのような展開を見せたのであろうか。節を改めて検討してみたい。

表11-6　泉南郡における蜜柑生産の推移

年	作付樹木数	生産量（貫）	価額（円）
1907	554,451	1,490,130	196,710
10	481,450	1,086,825	163,025
12	497,029	1,415,272	178,593
13	532,887	1,812,896	198,160
16	454,185	3,477,518	280,099
20	413,310	1,111,442	277,407
25	289,922	805,904	207,492

出所）各年『大阪府統計書』より作成。

第二節　泉南郡農家の作物・肥料選択と廣海家の肥料売買

明治—大正期の廣海家の商業経営を見ると、この間肥料取引の絶対量にさほど大きな変化はない。表11-7によると、年間の肥料販売量はだいたい六、〇〇〇—八、〇〇〇石台を中心に推移している。一九一〇（明治四三）年からは多木肥料（人造肥料）もその中に含まれるようになるが、取扱肥料の中では魚肥が圧倒的なウェイトを占めていた。[15]また廣海家で本格的に大豆粕を取り扱うようになるのは一九二一（大正一〇）年以降であるが、魚肥中心の状況に変わりはなかった（第3章を参照）。

この地域を代表する肥料商としての廣海家の肥料の取引量に大局的には大きな変化がなかったことは、前節で述べたような、この時期の泉南地域の農業生産が衰えていなかったことと相関しているごとくである。しかし、日本国内で肥料の主流が魚肥から大豆粕、化学肥料へと変わっていく中で、同家の取扱肥料の中で魚肥が根強く残ったことは注目に値する。それは、一つには、いわば作物との相性の問題などもあったからと思われる。

当時の肥料学の書である川島禄郎『肥料学』は、「培養秘録には……海鰮《ママ》は小魚なりと雖天地自然の霊物にして凡そ稲と草綿とを作て豊熟せしむるの効は此れに及ぶ物ある事なし（中略）と説きあり[16]」と、近世の佐藤信淵の農書『培養秘録』に鰯が稲と綿に最適であることが記されていることを紹介し、さらに、「魚肥類は（中略）概して窒素及燐酸を含み、其窒素の効能は硫安の夫れに匹敵し、其燐酸の肥効は骨粉の夫れに伯仲し、何れの土壌何れの作物にも適し、品質優良なる生産物を挙る。其窒素の価格は菜種粕の窒素と共に、現今販売肥料中最も高価なる故、果樹其他特殊作物にして生産物の価額が比較的高価に、且品質の良否に依り其市価に著大なる高下ある物に対しては、魚肥を施用して尚充分なる収益あるべきも、稲麦等普通作物の肥料としては全く経済的で無い。魚肥類を柑橘に施せば、生産せる果実は其果皮滑沢緻密にして薄く、之を手にする人をして先づ其食味を唆らしむるものあり、味も亦大体甘酸宜しきを得て居る処から、従来是を単用する者が多かった[17]（後略）」と、魚肥の成分の充実ぶりを紹介するとともに、果樹など高価で、品質によって価格に著しい差が出る作物に対しては、高価で高品質な魚肥を施用して良い品質のものを作るだけの価値があるが、稲・麦など「普通作物」の肥料とするには、（費用対効果を考えると）経済的でないとしている。そして特に柑橘類に魚肥を施せばほどよい甘味と酸味が得られるとされ、その効用が説かれている。さらに、「大豆粕が我農界に紹介せらるるや、当時其価の廉なると窒素偏質的なるとに依り其施用量を誤り、思はざる失敗を演じたる一部の農家は、魚肥類に対して真価以上の信頼を篤くし、且魚肥類は果樹其他一般作物に施して品質優良なる生産物を挙ぐるを以て、現今菜種粕と共に所含窒素の価格は硫安の窒素に比し二倍以上なるに拘らず、尚本邦肥料界に於て、厳として特殊地位を占めて居る[18]」と、大豆粕は成分が窒素に偏っているのに安いからといってその施用量を誤り、思わぬ失敗をしたために魚肥に真価以上の信頼をおく農家があったことが紹介されている。

表 11-7　廣海家肥料販売量の推移

（単位：石）

年	販売量	年	販売量
1872	7,927	1905	6,244
78	7,437	10	6,836
82	8,533	11	6,714
86	8,601	12	7,246
89	6,115	13	6,803
96	4,465	14	4,792
1901	6,717	15	5,501

出所）1905 年までの数値は表 3-3，1910 年以降の数値は各年「万買帳」（廣海家文書）による。

注記）多木肥料は 1 叺＝0.25 石で魚肥は 40 貫目（重量）＝1 石で換算。

以上の例は、特に泉南地域のみに限って述べているわけではなく、一般論として述べているのであるが、例えとして出されている作物や肥料を見ると、まるで泉南地域のこととして語っているかのごとくである。このように、魚肥は、「普通作物」の生産に使用するには経済的でないというきらいはあったものの、肥効という点では米と綿を中心とする近世の泉南地域においても、果樹や玉葱など上記書物でいう「特殊作物」を中心とする近代の泉南地域においても最適であったことがわかり、需要者（農家）側から見れば、近世から近代へと時代が移り変わる中で主要商品作物が転換しても、上記のような魚肥の特性から、一貫して魚肥を求めるという側面

表 11-8　1910（明治 43）年，大阪府下肥料分類別売買比率

（単位：%）

	魚肥類	油粕類	窒素質肥料	燐酸質肥料	カリ質肥料	配合肥料	その他	計
大阪市	58.7	7.2	26.3	4.0	0.5	0.7	2.6	100
堺　市	11.3	82.8	0.4	0.9	0.1	1.7	2.8	100
西成郡	2.4	6.6	－	－	－	－	91.0	100
東成郡	54.0	8.5	－	－	0.9	－	36.6	100
三島郡	75.5	7.0	0.2	0.4	－	12.4	4.5	100
豊能郡	73.1	11.2	0.8	1.2	－	10.7	3.0	100
泉北郡	18.0	56.3	－	8.6	－	17.2	－	100
泉南郡	78.9	6.5	0.3	0.3	0.1	10.4	3.5	100
南河内郡	0.6	89.6	－	2.2	0.1	6.6	0.9	100
中河内郡	4.6	53.6	0.3	0.3	－	0.1	41.1	100
北河内郡	8.6	61.6	0.8	0.2	1.5	3.3	24.0	100
府全体	54.4	14.7	21.3	3.5	0.5	2.0	3.6	100

出所）明治 43（1910）年『大阪府統計書』より作成。
注記）「その他」は骨血類など。

が一つにはあったのではないかと思われる。事実，一九一〇年の『大阪府統計書』によると，泉南郡の魚肥使用率は他地域に比べて圧倒的に高い（表11-8）[19]。

そのことは，当該期のこの地域の実際の肥料使用例からも裏付けられる。前掲『泉南記要』（一九一七年版）ではいくつかの作物について一反歩当たりの収支計算がなされているが[20]，それによると，蜜柑一反歩当たりの収入は六四円，それに対して支出は四六円五〇銭，従って純益は一七円五〇銭となっている。支出のうち最も大きいのは肥料代で一九円四〇銭，次いで人夫賃の一六円八〇銭，資本金利子の六円と続く。肥料の内訳としては鯡粕が二〇貫で八円四〇銭，菜種粕が二〇貫で四円，その他敷草が五〇〇貫で五円，土人[21]が一〇〇荷で二円となっており，魚肥の金額が最も大きい。また玉葱については，一反当たりの収入五六円七〇銭，それに対して支出は四一円六〇銭，純益は一五円一〇銭となっており，支出のうち肥料代は二二円五〇銭，他に人夫賃一三円二〇銭，種子代三円五〇銭などが挙げられている。肥料の内訳は，魚肥が二五貫，硫曹が二〇貫，厩肥が一五〇貫，それに糞尿（量の記載なし）となっている。いずれの肥料も金額の記載はないが，魚肥の金額は蜜柑の例から見て一〇円程度にはなると見られる。また，玉葱ほどではないがやはり泉州の名産の一つとされる生姜の例もあげられており、一反当たりの収入一四四円、支出一二七円四〇銭、純益一六円六〇銭、支出のうち約六八円分は用途が不明であるが、肥料代は三五円で、うち魚肥が四〇貫で二〇円と、過半を占めている。

以上の例は一九一七年のものであるが、この書に記されているどの作物を見ても大豆粕の使用例は挙げられていないし、化学肥料は玉葱では用いられているが、蜜柑では用いられていない[22]。ちなみに魚肥は、他に紹介されているすべての作物で用いられている。また一九一八年の山直村の農家副業品調査によると、筍栽培の最も主要な肥料として鯡粕があげられている[23]。さらに時代はやや下るが、一九三三（昭和八）年南掃守村の経済更生基本調査によれば、同村での肥料の購入額で最も大きいのは魚肥の三二、二三四円で、二位の配合肥料の七、一九九円を大きく引き離しており[24]、同村経済更生計画での堆肥・厩肥・人糞尿等の自給肥料及び硫安等の廉価な肥料の使用を奨励していたのと裏腹な結果が出ている。また一九三八年に至ってすら、東葛城村の経済更生実行状況成績を見ると、購入肥料で最も金額が大きかったのは魚肥の五、八一二円で、二位の化学肥料の二、八九七円をやはり大きく引き離していた[26]。このように、昭和初期の農山漁村経済更生運動で自給肥料や廉価な肥料が奨励されたにもかかわらず、なお当該地農村で魚肥志向がおさまらなかったことは興味深い。

以上のような泉南地域農家の魚肥志向の前提として、第一節で述べたように、農業所得の増加ということがあったことを忘れてはならない。つまり、当該期泉南地域の農家に、高価な肥料を買うことのできる十分な基盤ができていたということである。そしてそのような当該地域農家の志向とその生産する作物が、廣海家の魚肥を中心とする肥料売買を規定していたという側面があったことは否定できないであろう。

第三節　廣海家と後背農村

序章や第3章でも述べられているごとく、近代における廣海家の商業は問屋業務から仲買業務、さらに小売業務へと重心を移していったのであるが、当該期は小売業務に重点が置かれるようになった時期である。ここでは流通の「川下」に当たる地域との関係や取引形態が従来とどのように変わったかを明らかにしたい。

明治中頃から廣海家では、「干鰯店」を通しての後背農村への小売の比重を高め、多少の紆余曲折はあったものの、二〇世紀に入ると、本店から干鰯店への販売量は魚肥販売量全体の約四分の一にまでなった。そしてその後もその比重を増やし続け、一九二一（大正一〇）年には干鰯店への魚肥販売額は全魚肥販売額の四分の三にまで達し（表3-3）、翌年、干鰯店は本店へ内部化するに至っている。まさに小売が肥料販売のメインになっていったのである。

この間の廣海家の地域別小売販売戸数の推移を見ると、表11-9のごとくである。同家の小売拡大志向は、販売戸数の増加というかたちで表れているとともに、明治末から大正半ばぐらいまでの一時期ではあるが泉南地域を超えて紀州にまで販売域を拡げていることにも表れている。ただ、同家の市場開拓は闇雲に行われたものではなく、特に居ながらにして情報の入りにくい遠方の市場を新規に開拓するに際しては、情報を収集しながら慎重に取引先を選んでいた。次の史料は、一九〇六（明治三九）年に廣海家が新しい取引先を探すに際し、すでに取引関係のあった紀州の肥料商に、ある人物の情報提供を求め、それに応じてその肥料商が廣海家の店員吉助に送った返書である。

［史料一］

（前略）御申越之件、財産向委敷事ハ取調之上ならでハ御答申兼候得共、常ニ聞及居候ハ、田地壱町六七反歩ハ所有致居られ候由、是も爰十数年已来ニ拵へたる事ニて、已前ハ僅カ二三反歩位ノ小百姓ニ有之候、右反歩ハ重ニ本田ニて、畑地ハ交り無之候、地所ハ先ツ中の上ニて、現今之時価平均壱反歩弐百五拾円位ニ直打有之候、外ニ居宅も我所有ニ御座候
本人之気質ハ余り好ましからざる方ニて、何事ニも理強ク、殊ニ利益之為ニハ義理人情を云ざる風ニ付、自然地方之気受も宜しからさる評判ニ御座候、農業之傍ら口入業をも致候ハ、、時々我地方へも参り候付、人物人柄等ハ克ク相分り居候、中々油断之出来さる人ニ御座候[27]

このように、廣海家では、目当ての人物の経済状態のみならず、人物評価をも加味して、新たに取引先に加えるかどうかの判断をしていた。

また、この間の廣海家の後背農村への小売状況を示す史料として、「在方貸付調査帳[28]」（大正四―一四年）および「各種統計[29]」（大正一五―昭和一四年）がある。これは、「大福帳」をもとに、およそ数カ月ごとにその時点での干鰯店の各方面への貸付金残高を記したものである。第3章でも述べられているように、廣海家は基本的に、農家に対して肥料の前貸販売を行っていた。すなわち先方に先に肥料を渡し、その代金は貸勘定とし、農家が作物を売るなどして代金が支払えるような状況になれば、利子とともに代金を回収していたのであった。その時々の貸付金の存在状況を大まかな地域ごとに示したものが表11-10である。ただ、即金での販売ももちろんあった。先にみた表11-9は、「大福帳」をもとにすべての小売販売の戸数を表にしたものである

表11-9　廣海家肥料小売販売戸数の推移

年	1905	1909	1915	1921	1928
現泉大津・和泉市域	17	1	57	31	5
現岸和田市域	94	95	250	200	165
現貝塚市域	120	76	226	357	544
現泉佐野市域	77	59	192	154	239
現熊取町域	146	136	227	194	440
紀州諸在	0	1	11	6	0
その他	28	17	29	14	16
総　計	482	385	992	956	1,409

出所）中西聡「近代日本における地方集散地問屋の商業経営展開――大阪府貝塚町廣海家の事例」（『経済科学〔名古屋大学〕』第49巻4号，2002年）81頁表5より作成。

表 11-10　廣海家干鰯店の貸付残高

	1915年2月		1916年4月		1917年6月		1919年6月		1920年8月		1921年8月		1923年9月	
	戸数	金額	戸数	金額	戸数	金額	戸数	金額	戸数	金額	戸数	金額	戸数	金額
同業者	3	943	5	937	6	1,297	2	211	1	256	※	※	—	—
現泉大津・和泉市域	10	435	5	102	13	447	14	894	※	※	※	※	※	※
現岸和田市域	156	16,746	132	13,500	83	6,147	74	8,673	70	9,889	60	6,261	49	7,476
現貝塚市域	167	7,662	183	7,905	167	8,533	185	12,741	116	8,934	116	5,538	82	6,444
現泉佐野市域	66	4,054	76	3,670	63	7,336	68	8,071	18	1,512	10	554	22	2,737
現熊取町域	108	4,881	153	8,321	122	6,395	128	11,025	101	14,165	62	6,764	73	7,299
現泉南市域	17	917	12	1,028	12	1,318	13	1,066	—	—	—	—	—	—
紀州諸在	4	228	9	232	9	555	3	146	1	63	—	—	—	—
その他	114	4,664	114	3,241	72	3,830	99	5,882	94	8,805	83	7,645	214	19,289
総　計	645	40,530	689	38,936	547	35,858	586	48,709	401	43,624	331	26,762	436	43,245

	1924年(月不明)		1929年8月		1930年4月		1931年9月		1932年9月		1938年6月		1939年8月	
	戸数	金額	戸数	金額	戸数	金額	戸数	金額	戸数	金額	戸数	金額	戸数	金額
同業者	—	—	不明	※	—	—	※	※	—	—	—	—	—	—
現泉大津・和泉市域	7	2,506	不明	※	4	1,407	5	956	3	846	—	—	4	800
現岸和田市域	68	12,221	不明	19,683	125	20,062	96	11,234	52	11,669	88	9,424	43	4,549
現貝塚市域	116	8,477	不明	10,178	197	11,943	131	6,808	123	5,265	不明	5,939	116	8,779
現泉佐野市域	74	9,334	不明	8,922	85	6,582	59	4,950	79	5,930	90	7,258	74	8,149
現熊取町域	150	13,827	不明	18,654	298	21,146	218	12,367	215	10,125	189	12,813	162	9,253
紀州諸在	—	—	—	—	—	—	—	—	—	—	—	—	—	—
その他	150	15,656	不明	7,895	62	6,525	38	1,831	67	1,029	88	8,577	34	4,329
総　計	565	62,021	不明	65,334	771	67,667	548	38,152	505	34,866	不明	44,005	433	34,321

出所）「在方貸付調査帳」（廣海家文書，J158），「各種統計」（同，F035）より作成。
注記）金額の単位は「円」。なお小数点以下は切り捨てた。※印は，この地域の村がこの地域だけの分類としては出てこず，他地域の村と合算されているので「その他」に含めてある。各欄の合計と帳簿の「総計」欄とは合わない場合がある。

が、表11-10と重なる一九一五年と二一年について、それぞれの戸数の「総計」を比較してみると、前々から継続している貸付金もあるだろうから貸付残高のある戸数がその年の前貸販売の戸数とイコールということにはならないかもしれないが、一九一五年の場合はざっと三分の二、二一年の場合はざっと三分の一が前貸販売であったとみてよかろう。しかも即金による商いは「一本」のみ購入するケースもあるなど小口の商いの場合が多かったから、それを考えれば流通の「川下」との主要な取引形態はやはり前貸販売であったといってよいだろう。

さて、以上を前提に、表11-10を見ていくことにしよう。まず「同業者」への貸付金残高が多い年でも一、〇〇〇円台、貸付金残高の総計に対する比率が高い時でもわずか二―三％台にすぎず、一九二三年九月からはその欄すらもなくなっている。上で述べたようにこの帳簿があくまでも前貸による商いの帳簿であり取引のすべてを示すものではないことを考慮に入れても、肥料商としての廣海家の問屋あるいは仲買商としての性格がすっかり薄れていることが、このことからも窺える。干鰯店から「同業者」へ売られた以外に、本店から「同業者」へ売られた部分があったかもしれないが、上で述べたように、この頃本店から干鰯店に販売された比率は四分の三もあったのだから、たとえ本店から干鰯店へ販売されなかった四分の一の部分のすべてが「同業者」へ売られていたとしても、後背農村への小売には全く及ばない。

次に、これらの帳簿には「同業者」以外は大まかな地域分類(30)ごとに、貸金勘定のある家の戸数と貸付金額が記されているのであるが(31)、その範囲は相当広範囲に及んでいる。具体的には現在の泉大津市・和泉市・岸和田市・貝塚市・泉佐野市・熊取町・泉南市・田尻町、それに紀州にまで及んでおり、しかも前掲表11-9によれば、「在方貸付調査帳」が作成されるようになった一九一五年頃から、それまでの三〇〇―四〇〇戸台から一、〇〇〇戸前後へと販売先が急増している。この帳簿が作成されるようになったのも、あまりに販売戸数が増えたのを整理する目的があったからかもしれない。

ここに来て廣海家は、泉南地域の多数の農家に立脚するようになったという意味で大肥料商となったのであるが、根本的には小売業務を主体とするようになったことで、銀行よりの買入資金の借入から農家よりの販売代金の回収・銀行への返済までの間が長くなり、その分利息支払が増加し、結局廣海家は肥料売買によっては大きな利益を上げることはできなかった。このあたりについてはすでに第3章で述べられているので、ここでは詳述しない。

ちなみにこの間、表11-9に見られるように販売戸数を増やすなか、貸付金残高は三万円台から四万円台で安定的に推移した後、大正末に急増した（表11-10）。そして表には掲げていないが一九二七（昭和二）年四月の八万九千円をピークに、昭和恐慌期に高い水準で推移し、以後肥料商の終息へ向けて、貸付残高も減少の方向へ向かっていった。一方、前貸販売の戸数は当初の六〇〇戸台から三〇〇—四〇〇戸台へと一旦減少し、大正末に増えている。そういった中で、販売はしだいに現岸和田市・貝塚市・泉佐野市・熊取町域といった、廣海家の居所に近い地域に集中の度合いを高めていっているように見受けられる。これらのことが何を意味しているのかは、今後の課題である。

第四節　廣海家と産業組合

さて、昭和に入ると、一般的に肥料商は産業組合との関係が問題となってくる。[32] 生産物の販売と生産・消費財の共同購入を仕事とし、流通過程を合理化しようとする産業組合自体は明治末から存在していたが、特に昭和恐慌下で疲弊した農村を救済しようと、一九三二（昭和七）年に「産業組合拡充五か年計画」が政府により打ち出されて以来、その活動が活発化するとともに、流通過程から排除される従来の商人からの「反産運動」もさかんになっていった。しかし一九三七年、日中戦争が勃発すると、以後は戦時体制ということで本格的な経済統制が始まり、そのような対立が不可能な状況となった。

ただ、肥料商と産業組合との関係は、個々にはさまざまなケースがあったものと思われる。廣海家の場合、産業組合との関係はどうであったのだろうか。若干のデータと史料をもとに、考察してみたい。

表11-11は、前述の一九三二年をはさんで、その前後の三〇年と三五年とで廣海家から産業組合への肥料販売量がどのように変化したのかを示したものである。これによると、まず廣海家から産業組合への肥料販売は、「産業組合拡充計画」以前から、全販売量の中で相当の比率を占めていた（一九三〇年は約三割）が、「拡充計画」以後さらにその比率が増えている（三五年は四割強）ことがわかる。すなわち一般的な動向とは裏腹に、廣海家はむしろ産業組合を得意先としていっていると言っても過言ではない状況があった。すなわち明治末から大正にかけて小売にウエイト

を置くようになっていた廣海家は、昭和に入って産業組合が台頭すると、そちらを介しての販売のウエイトを高めていったのである。

廣海家と産業組合との関係をもう少し立ち入って検討するために、廣海家に数多く来ている、産業組合からの取引依頼に関する葉書のうち、いくつかをみてみよう。

表 11-11　廣海家よりの販売先別肥料販売量

（単位：俵）

	1930（昭和 5）年	1935（昭和 10）年
産業組合以外	22,548	20,626.5
産業組合	9,414.5	14,595
［産業組合分の内訳］		
北出組合（現忠岡町）	50	100
下原・信太信用組合（現和泉市）		221
内畑・山瀧信用組合（現岸和田市）		1,087
麻生郷組合（現貝塚市）	168.5	431
脇浜組合（〃）	187	
木積組合（〃）	223	
石才実行組合（〃）		205
三ツ松実行組合（〃）		114
木島組合（〃）		350
畠中組合（〃）		120
高田組合（現熊取町）	56	154
朝代組合（〃）		407
小垣内組合（〃）		196
小谷組合（〃）		110
日根野組合（現泉佐野市）	673	308
日根野・東上組合（〃）	1,050	572
土丸組合（〃）	808	19
大木信用組合（〃）	992	
上ノ郷下村組合（〃）	475	335
長瀧実行組合（〃）	1,100	
上ノ郷・母山組合（〃）	1,008	761
俵屋実行組合（〃）	161	78
野々地蔵組合（〃）	10	262
布地蔵実行組合（〃）	259	221
上ノ郷中村組合（〃）		509
佐野西実行組合（〃）		1,240
上ノ郷上村組合（〃）		420
上ノ郷・机場組合（〃）		550
佐野東農事実行組合（〃）		1,054
新家・別所組合（現泉南市）	465	
信達信用組合（〃）	572	
下原・出村組合（？）	1,155	4,422
その他	2	349

出所）各年「註文帳」（廣海家文書，C146・C147）より作成。
注記）組合名の後に括弧書でその組合の地域が現在の市町区分のどこに位置するかを示した。

【史料二】
豊年大豆粕入札之件（中略）明十日午後七時本村詰所ニ於て右執行仕候条、遠路御迷惑とは存じ候へ共（中略）御出席相成度（後略）
（一九三六年一月九日付、吉見産業組合安宮善太郎よりの葉書）[33]

【史料三】
（前略）近日当地方へ御越之節ハ御立寄願ひ度、右者鰮粕之件ニ付、尚先日御依頼申上置候個人購入之件も共々願ひ上候（後略）
（同年三月一六日付、布地蔵組合代表神藤寅松よりの葉書）[34]

【史料四】
（前略）今豊年豆粕、鰊粕は御在庫に御坐候哉、御在庫なれば近々の内に荷車を持って参上致す可く候間、一寸御返事被下度（後略）
（同年五月二一日付、上之郷村上村組合野中亀松よりの葉書）[35]

これらによると、廣海家は産業組合へ入札というかたちでかかわりを持っていた場合もあるが、産業組合の側から荷車で買い付けに来る場合もあったこと、産業組合の代表が同時に個人購入の申し入れをもしているといった、取引の実態の諸相が知られる。入札が行われたということからは、廣海家にとって競合の相手がいたことが想定できる。産業組合からすれば、競争は、（肥料を購入する）農民に有利なように取り計らおうとしたものであろうが、一方で直接買い付けをするケースもあったわけである。いずれのケースに関する葉書も他にも残っているが、どちらの形での取引の量が多かったのか、数量的に知ることはできない。それぞれの組合によって、廣海家とのスタンスには差があったということであろう。しかし残存している史料の限りでは、史料三や四に象徴的なように、現泉佐野市域の産業組合は概して廣海家に対して下手に出ており、組合としても個人としても、廣海家に依存していたように見受けられる。このことは、表11-11で、廣海家から産業組合への販売のうちで現泉佐野市域の組合が圧倒的比率を占めている事実と符合する。

以上のように、廣海家と産業組合とは強い結びつきがあったと言ってよいだろう。実際、廣海家が反産運動を行ったような形跡もない。すなわち廣海家と産業組合との関係は、この時期の一般的な状況とは違ったものであったと言えよう。では、仮にそうであったとすれば、なぜそのようになったのかが次に問題とされなければならないが、これについては、一つには、廣海家はこの時期までに泉南地域を代表する大肥料商になっており、先に紹介したように他との競合があったふしは見受けられるにせよ、この地域の産業組合は全体として肥料の仕入を廣海家に依存しないわけにはいかなかったことが考えられる。廣海家としては、それまでの農家への小売、すなわち直接販売に傾斜していた流れが、かなりの部分産業組合を介して農家に売るという流れに変わることになったわけであるが、産業組合が廣海家に対立ないし対抗する存在として現れたわけではないので、その意味で廣海家に、産業組合に反発する理由はなかったということであろう。

おわりに

以上、明治後期—大正期、世紀で言えば二〇世紀の第一四半紀の泉南地域の農業生産状況とその中での廣海家の肥料売買を、第3章では廣海家の側から論じたのに対し、ここでは農村ないし農家の側からの視点を重視して描いてみた。総括すれば以下のごとくである。

明治後期から大正期という時期は、泉南地域にとって、工業化と農業構造の変化という、二つの意味での経済的環境の転換期であったが、その中にあって廣海家は、配当収入への傾斜を示し、そちらに圧倒的な比重を置くようにはなるが、本来的な家業である肥料売買は維持した。否、むしろ積極的に営業を拡大すらしていった。しかも一般的な肥料の使用傾向、すなわち魚肥から大豆粕、化学肥料へという流れに逆らって、魚肥へのこだわりを見せ続けたようにも見受けられる。ちょうどこの時期は四代惣太郎が当主になった時期でもあり、そこには独特の家業意識と積極性があったのかもしれないが、一方で米と玉葱・蜜柑を主要生産作物として選択して収益をあげ、実質所得を高めつつ、高価な魚肥を主要な肥料として選択したという泉南郡農村の事情も考慮に入れる必要があるように思われる。時代は下るが、泉南郡農村の魚肥志向は、昭和初期の農山漁村経済更生運動で自給肥料や廉価な化学肥料が奨励されるなかでも変わらなかった。それだけ、日本の他地域と比べてこの地域は生産力が高く、豊かであったということとなのであろう。

そういった明治後期以降の流れの中で、廣海家は問屋業務から仲買業務へ、さらに小売業務へ、そして産業組合が台頭するようになってからはかなりのウエイトをそちらへ、と重心を移していった。その過程で泉南地域を包括する大肥料商となったわけである。前貸で小売を行うなか、肥料売買は廣海家の経営にとって必ずしも大きな利益をもたらさなかったのではあるが、客観的には泉南地域の農業の「産業化」、農工分離に少なからぬ貢献をしたと評価できるであろう。

注

（1）阿部武司「明治期における地方企業家——大阪府泉南地方の場合」（『大阪大学経済学』第三八巻一・二号、一九八八年）。

（2）大川一司ほか『長期経済統計8　物価』（東洋経済新報社、一九六七年）二二頁所収図二—一の農産物価格指数と本章表11-1の泉南郡農産物生産額とを対照した。本章第一節では、一九二二年の市制施行後の岸和田市域も泉南郡に含めて表を作成した。

（3）各年『大阪府統計書』による。
（4）同右。
（5）同右。
（6）玉葱は資料により、「葱頭」の語で出てくることがある。本章でよく用いている『大阪府統計書』では「葱頭」で出てくるが、本章では一般的に用いられる「玉葱」で統一することとする。
（7）各年『大阪府統計書』による。
（8）『泉南記要』（大阪府泉南郡役所、一九一七年）二六頁。
（9）表序-2における麦の生産額と表11-3における玉葱のそれとを比較されたい。
（10）前掲『泉南記要』（一九一七年版）四一頁。
（11）同右、二六頁。
（12）前掲『泉南記要』（一九一七年版）には「明治十五六年乃至二十二年の間に至り復棉花を栽培するものなく随て手紡の業絶へ」とある（同書七五頁）が、統計で見る限りこれは正確ではない。但し実質的にはそれに近い状況が生じていたということなのであろう。
（13）前掲『泉南記要』（一九一七年版）によれば、泉南郡域で初めて蜜柑が栽培されたのは有真香村で、温州蜜柑は寛政年間（一七八九―一八〇一年）に岸和田藩が清国温州から苗を取り寄せて領内で栽培させたのが初めであるという。その後温州蜜柑は、その甘味と虫害の少なさから、従来からあった紀州蜜柑を圧倒するに至り、明治初期にはすでに大阪市場で名声を博していたという（同書三五―三六頁）。
（14）『大阪府農地改革史』（大阪府、一九五二年）には、ある泉南郡自作農家（所有田地九反一二歩、畑地一反六畝九歩）の大正末から昭和初期にかけての経営事例が紹介されているが、それによると、各年の収入総額と、そのうちの玄米による収入、玉葱による収入は表11-12のごとくであった（同書二一七頁）。このように、各年の収入の大部分を米と玉葱で占め、そのどちらが収入が多いかは年により違っていた。
（15）一九一〇―一五年の廣海家買入肥料のうち多木肥料の比率は、買入開始年の一九一〇年（四・八％）を除いてだいたい二〇％前後であった（各年「万買帳」〔廣海家文書〕による）。
（16）川島禄郎『肥料学』（地球出版、一九二九年）二六五―二六六頁。

表11-12　泉南郡自作農家の収入事例

（単位：円）

年	収入総額	内，玄米による収入	内，玉葱による収入
1924	1,388.89	596.16	416.70
25	1,899.41	1,104.90	651.21
26	1,049.80	319.03	508.50
27	918.68	251.10	513.00
28	1,719.15	693.61	824.68
29	1,806.77	508.37	1,120.00
30	1,003.47	359.04	214.41

(17) 同右、二八二頁。

(18) 同右、二六七頁。

(19) 残念ながら、『大阪府統計書』でこの種のデータが得られるのはこの年のみである。

(20) 同書三七－四四頁に蜜柑、玉葱、それに甘藍、生姜、テーセルの例が挙げられている。

(21) 客土のことであろうか。

(22) 前掲『泉南記要』（一九一七年版）三七－三八、四一－四四頁。

(23) 岸和田市史編さん委員会編『岸和田市史』第八巻史料編III（一九八〇年）三二二－三二三頁。

(24) 同右、七〇八－七〇九頁。

(25) 同右、七二六－七二七頁。

(26) 同右、七六七頁。

(27) 廣海家文書B〇五四－三－六一、一九〇六（明治三九）年一〇月一七日付、廣海店吉助宛書簡。

(28) 廣海家文書J一五八。

(29) 廣海家文書F〇三五。

(30) これらの帳簿での地域分類は、単に「〇〇村」と、当時の単独の行政区画で表現されている場合もあるが、「〇〇・△△・□□」などと、数カ村を一括りにしている場合もある。分類が大ざっぱな年もあり、表中の「その他」の欄の数値が多くなっているケースは、現在の複数の行政区画にまたがる分類のしかたが多くなっているためである。なお一九二五（大正一四）年から二九（昭和四）年五月にかけては、村名はほとんど記されていない。

(31) 戸数が記されていない月もあるが、表11-10においては、できるだけ戸数・金額両方の記載のある月を選んで掲載した。

(32) 肥料商と産業組合との関係の一般論については、石井寛治『日本流通史』（有斐閣、二〇〇三年）第一八章に要領よくまとめられている。また産業組合ないし反産運動に関する研究としては、同書「注」に掲げられている諸研究のほか、最近のものとしては森武麿『戦間期の日本農村社会――農民運動と産業組合』（日本経済評論社、二〇〇五年）がある。

(33) 廣海家文書F〇八二－二－一八八。

(34) 廣海家文書F〇八二－二－一五二。

(35) 廣海家文書F〇八二－二－二〇二。

第12章　近世後期の手形流通と両替商

西向宏介

はじめに

商家の経営構造を分析する場合、商品取引の動向を明らかにすることと並んで、決済の構造を明らかにすることは重要な課題である。諸色問屋としての廣海家の経営を見た場合、貝塚・堺・大坂の各地の両替商との取引が米穀・肥料取引を支える基盤となっていたことが分かる。本章では、こうした廣海家における両替商取引の動向について、特に手形流通の構造に注目しつつ明らかにしていくことにする。

近世の両替商に関する研究は、一九〇三（明治三六）年刊行の吉岡源七『両替商沿革史』[1]を嚆矢とし、『大坂商業史料集成』における両替商関係史料の編纂を経て、松好貞夫や飯淵敬太郎らの研究成果が発表された[2]。また、作道洋太郎・新保博らがこれら初期の研究を批判的に検討しつつ、手形流通や大坂両替商を中心とする信用制度の性格について研究を進めていった[3]。もっとも、両替商仲間全体の構造や具体的な金融活動の実態、特に大両替以外の本両替経営にとって大きな比重を占めた商人相手の取引やそこでの手形流通の実態については、その後長く研究は進まなかった。しかし近年になって、これらの課題を大きく進める成果が発表されるようになった。中川すがねは、大坂本両替仲間を中心に、振手形流通や得意先との取引を通じて、銭屋や無株の銭屋的素人も含めた大坂の巨大な信用体系の形成を明らかにした(4)。また、石井寛治は維新期を対象に、江戸・京都・大坂の手形市場の動向を明らかにし、特に「維新期大坂の手形市場」で、廣海家における両替商取引の分析も進めつつ、大坂手形市場の周辺への広がりと維新期における変化を明らかにした(5)。

本章では、これらの成果を踏まえながら、廣海家の諸色問屋経営を支えた両替商取引のあり方を具体的に考察しつつ、大坂周辺地域における手形流通の実態とその変化を明らかにしたい。その際、先の石井論文との関係から、本章では特に幕末開港以前の動向に注目し、手形流通が最も活発に行われていた時期の貝塚・堺・大坂の各両替商との取引の実態を解明する。また、石井論文では廣海家開業以降における両替商取引の年次的変化が必ずしも明らかでないため、廣海家と両替商との取引関係の性格変化にも注目して言及する。

第一節　泉州における手形流通

まず、廣海家における両替商取引の動向を分析する前に、貝塚を含めた泉州一帯での手形流通の状況について触れておきたい。

近世における振手形の流通範囲については、吉岡源七の次のような指摘が知られている。

〔史料一〕

近国の商人は言ふに及ばず、中農以上のものは大抵大坂両替の取引をせざるものなき勢ひなりしが、就中其盛んに行はれし地方は、兵庫・西ノ宮・今津・鳴尾・灘目・伊丹・池田・岸和田・貝塚・茨木・高槻等を以て最とす。斯

れば該地方の人々互に諸払ひを為すに当ても、大阪へ振出しの手形を以て些の故障もなく受渡を為したる程なり。(6)

この見解については、かつて作道洋太郎が、これらの地域で何らの支障もなく大坂両替商宛の振手形が授受されたとする点に疑問を呈し、さらなる史料の博捜を求めていたが、(7) さきの石井論文によって、少なくとも幕末期には、西は兵庫から南は貝塚一帯に至るまで、大坂両替商宛の振手形流通が実態として存在したことが明らかになっている。(8)

ところで、振手形とは、もともと大坂で独自に発達した手形であり、両替商に預金を有する者が、取引先などに対して両替商を名宛人にして振出したもので、両替商相互でも振出されたとされる。一六九二（元禄五）年の井原西鶴『世間胸算用』には、すでに振手形による決済が行われていたことや、すぐには換金されずに一般の人々の間で流布していたことが記されており、(9) この頃には大坂で活発に授受されていたことがうかがわれる。しかし、周辺地域ではいつ頃どの範囲まで流通したのかは定かでない。

泉州での振手形の具体的な流通状況を示す事例は少ないが、廣海家が諸色問屋を開業する一八三五（天保六）年以前には、すでに活発に流通していた。廣海家文書に残る一八二四（文政七）年諸色問屋嘉中惣太郎名義の「金銀取渡通」(10) によると、住吉屋源之助(11) との取引において、三—五月と八—一一月に大坂両替商宛の振手形を授受していたことが分かる。名宛人に記された両替商は、銭屋（「銭佐」）のほか、鴻池重太郎・堺屋次郎兵衛・大文字屋弥兵衛と堺の両替商具足屋孫兵衛であり、特に銭屋宛の振手形が多く、全体の半数以上を占めていた。このように、貝塚の諸色問屋では、廣海家の開業以前から大坂両替商宛の振手形を盛んに決済手段として用いていたことがうかがわれる。

また、銭屋の取引範囲については、中川すがねが銭屋の「判鑑帳」をもとに考察しており、大坂嶋之内・南船場地域の得意先を多く持つ一方、京都・兵庫・灘・池田・堺・貝塚・八尾・大和今井・近江などの商人とも取引していたことを紹介している。(12) この「判鑑帳(13)」について、さらに子細に見てみると、貝塚の取引先として名前が見えるのは諸色問屋の大岡彦十郎であり、廣海の名は見られない。後に述べるように、実際には銭屋と廣海家は取引関係にあったが、嘉永期までで一旦取引を終了しており、そのことが関係していると思われる。ただし、廣海家以外の貝塚諸色問屋が銭屋と取引関係にあったことは注目に値する。このほか「判鑑帳」によると、廣海家の穀物・肥料販売先である泉州佐野浦の覚野兵蔵も銭屋の取引先であり、また堺では、和泉屋久兵衛のほか酢屋善兵衛・木戸利兵衛・河内屋治兵衛など、取引関係を持つ商人が数多く存在したことが分かる。さらに大和でも、郡山の加勢屋伝七のほか少なくとも三カ所の取引先商人が存在したことは注目される。この「判鑑帳」には、取引先ごとに振手形の雛形が貼付されており、以上の取引先が振手形の取引範囲であったとすれば、実際の手形の流通範囲は、吉岡が述べた範囲より、さらに広がるものと思われる。

なお、貝塚に隣接する泉州佐野浦については、豪商として知られる食野家が、正徳年間には大坂両替商助松屋と結びつき、加入貸による大名貸を行っていたことが明らかにされている[14]。また、食野家と手形流通とのかかわりについては、一八一三（文化一〇）年の海保青陵「稽古談」に次のような記載がある[15]。

〔史料二〕

扨、振手形トイフモノアリ。為替手形ノルイ也。鴻池ノ店ヨリウケトルベキ金ヲ、金デ請取ズニ、手形ニテ請取也。或ハ飯ヘフル、加島屋ヘフルトシテ、右ノ手形ヲ飯ヘモチテユキテモ、加島屋ヘモチテユキテモ、金ニナルコトユヘニ、請取リタル人スグニ金ニセズニ、外ヘ金ヲヤルベキトキニ、右ノ手形ヲヤル。金ヲ請取ベキ人モ、右ノ手形サヘアレバ、イツデモ金ニナルユヘニ又外ヘヤル。是ヲフリ手形ト云。

この中の「飯ヘフル」とは、恐らく食野家の大坂店であると思われるが、これまで述べてきたことを踏まえれば、佐野の食野家においても、大坂店や取引先両替商を通じて、文化期には活発な振手形の授受を行っていたことは想像に難くないところであり、貝塚や堺なども含めた泉州一帯での振手形流通の展開を推察することができる。

第二節　廣海家における両替商取引の動向

次に、廣海家における両替商取引と手形流通の動向を考察していくことにする。

廣海家と両替商との取引については、廣海家文書に残る「万覚帳」にまとめられている。「万覚帳」は、同家をめぐる様々な金銭貸借について取引先ごとにまとめたものであり、万延—慶応期が欠落しているが、それ以前については比較的よく残っている[16]。この帳簿の冒頭部分に貝塚・堺・大坂の各両替商との取引内容が記載されており、次に米穀・肥料取引先との取引代金決済にかかわる貸借が記され、さらに廣海家が雇用する店員への給銀支出や頼母子講にかかわる金銭貸借が記されている。

以下では、この「万覚帳」の分析を中心にしつつ、廣海家と両替商との取引について、取引金額や種類（現金・手形・銀札）の年代的推移を概観する。また、嘉永期に着目して、両替商の信用供与のあり方や手形を媒介とした決済の構造を述べていくことにする。

（1）両替商取引の年代的推移

まず、表12-1で取引金額の全体的な動向をおさえることにする。

廣海家が地元貝塚において得意先としていたのは、小間物屋（信貴）孫次郎であった。小間物屋は貝塚北之町の町年寄三人のうちの一人であり、大坂の本両替商小橋屋彦九郎を親両替として、貝塚周辺の多くの商人と取引関係を結

表 12-1　廣海家と両替商との取引金額の動向

（単位：銀匁）

両替商			1841年（天保12）	1842年（天保13）	1844年（弘化元）	1846年（弘化3）	1850年（嘉永3）	1851年（嘉永4）	1852年（嘉永5）	1854年（安政元）	1855年（安政2）	1857年（安政4）	1860年（万延元）
貝塚	小間物屋孫次郎	出	116,891	119,596	48,552	196,608	434,442	442,571	481,265	527,462	408,858	860,598	258,461
		入	114,801	114,454	56,213	331,677	414,095	446,520	476,401	508,837	408,839	793,583	255,239
	星野新右衛門	出			55,196	28,762	7,000			24,613			
		入			50,353	29,952	13,905			301,950			
	貝塚合計	出	116,891	119,596	103,748	225,370	441,442	442,571	481,265	552,075	408,858	860,598	258,461
		入	114,801	114,454	106,566	361,629	427,999	446,520	476,401	810,787	408,839	793,583	255,239
堺	具足屋孫兵衛	出	663,447	516,462	523,732								
		入	707,328	500,828	490,833								
	具足屋半兵衛	出				845,760	491,707	661,851	622,978	475,027	240,535	575,848	514,985
		入				1,107,586	572,510	645,364	687,034	555,284	262,226	562,958	521,016
	堺合計	出	663,447	516,462	523,732	845,760	491,707	661,851	622,978	475,027	240,535	575,848	514,985
		入	707,328	500,828	490,833	1,107,586	572,510	645,364	687,034	555,284	262,226	562,958	521,016
大阪	鴻池重太郎	出		40	40	40	40		40	979,286	1,015,050	689,645	924,426
		入								932,475	1,008,044	668,968	960,189
	銭屋宗兵衛	出	835,601	576,073	373,126	485,060	1,447	1,447	153		153		
		入	1,012,505	506,163	382,052	789,453	1,600	1,600		153			
	銭屋佐一郎	出	382,253	573,941	384,883		1,024,809	902,244	1,103,416				
		入	449,629	463,110	273,869		1,035,617	863,322	1,176,990				
	米屋三十郎	出										672,350	850,271
		入										710,191	844,079
	播磨屋忠兵衛	出								106,418			
		入								96,996			
	大坂合計	出	1,217,854	1,150,054	758,049	485,060	1,026,296	903,691	1,103,610	1,085,704	1,015,203	1,261,995	1,774,696
		入	1,462,134	969,273	655,921	789,453	1,037,217	864,922	1,176,990	1,029,624	1,008,044	1,379,159	1,804,268
合　計		出	2,099,054	1,786,111	1,385,529	1,500,005	2,030,627	2,077,112	2,207,853	2,222,253	1,773,394	2,798,441	2,627,233
		入	1,921,849	1,584,555	1,253,320	1,317,371	2,001,560	1,941,826	2,340,426	2,425,190	1,631,665	2,735,700	2,609,196

出所）各年次「万覚帳」（廣海家文書）より作成。

注1）金額は，「万覚帳」に記された金銀相場をもとに銀換算し，匁未満は四捨五入した。
　2）表中の「出」・「入」は，それぞれ廣海家から両替商への出金，廣海家の両替商からの入金を示す。

ぶ両替商である。廣海家では、小間物屋との間に出金・入金（廣海家から見た場合の「出金」・「入金」）とも天保期までほぼ銀一〇〇貫目規模の取引を行っており、その後弘化・嘉永期には四〇〇―五〇〇貫目規模へと取引額を増大させている。貝塚では、他に星野新右衛門とも一時的な取引を行っている。星野も地元の商人が同家宛の振手形を振出しており、両替商であったことが分かる。

堺では、具足屋孫兵衛・半兵衛を得意先として取引関係を結んでいた。具足屋孫兵衛・半兵衛は、ともに一八世紀から両替商を営んでおり、大坂の本両替商近江屋半左衛門（半次郎）を親両替としていた。一八四三（天保一四）年の「堺御用金正味員数書」[17]によると、具足屋孫兵衛は指吸家に次ぐ堺第二位の豪商として登場しており、また両家は、油や米などを扱う問屋業も営んでいた。[18] 廣海家は天保末期まで孫兵衛と、それ以降は半兵衛と取引を行っており、天保期までは出金・入金とも小間物屋より多い五〇〇―七〇〇貫目規模、一八四六（弘化三）年は一時的に出金が八〇〇貫目、入金が一、一〇〇貫目規模にまで増大するが、その後は五〇〇―六〇〇貫目規模の横ばい状態で推移している。

貝塚の小間物屋と堺の具足屋については、他の事例から、双方の地を代表する両替商であったことがうかがわれる。例えば、一八二七（文政一〇）年に下総関宿藩が大鳥・泉両郡にある飛地領（一万石余）において「米札」（関宿藩飛地札で実質的な銀札）を発行した際、小間物屋孫次郎と具足屋孫兵衛・半兵衛が「御役所御出入之両替」として米札引替所を勤めている。[19] また、「米札」の札元であった泉州伏尾新田の中辻吉兵衛家も、小間物屋孫次郎と具足屋孫兵衛・半兵衛を得意先として取引関係を結んでいた。[20] 廣海家が小間物屋から受け取った振手形の中には、小間物屋が具足屋孫兵衛・半兵衛・五兵衛など具足屋一統宛に振出したものも見受けられることから、両者が取引関係にあったこともうかがわれる。これらの点から、小間物屋―具足屋の関係が、この地域の信用体系を形作る中心的存在の一つであったと推測することができる。

大坂では、嘉永期まで備後町の本両替商銭屋（逸身）宗兵衛（惣兵衛）・佐一郎を得意先として取引を行っていた。銭屋は一八四三年の幕府御用金賦課額では宗兵衛が二〇貫目、佐一郎が六〇貫目と少額であるが[21]、五七（安政四）年の「浪花両替取引手柄鑑」では前頭三枚目に位置付けられている[22]。また、一八六四年（元治元）の幕府御用金賦課額では、佐一郎が二一〇貫目を出し、両替商全体で一〇〇軒中二七位であった[23]。廣海家は銭屋宗兵衛・佐一郎両名との間で天保期には計一、〇〇〇貫目規模の取引を行っており、大坂両替商との取引関係を経営の軸にしていたことが分かる。ただし、天保末期には一時的に取引規模が縮小している。大坂両替商をめぐるこの時期の問題としては、株仲間解散令による本両替仲間の解散と銭商人の両替経営進出の問題を想定することができる[24]。かつて松好貞夫は、両替商経営について、一個人が孤立した状態で経営することはできず、親両替・子両替の関係を結ばなければ到底その営業に携われなかったため、株仲間の解散はそれほど重大な影響を与えなかったと指摘した[25]。しかし、廣海家における動向を前掲表12-1で見る限り、この時期に取引規模が大きく縮小したのは大坂両替商だけであり、多くの銭商人たちの進出により本両替仲間に属していた両替商の経営が圧迫されるという、大坂独自の動きによる影響と見るのが妥当であろう。そして、この取引規模の縮小に対処すべく、廣海家では貝塚・堺の両替商との取引額を増やしたものと思われる。もっとも、銭屋との取引は、その後次第に回復し、一八五〇（嘉永三）年には再度一、〇〇〇貫目規模に戻っている。

ところで、廣海家では、一八五三年に初代惣太郎が死去した後、安政初年にかけて両替商取引に一定の変化が見られる。一八五四年には、大坂両替商銭屋との取引を終了させており、これに代わって新たに今橋四丁目の本両替商鴻池重太郎との取引を開始している。鴻池重太郎は、前掲の一八五七年の「浪花両替取引手柄鑑」で前頭二枚目に位置付けられており、その後六四年の幕府御用金賦課額では三〇〇貫目を出し、一〇〇軒中二二位であった[26]。なお一八五四年は、鴻池との取引が始まったばかりであることから、大坂での取引規模を維持するため、一時的に播磨屋忠兵衛とも取引を行っている。

この間、貝塚の小間物屋との取引では、一八五五年に一〇〇貫目程度の減少を見せたものの、その後増加し（最大で八〇〇貫目規模）、開港後の六〇（万延元）年になって二〇〇貫目規模まで再度縮小していった。一方、堺の具足屋との取引では、大坂両替商の取引先変更に伴って、一八五五年には小間物屋の半額に相当する二〇〇貫目規模にまで大きく減退している。この時期の取引規模縮小については、その要因を明らかにすることができないが、大坂両替商の取引先変更が、堺具足屋の経営もしくは廣海家と具足屋との取引のあり方と関係する問題でもあったことは推測できる。具足屋との取引は、その後一八五七年には回復傾向を見せ、安政末期まで五〇〇貫目台で推移している。

大坂両替商との取引では、その後一八五七年以降、新たに京橋二丁目の本両替商米屋（池田）三十郎と新規取引を開始している。米屋三十郎は、一八五七年の「浪花両替取引手柄鑑」で前頭八枚目、六四年の幕府御用金賦課額で一〇〇軒中三六位（一五〇貫目）に位置している。[27] この米屋との取引は、鴻池との取引を補填する以上に、大坂での取引額全体の拡大をもたらしており（全体で一、三〇〇—一、八〇〇貫目規模）、幕末期の廣海家の問屋経営が、大坂両替商との取引に一層依拠しながら進められていったことをうかがわせる。

次に、廣海家における両替商との取引内容について、流通貨幣の割合に注目して検討してみることにする。表12-2aは、廣海家の両替商取引について、両替商ごとに取引回数のうちに占める現金・手形・銀札の割合を示したものである。また、表12-2bは、a表と同じ取引内容を金額で表示したものである。

表12-2aによると、天保末期では、貝塚・堺・大坂のいずれの両替商取引においても、取引回数の九割前後が手形で占められていることが分かる。従来から指摘されているように、大坂では商人間での商業取引の九九％が手形を用い、正貨を授受することはほとんど見られなかったとする状況は、まさにこのような状況を指すものと考えられる。[28]

表 12-2a　廣海家と両替商との取引内容（取引回数）

（単位：回）

	1841（天保12）年		1846（弘化3）年		1850（嘉永3）年		1854（安政元）年		1855（安政2）年		1860（万延元）年	
	小間物屋孫次郎		小間物屋孫次郎		小間物屋孫次郎		小間物屋孫次郎		小間物屋孫次郎		小間物屋孫次郎	
		(%)		(%)		(%)		(%)		(%)		(%)
現　金	5	(6.0)	14	(18.2)	21	(14.6)	38	(22.35)	27	(18.1)	21	(19.4)
手　形	72	(86.8)	47	(61.0)	91	(63.2)	77	(45.3)	68	(45.6)	58	(53.7)
銀　札	6	(7.2)	16	(20.8)	32	(22.2)	55	(32.35)	54	(36.3)	29	(26.9)
計	83	(100.0)	77	(100.0)	144	(100.0)	170	(100.0)	149	(100.0)	108	(100.0)
	具足屋半兵衛		具足屋半兵衛		具足屋半兵衛		具足屋半兵衛		具足屋半兵衛		具足屋半兵衛	
現　金	16	(7.4)	41	(23.8)	29	(21.8)	37	(29.6)	19	(22.4)	34	(30.4)
手　形	200	(92.2)	130	(75.6)	104	(78.2)	38	(70.4)	54	(63.5)	67	(59.8)
銀　札												
その他	1	(0.4)	1	(0.6)					12	(14.1)	11	(9.8)
計	217	(100.0)	172	(100.0)	133	(100.0)	125	(100.0)	85	(100.0)	112	(100.0)
	銭屋宗兵衛		銭屋宗兵衛				鴻池重太郎		鴻池重太郎		鴻池重太郎	
現　金	22	(10.4)	15	(13.1)			28	(15.8)	14	(8.8)	28	(25.5)
手　形	189	(89.6)	98	(86.0)			149	(84.2)	141	(88.1)	78	(70.9)
銀　札			1	(0.9)							1	(0.9)
その他									5	(3.1)	3	(2.7)
計	211	(100.0)	114	(100.0)			177	(100.0)	160	(100.0)	110	(100.0)
	銭屋佐一郎				銭屋佐一郎		播磨屋忠兵衛				米屋三十郎	
現　金	8	(6.3)			29	(11.3)	1	(5.9)			47	(28.1)
手　形	120	(93.8)			226	(87.9)	16	(94.1)			110	(65.9)
銀　札												
その他					2	(0.8)					10	(6.0)
計	128	(100.0)			257	(100.0)	17	(100.0)			167	(100.0)

出所）各年次「万覚帳」（廣海家文書）より作成。

次に、各両替商別にその内容を検討してみると、まず貝塚の小間物屋との取引では、手形以外に銀札も比較的多く授受している点が注目される。一八四一年時点での銀札の取引回数は六回と少ないものの、表12-2bで取引金額を見ると、すでに小間物屋への出金額一一七貫目弱のうち四五貫目弱（三八・二%）が銀札であり、弘化期以降は取引回数の面でも銀札での取引が増加している。「万覚帳」では単に「銀札」・「札」と記されることが多いが、なかには「岸和田札」・「伯太札」などと記される場合もあり、主として岸和田藩や伯太藩などの藩札であったと考えられる。このような銀札流通は、大坂手形市場末端の地域に

表 12-2b　廣海家と両替商との取引内容（金額）

（単位：銀貫目）

	1841（天保 12）年		1846（弘化 3）年		1850（嘉永 3）年		1854（安政元）年		1855（安政 2）年		1860（万延元）年	
《貝塚》	小間物屋孫次郎		小間物屋孫次郎		小間物屋孫次郎		小間物屋孫次郎		小間物屋孫次郎		小間物屋孫次郎	
出金	117	(%)	197	(%)	424	(%)	527	(%)	409	(%)	258	(%)
現金	1	(0.9)	182	(9.3)	22	(5.0)	133	(25.2)	33	(8.0)	8	(3.1)
手形	71	(60.9)	116	(59.2)	323	(76.6)	183	(34.8)	147	(36.0)	168	(65.0)
銀札	45	(38.2)	62	(31.5)	80	(18.4)	211	(40.0)	204	(49.8)	83	(31.9)
入金	115		332		414		509		409		255	
現金	4	(3.5)	85	(25.6)	125	(30.3)	133	(26.1)	145	(35.6)	80	(31.2)
手形	111	(96.5)	202	(60.9)	49	(11.9)	351	(69.1)	226	(55.4)	79	(30.9)
銀札		(0.0)	45	(13.5)	239	(57.8)	24	(4.8)	36	(9.0)	97	(37.9)
《堺》	具足屋半兵衛		具足屋半兵衛		具足屋半兵衛		具足屋半兵衛		具足屋半兵衛		具足屋半兵衛	
出金	663		846		492		475		241		515	
現金	5	(0.8)	52	(6.2)	34	(7.1)	19	(4.0)	5	(2.2)	91	(17.6)
手形	639	(96.3)	790	(93.5)	457	(92.9)	456	(96.0)	177	(73.5)	276	(53.6)
銀札		(0.0)		(0.0)		(0.0)		(0.0)		(0.0)		(0.0)
その他	19	(2.9)	3	(0.3)		(0.0)		(0.0)	59	(24.3)	148	(28.8)
入金	707		1		573		555		262		521	
現金	201	(28.4)	438	(39.5)	407	(71.1)	304	(54.8)	95	(36.2)	191	(36.7)
手形	506	(71.6)	670	(60.5)	166	(28.9)	251	(45.2)	167	(63.8)	330	(63.3)
銀札		(0.0)		(0.0)		(0.0)		(0.0)		(0.0)		(0.0)
《大坂》	銭屋宗兵衛		銭屋宗兵衛				鴻池重太郎		鴻池重太郎		鴻池重太郎	
出金	836		485				979		1,015		924	
現金	132	(15.7)	96	(19.9)			138	(14.1)	156	(15.4)	116	(12.6)
手形	704	(84.3)	388	(80.0)			842	(85.9)	773	(76.2)	684	(74.0)
銀札		(0.0)	1	(0.1)				(0.0)		(0.0)	24	(2.6)
その他		(0.0)		(0.0)				(0.0)	86	(8.4)	100	(10.8)
入金	1,013		789				932		1,008		960	
現金	669	(66.0)	524	(66.3)			421	(45.2)	160	(15.9)	388	(40.4)
手形	344	(34.0)	266	(33.7)			511	(54.8)	848	(84.1)	572	(59.6)
銀札		(0.0)		(0.0)				(0.0)		(0.0)		(0.0)
《大坂》	銭屋佐一郎				銭屋佐一郎		播磨屋忠兵衛				米屋三十郎	
出金	382				1,025		106				1,339	
現金		(0.0)			142	(13.8)	28	(26.3)			386	(28.8)
手形	382	(100.0)			796	(77.6)	78	(73.7)			863	(64.5)
銀札		(0.0)				(0.0)		(0.0)				(0.0)
その他		(0.0)			88	(8.6)					90	(6.7)
入金	450				1,036		97				1,492	
現金	205	(45.6)			473	(45.7)	4	(4.0)			562	(37.7)
手形	244	(54.4)			562	(54.3)	93	(96.0)			929	(62.3)
銀札		(0.0)				(0.0)		(0.0)				(0.0)

出所）各年次「万覚帳」（廣海家文書）より作成。

注 1）金表示のものは銀換算して表示した（貫未満は四捨五入）。換算方法は，貝塚・堺・大坂の各取引先ごとに，「万覚帳」で金相場が記載された箇所を全て抽出し，その平均を算出して換算した。

2）表中の「出金」・「入金」は，それぞれ廣海家から両替商への出金，廣海家の両替商からの入金を示す。

3）1855 年の廣海家から小間物屋への出金については，手形・銀札の区別がつかないもの 24 貫目と種類不明のもの 1 貫 320 匁，計 25 貫 320 匁（6.2%）を除外している。

おける両替商取引の一つの特徴を示すものと思われる[29]。銀札での取引回数は、その後嘉永期にかけて現金取引とともに増加傾向を示すようになるが、一方で手形についても、取引回数・金額ともに嘉永期には増加している。銀札や現金での取引が増加したため、手形取引の割合自体は低下しているが、一八五〇（嘉永三）年には、廣海家から小間物屋への出金額四二四貫目余のうち三二〇貫目以上（七六・六％）を手形が占めており、一八五四年では小間物屋からの入金額五〇九貫目弱のうち三五一貫目余（六九・一％）を手形が占めるようになっている。また、後述するように、この時期には、廣海家が貝塚近在の商人から大坂両替商宛の振手形を盛んに購入する動きも見られた。

次に、堺の具足屋との取引を見てみると、基本的には手形で授受する割合が高いが、表12-2aから分かるように、取引規模が増加する一八四六年には現金での取引回数が増えており、手形での取引回数は嘉永期にかけて減少していることが指摘できる。また、表12-2bで取引金額の動向を出金・入金別に見ると、具足屋への出金額については手形の割合が嘉永末期まで九〇％以上を占め続けているが、具足屋からの入金額の方では、一八四一年から四六年にかけて現金の額が倍増し、五〇年には、手形での入金額が大きく減少したことで、一時現金の割合が七〇％を越えるなど、堺の具足屋との取引では現金で受け取る割合が高くなっている。もっとも、後述するように、この時期廣海家では、北前船荷主に対して具足屋宛振手形で高額の決済を行うケースがあり、荷主が大坂両替商だけでなく、堺でも換金するケースが増えていた。具足屋との取引規模は、嘉永期には五〇〇—六〇〇貫目台で停滞しているものの、当時堺の両替商は大坂両替商の機能を補完しうる程度の資金力を有していたと考えることができる。

大坂両替商との取引では、表12-2aによると、安政初年まで銭屋・鴻池双方とも取引回数の八割以上を手形での取引が占め続けている。ただし、表12-2bで取引金額の割合を出金・入金別に見ると、やや様相が異なる。銭屋宗兵衛との取引の場合、一八四一年の出金（廣海家からの送金・預金）では、八三六貫目弱のうち手形が七〇四貫目余（八四・三％）を占めるが、入金（銭屋からの受け取り）では、一、〇一三貫目弱のうち手形は三四四貫目弱（三四・

〇%）であり、現金が六六九貫目弱（六六・〇%）を占めている。同様に、銭屋佐一郎との取引でも、出金では三八二貫目余の全額が手形であるのに対し、入金では四五〇貫目弱のうち二〇五貫目余（四五・六%）が現金によるものであった。このような現金での入金は、多くの場合、廣海家が北前船荷主との間で大量の米穀・肥料取引を行う際になされている。従って、荷主に正金で支払うための行為であったことがうかがわれるが、さらに、大坂以外の地（堺など）で荷主が手形の取付を行った際に、取付先へ正金を補塡するため、大坂両替商から送金される場合もあったと考えられる。

もっとも、弘化期に一旦縮小した取引規模が嘉永期に再び拡大してくると、それに伴って手形取引金額も増加している。表12-2bで一八五〇年の銭屋佐一郎や五四年の鴻池重太郎との取引を見ても、出金の場合、現金は天保末期（銭屋宗兵衛との取引）の水準と変わらないのに対し、手形は天保末期の水準を越えて八〇〇貫目前後に増加しており、入金についても、現金は天保・弘化期段階の五〇〇―六〇〇貫目台から四〇〇貫目台へ減少しているのに対し、手形では天保・弘化期の二〇〇―三〇〇貫目台から五〇〇貫目台へ増加している。

（2）手形流通の展開

これまで述べてきたように、廣海家の両替商取引において全体的に手形流通が活発化した時期として、嘉永期に注目することができる。では、この時期において、具体的にどのような手形が流通し、廣海家の米穀・肥料取引における決済構造とどう関係していたのであろうか。

表12-3は、一八五一（嘉永四）年の廣海家における両替商取引について、貸借関係の短期的な動向を見たものである。両替商ごとに、各月晦日の集計とその間に廣海家の借越となった日を抽出して示している。また、表12-4は、同年の両替商取引から、手形の授受について金額上位一〇位までを示したものである。

表 12-3　廣海家における両替商との貸借動向（1851〔嘉永 4〕年）

（単位：銀匁）

《小間物屋孫次郎》

月　日	貸借額
正月晦日	18,552
2月11日	−3,448
2月晦日	−3,448
3月5日	5,715
3月晦日	6,715
4月9日	591
4月27日	591
4月晦日	8,291
5月朔日	−19,409
5月4日	−6,909
5月6日	6,791
5月21日	−3,708
5月26日	−33,098
5月27日	−74,387
5月29日	−53,554
5月晦日	−53,554
6月朔日	−17,354
6月2日	416
6月4日	−718
6月5日	−42,666
6月7日	−34,341
6月9日	−28,649
6月20日	−21,486
6月26日	−23,486
6月晦日	−23,486
7月朔日	−23,680
7月2日	37,290
7月23日	−188
7月24日	−2,188
7月29日	1,089
7月晦日	1,089
8月24日	−2,282
8月27日	−282
8月29日	1,193
8月晦日	1,193
9月11日	−2,603
9月16日	−603
9月26日	−1,603
9月27日	397
9月晦日	397
10月晦日	541
11月4日	−1,361
11月29日	6,439
11月晦日	8,105
12月晦日	5,729

《具足屋半兵衛》

月　日	貸借額
正月晦日	36,885
2月晦日	69,381
3月晦日	76,958
4月24日	−67,120
4月30日	−35,269
4月晦日	−35,269
5月朔日	−49,927
5月晦日	−49,622
6月2日	−51,509
6月4日	−133,279
6月5日	−70,190
6月晦日	−70,190
7月6日	1,077
6月2日分	1,084
6月5日分	1,129
7月7日	−232
6月4日分	−233
7月晦日	3,068
8月10日	−31,596
8月晦日	28,171
9月5日	17,350
9月9日	16,910
9月18日	1,092
9月19日	−4,035
9月21日	997
9月晦日	16,516
10月晦日	39,017
11月晦日	22,036
12月朔日	7,978
12月6日	12,147
12月16日	11,792
12月晦日	11,792

《銭屋佐一郎》

月　日	貸借額
正月晦日	27,886
2月7日	−8,202
2月12日	18,986
2月晦日	41,630
3月28日	13,944
3月晦日	13,944
4月11日	28,168
4月24日	−58,186
4月28日	−25,246
4月晦日	−25,246
5月朔日	−32,016
5月8日	10,575
5月22日	14,055
5月23日	−96,340
5月26日	−96,840
5月晦日	−96,840
6月2日	−93,110
6月28日	−82,299
6月晦日	−82,299
7月朔日	−82,291
7月2日	−67,229
7月8日	−33,627
7月10日	−7,401
7月22日	15,530
7月30日	10,922
7月晦日	10,922
8月朔日	13,400
8月7日	−5,410
8月8日	−109,073
8月9日	−112,694
8月12日	−101,098
8月17日	−94,686
8月晦日	−94,686
9月朔日	−65,471
9月3日	−97,557
9月10日	−93,471
9月18日	−21,225
9月晦日	16,646
10月朔日	−6,484
10月3日	−4,484
10月4日	−19,594
10月5日	−38,449
10月9日	2,455
10月12日	1,132
10月18日	21,807
10月晦日	21,807
11月6日	−13,794
11月10日	21,517
11月晦日	18,639
12月7日	19,157
12月8日	25,427
12月晦日	57,106

出所）嘉永 4 年「万覚帳」（廣海家文書 A175）より作成。

注記）貸借額はすべて銀換算して表示し，匁未満は四捨五入した。

表 12-4　廣海家と両替商との手形取引（1851〔嘉永 4〕年）

		金額（匁）	種　別	手形振出人	手形名宛人
小間物屋孫次郎	出金	20,000	振手形	市場屋藤七	小間物屋孫次郎
		18,000	振手形	市場屋藤七	小間物屋孫次郎
		16,300	預り手形	小間物屋孫次郎	
		15,000	振手形	市場屋藤七	小間物屋孫次郎
		9,163	振手形	市場屋藤七	小間物屋孫次郎
		8,700	振手形	市場屋藤七	小間物屋孫次郎
		8,000	振手形	唐国利兵衛	小間物屋孫次郎
		7,700	振手形	市場屋藤七	小間物屋孫次郎
		7,216	振手形	市場屋藤七	小間物屋孫次郎
		6,500	振手形	木屋七兵衛	小間物屋孫次郎
	入金	38,070	振手形	小間物屋孫次郎	具足屋(半)・小橋屋(彦)
		28,440	振手形	小間物屋孫次郎	具足屋半兵衛
		12,636	振手形	小間物屋孫次郎	小橋屋彦九郎
		3,798	振手形	小間物屋孫次郎	小橋屋彦九郎
		3,000	振手形（「徳次郎渡」1 枚）	（廣海惣太郎）	小間物屋孫次郎
		2,000	預り手形	星野新右衛門	
		2,000	振手形（「伊達治渡」）	（廣海惣太郎）	小間物屋孫次郎
		1,908	振手形（「木仙渡」）	（廣海惣太郎）	小間物屋孫次郎
		1,000	振手形（「百清渡」）	（廣海惣太郎）	小間物屋孫次郎
		700	振手形（「伊達治渡」）	（廣海惣太郎）	小間物屋孫次郎

		金額（匁）	種　別	手形振出人	手形名宛人
具足屋半兵衛	出金	37,740	振手形	小間物屋(孫)・具足屋(半)	小橋屋彦九郎
		29,988	振手形	「下川」	具足屋孫兵衛
		25,160	振手形	岡田屋助右衛門	具足屋孫兵衛
		25,160	振手形	小間物屋孫次郎	具足屋半兵衛
		15,520	振手形（「中源手 1 渡」）	中嶋屋源兵衛	具足屋半兵衛
		14,797	振手形	「宇口藤」	具足屋孫兵衛
		10,190	振手形	「佐の万」	具足屋孫兵衛
		10,064	振手形	「山吉」	「山茂」
		9,372	振手形	小間物屋孫次郎	具足屋半兵衛
		8,995	振手形	柳屋長右衛門	具足屋孫兵衛
	入金	81,770	振手形（「石崎栄助渡」）	（廣海惣太郎）	具足屋半兵衛
		22,015	振手形	具足屋半兵衛	炭屋彦五郎
		22,015	振手形（「河内屋嘉三郎渡」）	（廣海惣太郎）	具足屋半兵衛
		20,000	振手形	具足屋半兵衛	炭屋彦五郎
		15,000	振手形	具足屋半兵衛	炭屋安兵衛
		14,058	振手形（「河嘉渡」1 枚）	（廣海惣太郎）	具足屋半兵衛
		13,618	振手形（「河栄渡」1 枚）	（廣海惣太郎）	具足屋半兵衛
		13,594	振手形（「酢善渡」）	（廣海惣太郎）	具足屋半兵衛
		12,580	振手形（「池原三郎兵衛渡」2 枚）	（廣海惣太郎）	具足屋半兵衛
		7,918	振手形（「河栄渡」）	（廣海惣太郎）	具足屋半兵衛

		金額（匁）	種別	手形振出人	手形名宛人
銭屋佐一郎	出金	62,700	振手形	長崎屋利兵衛	天王寺屋弥七
		25,080	振手形	「西七」	炭屋彦五郎
		24,818	振手形	岡田屋助右衛門	銭屋佐一郎
		23,560	振手形	「宇口藤」	銭屋佐一郎
		21,945	振手形	具足屋半兵衛	炭屋彦五郎
		20,000	振手形	具足屋半兵衛	炭屋彦五郎
		19,421	振手形	「岸役所」	「丹甚」
		18,810	振手形	長崎屋利兵衛	天王寺屋弥七
		18,810	振手形	小間物屋孫次郎	小橋屋彦九郎
		18,794	振手形	岡田屋助右衛門	「丹甚」
	入金	31,350	振手形（「辰半渡」1枚）	（廣海惣太郎）	銭屋佐一郎
		31,350	振手形（「辰半渡」）	（廣海惣太郎）	銭屋佐一郎
		28,215	振手形（「加登九渡」）	（廣海惣太郎）	銭屋佐一郎
		25,080	振手形（「池原三郎兵衛渡」8枚）	（廣海惣太郎）	銭屋佐一郎
		22,915	振手形（「辰半渡」1枚）	（廣海惣太郎）	銭屋佐一郎
		18,810	振手形（「池原渡」1枚）	（廣海惣太郎）	銭屋佐一郎
		17,556	振手形（「野伝渡」1枚）	（廣海惣太郎）	銭屋佐一郎
		13,165	振手形（「池原渡」3枚）	（廣海惣太郎）	銭屋佐一郎
		12,540	振手形（「小間物屋孫次郎渡」1枚）	（廣海惣太郎）	銭屋佐一郎
		10,032	振手形（「昆布茂渡」）	（廣海惣太郎）	銭屋佐一郎

出所）嘉永4年「万覚帳」（廣海家文書A175）より作成。
注1）各両替商との手形取引のうち，出・入金とも金額の上位10位までを掲出。
2）表中の「出金」・「入金」は，それぞれ廣海家から両替商への出金，廣海家の両替商からの入金を示す。
3）手形振出人・名宛人のうち，特定できないものは「万覚帳」の記載のまま表示した。また，「万覚帳」で振出人の記載がない手形は廣海家自身が振出したものとして（　）で表示した。
4）金額は「万覚帳」から抽出した各地の相場（金1両につき貝塚＝63.3匁，堺＝62.9匁，大坂＝62.7匁）をもとに金表示分を銀換算し，匁未満を四捨五入して表示した。

これらの表をもとに各地での取引の詳細を見ると、まず貝塚の小間物屋に対して、廣海家は最大で五〇貫目以上の借越をしている。廣海家が小間物屋へ出金する手形は、ほとんどが市場屋藤七・木屋七兵衛といった地元貝塚の商人とその近隣の取引先から米穀・肥料代として廣海家へ支払われた振手形である。一方、小間物屋からの入金では、伊達治兵衛や木屋仙蔵といった貝塚の商人に対し、代金支払のため廣海家が小間物屋宛振手形を振出すケースも存在したが、大半は堺の具足屋半兵衛や小間物屋の親両替である大坂の小橋屋彦九郎宛の振手形を受け取り、具足屋や大坂銭屋への送金手形として用いている。特に、北前船の就航が活発となる四―一〇月頃には、小間物屋から大量の振手形を廣海家が受け取っており、頻繁に借越が生じる結果となっている。

このように、小間物屋は貝塚における金融の拠点として、地元一帯での商業取引を支えていたと同時に、北前船との決済に備え、多額の取引代金を堺や大坂へ送金するための媒介役としての役割を担っていた。一九世紀以降に大坂周辺地域で新興市場が台頭する背後には、両替商を媒介とするこのような振手形流通のルートが形成されていたのである。[30]

ところで、嘉永期における貝塚周辺での手形流通の活発化を象徴する動きとして、貝塚近在で振手形を売買するブローカー的商人の存在が挙げられる。[31] 廣海家では、一八五〇年以降、沢村の油屋清兵衛という商人からほぼ連年数十貫目程度の振手形を購入していた。油屋が扱う手形は堺の具足屋宛振手形と、炭屋彦五郎をはじめ河合屋又右衛門・米屋三十郎などの大坂両替商宛振手形である。廣海家が油屋から最も多く手形を購入したのは一八五四（安政元）年であり、合計で七〇貫目近く、そのうち炭屋彦五郎宛のものを約四三貫目購入している。[32] この年は先述のように、廣海家が取引先の大坂両替商を変更した時期にあたり、取引関係が不安定な中で、より上位の大坂両替商である炭屋宛振手形（炭屋は「浪花両替取引手柄鑑」で関脇に位置する）を購入し、送金に用いることには意味があったと思われる。こうした手形ブローカーの存在は、大坂手形市場の周辺地域への拡大を裏付けるものとして注目される。

次に堺の具足屋との取引について見てみよう。廣海家から具足屋への送金・預金については、主に具足屋宛の振手形が用いられているが、その振出人を前掲表12-4で見ると、泉州深日村（吹飯浦）の岡田屋助右衛門や堺の中嶋屋源兵衛、岸和田の柳屋長右衛門など、貝塚以外の商人名が見られる。表示された以外では、具足屋与三兵衛・同与七・帯屋長左衛門・釘屋五兵衛など堺の商人名が多く見られる。これら商人の多くは廣海家の「穀物売留帳」や「干鰯売留帳」に取引先として登場しており、廣海家の米穀・肥料販売先が米穀・肥料代金として支払った具足屋宛振手形を具足屋へ送金・預金したことがうかがわれる。また、具足屋からの入金については、弘化期頃までは、具足屋の親両替である大坂の近江屋半左衛門宛振手形を廣海家が受け取り、銭屋へ送金するケースが多かったが、表12-4では、大坂両替商炭屋彦五郎・同安兵衛宛の振手形を具足屋から受け取るケースが多くなっている。もっとも、一八五四年の「万覚帳」では近江屋宛振手形が再び使用されているが、具足屋から振手形を発行してもらい大坂両替商へ送金するケースは全体として減少している。むしろこの時期の特徴は、廣海家が石崎や河内屋などの取引先荷主に対して具足屋宛振手形を振出す割合が増加した点にある。

ところで、先述したように、堺両替商具足屋との取引では、一八四六（弘化三）年に一時大坂両替商との取引を上回る取引額を示している。嘉永期には再度大坂両替商との取引額が上回るようになるが、表12-3で具足屋との貸借関係を見ると、一八五一年には、借越の期間こそ短いものの、六月中に一三三貫目以上の借越（手形の過振によるもの）がなされている。多額の信用供与が行える具足屋の資金力の高さを示していると言えよう。この時の借越は表12-4に示した石崎栄助への具足屋宛振手形の振出しによって生じたものであるが、この表では他にも、河内屋嘉三郎や「河栄」（河内屋栄蔵）、越後糸魚川の池原三郎兵衛などに対して、廣海家が具足屋宛振手形を振出していることが分かる。これらはいずれも荷主である彼らに代金の支払を行うべく振出したものである。表中にある河内屋嘉三郎渡の二二貫一五匁（金三五〇両）と一四貫五八匁（二二三両二歩）の手形は、一一月一〇日と一二月一日に河内屋嘉三郎から仕入れた松前粕五五六本・同三三五本の仕切金として渡した具足屋宛振手形であり、河内屋栄蔵渡の一三貫六一八匁（二一六両二歩）の手形は、一〇月二九日に松前粕四三一本・同白粕一三本の仕切金として渡したものであった。また池原三郎兵衛渡の手形二枚は、九月九日に池原から仕入れた新発田米一、〇七五俵と会津米五〇〇俵の仕切金の一部として渡したものであった。

一方、大坂両替商銭屋との取引では、廣海家からの送金・預金の多くが具足屋・小間物屋が振出した振手形によってなされている。表12-4によると、他に堺の長崎屋利兵衛が大坂両替商天王寺屋弥七宛に振出した手形や、泉州深日村の岡田屋助右衛門が銭屋佐一郎宛に振出した手形などを用いており、表示した以外では、岸和田の柳屋長右衛門が銭屋佐一郎宛に振出した手形なども用いている。また、「岸役所」は岸和田藩の「金穀御役所」と思われるが、同所は大坂両替商の播磨屋忠兵衛や銭屋佐一郎とも取引関係にあった。これに対し、銭屋からの入金については、廣海家が取引先荷主への支払に充てるため、銭屋宛振手形を振出すことによって生じたものが圧倒的に多い。表12-4では、特に摂州鳴尾の酒造家辰馬家（「辰半」＝辰馬半右衛門）への振出しが多いが、辰馬家は廣海家の親戚で、辰馬半右衛門や与左衛門（「辰与」）との間で頻繁に酒米取引を行っていたことが、辰馬家から廣海家への幕末維新期の多数の書簡からうかがわれる。また、越後国糸魚川の池原家や林家などの北前船荷主に対しても多額の銭屋宛振手形が振出されているが、荷主の都合によっては、銭屋から正金を引き出して支払う場合もあったと考えられる。

次に表12-3で銭屋との貸借関係を見ると、貝塚・堺の両替商に比べ、全体的に借越となる金額が大きく、借越の期間も長い。金額的には、具足屋に対する一三三貫目余の借越が最も多いが、銭屋に対しては、北前船との取引が活発化する四―一〇月にほぼ継続的に借越となり、晦日に八〇―九〇貫目規模の借越となる月が多い。ここに手形流通が活発化した段階での大坂両替商の信用の高さと資金力が示されていると言える。

この大坂両替商の資金力について、先述の堺具足屋との関係でさらに見てみよう。

廣海家が具足屋から一三三貫目余の借越となったのは、六月四日に北前船商人石崎栄助から会津米など北国米一、六〇〇俵余を受け取り、その仕切金として八〇貫目以上（金約一、三〇〇両）の具足屋半兵衛宛振手形を石崎に対して振出したことによる。廣海家はこれにより、具足屋に対して多額の過振を行ったことになるが、廣海家ではこの取引に先立って、六月二日と三日に大坂両替商天王寺屋弥七宛振手形と米屋喜兵衛宛振手形など計一、四四〇両の手形を銭屋佐一郎へ送金し、同額の正金に引き替えてもらっている。この正金は、その後具足屋へ回されたものと思われ、六月五日に三五〇両、七月六日に九九九両の計一、三五〇両程が具足屋へ預金され、これにより具足屋に対する借越分が償還される形になっている。[33]このように、大量の商品を仕入れた際、荷主が堺具足屋で手形の取付を行う場合には、これに備えて、あるいは正金流出後にこれを補填するため、大坂両替商から正金を引出して具足屋へ送ることがあった。従って、この時の具足屋における高額の信用供与も、実際にはこうした大坂両替商の資金力を背景にしていたと理解できるのである。

ところで、廣海家が商家経営の中で手形を使用する機会としては、先述のように、両替商に対して預金あるいは両替を受けるために送金する場合と、取引先への代金決済のために手形を振出す場合とがあった。このうち、取引先との決済については、泉州各地の商人や親戚筋（辰馬家など）に対して買物代金として支払う場合と北前船荷主に対して振手形を発行する場合があったが、もう一つの局面として、北前船荷主の帰り荷の仕入先に対して代金を立て替えるため手形を送金するケースがあった。この送金は、北前船荷主との取引に伴ってなされているが、ここで一八五一年の取引から一例を示すことにする。

同年の「金銀入払帳」[34]によると、四月二三日、廣海家は糸魚川の池原武左衛門から新発田古米七〇五俵と蒲原古米二〇〇俵・高崎米二五〇俵など計一、三七五俵を仕入れ、合計八八貫四三七匁余の仕切銀を渡している。その際、同日中に大坂の野田屋伝兵衛から「池武かい物代」として四貫九六二匁余と金一両二歩（九四匁五分七厘）が廣海家へ入金となり、さらに大坂の越後屋常右衛門からも「右同断」として一貫六八〇匁が入金となっている。野田屋や越後屋からの入金分は、実際には廣海家が池原の買物代を立て替えていた分が池原との取引において精算された結果、入金として処理されたものと考えられる。実際、この取引に先立つ四月一三日には、廣海家から越後屋へ「客船かい物代」として三貫四四〇匁余が送金されており、同日銭屋佐一郎から「越常渡ふり出し」として金五〇両（三貫一四五匁五分）が廣海家へ入金となっている。つまり、廣海家は越後屋に対し、客船買物代として銭屋宛振手形を振出していることになる。同じように、一四日には野田屋伝兵衛に対して「客船買物代三艘分」として一七貫九六六匁余が廣海家から送金されており、同日銭屋から「野田屋振出し」分として金二八〇両（一七貫六一二匁）が引出されている。この「野田屋振出し」についても、「万覚帳」では「野伝渡ふり出し手壱」と記されていることから、銭屋宛振手形を客船買物代として野田屋へ送ったことが分かる。

大坂の野田屋や越後屋あるいは貝塚の伊達治兵衛などは北前船荷主の帰り荷仕入先であったと考えられ、これらに対して廣海家から振手形を送金し、帰り荷の代金を立て替えていたものと思われる。そして、北前船荷主との取引に際して、帰り荷として仕入れる買物代金を廣海家の米穀・肥料の仕切金から差し引いて精算することにより、廣海家から荷主へはその残金分が支払われたものと思われる。このような決済方式によって、多額の正金を必要とする北前船との取引において、大坂手形市場の圏内では帰り荷の決済の一部が手形で処理され、多少なりとも正金の流通額を抑えることになったと考えられる。(35)

第三節　両替商取引の変化

次に、安政期以降の廣海家における両替商取引と手形流通の動向を検討する。

第二節一項で触れたように、初代惣太郎が死去した一八五三（嘉永六）年頃を境に、廣海家は大坂両替商の取引先を変更した。すなわち、銭屋佐一郎から鴻池重太郎へと変更し、さらに米屋三十郎との新規取引も開始することで、資金面で大坂両替商との取引に一層依存する姿勢を見せた。この措置は、初代惣太郎の死後数年間の経営を担った妻廣海ひろの判断によると考えられるが、取引先変更の理由については明らかでない。ただ、少なくともこの変更により、廣海家から大坂への送金方式は一定程度整備されたと見ることができる。

なかでも大きく変わったのは、堺具足屋半兵衛との取引である。具足屋は、銭屋佐一郎と取引関係になかったため、以前の廣海家では、具足屋の親両替である近江屋半左衛門や炭屋彦五郎宛の振手形を具足屋から受け取って銭屋へ送金していた。しかし、鴻池重太郎へ取引先が変更された安政期以降、具足屋から廣海家への入金について、「万覚帳」の中で「鴻重へ」・「鴻十へふり出し」といった記載が多く見られるようになる。同様に鴻池との取引でも「具半ら」・「具半らふり込」といった記載が多くなっている。振手形は両替商同士でも振出されたと言われるが、おそらく具足屋は鴻池重太郎と取引関係にあり、両者の直接的な取引によって廣海家の預金を大坂両替商へ移動させるようになったのであろう(36)。

また一八五七（安政四）年以降、廣海家は米屋三十郎との取引を開始したが、廣海家が授受した振手形の内容から、米屋は廣海家の親戚である辰馬家の取引先であったことがうかがわれる(37)。また鴻池重太郎も辰馬家の取引先であった。従って、廣海家と密接な取引関係にある辰馬家にとっては、酒の販売代金を廣海家から仕入れた酒米の代金として鴻池や米屋へ送金し、廣海家の預金にすることができるようになったと考えられる。また、辰馬家が蔵米などを大量に仕入れるため廣海家に資金協力を依頼することがあり、鴻池や米屋で通帳の付け替えをしてもらうことで容易に資金協力が可能になった(38)。

以上のように、大坂両替商の変更により、全体として、廣海家をめぐる決済方式は一定程度整備されたと見ることができる。しかし、それは同時に、従来までの両替商取引の動揺を示すものでもあった。例えば、先に表12-1でも触れたように、具足屋については嘉永末―安政初年に取引額が減少しており、廣海家をめぐる決済構造の中で、その地位を低下させていた。具足屋から鴻池への「ふり出し」が増加したことは、同時に廣海家が取引先荷主に具足屋宛振手形で支払うケースが減ったことを意味しているのである。例えば、一八五五年の「金銀入払帳(39)」によると、五月二五日に廣海家は堺の河内屋治兵衛に対し、津軽米合計一、四九九俵一升四合の仕切金として二二貫一五匁二分を支払っているが、この時廣海家が振出した手形は、鴻池重太郎宛の振手形三二〇両余（二一貫九〇七匁二分）であった。

表 12-5　廣海家における手形振出枚数の動向

年	小間物屋 孫次郎	具足屋 半兵衛	銭屋 佐一郎	鴻池 重太郎	米屋 三十郎	その他	手形枚数 合計	手形金額 合計(両)	金手形の 比率(%)
1850	12	20	57			8	97	13,947	91.9
51	5	19	45			3	72	9,927	96.5
52	11	19	99			2	131	16,262	95.1
53	10	16	26			25	77	12,949	89.0
54		21		79	26	13	139	24,393	91.5
55	1	11		69	1	1	83	12,867	97.2
56		8		45			53	11,315	94.3
57		14		29	35		78	14,968	98.4
58		12		21	24		57	15,223	96.3
60		17		26	35		79	26,919	93.9
61		6		18	38	1	63	19,491	86.2
62		10		19	45	1	74	18,924	75.7

出所）嘉永 3 年「手形帳」（廣海家文書 A100）より作成。
注記）1850 年は嘉永 3 年，54 年は安政元年，60 年は万延元年，61 年は文久元年。

嘉永期の動きについて先述したように、本来なら具足屋宛振手形を用いて然るべきところを、堺の取引先に対しても大坂両替商宛の振手形で決済しており、堺両替商具足屋の地位低下と大坂両替商への依存傾向を示すものと言えよう。

また、以上の傾向は、廣海家文書に残る「手形帳」からも確認することができる。表12-5は、「手形帳」をもとに、廣海家が振出した手形の枚数を取引先両替商別に見たものである。これによると、嘉永期段階（一八五三年以前）では、一定の格差はあるものの貝塚・堺・大坂の各両替商宛の振手形を廣海家が振出していたが、一八五四（安政元）年を境に、まず貝塚小間物屋宛の振手形が振出されなくなっている。また、堺の具足屋宛振手形についても、若干の増減を見せつつも、嘉永期に比べ安政期以降は低下傾向を見せている。これに対し、大坂両替商については、鴻池重太郎宛振手形が安政期以降急激に減少する一方、米屋三十郎宛振手形が新たに振出されることによって、大坂両替商宛の振手形自体は五〇—六〇枚程度の数を幕末まで維持している。廣海家の手形発行数全体を見ると、安政期以降は嘉永期の水準より低下し、五〇—七〇枚を前後するようになるが、その反面、高額の大坂両替商宛振手形が発行されることにより、金額的に見れば嘉永期と安政期は同水準であり、むしろ安政後期には嘉永期を上回る額の手形が振出されているのである。

このように、大坂手形市場の圏内においては、幕末期にかけて、堺や貝塚などの両替商宛振手形の流通が減少し、大坂両替商宛振手形の流通が比重を大幅に増していく動きを確認することができる。なお、この時期の手形については、長年にわたる「銀目遣い」から「金遣い」へ変貌し、銀目手形に代わって金手形が開港以前の段階で相当流通するようになったとされていたが[40]、この点も表12-5に示した金手形の比率から改めて確認することができる。ただし、新保博が述べたように、開港以降における金の大量流出とそれによる金相場高騰が金手形の流通に拍車をかけたとする点については、ここでその傾向を認めることはできない[41]。表12-5に見られるように、廣海家が振出した手形を見る限り、開港後の一八六〇（万延元）年以降には、むしろ金手形が使われる比率は低下傾向を見せている。開港以降における金相場の高騰は、手形流通にとって、むしろ逆に金手形の信用低下をもたらしたと考えられ、反対に銀目手形を用いるケースをも生んだのではないだろうか。

ところで、廣海家の両替商との取引について、取引金額全体を見た場合、前掲表12-1で明らかなように、安政末期にかけてはむしろ回復傾向にあった。具足屋についても、安政初年に取引規模が縮小した後、再び回復傾向を見せている。しかし、この段階での廣海家の各両替商との貸借関係を見ると、嘉永期のような高額の信用供与はなされなくなっている。一八六〇年の「万覚帳[42]」によると、具足屋に対しては　五月一六日に三七貫六一四匁余の借越となったのが最高で、晦日に借越となったケースは六回あるものの、多くて一〇—二〇貫目規模である。このことは大坂の鴻池重太郎との取引においても同様で、閏三月から七月初旬にかけてと九月中旬から一一月末にかけてほぼ連続して借越となってはいるものの、その金額は多くて三〇貫目台にとどまり、九月一七日に三七貫八五五匁余の借越となったのが最高である。米屋三十郎との取引が加わることにより、全体として大坂両替商との取引の比重は高まっているが、堺・大坂ともに、嘉永期ほどの過振は許容できなくなったものと思われる。

おわりに——維新期の動向

以上のように、廣海家では、大坂手形市場の周辺に位置する貝塚にあって、天保期以降手形流通を活発に行い、両替商を介した決済方式を構築していた。廣海家では、その後米穀から肥料へと次第に取引の比重を移しつつ、北前船荷主との取引を展開した。廣海家の魚肥販売量は、一八六〇（万延元）年から明治維新まで減少した後、増加に転じていくが(43)、その過程では、本章で述べたように、両替商取引に一定の変化が見られるなど、決済方式の整備に向けた模索がなされていたのである。安政期以降になると、開港による金銀相場の混乱期を挟んで、廣海家では堺・貝塚の両替商宛振手形の発行を減らし、大坂両替商宛振手形の発行に傾斜する動きを見せており、より信用の高い大坂両替商との取引に依存する姿勢を示したのである。

最後に、維新期の両替商取引について触れておくと、先の石井論文が明らかにしているように、両替商信用体系は明確な崩壊の道をたどることになる。その大きな契機としては、石井論文が指摘したように、一八六八年（慶応四）正月三日—四日の鳥羽・伏見の戦いによる大坂とその周辺での政治的激動が、従来理解されていた以上に多くの大坂両替商の破綻をもたらした点が注目される(44)。廣海家とのかかわりで見れば、小間物屋の親両替であった小橋屋彦九郎や具足屋の親両替であった近江屋半次郎が、鳥羽・伏見の戦い直後に休店に追い込まれており、その影響で堺具足屋も同年中に閉店に追い込まれている。

一方、石井論文では、従来通説的に指摘されてきた一八六八年五月九日の銀目廃止令による打撃は、むしろ両替商信用体系崩壊の最後の契機として位置付けるべきことを指摘するが、廣海家における両替商取引の動向を見る限り、銀目廃止令による打撃の大きさも否定できないと思われる。

廣海家では、幕末期にかけて次第に米屋三十郎との取引の比重が高くなっていたが、その米屋は銀目廃止の際に経営危機に陥り、最終的には一八七二（明治五）年に経営破たんすることとなった。一八六八年六月九日に米屋三十郎が廣海惣太郎へ宛てた書簡[45]によると、「此度銀目停止被仰出、（中略）如此之無茶同様之御時節柄ニ付、両替方とても何れ不融通ニ限リ申候」、「さっぱり見当之難相附時節ニ付、実ニ心配仕候」と述べており、その危機感が吐露されている。七月朔日には、廣海家が九月限の返済を約定した証文銀について、「其後当所金相庭御停止ニ相成、不融通之折柄、度々之御用金等被仰出候ニ付、猶更融通不繰合セ相成申候次第ニ付、別証銀限月ニ不拘御手元御廻り次第、何時ニ而も御返済被下候ハヽ、請取可申候[46]」とし、限月前でも返済が行われるよう促し、九日にも再度書簡を送って催促している。また、九月二五日の書簡[47]では、「此度通表ニ而振過之儀被仰付候得共、何分御承知之通り不大融通之折柄ニ御座候間、（中略）当分之処先御一躰御断申上居候間、此度者御手元ニ而御都合被下度」と述べ、深刻な経営難から廣海家に対して過振を断るに至っている。その後の米屋の破綻は、同店との取引に比重を移していた廣海家にとって大きな打撃となった。一八七二年正月には、当主の惣太郎が米屋破綻後の債権回収などに奔走している。正月二〇日に店中又七へ宛てた書簡[48]では、「米三一件委敷御申越し承知、大当惑之至ニ御座候」と述べ、翌二一日には摂州灘目の魚崎へ出向き、「米三所持之酒造場当時いつれへ入質ニ相成候哉尋合」せたいとしている。結局、当時一万両規模の取引を行っていた米屋からの債権回収は、思うようにいかなかったようである。同年正月二八日の廣海店中宛の書簡[49]によると、「米三一件段々懸合仕候得共、頓ト思ふ様ニハ不参、何共致方無之候」とした上で、回収方法については、とりあえず二月一〇日頃に金三五六両を受け取り、その後四五〇両を四カ年賦で返済してもらうという、計八〇〇両余の回収にとどまった。

一方、鴻池重太郎についても、銀目廃止令の後、一八六八年五月晦日の書簡[50]では「仲間一統より歎願差出御座候得共、何之御沙汰無之、金札も御出し無之如何可相成哉与日々心配而已ニ御座候」と不安感を表明していた。鴻池の場合は、銀目廃止後も存続していくが、一八七六年に突然閉店し、廣海家との取引が終了した。

このように、明治初年の激動期に大坂両替商による信用体系は崩壊することとなった。しかし一方で、この危機を克服した両替商たちによって、大坂および周辺の商人との取引が存続し、手形流通が継続されていった点は注目しておく必要がある。廣海家に則して見れば、一八七六年になって、一時取引が停止した銭屋（逸身）佐一郎との取引を再開している。逸身はその後一八八〇年に私立逸身銀行を設立し、一九〇二年まで銀行経営を続けている。また、貝塚の小間物屋（信貴）孫次郎も、一八九三年に信貴銀行を設立した。信貴はその後、廣海惣太郎が主唱して進められた貝塚銀行設立に対し、信貴銀行を提供することを申し入れ、一八九六年一二月の貝塚銀行設立につながった。両者のこうした関係は、まさに、本章で述べた近世以来の密接な取引関係に基づいていたのである。

注

（1）『大阪商業史料集成』第三輯（清文堂出版、復刻版一九八四年）。
（2）松好貞夫『日本両替金融史論』（柏書房、復刻版一九六五年）、飯淵敬太郎『日本信用体系前史』（御茶の水書房、一九七七年）。
（3）作道洋太郎『日本貨幣金融史の研究』（未来社、一九六一年）、新保博「徳川時代の信用制度についての一試論——両替商金融を中心として」（『神戸大学経済学研究年報』第三号、一九五六年）。
（4）中川すがね「大坂本両替仲間の組織と機能——御用と商売をめぐって」（久留島浩・吉田伸之編『近世の社会的権力』山川出版社、一九九六年）、同『大坂両替商の金融と社会』（清文堂出版、二〇〇三年）。
（5）石井寛治「維新期大坂の手形市場——三井家と廣海家」（『三井文庫論叢』第三六号、二〇〇二年）、同「維新期京都の手形市場——小堀家と小林家」（『東京経大学会誌』二三四号、二〇〇三年）、同「維新期東京の国内為替取引——両替商と為替会社」（『地方金融史研究』第三四号、二〇〇三年）。
（6）前掲『大阪商業史料集成』第三輯、一一六頁。
（7）前掲作道洋太郎『日本貨幣金融史の研究』第八章五（五）、二九六頁
（8）前掲石井寛治「維新期大坂の手形市場——三井家と廣海家」。

（9）この記述の紹介は、前掲中川すがね『大坂両替商の金融と社会』第一部第一章第二節一参照。
（10）文政七年「金銀取渡通」（廣海家文書ZＣ〇〇一）。なお、嘉中惣太郎については、嘉中吉兵衛の出店嘉中新治郎が一八二四（文政七）年に諸色問屋を廃業した際、廣海家の親戚である明瀬長右衛門が問屋業の引き受けを命じられ、別家の明瀬利兵衛が嘉中惣太郎と改名して問屋業を始めたもの。
（11）住吉屋源之助については第1章注1を参照。
（12）前掲中川すがね『大坂両替商の金融と社会』第一部第四章第二節一。
（13）「判鑑帳」三井文庫所蔵、Ｄ六五四—三一。
（14）上村雅洋「泉州の豪商食野家の金融活動」（『大阪大学経済学』第三一巻第四号、一九八二年）。
（15）塚谷晃弘・蔵並省自校注『日本思想大系 本多利明 海保青陵』四四（岩波書店、一九七〇年）二四九頁。なお、「稽古談」の中の振手形に関するこの記述については、前掲松好貞夫『日本両替金融史論』や前掲作道洋太郎『日本貨幣金融史の研究』でも触れられている。
（16）近世の「万覚帳」は、天保一二・一三・一五年、弘化三年、嘉永三・四・五・七年、安政二・四・七年のものが残存している。
（17）堺市役所編『堺市史』第五巻、一九二九年、清文堂出版、復刻版、一九六六年、三九八—四〇四頁。
（18）具足屋半兵衛と孫兵衛は、一八三二（天保三）年の幕府油方仕法改正を受けて、堺で新たに油会所の設置による江戸油直積が図られた際、その中心人物として動き、一八三四年に油の江戸積を実施しようとしている。また、一八六〇（万延元）年三月に具足屋半兵衛は米問屋に加入し、取引を開始している。
（19）堺市役所編『堺市史続編』第五巻（堺市役所、一九七四年）九四二—九四四頁。
（20）前掲中川すがね『大坂両替商の金融と社会』第一部第三章注九二。
（21）『大阪編年史』第二六巻（大阪市立中央図書館、一九七八年）五一七—五七七頁。
（22）『大阪商業史料集成』第五輯（清文堂出版、復刻版一九八四年）三一九—三二二頁。
（23）脇田修・中川すがね編『幕末維新大阪町人記録』（清文堂出版、一九九四年）七一—七五頁。
（24）この時期における大坂市場での銭屋の両替商進出については、前掲中川すがね『大坂両替商の金融と社会』第一部第四章参照。
（25）前掲松好貞夫『日本両替金融史論』三二一—三二二頁。
（26）前掲脇田修・中川すがね編『幕末維新大阪町人記録』。
（27）前掲『大阪商業史料集成』第五輯。
（28）前掲作道洋太郎『日本貨幣金融史の研究』第八章二。

(29) 前掲石井寛治「維新期大坂の手形市場——三井家と廣海家」第九表では、小間物屋との取引内容を現金と手形に分けて表示しているが、実際は銀札使用が一定部分を占めており、第九表では銀札が「現金」の中に含まれている（石井氏より確認）。

(30) 本城正徳『幕藩制社会の展開と米穀市場』（大阪大学出版会、一九九四年）が一九世紀における貝塚の納屋米集散市場としての台頭を指摘している。

(31) 貝塚近在の手形ブローカーの存在は、前掲石井寛治「維新期大坂の手形市場——三井家と廣海家」で指摘されている。

(32) 廣海家が油屋清兵衛から購入した手形の量は、一八五〇（嘉永三）年が三四貫一二〇匁余、一八五四年が六九貫七四二匁余、五七（安政四）年が二三貫六九匁、六〇年が八貫七〇二匁であった（嘉永三・七・安政四・七年「万覚帳」廣海家文書A一六九・X〇〇二・A一四二・A一六八）。

(33) この取引については、嘉永四年「金銀入払帳」（廣海家文書A一一四）の記載による。

(34) 廣海家文書A一一四。

(35) なお、本節で述べた嘉永期における手形流通の活発化は、厳密には廣海家と両替商との関係や畿内一円での取引先との関係において特に顕在化する動きであり、廣海家と北前船荷主との取引では、嘉永期よりも安政期以降のほうが決済に手形を用いるケースは増加している。一八五一（嘉永四）年の「金銀入払帳」（廣海家文書A一一四）から、廣海家の穀物・魚肥仕入代金の決済における手形決済の比重を算出したところ、約二一%であった。本論で述べたように、廣海家では北前船荷主の帰り荷代金を手形で立て替えることも行っており、また荷主に対して手形による貸付も行っていたようであるが、これらを手形決済の額に加算しても、なお二七—二八%程度である。一方、一八五五（安政二）年の「金銀入払帳」（廣海家文書A一一九）から同様に手形決済の比重を算出すると、帰り荷代金の手形での立て替え分を除いても約五〇%に及ぶ。帰り荷の立て替え額は、両年ともに銀七〇貫目台と大差なく、比重増加の要因は、ひとえに大坂両替商宛の振手形による決済額が増加（一九五貫匁余→七〇五貫目余）したことによる。このことは、北前船荷主との取引の場では、嘉永期から安政期にかけて手形の信用が上昇したことを意味している。本論で後述するように、安政期以降になると、廣海家が振出す振手形は大坂両替商宛のものが大半を占めるようになっており、そのことと北前船荷主に対する手形決済の増加がどう関係しているのかは、改めて検討を要する課題である。

(36) 具足屋から鴻池への「ふり出し」は、具足屋と米屋との取引でも行われている。廣海家文書に残る米屋三十郎の商用書簡には、「堺具半殿ゟ金五拾両ト銀弐拾貫匁入銀有之候、且今朝具半殿ゟ銀五拾貫匁右入銀有之候間、慥記長仕置候」（廣海家文書B〇五一—二一—九八）といったように、具足屋からの入銀を知らせる記載が数多く見受けられる。

(37) 廣海家が授受した振手形によると、「辰半」（辰馬半右衛門）は「米喜」（米屋喜兵衛）宛の、「辰与」（辰馬与左衛門）は「米三」（米屋三十郎）宛の振手形を発行しており、辰馬家と米屋一統との取引関係がうかがわれる（安政二年「金銀入払帳」廣海家文書A

一一九）。

(38) 例えば、辰馬家が岸和田藩の蔵米を購入するため急遽資金が必要となったケースでは、半左衛門が廣海家に対し、「何卒来月早々本家名前ニて御取引、鴻十殿へ御振込被下度」と依頼している。そして、三日後に廣海からの送金を受けた鴻池重太郎では、「今般御通帳并ニ御入金差引端銀代銭共御遣し被成下（中略）鳴尾辰半左衛門方へ御付替分是又別紙受取書封中仕候間、是亦貴家様ゟ宜しく被仰上可被成下候」としており、廣海からの入金分を辰馬の預金に付け替えたので、廣海家の方から辰馬家へその旨伝えて欲しいと述べている（廣海家文書P〇六〇―二―五一・五〇、一〇月二五日・二八日、いずれも年不詳）。

(39) 廣海家文書A一一九。

(40) 前掲作道洋太郎『日本貨幣金融史の研究』第八章五（五）。

(41) 前掲新保博「徳川時代の信用制度についての一試論――両替商金融を中心として」。

(42) 廣海家文書A一六八。

(43) 中西聡『近世・近代日本の市場構造』東京大学出版会、一九九八年、一四六頁、および本書表3-3を参照。

(44) 前掲石井寛治「維新期大坂の手形市場――三井家と廣海家」。

(45) 廣海家文書P〇六〇―九―四四。

(46) 廣海家文書P〇六〇―九―八二。

(47) 廣海家文書P〇六〇―九―九三。

(48) 廣海家文書P〇六〇―五―四八。

(49) 廣海家文書P〇六〇―五―六五。

(50) 廣海家文書P〇六〇―九―七三。

第13章　近代の金融システムと廣海家

石井寛治

はじめに

近世における廣海家の商業活動が、貝塚・堺・大坂の両替商との緊密な金融関係に支えられていたことは、前章の分析によって明らかにされたとおりである。本章は、その分析を引き継いで、明治初年における両替商との金融関係の推移を簡単に検討した上で、まず、一八七六（明治九）年以降、銀行を中心とする近代的金融システムが形成される中で、廣海家が商業活動を展開するために行った銀行取引のあり方を究明する。つづいて、廣海家が株式投資を行うようになったときに、銀行との金融関係がどのように変化し、いかなる意味をもったかを具体的に検討したい。

この後者の論点は、日本における近代企業の資金繰りが、資本市場を通ずる直接金融を中心とするものだったのか、それとも、銀行による融資という間接金融を中心とするものだったのかという論争にかかわっている。間接金融を重視する説は、近代日本では零細な社会的資金がまず銀行に預金として集められ、それが株式投資家の手を経る投資の形か、あるいは、銀行からの融資の形をとって企業に集中し利用されることが多かったと述べている(1)。廣海家による株式投資は、それ自体としては直接金融の発展を担うものであるが、同家の株式投資を可能にした条件を探っていくと、たんに商業利潤や株式配当が株式に投入されただけでなく、同家へのさまざまな形での銀行融資もまた重要な役割を果たしていたことが浮かび上がってくる。ここでの分析は、そうした直接金融と間接金融の複雑な関連の究明の一助にもなるであろう。

第一節　商業活動における金融

(1) 肥料取引の資金繰り

北海道での鯡の漁期は毎年三―八月であり、製造された鯡魚肥は本州・四国に運ばれて、七―八月に夏肥、三―五月に春肥として消費された(第3章を参照)。一九〇一(明治三四)年当時の大阪への魚肥入荷については、「魚肥の季節は毎年六月初旬に於て『走り』の来るを常とし、八九月頃に盛に入り来り十月十一月迄に悉皆入津す」[2]と報告されている。では、産地の北海道で購入された魚肥が大阪や貝塚に運ばれ、廣海家を介して仲買・小売から農家に販売され、代金が回収されるまでの間、魚肥取引のための資金繰りは誰が担当していたのであろうか。ここでは、やや抽象的な形で、その変化をあらかじめ整理しておこう。

まず、廣海家が北前船商人から魚肥を預かるか購入する場合、それまでの資金繰りを担当したのは買積輸送に携わる北前船商人であった。彼らから入手した魚肥の代価を、幕末維新期の廣海家は現金または両替商宛の手形で支払った。廣海家は周辺地域への魚肥の売上代金を順次取引先の両替商へ送るが、取引の最盛期には両替商との差引が借になることが多く、その期間の魚肥取引は両替商金融が支えていた。両替商に代わって銀行との当座取引が始まると、北前船商人への支払は、現金または銀行宛の小切手で行われ、繁忙期の取引は銀行金融が支えるようになる。こうした資金繰りのパターンは、廣海家が、北前船商人から引き取った魚肥の代金を、北前船主の拠点である北陸や東北に向けて銀行融資を受けつつ為替送金するようになっても基本的には変わらなかった。

ところが、一八七九年から数年間、廣海家が手船による買積経営を試み、九三年から産地直接仕入れを開始するようになると、資金繰りは大きく変化する。ここでは、魚肥の仕入れ段階からの資金繰りを廣海家が負担する必要が生じ、廣海家では、銀行や郵便局による送金為替を利用するか、北海道からの送荷にさいして仕入れ担当者に銀行荷為替を取組ませる形で、資金を北海道に送った。この場合には、銀行融資への依存が不可欠の重要性を帯びることになろう。一九一四（大正三）年限りで北海道の産地買付を中止してからは、仕入れ面での資金繰りは楽になるが、販売面では、農家に直接販売する小売業務が拡大したため、販売代金の回収のための期間が長くなった。そのために必要な資金を、廣海家はやはり銀行融資に依存した。

以上のように、廣海家の商業活動は、両替商と銀行からの融資に依存しつつ行われ、銀行の為替送金網を利用する形で、資金回転が格段に早められた。こうした銀行との密接な関係は、廣海家特有のことでなく、肥料商全体に共通する事態だった。一九〇一年当時の大阪の「肥料商と金融」について、次のように報ぜられている。

［史料一］

往時に於ける肥料商は一年に唯一回の仕入れを為すに止まりしが、今や銀行増殖し金融機関具備し来りしが為め、此点に就ては非常の便利を受くるに至り、荷為替の作用によりて一年に両度は資金の運転を為すを得る事と為り、加之割引の便利により仕入価格に対し約三割程の預金ある時は極めて安全に取引を為すを得(3)

実は、廣海家の株式投資も、商業活動の資金が、このようにほぼ全面的に銀行中心の金融システムに依存できるようになったことを前提として、はじめて活発化するのである。

表 13-1　鴻池重太郎からの廣海家の借入残高

月末	1872（明治 5）年	1875（明治 8）年	同左（実際）
1	1,213	603	2,103
2	△ 165	△ 2,533	△ 1,033
3	△ 698	△ 3,219	△ 1,719
4	△ 14	△ 1,519	△ 19
5	4,332	△ 750	750
6	289	△ 1,135	365
7	△ 3,042	1,653	3,153
8	△ 3,041	△ 5,105	△ 3,605
9	744	△ 3,930	△ 2,430
10	301	2,022	3,522
11	1,419	△ 600	900
12	1,107	△ 612	888

出所）明治 5・8 年「万覚帳」（廣海家文書 A170，A143）より作成。
注記）△は廣海家からの預け金。両（72 年），円（75 年）未満は四捨五入。1875 年は井上重太郎名義。（実際）欄の金額は，1,500 円の借入を加算したもの。

（2）両替商による信用供与

明治初年の廣海家は、仕入れた米穀・肥料の代金の過半を大坂両替商の鴻池（井上）重太郎宛の手形によって支払っていた。一八七二（明治五）年には四四回にわたって計二万八、〇二六両、一八七五年には五三回にわたって計五万三、一九五円の手形を振り出している。(4) 表13-1は、これら両年次の廣海家の鴻池重太郎家への月末預け金の推移を見たものであるが、一八七二年には北前船商人への支払が嵩んだ年末年始においてかなり多額の借入を行っていることが分かる。これに対して、一八七五年の場合は預け金になっている場合が多く、年末においても借入がないかのように見えるが、実際はそうではない。

実は一八七三年に印紙条例が制定されたさいに、手形を振出した結果が預金残高を越える過振り（＝借金）になったときは、一律に一銭の印紙を貼ればすむ第一類と違い、金額によって異なる多額の印紙をいちいち貼らねばならない第二類扱いになることとされた。そのため、煩雑さを避けるために、一八七三年六月二七日に廣海家では井上重太郎から「証文ニ而かり分」一、五〇〇両を借り入れ、それを預けた形で事実上の借越枠を設定しているのである。(5) 一八七三年一二月二五日付の廣海惣太郎宛書簡で、井上は「差引手尻兼而御証文金之外ニ御手形廻り候ニ付、五百円余不足ニ相成御座候。右者御振替出来兼申候間、何卒早々御入金被下度願上候」(6) と、それでもなお過振りとなったため、早急に入金して欲しいと要求し、廣海家は直ちに送金している。したがって、一八七五年の月別預け金の推移は、実際は一、五〇〇円ずつ差し引いて考える必要があり、一、七、一〇月末だけでなく、五、六、一一、一二月末も借越と考えねばならない。とすれば、一八七五年においても、七二年と同様に、廣海家の商業活動は、必要に応じての両替商からの借入を条件とするものだったことになろう。

このように、北前船商人からの米穀・肥料仕入れ代金を大坂両替商からの融資に頼って支払うことは、貝塚の廣海家に特有のことではなく、大坂湾岸地域の米穀・肥料問屋に共通することであった。例えば、兵庫最大の米穀・肥料問屋北風荘右衛門家は、北前船主からの購入代金を大坂両替商の米屋喜兵衛および炭屋彦五郎宛の手形で支払い、「北国米の入込中は、右両替商より北風へ月々四五万両の貸金となれり(7)」と回顧されている。この北風家に比べると廣海家の取引規模は小さいが、両家はお互いに年賀の挨拶を交わす間柄であって、北前船の積荷を奪い合うライバルでもあった(8)。

(3) 銀行との取引の展開

廣海家が銀行との取引を開始したのは、一八七九（明治一二）年九月二四日に岸和田本町の第五十一国立銀行の当座口に一、〇〇〇円を預け入れたときであった。それは、直接には、表13-1に記された大阪両替商鴻池（井上）重太郎家が一八七六年に破綻した後、新たに取引先となった大阪両替商銭屋逸身佐一郎家との取引が、この年三月に一時中断したことへの対応であったが、銀行取引の開始はそれ以上の意味をもっていた。

表13-2は、廣海家の商業活動に関係の深い当座取引の相手別金額の推移を記したものである。一八七九年には、貝塚の両替商信貴孫次郎および藤井専六と盛んに取引していることが分るが、廣海家からの預け入れのさいに一〇〇円から二〇〇円前後の金額の手形を預ける場合が多いのに対して、引き出すときはほとんどが現金である。おそらく仲買・小売商らが廣海家から購入した米穀・肥料の代金を貝塚等の両替商宛の手形によって支払うという幕末の慣習

表 13-2　取引先口座から廣海家への入金額

（単位：円）

年次＼取引先	貝塚		岸和田		大阪	その他とも
	信貴孫治郎	貝塚銀行	五十一銀行	岸和田銀行	逸身佐一郎	合計
1879（明治 12）	18,672		11,858		6,787	47,367
83（明治 16）	4,000		17,990		32,879	100,398
89（明治 22）	17,023		35,450		8,142	60,615
93（明治 26）	5,184		43,725	15,950	12,085	76,944
97（明治 30）		7,536	11,330	53,015	4,869	77,250
99（明治 32）		54,092	7,400	29,000		90,492

出所）各年次「万覚帳」（廣海家文書）より作成。
注記）円未満四捨五入。「その他」は，1879 年藤井専六（貝塚）10,050 円，1883 年同 10,325 円，木谷七平支店（大阪）35,204 円，1897 年住友銀行（大阪）500 円。五十一銀行は 97 年まで第五十一国立銀行。逸身佐一郎は 1883 年 5 月 9 日以降は逸身銀行。

が復活したのであろう。これに対して、大阪の両替商逸身佐一郎家との取引は、貝塚の両替商から引き出した現金を持参して預ける一方で、逸身宛の手形を振出して廣海家の手船富廣丸や北前船商人へ支払っている。しかし、三月初めに飛脚が通帳と古手形を貝塚へ持ち帰る途中、天下茶屋辺りで盗賊に書類を奪われた事件が発生し、逸身との取引は一旦中止された⑨。

この事件を機会に廣海家が岸和田の銀行との取引を開始したのは、一つには、貝塚から大阪まで現金を運ぶことの危険性を考慮したためであろう。第五十一国立銀行は貝塚から近いので、同行に開設した「預け座」（＝当座口）では現金での出し入れが盛んに行われているが、手形（＝小切手）による入金もなされ、なかには貝塚の両替商藤井専六から預かった銀行宛手形による入金もあり、貝塚から岸和田までの現金輸送についても危険を配慮したことが窺える。同行宛の手形による手船富廣丸などへの支払いもあるが、事例は限られており、逸身家との取引が中断したこの年は、手形による仕入れ代金の支払は低調であった。銀行との取引でいま一つ注目されるのは、「預け座」とは別に「抵当一時借り座」（＝貸付口）が設定され、魚肥と株式を抵当とする借入がなされるようになったことである。すなわち、一八七九年一〇月に廣海惣太郎は第五十一国立銀行宛に「金銭一時貸借通帳」を作成し、同月中に二回にわたり二、〇〇〇円ずつを浜マシケ鯡粕四〇〇俵ずつの抵当によって日歩三銭三厘（年利一二%強）で二―三週間借り入れ、一二月にも計四、〇〇〇円を借り入れた。また、翌八〇年五月には、購入したばかりの同行株式のうち二〇株を抵当にして、一、〇〇〇円を表向きの年利一二%（実際は日歩四銭＝年利一四%強）で借り入れた[10]。一八七八年から八二年にかけての手船富廣丸を使った積極的な買積経営の資金はこうした銀行融資の支えによって可能になったのである。

表13-2に戻って、一八八三年の取引を見ると、貝塚と岸和田での取引は七九年と大差ないのに対して、大阪の逸身佐一郎＝逸身銀行との取引が復活し増大しただけでなく、大阪の木谷七平支店（本店貝塚）とも取引を行っている。この年における北前船商人らとの取引の拡大と、貝塚から大阪への現金輸送の安全化を反映するものであり、逸身宛や木谷宛の手形（＝小切手）による支払が盛んに行われている。木谷との取引では、一方で現金ないし手形による預け金を繰り返しつつ、他方では鴻池系の第十三国立銀行宛の手形を廣海が受取って肥料代金の支払に宛てているケースがしばしば見られるが、これは木谷家の主要取引先が第十三国立銀行であるためと思われる[11]。

銀行小切手によって支払を受けた北前船商人らは、その小切手を宛先銀行に持参して現金化するとは限らず、自分の取引先銀行に預けることも多かった。例えば、一八八六年一―八月に廣海家が逸身銀行宛に振出した二四枚の小切手のうち、単数ないし複数の銀行経由で逸身銀行に廻ってきたものは一三枚に及んでいる[12]。

一八八九年から九九年にかけては、当座取引の大半が岸和田の二銀行に集中していった。その反面で大阪の逸身銀行との取引が減退していった事実は、同行宛の小切手による北前船商人への支払が減少していることを示唆している。事実、一八九〇年代後半には、北前船商人からの仕入れは著しく減少した（表3-2を参照）。

（4）銀行による為替送金

魚肥の産地である東北や北海道へ多額の現金を持参することは、きわめて危険であったため、銀行による為替送金の道が開けたことは、廣海家の仕入れ活動に大いに役立った。もっとも、銀行を使わなくても、商人同士の信用による為替送金の方法がないわけではなかった。東京の大手肥料問屋岩出商店の店員は、一八七九（明治一二）年から青森県八戸で干鰯を仕入れたときに為替で資金を調達した方法を次のように回顧している。

［史料二］

僕が八戸へ行って金が入用といふ場合、豫てから懇意にしている商店へ行って「どうです、東京へ送る金がありますかネ」といふ調子で訊ねるんだ、すると先方は「へえ、丁度あります」と来る、そこで「ぢや一つ願ひませう」と云ふ様な至って手軽な対応で、僕が千円なら千円の手形を書くのだ、すると其際先方はこの一千円に対して半金渡してくれると云ふワケで、一方僕の手形を受取った店では其れを自分の方の東京の註文先きへ送って、呉服なり唐物なりの註文をする、註文を受けた問屋では又其の手形を以て店（タナ）へ来て、其金を受取りあと半金は東京よりの通知により受取るとこういふ仕組みになっていた⒀

こうした商人ないし両替商による為替取組は、互いの信用関係を基礎にかなり広く行われていたが⒁、岩出商店のような東京の老舗ならばともかく、北陸・東北・北海道における廣海家の場合は、そう簡単に為替送金を頼める相手は見当たらなかったであろう。それだけに、銀行による為替送金は廣海家にとって重要であった。例えば、一八八〇年五月二四日付で廣海惣太郎は、三井銀行大阪分店に依頼して二、五〇〇円を、「為替金渡シ先」である函館の富廣丸利右衛門まで電報為替で送金している。一銭印紙を貼った三井銀行の領収書には、「右ハ貴殿ヨリ電報為替御取組相成候ニ付書面ノ金員正ニ請取候彼地ニ於テ渡済ノ上ハ此証廃紙ニ属シ可為反故候也」とあり、為替手数料は一九円一〇銭であることも記入され、先の岩出商店の店員が函館商人に依頼した為替送金の半額程度の手数料であったことが分かる。[15] 廣海家の手船富廣丸の活動は、こうした銀行による為替送金の利用によって可能となっていたのである。

もっとも、銀行間のコルレス網の構築はなかなか容易でなく、どこの銀行でも顧客からの為替送金の求めに応じたわけではなかった。一八九三年といえば、前掲表13-2に示したように廣海家の取引銀行が岸和田の第五十一国立銀行と岸和田銀行、および、大阪の逸身銀行だった時期であるが、この年に同家の求めに応じて送金手形を取組んだ銀行名は、判明する限りでは、三井銀行大阪支店から①米谷銀行（石川県小松）経由での熊田源太郎（同県能美郡）への送金、②三井銀行青森支店経由での野坂勘左衛門（青森県野辺地）への送金、③田中九右衛門（新潟県鬼舞）への送金、第一国立銀行大阪支店から食塩商会（広島県尾道）への送金、第三国立銀行大阪支店から①新潟第四（国立）銀行経由での石山治四郎（新潟）への送金、②小川善五郎（新潟）への送金、③直江津銀行経由での田中九右衛門（新潟県鬼舞）への送金、④伊東善五郎（青森）への送金、⑤岸田忠五郎（新潟）への送金、という具合に、大阪の三井・第一・第三という大規模銀行ばかりであって、岸和田の二行はもちろん大阪の逸身銀行も利用されていない。[16] 地方の諸銀行だけでなく逸身銀行のような大都市の有力銀行であっても、直接に全国各地へ為替を取組むことができるとは限らなかったのであり、銀行間の全国的コルレス網はまだ十分には形成されていなかったと言わなければならない。

（5）産地からの荷為替取組

一八九三（明治二六）年から産地買付を始めた廣海家では、南部や北海道で買い付けた魚肥を送付するさいに、銀行で荷為替を取り組んだ。たまたま残っていた荷為替手形の綴りによって、一九一〇年前後の荷為替取組と取立の銀

表13-3　荷為替の取組と取立

取組場所	取組人	取組年月日	金額（円）	取組銀行	取立銀行	取立年月日
小　樽	渡辺三蔵	1908. 6. 19	5,000	十二銀行小樽支店	第六十五銀行兵庫本店	1908. 7. 3
小　樽	満留八商店	1908. 7. 23	6,500	二十銀行小樽支店	第一銀行大阪支店	1908. 8. 6
小　樽	矢嶋常三郎	1908. 8. 6	11,700	日本商業銀行小樽支店	日本商業銀行兵庫本店	1908. 8. 19
小　樽	佐野喜一郎	1908. 9. 7	5,050	日本商業銀行小樽支店	日本商業銀行兵庫本店	1908. 9. 14
小　樽	佐野喜一郎	1910. 6. 6	6,150	十二銀行小樽支店	第六十五銀行兵庫本店	1910. 6. 18
小　樽	熊田次太郎	1911. 8. 7	13,000	日本商業銀行小樽支店	日本商業銀行兵庫本店	1911. 8. 22
小　樽	渡辺三蔵	1911. 9. 2	1,700	十二銀行小樽支店	十二銀行大阪支店	1911. 9. 11
小　樽	佐野喜一郎	1911. 9. 8	17,326.38	十二銀行小樽支店	十二銀行大阪支店	1911. 9. 22
函　館	岡本忠蔵	1909. 11. 2	5,443.03	百十三銀行函館本店	住友銀行中之島支店	1909. 11. [illegible]0
函　館	森本一郎	1910. 8. 12	8,430.32	二十銀行函館支店	第一銀行兵庫出張所	1910. 8. 20
函　館	森本一郎	1910. 8. 16	1,174.42	北海道拓殖銀行函館支店	三井銀行神戸支店	1910. 8. 25
函　館	川名得太郎	1910. 8. 23	3,086.44	二十銀行函館支店	第一銀行兵庫出張所	1910. 8. 30
函　館	岡本忠蔵	1910. 8. 23	8,448.10	百十三銀行函館本店	住友銀行兵庫支店	1910. 8. 30
函　館	奥津忠	1911. 9. 9	6,682.05	二十銀行函館支店	第六十五銀行兵庫本店	1911. 9. 16
根　室	竹原平左衛門	1911. 6. 24	600.00	二十銀行根室支店	浪速銀行堺支店	1911. 7. 9

出所）廣海家文書 B055-4～46 より作成。

行名を示すと表13－3のようになる。魚肥を積み出す小樽・函館・根室の銀行が荷為替取組に使われているが、百十三銀行と北海道拓殖銀行など北海道に本拠のある銀行よりも、十二銀行（本店富山市）、二十銀行（本店東京市）、日本商業銀行（本店神戸市）など本州に本店のある銀行の支店の方が活躍していることがうかがえよう。

問題は、そうして取り組まれた荷為替の荷物が一―二週間後に兵庫港や大阪港などに到着した場合の荷為替代金の支払方法である。支払地が神戸市兵庫とされている場合には、荷為替手形の宛先の多くが「神戸市兵庫新大工町井上茂助方廣海惣太郎殿」となっており、兵庫の米穀肥料商井上茂助に荷為替代金の支払と荷物の引取を頼んでいることがうかがえる。一九〇五年八月三一日付で井上が廣海に宛てた書簡に、「和歌浦丸荷為替並ニ運賃金二十日御送金相成小切手正ニ落手仕候、付てハ和歌浦丸昨日入船仕リ着荷案内在之候ニ付、二十日為替期日故商業銀行ヨリ引替申来候[17]」とあるのは、廣海があらかじめ井上に小切手で送金しておき、荷為替期限が来たさいに取立銀行（ここでは日本商業銀行兵庫本店）へ代金を支払ってもらっていたことを示すものである。支払地が大阪市や堺市とされているときは、取立銀行に事前に小切手送金をして、荷物が到着するとともに荷為替代金を支払っているが[18]、逆に大阪や堺の取立銀行から手形が五十一銀行（岸和田）や貝塚銀行に廻されてくることもあった。例えば、表13-3の最下段に記されている根室の竹原商店の場合は、支払地が堺市とされているが、手形は浪速銀行堺支店から五十一銀行まで廻ってきている[19]。

このように、一九一〇年前後の時期には、北海道の諸銀行で取り組まれた荷為替の取立ては、兵庫や大阪において行われることが多かったが、第一次大戦期の一九一七年当時には、函館の肥料商の森本一郎や岡本忠蔵あるいは山路富治郎は、直接に五十一銀行渡の荷為替を取り組んでいる。それは、五十一銀行や貝塚銀行などの地方銀行も全国的なコルレス網の一環になったためであるが、同時に、送荷の魚肥が貝塚まで鉄道によって輸送されるようになったことを前提にしている点にも留意しておこう[20]。

(6) 銀行取引における貸借

ここで、廣海家が、その商業取引を初めとする諸活動にさいして銀行への依存度を高めていったことを、いくつかの年次における月別の銀行貸借の推移を通して確認しよう。表13-4によれば、一八九三（明治二六）年においては、当座借の残高はあまり多くないが、手形借を加えると、三月から六月にかけて多額の借入となっている。手形借は第五十一国立銀行からの鯡粕抵当の手形借が中心で、岸和田の寺田甚与茂からの第五十一国立銀行株抵当の手形借も六

表 13-4　廣海家の銀行借入残高

（単位：千円）

月末	1893（明治26）年 当座借	手形借	合計	1899（明治32）年 当座借				手形借					合計	1917（大正6）年 当座借	手形借	合計
	計	計		貝塚	五十一	岸和田	計	貝塚	五十一	岸和田	住友	計		計	計	
1	1.4	—	1.4	△1.2	△0.4	—	△1.6	5			10	15	13.4	1	204.5	205.5
2	△1.5	—	△1.5	3.2	1.5	2.5	7.2	16				16	23.2	△2.4	196	193.6
3	—	3	3	1.1	—	1.7	2.8	16		3		19	21.8	△5.3	199.5	194.2
4	2.4	6	8.4	1.6	—	—	1.6	13		3		16	17.6	0.7	184.5	185.2
5	△0.5	6	5.5	0.2	—	0.4	0.6	13				13	13.6	△8.0	190.5	182.5
6	0.3	3	3.3	△1.3	—	2.9	1.6	10				10	11.6	△6.5	155.5	149
7	△0.7	—	△0.7	0.2	0.4	1	1.6	8				8	9.6	2.6	174.5	177.1
8	△3.0	—	△3.0	△0.7	—	—	△0.7	4.5				4.5	3.8	△0.8	194	193.2
9	△2.6	—	△2.6	—	—	0.9	0.9	—			5	5	5.9	5.3	198	203.3
10	△0.6	—	△0.6	0.8	—	1	1.8	7		6	12	25	26.8	2.4	198	200.4
11	1.3	—	1.3	—	2.5	3	5.5	7	10.9	6	20.2	44.1	49.6	9.8	203	212.8
12	△3.8	3	△0.8	2.1	—	1.6	3.7	7	10.9	6	22.7	46.6	50.3	0.2	203	202.8

出所）「万覚帳」（1893，1899年），「銀行勘定帳」（1916–18年），「振出手形記入帳」（1912–17年）（以上，廣海家文書）より作成。
注記）△は預け金残高。

月末に三、〇〇〇円あり、何れも商業資金に投入された。当時の廣海家は、すでに一万円台の有価証券を所有しているが、九三年の株式純増は六〇二円にすぎなかったのである（表4-5を参照）。

これに対して、一八九九年においては、北海道での産地買付が中止されていたにもかかわらず、当座借も手形借も毎月のように多額の借入残が生じており、一九一七（大正六）年の場合には、当座借は必ずしも毎月借入残となっていないが、手形借の残高は毎月一五万円台から二〇万円台の高水準を維持している。これらの手形借は単なる商業資金の調達のためではなく、株式投資のための資金調達としての役割もある程度まで果たしていたものと思われる。しかし、その点を確かめるには、廣海家の資金調達と運用についてのフロー分析だけでなく、特定時点での貸借というストック分析が必要である。以下、節を改めて、その問題を検討しよう。

第二節　投資活動を含む家業の金融

(1) 自己資本中心の時期

表13-5は、一八七二（明治五）年から九二年にかけての四つの時期について、廣海家の年末現在の貸借を示したものである。ここには、廣海家の小売部門である干鰯店に関係するデータについては、同店から農家への米穀・肥料の販売代金の未回収分である「在方貸付」のみを表示してある。また、一八七一年に開設された干鰯店の活動を通じて一八八〇年代に獲得する、耕地・山林・家屋などの不動産に対する投資残高も入っていない。[21] その意味では、本表は、商業活動と投資活動に関する動産を中心とした限定された貸借バランスを示すものにすぎないが、廣海家の家業の年末における資金繰りのあり方をつかむ手がかりとはなろう。

まず、一八七二年末の手元有高の内訳は、金二、八三五両と銭一、九九九貫文（＝一五八両）であるが、注目されるのは、正金や銅銭のほかに一六五両の両手形と一、五一〇貫文（＝一一九両）の銭手形が含まれていることである。手形の振出人は、米や〆粕の販売先である網屋久兵衛、薮屋伊兵衛、毛綿屋勘右衛門、米屋宗兵衛、明瀬長右衛門らであり、販売代金が両替商宛の手形によって支払われる幕末以来の習慣が持続していることが判明する。[22] 販売代金の回収を肥料小売商と思われる干加屋利兵衛との取引について見ると、四日後に支払われる「即金取引」から一カ月ないし二カ月後の月末に支払われるものまで多様であるが、金額的にみて一カ月後払いが中心である。したがって、こうした小売商相手の取引は年末段階では決済済みと見てよかろう。それに対して、干鰯店からの農家への販売商品の決済は、すでに指摘されているように文字通りの肥料前貸であり、一二―二月または四―六月に前渡しして、一一―二カ月後かもしくは利息付きで半年ないし一年後に支払いを受けるのが常であった（第3章を参照）。したがって、一

表 13-5　廣海家の貸借（I）

（単位：円）

年　末	1872（明治 5）	1875（明治 8）	1882（明治 15）	1892（明治 25）
手元有高	2,993	1,118	*1,070	2,622
商品越年高	6,676	4,651	11,605	18,342
（穀物）	1,293	1,437	2,048	−
（魚肥）	5,383	3,214	9,557	18,342
在方貸付	4,048	2,041	5,332	5,597
有価証券	−	−	2,482	10,537
両替商・銀行	−2,415	−879	−3,481	1,686
差引純資産	11,302	6,931	17,008	33,784
自己資本比率	82.39%	88.75%	83.01%	100.00%

出所）手元有高は「入払帳」，商品越年高は「万買帳」，在方貸付は「勘定覚」（J185），「帳簿類」（P055），有価証券と両替商・銀行は「万覚帳」各年次（以上，廣海家文書）より作成。

注記）手元有高 1882 年＊は年初の数値。円未満四捨五入。年末とあるが，翌年初に新帳に繰り越した時点の数値も多い。1872 年の両・銭表示は，1 両＝1 円＝銭 12 貫 650 文で円に換算。自己資本比率は，総資産に対する差引純資産の比率である。マイナスは廣海家の借。

二月に前渡した肥料のほとんどが年末には「在方貸付」として計上されることになる。こうした資金需要に応ずるために、廣海家は、両替商その他から資金融通を受けた。翌年一月中の新帳への切り替え時点で、貝塚の両替商小間物屋孫次郎への預金一六六両と大阪の鴻池重太郎からの借入三四九両のほかに、攝津鳴尾の酒造家辰馬与平（辰東）から二、二三二両の融資を受けており、辰馬与平および同地の酒造家辰馬半左衛門（辰中）からは、資金需給の逼迫した四―六月頃毎年のように融資を受けていた。[23] まさに大阪湾岸地域の金融システムの利用こそが、廣海家の活発な商業活動を支えていたのである。ただし、利用＝依存の程度となると、一八七二年末の自己資本比率が八二％という高水準にあった事実が示すように、決して大きいとは言えなかった。表13-5の最下段に記した各年末の自己資本比率を見ると、いずれも八〇％を上回っており、一八九二年末のごときは、自己資本比率が一〇〇％、つまり無借金経営なのである。この時期の廣海家の経営は、いわば自己資本中心と言える状況であった。

もっとも一八七五年末の場合は、自己資本比率は七二年末より若干高まっているとはいえ、純資産＝資本額はやや減少している。年間取引高はこの間一・八倍に増加しているが[24]、販売のテンポが速く、年末の商品残高・在方貸付ともに減少し、借入金も返済が進んでいる。それにもかかわらず、この年の純資産が減少しているのは、一八七四・七五年の損失が響いているのであろう。

一八八二年末にかけては、自己資本の絶対額はかなり増加し、銀行その他からの借入にも支えられて、営業活動は活発化し、岸和田の第五十一国立銀行株も所有しているが、一八八一・八二年には商業利益は大幅に減少している（表1-3）。一八七九年に始まる岸和田の第五十一国立銀行との取引が、廣海家による手船富廣丸を使った買積経営を支えたことは前述したが、八二年末で見るかぎり、同行からの借入金は七〇〇円にすぎず、大阪順慶町の間嶋清兵衛からの一、七〇〇円（年利一八％）、大阪泉町の福田楠太郎からの一、〇〇〇円（年利一六・八％）の「証文入」の預り金の方が金額では大きい[25]。この年には古くからの借入先である攝津鳴尾の辰馬与平からの預り金もあるが、年末には返済しており、年末に残っているのは、大阪の二人からの預り金＝借入金なのである。いずれにせよ、この時期の廣海家は、銀行融資の利用を開始しつつも、その限界を大阪湾岸地域の酒造家・商人・高利貸からの融資によって補っていたと言えよう。

さて、それから一〇年を経た一八九二年になると、純資産が三万円台に増加し、銀行や商人からの借入金残高は皆無となり、自己資本比率は一〇〇％にまで登りつめた。もちろん、年内の動きを見れば、第五十一国立銀行や岸和田の資産家寺田甚与茂からの借入金などがあるが、それらは年末にはすべて返済し終わっているのである[26]。この一〇年間における順調な商業利益[27]と、それほどの規模ではないが着実な配当収入[28]が、こうした自己資本の充実をもたらしたと言ってよい。

（2）銀行融資による経営拡大期

一八九三（明治二六）年における産地直接買付の開始と株式投資の拡大とは、以上見たような自己資本の蓄積を前

表 13-6　廣海家の貸借（II）

（単位：円）

年　末	1899（明治 32）	1906（明治 39）	1912（大正元）	1916（大正 5）
手元有高	477	592	457	902
商品越年高	54,260	60,615	30,520	27,805
（魚肥）	32,350	58,181	28,366	25,285
（その他）	21,910	2,434	2,154	2,520
在方貸付	9,805	15,896	40,062	32,619
有価証券	46,469	53,739	119,579	269,822
銀　行	−50,298	−88,769	−121,435	−221,053
（貝塚）	−9,098	−41,400	−46,756	−36,368
（五十一）	−10,900	−500	−29,750	−17,218
（岸和田）	−7,600			
（住友）	−22,700	−47,169	−50,929	−49,974
（三十四）				−117,493
差引純資産	60,713	42,073	69,183	110,095
自己資本比率	54.69%	32.16%	36.29%	33.25%

出所）前表出所および「銀行勘定帳」「振出手形記入帳」（廣海家文書）より作成。1912 年末の在方貸付は，「大福帳」（廣海家文書 K025, K065, K025, K065, K060）による。

注記）商品越年高（その他）の前半 2 年は穀物，後半 2 年は多木製肥所産肥料。

提とするものであったが、その展開の速度はその後の自己資本の蓄積テンポを大きく上回るものとなった。その点を表13-6によって検討しよう。

まず、一八九九年のデータを見ると、九二年からのわずか七年間で商業関係資金（商品越年高＋在方貸付）が二・七倍、有価証券投資額が四・四倍に激増したこと、その割には自己資本の増加は一・八倍に止まっていることが目につく。資金需要の激増と自己資本の漸増のギャップを埋めたのは、言うまでもなく銀行からの借入の急増であった。取引先銀行としては、岸和田の五十一銀行と岸和田銀行が継続しているのに対して、貝塚では信貴孫治郎との取引が消滅した代わりに貝塚銀行が登場し、大阪では逸身銀行との取引が消滅した後に住友銀行との取引が始まっている。貝塚の両替商として永らく活躍してきた信貴孫治郎は、一八九四年に信貴銀行を設立したが、廣海家との取引は減少を続け、九六年には信貴銀行は閉鎖された。そして同年一二月に株式会社貝塚銀行が廣海家などによって開設され、貝塚の中心的銀行として成長することになる。(29) 他方、大阪の古くからの両替商銭屋逸身家が逸身銀行を設立したのは一八八〇年のことであり、九〇年代初頭には大阪屈指の有力銀行として活躍したが、九〇年代後半にはかなり衰えて、廣海家との取引も前述のように減少しており、その挙句、一九〇一年の金融恐慌に巻き込まれて破綻した[30]。廣海家の住友銀行との取引は、大口の手形貸付を主とし、当座取引は少なかった。このように、両替商系統の信貴・逸身両行が消滅したのは、廣海家がもはや北前船商人に手形＝小切手を渡すという古い取引形態を用いる必要がなくなったのとほぼ同時であったことは興味深い。

問題は、銀行からの借入の目的であるが、一八九九年の年間の借入残高の推移は、前掲表13-4に示したとおり、年末にかけて急増している。この年の株式の新投資はほとんどなかったから、急増の原因が商業用の資金需要への対応だったことは、ほぼ間違いなかろう。手形借の担保は、普通は南海鉄道株を初めとする諸株式であるが、なかには無担保の場合もあり、年末の場合は鯡粕（五十一銀行、七、〇〇〇円）や米穀（住友銀行、八、二〇〇円）も担保となっている。廣海家の株式投資が一八九四—九七年の企業勃興期に急増したさいの原資は、九六・九七年に銀行融資に頼った部分があるとはいえ、基本的には蓄積されてきた商業利潤であったこと、そして、九八年以降になると株式収益の範囲内で追加投資が行われるようになったことがすでに指摘されている[31]。一八九九年における銀行借入が、商業資金需要が減って銀行に逆に預け金となることの多い八月末にも三、〇〇〇円台の借入を記録している背後には、銀行借入を利用した株式投資の影響があるのであろう。いずれにせよ、廣海家が蓄積してきた商業利潤のほとんどを株式に投資することができたのは、積極化する商業活動に必要な季節性の強い資金需要を、銀行からの融資によって調達できる見通しが立ったためである。手元有高の減少と住友に代表される大阪の都市銀行との取引開始がそのことを象徴しており、貝塚銀行からの融資も無視できない重要性をもっていた[32]。

一九〇六年、一二（大正元）年、一六年については、自己資本比率がさらに低下して三〇％台となっていることが注目される。資金需要の面では、商業関係資金が六—七万円台と横這いなのに対して、有価証券投資残高が五万円台から一一万円台、さらに二六万円台へと急増している。銀行からの借入残高の伸び率は、有価証券の伸び率ほどではないが、いちじるしい伸びを示しており、一八九九年と異なり、いずれの年も銀行借入が自己資本を大きく上回っている。本表に示された商業資金需要を大きく上回る銀行借入が継続的に行われているのは、一体何のためであろうか。おそらく、一方では、商業活動のための資金需要が、干鰯店における小売業部門の拡大などの結果、実際には本表の値を上回ったためであろうし、他方では、新規投資が基本的には株式収益を原資とするようになったとしても、投資が急テンポで行われたこの時期には、銀行借入による株式投資もまた盛んに行われたためであろう。また、市街地と山林での不動産投資も考慮しなければならない[33]。ここでは、銀行融資に頼っての株式投資の一例だけを挙げておく。一九一六年の銀行借入先の中心である大阪の三十四銀行の前年末手形借入残高二万一、〇〇〇円が同年末に一万八、〇〇〇円に急増した過程を追うと、七月二一日の手形借一万五、〇〇〇円は攝津紡績株の購入に充てられ、九月一日の手形借二万円は倉敷紡績株と尼崎紡績株の購入などに、同月二五日の二万円も東洋紡績株の購入などに、一〇月二日の二万円は貝塚銀行株と川崎銀行株の購入にそれぞれ充当されていることが判明するのである[34]。

(3) 有価証券の増減と貸借

最後に、一九二一（大正一〇）年から一九三五（昭和一〇）年までの貸借の推移を、表13-7によって検討しよう。まず、一九二一年末のデータを五年前の一九一六年末のデータと比較すると、商業関係資金がほぼ横這いなのに対して、有価証券残高が二・三倍に急増していること、しかし、銀行当座口や振出手形による借入は一・三倍と低い伸び率に止まっていることが判明する。これは、この五年間に増加した有価証券の原資が、基本的には株式配当収入などの再投資の形をとっていたためであり、自己資本は一挙に三・二倍に増え、自己資本比率も五年前の三三%から五九%へとほぼ倍増した。

この後、廣海家の貸借の動向は、圧倒的な地位を占めるに至った有価証券投資の一九二六年にかけてのさらなる増

表 13-7　廣海家の貸借（III）

年　末	1921（大正 10）	1926（昭和元）	1930（昭和 5）	1935（昭和 10）
手元有高	2,006	7,844	1,141	871
肥料越年高	19,609	25,126	12,829	27,164
肥料会社借		−7,161	−2,821	−2,093
在方貸付	34,206	63,358	50,337	44,924
有価証券	624,067	721,888	496,820	586,130
銀行当座	−549	2,000	−1,838	−760
振出手形	−281,120	−327,000	−211,000	−301,000
（貝塚）	−6,120	−12,000	−16,000	−10,000
（住友）	−85,000	−35,000	−21,000	−40,000
（三十四）	−190,000	−220,000	−130,000	−159,000
（三菱）		−60,000	−44,000	−92,000
差引純資産	398,219	486,055	345,468	355,236
自己資本比率	58.57%	59.26%	61.57%	53.90%

出所）前表出所に同じ。
注記）振出手形（三十四）は三和銀行。

加と、三〇年にかけての減少、そして三五年における回復によって大きく規定される。商業関係資金は、肥料越年分が減少した反面で、在方貸付が増加しているけれども[35]、肥料会社からの信用購入もあるため、全体としての必要金額は、有価証券残高の一〇％前後にすぎない。注目に値するのは、銀行借入も有価証券の増減に伴って増減していることであり、その結果、自己資本の増減は比較的少なく、自己資本比率は六〇％前後の水準をあまり外れないということである。もっとも、このことは、株式投資がもっぱら銀行借入に頼って行われたことを意味するものではない。第5章の分析が示すとおり、この当時の株式収益額は、新規投資額を大きく上回っていたからである。しかし、第1章の分析が示すように、一九二〇年代には廣海家の家計・納税支出が株式収益の半ばに匹敵する水準にまで激増し、当時増加した不動産収益もせいぜい株式収益の一〇分の一前後であって、家計・納税支出の激増に対しては焼け石に水であった。自己資本額の停滞の一因はその辺りに求めるべきであろう。

それ故、例えば、一九三〇年に株式の売却と償却によって株式所有高が年初の七二万円台から年末には一挙に四九万円台へと急減したときに（第5章を参照）、銀行手形借残高も三三万円台から二一万円台へと減少したことは[36]、この時期を通じて、両者の間に密接な連動関係があることを示すものと見るべきであろう。銀行からの手形借にさいしての抵当は、この当時は全て株式であり、株式の担保価格の低落によって借入が困難になったことも考えられるが、廣海家では追加担保を行う余裕があるから、借入難からの説明は適当ではない。むしろ収益率の低下した株式を売却し、その代金によって銀行からの手形借入を返済したものと考えられる。なお、銀行からの手形借の金利は、貝塚銀行と大阪の都市銀行では後者の方が安く、大阪諸行の間では、一九二六年のように同一金利の時もあるが、二一年や三〇年には住友銀行大阪本店より三菱銀行中之島支店が若干低金利であり、その三菱よりも三十四銀行日本橋支店がさらに低金利であった[37]。この時期の取引先の中で、三十四銀行日本橋支店が最大の地位を占めているのは、廣海家に対する同行の優遇金利のためであろう。

おわりに

以上の検討を通じて、明治初期の廣海家の商業活動は、繁忙期の資金需要を大阪湾岸地域の両替商・商人などの融資に依存しつつ行われたが、依存の程度は低く、基本的には自己資本による活動であったこと、一八七九年に始まる銀行取引は、全国的な銀行為替のネットワークの利用を可能にし、廣海家の商業活動の範囲を広げたとはいえ、同家の活動資金の基本は依然として自己資本であったことが、まず明らかとなった。

しかし、銀行との取引は、産地買付などの積極的な商業活動に必要な資金の銀行借入れを可能にしたため、廣海家は蓄積した商業利潤を株式投資に投入し始める。商業活動を支える銀行の間接金融の発展が、商人資本による株式投資という直接金融を引き出したのである。廣海家の投資活動の特徴は、日清戦後の企業勃興期に、それまで蓄積してきた商業利潤の投資に加えて、一時的に銀行融資にも頼って活発な投資を行ったとはいえ、一八九八年以降になると株式収益の範囲内での追加投資が可能になることである。肥料商としての同家の利益が減少したことも、投資原資としての商業利潤の相対的意義を低下させた。それ故、この廣海家のケースをもって、商人による株式投資の典型例とみなすことには慎重でなければならないが、商人による株式投資を直ちに工業部門にとっての外生的資金の流入とみなしがちな従来の理解は、実証的にみて批判されなければなるまい。

その後、第一次大戦期にかけての廣海家では、株式投資の急増にさいして大阪の都市銀行からの株式担保の手形借入による投資もあったが、その時期には全体として配当収入も増加しており、銀行融資による株式投資の意義を安易に過大評価すべきではなかろう。しかし、同家が、両大戦間期にかけて肥料商としての活動と旺盛な株式投資活動を持続しつつ、有力資産家に相応しい水準の家計支出と納税を行うことができた背後に、同家と大阪湾岸地域の銀行群との密接な関連があったことは否定しがたい現実であった。

注

（1）直接金融を重視する見解は、岡崎哲二・奥野正寛編『現代日本経済システムの源流』（日本経済新聞社、一九九三年）をはじめ数多いが、石井寛治『近代日本金融史序説』（東京大学出版会、一九九九年）は、そうした見解が決算報告書の数値その他の表面的な分析にとどまっている点を批判し、直接金融そのものが構造的に見ると間接金融を前提としていることを主張している。
（2）「大阪肥料商の過去及現在（上）」（『大阪銀行通信録』第三九号、一九〇一年一月）。
（3）「大阪肥料商の過去及現在（下）」（『大阪銀行通信録』第四〇号、一九〇一年二月）。
（4）石井寛治「維新期大坂の手形市場——三井家と廣海家」（『三井文庫論叢』第三六号、二〇〇二年）九七頁第六表による。
（5）明治六年「万覚帳」（廣海家文書A一六三）。
（6）廣海家文書D〇〇二—一一—五七。
（7）吉岡源七『両替商沿革史』（大阪両替商組合、一九〇三年、黒羽兵治郎編『大阪商業史料集成』第三輯、所収）一一六頁。
（8）廣海御店宛の幸栄丸常次郎の一〇月二一日付書簡（一八七四年頃、廣海家文書V〇〇九—三—一〇五）によれば、幸栄丸は一旦廣海家手代に積荷の売却を約束したにもかかわらず、その後北風家手代から是非にと頼まれたのでそちらに売却しており、「誠ニ此度申分も無之儀ニ候」「明年者此申分ニ壱ばん登ニ罷出候間、其節ハ何卒宜敷御願申上候」と述べている。

(9) 明治一二年「万覚帳」(廣海家文書A一七一)。

(10) 廣海家文書ZC三—七〇。

(11) 明治一六年「万覚帳」(廣海家文書L一八九)。

(12) 廣海家文書B〇五四—四—一三。

(13) 故吉川米吉氏談「明治時代の昔話」(大石祥一編『東京肥料史』東京肥料史刊行会、一九四五年) 一〇七頁。

(14) 佐藤誠朗『近江商人 幕末・維新見聞録』(三省堂、一九九〇年) に収録された近江商人小杉屋元蔵の日記によると、東北方面で洋反物を販売し、生糸などを仕入れるさいに、知り合いの商人や両替商のところで盛んに為替取組を行っていることが分かる。また、村瀬正章『近世伊勢湾海運史の研究』(法政大学出版局、一九八〇年)、村上はつ「知多雑穀肥料商業の展開」(山口和雄・石井寛治編『近代日本の商品流通』東京大学出版会、一九八六年) は、いずれも天保期の尾張国半田村の肥料商万屋小栗三郎兵衛家の大福帳の検討を通じて、同家が江戸肥料問屋からの仕入代金を近在の木綿買次問屋の江戸木綿問屋宛の為替手形を購入・送付して支払っている事実を明らかにしている。

(15) 廣海家文書ZC〇〇三—四—一—六七。岩出商店の店員は、函館への送金手数料として一、〇〇〇円につき一五円を商人に支払ったという。

(16) 明治二六年「万覚帳」(廣海家文書L一四六)、電報 (廣海家文書R〇〇六)。もっとも、兵庫の井上茂助への送金には、廣海家からの逸身銀行宛の手形であるとか (一八九二年九月一五日付井上茂助書簡、V〇〇五—八—三三)、岸和田第五十一国立銀行からの第一国立銀行神戸支店宛の手形が使われていた (一八九二年五月二六日付井上茂助書簡、V〇〇三—四—六六)。

(17) 廣海家文書V〇〇五—七—一二〇。

(18) やや古い事例であるが、第三国立銀行大阪支店は、一八九四年四月九日付の廣海宛ハガキで、荒川忠蔵取組の〆粕の荷為替金一、八五〇円を四月一二日までに振り込んでほしいと連絡してきている (廣海家文書V〇〇五—八—三)。

(19) その後、鯡〆粕代金の残り八九円が郵便為替によって、根室の竹原商店へ送付された (一九一一年七月二一日付貝塚廣海惣太郎宛の根室竹原平左衛門商店書簡、廣海家文書V〇〇五—二—五)。全国津々浦々に早くから張り巡らされていた郵便局のネットワークが、小額の為替送金に絶大な威力を発揮していたことが分かる。

(20) 大正六年「万買帳」(廣海家文書L一〇二)。

(21) 干鰯店の活動と不動産投資については、第3章を参照。

(22) 明治五年「万覚帳」(廣海家文書A一七〇)。販売代金の手形による支払いについては、前掲石井寛治「維新期大坂の手形市場」一一五—一一七頁参照。

(23) 例えば、明治二年「万覚帳」(廣海家文書A一三九)、明治五年「万覚帳」(廣海家文書A一七〇)、明治八年「万覚帳」(廣海家文書A一四三)、明治一六年「万覚帳」(廣海家文書L一八九) 参照。なお、初代廣海惣太郎の生家の酒造業者の辰馬半右衛門家 (辰半、辰馬本家) は、一八六六 (慶応二) 年には廣海家に銀一〇〇貫を融通したこともあったが (廣海家文書B〇五一—二—二七一)、一八六九 (明治二) 年には、逆に廣海家から三、七〇〇両を融資しており、うち一、〇〇〇両の返済が滞っている (明治二六年「万覚帳」L一四六)。

(24) 前掲石井寛治「維新期大坂の手形市場」九七頁第六表参照。

(25) 明治一五年「万覚帳」(廣海家文書L一四二)。

(26) 明治二五年「万覚帳」(廣海家文書L一三九)。

(27) 表1-3によれば、この一〇年間の年平均商業利益は二、三六七円であった。

(28) 表4-5によれば、この一〇年間中で判明する八年間の年平均株式利益は五三八円であった。

(29) 貝塚銀行の頭取には廣海惣太郎が就任し、信貴孫治郎が取締役の一人になっている (中村尚史「地方資産家の投資行動と企業勃興」『経営史学』第三八巻第二号、二〇〇三年、四〇頁)。その点から見て、貝塚銀行は信貴銀行の営業を継承した面があったものと思われる。

(30) 逸身銀行は系列の貯金銀行とともに一九〇一年四月に激しい預金取付に会い、大阪銀行集会所委員中の八行の連帯保証で日本銀行大阪支店より五〇万円の融通を受けて危機を凌いだが、五月に再び取付に会った時は連帯保証でなく各行の責任で合計五〇万円の資金が供給されることとなった (「各地金融界動揺始末」『銀行通信録』第一八九号、一九〇一年七月)。こうした手厚い救済措置にもかかわらず、同行は翌一九〇二年一月に任意解散に追い込まれた。なお、一八九〇年代の大阪市内における逸身銀行の地位については、石井寛治「日本金融史再考——両替商から銀行へ」(『東京経大学会誌』二四二号、二〇〇五年) 表二を参照されたい。

(31) 前掲中村尚史「地方資産家の投資行動と企業勃興」四二—四六頁。なお、同論文は有価証券所有額として額面額を採用しているが、同論文を基にした第4章では、本文と同じく買入れ代価を採用している。

(32) 貝塚銀行が廣海家の活動にとって一種の機関銀行としての性格をもっていたかの分析は重要であるが、廣海家文書には残念ながら手掛かりとなる資料が乏しい。

(33) 具体的には、第3章における商業・不動産経営の分析と、第4章と第5章における有価証券投資の分析を参照されたい。

(34) 明治四五—大正六年「振出手形記入帳」(廣海家文書B〇二一二)、大正五年「万覚帳」(廣海家文書L一四八)。

(35) これは、小売業務が増大したことの結果である。一九二一年限りで干鰯店は廃止されて本店に合併された。
(36) 昭和三―九年「振出手形控」(廣海家文書B〇一九)。
(37) 一九三〇年の場合を例にとると、貝塚銀行の金利は日歩一・八銭ないし二銭、住友銀行は一・五五銭、三菱銀行は一・五銭、三十四銀行は一・四五銭ないし一・五銭であった(昭和三―九年「振出手形控」(廣海家文書B〇一九))。

終章　総括と展望

本書の最後に、近世から近代への日本における「商家経営」と「産業化」との関連について、本書各章での廣海家の事例分析から明らかになった点を総括し、併せて本書が従来の研究史に対していかなる問題を提起しようとしたかを展望する。その場合本書では、家業の商業とそれを基盤にして不動産投資や有価証券投資へと多角的に展開した経営全体を「商家経営」と考えたが、廣海家の経営は主に商品市場・金融市場・資本市場・不動産部門の四方向に展開したので、その四方向を念頭において廣海家の経営展開をまとめたい。

その際、廣海家の所在地である泉南地域という立地条件から見て、日本の産業化の一大拠点であった大阪との関係に留意する必要があり、序章で提示された「大阪（坂）湾岸地域」の動向も視野に入れよう。ただし、大阪（坂）湾岸地域は明確な境界線を引ける地域ではなく、産業化の進展に伴って、その範囲や歴史的意味が変容した。すなわち近世期には、大坂湾岸地域として摂津・和泉両国域を想定でき、そこは中央市場大坂のお膝元として、非領国の性格を共通して持っていた(1)。近代期になると、幕藩体制の解体により、政治体制に基づく地域の特徴づけは意味を失い、主に市場を媒介とした経済的つながりによって大阪湾岸地域としてのまとまりを保つに至った。そのなかで、大阪が産業革命の中心地となると、工業化の波が大阪から大阪周辺に波及し、それとともに大阪湾岸経済圏も地勢上の大阪湾岸を越えて、その周辺地域の和歌山や兵庫県加古郡沿岸も含む、広域経済圏へと拡大したと考えられる。事実、産業革命がほぼ完了したと言われる一九〇六年の港湾統計では、和歌山港は移出入総額の約七〇%が大阪・神戸との移出入で、兵庫県加古郡の主要港湾の高砂港・別府港は移出入総額の約八〇%が大阪・神戸との移出入であった[2]。ただし、大阪からみて和歌山よりやや先の和歌浦港や、大阪からみて高砂よりやや先の飾磨港（現姫路市域の主要港）について同様の数値を同じ資料から計算すると、いずれも三〇%前後であり、近代期の大阪湾岸地域=大阪湾岸経済圏としては、大阪を中心として、南は堺・岸和田・貝塚を経て和歌山まで、西は神戸（兵庫）・別府を経て高砂までを想定し得る。これら諸地域は、大阪を中心としてそれぞれ重層的な関係を築いたと考えられ、大阪を第一の区域、大阪の港湾条件の悪さ[3]から大阪の外港としての役割を果たした兵庫（神戸）・堺近隣を第二の区域、大阪や兵庫（神戸）・堺との関係をバランスしつつ（農村）工業地域となった周辺地域（近世期は尼崎・西宮・灘・泉南地域、近代期はそれらに和歌山と兵庫県別府・高砂等が加わる）を第三の区域として、それら諸地域相互間の関係を捉えたい。

また本書で言う産業化は、工業化と併せて農業の産業化をも含み（序章を参照）、そこでは商品経済の浸透に伴い、農工未分離の段階での、自家消費向けの家内工業生産から外部市場向けの家内工業生産中心への農家経済の変化を経て、さらに農家の家内工業部分の比重が減少して、社会的分業=農工分離が貫徹するに至る過程を辿ると考えられる。

表終-1を見よう。同表で、本書の内容に基づき、一一〇年間にわたる廣海家の営業期間を、近世後期、明治前期、明治後期、大正・昭和戦前期の四つの時期に区分して、前述の四方向への同家の経営展開をまとめた。

第一の時期（近世後期）は、廣

不動産経営
耕地取得（干鰯店の蓄積） 家屋敷取得（商業取引との関連）
山林購入 貸家経営拡大 田畑収入が収益基盤の一つになる
山林収入・貸家収入も収益基盤の一つになる

表終-1　廣海家の経営展開

時　　期	商品市場での活動	金融市場での活動	資本市場での活動
近世後期 （1835 年創業）	手数料取引と自己勘定取引 ・米穀取引の比重大 ・自己資金での商業活動	大坂・堺の両替商を利用した手形決済 ↓ 堺の両替商の比重低下 大坂の両替商への依存	
明治前期 （1871 年 干鰯店開店）	自己勘定取引 ・魚肥取引中心への転換 ・商業資金の借入開始 ・海運経営への展開	銀目廃止令の打撃 （取引先大阪両替商の破綻） ↓ 別の大阪両替商との取引再開 取引先両替商の銀行への転換 （逸身銀行・信貴銀行）	有価証券投資開始 ・岸和田の企業勃興支援
明治後期 （1893 年 産地直買開始） （1896 年 貝塚銀行設立）	自己勘定取引 ・魚肥産地直買に力点 ・銀行借入による商業活動	貝塚銀行経営への積極的参加 ・商業資金の銀行借入 ・株式担保で銀行借入 ・借入先銀行の中心は貝塚銀行と大阪の都市銀行	貝塚を含め泉南地域企業への出資拡大 ・配当収入→株式投資 ・担保のための株式所有 ・リスク認識に基づき投資先企業選別
大正•昭和戦前期 （1915 年 産地直買停止）	自己勘定取引 ・肥料小売に力点 ・銀行借入による商業活動 ・大阪湾岸地域からの肥料仕入中心 ・取扱肥料の多様化 昭和恐慌期に小売先整理	第一次大戦期・戦後ブーム期に銀行借入により株式投資資金を補完 ・銀行借入状態の恒常化 ・株式担保で銀行借入	第一次大戦期・戦後ブーム期に大阪企業への出資増大（尼崎紡を含む） 1920 年代以降は再び配当収入で株式投資資金まかなえる ・担保のための株式所有 ・リスク認識に基づく投資 1930 年の株式大整理後は泉南企業株式の比重大

注記）時期の欄に廣海家の経営展開の画期となる代表的事項を括弧書で示した。

海家が創業した一八三五年から六〇年代までで、この時期泉南地域では、棉作と木綿生産が発展したため飯米・肥料需要が急増しており、商品米や肥料を積んだ船持商人の船が多数来航し始めた。こうした状況下で、諸色問屋として開業した廣海家は、泉南地域で産出された繰綿や木綿よりもむしろ後背地農村で需要が高まっていた米と肥料を扱い、全国市場と後背地農村を結ぶ結節点となった。主な取引相手は来航した船持商人で、廣海家は彼らから荷物を預かり、仲買商との取引を「仲介」したり、仲買商への販売を引き受けたりして口銭を取得する（手数料取引）とともに、預かった荷物の一部は自ら買い入れて仲買へ販売した（自己勘定取引）。また、当時商品集散市場としての地位が高まっていた兵庫・堺の商人とも積極的に自己勘定取引を行った。商業資金は自己資金でまかなったと考えられるが、手形決済を多用し、その決済は地元だけでなく、大坂湾岸地域全体に及んでいたため、当初は大坂と堺の両替商を利用し、その後は大坂の両替商を主に利用した。商品市場では兵庫・堺を、金融市場では大坂を重視したと言えよう。

一九世紀に各地で引き続き進展した遠隔地向け商品生産は、遠隔地間商人の活動を一層活発化させたが、それを受ける側の地方集散湊で廣海家のような地方集散地問屋が成長し、後背地農村に多様な商品を販売することを通じて、地域市場を拡大し、商業的農業の生産を発展させた。年貢物生産から商品生産へという文脈で産業化が論じられる近世後期において、廣海家のような地方集散地問屋は、特定地域に偏在して行われた遠隔地向け商品生産とそれらを扱う船持商人の活動を結び付けて、相互規定的に、遠隔地向け商品生産と地域市場内での社会的分業をそれぞれ進展させる形で、産業化に大きな役割を果たした。

また、研究史で近世後期における大坂市場の停滞が指摘されるが、[4]廣海家は大坂湊に荷揚げされない商品を貝塚湊に引きつけることを通じて商品集散市場としての大坂の相対的地位の低下を促進する一方で、手形決済を大坂の両替商に依存し、大坂の仲買商に商品を販売することを通じて、大坂市場の中心性を維持・存続させる働きも示した。

第二の時期（明治前期）は、廣海家が肥料の小売を行う干鰯店を開店し、米穀から魚肥へ取扱商品の中心を転換させた一八七〇年代から九〇年代前半にかけてであり、廃藩置県と地租改正および秩禄処分により、近世的な経済システムが解体し、松方デフレとその後の企業勃興によって近代的な経済システムが形成され始めた時期である。廣海家が魚肥取扱の比重を高めるきっかけとして、一八六一年に堺に設置された箱館産物会所の「箱館産物肥手問屋」に加入し、明治維新後の七〇年に堺北海道産物会所の貝塚出張所御用達格となったことが挙げられ、その後廃藩置県による年貢米流通の激変のなかで、廣海家は干鰯店を七一年に開店して本格的に魚肥取扱への転換を図ったと考えられる。特に地租改正によって生産地で米の換金（販売）が行われるようになると、泉南市場においても地元米が大量に出回り始め、廣海家の取扱米穀では、次第に地元米の比重が増大した。一方、明治政府による北海道開拓の進展によって、北海道で魚肥生産が急増すると、一八七〇年代末のインフレ期に北海道と大阪の魚肥価格差が拡大したことを契機に、船持商人に自己所有船の運航を委託するのではなく、廣海家自身が海運経営に乗り出した。

幕末期から手数料取引と自己勘定取引を両方行った廣海家は、一八七一年頃を画期として自己勘定取引主体に転換したため、多額の商業資金が必要になり、それを両替商や銀行から調達した。金融市場では一八六八年の戊辰戦争と銀目廃止令で大阪の両替商が大きな打撃を受け、廣海家の取引先で破綻した大阪の両替商もいたが、廣海家は危機を乗り切った別の大阪の両替商との取引を再開し、船持商人との手形決済を維持した。それら近世来の両替商は、一八八〇年代から九〇年代前半に銀行を設立し、金融市場における担い手の連続性が見られた。

また、近世社会から近代社会への制度的転換の下で多くの肥料商が新規参入し、既存の肥料商も含めて肥料商間の競争が強まり、旧来の特権を失った近世期の貝塚肥料仲買商の多くが衰退していくなかで、廣海家は直接小売に進出し始め、肥料前貸の形態で農家に魚肥を販売するようになった。近世来の肥料仲買商のなかには、家屋敷を廣海家に引き渡して債務を返済したものもおり、廣海家が貸家経営を拡大する一因となった。一方、小売業では廣海家は順調に利益を上げ、それを主な原資として一八八〇年代前半に耕地を購入した。商業での蓄積は、有価証券投資にも向けられ、主に岸和田の諸会社の設立に際して出資された。ただし、一八八〇年代前半は松方財政のもとで激しいデフレ状況となり、廣海家は海運経営で大きな損失を出し、八二年に所有船を売却した。

このように廣海家は、近代期に入っても近世来の両替商と積極的に取引し、彼らが銀行業の担い手になるのを助けるとともに、自己勘定取引を積極的に展開して商業的蓄積を進め、それを有価証券投資へ向けることを通じて、泉南地域の企業勃興＝産業化を支えたと言える。その後の廣海家の多角的経営展開の原資となった商業的蓄積は、近世的問屋経営から速やかに近代的卸商経営への転換を成し遂げたなかで進められたが、この時期の自己勘定取引は、土に廻船問屋として船持商人から預かった荷物を自ら買い入れた点で、産地直買を始めて以降の自己勘定取引とは異なり、近世来の問屋業務とも密接な連関を持っていた。

第三の時期（明治後期）は、廣海家が自己勘定取引のなかでも近世来の問屋業務と切り離された取引である産地直買を始め、また貝塚銀行を設立してその経営に積極的にかかわるようになった一八九〇年代半ばから北海道での魚肥直接買付を終えた一九一四年までであり、日本の産業革命が展開し、軽工業を中心とした産業化が進展した時期である。特に大阪では、一八八二年設立の大阪紡績会社の成功を受けて、以後紡績会社と銀行の設立が相次ぎ、産業革命の中心地となった(5)。大阪を中心とする産業革命の波は、大阪湾岸地域に次第に広がり、泉南地域では岸和田で紡績会社をはじめ多くの会社が設立され、兵庫県加古郡沿岸地域でも、加古川町に日本毛織会社の工場が、高砂町に三菱製紙所の工場が、そして別府村に人造肥料メーカーとして多木製肥所がそれぞれ建設あるいは設立された(6)。ところが、貝塚では近代的工業化が遅れ、後背地農村との物資集散地として米穀と肥料が主に流通していた。

廣海家は、泉南地域企業への出資を拡大し、地元の貝塚銀行の設立にかかわった廣海家当主は初代頭取となった。ただし、貝塚が米穀・肥料の集散地としての意義を保ち続けたため、廣海家は肥料商業も積極的に展開し、一八九三―一九一四年は途中休止の時期を挟みつつ北海道・東北で魚肥直接買付を行った。そのため、船持商人や大阪湾岸地域からの肥料仕入が減少し、遠隔地からの直接仕入が増大した。遠隔地からの直接仕入は、より一層多額の商業資金を必要とし、それは銀行借入で調達された。この時期廣海家は株式投資も増大させ、そこで得られた株式配当収入がさらなる株式投資資金に向けられた。銀行借入は株式担保で主に行われ、その点で廣海家の株式投資は、商業資金の銀行借入に際しての担保を取得する意味ももった。

銀行借入先では、当初の岸和田の銀行とのつながりが次第に弱まり、特に貝塚銀行設立後は、貝塚銀行と大阪の都市銀行が主な借入先となった。このような銀行借入資金に基づく商業活動のために、銀行への利息支払が増大したとも、明治前期に比して商業的蓄積が進まなくなった一因であった。そのため廣海家の新たな耕地取得は明治後期にはなく、代わりに一八九〇年代後半から同家は山林購入を始めたが、八〇年代前半の耕地取得の場合と異なり、商業的蓄積以外の資金で購入されたと考えられる。商業的蓄積が以前ほど進まなくなったなかで、別の収益基盤を確保すべく、廣海家はこの時期貸家経営を拡大した。

この時期には、銀行・紡績・鉄道などの諸部門で会社設立が進み、銀行制度の確立や、鉄道・汽船輸送を軸とする交通網の近代化をもたらした。その結果、廻船問屋や両替商の持っていた金融的機能の重要性が低下し、地域間価格差の縮小や輸送手段の転換が生じたことによって、船持商人の経営基盤が揺らぎ、廻船問屋の取引相手が減少した。それに対し廣海家は、岸和田・貝塚の諸会社・銀行への株式投資を積極的に行い、船持商人の減少には、鉄道・汽船輸送を利用して産地商人から直接買い付けることで対応した。こうした同家の対応は、商業的蓄積の資本市場への投入によって企業勃興を促進し、集散地商人の産地商人との直接取引が地域間の価格裁定をより速やかに行わせ、商品市場の近代化を促進することを通じて、産業化に大きく寄与したと言えよう。

第四の時期（大正・昭和戦前期）は、廣海家が取扱肥料の多様化を始めた一九一〇年代後半から肥料商業を廃業した四四年までで、大都市を中心に都市化と工業化が進展した時期である。[7] 大阪では、大都市化に伴って消費市場・商品集散市場としての地位が上昇し、大阪を中心に神戸から堺に至る沿岸部は、一体として臨海工業地帯を形成した。工業化・都市化の影響はその周辺地域まで波及し、貝塚でも工業化が進展し、泉南地域沿岸部で繊維工業地帯が形成された。その結果、貝塚の後背地農村でも本格的な農工分離が進展し、大都市向けの蔬菜・果実生産が盛んとなり、都市近郊農業へと再編されつつ農業の産業化が進展した。

廣海家は、輸送手段の制約やコスト負担の大きさから魚肥の産地直接買付を停止し、別府の多木製肥所の製造する人造肥料も含め、主に大阪湾岸地域の肥料メーカーや肥料商から肥料を仕入れるようになった。この時期の大阪湾岸地域では、人造肥料や大豆粕肥料の輸入や生産が増大しており[8]、廣海家も一九二〇年代には魚肥を中心としつつも、大豆粕・人造肥料を併せて取り扱い、三〇年代にかけて大豆粕の取扱比率が増大した。廣海家はそれらを大阪・兵庫の肥料商から主に仕入れ、販売では小売部分が増大し、その販売範囲も貝塚町の後背地に加えて泉南郡全体に広がった。また廣海家は、金融市場・資本市場においても大阪とのつながりを強め、この時期には大阪の都市銀行との取引が増大し、第一次世界大戦期・戦後ブーム期に株式収益金に加えて銀行借入金を利用して大阪やその周辺の有力会社の株をかなり購入した。ただし、資本市場における大阪とのそうしたつながりは一九二〇年代以降弱まり、三〇年の所有株式の整理の後は、主に泉南地域の優良企業株を所有し続けた。

この時期の廣海家商業は、産地直接仕入に力点を置いた自己勘定取引であった明治後期と異なり、小売販売に力点を置いた自己勘定取引であり、小売販売が肥料前貸の形態で行われたために多額の商業資金が必要であった。それは株式担保による銀行借入金でまかなわれ、また一九二〇年代の配当収入は株式投資資金を補ってあまりあった。一方、不動産部門の新たな投資はこの時期あまり見られず、明治後期に投資された山林部門・貸家部門が、この時期収益基盤の一つとなり、商業部門の収益の不安定性を補う役割を果たした。

この時期の廣海家の活動は、大阪を中心とする大阪湾岸地域との取引の比重が増大したが、それは大阪を中心とする市場再編として進んだ大阪湾岸地域の産業化に対応するものであった。このような商家の経営展開により、大阪湾岸地域の工業品（人造肥料・大豆粕肥料を含む）が周辺農村部へ大量に流入し、大都市近郊型農業の産業化が進展した。また廣海家は大都市銀行から営業資金を借り入れ、その借入金利息が大都市の銀行に支払われることで、商業的利益が地方銀行を介さずに直接に大都市の金融市場に移転した。地方から大都市への資金移動は、地方の商家の中央株の購入としても進められ、地方の有力商家を媒介とした地方から大都市への資金移動が、大都市で工業地帯が形成されることを特徴とする両大戦間期日本の産業化に寄与したと言えよう。

終章の最後に、本書各章で論じられた廣海家の経営展開の特徴を研究史の上に位置付けたい（括弧内は参照すべき章の番号）。その場合、本書では、廣海家の経営展開を市場取引（第Ⅱ部）と地域経済（第Ⅲ部）との関連で捉えたので、市場の近代化と廣海家、大阪（坂）湾岸地域と廣海家という二つの視点から位置付けたい。

まず第一に、市場の近代化と廣海家の関連を、商品市場、金融市場、資本市場について考察しよう。

商品市場では、廣海家が、近世的問屋から近代的卸小売商に転換したプロセスに注目したい。近世期は、手数料取引を行う「問屋」と自己勘定取引を行う「仲買」が、概念上明確に区別されていたと考えられているが[9]、廣海家は、近世期から「問屋」としての「仲介」取引とあわせて自己勘定取引も行っていた。つまり、船持商人からの預荷を廣海家が購入したり、預荷の販売完了の前に仕切額を確定し、それと実際の販売額との差額を廣海家が得て（または失って）おり、「仲介」取引の存在も含め、委託販売の概念に還元され得ない複数の取引形態が存在した（第9章）。大坂と異なり、十分な数の仲買商や両替商が存在しない地方集散湊では、問屋がそれを補うため仲買機能や金融機能を担う必要があったと予想され、仲間形成による「問屋」・「仲買」間の障壁が近代以降になくなると、速やかに廣海家は自己勘定取引中心に転換し、卸商に転換し得た。同時に廣海家は、小売業にも進出し、一八七一年から実質的に卸小売商であった。ただし、廣海家は近世期の所属組織の業態は「問屋」で、船持商人の来航が頻繁に見られた明治前期の間は、自己勘定取引も形式的には近世来の慣習を引き継いだ手数料取引と密接に連関していた。それが船持商人の来航が急減した一八九〇年代後半以降に、産地直接買付の開始、人造肥料メーカーからの直接仕入、大阪・兵庫の肥料商からの買入増大、小売部門の拡大という経過を辿り、廣海家は肥料流通の垂直統合を進め、近世来の慣習から離れて、近代期の市場動向や交通・通信網に適合した「近代的」卸小売商に転換したと言える（第3・7章）。むろんこのような多角的展開とともに、店員の業務内容は多様化かつ複雑化したが、廣海家のような中規模商家では、財閥へ展開した大商家ほどには、主人から店員への権限委譲は進んでおらず、むしろ各商家の主要な店員同士が独自のネットワークを築いて情報交換し、それらの業務をこなした（第2章）。

また廣海家は、販売肥料市場全体の動向と異なり、最後まで魚肥取引にこだわった。それは泉南地域の農産物の特性による根強い魚肥需要とも関係するが、従来の研究で指摘されたような、肥料商が単価当たりでより肥効の高い新肥料の導入を積極的に販売先に奨めたことは廣海家ではあまり見られなかった。[10] むしろ廣海家は、交通網の近代化に伴って貝塚への移入が減少した魚肥を確保することに苦心し、活発な情報活動を展開して北海道での直接買付を目指したが、それを輸送手段の制約やコスト高のために止めた後は（第8章）、主に大阪・兵庫から肥料を仕入れ、小売に力を入れた。小売局面では、農家だけでなく産業組合をも主要販売先として、米・玉葱・蜜柑を中心とする泉南地域における近代型商業的農業の産業化に少なからぬ貢献をした（第11章）。一九三〇年代でも、単価当たりの肥効が高いと言われる人造肥料や大豆粕よりも魚肥の扱い額が多く、このような廣海家の事例は、商品流通構造を、価格やコストだけでなく、商品の特性や使用方法まで含めて検討すべきことを示している。

金融市場では、廣海家が貝塚銀行に積極的に経営参加するとともに、銀行制度の定着以降は、株式配当収入が十分に得られても、商業資金を銀行借入に依存し続けたことに着目したい（第13章）。それは、営業資金が必要な商人でも、銀行借入の利用により配当収入を営業資金にまわす必要がなく、それを株式投資に全面的に投入することが可能となることを意味し、間接金融に支えられつつ直接金融が展開する際の一つのあり方を示した。

資本市場では、廣海家が収益性を強く意識した経済合理的な投資行動をほぼ貫いたことに着目したい（第4・5章）。商家の資産選択の場合、収益性に敏感であることは、石川県の酒谷家の事例でも指摘され、収益の不安定性が強く残る商業部門を補うため多様な収益基盤を確保する必要がある。[11] その一方で、廣海家は地域の有力資産家として地域経済に貢献した面もあり、「商家経営」は単なる「商人経営」とは異なり、地域内の濃密な社会関係のなかで活動する「商家」として論ずる必要があろう。財閥家族による単独出資での会社設立とともに、日本では社会的資金の集中による株式会社設立が地方でも広範に行われ、廣海家のような中規模地方資産家の投資行動は、日本資本主義の性格を考えるうえで重要な素材を提供するものと言えよう。

また商業的蓄積の工業化資金への転化のあり方としては、廣海家は、明治前期に近代的卸商に早期に転換しており、その時期に商業的蓄積が進み、それが資本市場に投下されたことが注目される。大阪では、明治前期にも販売委託引受を行った問屋と自己勘定取引を行った仲買の分業が残り、そのなかで近世来の問屋よりもむしろ仲買が商業的蓄積を進め、仲買が大阪での企業勃興の際の中心的出資者となった[12]。貝塚のような地方集散地では、市場規模からみて仲買商が十分発達しなかったこともあり、問屋が近世期から自己勘定取引をかなり行っていた。そのため問屋が、近代期に自己勘定取引を行う卸商に速やかに転換でき、商業的蓄積を進めて企業勃興の際の出資の中心的担い手に成りえたと考えられる。ただし、廣海家の場合、比較的早期に株式所得と役員報酬・賞与を原資とする株式投資が行われるようになったことも注目すべきであろう。

第二に、大阪（坂）湾岸地域と廣海家の関連をまとめよう。廣海家と大阪（坂）とのつながりが相対的に強かったのは、第一の時期（近世後期）と第四の時期（大正・昭和戦前期）であった。前者の時期には、巨大な金融市場としての求心性を高めた大坂の両替商の力による決済面でのつながりが強く（第12章）、後者の時期には、大阪の大都市化と大阪湾岸地域の工業化に基づく肥料買入と会社投資を通してのつながりが強かった。それは、三都中心の経済構造から地方分散的経済構造を経て、再び東京・大阪を中心とした二大ブロック経済構造に転換した日本経済の推移に対応しており[13]、特に廣海家は、泉南地域という大阪（坂）湾岸地域周辺部（大阪〔坂〕に近すぎも遠すぎもせず）に立地したため[14]、その傾向を明確に示した。

大阪（坂）湾岸地域内の諸関係では、廣海家の米穀取引では、創業期に強かった堺との関係が次第に弱まって兵庫や泉南地域農村との関係が強まり（第6章）、肥料取引では、廣海家の活動を通して、貝塚が泉南地域における産地からの肥料移入の拠点であり続けたことが示された（第10章）。大阪（坂）湾岸地域の周辺部間にも密接な関係があり、近世期には、廣海家は摂津国鳴尾の辰馬家と血縁関係を結ぶとともに辰馬家と取引し、近代期には、兵庫県加古郡の多木製肥所との密接な取引関係を結んだ。さらに泉南地域農村との関係では、貝塚地域で近代的繊維工業が発達して農工分離が進んだ第四の時期に、逆に廣海家は泉南地域農村との関係を強めて小売業を肥料商業の中心に置き、泉南地域農村の農業の産業化を促進した。

以上のように、廣海家の経営展開は、全国市場・大阪（坂）湾岸地域・泉南地域の結節点に位置し、求められた需要と提供された供給を結び付け、それぞれのなかで循環する財・資金を別の循環に載せ代えることを通じて、市場経済の発展を円滑に推し進める役割を果たしたと言える。商家は、自ら有形の財を作り出すものではない。しかし、需要と供給を結び付ける商家（あるいは商業会社）なくしては市場経済はうまく機能し得ないのであり、そこに商家経営を分析する経済史・経営史的意義が存在すると言えよう。

（中西聡）

注

（1）摂津国は大坂町奉行所、和泉国は堺奉行所の管轄下に置かれ、幕府と藩による支配の二元性が見られた地域で、経済的には諸藩の産業統制が弱く、相対的に自由な経済活動を行いやすかったと言われる。このような地域を非領国と研究史では位置付けてきた。非領国概念については、安岡重明『日本封建経済政策史論』（増補版、晃洋書房、一九八五年）等を参照。

（2）明治三九・四〇年『日本帝国港湾統計』前・中・後編（雄松堂出版、復刻版一九九四年）。高砂港の移出入額に占める大阪・兵庫（神戸）との移出入の比率は、一八九一年は約四八%、一九〇〇年は約五四%であった（明治二四・三三年度『兵庫県統計書』）。

（3）大阪港の本格的築港工事は、一八九七年に着工されて最終的に一九二六年に完了した（『明治大正大阪市史』第三巻経済篇中、一

九三三年、清文堂出版、復刻版一九六六年、一〇七一—一一〇九頁)。
(4) 近世後期の大坂市場停滞に関する論争は、本城正徳「近世の商品市場」(桜井英治・中西聡編『新体系日本史12　流通経済史』山川出版社、二〇〇二年)を参照。
(5) 大石嘉一郎編『日本産業革命の研究』上下巻(東京大学出版会、一九七五年)を参照。
(6) 加古川市史編さん専門委員編『加古川市史』(第三巻、本編Ⅲ、二〇〇〇年)一〇九—一一五頁。
(7) この時期の大阪および泉南地域の都市化・工業化については、新修大阪市史編纂委員会編『新修大阪市史』第6・7巻、一九九四年、岸和田市史編さん委員会編『岸和田市史』第四巻近代編、二〇〇五年、第三章、臨時貝塚市史編纂部編『貝塚市史』第二巻各説、一九五七年、二一三—二一七頁などを参照。
(8) 大正期の大阪湾岸地域の肥料市場については、中西聡「肥料流通と畿内市場」(中西聡・中村尚史編『商品流通の近代史』日本経済評論社、二〇〇三年)を参照。
(9) 石井寛治『日本流通史』(有斐閣、二〇〇三年)第八・一五章。
(10) 市川大祐「施肥改良と市場創造」(武田晴人編『地域の社会経済史』有斐閣、二〇〇三年)。
(11) 中西聡「二〇世紀前半における地方資産家の収益とその運用」(『経済科学』(名古屋大学)第五〇巻四号、二〇〇三年)。またこの点に関連して地主・醸造家の投資行動について論じた研究として、谷本雅之・阿部武司「企業勃興と近代経営・在来経営」(宮本又郎・阿部武司編『日本経営史2　経営革新と工業化』岩波書店、一九九五年)を挙げておく。
(12) 一八九六年時点で日本紡績・平野紡績社長、摂津紡績取締役であった金澤仁兵衛、浪華紡績・日本綿花社長であった田中市兵衛はいずれも近世来の大阪肥料仲買商(由井常彦・浅野俊光編『日本全国諸会社役員録』第一巻、柏書房、復刻版一九八八年)。
(13) 日本全国の工業生産額に占める東京・大阪府と千葉・神奈川・和歌山・兵庫県の合計比率は、一八七四年一五・三%、九一年三一・二%、一九〇九年四七・六%であった(中西聡「近世・近代期北前船商人の経営展開」〔斎藤善之編『新しい近世史3　市場と民間社会』新人物往来社、一九九六年〕)。
(14) ここでは、大阪の求心性に恒常的に拘束されるほど近くはないが、大阪の求心性を利用しにくいほど遠くもないという意味で用いている。

あとがき

本書は、廣海家文書調査・研究会の一〇年以上にわたる共同研究の成果である。廣海家文書は、合計七—八万点という膨大な規模であり、我々は、時には史料の海に溺れそうになりながらも、利用しやすい部分のみをつまみ食い的に活用するのではなく、貝塚市教育委員会による冊子物と一枚物の一点毎の目録作成に協力しつつ、研究会を重ねてきた。そのために、廣海家文書に出会ってから本書刊行までに本当に長い歳月を要することになった。それらの研究会、特に執筆中に何回も開かれた執筆者会議では、各人が研究成果を報告し合って、それを全員の共有財産としつつ、互いの主張を戦わせながら本書全体の水準を高めようと努めた。その意味で、本書は個別論文の寄せ集めではなく、執筆者間の持続的な協力と厳しい相互批判に基づく真の意味での共同著作であると編者は考えている。

もちろん、共同著作であっても、それぞれの執筆者の独自性は尊重されるべきであり、本書のなかにも執筆者間の見解の相違がある程度残されている。ただし、廣海家文書目録の作成により、本書の内容を読者が検証し得る状況＝「反証可能性」（カール・R・ポパー『歴史主義の貧困』中央公論社、一九六一年などを参照）が用意されており、そのことが結果として歴史研究としての本書の価値を支えるものとなった。

本書では、各所で従来の研究に対する批判を試み、その一つとして廣海家の株式投資の原資について、明治前期までは商業的蓄積が重要であったものの、その後、配当収入による再投資が中心となったこと、株式投資に際しては収益性が一貫して重視されたことを主張した。ただし、地域社会との関連も含めてそれがどこまで一般化できるかは今後の事例研究の積み重ねが必要であろう。地主による小作料の資本転化については数多くの実証研究がなされてきたが、株主層の中枢に位置する商人の投資活動と投資源泉に関する具体的分析は乏しく、編者は、本書のような事例を全国的視野のもとで位置付けるべく、有志とともに新たな事例分析を行う準備を現在進めている。

また本書は、近世から近代にかけての商家の大規模史料群の共同研究として多くの課題を乗り越えてきたので、以下、我々の共同研究の歩みを簡単に述べておきたい。編者の一人である中西聡は、一九九三年度初頭に、大阪府貝塚の廻船問屋であった廣海家に残された大量の史料群の存在と、近くその調査を貝塚市教育委員会が行うことを知り、同年八月の廣海家文書調査に参加させてもらった。この時の調査は、和歌山大学の藤本清二郎氏や本書執筆者の岡田光代・二谷智子の参加も得て、多くの学生の協力のもとに行われた。

最初の作業は、廣海家母屋二階に収納されていた膨大な史料群の新しい箱への詰め替えであり、その圧倒的な分量に中西は驚嘆した。そこで、その史料群に関心をもたれた方々と廣海家文書調査会（以下、調査会と略）を立ち上げ、貝塚市教育委員会との共同作業により、同家文書の調査・整理および共同研究を進めることにした。ただし、史料群の規模から考えて、文書整理と共同研究に相当の労力と資金を要することが予想されたため、調査会メンバーを中心に一九九五（平成七）年度の文部省科学研究費補助金を申請することを決め、研究代表者を、当時東京大学経済学部教授であった石井寛治に依頼した。中西からの相談を受けた石井は、研究代表者となることを快諾し、「商人の活動からみた全国市場と域内市場——天保期から第二次大戦期」というテーマで補助金申請を行った。

一九九五年二月、石井と中西は廣海家御当主の廣海啓太郎京都大学名誉教授にご挨拶に伺った。啓太郎氏は、春木夫人とともに、我々両名を一夜貝塚の料亭でもてなして下さり、イェール大学に留学された時代のことなどを懐かしげに語られ、その後も共同研究の成果がまとまることを楽しみにしておられたが、残念なことに二〇〇五年春に亡くなられた。啓太郎氏のご存命中に本書を刊行できなかった我々の力不足を痛感している。

科学研究費補助金の申請に対しては、幸いなことに一九九五（平成七）・九六（平成八）年度の総合研究(A)（平成八年度は基盤研究(A)(1)）として補助金が交付された。この時の研究組織は、研究代表者（石井寛治）と全国市場班（大豆生田稔、田島佳也、花井俊介、原直史）、域内市場班（井奥成彦、岡田光代、佐々木淳、山田雄久）、商人経営班（谷本雅之、中西聡、中村尚史）からなっていた。

こうして、文書整理と共同研究が進められたが、残された課題は、整理した史料の保管場所と膨大な数量の一枚物史料の目録作成作業であった。史料の保管場所については、貝塚市が、貝塚市民図書館に空調設備の整った収蔵スペースを確保して下さることになり、一九九七年秋から廣海家文書は貝塚市に寄託・保管された。また、一枚物史料の目録作成は、貝塚市から委託を受けて岡田光代・本城正徳両氏を中心に設立された廣海家文書研究会（旧研究会）が主に作業を進め、委託期間が一九九九年度限りで終了した後も、引き続き貝塚市教育委員会により目録作成作業が進められている。

この間、調査会は、継続して共同研究を行うとともに、旧研究会の作業に協力したが、委託期間終了とともに旧研究会が解散した後、調査会メンバーを中心に改めて廣海家文書研究会（新研究会）を立ち上げ、共同研究成果の公表の準備を本格的に進めた。二〇〇一年度の経営史学会全国大会では、「近代日本における中規模商家の多角的経営展開――大阪府貝塚町廣海家の事例」（司会：佐々木淳、報告：中西聡、中村尚史、花井俊介）というテーマでパネルディスカッションを行った。そして、パネルディスカッションでの報告と討論に基づく反省を踏まえて、新研究会のメンバーから本書の執筆希望者を募り、二〇〇三年度から執筆に入り、ここにようやく我々の共同研究成果が陽の目をみるに至ったのである。

本書の刊行までには、実に多くの方々のご協力を頂いた。まず何よりも、廣海家文書の所蔵者で同文書の利用に深いご理解を示して下さった廣海啓太郎（故人）・春木御夫妻に心より感謝申し上げたい。廣海御夫妻には、調査に訪れるたびに暖かいお心遣いを頂き、我々一同本当にお世話になった。また、調査時に文書整理のための場所を提供して下さった願泉寺や廣海家文書の保存事業にご尽力頂いている貝塚市教育委員会、なかでも同委員会教育部社会教育課文化財係の方々に感謝するとともに、特に同文化財係（郷土資料室）の曽我友良・上畑治司の両氏をはじめ廣海家文書の整理・閲覧業務を直接担当された方々にお礼申し上げたい。共同研究を進める過程では、廣海家の取引先の史料調査も行ったが、それらの史料所蔵者の方々とお世話になった皆様や機関にも、この場を借りてお礼申し上げる。さらに、本書に執筆されなかった調査会・研究会メンバーや、文書整理にご協力頂いた研究者や学生の方々にも、執筆者を代表して謝意を表したい。

そして、山崎廣明氏をはじめ、我々の研究内容にさまざまな形で有益なコメントを下さった方々に厚くお礼を申し上げたい。また、出版事情が厳しいなかで、本書刊行を引き受けて下さった名古屋大学出版会および直接編集を担当して率直かつ温かいアドバイスをして下さった三木信吾氏に対しても、心から感謝の意を表したいと思う。なお本書刊行に際しては、二〇〇五（平成一七）年度日本学術振興会科学研究費補助金（研究成果公開促進費）の交付を受けたことを記しておく。

二〇〇五年一二月

石井寛治・中西聡

《編者略歴》

石井寛治《いしいかんじ》

1965年　東京大学大学院経済学研究科博士課程単位取得退学
現　在　東京経済大学経営学部教授・東京大学名誉教授
著　書　『日本蚕糸業史分析』（東京大学出版会，1972年），『近代日本金融史序説』（東京大学出版会，1999年），『日本流通史』（有斐閣，2003年）他

中西《なかにし》　聡《さとる》

1993年　東京大学大学院経済学研究科博士課程単位取得退学
現　在　名古屋大学大学院経済学研究科教授
著　書　『近世・近代日本の市場構造——「松前鯡」肥料取引の研究』（東京大学出版会，1998年）

産業化と商家経営

2006年2月20日　初版第1刷発行

定価はカバーに
表示しています

編　者　石　井　寛　治
　　　　中　西　　　聡

発行者　金　井　雄　一

発行所　財団法人　名古屋大学出版会
〒464-0814　名古屋市千種区不老町1名古屋大学構内
電話(052)781-5027/FAX(052)781-0697

印刷・製本　㈱クイックス　ISBN4-8158-0528-8

執筆者紹介（執筆順）

岡田光代（おかだ・みつよ）

大阪府立大学経済学部助教授。著書に『和泉における綿業と堺商人』（大阪府立大学経済学部，1993 年）。

花井俊介（はない・しゅんすけ）

早稲田大学商学学術院助教授。共著に『東と西の醤油史』（吉川弘文館，1999年）他。

二谷〔中西〕智子（ふたや〔なかにし〕・ともこ）

東京大学大学院経済学研究科博士課程単位取得退学。論文に「19 世紀における配置売薬業の経営——富山県高岡市岡本家を事例として」（『経営史学』38-3，2003 年）他。

中村尚史（なかむら・なおふみ）

東京大学社会科学研究所助教授。著書に『日本鉄道業の形成——1869〜1894 年』（日本経済評論社，1998 年）。

山田雄久（やまだ・たけひさ）

帝塚山大学経営情報学部助教授。論文に「明治中期陶磁器産地の金融・教育機関——佐賀県西松浦郡伊万里・有田の事例」（『大阪大学経済学』54-3，2004年）他。

落合　功（おちあい・こう）

広島修道大学商学部教授。著書に『江戸内湾塩業史の研究』（吉川弘文館，1999 年）。

伊藤敏雄（いとう・としお）

関西学院大学大学院研究員（経済学研究科）。論文に「昭和初期大阪の都市計画と運河」（『帝塚山経済・経営論集』15，2005 年）他。

谷本雅之（たにもと・まさゆき）

東京大学大学院経済学研究科教授。著書に『日本における在来的経済発展と織物業——市場形成と家族経済』（名古屋大学出版会，1998 年）。

井奥成彦（いおく・しげひこ）

京都産業大学経済学部教授。共著に『東と西の醤油史』（吉川弘文館，1999 年）他。

西向宏介（にしむかい・こうすけ）

広島県立文書館副主任研究員。共著に『流通と幕藩権力』（山川出版社，2004 年）他。

索　引

1）比較的重要と思われる人名（研究者を含む）・会社名・事項を挙げ，関連項目は主項目に続けて示した。
2）収録対象は，本文・注とし，図表からは挙げていない。
3）項目欄の屋号の後の括弧書は姓を，名前の後の括弧書は代替わりを示す。
4）項目欄の後の［　］内は，住所もしくは会社本社の所在地を示し，道府県庁所在地および本書に頻出する大阪湾岸地域の貝塚・岸和田・佐野・堺・兵庫は，そのまま示し，それ以外の地名は旧国名もしくは道府県名を付記した。地名の（　）内は推定。貝塚隣接の北近義村は1931年に貝塚町に合併されたため貝塚と示した。住所・所在地は，本書の内容に基づいたが，文久3年「御客船名寄」・明治17年「諸国名前控」・明治32・44・大正10年「名集帳」（以上，廣海家文書Q016，J176，Q048，J156，F043），後藤靖解題『銀行会社要録』全9巻（柏書房，1989年），昭和10年刊行『銀行会社要録』（東京興信所），由井常彦・浅野俊光編『日本全国諸会社役員録』全16巻（柏書房，1988-89年），大正11・15・昭和6年改正『日本全国諸会社役員録』（商業興信所，1922・1926・1930年），渋谷隆一編『明治期日本全国資産家地主資料集成』全5巻（柏書房，1984年），渋谷隆一編『大正昭和日本全国資産家地主資料集成』第1巻（柏書房，1985年），等も適宜参照した。

ア　行

赤路洋子　37, 269, 343, 358
安治川口合同運送会社［(大阪)］　320
油屋七兵衛［長門国赤間関］　250
油屋清兵衛［和泉国沢］　447
阿部武司　6, 191, 199, 233
尼崎紡績会社［兵庫県尼崎］　478
網屋久兵衛［貝塚］　473
網谷出張店［富山県滑川］　318
有井丈之助［北海道小樽］　305
有馬製肥所［兵庫］　316
淡路屋［(兵庫)］　255
飯淵敬太郎　431
池上屋宗兵衛［貝塚］　377
池田屋六右衛門［堺］　249
池原（三郎兵衛）［越後国糸魚川］　253, 276, 448
池原武左衛門［越後国糸魚川］　450
石井寛治　35, 233, 323, 432, 481
石居四郎平［滋賀県長浜］　29
石崎栄助　448-449
石元家［大阪］　126
石山治四郎［新潟］　469
和泉瓦会社［大阪府樽井］　191, 193
泉醤油会社［貝塚］　226
和泉水力電気会社［岸和田］　191
和泉製紙会社［大阪府向井］　193-194
和泉貯蓄銀行［岸和田］　216
和泉帆布会社［貝塚］　216
和泉紡績会社［大阪府北掃守］　216
和泉屋久三郎［和泉国大津］　378
和泉屋久兵衛［堺］　434
泉谷與一郎［堺］　315
委託販売　162, 330, 356
市川大祐　121
市場屋藤七［貝塚］　342, 350, 367, 371, 375, 378, 381, 446
逸身銀行［大阪］　64-65, 457, 467, 469, 476
逸身佐一郎　→銭屋佐一郎
井出平三郎［貝塚］　400
伊藤助右衛門［新潟県鬼舞］　106, 123, 273, 276, 286
　祐太郎［北海道小樽］　132, 301
　（田中）伊太郎［北海道小樽］　107, 156
　伊吉丸　107, 283
　伊徳丸　129
　伊久丸　283
　伊福丸　283
伊藤清蔵　338
伊東善五郎［青森］　469
伊藤長三郎［埼玉県川越］　298

カ　行

サ　行

タ　行

ナ 行

ハ　行

マ　行

ヤ　行

ラ・ワ行

図表一覧